RESEARCH ON THE
INTEGRATED DEVELOPMENT STRATEGY
OF SMART CITY, SMART TRANSPORTATION AND SMART VEHICLE OF CHINA

中国智慧城市、智能交通与智能汽车
融合发展战略研究
（战略框架篇）

《中国智慧城市、智能交通与智能汽车融合发展战略研究》编委会　著

人民交通出版社股份有限公司
北　京

内 容 提 要

本书是中国工程院重点咨询项目"中国智慧城市、智能交通与智能汽车深度融合发展战略研究"的重要成果。"战略框架篇"提出了智慧城市、智能交通、智能汽车融合一体化发展的战略路径,明确了未来跨产业融合发展的必然方向。"关键技术篇"包含智能汽车使能技术、赋能技术、支持3S融合云控技术、通信技术、人工智能、智能制造、交通融合升级关键技术和智能共享移动装备共八个关键技术领域。

本书适合汽车、交通、城市规划及相关行业从事技术研发、企业战略研究的人员,以及负责制定和实施相关政策的各级政府人员阅读,也可作为对汽车、交通、城市产业发展感兴趣人员的专业读物。

图书在版编目(CIP)数据

中国智慧城市、智能交通与智能汽车融合发展战略研究/《中国智慧城市、智能交通与智能汽车融合发展战略研究》编委会著. —北京:人民交通出版社股份有限公司,2023.9
ISBN 978-7-114-18940-1

Ⅰ.①中… Ⅱ.①中… Ⅲ.①现代化城市—城市建设—研究—中国 ②城市交通系统—智能系统—研究—中国 Ⅳ.①F299.2 ②U491.2

中国国家版本馆 CIP 数据核字(2023)第 153355 号

Zhongguo Zhihui Chengshi, Zhineng Jiaotong yu Zhineng Qiche Ronghe Fazhan Zhanlüe Yanjiu
书　　名:中国智慧城市、智能交通与智能汽车融合发展战略研究(战略框架篇)
著　作　者:《中国智慧城市、智能交通与智能汽车融合发展战略研究》编委会
责任编辑:姚　旭　董　倩　李　佳
责任校对:孙国靖　卢　弦
责任印制:张　凯
出版发行:人民交通出版社股份有限公司
地　　址:(100011)北京市朝阳区安定门外外馆斜街 3 号
网　　址:http://www.ccpcl.com.cn
销售电话:(010)59757973
总　经　销:人民交通出版社股份有限公司发行部
经　　销:各地新华书店
印　　刷:北京印匠彩色印刷有限公司
开　　本:787×1092　1/16
印　　张:50
字　　数:926 千
版　　次:2023 年 9 月　第 1 版
印　　次:2023 年 9 月　第 1 次印刷
书　　号:ISBN 978-7-114-18940-1
定　　价:300.00 元(全两册)

(有印刷、装订质量问题的图书,由本公司负责调换)

中国智慧城市、智能交通与智能汽车融合发展战略研究

编写委员会

顾问：

钟志华　郭孔辉　李　骏　柳百成　冯培德　林忠钦　李言荣　郭仁忠　张　军
陈学东　孙逢春　周志成　戴琼海　李克强　王云鹏

主任委员：

李　骏

副主任委员：

张进华　赵福全　侯福深　王长君　公维洁

委员：

关积珍　孙正良　战静静　贡　俊　陈　伟　林　榕　王晓明　宋紫峰　周　炜
杨新征　赵一新　陈　赣　李丰军　汤立波　何　霞　程　洪　杜　恒　赵亦希
刘宗巍　张新钰　于海洋　詹惠琴　马　楠　王文伟　乔英俊　郑亚莉　冯锦山

撰稿人：（按姓氏笔画排序）

于胜波　于海洋　马　楠　王文伟　史天泽　代磊磊　任毅龙　刘　顺　刘宗巍
孙　宁　孙国皓　孙坚添　孙宫昊　吴祉璇　李一鹏　杜　恒　张新钰　陈桂华
陈晓慧　陆文杰　杨金松　赵亦希　徐　枫　高博麟　曹　静　黄朝胜　梁　晔
程　洪　詹惠琴　潘天鹭

前言

城市、交通、汽车的发展水平是综合国力的重要体现。在实现"两个一百年"奋斗目标进程中,为了使城市、交通、汽车充分融合发展,服务广大人民群众日益增长的美好出行需要,中国工程院联合十余家高校、企业及科研机构于2017年陆续启动了中国工程院中长期咨询项目"面向2035智慧城市的智能共享汽车系统工程"(简称"2035项目")、中国工程院重大咨询项目——"突破智能汽车核心瓶颈,实践交通治理智能化"(简称"治理项目")与"中国智慧城市、智能交通与智能汽车深度融合发展战略研究"(简称"3S项目")。研究项目组成员包括10位中国工程院院士以及来自高校、企业、科研机构等单位的100多位研究人员。

中国工程院和相关科研机构领导同志高度重视项目研究工作。项目组由中国工程院李骏院士牵头,得到钟志华、郭孔辉、柳百成、冯培德、林忠钦、李言荣、郭仁忠、张军、陈学东、孙逢春、周志成、戴琼海、李克强、王云鹏院士的大力支持。他们为智慧城市、智能交通与智能汽车的融合发展相关研究提供了十分重要的指导。广泛的调研是项目开展的必要前提,项目组通过企业调研、文献调研、试验区调研等方式充分了解行业发展现状。与此同时,还邀请了汽车、交通、城市规划、社会学、经济学等领域的专家,组织了项目启动会、论证会、咨询会、研讨会、评审会等多种形式的会议,充分听取专家意见。

项目组成员围绕智慧城市、智能交通及智能汽车融合发展展开了深入系统的研究,对融合发展的战略目标、核心内涵、战略规划、重要突破点等问题进行针对性研究并提出相关建议。最终,2035项目形成1份研究报告,治理项目形成10份研究报告,3S项目形成10份研究报告,共计21份研究报告。基于研究成果,项目组不断凝练总结,形成咨询建议,并于 2022 年 6 月向中国工程院提交 3S 融合相关的院士建议。此外,项目组还向科技部高新科技司提报"面向 2035 交通领域科技发展战略研究"建议,向上海市住房和城乡建设管理委员会提报"上海智能网联汽车与智慧城市基础设施协同试点方案建议",得到采纳,使研究工作得以及时充分发挥效用。

《中国智慧城市、智能交通与智能汽车融合发展战略研究》重点关注 3S 融合,但 3S 融合发展与智慧能源的发展与建设是相互支撑、互为约束的,打通智慧城市、智能交通、智能汽车与智慧能源将为解决安全、拥堵、能耗和污染等社会问题提供新方案,为形成更高效的国家治理和资源配置能力提供新支撑。因此,本书通过"3+1"模式在着重分析介绍 3S 融合发展策略的同时,明确智慧能源在融合发展中的战略意义。

本书的撰写建立在上述研究报告的基础上,为符合研究顺序,采用由下至上的逻辑,按照智能汽车、智能交通、智慧城市的顺序介绍 3S 融合。这种撰写方式可以让读者更好地理解 3S 融合的发展路径和逻辑,即从智能汽车开始,逐步扩展到智能交通和智慧城市。同时,这种逻辑也可以帮助读者更好地理解每个层面的关键技术和应用场景,从而深入了解 3S 融合的实践和未来发展趋势。全书分为两篇,"战略框架篇"和"关键技术篇"。

战略框架篇分为七章。第一章智慧城市、智能交通、智能汽车深度融合发展战略总体研究,提出了智慧城市、智能交通、智能汽车及智慧能源融合一体化发展的战略路径,揭示了未来跨产业融合发展的必然方向。第二章支持 3S 融合的智能网联汽车科技创新战略,着重阐明发展 3S 融合的新一代智能汽车对于中国的重要意义,明确实现其创新发展的技术路线。第三章智能交通系统工程创新战略,提出"技术支撑+数字底座+引擎驱动+生态应用"的总体发展路径。第四章新型智慧城市系统工程创新战略,分阶段给出了新型智慧城市应用体系、关键要素、交通场景库、技术与数据体系架构等。第五章 3S 融合下的智慧能源创新战略,在深入分析智慧能源与 3S 融合国内外发展现状及趋势的基础上,制定了智慧能源与 3S 融合发展的阶段目标。第六章支撑 3S 融合的智能基础设施发展战略,阐述了本领域的技术体系、当前的核心瓶颈和融合发展的突破路径及技术路线建议。第七章支撑 3S 融合的标准法规发展战略,为我国智能网联汽车发展提供法律、法规、标准体系的建议。

关键技术篇分为八章。第八章智能汽车使能技术发展战略,提出了我国面向交通治理智能化的智能汽车使能技术系统发展战略建议。第九章智能汽车赋能技术发展战略,分析我国 C-V2X(Cellular Vehicle-to-everything,蜂窝车联网)在应用场景、通信标准频谱等方面的产业发展进展。第十章支持3S融合的智能汽车云控技术发展路径分析,提出了建立具有分层次、跨时空、多任务特点的智能汽车"三层四级"云控系统架构。第十一章支持3S融合的通信关键技术,提出了3S通信技术的发展目标与收益方向。第十二章支持3S融合的人工智能技术,提出了突破瓶颈的关键行动与发展路径。第十三章面向未来智能汽车的智能制造技术,梳理了未来智能汽车智能制造的瓶颈问题,提出了突破瓶颈的主要对策和发展路径。第十四章智能交通融合升级关键问题研究,提出了中国智能汽车与智能交通融合发展研究总体路线及优先行动项。第十五章智慧城市的智能共享移动装备,提出了支撑智能共享汽车系统工程的保障措施。

《中国智慧城市、智能交通与智能汽车融合发展战略研究》汇聚了项目组多位院士、学者、专家、企业代表辛勤劳动形成的成果。同时,这些成果也建立在前期多年研究基础之上,更与城市规划、交通、汽车及能源行业的大量前期积累密不可分。

最后,在《中国智慧城市、智能交通与智能汽车融合发展战略研究》付梓出版之时,希望本书能够为政府决策提供参考、为科学研究提供方向、为企业发展提供指引。同时,本书难免存在不足之处,敬请广大读者批评指正。

2023 年 8 月

目录

战略框架篇

第一章
智慧城市、智能交通、智能汽车深度融合发展战略总体研究 ………… 001
 第一节 智慧城市、智能交通与智能汽车融合发展的背景 ………… 003
 第二节 我国开展 3S 融合发展的战略形势 ………… 009
 第三节 3S 融合的战略方向 ………… 012
 第四节 3S 融合的总体技术体系 ………… 018
 第五节 3S 融合下的各系统发展方向 ………… 033
 第六节 3S 融合产业发展的分阶段战略 ………… 056
 第七节 总体发展路线图 ………… 063
 本章附件 ………… 066
 本章参考文献 ………… 075

第二章
支持 3S 融合的智能网联汽车科技创新战略 ………… 079
 第一节 智能网联汽车在 3S 融合中的核心地位 ………… 081
 第二节 智能网联汽车科技创新的战略价值 ………… 084
 第三节 智能网联汽车科技创新的发展现状与重点方向 ………… 085

第四节　智能网联汽车科技创新的技术路线 …………………………… 101

　　第五节　智能网联汽车科技创新的商业模式与发展策略 ………………… 112

　　本章附件 ……………………………………………………………………… 123

　　本章参考文献 ………………………………………………………………… 141

第三章
智能交通系统工程创新战略 ……………………………………………………… 147

　　第一节　3S 融合下智能交通发展现状与目标研究 ………………………… 149

　　第二节　3S 融合下智能交通系统工程战略目标 …………………………… 156

　　第三节　智能交通与其他领域的联系性 ……………………………………… 159

　　第四节　3S 融合下智能交通系统工程技术体系研究 ……………………… 166

　　第五节　3S 融合下智能交通系统工程发展瓶颈与难点 …………………… 169

　　第六节　突破瓶颈的关键行动与发展路径 …………………………………… 172

　　第七节　智慧高速公路——3S 融合的先导应用 …………………………… 180

　　本章附件 ……………………………………………………………………… 190

　　本章参考文献 ………………………………………………………………… 213

第四章
新型智慧城市系统工程创新战略 ………………………………………………… 217

　　第一节　新型智慧城市建设整体发展思路 …………………………………… 219

　　第二节　新型智慧城市智能基础设施建设 …………………………………… 228

　　第三节　新型智慧城市中的智能应用体系 …………………………………… 231

　　第四节　新型智慧城市中的智能交通发展趋势与挑战 ……………………… 246

　　第五节　新型智慧城市中的出行服务 ………………………………………… 249

　　第六节　雄安新区智慧出行服务的探索与实践 ……………………………… 265

　　本章参考文献 ………………………………………………………………… 272

第五章
3S 融合下的智慧能源创新战略 ………………………………………………… 275

　　第一节　智慧能源与 3S 融合发展的目标、愿景、现状及趋势 …………… 277

　　第二节　智慧能源的发展对 3S 融合的支撑 ………………………………… 284

第三节　智慧能源与3S融合的技术体系 ……………………………… 291

　　第四节　智慧能源与3S融合带来的收益 …………………………… 295

　　第五节　当前核心瓶颈与难点 ………………………………………… 297

　　第六节　突破瓶颈的关键行动和发展路径 …………………………… 298

　　第七节　技术路线图 …………………………………………………… 308

　　本章参考文献 …………………………………………………………… 316

第六章
支撑3S融合的智能基础设施发展战略 ……………………………… 319

　　第一节　智能基础设施的发展目标 …………………………………… 321

　　第二节　智慧道路采集装备技术 ……………………………………… 328

　　第三节　车-路-云通信网络建设技术 ………………………………… 334

　　第四节　云控平台建设技术 …………………………………………… 336

　　第五节　高精度地图与高精定位技术 ………………………………… 341

　　第六节　智能基础设施核心瓶颈 ……………………………………… 345

　　第七节　突破路径与技术路线图 ……………………………………… 350

　　本章附件 ………………………………………………………………… 357

　　本章参考文献 …………………………………………………………… 370

第七章
支撑3S融合的标准法规发展战略 …………………………………… 375

　　第一节　智能网联汽车法律法规适用性分析与建议 ………………… 377

　　第二节　支撑3S融合发展的标准法规体系架构 ……………………… 388

　　第三节　基于3S融合的中国新一代智能网联汽车关键技术标准 …… 394

　　第四节　基于3S融合的中国新一代智能网联汽车标准法规体系

　　　　　　发展路线图 …………………………………………………… 438

　　本章附件 ………………………………………………………………… 443

　　本章参考文献 …………………………………………………………… 451

关键技术篇

第八章
智能汽车使能技术发展战略 ······ 453

- 第一节　国外政策和研究计划 ······ 455
- 第二节　国内外产业技术发展研究 ······ 458
- 第三节　我国智能汽车使能技术发展需求 ······ 461
- 第四节　国外智能汽车使能代表性技术剖析 ······ 462
- 第五节　智能汽车与智能出行关键核心技术梳理 ······ 466
- 第六节　智能汽车使能技术系统发展战略建议 ······ 468
- 本章参考文献 ······ 480

第九章
智能汽车赋能技术发展战略 ······ 481

- 第一节　3S融合下智能汽车的研究背景与必要性 ······ 483
- 第二节　国内外智能汽车网联化发展现状 ······ 486
- 第三节　3S融合下智能汽车网联化发展瓶颈与难点分析 ······ 507
- 第四节　突破发展瓶颈的预期收益 ······ 509
- 第五节　突破发展瓶颈的关键行动与发展路径 ······ 510
- 第六节　落地实施方案建议 ······ 517
- 本章参考文献 ······ 520

第十章
支持3S融合的智能汽车云控技术发展路径分析 ······ 523

- 第一节　智能汽车云控系统关键技术基础现状 ······ 525
- 第二节　智能汽车云控系统及关键技术发展目标 ······ 531
- 第三节　智能汽车云控系统关键技术发展瓶颈与难点 ······ 540
- 第四节　智能汽车云控系统技术路线 ······ 544
- 第五节　智能汽车云控系统产业化路径发展建议 ······ 559

本章参考文献 ·· 569

第十一章
支持 3S 融合的通信关键技术 ·· 571

　　第一节　面向 3S 融合通信技术的发展目标与收益 ··· 573

　　第二节　面向 3S 融合的移动通信跨领域合作技术 ··· 578

　　第三节　面向 3S 融合的移动通信技术分析 ··· 580

　　第四节　面向 3S 融合的空天地一体化信息网络技术 ·· 586

　　第五节　面向 3S 融合的信息安全技术 ·· 589

　　第六节　发展路径及落地实施方案 ·· 591

　　本章参考文献 ·· 595

第十二章
支持 3S 融合的人工智能技术 ·· 599

　　第一节　人工智能技术的发展背景与目标 ·· 601

　　第二节　人工智能技术对 3S 融合的关键支撑 ·· 603

　　第三节　人工智能技术面临的关键挑战 ··· 619

　　第四节　人工智能在自动驾驶领域应用的核心瓶颈 ··· 622

　　第五节　突破核心瓶颈的关键行动与发展路径 ·· 627

　　第六节　落地实施方案建议 ·· 630

　　本章参考文献 ·· 632

第十三章
面向未来智能汽车的智能制造技术 ·· 637

　　第一节　制造业转型背景下的汽车智能制造 ··· 639

　　第二节　智能制造助力汽车制造业应对新挑战 ·· 642

　　第三节　智能设计技术 ··· 646

　　第四节　智能加工技术 ··· 650

　　第五节　智能运维及服务技术 ··· 655

　　第六节　突破瓶颈的关键行动与发展路径 ·· 658

　　第七节　落地实施方案建议 ·· 667

　　本章参考文献 ·· 669

第十四章
智能交通融合升级关键问题研究 ······ 673

- 第一节　背景概述 ······ 675
- 第二节　面向智能交通的智能汽车运行安全与管理研究 ······ 679
- 第三节　混合通行条件下交通管控模式和通行规则研究 ······ 699
- 第四节　面向 STSV 融合的车联网安全运行与服务研究 ······ 707
- 第五节　以大数据为核心的智能交通管理体系框架研究 ······ 721
- 第六节　总体技术路线图 ······ 732
- 本章参考文献 ······ 735

第十五章
智慧城市的智能共享移动装备 ······ 737

- 第一节　智能共享移动装备驱动要素分析 ······ 739
- 第二节　移动出行场景研究 ······ 742
- 第三节　智能共享移动装备功能要素与关键技术 ······ 750
- 第四节　智能共享移动装备发展路线图 ······ 761
- 第五节　战略支撑与保障 ······ 765
- 本章参考文献 ······ 767

第一章

智慧城市、智能交通、智能汽车深度融合发展战略总体研究

撰稿人： 史天泽　中国汽车工程学会
　　　　　张新钰　清华大学
　　　　　曹　静　中国汽车工程学会
　　　　　孙坚添　中国汽车工程学会
　　　　　杨金松　中国汽车工程学会

摘要

在新一轮科技革命的驱动下,现代经济的发展模式正由单点突破向多点融合进步转变,呈现出产业生态化的新特征。SC(Smart City,智慧城市)、ST(Smart Transportation,智能交通)、SV(Smart Vehicle,智能汽车)正是体现该特征的典型技术方向,三者正逐渐呈现融合发展(简称"3S融合")的态势。

3S融合是诸多先进技术集成应用的最佳载体,将引领智能科技集群的前沿突破;作为战略性新兴产业的拓展升级,将使众多相关产业获得新的经济增长空间;作为新型城市建设的解决方案,将彻底打通客流、物流、能源流和信息流,为解决安全、拥堵、能耗和污染等社会问题提供新方案,为形成更高效的国家治理和资源配置能力提供新支撑。3S融合的内涵是建设"需求+设施+场景"融合一体化的"自感知、自调节、自传感、自反馈"的智慧城市系统工程。同步推进数字城市建设,在智能基础设施与感知体系支持下,打造具有学习、分析、判断功能的智能城市信息中枢,实现城市资源配置持续优化。

本章提出了智慧城市、智能交通、智能汽车融合一体化发展的战略路径,阐述了融合一体化技术在现代经济发展中的巨大作用和发展趋势,揭示了未来跨产业融合发展的必然方向。同时,智慧能源(Smart Energy,SE)与3S融合发展与建设是相互支持、相互需要的。因此,本研究主要针对智慧城市、智能交通与智能汽车的融合一体化发展,分析其融合发展的需求,对比国内外此方面的融合发展现状,提出智慧城市、智能交通与智能汽车融合体系架构以及研发融合发展的多项关键技术,最后提出智慧城市、智能交通、智能汽车加智慧能源融合系统的总体设计架构:实施科技、工程、产业协同的宏观、中观、微观三大布局;强化"智慧城市+智能交通+智能汽车+智慧能源"四大融合一体化;实现"正向研发+颠覆性创新"两大创新;支持研发国际领先水平的下一代全工况自动驾驶汽车的一个目标。本章内容基于"中国智慧城市、智能交通与智能汽车深度融合发展战略研究",背景介绍详见本章附件一。

第一节
智慧城市、智能交通与智能汽车融合发展的背景

一、城市、交通、汽车的跨领域融合成为科技和产业创新热点

在新一轮科技革命的驱动下,现代经济的发展模式将由单点重大突破带动量的增长的"物理变化",向多点融合进步实现质的飞跃的"化学变化"转变,呈现出产业生态化的新特征。而智能化正是充分体现这一特征的典型技术方向之一,代表着未来战略性支柱产业的发展趋势和全新内涵。智慧城市、智能交通、智能汽车是智能化技术的重要应用领域。在智能化趋势的驱动下,城市、交通、汽车这些关系国计民生的支柱性产业,联系越发紧密。

可以说,智慧城市、智能交通与智能汽车(3S)的深度融合一体化发展是未来科技创新的重要战略方向。作为新一轮科技革命应用的理想形态之一,3S融合一体化将在原本就高度复杂的产业基础上,广泛融合信息通信、先进感知、拟人决策和人机交互等新技术以及出行经济、数据增值等新产业,并促进制造系统、交通系统、能源体系、城市布局与社会生活紧密结合,变相对固化封闭的传统产业链为边界不断扩展的出行生态圈,从而实现智能产品与智能制造、智能应用、智能生活的深度融合,最终形成"制造+服务"一体化的全新发展模式,并由此给经济和社会带来广泛、深远的革命性变革(图1-1)。此外,随着全球经济的快速发展和人口的不断增长,能源消耗和环境污染问题日益凸显。为了实现可持续发展,全球各国都在积极探索低碳经济的发展道路。同时,3S融合与SE(Smart Energy,智慧能源)的发展与建设是相互支持、相互需要的。因此,本研究以3S融合发展为核心的同时,也将与智慧能源的融合包含进来。

在互联网、大数据等新技术快速发展的智能化时代,实时互联、自动驾驶的智能交通才能满足人们智慧、安全,兼具娱乐的出行选择。因此,传统的智能汽车也逐步发展出智能网联汽车这一分支。智能网联汽车是在智能汽车的基础上,通过车与车、车与路、车与云等多种通信方式,实现车辆之间、车辆与基础设施之间的信息交互和协同，从而实现更加智能化的交通运输。而智能交通系统又在很大程度上依赖于智能汽车，只有以智能汽车作为载体，才能真正实现车辆与车辆、车辆与基础设施、车辆与人员、车辆与智能家居、车辆与云端、车辆与能源系统的多方面互联，充分满足人们的出行需求和整个城市的发展效率需求。与传统城市不同，智慧城市必须协同交通网、信息网以及能源网实现"三网融合"。这三个网都与未来的智能汽车密切相关：未来智能汽车将基于新能源汽车开发，实现与能源网的联系；车辆作为交通系统的基本元素，天然地与交通网有密切关系；未来智能网联汽车作为人类出行的移动终端，又承载了信息载体的功能，直接与信息网相关联。交通网、信息网、能源网构成了智慧城市的基本框架，智能汽车则是填充框架的重要元素。由于智能汽车在3S融合与智慧能源的发展与建设中起到核心、桥梁与纽带作用，所以3S融合的发展路径和逻辑从智能汽车开始，逐步扩展到智能交通和智慧城市。图1-2 显示了3S融合的总体愿景。

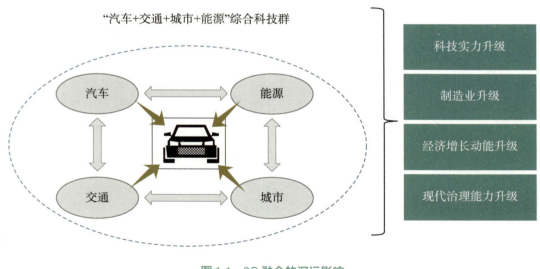

图1-1 3S融合的深远影响

二、各领域发展普遍遭遇瓶颈，亟须融合突破

现阶段，智慧城市、智能交通、智能汽车各自发展，普遍未能取得预想的成果，遭遇了各类特有的和共性的瓶颈问题，但这些问题可以通过3S融合的思路得到一定程度的解决。

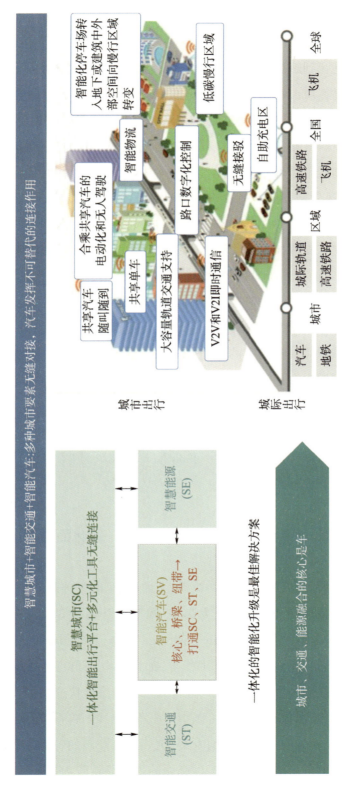

图 1-2 3S 融合的总体愿景

作为跨领域融合一体化的抓手,从智能汽车方面看,当前的发展正面临几大挑战,具体包括感知不充分、规则不明确、预期功能安全及成本问题。可以说,智能汽车研发成功的关键是找到解决感知、规则、安全、复杂、可靠问题并且有商品化价值的新技术路线。而通过在城市端布置高性能传感器、边缘计算平台、通信基站、定位基站等基础设施,实现道路智能化升级,为智能汽车提供超视距感知、边缘辅助计算、车队管理及车路协同控制策略,有望解决以上技术难题。充分信息化、智能化的移动装备还将与人民生活和城市管理深度结合,是融合一体化技术发展的战略方向。

当前,智能交通领域发展的瓶颈很大程度在于交通感知不完善和交通控制手段有限。感知不完善体现在:目前只能通过卡口、摄像头、测试车等手段,对车流量、车流速度等进行感知。交通控制手段则局限于对交通信号灯、指示牌的控制,虽然较前瞻的城市有潮汐车道的布局,但这些手段是较为僵硬、有限的。在3S融合思路下,可通过车辆对自身信息的上报与整合,使每辆车作为交通感知单元,更加有效、准确地得知交通状态信息,并与智慧城市连接,实现更高层面的出行优化。

我国正处于城镇化加速发展的时期,未来城市将承载越来越多的人口,城市发展过程中衍生出的问题也在不断增多,智慧城市虽然是有效解决方案,但其所涉及的内容过于广泛、零碎,未有主线统领全局。智慧城市要解决的问题包括环境污染治理、能源消费转型、构建现代化的公共交通网络系统、分散城市功能以调整城市空间、建设智慧型城市等。通过实现交通、汽车、能源的智能化支持城市可持续发展,无疑是各种手段中较行之有效的方法之一。

三、智慧城市、智能交通与智能汽车融合一体化面临的问题

目前,人们已经较为充分地意识到城市、交通、汽车的一体化发展趋势,并开展了一系列探索。例如中国在北京、上海、无锡、广州等地开展的智能汽车与智慧城市协同发展试点工作,美国开展的 smart city challenge 工作,日本开展的 woven city 工作,欧洲开展的网联协同自动驾驶路线图工作等,都在探索以出行为主线的跨领域融合方向。但目前仍存在不少问题,以致3S融合并未如预想地快速发展。

第一,缺乏在3S融合框架下的、可以指导工程实践的、跨系统的总体设计。在工程实践层面,业界正在探索协同发展的方案,例如当前开展的各类车路协同工作。但由于缺乏战略层面的顶层设计,导致工程层面的工作显得较为散乱,未有主线支撑。

第二，3S融合涉及的各领域仍处在各自为战的状态，难以形成合力，这一点也是受第一个问题影响的。当前没有具有说服力的总体设计，是各领域仍按自身思路发展的重要原因之一。此外，部门职能僵化、行业间利益冲突等问题，也造成了融合发展的阻力。

第三，融合发展的核心技术仍未走向应用。3S融合应以智能汽车为核心，然而高等级智能汽车目前正陷入瓶颈，面临安全、成本等挑战，难以在短期内实现产业化。甚至可以说，如果没有3S融合的支撑，智能汽车的大规模产业化也将无从谈起。同时，以计算机、通信等为代表的通用技术，也是融合的核心。例如大数据、云计算、5G（第五代移动通信技术）等都是组成3S融合的基本支撑，但这些技术在城市、交通中的规模化实践仍需进一步发展。

第四，3S融合建设对资金要求巨大，目前还未找到理想的资金来源或商业模式。3S融合不仅需要汽车产品端的升级改造，更需要道路建设、城市规划、能源体系等的对应改造升级，资金缺口巨大，难以由某个或某几个主体的投入来覆盖。人们虽然对3S融合寄予厚望，但现在仍没有合适的市场化思路支持，短期内也看不到形成资金闭环的可能，故而难以推动。

四、实现智慧城市、智能交通与智能汽车融合发展的重大意义

城市、交通和汽车的智能化是建设智能社会的基础，其融合发展将对未来的科技、产业、经济、社会等方面全方位产生重大影响。

第一，要从社会变革的高度认识3S融合。人类社会正进入万物互联时代，社会形态发生全面深刻重构，人类出行与交互、资源移动与组合的方式都将巨变。汽车、交通与城市的智能化融合将提供万物互联的移动终端、关键节点与核心枢纽，彻底打通客流、物流、能源流和信息流，为形成更高效的国家治理和资源配置能力提供不可替代的新支撑；为人们智能社会下的交互新模式提供新载体；为人工智能融入社会后的规范提供新参考，具有重要战略价值。

第二，要从经济变革的高度认识3S融合。3S正成为国家经济发展的新制高点。城建、交通、汽车产业原本就具有体量大、关联性强的特点，其智能化进程，又将对信息、通信、数据等新兴产业形成有效助力；同时3S融合是"数字融合一体化技术创新"，将促成现有产业链、价值链、技术链的重构，并催生数字经济、服务经济等新模式，对于建设新兴产业集群、创造经济新增长点有重大影响。

图1-3显示了3S融合发展带来的价值链、产业链变革。

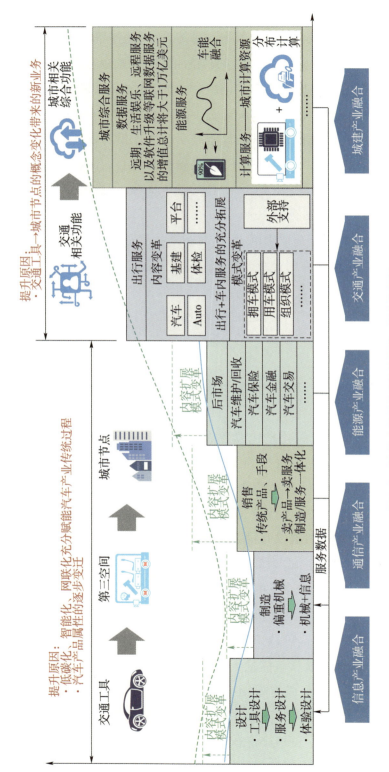

图 1-3 3S 融合发展带来的价值链、产业链变革

第三,要从创新驱动的高度认识3S融合。全球产业升级正处于全面转型的平台期,3S融合(尤其智能汽车)与新兴技术互为支持,可实现融合突破。一方面,人工智能、微电子、先进通信、先进制造等技术是发展3S融合的基础;另一方面,3S融合为这类技术提供了最大的应用场景和发展空间,有望助其形成巨大的科技创新价值、经济发展价值、社会民生价值。尤其智能汽车,应用场景最复杂、与人连接最多元、涉及领域最广泛,可谓一个国家科技创新能力最好的"试金石"。例如美国在《自动驾驶汽车4.0》国家战略中,甚至布局了量子信息科技对智能汽车的支持。

第四,要从国家总体产业安全观的高度认识3S融合。现代产业链安全是国家重大问题,智能汽车涉及国家数据安全、网络安全、信息安全、能源安全和基础软件、芯片等多项"卡脖子"技术。3S融合是我国相关产业从跟随创新到引领创新的重要突破口。例如国内外智能汽车技术路线主要有单车智能和车路协同两条,两者都遇到了长尾效应瓶颈;而3S融合路线从城市、社会层面进行整体考虑,以系统设计的基础设施支持自动驾驶、新移动方式、城市治理升级,有望解决长尾效应带来的问题,实现新突破。

第二节
我国开展3S融合发展的战略形势

一、我国发展3S融合的战略形势

1. 体制优势——综合协调多个领域,集中力量办大事

中国的体制优势可以集中力量办大事,有着强大的基础设施建设能力。国家各部委通过完善顶层设计实现有力引领,各级政府有力贯彻发展路线、方针、政策,综合协调多个领域,为3S融合发展总体目标提供支持,并能因地制宜,调配人力、物力、财力,快速完成智能交通基础设施、5G通信环境及各类云平台等基础设施建设。

2. 产业优势——部分新兴技术已处于世界前列,具备产业优势

中国在部分新兴技术领域位于世界前列,已具备一定的产业优势。中国5G通信

技术发展处于世界领先水平,以华为为代表的 ICT(Information and Communication Technology,信息通信技术)企业自主研制 5G-V2X 车路协同芯片与 5G 基站,并与中国联通、中国移动、中国电信等通信服务运营商一同展开 5G 通信环境建设;中国北斗导航卫星的成功发射,使中国摆脱了美国 GPS(Global Positioning System,全球定位系统)的技术垄断,为智能汽车高精度定位提供了有力保障。

3. 市场优势——巨大的国内市场,足以支持 3S 融合

中国国内市场巨大,是各类产业发展的有力推动。从需求端看,汽车市场连续十年稳居世界第一,年销量已超出第二位的美国近千万辆,同时在交通治理升级、城市管理升级、能源消费升级方面的空间也更大;从发展融合的效果端,由于具备规模优势,3S 融合所带来的产业升级效果更为明显,为中国科技创新发展创造了历史性机遇。实际上,市场长板可催生产业长板,中国互联网产业就是实例。

4. 劣势——仍存在多项核心技术瓶颈,影响各领域发展

中国在部分关键技术领域还存在许多不足,技术瓶颈成为制约中国 3S 融合发展进步的关键因素。芯片设计、制造能力不足,难以满足未来 3S 融合高性能计算平台研发生产需求,还需从国外巨头企业进口;操作系统研发能力薄弱,缺少自主设计的底层操作系统,国内 IT(Internet Technology,互联网技术)企业的操作系统几乎都是基于国外操作系统巨头的产品而开发的;高性能传感器技术落后,目前车载激光雷达、高分辨率摄像头等产品供应均被国外电子产业供应商巨头垄断。此外,线控底盘、车用人工智能算法、信息安全等领域核心技术不足,研发投入比例偏低。

二、我国发展 3S 融合的驱动要素

1. 移动出行的驱动要素

当下,国内外智慧城市、智能交通、智能汽车、智慧能源各产业的发展趋势及生态结构正在经历深刻变革。在众多驱动要素的共同作用下,这场变革必将更好地满足我国人民对美好移动出行日益增长的需求。这些驱动要素主要来源于以下方面:

第一,中国人口众多,移动出行需求旺盛。根据国家统计局数据,2019 年底,我国人口已超过 14 亿,占世界人口的 19% 左右。根据联合国《世界人口预测》等文件,预计 2030 年我国人口将达到峰值 14.2 亿,之后逐渐转为负增长。如此庞大的人口基

数必将带来更加巨量的客运及货运需求。根据中国工程院研究，预计到2030年，我国客运量将达到2020年的1.51~1.52倍，货运量将达到2020年的1.15~1.16倍；至2045年，客运量将达到2020年总量的1.74~1.92倍，可能超过1000亿人次（其中公路数据含小汽车出行，民航数据不包含国际出行），货运量预计将达到2020年总量的1.20~1.21倍，约超过660亿t（不包括远洋运输）。日益增长的运输需求量及对更美好出行服务的需要，无不提示着政府和市场推动行业更快更好发展。

第二，经济高质量发展与产业结构转型升级需求。改革开放以来，我国经济始终保持着平稳高速增长。根据中国社会科学院数量经济与技术经济研究所的研究，我国国内生产总值预计在2035年有望突破170万亿元大关。在经济增长影响下，人们对物质和精神的追求不断提高，对市场发展提出更高要求的同时也成为驱动市场的重要动力。随着经济发展，各产业结构也将出现转变，获得重塑的新契机。第一、二产业占国内生产总值的比例不断下降，第三产业的比例得到提升。产业升级说明我国从事基础劳动的人口在不断减少，而转向提供精神层面需求的从业者不断增加，揭示了我国人民生活需求的转变与未来产业结构转型升级的必然趋势。在这种趋势下，高附加值和轻型产品比例增大，促进小批量、多批次、高价值货物运输需求量的增长，并提出更快速、更便捷、更准时物流配送的需求。

第三，城市模式创新及绿色发展需求。我国城市化率连年走高，已突破60%，但仍低于发达国家80.7%的平均水平，甚至低于中等收入国家61.8%的平均水平。根据发展经验，我国目前处在城市化快速发展中期阶段，且未来城市化进程仍存在较长的发展过渡阶段。预计到2030年，我国城镇格局将在"两横三纵"的基础上，形成主体形态为20个"城市群"，辅以30个"魅力景观区"，要把握"中心城市和特色城市"的方向引领，坚持"国家经济-文化走廊"的骨架支撑，推进发展信息化、绿色化、多元化、开放式的国家城镇空间新格局。在城市模式创新的发展历程中，农、林、牧、渔等行业的调配，重工业的重组升级，轻工业的不断创新，文娱产业的与时俱进，都将产生源源不断的需求与动力，为打造更美好城市助力。

第四，双边进出口贸易合作加深的需求。早在2013年，我国货物进出口总额首次超过美国，位列全球第一。不止于此，随后，我国主导的"一带一路"倡议，规划了六大经济走廊（分别为中蒙俄、新亚欧大陆桥、中国—中亚—西亚、中国—中南半岛、中巴、孟中印缅）。一方面，需要加强党对外贸工作的全面领导。充分发挥国务院推进贸易高质量发展部际联席会议制度作用，整体推进外贸创新发展。商务部要会同有关部门加强协调指导,各地方要抓好贯彻落实。另一方面,要优化发展环境,完善保障体系。发挥自由贸易试验区、自由贸易港制度创新作用,不断提升贸易便利化水平,优化进出口管理和服务,强化政策支持,加强国际物流保障,提升风险防范能力。在两方举措加持下,我国对外贸易额必将持续走高,也带来货物进出口运输总量的增长,对运输设施如海关、铁路、公路等不断提出更高要求。此外,也必须设法消除我国交通系统中出现的瓶颈,将运输体系建设为更可靠、即时、无缝衔接的新形态。

2. 未来交通出行的主要矛盾

从以上发展趋势看,我国交通运输也将步入新的历史阶段。在国家生产力总体落后的时代,交通运输的主要矛盾是出行需求增长与交通资源供给不足的矛盾。经过多年发展,我国交通基础设施很多规模类指标已经位居世界第一,交通运输供给能力取得了突破性进展,交通运输落后的面貌得到了根本性改观。未来,我国交通出行发展的主要矛盾将逐渐转变为交通运输发展对美好生活的支持不足,这主要是由于交通运输技术和产业发展不充分引起的。这些不充分主要体现在技术创新能力不足、运输网络通达和竞争能力较低、强时效性/高附加值货物运输能力较弱、各种运输方式互联互通水平不高、多式联运在技术标准化和行业协同等方面存在问题、交通"信息孤岛/管理孤岛"现象比较普遍、交通治理能力尚有差距等。

未来,人们在交通领域对美好生活的向往,不仅会在服务质量、服务水平、服务成本、服务时限、服务层次、服务模式等方面对客货运出行提出更高要求,而且使服务内涵、服务链条、服务时空范围出现突破。要实现安全、绿色、高效、便捷、经济的交通系统,无缝化保障人民跨国、跨区、跨城和城内运输需求。要满足这些需求,构建智慧城市、智能交通、智能汽车、智慧能源融合一体化的顶层架构与具体实施,是必要的。

第三节
3S 融合的战略方向

一、总体目标

3S 融合的总体目标在于推动城市、交通、汽车智能化技术进步和网联化水平,促进智能汽车与智慧城市、智能交通融合发展,保障智能汽车行驶、数据存储与传输、网络运营等方面的安全,提高道路通行效、城市服务、能源利用等方面的效率,降低智能网联汽车成本,实现新一代智能汽车、智能交通、智慧城市及相关产业规模提升,收获更多社会效益。

分解来看,为实现基于3S融合的总体技术目标,智能汽车、智能交通、智慧城市需分别实现各自的技术目标。智能汽车将实现高级别自动驾驶;座舱智能化水平提升,可为驾乘人员提供智能人机交互功能;同时智能汽车打通外部网联生态服务,可为驾乘人员提供多样化智能服务。智能交通将完成交通基础设施智能化升级,实现车路协同感知、决策与控制。智慧城市将实现物联网全覆盖,人、车、路、云间数据相互打通,且城市云控基础平台将建设完成,为智能汽车提供泛在服务。

二、总体战略布局

基于以上目标,3S融合系统的发展应以破解制约大城市可持续发展的出行问题为目标,开展前沿技术和颠覆性技术创新,夯实基础技术,掌握关键核心技术,研发出下一代汽车产品原型、培育重要零部件供给及智慧城市共享出行运载体系,构建绿色、安全、高效、共享和便利的智慧城市、智能交通与智能汽车融合一体化的应用示范区。由此提出"3-4-2-1"的创新战略布局(图1-4)。

图1-4　3S融合总体战略布局

总体架构实施包括宏观、中观、微观三大布局。在宏观布局层面,实施支撑下一代5G网联自动驾驶汽车的城市数字化与智能化设施布局,建设适当规模的未来智慧城市示范区,形成智慧城市大数据平台。中观布局层面,构建支撑下一代汽车的CAT（Connected Autonomous Transportation,网络智能交通）系统,建立一体化的城市机动出行协同服务与城市交通信息管控中心。微观布局层面包括颠覆性技术创新布局、前沿性技术研究布局、基础性技术研究布局、核心性技术研究布局、产品及应用技术研究布局,突破技术研发与产业化关键技术。强化"智慧城市＋智能交通＋智能汽车＋智慧能源"四大融合一体化,实现"正向研发＋颠覆性创新"两大创新,研发出国际领先水平的下一代全工况自动驾驶汽车。

三、分阶段发展愿景

理想状态下的融合发展涉及智慧城市、智能交通和智能汽车三大领域。各领域相互融合实现协同感知、决策与控制,提升总体系自动化水平,形成3S融合自动化技术体系;在互联网、IoT（Internet of Things,物联网）和新一代通信技术的支撑下,多智能终端与云平台实现数据打通,提升网联化水平,形成"端-管-云"互联互通的3S融合网联化技术体系。自动化与网联化相辅相成,相互促进,提升3S融合体系智能化水平,形成融合发展体系。由此形成的立体模型（图1-5）充分体现了3S融合发展战略的全面性和系统性,是理想状态下的总体发展方向。

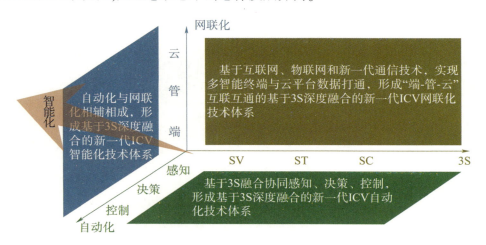

图1-5 总体愿景布局

在3S融合发展体系中,智慧城市、智能交通、智能汽车相互合作,实现协同感知、决策与控制。关键技术包括多源感知融合与多源协同感知、基于人工智能、大数据和云平台的协同决策、车-路-云协同控制等。同时,物联网正成为3S融合网联化技术体系的"信息管道",网联化将使能智能终端与云端数据融合,进一步推动3S融合的充分发展。基于网络、通信技术打造的网联化"信息管道",各智能终端与云平台互联互通,实现多源数据信息融合、共享,形成3S融合网联化发展体系。以上是3S融合的基础,依据3S融合智能化水平的不同,将其分为融合发展初级阶段、融合发展中级阶段和融合发展高级阶段。每个阶段智慧城市、智能交通和智能汽车将各自达到相应的智能化水平。

图1-6为3S融合分阶段发展示意图。

1. 初级网联化阶段

智慧城市:城市云控平台初步搭建完成,但由于服务生态资源相对匮乏,不同领域服务平台之间由于标准、接口不一致,相互打通存在一定困难,仅可为车辆提供天气、新闻和固定的服务信息,更新车用普通导航地图。同时,城市云控平台可以协助交警、运输企业对车辆的行驶状态进行监控,及时发现并处置违法行为,提升行车安全性。

智能交通:通过在路侧布置传感器、路侧单元、通信微基站,协助智能汽车完成部分感知工作,提升车辆感知精度,扩大车辆感知范围,并将重要路况信息与车辆共享。同时,原有交通标识、交通信号灯、可变信息标志等基础设施将完成数字化改造,道路交通管理部门可以此对道路进行及时、有效、灵活的管理。

智能汽车:初级智能汽车将搭载高级驾驶辅助系统,通过毫米波雷达、摄像头等传感器感知环境,并在车载计算平台对感知数据进行处理与决策,实现车辆的横、纵向预警与控制,实现中低级别自动驾驶。由于中低级别自动驾驶对汽车智能化和可靠性要求较低,所以汽车相关硬件冗余度较低。由于中低级别自动驾驶对通信实时性和传输带宽的要求较低,汽车配备LTE-V2X通信模组,接收来自路侧传感器的感知数据,实现车路协同感知;网联信息来源较少,服务生态相对匮乏,汽车可以更新较低级别的城市地图,获得固定的服务信息。

2. 中级网联化阶段

智慧城市:各类城市服务平台实现标准与接口统一化,与云控基础平台相互打通,为智能汽车提供基于车辆实时位置的服务,快速响应车辆的服务需求。云控平台还可为车辆更新高精度地图,依靠云计算设备协助智能汽车完成部分数据计算,实现车-路-云协同感知、决策、控制。

图1-6 3S融合分阶段发展示意图

智能交通：在初级智能化的基础上，道路5G微基站部署完成，为车路协同提供5G通信环境。路侧传感器的布置密度和性能不断提升，协助智能汽车进一步提升感知能力。路侧布置的边缘计算平台将分担车端庞大的数据运算需求，实现车路协同决策。同时，基于实时路况信息，交通信号灯可以基于路端交通流量、城市BRT（Bus Rapid Transit，快速公交系统）通行情况等灵活改变配时，潮汐车道、可变车道将得到灵活运用，实现车路协同控制。

智能汽车：中级智能汽车将全面提升车辆的感知、决策与控制能力，实现中高级别自动驾驶。在原有传感器布置基础上引入激光雷达、高分辨率广角摄像头等高性能传感器，提升感知精度；面对指数级增长的感知数据，车载计算平台在满足规定要求的条件下，将搭载算力更高的芯片，嵌入更加高效的算法，提升车辆的决策能力；车辆控制架构将由分布式架构升级为域控制架构，减少线束复杂程度，提升控制器响应速度与灵敏度。由于中高级别自动驾驶对汽车智能化和可靠性要求较高，所以相关传感器、计算芯片、控制机构等硬件设备的冗余度将进一步提高。由于中高级别自动驾驶对通信实时性和传输带宽的要求较高，汽车多配备5G-V2X通信模组，与路端进行数据交互，实现车路协同感知、决策、控制；网联信息来源和服务生态丰富多样，汽车可以更新高级别自动驾驶必需的高精度地图，获得基于车辆实时位置的服务信息，车辆的服务需求将会得到快速响应。

3. 融合发展高级阶段

智慧城市：物联网高度覆盖，各智能设备将由信息孤岛转变为物联网终端，城市云控平台可以融合多智能终端数据，实现多智能终端协同控制，提供更加丰富的网联服务，如云控平台可以基于智能手机上传的出行需求数据，为用户灵活调配智能共享汽车；基于车端交通事故信息，及时通知医院安排医疗救助；基于路端交通事故信息，及时通知交警安排出警等。

智能交通：为满足智能汽车更高的感知和决策需求，路侧传感器和边缘计算平台的性能和冗余度将进一步提升。面对智能汽车庞大数据传输需求量，道路5G微基站的覆盖密度将进一步加大。同时，智能交通基础设施将接收智慧城市平台的统一调度，实现区域信号灯协同控制，提高道路通行效率。

智能汽车：高级智能汽车将进一步提升车辆的感知、决策与控制能力，自动驾驶功能的应用场景更加丰富，鲁棒性更高，实现高级别自动驾驶。车辆控制架构将与控制架构升级为整车级中央集成式控制架构，可扩展、可配置、模块化，实现车辆集中控制以及车载计算平台与云计算平台算力共享。由于高级别自动驾驶对汽车智能化和可靠性要求极高,所以相关传感器、计算芯片、控制机构等硬件设备的冗余度极高。在网联化方面,智能汽车一方面可以获得更加丰富的网联生态资源,另一方面智能汽车将作为物联网的终端之一,与智能手机、智能家居全面打通,实现家居远程控制、行人轨迹预测,还可为用户提供车机与手机一体化的连贯体验。

第四节
3S 融合的总体技术体系

一、技术架构总览

3S 融合系统架构是由智慧城市、智能交通和智能汽车三部分协同组成,三个部分整体呈现层级关系,但三者又有着互相间的信息传递。

智慧城市为整个智能交通系统提供了出行需求,并调动整个智能交通中的自动驾驶基础系统(城市交通环境中的路侧传感器等)进行交通感知、意图感知以及目标感知。同时智慧城市也连接着协同智能交通系统,以路口配发模型来干预在道路交叉口等复杂交通环境下的智能驾驶与智能编队的行为规划,并且将感知信息与交通流信息通过路测传感器传递给智能汽车,参与自动驾驶整体感知规划。

智能交通通过 C-ITS(Cooperative Intelligent Transport Systems,协同智能交通系统)和 C-ISAD(China Infrastructure Support for Automated Driving,协同自动驾驶的基础设施支持),利用现有的全新覆盖于现代交通环境中的智能检测设备以及传统路测设施对出行需求综合分析,以得到智能汽车驾驶环境中所需的感知信息并与车辆感知信息进行融合。提前对于智能汽车的自动驾驶所需要面对的交通环境进行动态建模,提前感知预测行人、周围车辆、交通信号灯等行为,以协助智能汽车完成最优化的行为决策,同时也可以提升智能汽车的效率,以更少数量的智能汽车完成更大的城市出行需求。

在智能汽车方面,包括车辆定位、车辆及环境感知以及规划控制三部分,分别在战略层、战术层、执行层以及安全层四个层面共同参与实现自动驾驶。在智能汽车的规划感知方面,不同于传统的单车自动驾驶,本框架以融合定位、融合感知和融合规划决策为特点,将智能交通环境下的感知定位信息与车辆自身的感知定位信息相结合,以得到最优化的车辆规划决策结果。在智能城市的概念下,同时加入了人机交互的功能,通过外部交互与智慧城市产生信息流,通过内部交互与智能汽车产生信息流,从而使得智慧城市与智能汽车之间产生了融合作用。

3S 融合系统总体技术架构如图 1-7 所示。

二、支持 3S 融合的技术体系

1. 关键技术群识别

3S 融合涉及多领域、多学科、多产业协同,其支撑技术往往成系列出现,形成"技术群"的态势。针对中国实际发展需求,提出智慧城市、智能交通与智能汽车深度融合的技术体系架构,识别关键支撑技术群。具体包括:设计能支持 3S 一体化协同融合的智能汽车,研究智能交通系统的协同控制与服务技术,研究智慧城市的移动共享出行云控技术,开展 3S 系统集成与测试评价技术。通过以上技术,突破车辆的模块化、智能化、端云融合控制以及智能出行服务等关键环节。

3S 融合的关键技术支持如图 1-8 所示。

以面向智慧城市的智能共享出行为研究对象,提出端-边-云协作的多源信息融合计算技术,研究基于系统层级解耦的边云融合计算框架,在边云协同的计算资源柔性分配基础上,探明信息交互下的自动驾驶车辆运动演变规律,解决受控环境下典型场景中全域精准感知、车路协同优化控制和车速引导调控等难题,同时在并发的需求响应和多车协同调度两个方面取得突破,实现智能共享出行高效敏捷服务。

开展云控系统架构与关键技术、边缘云的车辆协同定位定姿增强方法、区域云的车辆安全与高效运行协同决策方法等研究,形成云控平台的数据服务基础层、协同定位与决策应用层的方案,研发云控验证平台与验证协同应用,为智慧城市智能共享出行的车辆协同技术提供共性关键技术支撑。

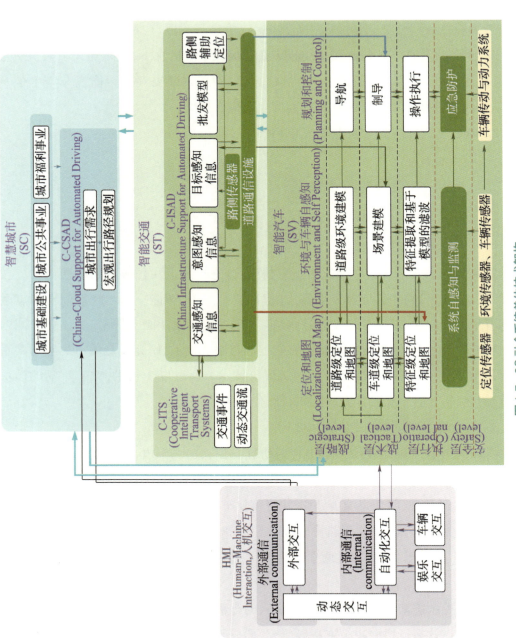

图1-7 3S融合系统总体技术架构

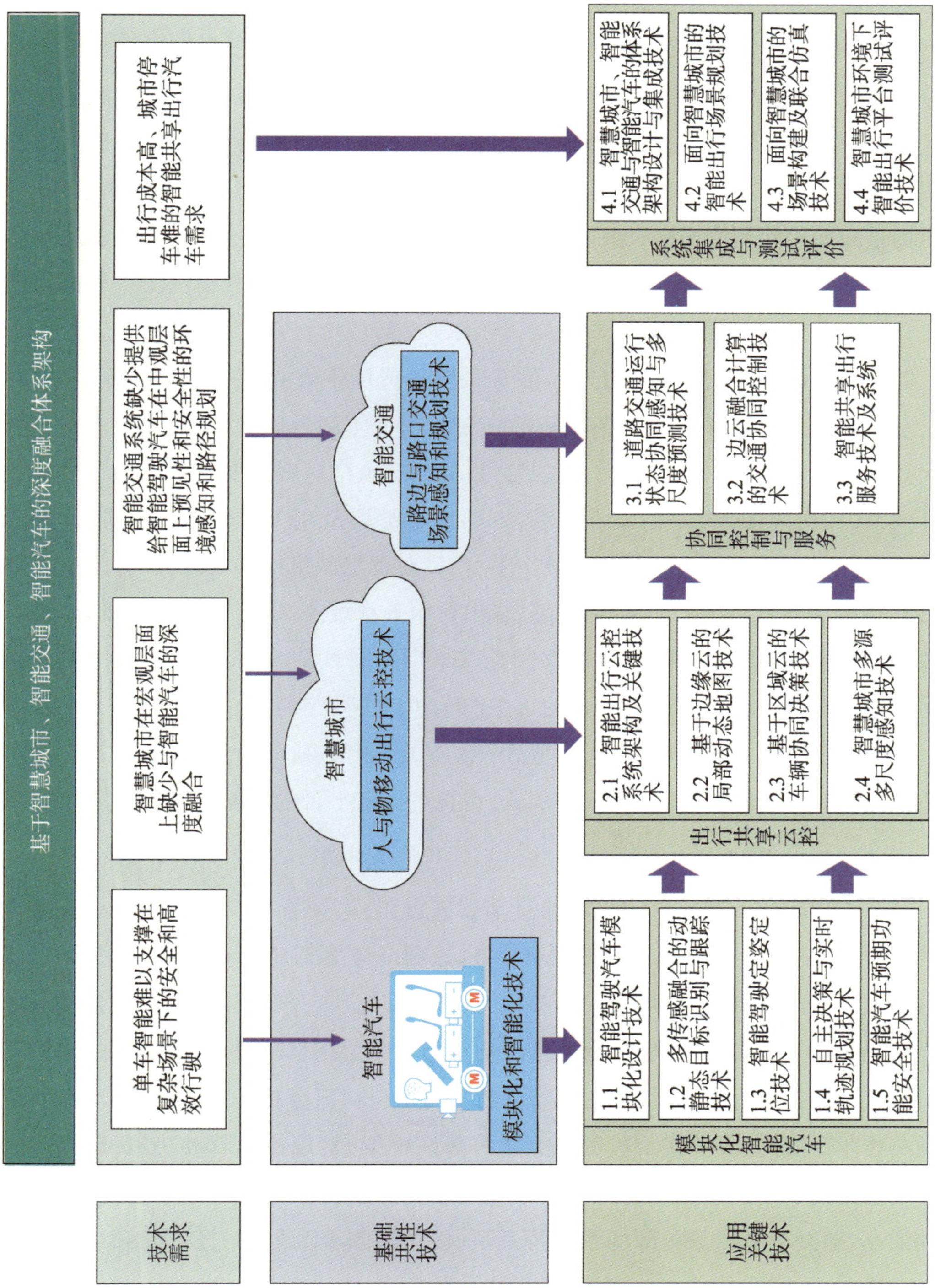

图 1-8 3S 融合的关键技术支持

技术需求

- 基于智慧城市、智能交通、智能汽车的深度融合体系架构
- 单车智能难以支撑在复杂场景下的安全和高效行驶
- 智慧城市在宏观层面上缺少与智能汽车的深度融合
- 智能交通系统缺少提供给智能驾驶汽车在中观层面上预见性和安全性的环境感知和路径规划
- 出行成本高、城市停车难的智能共享出行汽车需求

基础共性技术

- 智能汽车：模块化和智能化技术
- 智慧城市：人与物移动出行云控技术
- 智能交通：路边与路口交通场景感知和规划技术

应用关键技术

模块化智能汽车：
- 1.1 智能驾驶汽车模块化设计技术
- 1.2 多传感融合的动静态目标识别与跟踪技术
- 1.3 智能驾驶定位定姿技术
- 1.4 自主决策与实时轨迹规划技术
- 1.5 智能汽车预期功能安全技术

出行共享云控：
- 2.1 智能出行云控系统架构及关键技术
- 2.2 基于边缘云的局部动态地图技术
- 2.3 基于区域协同决策的车辆协同决策技术
- 2.4 智慧城市多源多尺度感知技术

协同控制与服务：
- 3.1 道路交通运行状态协同感知与多尺度预测技术
- 3.2 边云融合计算的交通协同控制技术
- 3.3 智能共享出行服务技术及系统

系统集成与测试评价：
- 4.1 智慧城市、智能交通与智能汽车的体系架构设计与集成技术
- 4.2 面向智慧城市的智能出行场景规划技术
- 4.3 面向智慧城市的场景构建及联合仿真技术
- 4.4 智慧城市环境下智能出行平台测试评价技术

针对智能驾驶汽车,可以将支持融合的技术具体分为五类。首先,模块化设计技术通过功能分解和模块划分,满足不同服务需求,构建多样化的产品系列,为用户提供更多选择。其次,多传感器融合技术弥补了单一传感器的不足,提高了目标检测与跟踪的准确性和鲁棒性,为复杂环境下的驾驶提供支持。第三,自主决策与轨迹规划技术采用深度学习和概率模型,实现车辆的自主驾驶,考虑环境不确定性,提高驾驶的智能性。第四,驾驶场景与功能安全技术通过模型构建和传感器数据分析,提高对交通场景和安全问题的理解,增强智能驾驶的安全性。最后,高精度定位技术通过多传感器协同工作,提供车辆的高精度定位和导航支持,为智能驾驶提供更可靠的定位信息。

针对当前的自动驾驶及智能出行服务系统集成度不够高、系统与车辆匹配周期较长、缺乏完善的测评体系、实验与测试的风险大、成本高等瓶颈问题,以面向指定智能示范区内智能共享出行为目标,实现确保功能安全、信息安全要求下的整车平台二次开发,完成模块化通用底盘及车身改装、传感器部署及相关的软硬件集成;建立面向高可靠的同步闭环的移动云测试统一平台;针对智慧城市核心场景,设计完成能够支持移动出行服务与需求的新型智能共享出行服务系统测试评价体系,实现低成本、高效化、可定制、与开发并行的自动驾驶及共享出行服务系统测试功能,最终实现指定示范区内基于智能共享出行平台的自主泊车和自主行驶能力。

围绕上述四大共性关键问题,形成3S融合一体化的基础理论、方法和关键技术体系,支撑交通强国等国家重大战略部署,为智慧城市平台的发展与部署奠定基础。

2. 关键技术群一:智能驾驶汽车的模块化和智能化技术

针对集模块化与智能化于一体的自动驾驶汽车,研究智能驾驶汽车的模块化设计理论,提出基于功能分解的模块化划分方法,建立顾客需求指标分析模型,制定智能驾驶汽车产品系列型谱,建立各自的功能模块体系,研究模块化的车辆底盘、车身、环境感知和计算控制技术;研究环境中车辆、行人、车道线、交通标志等各类目标的准确、鲁棒、实时检测与跟踪,研究智能驾驶的实时定位与定姿技术,研究智能汽车轨迹的预测技术,构建基于间接示教的决策学习算法框架,实现拟人驾驶决策;研究基于目标运动行为表示及目标危险行为的预判技术,构建驾驶态势图,对多维、变尺度的自动泊车、道路交叉口等局部场景进行理解,以预期安全为核心,通过驾驶场景的定性与定量分析、安全熵的估计、案例验证等手段。

模块化智能驾驶车辆技术群如图1-9所示。

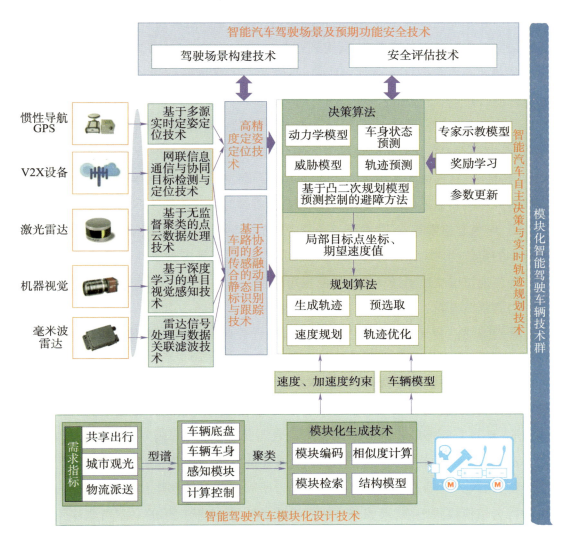

图1-9 模块化智能驾驶车辆技术群

1)智能驾驶汽车模块化设计技术

研究智能驾驶汽车的模块化设计理论,提出基于功能分解的模块化划分方法,建立用户需求指标(共享出行乘车、观光旅游等不同服务用途的需求)分析模型,制定智能驾驶汽车产品系列型谱;对底盘、车身、环境感知和计算控制进行分解,按照功能独立性原则,将总功能分解为多个子功能,从而建立各自的功能模块体系,研究功能模块的求解方法、模块间相似度计算方法及谱系聚类方法;设计智能驾驶汽车底盘、车身、环境感知和计算控制的模块编码系统结构,研究基于模糊模式识别的数据检索方法,形成产品簇结构模型。

2）基于车路协同的多传感融合的动静态目标识别与跟踪技术

研究复杂环境下机器视觉、低线激光雷达和 V2X（Vehicle to Everything，车联网）路基传感器等多源信息融合感知技术，补偿单一传感缺陷，充分发挥各类传感器优势，提高目标检测与跟踪准确性与鲁棒性；研究多源传感器时空配准和多层级传感数据融合算法，并开发动静态目标检测与跟踪集成系统，实现对各类传感技术的融合与集成，数据融合拟采用基于随机决策理论，利用跨层级的数据融合架构，包括原始数据级、特征级、目标级等多层级的传感数据融合；研究基于时间、空间复杂度的软硬协同的多源传感器数据精准同步技术，以及基于多模时空滤波的数据配准技术；结合深度学习、跨模态检索等方法，对交通场景中诸如车辆、行人及非机动车等目标实现准确可靠的定位、分类、跟踪，提高交通场景中光照、天气等多种条件变化的鲁棒性，并最大程度地扩展交通场景动静态目标感知范围。

3）智能汽车自主决策与实时轨迹规划技术

针对点对点自动驾驶、自主泊车、路口通行等典型应用场景下状态模型的不确定性进行分析，在信息不完备条件下，针对智能体对环境反应的解释具有不确定性的问题，利用部分可观察信息，构建融合概率模型的马尔可夫决策过程；设计车辆的行为评价函数，构建依赖于深度神经网络的决策学习系统，实现车辆的自主驾驶，动态场景下的环境状态可描述为有限状态集，典型的车辆驾驶行为如超车、跟车等都能以不同的状态来抽象生成表达，基于此有限状态集，构建标准马尔可夫决策过程，深入分析动态场景下驾驶行为学习所需的状态转移规律，建立反映人类示教的行为切换模式矩阵，形成算法所需的数学环境，在所构建的马尔可夫决策过程中，设计合理的贝尔曼方程奖励评价模式，利用深度神经网络，获得奖励与环境特征的非线性关系，完成奖励函数的非参数化表达。拟建立对环境描述的信念状态空间，基于所建立的环境信念状态空间，通过精确求解法对整个信念状态空间迭代执行动态规划，获取行为策略的收敛范围，继而利用分支界定法搜索得到可行的最佳行为策略。

4）智能汽车驾驶场景及预期功能安全技术

研究涵盖交通法规及驾驶人对特定场景、突发事件的应对措施等驾驶经验知识，并以驾驶人认知为基准，通过构建一个以车辆为中心的驾驶场景模型，并将车辆周边环境感知、车姿感知和高精度地图等信息进行映射，实现对多维、变尺度局部场景的理解，以及对典型的交通场景，尤其是危险场景的理解。针对车辆驾驶行为存在安全风险的目标运动行为及目标危险行为的问题,融合经过预处理后的雷达和图像数据的目标运动信息,利用卡尔曼滤波预测目标的位置和速度,获得目标的位置、大小等信息,通过多次迭代,对所处场景的危险程度进行预测,并分析智能汽车传感器的置信度及其时空演变趋势,实现以本车为中心的多层次、多尺度局部的目标运动行为表示及目标危险行为的预判。以预期安全为核心,通过驾驶场景的定性与定量分析、安全熵的估计、案例验证等手段,评估自动驾驶车辆系统可能存在的安全性不足,提高智能驾驶的安全性。

5)智能网联汽车高精度定姿定位技术

智能网联汽车高精度定姿定位技术是利用多种传感器和算法,实现对车辆位置、方向和姿态的高精度测量和估计。智能网联汽车通过全球卫星定位系统、惯性导航系统、视觉传感器、地图匹配技术和V2X设备协同定位,可以提高车辆的定位精度和稳定性,为智能驾驶和自动驾驶提供重要支持,获得更加安全、高效和便捷的出行体验。

3. 关键技术群二:智慧城市移动共享出行云控技术群

针对智慧城市移动共享出行云控技术所应用的大规模网联车辆与路侧设备的异构、多源、海量信息处理以及信息精度、时效保证等问题,面向车车与车路网联协同服务对信息的需求,通过需求定义与文献分析确定技术方案,借鉴现有先进技术与体系架构实现关键理论技术突破与整体集成创新,研究云控系统的端-网-云架构、数据模型与通信协议。在为车辆提供数据服务方面,基于现有局部动态地图文献,研究符合中国特点的面向驾驶辅助与自动驾驶的局部动态地图技术,实现在云控体系下基于云控感知数据的多边缘云协同的实时地图更新;在云控协同技术方面,基于云控系统与局部动态地图数据,整合并提炼现有车路协同需求与技术体系,研究区域云上高通用的车辆安全与高效运行协同决策技术,实现集中优化与分布式求解。

智慧城市移动共享出行云控技术群如图1-10所示。

1)智能出行云控系统架构与关键技术

研究用于智能网联汽车实时协同决策的边缘云与区域云分层递阶的云控系统架构;研究支持智能网联汽车网联应用的通用基础数据模型、端云通信与平台内通信的通信协议;研究针对智能网联驾驶应用对云控平台性能要求的云平台技术集成与优化。

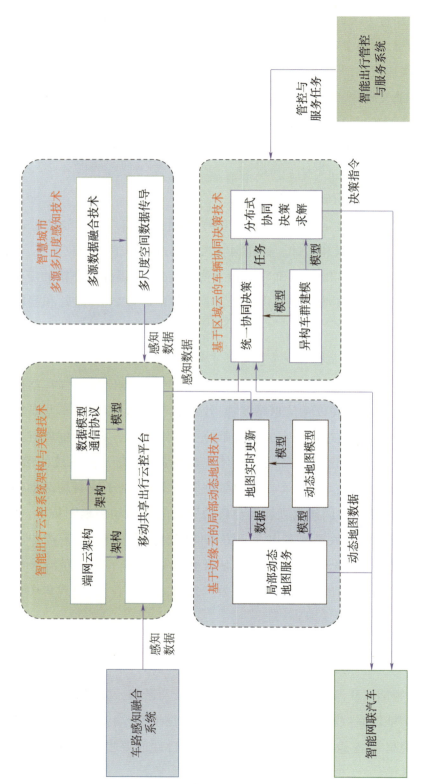

图 1-10 智慧城市移动共享出行云控技术群

其一，云控系统端网云架构。从车路协同的智能出行需求出发，从功能规划、物理实施、信息交互三个维度设计云控系统的功能架构、物理架构、通信架构。功能架构通过功能过程、数据流与功能要求描述抽象的服务组件及相互作用；物理架构通过物理实体、所含功能对象与信息流来描述云控系统及车路服务体系实施中的物理组成及信息交互；通信架构明确车路信息内容与通信要求，实现物理实体间的互联互通。

其二，智能网联数据模型与通信协议。针对智能网联汽车云控协同应用对基础数据的需求，确定云控平台需承载的基础数据集合及对应数据使用方式；选取适当的数据模型建模方法与模型结构，从数据结构、数据操作、完整性约束等三方面进行车辆运行相关基础数据模型设计。研究整理云控协同应用对通信的基础共性需求，设计包括数据交换格式、数据交互方式与传输要求等内容的通信协议。

其三，云平台技术集成与优化。基于云控系统端网云架构、基础数据模型与通信协议的研究结果，研究适合云控平台的云计算组件选择方法与云计算组件系统级集成方法，将数据模型与通信协议在云控平台上实施，研发智能出行云控系统级验证平台，对验证平台进行智能网联汽车协同应用所需基础性能仿真测试与迭代调优。

2）基于边缘云局部动态地图与城市多源多尺度感知技术的车辆协同定位定姿增强方法

研究在边缘云上利用车路多源感知信息进行车辆协同定位定姿增强方法，具体研究内容包括车路多源感知信息中的协同定位定姿相关信息提取方法、自适应数据源的协同定位定姿多源数据关联方法、多源信息协同定位定姿估计方法。

其一，车路多源感知信息中的协同定位定姿建模与信息提取方法。研究车路协同定位应用的重要场景与工况，结合云控平台所能获取的车路信息，设计自适应场景与工况的多车/车路协同定位定姿系统模型；针对实际应用中协同定位定姿信息源动态变化的问题，研究协同定位定姿模型自动构建与从基础数据中自动提取所需数据的方法。

其二，自适应数据源的协同定位定姿多源数据关联方法。考虑车载设备与路侧感知设备的定位定姿误差，根据协同定位定姿系统模型，研究自适应工况对同一对象的多源量测进行筛选与关联的方法，针对不同工况与数据类型的数据关联算法选取与参数适配方法。

其三，多源信息协同定位定姿估计方法。基于多车/车路协同定位定姿系统模型，研究协同定位定姿估计方法的架构与关键协同估计方法，研究包括协同估计分散式结构设计、主滤波器与局部滤波器选择与设计、量测更新方法、估计算法结构自适应方法、算法参数分级标定方法。

3）基于区域云的车辆协同决策技术

针对多类型、多性能、多任务的混合车辆群体，研究提升车辆运行安全与效率的区域云上协同决策方法，具体研究内容包括多类型、多性能、多任务车辆个体与群体建模方法，自适应工况的安全与高效车辆协同决策方法，用于实时响应的分层分布式车辆协同决策动态求解方法。

其一，多类型、多性能、多任务车辆个体与群体建模方法。针对不同智能网联等级车辆在路口与路段上共同运行的系统动力学建模问题，研究普适的多车与车路协同应用场景的异质车辆个体到不同渗透率混合群体的分层建模方法，研究基于云控平台车路数据的系统工况辨识与模型在线自动构建方法。

其二，自适应工况的安全与高效车辆协同决策方法。针对不同渗透率的不同智能网联等级车辆，在不同交通与道路场景下提高运行安全与效率的协同决策问题，研究决策工况分类与辨识方法，研究不同工况下安全与高效协同目标在线自主决策方法，研究通用协同决策框架、关键协同决策技术与自适应工况的协同决策任务构建方法，研究接收人为交通调控指令的人机共同协同决策技术。

其三，用于实时响应的分层分布式车辆协同决策动态求解方法。针对协同决策算法求解复杂度高的问题，基于云控平台计算优势，研究通用协同决策框架的分布式计算任务构建方法，以及关键协同决策技术的分布式求解方法与性能评价，针对协同决策任务随工况变化的特点，研究协同决策应用基于云控平台分布式流处理的自动分布式部署技术。

4. 关键技术群三：智能交通系统的协同控制与服务技术群

基于端边云系统层级解耦，研究道路交通运行状态协同感知与多尺度预测技术，通过自动驾驶汽车、智能路侧设备等感知节点智能协作，采用张量分解和深度学习组合建模，实现对道路运行状态的多尺度预测；通过系统动态资源优化与调度，实现端边云资源的弹性调度，建立受控环境下的智能共享出行典型交通场景的通行控制规则，提出边云协作的控制策略生成方法，研究面向智能共享出行车辆的多控制节点的协同联动控制技术，包括车速与信号控制双向优化、车辆队列通行交通控制、节点自组织的道路交叉口协同控制等，实现低延迟、高可靠控制优化计算任务下沉边缘端执行；按照供需匹配和资源高效的原则，建立共享出行需求辨识和多出行个体需求撮合与匹配模型，实现共享出行需求的精准辨识和匹配，研究基于数据挖掘的共享车辆出行巡游与关键路径识别技术,同时研究运营车辆调度多目标优化技术,保障运营车辆对出行需求的全面覆盖并提高出行需求的响应速度,最后开发适配多智能终端的应用软件及智能共享出行服务系统。

智能交通系统的协同控制与服务技术群如图1-11所示。

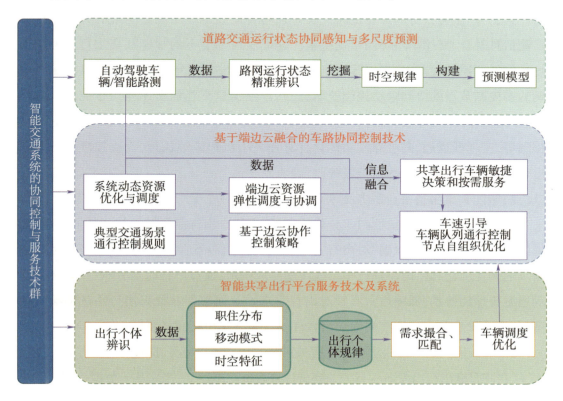

图1-11 智能交通系统的协同控制与服务技术群

1)基于端边云融合的车路协同控制技术

结合道路交通运行状态协同感知和多尺度预测与边云融合计算的交通系统控制,研究端边云架构下的群智感知节点协作优化方法,实现自动驾驶车辆数据、交通状态感知数据、管控服务数据等高效汇聚与可信交互,研究端云信息融合计算和基于边缘计算的智能路侧信息融合方法;建立受控环境下的智能共享出行典型交通场景的通行控制规则,提出边云协作的控制策略生成方法,研究面向智能共享出行车辆的多控制节点的协同联动控制技术,实现基于边缘计算的车路协同控制。

其一,基于端边云融合的多尺度交通态势辨识。通过构建边云融合计算的技术架构,研究端边云架构下的群智感知节点协作优化方法,实现自动驾驶车辆数据、交通状态感知数据、管控服务数据等高效汇聚与可信交互,研究端云信息融合计算方法,实现路网状态演化规律动态学习和多尺度交通态势辨识,研发多域集成的边缘计算节点,并通过建立多计算节点动态信息融合与控制方法,实现基于边缘计算的智能路侧信息融合,有效支撑车路协同敏捷决策,为受控环境下的多控制节点的协同联动控制提供精确数据支持。

其二,基于边云协同计算道路交叉口通行控制技术。研究基于边缘计算的智能路侧信息融合,支撑车路协同敏捷决策。建立受控环境下的智能共享出行典型交通场景的通行控制规则,提出边云协作的控制策略生成方法,研究面向智能共享出行车辆的多控制节点的协同联动控制技术,包括车路信息交互的车速与信号控制双向优化、车路协作的车辆队列通行交通控制、基于边缘节点自组织的多交叉口多目标联动控制等,实现低延迟、高可靠控制优化计算任务下沉边缘端执行,为受控环境下共享出行车辆提供高效敏捷的出行服务。

2)智能共享出行平台服务技术及系统

针对出行需求的随机性与差异化特征,研究共享出行需求辨识与匹配方法,按照供需匹配、资源高效的原则,对出行需求和资源供给进行快速匹配;研究多目标约束的车辆调度优化和匹配车辆行车路线智能生成技术;通过出行时空分析,研究运营车辆巡游与预约技术,保障运营车辆对出行需求的全面覆盖并提高出行需求的响应速度;最后开发适配多智能终端的应用软件及智能共享出行服务系统。

其一,智能共享出行需求辨识与服务策略生成技术。基于多源数据融合与交互技术,从共享车辆出行出发地—目的地到全位置轨迹挖掘转变,建立基于数据挖掘的共享车辆出行分布与关键路径识别技术,通过识别职住分布与路径识别、发现移动模式规律、辨识日常通勤人群和动态挖掘通勤走廊等共享出行时空特征,建立共享出行需求辨识和多出行个体需求撮合与匹配方法,实现智能共享出行精准需求辨识,同时考虑共享出行需求的随机性和差异性,研发智能共享出行平台车辆行车线路的智能生成技术。

其二,智能共享出行服务平台。通过出行时空分析,研究运营车辆巡游与预约技术,保障运营车辆对出行需求的全面覆盖并提高出行需求的响应速度;基于端边云融合的车路协同控制技术和智能共享出行需求辨识与服务策略生成技术,开发适配多智能移动终端的出行应用软件,从而建立智能共享出行平台服务系统。

5. 关键技术群四:面向智慧城市的智能出行系统集成与测试评价技术群

如图 1-12 所示,以城际出行、城市内部出行、智慧城市物流运输拓展功能需求为驱动,根据不同等级自动驾驶要求,结合整车厂差异化产品功能需求和整车性能控制目标,开发车载多源传感器可配置方案,开展智慧城市道路环境下智能共享出行系统集成与测试评价。

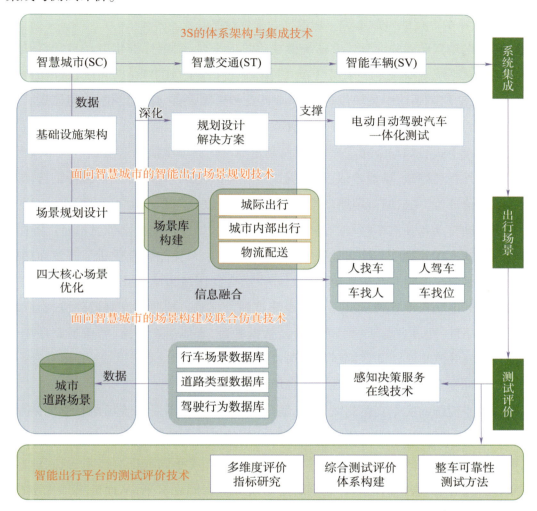

图 1-12　面向智慧城市的智能出行系统集成与测试评价技术群

1)面向智慧城市的智能出行场景规划技术

研究以智慧城市为依托,借鉴动态驾驶任务(Dynamic Driving Task,DDT)、运行范围设计(Operational Design Domain,ODD)、感知和判断(Object and Event Detection and Respond,OEDR)、动态驾驶任务应急措施(DDT Fallback)、SAE(Society of Automotive Engineers,美国汽车工程师学会)等对自动驾驶汽车设计标准,结合国家相关发展规划,开展场景设计;研究智慧城市"人找车""车找人""人驾车"和"车找位"等四大核心场景,解决移动出行服务与需求的实时动态平衡,以提高自动驾驶智能化、舒适性、安全性为目标,定义智能寻位、自主泊入、自主泊出等自动驾驶系统功能及功能适用范围、目标和意外的检测与响应,建立城市道路智能泊车场景数据库,通过不同场景综合分析,实现满足SAE 2级的"人驾车"和SAE 4级的"车找位"功能目标。

2) 3S体系下智能出行系统架构设计与集成技术

研发电动自动驾驶汽车驾驶系统模块化集成平台,制定标准化电动自动驾驶汽车环境信息系统接口规范。采用分布式计算平台,基于AUTOSAR开放软件架构规范,构建自动驾驶系统中央域控制器,集成匹配传感器硬件、地图定位、传感器融合与决策及动力学控制策略。基于自动驾驶系统中央域控制器与车载智能终端控制器,集成匹配自主式感知与协同式感知组件,制定标准化的环境信息系统接口技术规范。搭建软硬件在环测试、场地验证、道路测试于一体的测试平台,形成中国特色自动驾驶测试评价规范,完成城市道路环境下电动自动驾驶汽车示范运行。设计城市道路环境下电动自动驾驶汽车整车产品性能特征,开发以经济性、安全性、舒适性为主要目标的电动自动驾驶汽车整车性能控制方案,实现整车性能综合优化。研发面向电动自动驾驶汽车的整车性能评价技术。开发适合我国城市结构化道路特点、中国驾驶人特性的电动自动驾驶系统SAE 4级测试评价规范。按照标准测试环境、实际结构化道路条件,通过自动驾驶示范运行云数据平台,开展高速公路、城市道路环境下电动自动驾驶汽车SAE 4级测试验证与认证。

3) 面向智慧城市的场景构建及联合仿真技术

相较于传统的实车实路测试,仿真测试具有成本低、不受试验场地和时间限制、安全可控、测试条件可重复、测试结果可跟踪等优点。主要研究内容分为感知在线、决策在线及服务在线。在感知在线模式下,智能车环境感知数据直接来自仿真合成场景,用以测试在这些场景下智能车的规划及决策智能度水平,从而能够以安全/低成本/可重复的方式测试包括对实车有一定危险性的任务,并且易于改变环境参数,提高测试的覆盖度。在决策在线模式下,由人类驾驶车辆行驶在实际道路中,传感器实时获取环境信息,智能车决策系统的输出并不传递给执行机构,而通过移动云测试平台对该虚拟决策进行采集、传输、分析和挖掘。在服务在线模式下,模拟真实情况中的出行服务需求,通过智能出行管控与服务系统实现以上场景的处理与分析。上述联合仿真测试方法可以在各子系统的研究/开发/测试人员间实现数据共享,提高测试与开发的并行度及实施效率。

构建与自动驾驶系统环境感知、驾驶人行为密切相关的中国道路交通场景数据库、驾驶行为数据库、道路类型数据库,完成城市道路环境场景构建与仿真。针对我国道路交通特点,建立不同天气、光照、道路、车辆分布以及驾驶人特性等条件下城市道路行车场景数据库、驾驶行为数据库、道路类型数据库,通过 Prescan 等汽车模拟仿真软件自动生成模拟场景。研制城市道路环境下驾驶人/控制器/电驱动系统在环的自动驾驶仿真测试平台,结合模拟场景数据库,构建中国城市道路环境的自动驾驶仿真体系。

4)智能出行平台的测试评价技术

评价自动驾驶及智能共享出行服务系统是一种多指标综合评价问题,其中包括智能性、安全性、舒适性和经济性等多个评价维度,在每个维度下又存在不同的评价指标。通过建立合适的综合量化评价函数将不同评价指标得出的结果融合为一个量化的、可以横向比较的综合评价值;基于中国道路交通事故碰撞前数据库和中国自然驾驶数据库,分别构建园区工况、泊车工况及出行服务需求等测试用例库,并以此作为评价系统的输入;基于交通环境复杂度、驾驶任务复杂度、车辆行驶行为的分级设计,将系统的智能度、安全性、车内人员主观舒适性、经济性和可靠性等指标纳入统一的定量评价框架内,形成综合测试评价体系;以基于场景与事件的整车测试基本方法,以安全要求和风险量化为基本的评判依据,制定虚拟(模拟)测试、试验场测试、实际交通状况测试验证等层次交互的整车测试评价通用方法论,在测试场景、测试环境、测试工具等各相关因素构建过程中实现模型化、数据化、标准化,为系统研发与整车集成提供反馈。

第五节
3S 融合下的各系统发展方向

一、3S 融合下的智慧城市

1. 功能与需求

面向智能交通和智能汽车应用的智慧城市功能与需求,应明确以支撑城市交通可持续发展、实现绿色低碳为愿景,明确推进 3S 融合发展的目标、模式与定位。

明确资源环境约束,解决城市交通问题:中国城市发展受到资源和环境双重约束,城市空间紧张,环境承载力弱,城市交通发展面临较大压力。明确发展模式,推动智慧城市建设进程:探索符合中国城市特点和要求的交通模式是协同发展的关键要点之一,简单地将私家车从有人驾驶转变为自动驾驶对城市交通的意义并不明显,特别是在有人、自动驾驶车辆混行的状态下,反而可能带来更大的交通压力。明确智能网联汽车定位,助力城市可持续发展目标:基于城市交通问题,明确智能网联汽车发展定位,是助力城市整体发展目标的基础,智能网联汽车应以引领公共交通发展、融入私人交通为契机,以城市交通可持续发展为导向,力求提供小容量、非定点定线的需求响应型服务,提供介于私人小汽车和传统公交之间的多样化共享交通服务。

2. 技术体系

在智能城市背景下,以人为中心,挖掘智慧城市-智能交通-智能汽车的内在逻辑,从人的视角建立"需求-场景-功能-技术"的技术体系,是智能网联车和智能城市协同的关键要点。

基于不同出行目的与空间场所共同构成的完整出行链,细化实际需求,将出行场景和城市空间、用地功能、产业与公共服务密切结合。基于出行特征的数字化表达,形成定位准确、内涵丰富的智能出行场景库,构建个体视角下的典型出行场景。为支撑场景中各类功能的顺利实现,从可靠、经济等角度出发,合理选择或研发车辆、道路、通信等领域的各类技术手段,从而打通技术体系。

3S 融合下的智慧城市技术体系如图 1-13 所示。

3. 关键问题与难点

如何实现智能基础设施建设与智能应用体系开发双核驱动。探索如何依托物联网络、智能感知设施体系、智能道路交通设施和绿色智能的新能源供给,形成信息多维度、立体化、高精度的全面感知,实现人、车、交通环境的深度融合与高效协同,重构物理空间与数字信息的映射关系,为交通运行管理的全面智能化提供必要条件。

城市级别的智能应用体系开发是智能交通系统的软件依托。探索如何依托智能城市数据平台,将数据与智能的技术链条有效导向应用与服务场景,构建数据驱动、开放互联的新型智能交通应用平台和产业生态,形成对规模化公众服务的有效支撑和产业服务能力。

4. 3S 融合支持下的智慧城市新生态

3S 融合系统具备高开放性、高动态性的特点,随着智能汽车和智能交通产业生态的不断发展,将会不断涌现新生态,对智慧城市发展形成支撑。下面介绍三种智慧城市新模式。

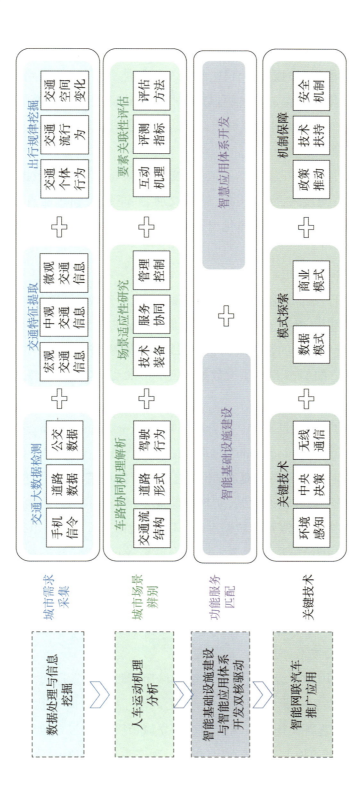

图 1-13 3S 融合下的智慧城市技术体系

1）城市交通运营平台

地方政府提供良好的政策环境，加速智能化道路、云计算平台等城市新型基础设施建设；各企业共同参与，加强技术合作，拓展车辆智能，使得智能道路和智能汽车协同演进，实现车辆利用率优化、交通信号灯配时优化、道路交叉口预警等关键功能，充分发挥智能化价值。图1-14显示了城市交通运营平台升级思路。

2）一体化出行服务平台

将智慧城市/交通平台开放共享的道路、交通数据与商业服务数据相融合，并将各类交通工具平台打通接入，实现飞机、轨道交通、共享巴士和智能汽车等各种交通方式优势互补，建设面向用户的一体化出行服务平台。图1-15显示了多模式一体化出行平台升级思路。

3）大数据和云平台推动城市治理升级

基于对来自云、管、端的道路交通数据、能源数据、车辆数据、用户数据等进行实时获取和监控，通过标准化、融合、挖掘、预测对数据进行处理，数据具有越来越高的价值；通过有效的数据监管和安全的数据交易机制，最终实现智能汽车产业生态角色商业模式、盈利模式的转变。图1-16显示了大数据和云平台推动城市治理升级思路。

5.3 S融合背景下的发展战略

建立城市级别的数据信息平台。综合应用GIS（Geographic Information System，地理信息技术）、BIM（Building Information Modeling，建筑信息模型）、CIM（City Information Modeling，城市信息模型）构建持续更新、不断迭代的智能城市模型，促进规划、建设、管理各阶段数据的共享互通和动态更新，实现空间规划精确模拟、建设实施实时仿真、管理运行主动调控。发挥城市级别的数据平台作用，将城市运行与交通出行有机关联。

推动城市智能基础设施规划建设。建设全域覆盖的物联网络，打造统一开放的物联网平台。设计城市感知体系通用架构，制定城市物联网数据接入标准，建设统一开放的城市级物联网平台，实现感知终端的统一接入、分类管理、数据归集，提供感知数据清洗加工和融合共享服务，支撑城市治理、服务和发展等各领域物联网应用系统建设，推动物联网相关技术、应用、产业的发展。

完善城市智能应用体系设计。打造智能化城市管理模式。通过全天候动态监测公共设施，实现对公共服务设施的预见性维护。建立人机协同的执法模式，实时监测、精准识别、智能处置各类违规违章行为。建立城市管理第三方监管和大众评审信息平台，鼓励公众通过各种方式参与城市共治。动态生成城市特征和城市活动画像，辅助城市管理决策，引导公众合理使用城市资源。

图 1-14 城市交通运营平台升级思路

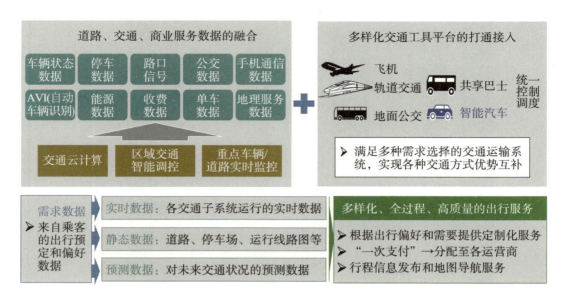

图1-15 多模式一体化出行平台升级思路

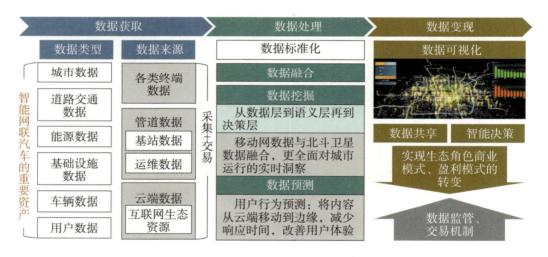

图1-16 大数据和云平台推动城市治理升级思路

探索基于智能基础设施与应用系统的城市空间组织模式。按照生活圈布局公共服务设施,耦合布局公共交通与共享交通设施。各级基本公共活动空间和公共服务设施,实行集中建设、混合布局、综合使用,实现公共服务与日常生活的有机衔接。按5min生活圈划分共享交通单元,根据共享交通单元布局共享交通中心,与社区中心相耦合,既是交通场站也是交通服务中心,实现多种交通方式便捷、安全、舒适换乘。

6. 本领域完成3S融合需要的支持

基于数据边界规则厘清主体边界,创新商业模式。智能城市的构建面临数据开放模式和商业模式的挑战。各类智慧城市基础设施与智能网联汽车的建设运营主体多元化,需要打破跨行业设备互联、数据互通的壁垒。

制定智能城市相应政策法规。我国智能城市相关标准、体系、核心产品标准、相关法律法规等仍处于初级阶段,无法满足智能网联汽车的发展需求。第一,政府要在顶层设计、标准规范等方面,出台相关政策,加快相关标准体系的构建。第二,加大核心技术研发投入,构建智能网联汽车自主创新体系,促进关键技术领域的突破。第三,推进产业创新平台的建设。第四,加强监管,推动安全保障体系的建立,保障车辆运行安全。

二、3S 融合下的智能交通

1. 功能与需求

智能汽车与智能交通的融合发展是指以智能网联汽车为代表的新型载运工具为主体,基于智能化的道路交通基础设施,采用人工智能、大数据、通信技术以及融合信息技术等学科前沿技术,实现车、路、人、云平台之间的互联互通,充分实现驾驶操作无人化、道路管控自动化、载运工具共享化、出行模式定制化等诸多功能。其特点是强调交通参与者、交通工具、交通设施以及云平台间的融合交互和实时调整,目的是提高交通系统的安全性和可靠性,以及节能减排;其核心是利用智能汽车和智能交通之间实时动态通信,改变传统道路交通车、路之间静态联系,使车、路之间能够建立起实时自动连接、相互作用的动态运行系统,使公路交通运行逐步向类似于飞机空中管制和列车运行控制技术体系方向发展。智能汽车与智能交通融合发展的实现必须着眼于以 V2X 为核心的信息交互平台的构建,基于此实现任何车辆在任何时间、任何地点的互通互联,从而达到全时空动态交通信息的采集与融合,使车与路实现真正的有效融合。

2. 技术体系

智能汽车和智能交通的融合发展不仅需要单独针对交通系统组成要素攻克其关键技术,而且需要攻克各组成要素之间数据融合交互的关键技术。基于此,从"感""传""知""用""安"五个维度提出融合发展需突破的关键技术。智能汽车、智能交通融合发展交通系统技术维度如图 1-17 所示。

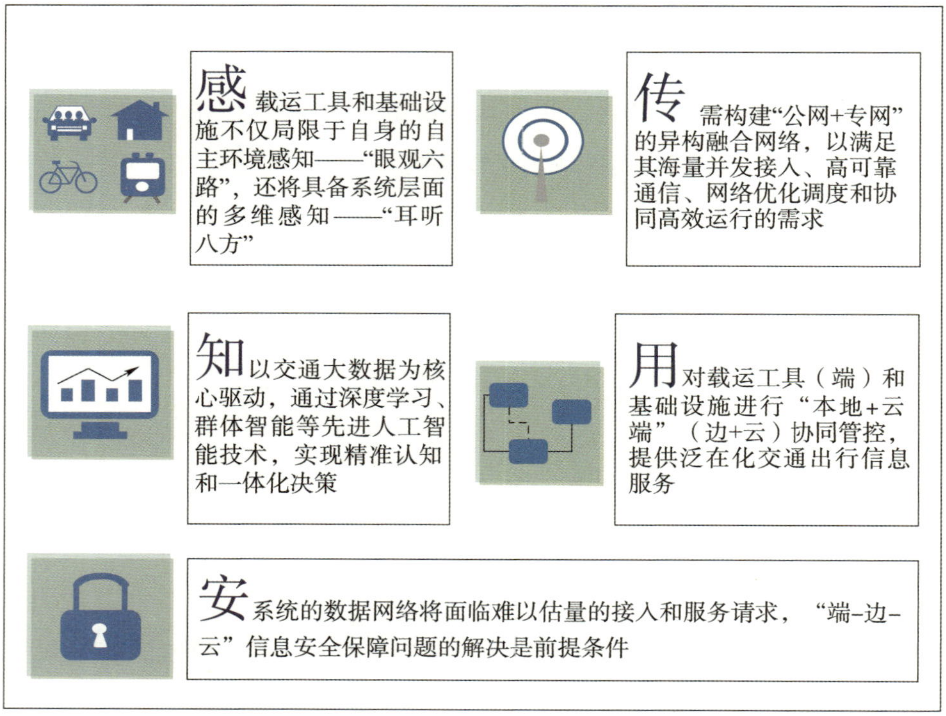

感 载运工具和基础设施不仅局限于自身的自主环境感知——"眼观六路",还将具备系统层面的多维感知——"耳听八方"

传 需构建"公网+专网"的异构融合网络,以满足其海量并发接入、高可靠通信、网络优化调度和协同高效运行的需求

知 以交通大数据为核心驱动,通过深度学习、群体智能等先进人工智能技术,实现精准认知和一体化决策

用 对载运工具(端)和基础设施进行"本地+云端"(边+云)协同管控,提供泛在化交通出行信息服务

安 系统的数据网络将面临难以估量的接入和服务请求,"端-边-云"信息安全保障问题的解决是前提条件

图 1-17　智能汽车、智能交通融合发展交通系统技术维度

1)多基协同感知/多源异构融合技术

面向未来出行的智能交通系统应拓展感知维度,利用多元传感数据融合技术提升自主环境感知精度,通过车载(车基)、道路(路基)和无人机(空基)协同感知提升全域感知能力。

2)5G/异构多模式通信技术

基于多模式自组织网络信息交互平台,实现超高可靠、超低延迟和多模式的区域车联网服务,需要在现有通信技术水平基础上,提升通信网络系统频谱资源效率和传输可靠性,支持海量车路要素泛在化信息交互。

3)交通大数据驱动的 AI 技术

形成软件定义的新型智能交通云应用系统,将数据与 AI(Artificial Intelligent,人工智能)技术链条有效导向应用和服务场景,构建数据驱动、开放互联的新型道路交通应用系统,形成对规模化的有效支撑和服务能力。车载 AI 需进行微观层面的自我学习,完成多路况驾驶经验积累以及协同云平台共享;云端 AI 进行全局车/路大数据汇聚,进行演化规律的动态学习和多尺度交通姿态辨识。

4）端-边-云协同控制与泛在服务技术

端-边-云协同控制与泛在服务技术主要包括：①基于协同计算的群体智能控制技术；②基于协同计算的区域交通联动控制技术；③车路系统场景测试评价技术；④实现泛在出行服务的可定制化；⑤智能共享出行管控与服务技术。

5）信息安全保障技术

突破智能汽车终端安全、边界安全、网络安全和数据安全技术，建立基于分域隔离与纵深防御的安全控制架构、入侵检测框架与可信认证、通信交互框架与访问控制模型和数据生命周期管理与安全稳定存储能力，研究智能汽车终端芯片安全加密和应用软件安全防护，突破适用于人-车-路-云协同的车用无线通信安全加密技术，研究基于区块链的去中心化的安全通信以及认证授权技术，开展面向智能汽车云控平台的数据加密、监控审计等安全防护，支撑智能汽车上路安全运行。

3. 关键问题与难点

融合发展的关键问题在于如何解决技术瓶颈以及人、车、路、管控平台和法律标准间各要素的衔接和融合问题。

1）核心技术尚未完全自主，部分组件过分依赖国外

在感知技术层面，无论是车载还是路侧感知传感器的关键部件均为技术短板。在决策认知技术层面，车端决策认知的硬件平台、单车智能技术基本上为国外企业垄断，国内车企不具备公开道路高级自动驾驶汽车量产能力。此外，支持智能汽车和智能交通融合发展的智能路侧装备及系统未形成应用集成解决方案。在端-边-云协同控制与泛在服务技术层面，实现协同控制与泛在服务需要大规模交通要素数据流并发、实时汇聚与存储以及信息资源优化调度与敏捷计算。在信息安全保障技术层面，围绕病毒攻击、信息泄露、车辆信息盗用、恶意破坏等安全问题，我国已经着手开展改进和完善相关安全技术和安全问题的相关工作，加快车联网相关法律法规体系和技术标准规范，但相关技术尚处于起步阶段。

2）融合发展商业模式不清晰，产业生态不健全

这不仅涉及融合发展下交通管控与服务的商业模式，也涉及智能汽车自身的商业模式。同时，智能汽车和智能交通融合发展涉及多产业的交叉融合，其中高精度地图、基础设施以及测试场等产业生态组成部分背后的商业模式和逻辑也应统筹考虑。此外，为了推动技术进步和融合发展测试，国内建设了大量封闭测试场，但目前测试场具有投资成本高、测试能力有限、测试收费水平较高以及测试总量有限等特点，导

致测试场商业模式的构建尚在探索之中。

3）法规、标准有待健全，部分条款形成制约

我国现有相关法律和法规等存在不适用于智能汽车和智能交通融合发展产业化的相关内容。针对未来智能汽车与智能交通融合，跨部门的协同法律制定机制尚未形成，部门间协同不足。同时，作为智能汽车与智能交通融合运行"端"的自动驾驶车辆上高速公路测试受法规限制，高精度地图和定位也受到偏转插件、地理信息表达等方面的限制。而在车辆数据安全和隐私权保护、信息侵权责任、安全保障、产品责任、行政责任以及刑事责任的主体和内容认定等问题上，依然存在部分法律问题。

4.3 S 融合背景下的发展战略

3S 融合背景下的智能汽车和智能交通融合发展战略主要包括：探究适应我国不同区域实际情况的智能汽车和智能交通融合发展顶层框架；突破支撑融合发展的关键核心技术，并形成 3S 融合背景下的多类型、多领域、多功能和多技术跨界分析技术体系；以重点区域示范运营为切入点，提出打造智能汽车和智能交通融合发展示范的具体路径；明晰系统工程思维，厘清全生态核心要素及相互关系，研究融合发展创新生态及标准体系的构建。

基于此，以广泛深入、循序渐进和以点带面为原则，采用"框架设计—技术攻关—测试验证—重点工程—产业化应用"的思路稳步推进，具体如下：

（1）框架设计：开展顶层框架制定，设定基于智能汽车和智能交通系统融合发展的区域产业化应用最终目标，明确重要时间节点的里程碑。

（2）技术攻关：开展新一代智能汽车、车载设备、路侧设施、车路集成系统、开放型大数据共享平台，以及相关基础设施、通信交互、信息安全等技术的研究，构建区域多类型、多领域、多功能和多技术跨界分析技术体系。

（3）测试验证：在封闭测试场地和半开放测试区域，开展新型技术应用测试验证，形成标准化测试规程，为产业化发展提供支撑。

（4）重点工程：在测试验证基础上，选取区域示范工程或试点开展小规模示范应用，验证新一代区域智能交通系统应用效果，为大规模产业化推广做准备，同时为测试验证和标准规范修订提供信息。

（5）产业化应用：选取试点示范效果显著、社会反响热烈的新一代区域智能交通系统，明晰全生态核心要素及相互关系，研究融合发展创新生态及标准体系的构建，

在此基础上进行市场推广和产业化应用,带动新技术产业化发展,形成新的经济增长点。

5. 本领域完成3S融合需要的支持

1)智慧城市

处于新时期的智慧城市可为智能交通提供如下几个方面的支持:

(1)数据的自动采集。充分利用物联网等技术,越来越多的基础设施将具备信息自动采集和迅捷采集的能力,使城市的信息获取更加便捷和高效。

(2)信息资源的整合和共享。打破以部门为分割的信息资源壁垒对智慧城市建设至关重要,对城市主体范围内人、土地、能源、经济等信息资源的整合,能够保障智慧城市与智能交通之间的资源共享。

(3)数据资源的充分挖掘。基于整合的信息资源,充分利用知识管理、数据挖掘等手段,智慧城市将越来越多地表现出数据智能化处理的特征,成为一切智能交通应用的基础。

(4)智能应用。面向市民、政府和企业三类主体,实现战略性技术的深层次、创新型应用。

2)智能汽车

智能汽车和智能交通融合发展将在感知模式、决策模式、管控模式以及服务模式等方面发生转变:①移动的载运工具变为"交通即服务";②信息孤岛变为智能移动终端;③车辆制造变为"车辆智造";④人工驾驶变为车辆自动驾驶;⑤拥有使用变为共享使用;⑥与动力革命相结合,将使车辆由单纯的耗能机械变为可移动的储能和供能单元。

3)智慧能源

智能汽车、智能交通融合发展可与能源互联网相结合,提高可再生能源的利用率,并可以智能调配平衡交通能耗。为满足智能交通需求,智慧能源系统应加快基础设施建设以及完善产业链布局深化智能充电和智慧能源技术应用,充分发挥电动汽车能源属性作用,促进智慧能源与智慧交通融合发展。

4)基础设施

促进网络通信技术、人工智能技术与道路交通基础设施的深度融合,为智能汽车的发展和智能交通的建设提供必要条件。面向典型场景和热点区域部署边缘计算能力,构建低时延、大带宽、高算力的车路协同环境。支持北斗卫星导航系统和差分基站等设施建设,提升车用高精度时空服务的规模化应用水平,满足车辆的高精度定位导航需求。在部分高速公路和部分城市主要道路,支持构建集感知、通信、计算等能力于一体的智能基础设施环境。

三、3S 融合下的智能汽车

1. 功能与需求

智能网联汽车是在节能与新能源汽车的基础上,融合物联网、大数据、云计算、人工智能等新技术,具备安全、高效、节能、舒适的自动行驶能力的新一代汽车。作为物联网的最高应用形态之一,本产业将在原本就高度复杂的汽车产业基础上,广泛融合车辆信息通信、先进感知决策执行、人机交互等新技术以及出行经济、数据增值等新产业,并与交通系统、能源体系、城市布局与社会生活紧密结合,变相对固化封闭的汽车产业链为边界不断扩展的出行生态圈,从而实现智能产品与智能制造、智能应用的深度融合,最终形成"制造 + 服务"一体化的全新发展模式。

2. 技术体系

3S 融合是未来汽车科技发展的指导方向,通过布局城市云控平台,构建"城市大脑",支持汽车智能化,实现城市资源的统筹调度、优化分配。其中智能汽车是打通城市资源的核心枢纽,其发展在于智能汽车科技群的支撑。站在 3S 融合的视角,聚焦车端,对智能汽车技术框架进行系统梳理,包括智能汽车车端软件架构、电子电气架构及城市交通云控平台支持。

车端软件架构包括操作系统底层,实现屏蔽不同计算芯片的差异;基础软件平台作为操作系统中间件,屏蔽底层不同操作系统的差异,同时作为管道、桥梁和云控平台的架构实现互联互通;车端和云端的应用层打通,共享服务应用、功能应用等。

智能汽车的电子电气架构以中央计算平台为核心,可借助云端的计算和存储能力,以及路侧基础设施的计算能力,车端智能传感器和路侧智能基础设施实现协同感知,同时,城市交通的云控平台也可调度路侧的计算能力,最终实现感知、计算、决策一体化。

城市交通云控平台作为"城市大脑"打通车、路、云架构,智能汽车作为智能交通体系的移动感知、计算、决策、执行终端,以路侧感知弥补车端感知不足,以云端计算分担车端计算压力,以 5G-V2X 低时延通信保证车、路、云之间感知信息、控制指令传输的实时性,实现车、路、云协同感知、规划、决策、控制。

智能汽车科技群车端技术框架如图 1-18 所示。

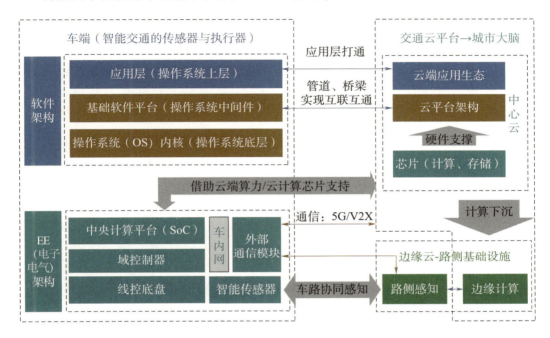

图 1-18 智能汽车科技群车端技术框架

基于智能汽车科技群技术框架,可将相关技术分解为人工智能领域、通信领域、地理信息数字化领域和计算机科学领域,四大基础科技领域相互交织、相互关联,互为有机整体。智能汽车科技进展依赖于四大基础科技领域突破。图 1-19 所示为智能汽车科技群的相关领域。

以智能汽车为核心,基于人工智能重大赋能和信息通信技术的重大使能,实现智能交通体系、智能出行服务和智慧能源体系的一体化融合、无缝对接,需要智能汽车科技群协同创新发展体系,逐步实现 3S 融合,支持城市可持续发展。

3. 关键问题与难点

从本领域自身发展看,智能汽车目前还处于快速成长期,在多数核心领域,中外企业都尚未形成绝对优势。中国在本产业的各个核心领域都已有战略布局,其中车辆关键技术总体处于全球产业链的中端;信息交互技术处于高端;基础支撑技术处于中高端水平;产业链条的完整性全球领先,整体可控性和安全性尚可。但从中国智能汽车发展看,仍存在了一些关键瓶颈问题,制约本领域发展。关键问题如下:

（1）车规级计算芯片：包括硬件、软件等都有明显差距。目前美国英特尔旗下的 Mobileye 和英伟达处于行业领先地位，国内产品与之相比存在代差，甚至是空白，有受制于人的风险。

（2）车控智能操作系统：直接决定软件标准，并联接应用生态。目前全球性统一标准的车载操作系统尚未出现，但国外一些主要车企和信息技术公司正致力于打造主导性产品。我国在该领域积累较为薄弱，在已经错失计算机和手机操作系统主导权的情况下，更应全力以赴争取引领车载操作系统主导权。否则，一旦被国外企业占据主流地位，将会成为新的受制于人的风险点。

（3）部分高性能传感器：在复杂交通环境下车辆先进感知装备以及多源感知融合技术上，我国存在差距。以毫米波雷达最为典型，目前整机市场主要被德国博世、大陆以及美国安波福等占据，不过本土企业正在逐步提升国内市场份额。

（4）智能底盘线控技术：目前被德国博世、大陆和美国德尔福等厂商垄断。这项技术短板与车辆执行系统息息相关，制约自动驾驶技术的发展，我国亟须形成自主可控的研发、制造及整车集成能力。

（5）其他薄弱环节：高精度动态地图技术、车辆信息安全系统技术、智能汽车仿真及测试技术等领域都有一定差距；此外，本产业相关的基础材料、关键工艺和先进制造装备等方面也存在短板。

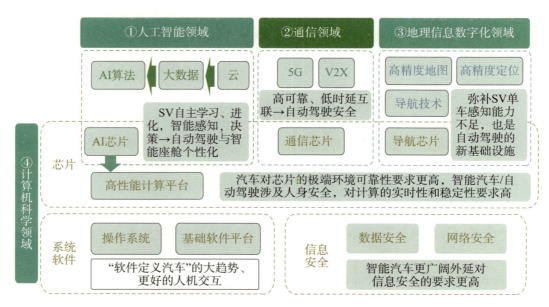

图 1-19　智能汽车科技群的相关领域

从 3S 融合发展看,作为跨领域融合一体化的抓手,智能汽车正面临几大挑战,需要其他领域支持,如能克服,可以反过来支持各领域融合发展。具体挑战包括感知不充分、规则不明确、预期功能安全及成本问题。

4. 3S 融合背景下的发展战略

智能汽车作为核心、枢纽、桥梁,实现智慧城市、智能交通、智能汽车和智慧能源的深度融合发展,进而推动智能汽车产品升级,功能更智能、更多元、更全面,其发展方向应充分体现与其他各领域的衔接与融合。

在智能汽车与智能交通融合方面,未来交通基础设施将实现智能化升级,智能化道路将通过 5G 通信技术与智能汽车互联互通,并搭载高端传感器、边缘计算平台与智能汽车实现协同感知、决策、控制,通过差分定位基站实现高精度定位。智能汽车将通过车路协同实现超视距环境感知,基于实时路况信息合理规划出行路径并灵活选择出行方式,减少行程时间;基于用户的实时定位信息获得充电、维护、订餐、停车场位置推送、紧急救援等多元服务。

在智能汽车与智慧城市融合方面,智慧城市大脑作为综合数据资源平台,打通多领域信息服务平台,智能汽车接入城市大脑,可以实时获取医疗、餐饮、娱乐服务信息,实现智慧能源交易,控制智能家居;智能汽车作为未来智能出行的载体,城市出行平台可实时获取出行需求数据,对智能汽车调度管理,解决城际、城市内及"最后一公里"的用户出行以及物流运输需求,并可以通过智能汽车的共享出行,提升汽车利用率与出行效率。

在智能汽车与智慧能源融合方面,与汽车的智能化和电动化天然吻合,未来充电基础设施实现联网,接入智慧能源平台,智能汽车可综合分析剩余电量和自身位置,选择位置最佳的充电站。分布式智慧电网将实现电动汽车与主电网的良性互动,实现电网电量及时消纳和虚空填补;智能汽车通过车辆 ID(Identity Document,身份标识号)与智慧能源交易平台打通,实现灵活、便捷的能源交易——智能汽车将作为城市能源系统的智能储能终端发挥更大的作用。

从总体战略方向看,新一代智能汽车的发展应以智慧城市、智能交通、智能汽车融合一体化为途径,以破解制约大城市可持续发展的出行问题为目标,开展前沿技术和颠覆性技术创新,夯实基础技术,掌握关键核心技术,研发出下一代汽车产品原型、培育重要零部件供给及智慧城市共享出行运载体系,构建绿色、安全、高效、共享和便利的智慧城市、智能交通和智慧能源与智能汽车融合一体化的居住环境和出行环境。

5. 本领域完成3S融合需要的支持

在3S融合下的智能汽车科技创新协同发展体系中,智能汽车需要智能交通、智慧城市、智慧能源的支持,实现协同感知、决策、控制及能源支撑。从实现智能汽车功能出发,其他领域应实现以下支持:

(1)基于5G-V2X、高精度地图/定位的多源协同感知:融合高分辨率摄像头、激光雷达、毫米波雷达、超声雷达等车端与路端高性能传感器感知数据,基于北斗卫星导航系统与路侧定位基站的车辆高精度位置信息,以及云端高精度地图、天气等服务信息,实现多源协同感知,通过5G-V2X实现车、路、云之间多源感知信息的高速率、低时延、高可靠性的传输与交互,提升智能汽车的感知精度、广度、实时性与感知能力的鲁棒性。

(2)基于人工智能、大数据和云平台的协同决策:面对多源协同感知带来的庞大的数据处理需求量,在硬件方面,智能汽车将不断提升车载计算芯片的算力,并融合搭载高性能计算芯片的路侧边缘云计算平台和城市中央云计算平台,实现车、路、云端硬件计算资源共享。在软件方面,通过交通/场景数据集和驾驶行为大数据,不断优化AI算法,提升数据融合建模、目标识别、行为预测等自动驾驶关键算法与智能汽车组队、道路交叉口智能信号设置等车路协同算法的计算效率与准确性,并注重不同算法之间的相互打通;同时,为打通底层计算硬件设备与上层算法程序,实现计算资源的高效分配,必须打造开放的操作系统,既要求车载操作系统、智能交通管理系统自身运行流畅,又需要不同系统具备统一的标准接口,实现系统间互联互通,真正打通车、路、云端算法与硬件设备。

(3)车-路-云协同控制:面对不断增加的软件和代码数量以及不断更新的电子元器件,智能汽车将打造整车级控制架构,具备灵活扩展、配置的能力和模块化架构,实现控制集中化和计算资源共享,能够通过较小变化支撑车辆功能、硬件和软件升级迭代。同时,边缘交通云控中心将根据路况及时调整车辆行程路线、交通信号灯配时、道路限速、车道功能等,以实现车路协同控制。另外,车辆行驶状态信息、路况信息将上传至城市云控平台,可以通过智慧警务实现违法行为自动识别、营运车辆监控等自动化管理;可以基于出行需求数据,对智能共享汽车进行自动调度;可以基于智慧能源平台,为智能汽车合理分配充电基础设施,并提供智能电量交易服务。

总体上,以智能汽车为核心,基于人工智能重大赋能和信息通信技术的重大使能,实现智能交通体系、智能出行服务和智慧能源体系的一体化融合、无缝对接,需要智能汽车科技群协同创新发展体系建设，逐步突破智能汽车和自动驾驶的瓶颈，实现城市可持续发展。

四、3S 融合下的智慧能源

1. 功能与需求

能源是一切事物发展的动力源泉，能源的利用形式直接影响汽车、交通、基础设施、城市的发展，发展智慧能源是能源结构调整和绿色低碳发展的重大发展战略，也是发展智慧城市、智能交通及智能汽车的必要条件。

智慧能源的发展贯穿了汽车、交通、基础设施及城市发展的各个环节，体现能源灵活高效利用的不同场景和应用形式，其中，智能汽车作为能源的使用者、存储者和贡献者，新型交通体系及基础设施逐步完善，智慧城市综合能源服务创新发展。通过多能融合、多技术集成、多品类输出的互联网整体能源解决方案，实现能源高效转化、梯级利用、最优配比，满足用户端多品类能源需求，实现能源有效利用，同时为实现安全高效的智能交通、绿色低碳的智慧城市打通能量流。

2. 技术体系

智慧能源的目的在于构造一个全面的能源供、输、用的优化体系，使得不同的能源形式接入能源系统进行优化组合，实现不同应用场景的高效、经济、安全运行，减少能源利用过程中对环境的破坏，降低能源供应成本。智慧能源的技术体系涵盖了能源技术、信息通信技术、智慧能源融合技术，如图 1-20 所示。

能源技术是发展智慧能源的基础和依托，包括柔性多能转换技术、多能灵活存储技术、能量自由传输技术及高效利用消纳技术。信息通信技术主要用于管理和处理信息所采用的各种技术，包括信息感知技术、信息传输与处理技术、能源虚拟化与能量信息化技术及多能协同能量管理平台。

随着能源在各个行业的深入应用，涉及相关融合技术和解决方案的发展。如能源与汽车融合涉及有序充电技术、V2G（Vehicle to Grid，车-电网）技术、氢能源和燃料电池汽车技术等；能源与交通融合涉及车路协同技术、分布式交通供能系统、"三合一"电子公路等；能源与基础设施融合涉及充换电站、加氢站、多站合一新型基础设施等；能源与城市融合涉及城市综合能源服务、智能配电网、用户需求响应等。

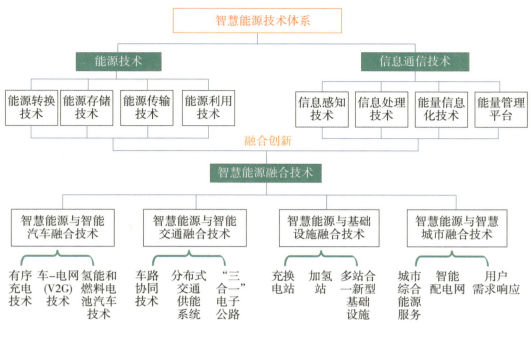

图 1-20 3S 融合下的智慧能源系统

3. 关键问题与难点

1）智慧能源系统的耦合优化与集成难题

智慧能源系统是一个复杂的多目标、带约束、非线性、随机不确定组合优化问题，存在三个问题：①以往各能源系统的单独规划仅着眼于其局部利益，在耦合优化与集成过程中需兼顾各方的不同利益诉求，寻求全局与局部间的平衡；②在智慧能源系统中，能源应用端存在特性各异且随机变化的不同负荷，能源输入端又存在风能、太阳能灯间歇性能源，在规划过程中需综合考虑这些不确定因素；③智慧能源系统规划是一个多层次、滚动优化的过程，需要在空间及时间两个维度下实施协调优化。

2）新能源汽车规模化接入影响能源系统稳定性

随着新能源汽车的大规模推广应用，其无序接入电网充电将对电力系统的运行和规划产生不可忽视的影响：①负荷对电网的冲击；②电网运行优化控制难度增加；③影响电能质量；④对配电网规划提出新的要求。

3）城市能源需求巨大、资源匮乏，污染严重，协调不足

城市能源需求量巨大，但资源有限，除了部分可再生能源外，其他能源尤其是化

石能源基本依靠外送,城市呈现典型的能源输送特征,能源的对外依存度较大。城市能源消耗以煤炭为主,大气污染主要来源于煤炭的燃烧,导致城市环境污染问题日益严重。城市能源市场化程度、监管能力建设、信息贯通共享、公众参与度是我国城市能源治理面临的四大考验。

4. 3S 融合背景下的发展战略

本书从技术、产业及市场三个层面进行了 3S 融合背景下的智慧能源的发展战略的研究。

(1) 3S 融合背景下的智慧能源的技术发展战略。

构建技术体系,突破产业发展瓶颈。首先加强智慧能源技术体系架构研究,建立健全全网源协调发展机制,加强多能源互联和优化互补,构建可靠、高效的信息通信平台等。关键技术的攻关和研发可以从智慧能源及信息技术、3S 融合相关技术两个层面开展。

(2) 3S 融合背景下的智慧能源的产业发展战略。

构建全产业链格局,推动跨产业协同创新。3S 融合将带动能源、交通、信息和现代服务业等相关产业元素的成长。在各产业原有基础上,发展新增制造业,新增服务产业,构建 3S 融合背景下的智慧能源全产业链格局。3S 融合涉及多领域、多部门的协同,具有技术交叉、产业交织的特点,必须推动产业链、创新链、资金链和政策链深度融合,实现跨产业的协同创新。

(3) 3S 融合背景下的智慧能源的市场发展战略。

构建开放、协同的能源市场交易机制和商业模式。①需完善能源市场,建立国家、省、市、区多级在线能源服务平台;②建立智慧能源管理和服务系统,构建不同市场主体参与,以各类能源存储设施为中心的能源削峰填谷网络;③提高融合产业市场培育力度,建立统一开放公平市场体系,加快形成开放、协同、成熟的市场机制和商业模式,逐步建立起 3S 融合背景下的智慧能源市场发展的新业务、新业态、新模式。

5. 本领域完成 3S 融合需要的支持

1) 加强顶层设计,建立政策保障体系

基于国家层面做好顶层设计,坚持统筹规划、因地制宜、清洁环保、服务民生等基本原则,制定阶段实施重点任务及目标,加强新能源汽车与能源、交通、信息通信等行业在政策规划、标准法规等方面的统筹,建立健全配套政策保障体系,促进智慧能源的发展和管理机制实现科学化、标准化、法制化,逐步建成有效的市场结构和市场体系。

2)设置专业部门整合资源,统筹发展

政府应从上层层面把握方向,并设置专业部门统筹发展。该部门负责执行发展规划,设置发展子目标,整合发展资源,实现知识经验共享,推动跨产业协同创新,同时制定统一标准,预留统一接口。

3)组建国家3S融合发展产业创新中心,完善创新体系

建议组建国家3S融合发展产业创新中心等国家研发中心,政府牵头,联合企业、院校,采用多元投资、成果分享等新模式,集中力量办大事,开展融合技术攻关,提供技术创新、测试验证、成果转化、人才培训、国际交流、项目融资、标准制定等公共服务,完善科技创新体系。

五、3S融合下的基础设施

1. 功能与需求

3S融合下的智能化数字基础设施建设主要包括有智慧路端基础设施建设、通信网络基础建设、智能云平台基础建设等,是以新发展为理念、以技术创新为驱动、以信息网络为基础,面向高质量发展需要,提供数字转型、智能升级、融合创新等服务的基础设施体系。

1)智慧路端设施建设的功能与需求

(1)路侧设施。

自动驾驶车载核心传感器感知距离有限,无法满足超远距离及道路交叉口、遮挡区等非视距环境感知。因此,需要通过路侧智能感知扩大单车智能感知范围,增加自动驾驶的安全可靠程度。

(2)智能充电桩。

智能充电桩跟传统的充电柱相比更加的智能,功能更加完善、更人性化,所以一般叫作多媒体智能充电桩,也就是可以投放广告的一种智能充电装置,可以根据不同的电压等级为各种型号的电动车充电。

(3)高精度地图定位与精准导航。

高精度地图就是精度更准、维度更广的电子导航地图。传统地图的精度为米

级,可实现车辆的基本导航需求;在通过 GNSS(Global Navigation Satellite System,全球导航卫星系统)与高精度地图进行导航的过程中,需要将厘米级定位与导航联系起来,定位的准确性直接影响到在导航过程中所进行的路径规划,因此,需要在时空定位同步且准确的基础上,再通过 GNSS 与高精度地图平台进行导航服务,从而实现精准导航。

2)通信网络建设的功能与需求

5G 基站、光纤光缆、光模块、交换机是重要的通信基础设施板块。从功能上分,移动通信网络主要包括无线接入网、承载网和核心网三部分。

3)智能云平台建设的功能与需求

3S 融合下的云平台建设,需要将城市运行核心系统的各项关键数据进行可视化呈现,包括应急指挥、城市管理、公共安全、环境保护、智能交通、供给能源、基础设施等领域进行管理决策支持,进而实现城市、交通、汽车、能源的智慧式管理和运行。

2. 技术体系

1)智慧路端建设的技术体系

(1)路侧信息采集技术:数据采集是整个智慧公路的底层,它依据数据标准体系要求,收集各类基础数据。

(2)C-V2X 技术:在智慧公路的建设过程中,V2X 系统是其中的一个重要支撑,该系统通过无线通信技术和网络技术,使车辆与外界各项元素之间实现信息互联互通的智能交通系统。

(3)新型汽车无线充电技术:汽车无线充电技术依赖充电电缆即可对电动汽车充电,通过电磁感应、电磁共振、射频等方式实现非接触式的电力传输。

(4)高精度地图定位与精准导航技术:传统地图只需要做到米级的精度即可实现基于 GPS(Global Positioning System,全球定位系统)的导航,但高精度地图需要达到厘米级的精度才能保证智能网联车辆行驶的安全。

2)通信网络建设的技术体系

(1)高速移动的环境下实时可靠通信技术。高带宽、毫秒级低延时的可靠通信技术是 V2X 车联网实现的基础。

(2)车辆网络安全和隐私保护技术。未来,车辆将不再是一个封闭的载体,而是一个开放的可连接的载体,与目前的手机等智能终端一样融入互联网中进行信息交互。与普通的通信网络(如手机通信网络等)相比,由于涉及用户的生命和财产安全,V2X通信网络往往需要更高的安全等级。

3)智能网联云平台技术体系

(1)规模高性能计算集群构建技术。构建云计算平台的基础是要有海量的运算资源加持,因此构建大规模高性能计算集群也就顺理成章成为构建智能网联云平台的核心技术之一。

(2)基于云计算平台的大规模数据处理技术。云计算和车联网都是当代科技迅猛发展高新技术产物,一方面云计算需要从概念构想走向应用实践,另一方面车联网的大量交通数据需要强大的支撑平台对其进行处理分析。因此,云计算和车辆网的结合可以实现优势互补,具有十分重要的应用价值。

3. 关键问题与难点

1)智能公路体系化建设面临的关键问题与难点

智慧化程度不足,车路协同(V2X)系统不成熟。目前,我国公路信息化管理水平与达到"智慧公路"的要求还有较大差距,主要反映在缺少省级的联动应急指挥平台、各关联部门之间的信息无法实现共享、基础设施建设缺少统筹规划、公众服务手段落后等诸多方面。

2)高精度地图体系化建设面临的关键问题与难点

地图标准不统一的限制,迭代刷新模式受限。目前相关地图标准在国际上以欧洲为主导,如欧洲电信标准化协会(European Telecommunications Standards Institute)和传感器接口规范创新平台(sensoris)的一些标准。相比之下,国内地理信息标准化工作委员会、中国智能交通产业联盟等也开始着手相关标准制定工作,但进度相对滞后,且还需要进一步协同立场,亟待整合测绘、汽车、交通全行业资源制定具有我国特色的行业统一标准。

3)车-路-云网络通信面临的关键问题与难点

在V2X场景中,存在着网络覆盖场景与无网络覆盖场景,因此,存在网络覆盖和频谱资源问题。5G需要满足更加多样化的场景和极致性能挑战,那么就需对支持5G新标准的候选频段进行全频段布局,然而,低频段已经异常拥挤,且大多涉及与其他系统干扰保护。

4)智能网联云平台的关键问题与难点

云计算平台要求存储高度集中化,只有存储集中化部署才能满足云主机的高可用特性。高可用功能需要底层存储的支撑。同时现在的云平台已经不局限于单独数据中心，而是跨数据中心的整体解决方案。需要实现关键应用系统的高可用性，计算资源容量的规划也尤为重要。系统迁移问题，高可用架构在迁移后就不能再延续使用了，很难在新的架构中实现原有的架构特性。

4. 3S 融合背景下的发展战略

1）推进道路基础设施的信息化、智能化和标准化建设

推进道路基础设施的信息化、智能化和标准化建设，逐步形成多维监测、精准管控的服务能力。状态全面感知、信息高效处理的智能化道路基础设施，是交通物理世界向数字世界转变的核心数据来源。通过分阶段、分区域推进道路基础设施的信息化、智能化和标准化建设，逐步形成多维监测、精准管控的服务能力。

2）在智能化数字基础设施建设过程中统一通信接口和协议

推动智慧城市、智能交通、智能汽车、智慧能源等信息互联互通，促进城市、道路、车辆、能源资源的协同优化利用，必然需要确定相应的统一通信接口和协议。在充分利用现有设施和数据资源的基础上，建设城市大数据云控基础平台。

3）依托国内互联网巨头企业构建起标准化云基础平台

如果要建立起智能网联汽车云平台，一个必要条件是必须拥有强大、可靠的云计算提供商支持，其所提供的云服务应该具有稳定健壮、亿级并发、安全保障、自由扩展等特点。

5. 本领域完成 3S 融合需要的支持

1）国家层面

国家应充分认识智能化数字基础设施建设的重要战略意义，将发展智能化作为国家战略，做好顶层设计，厘清各方相关要素，制定清晰发展战略，并坚定不移地推进实施，以此引领中国制造业的转型升级，为科技智能型创新产业营造良好的政策环境，以及站在未来社会发展需要的角度统一规划智能化数字基础设施产业链。

2）地方政府

地方政府应进一步完善和出台支持智能化数字基础设施建设政策和措施，政府

牵头解决重大问题并切实付诸行动,包括进行统一的标准和法规体系建设、智能化数字基础设施产业链上重点企业的培育、相关产业与技术领域的协同引导,推动传统基础设施产业优化升级。

3）行业层面

行业应响应国家和时代的号召,加快建设数字化进程,利用数字技术进行数字化转型,促进数字经济与实体经济的深度融合发展,有效降低企业交易成本,提升运营效率。不断优化电信基础设施,为数字产业结构优化提供了设备基础。

第六节
3S融合产业发展的分阶段战略

3S融合发展,以及智能化水平的不断提升,需要OEM（Original Equipment Manufacture,原始设备制造商）、Tier1（一级供应商）、IT及ICT（Information and Communications Technology,信息与通信技术）企业充分发挥各自的核心能力,步步为营,科学制定技术发展战略,匹配3S融合发展不同智能化阶段的技术需求。

一、产业发展的分阶段讨论

由于智能网联汽车是3S融合发展的纽带和桥梁,智慧城市、智能交通和智慧能源的发展应匹配智能网联汽车的技术发展,为其打造智慧环境。因此,依据中国不同等级智能网联汽车市场渗透率预测,定性地为3S融合发展划分时间阶段。同时,兼顾我国现代化强国发展战略规划,分为到2035年、2050年两个大阶段考虑。其中2035年作为近中期愿景,进行了进一步拆解,分为2020—2030年的初级阶段和2030—2035年的中级阶段。但这些时间的划分应当被认为是有一定弹性的定性参考,未来智能化发展可能引起较大变化。

2020—2030年,中国汽车市场以普通汽车和初级智能网联汽车为主,普通汽车的市场占比逐渐下降,初级智能网联汽车市场占比逐渐上升。至2030年,预计中国汽车市场普通汽车与初级智能网联汽车市场占比超过85%,初级智能网联汽车市场占比接近60%,而中级智能网联汽车市场占比仅占约10%,所以,2020—2030年是3S

深度融合发展的初级阶段。

2030—2035年,普通汽车市场占比进一步下滑;初级与中级智能网联汽车市场占比先上升后下降,预计在2035年达到峰值,但整体变化幅度不大;高级智能网联汽车市场占比逐年增长。再进一步发展,到2040年,预计普通汽车已基本退出中国汽车市场,初级与中级智能网联汽车市场占比接近60%,高级智能网联汽车市场占比约35%,是3S深度融合发展的中级阶段。

2035—2050年,初级与中级智能网联汽车市场占比逐渐至较低水平,高级智能网联汽车市场占比迅速增长。到2050年,预计初级和中级智能网联汽车市场占比接近20%,高级智能网联汽车市场占比超过80%。此阶段,3S深度融合将逐步走向高级阶段。

二、各阶段产业发展战略

1. 3S融合发展初级阶段发展战略(2020—2030年)

融合发展初级阶段是为未来技术创新打牢基础的关键阶段。要充分梳理我国产业、技术的优劣势,集中力量攻克关键技术难点,充分发挥优势产业的带动作用,推动技术协同创新;大力建设通信、智能交通、智慧能源等基础设施;探讨智能汽车导入初级阶段可能面临的问题,并提出解决方案;积极开展示范运营,推动技术测试验证与商业模式探索。这些工作应当在"十四五"时期有所进展。具体包括以下方面。

1) 推动电子产业、芯片产业发展,突破技术瓶颈

我国电子产业与芯片产业发展相对落后,产业链有待完善。高分辨率摄像头、高性能激光/毫米波雷达及高算力计算芯片的核心技术被国外巨头企业垄断,生产制造工艺落后,缺少强有力半导体企业、集成电路企业提供支撑,难以满足智能网联汽车对精确感知、高效计算的需求。

必须发展壮大电子、芯片产业,增强产业核心竞争力,加快传感器、计算芯片核心技术攻关,实现自主研发设计与生产制造,培育一批掌握核心技术、有影响力的优势企业,打破国外巨头企业的垄断格局。

2) 促进高新技术产业与汽车、交通、能源产业融合,发挥优势产业带动作用

我国信息技术、通信、互联网等高新技术产业实力强大。我国软件、互联网、5G、

信息安全技术水平世界领先,拥有一批知名企业。同时,我国通信、互联网基础设施完善,通信、网络环境覆盖面广,运行平稳。

应促进软件、信息技术、通信、互联网等高新技术产业与汽车、交通、能源产业融合,提升车联网覆盖密度和功能丰富度,实现车路协同感知,构建城市大数据服务、监管平台,增加充电基础设施联网率,充分发挥优势高新技术产业的带动作用,赋能汽车、交通、能源产业高质量创新发展。

3)完善基础设施建设,打造智能环境

我国道路交通基础设施完善,但智能化程度较低,固定道路配置难以适应多变、复杂的交通状况,无法满足智能网联汽车对智能行驶环境的需求;充电桩覆盖密度与网联化程度较低,难以为智能网联汽车提供灵活、便捷的充电服务。

应充分发挥国家体制优势,集中力量办大事,加快交通基础设施智能化升级,在路侧部署高性能传感器,加快交通基础设施联网,为智能网联汽车打造智能行驶环境;快速提升充电桩覆盖密度与网联化水平,为智能汽车提供有力的能源保障。

4)智能汽车导入初级阶段的问题与解决

在智能汽车导入初期,讨论其单独发展或与城市、交通弱关联发展的模式,着力解决智能汽车当前感知受限、安全有隐患、成本过高等问题,建设智能汽车科技创新发展体系、搭建产业平台,进行产业协同攻关和技术融合创新,并积极探索在智能化技术导入初期面向个人消费品的民用工业体系新体制。

5)推进领域间融合示范应用,加速新技术落地与商业模式探索

在定点城市、乡镇、工业园区、旅游景区开展 3S 融合示范应用,提供自动驾驶运输服务,部署车路协同技术,搭建区域云控平台,打造支持 V2G 的智慧电网,推动新技术测试验证;同时开展智能汽车共享、智能维护、智慧保险和智慧能源等新型服务示范运营,培育新商业模式,推进新技术落地与规模化发展;尤其是对可持续的商业模式进行重点探索。

3S 融合发展初级阶段的产业布局如图 1-21 所示。

2.3S 融合发展中级阶段发展战略(2030—2035 年)

3S 融合发展中级阶段是立足初级阶段,展望高级阶段的储备与过渡阶段,需要继续推进核心关键技术攻关,布局和发展新技术、新产业,促进新兴产业与既有产业深度融合,并继续完善智能基础设施建设,广泛开展示范应用。

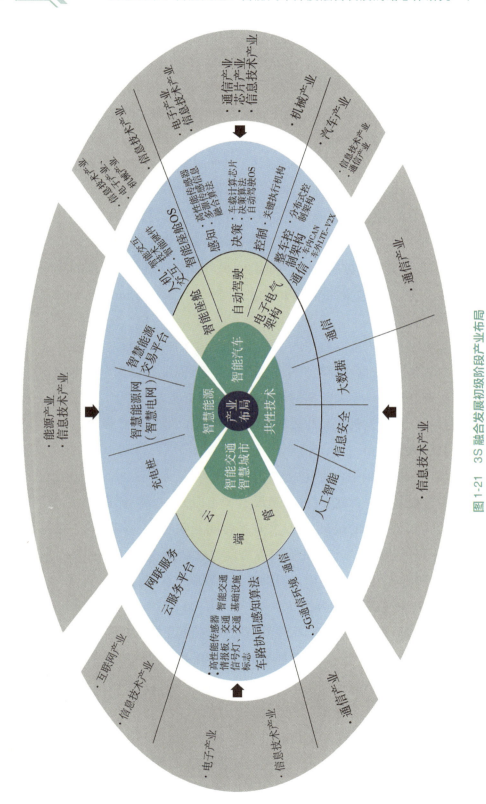

图1-21 3S融合发展初级阶段产业布局

1）大力发展高精度地图技术，保障自动驾驶功能实现

加速布局高精度地图产业，推动高精度地图技术进步，支撑中高级自动驾驶功能实现。完善地图测绘标准，规范制图工作流程；逐步推广众包地图数据采集模式，提升数据采集效率；借助人工智能算法，提高地图建模的准确性；推动地图在线更新和端边云协同更新技术进步，提升高精度地图的实时性与准确性；统一地图环境表达方式和输出规格，消除不同地图之间数据不兼容、服务水平不一致的问题；打通高精度地图平台与城市。

2）升级整车控制架构，为实现软件定义汽车做准备

促进信息技术企业、通信企业与汽车主机厂深度合作，搭建汽车数字化、信息化底盘，为软件定义汽车做准备。其中，需要重点突破多域级控制架构设计以替代控制器繁杂、线束冗长的分布式控制架构。同时，为提升整车控制架构内部的不同模块间的信息传输能力，引入高速大带宽的车载以太网代替 CAN（Controller Area Network，控制器局域网）总线。

3）加速新兴高技术产业与汽车产业融合，带动汽车产业创新发展

促进人工智能、大数据产业与汽车产业深度融合，赋能智能汽车技术创新。利用人工智能算法提升对多样化大数据的清洗、挖掘、分析能力，助力实现车、路、云协同感知、决策与控制，提升人机交互与人机共驾智能化水平，为用户提供定制化座舱硬件设置及网联服务推送。

4）搭建城市云控基础平台，提供云端协同服务

推进城市云控基础平台建设，并改造既有城市服务、监管、计算、控制平台，利用统一的平台架构和标准化的接口协议，实现平台间互联互通，协助公安、交通部门对车辆远程监管；降低智能汽车计算平台开发难度与成本；为第三方服务平台触达更多用户，提升应用服务开发质量；为用户提供多元化网联方服务，提升驾乘体验。

5）加速 5G 技术应用，使能万物互联

充分利用 5G 通信技术低时延、大带宽、高速率且可支持泛在网络的优势，快速提升物联网覆盖密度，打通智能汽车、智能道路、智能手机、智能建筑、智能家居等智能终端实现端端、端云协同控制。5G 车联网可以使能车、路、云协同自动驾驶，并为用户提供丰富的网联服务生态资源。

6）继续完善基础设施建设与智能化升级

在全国一线、准一线、二线城市和主要高速公路完成智能交通基础设施建设及智慧能源网布局。广泛部署 5G 通信基站，实现全国 5G 通信环境全覆盖。加速部署地

面差分定位基站,配合北斗导航卫星、惯性导航实现高精度定位功能全覆盖。以完善的智能化基础设施,形成支持3S融合的产业基础。

7)继续加大示范应用力度

继续推进3S融合示范应用工程开展,既要注重智能汽车自动驾驶,车、路、云协同感知决策控制,高精度定位,高精度地图等重要技术的测试与验证,又要积极推动智能汽车共享、基于位置的网联服务等新商业模式成熟、完善,为技术规模化推广奠定基础。

3. 3S融合发展高级阶段发展战略(2035—2050年)

3S融合发展高级阶段是高度智能化、充分融合协同、深刻改变人类社会的目标实现阶段。核心关键技术和共性基础技术成熟可靠,各类基础设施建设完善,新商业模式规模化发展,不同产业间高度融合,最终诞生横跨多领域的新产业。

1)打造汽车数字化、信息化底盘,实现软件定义汽车

继续促进信息技术企业、通信企业与汽车主机厂深度合作,打造汽车数字化、信息化底盘,真正实现软件定义汽车。整车控制架构不断升级,由多域级控制架构发展成为集中度更高、扩展能力更强、模块化程度更高的中央集成式控制架构;自动驾驶操作系统与智能座舱操作系统深度融合,形成整车级操作系统,保障出行安全,提供极致出行服务体验。

2)构建3S融合产业生态体系

通信、软件、互联网、软件、人工智能、大数据等高新技术产业与传统汽车、交通运输、服务、医疗、能源产业深度融合,将诞生高度跨界的智能汽车、智能交通与城市服务以及智慧能源产业,最终将形成3S融合的产业生态。不同企业在新生产业中的位置和作用将发生改变,必须充分发挥各类企业的优势,构建3S融合的产业生态体系。应发挥IT及ICT企业的高新技术创新引领和共性技术支撑作用,推动新生产业持续创新发展,强化核心竞争力;重点提升零部件供应商对核心关键技术的掌控能力和主机厂、基础设施供应商的技术集成能力,为新技术提供硬件平台;要联合服务开发商、运营商打造丰富的服务生态,在全国大力推广智能汽车共享出行、智慧物流、智慧能源等新兴服务,扩大新生产业规模,真正使新技术造福人类。

此阶段应实现汽车、交通、城市、能源领域在技术和产业上的充分融合,最终诞生横跨多领域的新产业。3S融合发展高级阶段的产业布局如图1-22所示。

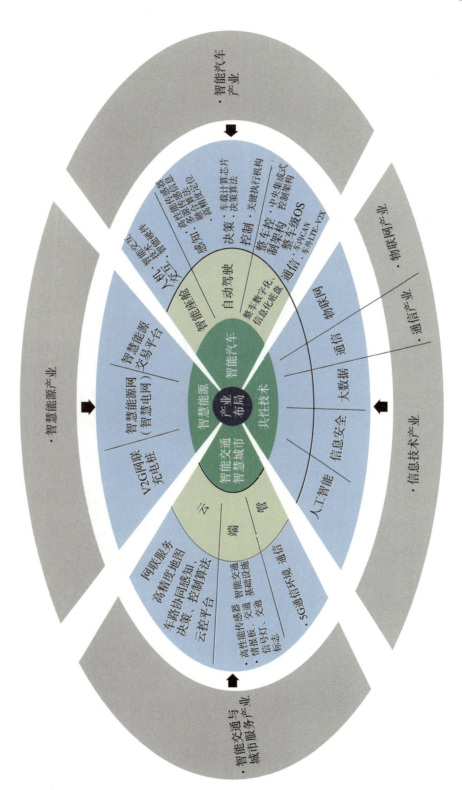

图1-22 3S融合发展高级阶段产业布局

第七节
总体发展路线图

当前,我国汽车产业规模和总体实力大幅提升,产销量已多年稳居全球第一,我国成为名副其实的汽车大国,但是距离汽车强国还有较大的距离。在此背景下,我国政府正式提出制造强国战略,涉及城市、交通、汽车、能源等方方面面。

当下,新一轮科技革命爆发,各工业强国都高度关注未来技术的发展方向,聚焦于技术优先领域的选择和政府支持资源的配置,组织开展重点领域和行业的技术路线图编制工作,以期抢占先机,有效提升产业竞争力。美国、日本、欧洲等国家和地区都开展了不同层次的汽车产业技术路线图研究和制定工作。其中,美国能源部支持美国汽车研发理事会制定了三大领域12个细分方向的技术路线图,并定期评估路线图的落实情况。日本着眼于未来产业发展支持相关机构发布了动力蓄电池技术路线图。德国支持相关机构针对电动汽车发展需求,制定了电动汽车平台愿景、电动汽车标准化和动力蓄电池等方面的路线图。

对于我国汽车产业而言,研究编制技术路线图同样意义重大。技术路线图的发布,可以为广大相关产业的企业、科研机构,提供技术决策和战略规划的重要参考和清晰指引,也可以为相关政府部门确定科技支持重点领域和创新项目,提供评价依据和有效借鉴,同时有利于技术、人才、资金等创新资源向我国汽车产业的战略重点有效集聚。

总体来说,在科技发展变革及汽车产业发展趋势以及我国3S融合及其相关产业发展的新变化、新需求和新使命的大背景下,我国聚焦智慧城市、智能交通、智能汽车、智能能源、基础设施及政策法规六大领域进行深入研究。立足当前,着眼长远,在整体推进的同时紧抓重点攻坚,坚持以融合创新、协调发展、绿色开放为指导原则,制定了3S融合发展的总体路线图,如图1-23所示。路线图建立的内涵详见本章附件二。

中国智慧城市、智能交通与智能汽车融合发展战略研究(战略框架篇)

	2025年	2030年	2035年
融合技术与支持	(1) 4S产业融合发展的战略规划及路线图制定 (2) 相关政府部门完善配套政策的支持 (3) 突破电子与芯片产业发展的技术瓶颈 (4) 各产业基础设施着手初步建设 (5) 建设4S融合示范应用,培育新商业模式等	(1) 加速布局高精度地图产业,创新测绘方法,制定规范标准 (2) 升级整车控制架构,域控制架构加速新技术与汽车产业融合 (3) 搭建城市运营基础平台 (4) 加速5G技术落地 (5) 继续完善基础设施建设 (6) 继续加大示范应用力度	(1) 打造汽车数字化底盘,实现软件定义汽车 (2) 构建3S深度融合的产业生态体系 (3) 实现产业与企业的相互应对,形成OEM(原始设备)基础设施供应商、IT及ICT企业间的友好关系
智能化技术	(1) 深入研发用于信息采集的车载传感器、路侧传感器、各类云端设备等 (2) 推动AI算法的进一步研发,支持多源信息感知融合 (3) "车-路-云"系统均需预留标准接口以支持3S系统连通 (4) 初步建设"中央城市大脑"	(1) 进一步扩大"中央城市大脑"辐射范围,提高4S网联网联终端普及率 (2) 助力新一代通信技术向高速率、低时延、大带宽方向迈进 (3) 车端自动驾驶算法与路端车路协同算法、信号优化算法不断协同优化,共同提升车辆乃至3S的自动化水平 (4) 车辆行驶状态及路况信息上传至智慧城市的云控平台	(1) 根据实时路况,对车辆行驶路线、信号灯配时,车道功能进行优化调整 (2) 实现控制集中化,软硬件解耦化,新一代智能汽车将搭载可充分扩展、可灵活配置的模块化整车级控制架构
网联化技术	(1) 推广5G通信基础设施建设,加快新一代信息技术研发进程 (2) 积极发展物联网IoT技术,初步建设用于3S融合发展的物联网"信息管道" (3) 小范围实现道路交通、城市建筑、车辆信息、行人情况等的网联化 (4) 初步建设城市云平台	(1) 进一步扩大5G基础设施覆盖范围,提高4S网联网联终端普及率 (2) 完善城市云平台建设,打造"城市云控中心" (3) 打通智能终端与云平台的连接,实现智能汽车、智能交通基础设施、智慧城市智能源设施等"信息管道"上传至云端的数据,并通过边缘计算对初步处理的数据、路侧数据等进行初步处理、交通流数据等直接辅助智慧城市决策及智能交通管理	(1) 城市云控基础平台打通多领域的云平台,接入丰富的城市服务生态资源 (2) 实现云分析处理各种智能终端、边缘云平台的数据信息 (3) 通过"信息管道"向3S智能终端传达控制指令或提供服务

图 1-23

产业发展	2025年	2030年	2035年
智慧城市	(1) 加快建设智能化，加速智能家居研发及推广落地 (2) 制定城市能源网络、交通网络、运输网络等的未来发展方向 (3) 初步建成城市"云控平台"，固定服务信息推送+城市辅助监控	(1) 城市建筑、家居、手机等的智能化水平进一步提升 (2) 初步打通智慧城市、智能汽车、智能交通、智慧能源之间的信息交互渠道，以智慧城市为主控平台分发指令 (3) 通过多渠道信息协助车辆的感知、决策、控制及能源利用等	(1) IoT高度覆盖、多智能终端数据打通，3S融合发展实现高度协同控制 (2) 城市内部实现车辆无障碍自动驾驶，有效提升出行效率，减少碳排放
智能交通	(1) 基础设施数字化改造。借助新一代信息技术对现有基础设施进行智能网联化迭代升级；对无法升级改造的设备进行替换 (2) 初步尝试路基基础设施接入"信息管道"与智能汽车进行连接 (3) 协助车辆感知	(1) 大范围推进道路基础设施的建设，提升道路的网联化属性 (2) 为智慧城市提供道路交通信息，辅助城市决策 (3) 协助车辆进行感知、决策、控制	(1) 智能交通基础设施密度大幅提升，实现城市及乡村主要区域的全覆盖 (2) 为车辆提供自动驾驶的作用得到充分发挥，自动驾驶信息充分接入智慧城市 (3) 道路交通信息无从接入智慧城市，进行统一管理
智能汽车	(1) 中低级自动驾驶水平，能满足普通人驾驶技能达到道路条件变化，行车安全性优于人类驾驶水平 (2) 网联性能要求相对较低：LTE-V2X	(1) 中高级自动驾驶，无人驾驶技能达到常规交通场景下熟练驾驶人水平，行车安全性优于人类驾驶人 (2) 网联性能要求提升：5G-V2X	(1) 高级自动驾驶。复杂场景应对能力进一步提升，恶劣场景条件下无人驾驶通过能力和速度，达到熟练驾驶人水平 (2) 网联服务生态繁荣，接入IoT
智慧能源	(1) 大面积铺开主要城市的公共充电桩铺设，基本满足人们日常充电需求 (2) 推广家用充电桩建设工作，优先支持部分区域落地 (3) 设立智慧能源示范区	(1) 公共及家用充电桩在全国主要城市普及，满足充电需求，解决充电焦虑问题 (2) 智慧能源与能源交易平台在大中城市及高速路建成 (3) 与智慧城市对接，智慧能源的"削峰填谷"作用初步显现	(1) 在城市用电高峰，智能源利用智能汽车作为储能节点，充分发挥其调节作用，为3S融合发展提供能源保障 (2) 智慧能源网与能源交易平台在全国覆盖

图1-23 3S 融合发展总体路线图

总体路线图从总体宏观的角度,对技术发展及产业发展进行梳理,以 2025 年、2030 年、2035 年为节点,制定了各阶段的具体发展要求及要达到的目标期望,形成对未来 3S 融合发展方向明晰、可参考借鉴的路径。在技术发展方面对 3S 融合进程中占主导作用的三个方向进行了提炼,分别是融合技术与支持、智能化技术及网联化技术。在产业发展方面则分别对智慧城市、智能交通、智能汽车及智慧能源四个产业在融合发展中各阶段应该实现的功能及智能化及融合发展水平应达到的水平提出了对应的要求。

在发展的同时,必须牢牢把握高质量发展要求,全面推广应用现代化高新技术和新材料、新工艺,着力完善基础设施网络,研制更加智能、绿色的交通出行工具,推动共享出行发展,以助力 3S 融合发展体系稳健落地。

‖ **本章附件** ‖

附件一　3S 融合发展的外部环境

一、导言

作为基础性、战略性及引领性的产业,汽车、城市建设、交通、能源产业的创新、设计、生产、制造、创新等方方面面与人民的生活密切联系,也是一个国家综合国力、竞争力的体现。随着时代与科技的不断发展,不同产业的叠加整合带来生产力与效率的大幅提升,并成为未来智能化时代发展的一大趋势。回溯历史,每一次工业革命都为我们的生产生活带来翻天覆地的变化,极大促进社会的进步与发展。在以人工智能、互联网、大数据、云计算等技术为代表的新一轮科技革命条件下,围绕智慧城市、智能交通和智能汽车三大产业的高度集成智能化,一种 3S 融合的发展模式成为顺理成章的未来产业发展方向。同时,SE(Smart Energy,智慧能源)与 3S 融合发展与建设是相互支持、相互需要的。因此,在 3S 融合的研究过程中,智慧能源也被涵盖其中。

3S 融合的深化推进，是把握新一轮科技革命带来的产业重大变革机遇，是构建世界领先的交通运输系统的必由之路，也是建设社会主义现代化国家的重要支撑与满足人民美好生活需要的基本前提。产业融合转型升级也是制造强国战略的具体实施，它吹响了建设新制造强国的集结号，是中国科技融合产业迈进历史新征程的总动员，具有重大的现实意义和深远的历史影响。发展 3S 融合产业顺应科技发展的趋势，必将创造巨大社会价值，迸发全新的生命力。

二、全球科技变革与技术发展趋势

1. 新一轮科技革命驱动各行业加速变革与重构

进入 21 世纪，全球科技创新进入空前密集活跃时期，新一轮科技革命和产业变革正在孕育兴起。一些重要科学问题和关键核心技术已经呈现出革命性突破的先兆，并可能在未来重构全球创新版图甚至重塑全球经济结构。

一场技术革命所带来的变革体现在社会的各个角落，信息通信领域便是如此。云计算、物联网、工业互联网等技术的兴起，促使信息技术渗透方式、处理方法和应用模式发生变革，促进人、机、物三元融合，为信息社会装上"新引擎"。同时，以人工智能、量子信息、移动通信、物联网、区块链为代表的新一代信息技术也正加速突破应用，为通信领域的二次增长埋下伏笔。

随着能源结构方面的不断探索，核电、风能、光伏、氢燃料电池等新型能源越来越多地走入人们的生活，为社会的长期可持续发展奠定基础。在人与自然和谐共生理念的指导下，能源产业正加速向多元化和低碳化转型，积极推动能源绿色生产和消费，加快提高清洁能源和非化石能源消费比重，加快能源绿色低碳转型，以期大幅降低二氧化碳排放强度和污染物排放水平，早日实现碳中和。

新材料产业作为国民经济战略性、基础性产业，是现代制造业的"底盘"。依托现有产业基础，新材料产业聚焦先进金属材料、碳基新材料、生物基新材料、半导体材料、纤维新材料、新型无机非金属材料、前沿新材料等重点领域，不断优化产品品种结构，延伸产业发展链条，加快构建新材料产业发展格局，构筑高质量转型发展的新优势。此外，为应对绿色发展的需求，在新材料的生产、制备、应用等各环节也出现了许多革新。

过去 20 年，中国的制造业发生了翻天覆地的变化。新制造产业在制造流程中使用了物联网、云计算、人工智能等新一代信息通信技术,促进了产业的信息化、智能化、柔性化和定制化等。新制造之所以得到发展,是因为新技术的发展。首先是各种基于微型计算机电系统传感器的发展,能够感知各种光热、电磁等信息,具有体积小、质量轻、功耗低的特点,作为整个工业和制造业的耳目喉舌。其次是运算能力的提升,如各种专用芯片、人工智能芯片等都起到了一个非常重要的推动作用。同时,AI算法的发展也对产业产生巨大助力。

通信、能源、材料、制造等领域的技术创新发展,有助于上游产业的进一步升级。受5G、云计算等技术的影响,城市与交通在互联互通方面得以迅速发展,助力实现城市的智能化建设及交通信息的实时通信。作为综合了众多产业的复杂产业,新能源汽车近几年的蓬勃发展离不开新材料、新能源、新制造等技术的突破,尤其是蓄电池技术在能量密度及续驶里程方面的进步。除此以外,大数据浪潮、信息技术和制造业的融合,以及能源、材料、生物等领域的技术突破,将可能催生新产业,引发产业的革命性变革。

2. 信息化、智能化全面赋能各领域

新一轮科技革命背景下,通过合理创新,将最前沿的技术逐步融入城市、汽车、交通及能源行业,逐步实现各产业的信息化、智能化赋能升级,也为后续高质量增长提供保障。

城市是人民集中生活的地方,利用信息技术实现加强城市内部联系,通过人工智能技术合理调配城市资源,对生产生活的各个方面都将产生重大影响。近年来,智慧城市的概念频频出现在大众视野,成为城市未来发展的一个热门方向。它的目标是对包括民生、环保、公共安全、城市服务、工商业活动在内的各种需求作出智能的响应,从而为人类创造更美好的城市生活。实现这一目标,就必须充分运用信息和通信技术的手段进行感测、分析、整合城市运行核心系统的各项关键信息,并通过智慧大脑综合处理这些信息。

汽车产业是国家支柱产业,不仅在于它能够反映一个国家的工业制造水平,更在于一台汽车生产制造水平的进步是其他众多产业共同发展的结果。基于互联网、云计算、5G等信息技术,新时代的智能汽车在迈向车与人、车、路、后台等的信息交换共享方面有了坚实的基础,为车辆实现更高一级的信息互联提供保障。自动驾驶是汽车未来发展的另一个重要方向。这不仅需要在汽车上搭载先进的车载传感器、控制器、执行器等装置,还需要搭配切实有效的算法对这些信息进行融合处理,并利用最

新的人工智能技术以完成最优的车辆控制。

传统的交通系统不设统一调度指挥中心，对每一路段或道路交叉口进行单独管理，缺少信息交互，而这将导致交通出行效率降低及交通拥堵的发生，影响大众出行体验。智能交通系统是能够在大范围内、全方位发挥作用，是一种实时、准确、高效的综合交通运输管理系统。该系统的建成需有效集成运用先进的信息技术、数据通信传输技术、电子传感技术、控制技术及计算机技术等，通过综合处理这些交通信息完成对整个城市交通规划的最佳化。

利用信息化及智能化手段对能源的生产、利用等各个环节进行赋能，有助于提升能源的利用效率与生态文明建设。采集和利用能源的传统方式较为粗放，这也导致了能源的浪费及污染问题。借助现代高科技技术，智慧能源提出以更合理的方式对能源进行综合调度与规划控制。而智慧能源的优化与升级既可以依托于可再生能源和清洁能源，也可以基于传统能源系统。其最终目的是发展具有自组织、自检查、自平衡、自由化等智能化功能的能源系统，使总体能源系统更清洁、高效与智能。

纵观智慧城市、智能交通、智能汽车及智慧能源产业，信息化与智能化是其未来发展的必然趋势。在这一轮产业变革中，各产业积极探索，与最新科技紧密结合，逐步实现产业的转型升级。

3. 3S 融合成为主要发展方向

我国正处于城镇化加速发展的时期，未来城市将承载越来越多的人口，城市发展过程中衍生出的问题也在不断增多。安全、环境、能源、交通拥堵等"城市病"问题日益严峻，影响范围也呈现出从一线城市逐渐扩大至二三线城市。要解决城市发展中面临的这些难题，需从多方面入手，比如环境污染治理、能源消费转型、构建现代化的公共交通网络系统、分散城市功能以调整城市空间、建设智慧型城市等，实现交通、汽车的智能化，从而支持城市可持续发展无疑是各种手段中最行之有效的方法之一。

事实上，智慧城市、智能交通、智能汽车与智慧能源的发展与建设是相互支持、相互需要的。在互联网、大数据等新技术快速发展的智能化时代，实时互联、自动驾驶的智能交通才能满足人们智慧、安全、兼具娱乐的出行选择。而智能交通系统又在很大程度上依赖于智能汽车，只有以智能汽车作为载体，才能真正实现车辆与车辆、车辆与基础设施、车辆与人员、车辆与智能家居、车辆与云端、车辆与能源系统的多方面互联，充分满足人们的出行需求和整个城市的发展效率需求。与传统城市不同，智慧城市必须协同交通网、信息网以及能源网实现"三网融合"。这三个网都与未来的智能汽车密切相关。未来智能汽车将基于新能源汽车开发,实现与能源网的联系;车辆作为交通系统的基本元素,天然地与交通网有密切关系;未来智能网联汽车作为人类出行的移动终端,又承载了信息载体的功能,直接与信息网相关联。交通网、信息网、能源网构成了智慧城市的基本框架,智能汽车则是填充框架的重要元素。综上所述,设计 3S 融合一体化的智能汽车,研究智能交通系统的协同控制与服务技术,研究智慧城市的移动共享出行云控技术,开展 3S 融合系统集成与测试评价技术,突破车辆的模块化、智能化、端云融合控制以及智能出行服务等关键技术,研发由智能共享出行移动系统和智能共享出行服务系统组成的智能共享出行平台等 3S 融合技术将成为主要发展方向。

三、3S 融合发展的新需求与新使命

1. 严峻的国际形势要求跨领域科技融合创新

21 世纪是科技大发展的时代,科技实力能在很大程度上反映一国的综合国力,科技成为各国竞争的重要领域。科技的发展最终体现的是产业的发展,如汽车、交通、城市、能源等产业既是国家发展的重要基石,也在很大程度上反映了一个国家的科技实力。恰逢全球新科技革命和产业变革深入布局,各主要大国纷纷发力向科技前沿冲刺,力争在本轮科技竞争中占据主动。美国政府发布《关键和新兴技术国家战略》,誓言要促进和保护美国在生物科技、人工智能、能源、量子信息科学、通信和网络技术、半导体、军事和空间技术等领域的竞争优势。日本将 5G 网络视为经济增长支柱之一,为构建 5G 和后 5G 技术投入了数亿美元。英国国防部发布《2020 年科技战略》,强化对未来技术前景的理解,积极采取行动获取先发优势,为下一代军事能力奠定基础。同期,欧盟各国、日本、俄罗斯、中国等国也有战略措施出台。德国计划到 2025 年把对人工智能的投资从 30 亿欧元增加到 50 亿欧元,使德国成为欧洲未来人工智能技术的主要驱动者。欧盟发布《人工智能白皮书》,旨在促进欧洲在人工智能领域的创新发展。韩国发布人工智能新政,计划投资 76 万亿韩元,促进跨行业使用 5G 网络和人工智能技术。目前,全球信息化正由兴到起、化潮为流、浩荡向前,各国在科技的牌桌上不断增加筹码,野心勃勃。

在我国科技发展遭遇巨大外部压力的当下,积极推进 3S 融合发展不仅有助于城市、汽车、交通、能源等传统领域的信息化、智能化转型,也为先进计算机技术、人工智

能、通信技术等革命性技术提供了最广泛、最深入的应用场景和空间,对于冲破国外的科技封锁意义重大。

总之,厘清国际竞争格局演变的逻辑关系,充分认识科技创新的基础性地位、推动性作用、革命性影响,准确把握科技创新,积极推动3S融合发展,是应对当前严峻国际形势的必由之路。

2. 日益增长的国民发展需求要求3S融合创新

中国特色社会主义进入新时代,我国社会主要矛盾已经转化为人民日益增长的美好生活需要和不平衡不充分的发展之间的矛盾。体现在交通出行方面,城市的交通拥堵及出行安全问题日益加剧,汽车排放的尾气极大地污染了环境卫生……应对这些问题,坚持发展绿色、便捷、智能、高效的交通系统,成为未来主要的趋势。为满足国民日益增长的需求,离不开多产业全面配套升级,实现智慧城市、智能交通、智能汽车的3S融合体系就是一种有效的解决方案。

随着我国经济社会发展不断深入,生态文明建设地位和作用日益凸显。《中华人民共和国国民经济和社会发展第十四个五年规划和2035年远景目标纲要》提出构建生态文明体系,推动经济社会发展全面绿色转型,建设美丽中国。在绿色发展新目标的引领下,交通出行产业首要解决的问题就是汽车尾气排放出的碳氧化物及氮氧化物对生态环境造成的破坏。一方面,积极推动传统的动力燃料向新型清洁可再生能源的转变,利于直接减少污染物的排放;另一方面,汽车的电动化使其从原来的耗能产品演变为移动储能平台,与智慧能源的连接使其能够在用电高峰时为其他产品输出电能,减少火力发电站等的过度使用,减少污染物排放。

交通拥堵、出行安全等一直是影响人民出行满意度的重要问题。在未来,移动出行必将与当今社会存在巨大差别,整体趋向于更便捷、更高效、更节能的出行方向发展。各产业融合发展的背景下,通过城市大脑、5G通信、人工智能等新技术,能够让汽车与智慧城市、智能交通等实现互联互通,在宏观层面对车辆的出行路线进行调控,从而减少交通拥堵的发生,提升出行效率,降低能源消耗,增加人民的出行满意度。而单车智能的进一步提升,能够帮助驾驶人规避潜在的风险,降低事故发生率,获得更安全的驾乘体验。

随着信息技术的迅速发展,城市将变得更信息化和智能化,给人民生活和工作带来很多便利。而智慧城市的发展完善必须接入多方信息,比如汽车、交通和能源等,以升级城市服务系统,更好地服务人民。在积极运用大数据、云计算、区块链、人工智能等前沿技术的同时,加快推进新型智慧城市建设必须与多产业深度融合发展,充分发挥各自优势,同步实现各产业的转型升级。由此带来的叠加效应必将成倍呈现,极大满足人民生活需求。

附件二　3S融合发展的内涵与目标

一、3S融合发展的内涵与总目标

1. 3S融合发展的内涵

科技强国是新时代党和国家赋予汽车、交通、城市、能源等领域的崇高使命,要求各领域不仅要做到自身强,还要融合发展,实现强国家、使人民满意的目标,支撑中华民族伟大复兴中国梦的实现。

3S融合发展的内涵是:人民满意、保障有力、世界领先。"人民满意"是指提供高品质、多样化的产品和服务,满足人民不断增长的美好生活需求。"保障有力"是指在提供高质量服务的同时,发挥引领作用,实现各产业与经济深度融合,成为发展新动能。"世界领先"是指基础设施规模质量、出行服务、绿色发展和智能发展水平世界领先;创新能力、科技装备、安全水平和可持续发展能力世界先进。

2. 总体目标

按照党中央对科技发展工作的要求,确定我国科技强国战略的总体发展目标为:建成"安全、便捷、高效、绿色、经济"的现代化综合体系。安全是3S融合发展的基本前提,是人民群众对科技发展的最基本要求;便捷、高效是实现世界一流服务水平的重要体现,是人民群众的基本诉求;绿色是根本原则,是实现高质量发展的重要内容;经济是降低成本,提高竞争力的主要内涵。

基于对"基建先行"的思考,本研究认为,建设3S融合体系的时间节点与建成中国特色社会主义现代化强国的总体部署相比,应适度超前,即大约提前五年实现建设3S融合的战略目标。

从现在起,分两步实现3S融合战略目标。阶段目标及实施要点如下。

1)第一阶段的发展目标

从现在到2030年为第一阶段,基本建成"安全、便捷、高效、绿色、经济"的现代化3S融合体系,实现"人便其行、货畅其流、国惠其昌",进入科技强国行列。具体目标如下:

(1)汽车、城市、交通、能源产业实现一体化发展。基本建成"能力充分、结构合理、通达便捷、综合一体、安全可靠、绿色智能"的现代化融合发展网络。

(2)产业科技水平与创新能力显著提高,主要核心技术实现自主可控,交通土建技术、城市建设技术领先世界,新能源汽车实现"换道超车",电能、氢能、光伏等能源产业取得重大进展。

(3)智能交通整体进入世界先进行列,智能汽车、智慧城市、智慧能源等重点领域世界领先。

(4)出行服务水平大幅提升。实现基本公共服务均等、客运服务便捷高效、安全可靠。建成一站式、多样化、共享出行服务普及;统一开放、竞争有序、一单到底、经济高效的出行服务体系基本形成。

(5)绿色发展为主导。实现全环节、全生命周期绿色化。城市绿色出行分担率达到85%,新增车辆中清洁能源车辆占比超过50%。

(6)交通安全水平显著提高。以"零死亡"为愿景,交通安全保持国际先进水平,道路交通万车死亡率降至0.5以内;应急救援体系完备,3S融合系统的安全性、可靠性全面提升,有力支撑国家安全。

(7)城市交通拥堵明显缓解。城市交通拥堵与交通污染治理取得显著成效,交通运行效率显著提升,居民出行品质和出行体验显著改善,使城市生活更加宜居,为城市发展注入持久活力。

(8)国际影响力、竞争力显著增强。基本形成高效、可靠、开放共享的全球3S融合服务网络体系,国际影响力显著提高,国际竞争力显著增强,建成一批世界级交通企业,打造若干驰名全球的交通品牌。

2)第二阶段的发展目标

从2030年到2045年为第二阶段,高标准建成"安全、便捷、高效、绿色、经济"的现代化3S融合体系,成为世界领先的科技强国,实现"人享其行、物优其流、国倚其强"。具体目标如下:

（1）实现高质量的汽车、城市、交通、能源产业一体化发展。各种运输方式实现深度融合、便捷、高效。

（2）科技与创新能力进入世界前列。部分关键技术引领世界发展。

（3）智能交通实现世界领先。

（4）出行服务达到世界领先水平。多样化、个性化服务满足大众出行需求。公共交通、共享交通充分发展，大幅减少私人汽车使用量。

（5）绿色发展世界领先。建成便捷高效、绿色智能的综合3S融合体系。

（6）交通"零死亡"愿景基本实现。道路交通万车死亡率降至0.3以内，实现出行安全舒适、人民放心的交通环境。

（7）破解城市交通拥堵难题、大幅降低交通污染，居民出行品质和出行体验位居世界前列。

（8）具有与社会主义现代化强国相匹配的国际影响力，成为全球汽车、交通等领域标准制定的主要参与者、引领者之一。

3. 重点支撑领域

1) 智能汽车充分网联化

未来，智能网联的电动汽车是能源革命、信息革命、交通革命和智慧城市建设的一个引领性的核心产品。它有极强的能力广泛吸纳新能源信息化、网络化、智能化、大数据，以及新技术、新材料、电子电力、先进制造等方面的新发展、新势能，成为众多产业融合创新的大平台。

2) 充电基础设施铺开

继续加大充电基础设施建设力度，一是结合老旧小区改造等工作，引导相关方联合起来开展充电基础设施建设和运营，解决居民区里的建桩难问题；二是在高速公路、城市和乡村加快形成适度超前、快充为主、慢充为辅的公共充电网络，鼓励开展换电模式运用示范；三是加强新型充电技术研发，提高充电服务的数字化、智能化水平。同时，将研究优化充电设施建设奖补政策，尽快改变车多桩少局面，为新能源汽车消费创造良好环境。

3) 道路交通基础设施建设

加强道路交通科技投入，提高道路交通管理信息化水平。各级政府和有关部门要从保障和加快道路交通可持续发展的高度，加大对道路交通管理的科技投入，提高道路交通管理科学化、信息化水平，进一步提高道路交通管理信息化水平。抓好道路中间隔离设施建设和隐患整治。统一、规范道路隔离设施设置标准,已经建成的一级及其他双向4车道以上的公路事故易发路段、双向6车道以上城市道路,要在3年内全面设置中间物理隔离设施。

4)城市大脑升级

通过对数据汇聚平台的优化升级,"城市大脑"的计算能力进一步提升。利用时空大数据分析与智能计算技术,可以对城市通勤、交通、文化教育等方面的情况进行专题分析,为城市管理提供辅助决策。比如利用城市的手机信令、车载卫星定位系统、交通卡口等多源感知数据,可以从人口、交通、企业、商业、建设5个维度对城市活力进行综合评价,展示城市活力变化,分析活力变化的规律和影响因素,为打造宜居高效的城市空间提供决策参考。

5)能源系统数据中心提质增效

打造基于多能互补的数据中心能源供应的多元融合模式。因地制宜,因时制宜,研究和推广自建绿电、直购绿电、采购绿色电力证书以及电力现货市场化交易等方式,以及高压直流供电技术在数据中心供能上的低成本、规模化应用,全方位培育绿电在数据中心的应用路径。架构基于能量综合梯级利用的联供系统的设计及评价体系,特别是电力紧张区域,合理设计天然气联供系统在数据中心能源系统的容量占比及运行策略。应充分结合自然或免费冷源,因地制宜,鼓励利用LNG(Liquefied Natural Gas,液化天然气)汽化吸热过程、山区溶洞低温空气、江河湖海低温水源等用于满足数据中心散热需求的应用及示范。立足数据中心当地资源禀赋及负荷特性,构建绿色电力、天然气联供、自然冷源以及光热、储能等技术的数据中心多能互补能源系统,推动绿电与其他能源在数据中心供能上的多元互动的潜力。

本章参考文献

[1] 李骏,张新钰,史天泽.智慧城市与智能汽车融合一体化科技创新研究[J].建设科技,2022(1):21-27.

[2] 刘宗巍,宋昊坤,郝瀚,等.基于4S融合的新一代智能汽车创新发展战略研究[J].中国工程科学,2021,23(3):10.

[3] 赵福全,刘宗巍,郝瀚,等.汽车产业变革的特征、趋势与机遇[J].汽车安全与节能学报,2018,9(3):5-21.

[4] 李克强,戴一凡,李升波,等.智能网联汽车(ICV)技术的发展现状及趋势[J].汽车安全与节能学报,2017,8(1):1-14.

[5] 钱卫列.城市智能基础设施与智能汽车协同发展[J].中国建设信息化,2021(13):2.

[6] 苏丹丹,李浩东.智能汽车创新发展背景下整车企业转型研究[J].科技风,2020(30):2.

[7] 赵福全,刘宗巍,史天泽.基于网络的汽车产品设计/制造/服务一体化研究[J].科技管理研究,2017,37(12):97-102.

[8] 孙海鹏.我国智能网联汽车产业发展规划与发展政策浅析[J].时代汽车,2021(4):40-41.

[9] 谢伯元,李克强,王建强,等."三网融合"的车联网概念及其在汽车工业中的应用[J].汽车安全与节能学报,2013,4(4):348-355.

[10] 王笑京.中国智能交通系统发展战略[M].北京:人民交通出版社,2006.

[11] 王国锋,宋鹏飞,张蕴灵.智能交通系统发展与展望[J].公路,2012(5):217-222.

[12] 高柯夫,孙宏彬,王楠,等."互联网+"智能交通发展战略研究[J].中国工程科学,2020,22(4):5.

[13] 沈山,曹远琳,孙一飞.国际智慧城市发展实践与研究前瞻[J].现代城市研究,2015(1):7.

[14] 王建凯.气象观测系统助力新型智慧城市发展[J].中国建设信息化,2020(18):2.

[15] 徐辉.基于"数字孪生"的智慧城市发展建设思路[J].人民论坛,2020(8):94-99.

[16] NSTC U. Ensuring american leadership in automated vehicle technologies:Automated vehicles 4.0[R]. NSTC,USDOT:Washington,DC,USA,2020.

[17] Couzineau-Zegwaard E,Barabel M,Meier O. From smart grid to smart city business ecosystem:Strategy to define the proper legitimacy for an energy utility firm[C]//2013 World Electric Vehicle Symposium and Exhibition(EVS27). IEEE,2013:1-11.

[18] 孙凯,郭涛.基于数据运营的新型智慧城市发展模式分析[J].地理空间信息,2020,18(4):6.

[19] 唐斯斯,张延强,单志广,等.我国新型智慧城市发展现状、形势与政策建议[J].电子政务,2020(4):11.

[20] 陈才.智慧城市的发展共识与"十四五"路径建议[J].中国建设信息化,2021(17):2.

[21] 孙皎.智慧城市发展研究[J].农业科学,2021,4(1):55-56.

[22] 王蓓蓓,胥鹏,赵盛楠,等.基于"互联网+"的智慧能源综合服务业务延展与思考[J].电力系统自动化,2020,44(12):12.

[23] 冯昌森,沈佳静,赵崇娟,等.基于合作博弈的智慧能源社区协同运行策略[J].电力自动化设备,2021,041(4):85-93.

[24] 张新钰,高洪波,赵建辉,等.基于深度学习的自动驾驶技术综述[J].清华大学学报(自然科学版),2018,58(4):438-444.

[25] 张新钰,邹镇洪,李志伟,等.面向自动驾驶目标检测的深度多模态融合技术[J].智能系统学报,2020,15(4):14.

[26] 陆王琳,陆启亮,张志洪.碳中和背景下综合智慧能源发展趋势[J].动力工程学报,2022,42(1):9.

[27] 陈以明,李治.智慧能源发展方向及趋势分析[J].动力工程学报,2020,40(10):8.

第二章

支持3S融合的智能网联汽车科技创新战略

撰稿人：刘宗巍　清华大学

摘要

以互联网、大数据、云计算、人工智能、5G 等技术为代表的新一轮科技革命,正在驱动汽车产业步入前所未有的深刻变革期。受此影响,融合诸多高新技术的智能网联汽车(具备网联功能的智能汽车),可以提供更加安全、便捷、低碳的出行综合解决方案,已成为未来汽车产业发展的必然趋势。

基于智慧城市、智能交通、智能汽车即 3S 融合发展的新一代智能网联汽车,作为可灵活移动的互联节点、数据终端、智能平台和物理空间,将充分打通城市中的人流、物流、信息流和资金流,具有远超传统汽车的战略价值。因此,从 3S 融合发展出发,研究并确定智能网联汽车科技创新战略至关重要。

目前,智能交通和智能网联汽车等领域的相关研究大都集中于相关的单类、单项技术,较少有研究站在 3S 融合的高度和广度系统探讨智能网联汽车科技集群的创新发展战略。为此,本章将着重阐明发展 3S 融合的新一代智能网联汽车对于中国的重要意义,明确实现其创新发展的技术路线,构建 3S 融合的技术体系并梳理相关的关键技术,最后针对基于 3S 融合的新一代智能网联汽车的科技创新,提出具体的商业模式与发展策略。本章的研究背景详见本章附件一。

第一节
智能网联汽车在 3S 融合中的核心地位

一、重新认识智能网联汽车

在本轮科技革命的驱动下,汽车产品的本质与内涵正在发生深刻变化,从而催生出新一代智能网联汽车的概念。此前,汽车先后经历了由机械产品到机电一体化产品再到智能网联产品(即智能网联汽车)的转变。

当前,新一轮科技革命正在驱动能源、交通、信息三大领域同时发生巨变。这三大领域的巨变一方面将共同作用于汽车产业,从而使其发生前所未有的深刻变化;另一方面,将推动城市发展变革,形成万物互联的绿色低碳社会。在产业与社会全面重构的浪潮下,集互联节点、数据载体、计算单元、智能终端和储能供能装置于一体的新一代智能网联汽车产品应运而生,成为全新的移动智能物理空间。新一代智能网联汽车具有极高的战略价值,将与智慧城市、智能交通等融合发展,全面打通人流、物流、能源流、信息流以及价值流的社会大生态——不仅将构筑起安全、高效、绿色的理想出行社会,更将推动人类社会迈入新的文明发展阶段(图2-1)。

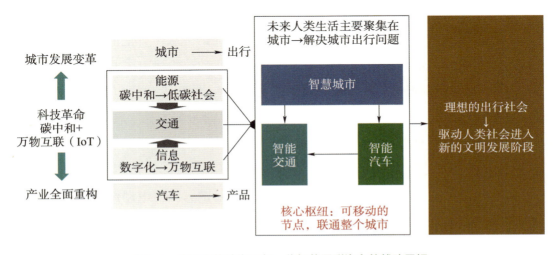

图2-1　全面重构浪潮下新一代智能网联汽车的战略目标

新一代智能网联汽车将在3S融合发展中发挥核心枢纽作用。作为智能交通系统的重要组成部分，智能网联汽车将为智能交通平台传递路况、事故、出行需求等关键信息，接受平台的实时调度与管理。作为可灵活移动的智能网联终端，智能网联汽车将以运载工具的形式服务于居民出行和货物运输；作为可灵活移动的储能供能终端，智能网联汽车还将成为分布式智慧能源网络的重要组成部分，发挥"削峰填谷"的作用，缓解电网用电负荷，促进清洁能源消纳利用。

新一代智能网联汽车将是多产业融合的产物，不仅可以有效缓解快速城市化带来的交通拥堵、交通事故、环境污染、能源消耗等诸多社会问题，还将以其复杂的产业链、丰富的商业模式，支撑并引领城市中产业、经济、生产、生活等的重新布局和转型发展。以新一代智能网联汽车为中心，多个行业、不同主体共同参与汽车、出行、交通、能源乃至整个城市的再升级和再创造，有望引发人类社会生产模式、生活方式的重大改变。

二、智能网联汽车产品升级

智能网联汽车将与智能交通融合，实现汽车产品的升级。未来交通基础设施将全面实现智能化、信息化，配置众多的先进传感器，具备人工智能，与智能网联汽车互联互通以实现车路协同的感知、决策和控制。智能网联汽车通过智能交通系统提供的实时路况信息，可以更合理地规划行驶路径，减少行程时间，提供更高效的基于位置的服务。

智能网联汽车将与智慧城市融合，实现汽车产品的升级。智能网联汽车通过物联网与未来城市中的其他智能终端互联互通、相互赋能，构建出丰富的网联生态系统，提升城市智能治理能力。智能网联汽车支持城内、城际不同的客货运需求，特别是成为解决"最后一公里"出行问题的不可替代的灵活运载工具。展望未来，基于高度智能化的汽车共享出行模式，有望大幅提升汽车的使用效率，缓解城市公共交通压力，节约社会运行综合成本。

智能网联汽车将与智慧能源融合，实现汽车产品的升级。电动汽车是智能网联汽车的最佳产品平台，智能电动汽车作为可移动的储能供能单元，将成为分布式智慧能源网的重要组成部分。通过V2G技术，智能电动汽车与智能电网高效紧密互动，有助于推动电力结构向低碳化方向发展。

三、智能网联汽车技术创新

相比于单车智能的智能网联汽车,基于3S融合的新一代智能网联汽车将融合更多领域的前沿技术,特别是智能网联汽车技术与信息、通信等新技术融为一体,实现同步升级,产生"1+1>2"的协同效应。

在车辆智能化方面,单车智能的智能网联汽车需搭载高性能传感器、高算力计算平台、高精度快速响应控制器,据此实现自动驾驶和打造智能座舱。融合型的智能网联汽车则注重运用大数据、云计算、AI等技术,通过人、车、路、云的协同感知、决策与控制,"让聪明的车跑在聪明的路上",以此实现自动驾驶,同时打通车辆外部生态与内部控制,打造更高层次的智能座舱。

在车辆网联化方面,单车智能的智能网联汽车联网水平不高,网联应用集中在资讯、娱乐信息获取方面。融合型的智能网联汽车则利用5G技术进行人、车、路、云实时信息交互,借助云平台实现云端计算、实时地图更新等功能,具有多元数据融合的多样化服务能力。

在外部生态支撑方面,单车智能的智能网联汽车缺乏外部网联服务生态,仅有少量功能开发者生态给予一定的服务支持。融合型的智能网联汽车同时具备丰富的网联服务生态和功能开发者生态,能够充分支持用户的个性化需求,实现"千车千面""千人千面"。

四、智能网联汽车的核心地位

智能网联汽车是智能交通系统中自由度最大、难度最大、效能最佳的核心枢纽,作为连接各种要素实现协同智能的关键,在交通治理智能化中占据核心地位,具有不可或缺的重要作用,具体包括:

(1)不可替代性:只有汽车能够实现城市内点对点的交通,解决城市"最后一公里"的移动出行问题;特别是在发生疫情等公共安全事件时,自动驾驶的智能网联汽车可以提供非接触式运输,意义重大。

(2)连接性:打通飞机、高速铁路、地铁等各种交通工具,实现各交通工具之间的无缝连接。

（3）终端性：智能网联汽车作为可灵活移动的智能网联终端，与海量、离散用户直接接触，可实时获得大量有价值的用户数据，从而满足用户的个性化出行需求；同时依托于这些数据，支撑整个智能交通系统的效率提升。

（4）协同性：基于车路协同的智能网联汽车技术路线已逐渐成为全球产业共识，车端与路端只有相向而行、相互依托，才能提供智能交通的最优解决方案，从而更好地实现交通治理智能化。

第二节
智能网联汽车科技创新的战略价值

发展智能网联汽车需要实现智能网联汽车科技的重大创新，而智能网联汽车科技是"汽车＋智能＋网联＋出行＋服务"等多领域的综合科技集群，这些领域彼此关联、相互影响，其创新发展将产生广泛而重大的战略价值。

一、科技实力升级

一直以来，汽车都是科技创新、技术应用的最佳载体。而智能网联汽车涉及的技术领域更加广泛，是通信、人工智能、芯片、地理信息数字化、系统软件、信息安全等技术集成应用的平台。以智能网联汽车为载体，推动相关技术在智能网联汽车上的产业化应用，将引领先进科技集群取得创新突破，驱动中国科技实力的整体升级。

二、制造业升级

汽车产业具有规模大，带动效应强，涉及领域多，影响范围广，产品数量多，质量要求高，需求多元化，资源、技术、资金、人才密集等特点，是制造业的"集大成者"，汽车产业的转型升级对整个制造业具有引领和拉动作用。

三、经济增长动能升级

汽车产业原本就是国民经济的支柱产业，是实现经济"稳增长"长期的重要支点。

当前,发展智能网联汽车已成为汽车产业新一轮国际竞争的重中之重。未来智能网联汽车产业生态链将向广度和深度空前扩展,与交通系统、城市布局、能源体系和社会生活紧密结合,从而为经济增长创造强劲的"新动能"。同时,智能网联汽车科技创新将拉动"新基建",发挥以用促建的重要作用。

四、现代治理能力升级

智能网联汽车是未来交通及城市治理升级的关键环节,依托智能网联汽车,打通城市的人流、物流、信息流、能源流,构建智能交通系统,将全面提升现代社会综合治理能力,实现未来城市的可持续发展。此外,以智能网联汽车为突破口,探索面向个人消费品的民用工业体系的新型举国体制,以满足新一轮科技革命创新需求,将具有更加深远的意义。

智能网联汽车智能化等级由低到高可以分为:①驾驶辅助(Driver Assistance,DA);②部分自动驾驶(Partial Automation,PA);③有条件自动驾驶(Conditional Automation,CA);④高度自动驾驶(High Automation,HA);⑤完全自动驾驶(Full Automation,FA)。

第三节
智能网联汽车科技创新的发展现状与重点方向

一、智能网联汽车科技群的总体战略

交通治理智能化需要布局城市云控平台,构建"城市大脑",实现城市资源的统筹调度、优化分配。智能网联汽车作为核心枢纽打通城市资源的关键在于智能网联汽车科技群的支撑。

事实上,智能网联汽车的发展不是孤立的。未来智能网联汽车科技群将全面涵盖3S融合的协同创新,并涉及数据、通信和信息安全等三层架构。其中,实现数据采集、处理、应用的技术包括算法、系统等软件技术,芯片、计算平台等电子硬件技术,车端、路端传感器技术,地理信息数字化技术,整车控制架构技术,以及云控平台技术等(图2-2)。

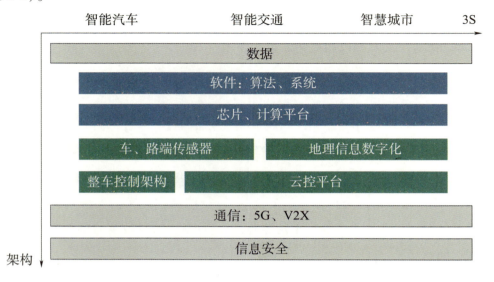

图2-2 智能网联汽车科技群的总体战略图

二、智能网联汽车科技群的车端技术框架

站在车路协同视角,聚焦车端,对智能网联汽车的技术框架(图2-3)进行系统梳理。一方面,城市交通云平台将成为"城市大脑";另一方面,智能网联汽车将成为智能交通体系中移动感知、计算、决策和执行的终端。最终以路侧感知弥补车端感知的不足,以云端计算分担车端计算的压力,以基于5G技术的车联网保证车、路、云之间的实时通信,从而实现车、路、云的协同感知、规划、决策和控制。

就车端而言,其软件架构包括操作系统内核、基础软件平台(作为管道、桥梁实现云平台与车端的互联互通)以及应用层(实现云端应用生态与车端的打通);其硬件架构以中央计算平台为核心,并且借助云端计算和存储能力的支持,对智能网联汽车的执行系统实施有效控制,同时车端智能传感器和路侧智能基础设施互联互通,共同实现车路协同感知。

三、智能网联汽车科技群的相关领域及技术内涵

基于智能网联汽车科技群的技术框架,可将相关技术分解为感知设备领域、人工

智能领域、通信领域、地理信息数字化领域和计算机科学领域。上述五个基础科技领域相互关联、彼此交织,形成了一个有机整体。显然,智能网联汽车科技群的创新依赖于五个基础科技领域的共同突破和融合发展(图2-4)。

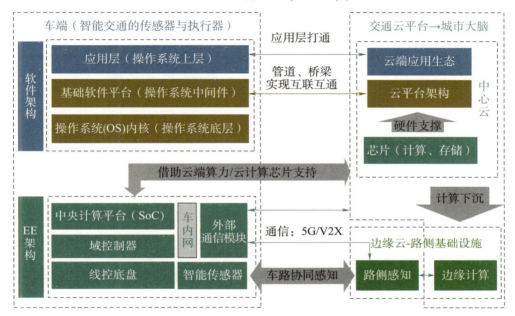

图2-3　智能网联汽车科技群车端技术框架

感知设备领域:包括摄像头、超声波雷达、激光雷达以及飞行时间测距传感器(Time of Flight,ToF)等。根据各类感知设备的特性,在实际应用中往往采用多种感知设备功能互补、融合的方式进行环境感知,为智能网联汽车提供获取外界信息的能力。

人工智能领域:包括云、大数据、AI算法和AI芯片等。可使智能网联汽车具备自主学习、进化的能力,基于智能感知和智能决策实现自动驾驶,以及基于用户大数据分析实现个性化的智能座舱。

通信领域:包括5G、V2X、通信芯片等。通过高可靠、低时延的互联,可保障自动驾驶安全。

地理信息数字化领域:包括高精度地图、高精度定位、导航技术和导航芯片等。作为自动驾驶的关键基础设施,可弥补智能网联汽车感知的不足。

计算机科学领域:包括芯片、系统软件和信息安全等,其中芯片技术与上述四个领域均存在交集。由于智能网联汽车及自动驾驶涉及道路交通安全及人身安全,车载芯片与手机芯片、计算机芯片相比,可靠性要求更高;同时,必须保障能在高速行驶和极端工况下正常工作,对计算的实时性和稳定性要求也更高。

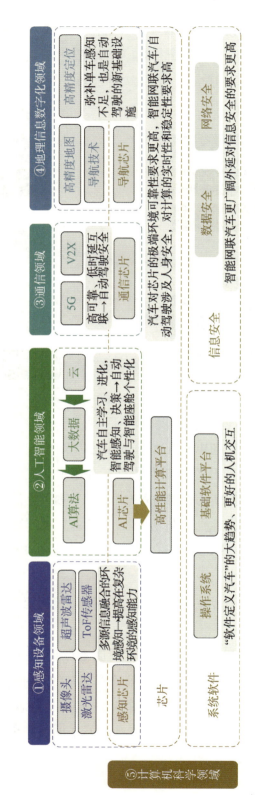

图 2-4 智能网联汽车科技群的相关领域

四、感知设备在智能网联汽车上的发展状况

1. 感知设备的发展现状

在智能网联汽车中,感知设备负责感知车辆行驶过程中的环境信息,包括周围的车辆、行人、交通信号灯、交通标志物、所处的场景等,为智能网联汽车的安全行驶提供及时、可靠的决策依据。目前常用的车载感知设备包括摄像头、超声波雷达、激光雷达、ToF 传感器等。

摄像头通过直接接收环境自然光生成二维图像数据来感知环境,主要用像素来评价其性能。目前 200 万像素的车规级摄像头已经大规模上车,作为多项高级驾驶辅助系统(Advanced Driver Assistance System,ADAS)功能的主传感器,而 800 万像素、1200 万像素的摄像头也有少部分车型搭载,具备生产能力的厂商相对较少。

超声波雷达通过发射和接收超声波生成一维距离数据来感知环境,由于其成本优势明显,已经广泛应用于倒车雷达以及自动泊车系统,成为大多数汽车的标配。目前,国外零部件供应商巨头占据超声波雷达主要市场,国内部分优秀企业虽已具备成熟技术,但市场份额较低。

激光雷达通过发射和接收激光脉冲生成三维点云数据来感知环境,是保证高等级自动驾驶具有充分安全冗余的核心传感器。目前,国内已有多家初创企业实现了半固态激光雷达的量产上车,出货量稳居世界第一,国外零部件供应商巨头虽也有相应的激光雷达产品,但在量产上车方面速度相对滞缓。

ToF 传感器通过发射和接收连续的光脉冲信号生成三维深度图像数据来感知环境,具有成本低、数据处理简单、响应快、光照不敏感等特点。相较激光雷达,ToF 传感器的探测范围更小、抗干扰性更弱,在智能网联汽车上可用于座舱内的手势识别、驾驶人监控等功能。由于应用场景有限,目前 ToF 传感器在汽车上搭载的规模较小,国内国外只有少数几家企业提供量产产品。

2. 感知设备未来的发展方向

在摄像头方面,除像素升级以外,随着工艺的优化与升级,摄像头抗震、耐磨、耐高温低温能力将不断提高,使画质更加清晰,有效消除杂光和鬼影,提升光学成像稳定性。同时,为了提高摄像头的全天候感知能力,增强摄像头在光线不足条件下的夜

视能力也是未来的发展方向。

在超声波雷达方面,更远的探测距离、更小的探测盲区、更好的环境一致性是其发展进步的方向。不过,随着摄像头功能的不断完善和成本的持续降低,以及4D毫米波雷达等的发展,超声波雷达在汽车产品上的应用空间可能会缩小。

在激光雷达方面,降低成本是促进其量产上车的最重要因素,从传统的机械式激光雷达到目前量产的半固态激光雷达,成本已经从万元级降低到千元级(人民币),未来将向成本更低、尺寸更小的纯固态激光雷达演进。此外,为提高感知精度,激光雷达的发射脉冲数量将向百线级别发展。

在ToF传感器方面,未来通过技术手段实现成本、功耗、体积、速度以及抗干扰能力等方面的平衡,ToF传感器有望成为兼具摄像头和激光雷达功能的感知设备,成为自动驾驶感知方案中极具性价比的一种选择。

3. 我国在感知设备领域的优势与瓶颈

我国在感知设备领域具备一定优势,同时也存在瓶颈。在此分别以摄像头、超声波雷达、激光雷达和ToF传感器为例进行剖析。

在摄像头和超声波雷达方面,由于其技术路径清晰、产业链成熟,主要竞争力体现在成本控制上,而我国拥有世界上最完备的工业体系和最大的智能网联汽车市场,在规模效应方面占据优势;但我国仍存在认证体系不够健全、市场开拓能力不足等问题。

在激光雷达方面,中国市场相较海外市场的量产上车时间提前了2~3年,本土企业已经积累了先发优势;但目前激光雷达企业还没形成品牌效应和用户黏性,技术路线也仍在探索期,同时在上游部分关键元器件上,中国企业的技术优势尚不明显。

在ToF传感器方面,得益于中国智能手机行业的繁荣,无论是技术还是产业链,中国都较为成熟;但车规级ToF传感器,尤其是用于自动驾驶功能的ToF传感器,相关企业的关注和资源投入有限,面临来自国外企业的激烈竞争。

五、人工智能在智能网联汽车上的发展状况

1. 人工智能的发展现状

AI产业正在经历快速增长:2022年全球AI市场规模已达到约200亿美元。

2023年,以聊天机器人程序 Chat Generative Pre-trained Transformer(ChatGPT)等为代表的生成式 AI 大模型掀起了人工智能领域的重大技术变革,将对各个行业产生重大影响。

AI 是研究以计算机来模拟人的某些思维过程和智能行为(如学习、推理、思考、规划等)的学科。当前 AI 领域的主要研究内容包括机器学习、深度学习、生成式 AI 大模型等算法,以及这些算法在语音识别、自然语言处理、计算机视觉、知识图谱构建等具体领域的应用。在 AI 技术中,算法是核心,其进步将直接提升 AI 技术的能力和应用水平。数据(广义的数据,包含数字、图片、音频、视频等)是不可或缺的生产要素,蕴藏着巨大的价值,不仅是 AI 算法的直接输入,还是 AI 算法迭代进步的"燃料"。此外,训练 AI 模型不仅需要巨大的算力资源,还需要特定种类的处理器,以实现高效计算与迭代。所以,车规级 AI 专用芯片已成为智能网联汽车的关键硬件,决定着智能网联汽车的实时计算能力。

从诞生至今,AI 算法发生了翻天覆地的变化,经历了简单数据处理、机器学习再到深度神经网络的进化。如今,生成式 AI 大模型(简称"大模型")问世,并在特定应用场景快速落地。大模型相较传统 AI 模型,可以学习大量无标注数据库,实现自主学习、优化与迭代,具备极强的泛化能力和通用性。大模型重新定义了人机交互方式,将催生新的 AI 原生应用,既是对传统 AI 模型的再定义,也是 AI 模型由量变堆积到质变飞跃的临界点,极有可能带来生产力的巨大进步。

目前,以机器学习、深度学习为代表的 AI 技术已经在智能网联汽车领域得到广泛应用。在汽车产品方面,对于自动驾驶,AI 不仅应用于多模态感知数据融合,助力环境感知能力提升;还应用于行驶行为决策算法,与基于规则的行驶行为模型相比具备更好自适应性。对于智能座舱,AI 应用于语音合成、语音识别、语义理解等车载语音交互技术,提升了人机语音交互的智能化水平;还应用于个性化推荐算法,可为驾乘人员提供"千人千面、千车千面"的出行体验。在汽车生产制造方面,基于数字化的自动生产线,AI 可以充分利用产品、装备和工艺数据,动态调整工艺参数,预测故障发生,助力实现智能制造。

2. 人工智能未来的发展方向

在 AI 算法方面,AI 基础理论的研究探索受到重视,正在发展第三代人工智能理论和方法、编程框架及算法库;在智能网联汽车上的大规模应用正在加速落地,包括感知算法、决策算法、车路协同算法以及智能座舱算法等。

在AI芯片方面,传统芯片正逐渐被车规级AI专用芯片所取代,旨在解决AI传统芯片带宽不足的问题,以支持数据的高效访问;同时提升自主设计-生产-制造AI专用芯片的能力,使硬件具备支撑灵活AI算法开发的能力。

在云平台方面,未来将加速边缘云计算平台和中央云计算平台的建设,基于协同、高效的城市一体化计算平台,基于统一的架构和标准接口,打通交通覆盖诸多领域的服务、监管、运营平台。

此外,生成式AI大模型的出现,给各个行业都带来了很大的冲击,预计会产生颠覆性的影响。智能网联汽车作为未来智能化的移动出行节点,将打通智能交通与智慧城市,推动多主体协同智能社会的形成。由于智能网联汽车交互主体和方式多、黏性强,计算部件多,数据规模大,因此,汽车产业必将成为大模型率先落地应用并发生重大改变的产业之一。展望未来,大模型将与汽车产业原有知识体系快速融合,改变汽车产品的人机交互体验,在产品全生命周期内提效降本,并将带来汽车产业人才需求与结构的采购。在产品体验改善方面,情感化、个性化的座舱人机交互与服务生态,有望成为大模型在汽车产品上率先应用的重点领域;而自动驾驶系统借助大模型,可以更好地根据驾驶人驾驶风格和道路环境实现"千人千面"。在产品全生命周期管理方面,大模型可用于训练自动驾驶感知、决策、执行等环节的小模型,提升数据挖掘、标注、生成的自动化水平,拓展仿真工具场景生成能力,以有效解决长尾场景难题,甚至可以直接作为端到端算法对智能网联汽车进行行为控制;大模型还可以推动智能制造加速实现,实现工艺流程与参数动态的自动化调节,提升良品率,并满足个性化需求。在汽车产业人才方面,大模型将重新定义产业人才竞争力,有效、灵活地使用大模型辅助工作的能力将成为未来汽车从业者的必备能力;部分企业职能人员以及程序员等或将逐渐被大模型所取代,而算法方面人才的需求量则将显著提升。

3. 我国在人工智能领域的优势与瓶颈

我国在人工智能领域具备一定优势,同时也存在瓶颈。在此分别以AI算法、AI芯片和云平台为例进行剖析。

首先,我国在基础AI算法的应用技术和落地能力方面具备优势,不仅拥有优质信息技术企业提供技术支撑,还拥有全球最大规模的汽车市场,有海量的车辆及用户数据可以支撑模型快速迭代。但AI算法的基础理论和底层技术积累薄弱,存在发展不均衡的问题,未来恐将对AI算法在智能网联汽车上的应用形成制约。

其次,我国作为芯片的超大市场,对国产高性能芯片的需求旺盛,未来市场潜力巨大;同时,我国集中力量办大事的体制优势可为芯片产业核心技术的攻关提供有力支撑。但由于我国芯片产业起步较晚,特别是缺乏高性能通用芯片技术支撑,目前能提供车载单芯片解决方案的国内企业很少。

最后,我国发展云平台在大数据的规模上存在优势,但面临安全性不高、风险集中和用户掌握灵活度下降等问题。

六、通信科技在智能网联汽车上的发展状况

1. 通信科技的发展现状

国际上,此前美国、欧洲和日本更注重单车智能,但主流的专用短程通信技术(Dedicated Short Range Communication,DSRC)在频段分配上被边缘化,无法与5G网络很好地兼容,美国等正逐渐抛弃DSRC路线,加速对基于蜂窝网络通信技术为基础的车用无线通信技术(Cellular-Vehicle To Everything,C-V2X)的投入。我国借鉴国外经验,注重车路协同和现代智能化交通体系的建设,近年来专注于发展C-V2X,采用车用无线通信技术。展望未来,真正实现车路协同需要高速度、低延时通信技术作为关键支撑,5G技术有望发挥重要作用。目前5G技术的使用成本较高,还有待相关基础设施和产业链的成熟。此外,高端通信芯片被美日公司垄断,中国通信芯片生产主要集中在低端芯片。

2. 通信科技未来的发展方向

在5G技术方面,将克服车联网海量数据处理及存储、业务需求到网络资源灵活匹配、网络资源快捷使用能力等关键技术瓶颈,针对不同业务和场景实现自主进化;同时拓展应用场景和商业模式,解决5G网络产业化过程中的成本和能耗问题。

在V2X方面,将拓展商业模式,解决5G-V2X产业化过程中成本和能耗问题;加速5G-V2X车用无线通信网络场景布局及产业化;优先在高速公路、停车场场景的布局,优先在一、二线城市的布局。

在通信芯片方面,将提高车载5G芯片制造水平,完善车载基带芯片技术产业化,完善射频芯片技术。

3. 我国在通信领域的优势与瓶颈

我国在通信领域具备一定优势,同时也存在瓶颈。在此分别以5G技术、V2X和

通信芯片为例进行剖析。

在 5G 方面,我国在 5G 网络的使用规模和专利申请数量方面占据优势;但仍存在网络云化、服务化架构、网络切片以及网络边缘计算等技术瓶颈,当前 5G 的使用成本和能耗依然较高。

在 V2X 方面,近年来发展 C-V2X 的优点在于直接内置于车辆,支持实时更新,能够与 5G 网络更好地兼容,但受制于智能路侧基础设施建设的速度和成本。

在通信芯片方面,我国提供 5G 商用服务较早,同时目前芯片产业有良好的政策环境;但芯片基础和共性技术薄弱,射频芯片和器件技术的自主研发面临诸多壁垒,且缺乏成熟的商业化工艺支撑。

七、地理信息数字化在智能网联汽车上的发展状况

智能网联汽车需要更全面的环境信息和更准确的车辆实时位置信息,数字化的地理信息作为智能化交通体系的重要基础设施,可为车辆实时提供全局性的道路状况,弥补车路协同感知的不足。同时也是实现更高等级自动驾驶的关键环节,智能网联汽车自身实时位置的定位精度越高,其自动驾驶的可靠性和安全性也就越高。

1. 地理信息数字化的发展现状

高精度地图是地理信息数字化发展的重要技术之一,其具备厘米级精度、高分辨率和高更新频率,可以为自动驾驶车辆提供精确的位置信息、道路信息,以及实时的交通信息,成为自动驾驶车辆重要的环境感知途径之一。然而,将高精度地图应用于自动驾驶技术,还面临诸多挑战。其一,高精度地图涵盖大量的时空信息,关系到国家地理信息安全。目前,国家已发布《自然资源部关于促进智能网联汽车发展维护测绘地理信息安全的通知》(自然资规〔2022〕1 号),明确界定了高精度地图测绘活动、测绘主体,规范了测绘行为,并收紧了甲级地图资质审批。其二,审核流程较慢,难以实现动态实时更新,而高等级自动驾驶对地图"新鲜度"恰恰有着很高的要求。其三,初期投入较大,需要配套激光雷达等传感器,并使用采集车进行数据收集。其四,后期维护成本较高,面对频繁的道路施工和改造,需要投入大量资源更新地图。不过,由于纯感知路线成本仍然较高,完全摆脱高精度地图是很困难的。因此,轻量级高精度地图或将成为地图商和车企合作的高性价比过渡方案:即保留道路的基础要素和拓扑关系,保障"米"级精度,同时适当简化地图要素,保障"周度""月度"更新频次,既可以满足高等

级自动驾驶方案的技术要求，又可以降低成本，还可以相对容易地合规。

国际上，自动驾驶相关企业很早就开始了高精度地图的布局与研发，着力开展高精度地图的实时更新、规模采集与应用。早在2016年，国外已有多家车企、供应商和地图商开始研制高精度地图。部分车企与地图商开展了战略合作，计划将高精度地图应用于其量产自动驾驶汽车产品。在国内，高精度地图市场正逐渐打开，呈现出蓬勃发展的态势。在产业链上游，地图商之间竞争激烈，很多地图产品都涵盖了300余座城市，或累计覆盖里程达数10万km。鉴于高精度地图的应用面临诸多挑战，国内部分企业选择将车端感知与高精度地图技术互补，提出了"重感知、轻地图"的方案，以降低对高精度地图的依赖；不过相较于"重地图、轻感知"的方案，其车端成本面临更大的挑战。

同时，在导航与定位方面，卫星导航与定位系统有重要的支撑作用：不仅可为智能网联汽车提供高精度定位支持，还可以为整个智能交通信息物理系统提供授时服务。目前，世界上知名的卫星导航系统主要包括美国的全球定位系统（Global Positioning System，GPS）、中国的北斗卫星导航系统（BeiDou Navigation Satellite System，BDS）、俄罗斯的格洛纳斯卫星导航系统（Global Orbiting Navigation Satellite System，GLONASS）以及欧盟的伽利略卫星导航系统（Galileo Navigation Satellite System，Galileo）四大卫星导航系统。其中，Galileo的定位精度最高；GPS目前在民用领域使用最广泛，产业链较完善；BDS组网卫星数量最多，近年来在国内发展壮大，但尚未形成规模化应用的完整产业链。四类系统的对比见表2-1。

不同卫星导航系统对比　　　　表2-1

卫星导航系统	发展历史	卫星构成	通信技术	定位精度
GPS	于1964年投入使用	32颗卫星，包含8颗备份星	CDMA（Code Division Multiple Access，扩频技术）	民用领域定位精度约为10m，在开阔地带定位精度可达4~7m
BDS	始研于1994年，于2020年6月完成组网	59颗卫星，包含9颗试验星和6颗备份星	TD-LTE（Time Division-Long Term Evolution，基于时间分割的长期演进技术）	民用定位精度在10m以内，亚太地区定位精度可缩小至5m以内
GLONASS	始建于1976年，于1996年正式投入完全服务	24颗卫星，包含3颗备份星	FDMA（Frequency Division Multiple Access，频分复用技术）	开放的定位精度为2~8m，最高可达1.2m

续上表

卫星导航系统	发展历史	卫星构成	通信技术	定位精度
Galileo	始建于2002年,于2016年完成组网	30颗卫星,包含3颗备份星	CDMA和FDMA技术相结合	民用覆盖范围为1m,商用加密版本可达1cm

上述不同的卫星导航系统使用了不同的通信技术。这些技术在工作原理、频谱利用率、抗干扰能力、数据传输速率和应用范围方面各不相同,见表2-2。

不同卫星导航通信技术对比　　　　　　　　表2-2

卫星导航系统通信技术	工作原理	频谱利用率	抗干扰能力	数据传输速率	应用范围
CDMA	基于码分多址技术的无线通信技术,将数据通过不同的码进行传输	较低	最强	最低	2G、3G移动通信
FDMA	基于频分多址技术,将频段分成不同的子载波	最高	较弱	较高	基于无线电的通信系统
TD-LTE	基于正交频分复用技术,将数据分成不同的时间片进行传输	较高	较弱	最高	4G、5G移动通信

2. 地理信息数字化未来的发展方向

在高精度地图方面,其发展与自动驾驶技术、通信技术的发展和布局密切相关,目前主流L2和L3级别自动驾驶汽车对高精度地图的需求较低,但高等级自动驾驶汽车非常需要高精度地图的支持。后续国家应在加强安全防护的同时,适当放宽对高精度地图测绘的限制,以支撑更高等级的自动驾驶。而低成本、高效率的地图实时采集与更新系统将是高精度地图的发展方向。

在导航与定位技术方面,中国需加快导航定位芯片核心技术壁垒的突破,降低芯片成本,并实现标准化、产业化;应充分利用已有北斗导航卫星的定位基准站网,推动全国统一的高精度时空基准服务能力建设;同时在路端不断加大定位基站部署密度,促进建设城市交通动态监管系统。

3. 中国在地理信息数字化领域的优势与瓶颈

中国在地理信息数字化领域具备一定优势，同时也存在瓶颈。在此分别以高精度地图和导航与定位技术为例进行剖析。

在高精度地图方面，我国的城市的聚集度较高，前期高精度地图的采集可集中在大城市进行，与全区域整体采集相比难度较小；同时基于自身体制优势，我国有能力调配社会资源加快进行高精度地图等新型数字化基础设施的建设。但我国在高精度地图领域起步较晚，同时目前尚无统一标准，目前数据采集效率较低；加之地理数据涉及国家安全，导致高精度地图企业的门槛较高。

在导航与定位技术方面，我国北斗卫星导航定位系统已全面建成开通，高精度定位技术较为完善，实现了核心技术的自主化，并已研发出北斗卫星导航系统的核心芯片。但北斗卫星导航系统在推广初期必须克服成本瓶颈，同时各企业生产的导航与定位芯片存在适配性差、成本高的情况。

八、计算机科学在智能网联汽车上的发展状况

1. 计算机科学的发展现状

传统汽车功能的增加与升级主要依赖硬件升级，局限性大且成本高；未来汽车是可以持续升级和自我完善的智能化产品，将主要依赖软件实现在线升级和更新，从而为用户提供"千人千面"和"千车千面"的个性化产品。由此，汽车作为可移动的智能终端，将和计算机科学有更多的融合。目前，与计算机、手机等传统智能终端相关的计算机科学已经取得长足的发展，同时在云计算的驱动下，与大规模算力集群相关的计算机科学也取得了很大的进步。然而，智能网联汽车是具备超高算力的移动智能终端，有别于传统智能终端和云端服务器，与之相关的计算机科学还有待进一步完善。总体来说，计算机科学在智能网联汽车上的应用主要涉及系统软件、芯片和信息安全。

在系统软件方面，美国在车载操作系统方面占据霸主地位，现有的主流车机系统、自动驾驶系统均基于美国的安卓系统（Android）、机器人操作系统（Robot Operating System，ROS）和 Linux 操作系统进行开发。国内信息通信技术巨头也在这方面进行了探索，如华为技术有限公司针对智能网联汽车的不同功能域分别开发了基于自

研的鸿蒙内核的智能座舱操作系统（HOS）、基于开源内核的智能驾驶操作系统（AOS）以及基于实时内核的智能车控操作系统（VOS），阿里巴巴集团控股有限公司与上海汽车集团股份有限公司合资成立的斑马信息科技有限公司也推出了基于自研高性能内核和实时内核的车载操作系统 AliOS。综合来看，目前国内相关产品虽然在市场份额上仍不是主流，但已经取得了初步的突破。

在芯片方面，芯片产业是当今世界上科技含量最高、分工最精细的关键产业之一，尤其是高性能车规级芯片的开发难度大，开发周期长，全球仅有少数企业较为充分地分别掌握了芯片设计、制造和封装测试等不同环节的核心技术。在芯片设计环节，目前市场份额最高的企业多为美国的芯片巨头，这些企业大多已在消费电子芯片领域深耕多年，在高性能芯片的设计上具有深厚积累；国内目前也涌现出多家 AI 芯片初创企业，这些企业的产品虽然在硬件算力水平上距离巨头企业的最尖端产品还有差距，但通过实现软硬融合来提高软件算法的运行效率，在最终产品上具有一定的竞争力。在芯片制造环节，高性能车载芯片基本都采用 14nm 以下的工艺，目前世界上只有台湾积体电路制造股份有限公司等具有代工能力，中国大陆的芯片生产厂商由于光刻机供应受制，暂时无法生产，正在艰难地攻关及突围中。在芯片封装测试环节，国内具有国际第一梯队的技术与产业链，但针对车规级芯片的产能严重不足，目前仍高度依赖国外企业。

在信息安全方面，智能网联汽车的信息安全是互联网乃至物联网网络安全的延伸，而且智能网联汽车的数据和网络安全不仅严重威胁行车安全，还涉及用户隐私信息，并与国家信息安全相关，目前全球正在积极探索和加强建设信息安全体系。

需要指出的是，智能网联汽车是高度注重软硬融合的产品，因此芯片与软件算法的协同优化、操作系统与异构芯片的生态适配等至关重要。目前计算机科学在智能网联汽车上尚未实现软件与硬件的充分打通与协同，这当然对国内智能网联汽车产业的发展构成了严峻的挑战，但也为后续国内企业实现发展赶超提供了重要的机遇。目前国内成立了中国汽车基础软件生态委员会（China Automotive Basic Software Ecosystem Committee，AUTOSEMO）、软件定义汽车（Software Defined Vehicles，SDV）工作组等多个行业组织，旨在推动相关软硬件企业的合作与本土标准的制定，这对于汽车芯片行业乃至整个汽车产业的发展具有重大意义。

2. 计算机科学未来的发展方向

在系统软件方面，未来由局部集成的操作系统向整车操作系统过渡将是大势所趋，为此需布局中国自己的开源社区，营造汽车操作系统基础资源的共享环境，以实现软件主导的汽车功能升级和持续自我完善;同时,当前应加强基础软件平台的自主开放,以此为管道和桥梁打通端-端、端-云的软硬件资源和系统能力,并通过中间层实现软硬分离。

在芯片方面,未来高性能芯片构成的计算平台,作为共享资源将实现车、路、云的协同计算,因此芯片的通用化和标准化是未来发展趋势;同时芯片目前是中国的瓶颈产业,应同步加强自主研发和扩大开放合作,逐步提升芯片的晶圆制造、封装测试等能力,为AI芯片、通信芯片等专用芯片提供基础技术和能力支撑。

在信息安全方面,将完善安全认证机制,构建系统安全架构和安全漏洞库基础平台,不断提升入侵监测能力与危险评估能力,保障网络平稳运行,维护云、管、端的数据安全;同时将以信息安全为关键支撑,逐步构建出政府监管、企业运营、社会服务一体化的智能交通系统和"城市大脑"。

3. 我国在计算机科学领域的优势与瓶颈

我国在计算机科学领域具备一定优势,同时也存在瓶颈。在此分别以系统软件、芯片和信息安全为例进行剖析。

首先,目前国产操作系统在产业链前端发展较快,不过主要集中在应用软件开放上;而基础软件仍较薄弱,主要依赖于美国为主的开源软件。同时,国产操作系统在智能车控、软硬件兼容适配等方面尚需强化,生态支撑能力也有待加强。

其次,中国芯片市场潜力巨大,特别对高性能通用芯片的需求旺盛,加之当前我国政府对芯片产业及其核心技术攻关高度重视,这非常有利于国产芯片产业的加快发展。但是我国在车规级芯片领域技术较弱,高性能芯片几乎完全依赖于进口,同时我国芯片产业能力主要集中于设计研发和销售服务环节,对晶圆制造、封装测试等环节涉及较少,尤其是相关关键设备面临禁售等严重风险。

最后,我国高度重视信息安全,正在加紧部署和建设国家信息安全体系,汽车信息安全将是其中的重要组成部分。但车联网在设计之初基本上没有考虑网络安全问题,而后续还将连接更多不同种类的节点,这也意味着更多的网络攻击入口。

九、我国智能网联汽车相关科技领域的技术评价

对我国在上述五个领域及其子领域内的技术状况进行综合评估,结果表明:我国在5G通信技术、应用软件开发能力、导航与定位等领域具有部分优势;但在高性能芯

片、车用 AI 算法以及信息安全等领域存在明显的瓶颈或短板。当前,关键技术缺失已成为制约智能网联汽车可持续发展和交通治理智能化升级的重要因素。只有通过 5G-V2X、云控技术等关键领域的原创性创新,才能实现我国智能网联汽车科技群的突破,进而支撑智能网联汽车及相关产业的引领性发展。尽管原创性创新存在很大的不确定性,但这是我国摆脱国外技术限制、实现交通治理智能化的必由之路。最后,对智能网联汽车科技群相关领域技术的国际发展现状、未来发展方向以及我国的优势与瓶颈进行系统分析,所得结论见表 2-3。

我国智能网联汽车科技相关领域的情况评价(最高为五颗星) 表 2-3

领域或技术		总结	单项评价	综合评价
感知设备领域	摄像头	国内市场优势巨大,国内企业发展较快	★★★	★★★
	超声波雷达	国外巨头占据优势,但未来应用空间可能缩小	★★	
	激光雷达	有量产速度和成本控制有一定优势,但在技术上并未实现领先	★★★	
	ToF 传感器	汽车产品上整体应用不多,后续持续拓展	★★	
人工智能领域	AI 算法	重应用技术,但基础理论和底层技术积累薄弱	★★★	★★
	AI 芯片	国内市场优势巨大,缺乏通用芯片技术支撑	★★	
通信领域	云	国内有海量数据支撑,但风险集中、用户掌握灵活度低	★★	★★★★
	5G	技术发展较早,有一定技术优势,但成本和能耗较高	★★★★	
	V2X	直接发展 C-V2X 技术路线有优势,尚待大规模建设应用	★★★★	
	通信芯片	基础芯片技术薄弱,射频芯片和器件技术落后	★★	
地理信息数字化领域	高精度地图	起步较晚,没有统一标准,缺乏商业模式支撑	★★	★★★
	定位与导航	核心技术实现了自主化,产业较为完善;但导航芯片适配度较低	★★★★	
计算机科学领域	芯片	芯片市场巨大,关键环节缺失,高性能芯片依赖进口	★	★★
	系统软件	缺少自研底层操作系统(OS)及生态,智能车控、软硬件兼容适配需强化	★★	
	信息安全	处于起步阶段,汽车网络安全尤其需要强化	★	

第四节 智能网联汽车科技创新的技术路线

一、我国发展智能网联汽车科技的特色优势

我国具有5G技术、北斗卫星导航系统等科技优势、调配资源的体制优势以及庞大的出行市场优势,应充分发挥这些特色优势,选择合适的技术路径解决关键技术瓶颈,加快我国智能网联汽车的科技发展。具体包括以下三点:

首先,在科技优势方面,一方面,国内汽车企业已经在传统汽车上具备一定的基础,传统汽车产业体系完善,产品质量逐步提升,关键技术不断突破,发展基础较为扎实。特别是近期新能源汽车市场的快速发展,为国内车企实现赶超提供了有力支撑。另一方面,我国5G通信技术、软件开发技术世界领先;信息产业生态完善,信息技术水平高;自主研发的北斗卫星导航系统,摆脱了国外技术垄断。

其次,在机制优势方面,我国特色的国家治理体系能够有效调配和集中资源,通信基站、智慧能源网络与城市云控平台等基础设施的建设能力强,在车-路-云一体化、3S融合发展建设中具有优势,可有效推进车路协同技术路径的落地;同时国家对未来重点科技发展有明确的规划,也有助于自主研发并攻关突破智能网联汽车的技术瓶颈。

最后,在市场优势方面,我国"集中式"的城市形态以及庞大的通勤需求,有利于推广汽车共享出行的商业模式;我国城市所遇到的发展瓶颈,迫切需要基于智能网联汽车的交通治理智能化升级,以提高交通安全和效率,实现城市的可持续发展。

二、我国智能网联汽车技术发展路径分析

1. 相关行业发展现状

目前,我国已经明确了基于车路协同的智能网联汽车发展方向,在3S融合发展各方面均有具体的规划布局,为新一代智能网联汽车的发展提供了良好基础。

（1）在智慧城市方面，各级城市均在开展各有侧重的城市智能化、数字化建设，超过 500 个城市明确提出了构建智慧城市的相关方案；上海市、重庆市、雄安新区等地以智能网联示范、自动驾驶为发展重点，而深圳市、贵阳市等地选择了"城市大脑"建设作为突破口。

（2）在智能交通方面，《交通运输信息化"十三五"发展规划》（交规划发〔2016〕74 号）、《交通强国建设纲要》（中发〔2019〕39 号）等多项规划发布；各地积极布局和建设智慧公路、智能交通系统，推动示范应用和商业化落地。

（3）在智能网联汽车方面，《车联网（智能网联汽车）产业发展行动计划》（工信部科〔2018〕283 号）、《智能网联汽车创新发展战略》（发改产业〔2020〕202 号）等多项发展规划已经颁布，《智能网联汽车技术路线图》持续更新，从技术研发、标准体系建设、测试示范推广等多角度明确了智能网联汽车中长期发展战略；北京市、上海市、长沙市等城市高度重视智能网联汽车技术与产业的创新发展并制定了地方发展规划。

另外，我国正在积极布局多个相关高新技术产业，为智能网联汽车的技术应用提供了良好的基础条件。在通信产业方面，5G 通信环境建设和商业化落地进程较快，V2X 获得了特定的无线电使用频段；在信息产业方面，形成了软件开发能力强、网联生态资源丰富、AI 算法领先等技术优势；在高精度地图及定位方面，明确了测绘资质要求，同时卫星导航系统实现了全球覆盖。

2. 重要发展机遇判断

当前，发展智能网联汽车已经成为汽车产业新一轮国际竞争的重中之重。尽管我国尚存一些技术短板，但是按照车路协同路径发展新一代智能网联汽车为我们提供了重要的战略机遇，使我国在本轮产业深刻重构期迎来了关键性的时间窗口和赶超契机。

此前，先发国家和巨头企业多采用以单车智能为主的技术发展路径，但该路径日益面临技术瓶颈、安全难题、成本高和社会效益低等难以突破的产业化障碍，且无法实现科技协同创新及引领。为此，车路协同的技术发展路径逐渐成为全球共识，各国及企业纷纷进行技术转轨。不过这种转轨必然需要一定的时间，同时基于单车智能的理念和技术发展车路协同可能存在局限，加之国外政府的资源调配能力相对较弱，将对 3S 融合的程度和速度造成不利影响，并使智能网联汽车的最终发展水平受限。

而我国在体制机制、基建能力、信息通信产业等方面具有优势，同时对车路协同技术路径的认识和探索均较早,避免了由单车智能路径进行技术转轨所需的较长周期,获得了宝贵的时间窗口。更重要的是,车路协同可提高智能网联汽车发展的多元效益,使我国有望将智能网联汽车发展到更高水平(图2-5)。

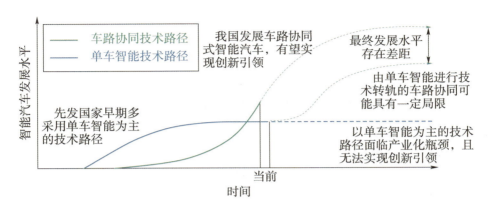

图2-5　单车智能与车路协同技术路径的差异分析

当然,车路协同是一条全新的发展路径,缺乏参照且具有一定的不确定性,但是原创性技术创新是未来实现汽车产业高质量发展、汽车出行科技群革命性突破的必然选择,也是我国力求后发赶超的唯一途径。因此,应全力打造基于3S融合的新一代智能网联汽车,并以此为契机带动相关产业链、企业集群、技术体系的转型升级。

同时,也要注意到,我国在智能网联汽车核心技术方面还存在部分瓶颈和短板,主要表现在:专业芯片设计、制造能力不足,难以满足高性能车载计算平台的研发生产需求;底层操作系统(Operation System,OS)研发能力薄弱,已有的少数国产操作系统也无法自主可控;高性能传感器技术相对落后,高分辨率摄像头、高性能雷达等关键传感器较多依赖进口;车用信息技术研发能力欠缺,车用AI算法、信息安全核心技术储备不足。因此,应当着力在这些领域开展技术攻关和产业化应用,逐步夯实智能网联汽车发展所需的科技基础。

三、智能网联汽车科技创新的协同发展体系

为实现控制集中化和软硬件解耦化,新一代智能网联汽车必须打造可充分扩展、可灵活配置的模块化整车级控制架构;同时,智能网联汽车将与智能交通、智慧城市深度融合,形成3S融合的科技创新协同发展体系(图2-6)。

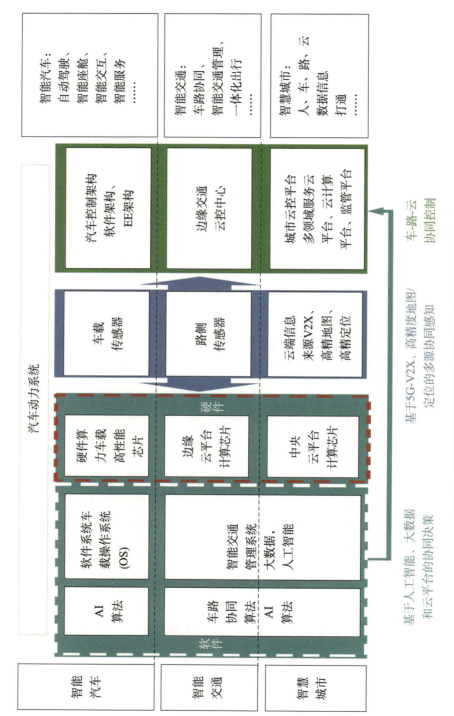

图 2-6 基于 3S 融合的智能网联汽车科技创新协同发展体系

该科技创新协同发展体系的核心是基于协同感知进行协同决策和协同控制,具体要点如下:

首先,基于5G-V2X、高精度地图/定位的多源协同感知。融合高分辨率摄像头、激光雷达、毫米波雷达、超声雷达等车端与路端高性能传感器感知数据,同时基于北斗导航卫星与路侧定位基站的车辆高精度位置信息,以及云端高精度地图、天气等服务信息,实现多源协同感知;并通过5G-V2X实现车、路、云之间多源感知信息高速率、低时延、高可靠性的传输与交互,提升智能网联汽车的感知精度、广度、实时性。

其次,基于人工智能、大数据和云平台的协同决策。面对多源协同感知带来的数据处理的庞大需求量,在硬件方面,智能网联汽车通过不断提升车载计算芯片的算力,并融合路侧边缘云计算平台和城市中央云计算平台的算力,实现车、路、云端硬件计算资源共享;在软件方面,通过交通场景数据库和驾驶行为大数据,不断优化AI算法,提升自动驾驶与车路协同关键算法的计算效率与准确性,并实现不同算法的相互融合。同时,需打造开放的操作系统,以打通车、路、云端算法与硬件设备。

最后,车-路-云协同控制。面对不断增加的软件代码数量以及不断更新的电子元器件,智能网联汽车需打造整车级控制架构,构建灵活扩展配置的能力和模块化的结构,实现控制集中化和计算资源共享,有效支撑车辆功能、硬软件升级迭代。同时,边缘交通云控中心将根据路况实时调整车辆行程路线、交通信号灯配时、道路限速、车道功能等,实现车路协同控制。此外,车辆行驶状态信息、路况信息将上传至城市云控平台,实现自动违法行为识别、营运车辆监控等的自动化管理;并基于出行需求数据,实现智能共享汽车的自动调度;基于智慧能源平台,实现智能电动汽车与充电基础设施的合理匹配,并提供智能电量交易服务。

四、智能网联汽车科技创新发展的技术路线图

基于我国实现交通治理智能化的需求,针对智能网联汽车科技涉及的四大领域,研究确定了基于3S融合的中国智能网联汽车科技创新协同发展的技术路线图(图2-7)。

同时,分别展开确定了智能网联汽车科技五大领域的细分技术路线图(图2-8~图2-12)。

图 2-7 中国智能网联汽车科技创新协同发展技术路线图

领域	2023年	2025年	2030年	2035年
感知设备领域	满足有条件自动驾驶、部分场景高等级自动驾驶系统需求；在视觉传感器、毫米波雷达、激光雷达、多传感器信息融合及基于C-V2X多源协同感知等领域实现一定突破	全面满足HA级自动驾驶需求，在视觉传感器、毫米波雷达、激光雷达、多传感器信息融合及基于C-V2X多源协同感知领域实现突破		满足FA级自动驾驶需求；多源融合感知系统障碍物检测能力大幅提升
人工智能领域	完善人工智能环境感知算法；人工智能算法集成并应用于驾驶辅助系统	实现各类传感器的深度融合；突破复杂场景下人工智能决策控制技术		城市基于出行大数据智能优化交通；全面实现高等级自动驾驶汽车的人工智能控制
通信领域	计算平台支持CA级自动驾驶和协同感知，计算平台实现AI单元、计算单元和控制单元集成 突破射频芯片和器件技术壁垒，基带芯片产业化；针对车联网业务可提供端到端的网络定制化能力	计算平台支持HA级自动驾驶和协同感知，计算单元和控制单元集成 实现多边缘计算能力对SV汽车业务全场景支持 SV-ST协同助力自动驾驶		硬件平台在芯片集成的基础上完全自主产权，支持FA级自动驾驶具备车路云全方位无缝协同的能力 具备广泛分布的边缘云能力 3S融合实现智能交通治理智能化
地理信息数字化	地图数据格式标准化，提高地图数据精度，完善高精度地图数据的加密政策 车载高精度定位定姿系统定位精度到厘米级	地图数据精度达到厘米级 覆盖至一线城市热点区域 遮挡区域实现厘米级动态定位		地图数据覆盖全国路网 在无通信和无卫星信号条件下定位精度保持在厘米级
计算机科学领域	自动驾驶操作系统实现自主知识产权的突破，初步建立自主开发生态基于专项功能软件可开发CA级应用软件 制定汽车信息安全标准 构建SV信息安全基础防护体系	系统软件主要部分实现自主化 基于专项功能软件可开发HA和FA级应用软件 汽车和ICT信息安全防护体系的融合		系统软件和功能软件实现全面自主化 FA级自动驾驶应用软件开发 交通网、通信网、车联网三网融合，构建信息-网络-数据安全的监管体系

拓展商业模式，解决5G-V2X产业化过程中的成本问题、能耗问题

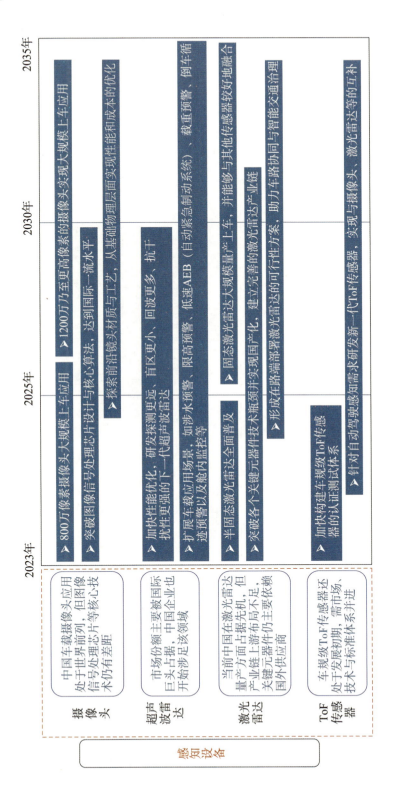

图 2-8 感知设备领域智能网联汽车科技创新技术路线图

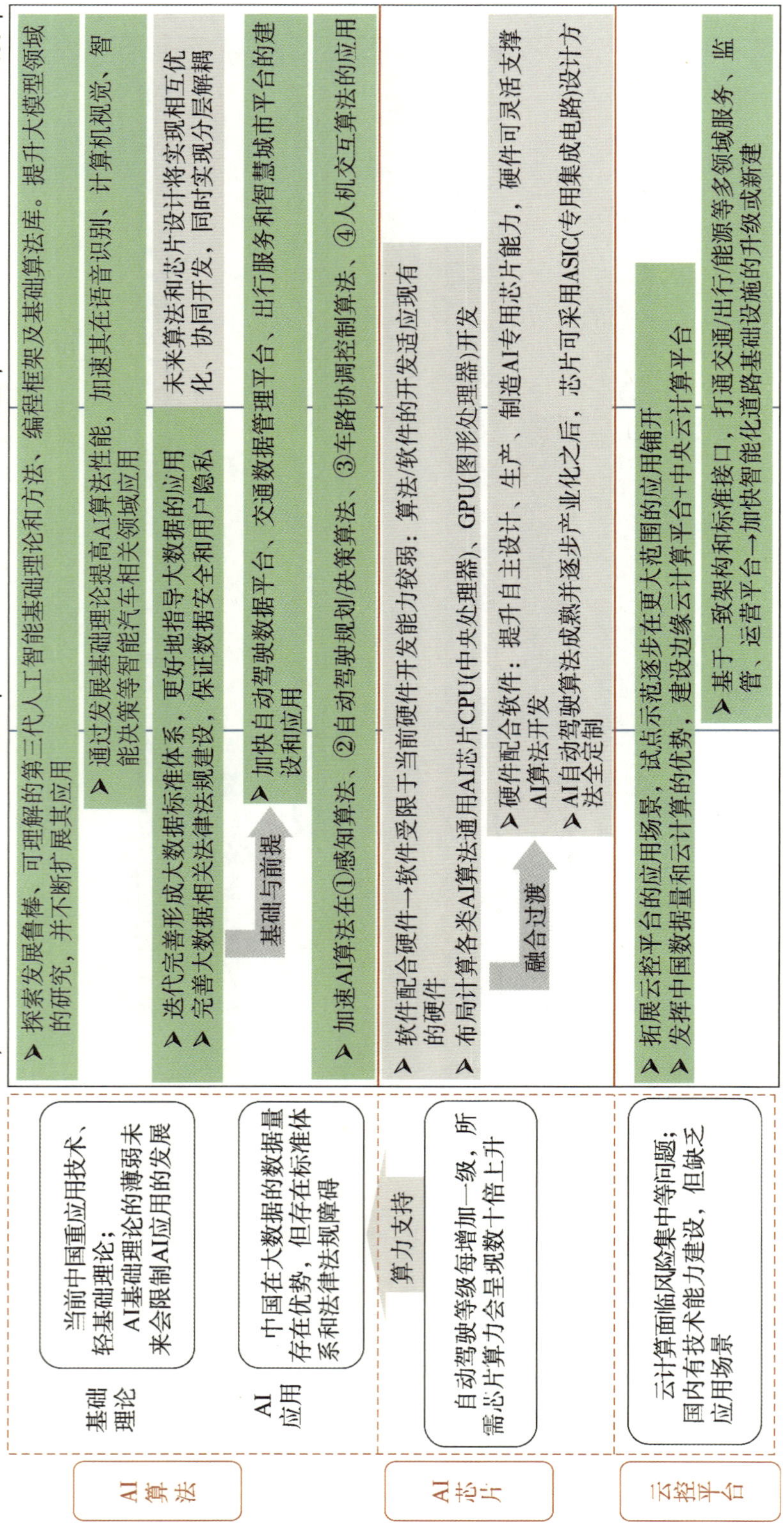

图 2-9 人工智能领域智能网联汽车科技创新技术路线图

时间轴： 2023年 — 2025年 — 2030年 — 2035年

AI 算法

2023年（基础理论/AI应用现状）：
- 当前中国重应用技术，轻基础理论；AI基础理论未来会限制AI应用的发展
- 中国在大数据的数据量存在优势，但存在标准体系和法律法规障碍

2025年：
- 探索发展鲁棒、可解释的第三代人工智能基础理论和方法的研究，并不断扩展其应用
- 通过发展基础理论提高AI算法性能，加速其在语音识别、计算机视觉、智能决策等智能汽车相关领域应用
- 迭代完善形成大数据标准体系，完善大数据相关法律法规建设，更好地指导大数据应用，保证数据安全和用户隐私

2030年（基础与前提）：
- 编程框架及基础算法库
- 未来算法和芯片设计将实现相互优化，协同开发，同时实现分层解耦
- 加快自动驾驶数据平台、交通数据管理平台、出行服务和智慧城市平台的建设和应用
- 加速AI算法在①感知算法、②自动驾驶规划决策算法、③车路协调控制算法、④人机交互算法的开发应用

2035年： 提升大模型领域

AI 芯片

2023年（算力支持）：
- 自动驾驶等级每增加一级，所需芯片算力会呈现数十倍上升

2025年：
- 软件配合硬件→软件受限于当前硬件开发能力较弱
- 布局计算各类AI算法通用AI芯片CPU(中央处理器)、GPU(图形处理器)开发

2030年（融合过渡）：
- 硬件配合软件：算法软件的开发铺开
- 提升自主设计、生产、制造AI专用芯片能力，硬件可灵活支撑AI自动驾驶算法成熟并逐步产业化之后，AI算法全定制

2035年： 芯片可采用ASIC(专用集成电路)设计方案

云控平台

2023年：
- 云计算面临风险集中等问题；国内有技术能力建设，但缺乏应用场景

2025年：
- 拓展云控平台的应用场景，试点示范逐步在更大范围的应用铺开
- 发挥中国数据量和云计算的优势，建设边缘云计算平台+中央云计算平台

2030年：
- 基于一致架构和标准接口，打通云控平台+中央云计算平台
- 打通智能交通/出行/能源等多领域服务，运营平台→加快智能化道路基础设施的升级或新建

2035年： 监管

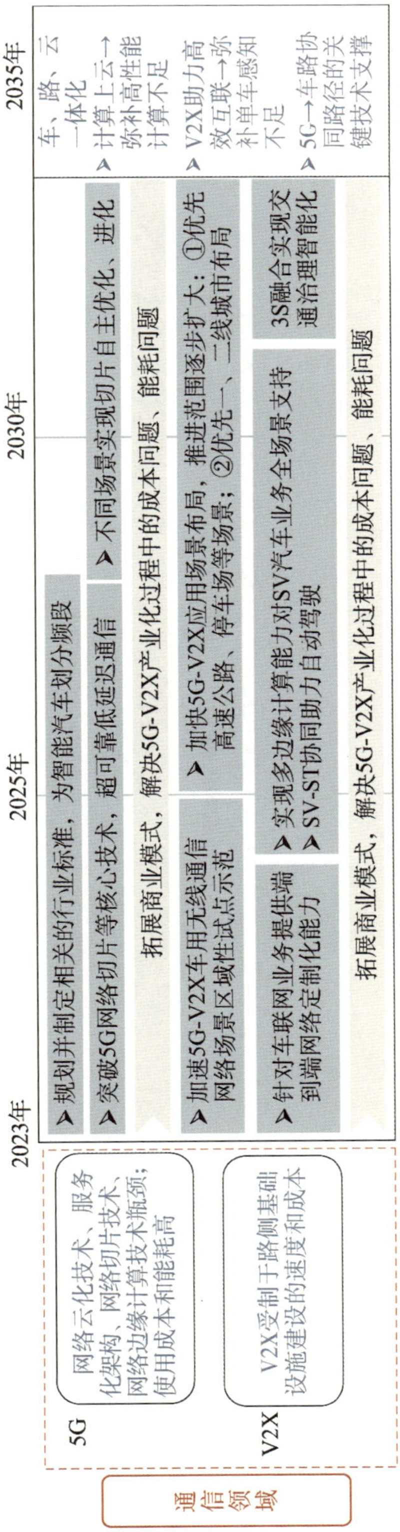

通信领域智能网联汽车科技创新技术路线图

领域	类别	2023年（现状/瓶颈）	2025年	2030年	2035年
通信领域	5G	网络云化技术、服务化架构、网络切片技术、网络边缘计算技术瓶颈；使用成本和能耗高	▶ 规划并制定相关的行业标准，为智能汽车划分频段 ▶ 突破5G网络切片等核心技术，超可靠低延迟通信 拓展商业模式，解决5G-V2X产业化过程中的成本问题、能耗问题	▶ 不同场景下实现切片自主优化、进化	▶ 车、路、云一体化 ▶ 计算上云→弥补高性能计算不足 ▶ V2X助力高效互联→弥补单车感知不足 ▶ 5G-车路协同路径的关键技术支撑
	V2X	V2X受制于路侧基础设施建设的速度和成本	▶ 加速5G-V2X车用无线通信网络场景区域性试点示范 ▶ 针对车联网业务提供端到端网络定制化能力	▶ 加快5G-V2X应用场景布局，推进范围逐步扩大，高速公路、停车场等场景 ▶ 实现多边缘计算能力对SV汽车业务全场景支持 ▶ SV-ST协同助力自动驾驶 ① 优先一、二线城市布局 ② 优先3S融合实现交通治理智能化 拓展商业模式，解决5G-V2X产业化过程中的成本问题、能耗问题	

图2-10 通信领域智能网联汽车科技创新技术路线图

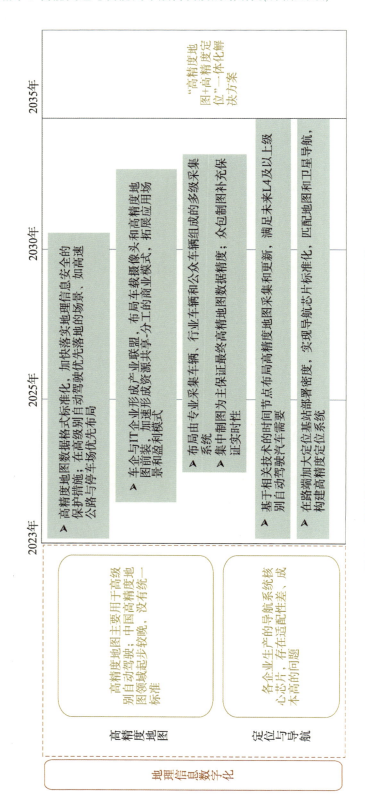

图 2-11 地理信息数字化领域智能网联汽车科技创新技术路线图

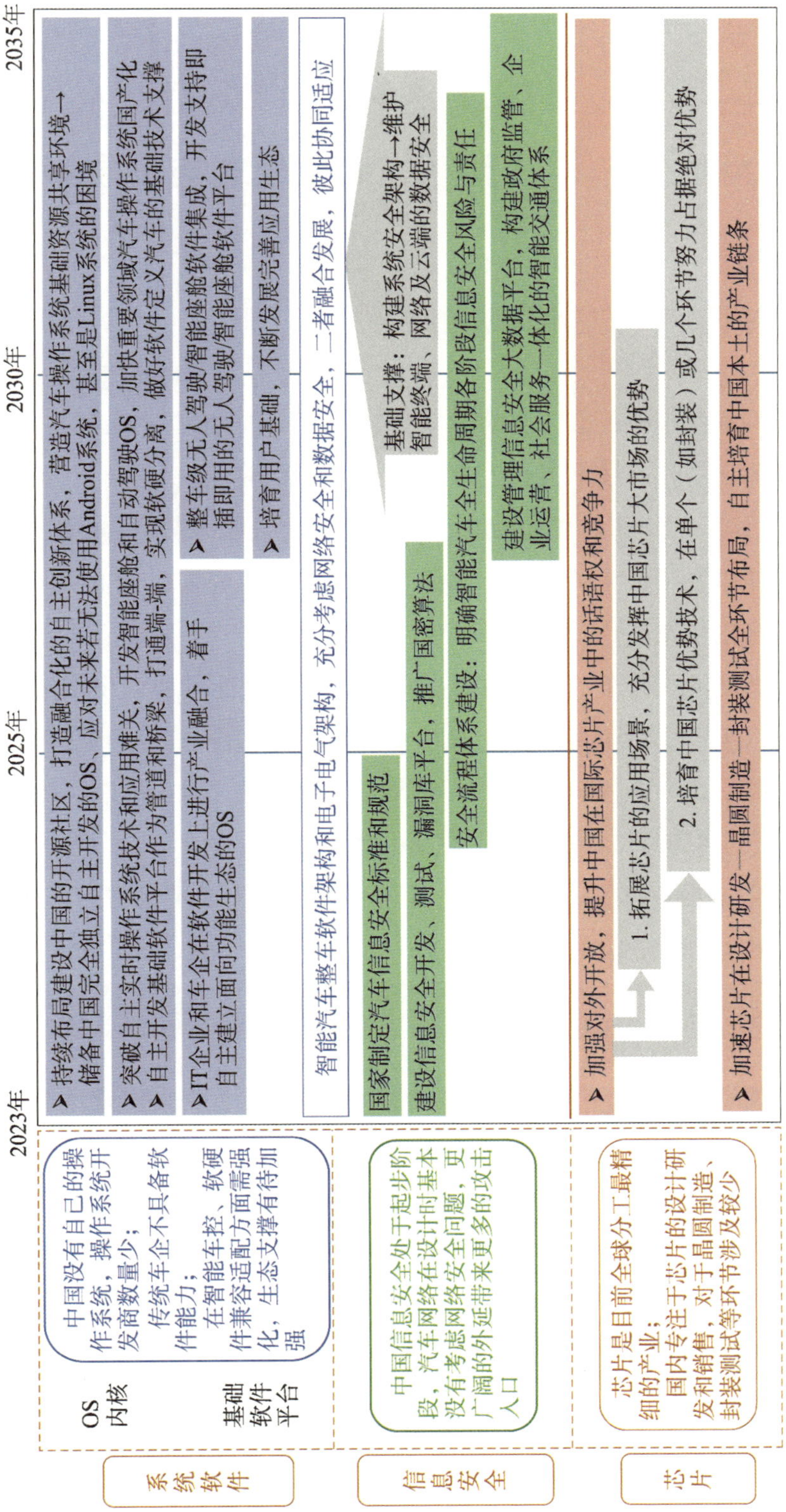

支持3S融合的智能网联汽车科技创新战略 / 第二章

图 2-12 计算机科学领域智能网联汽车科技创新技术路线图

时间轴：2023年 — 2025年 — 2030年 — 2035年

系统软件

2023年现状：
- OS内核：中国没有自己的操作系统，操作系统开发商数量少；传统车企不具备软件能力；
- 基础软件平台：在智能车控、软硬件兼容适配方面需求强化，生态支撑有待加强

2025年：
- 持续布局建设中国的开源社区，打造融合共化的自主创新体系，储备中国完全独立自主开发的OS，应对未来若无法使用Android系统、甚至是Linux系统的困境
- 突破自主实时操作系统技术和应用网关，开发智能座舱和自动驾驶OS，自主开发基础软件平台作为管道和桥梁，实现软硬分离，打通端一端
- IT企业和车企在软件开发上进行产业融合，着手自主建立面向功能生态的OS

2030年：
- 加快重要领域汽车操作系统国产化，做好软件定义汽车的基础技术支撑
- 整车级无人驾驶/智能座舱软件集成，插即用的无人驾驶/智能座舱完善软件平台

2035年：
- 营造汽车操作系统基础资源共享环境→开发支持即开发支持应用生态
- 培育用户基础，不断发展完善应用生态

信息安全

2023年现状：
中国信息安全处于起步阶段，汽车网络安全设计时基本没有考虑网络安全问题，更广阔的外延带来更多的攻击入口

2025年：
- 智能汽车整车信息安全软件架构和电子电气架构，充分考虑网络安全和数据安全，推广国密算法
- 国家制定汽车信息安全标准和规范
- 建设信息安全开发、测试、漏洞库平台，安全流程体系建设：明确智能汽车全生命周期各阶段信息安全风险与责任

2030年：
- 基础支撑：构建系统安全架构→维护智能终端、网络及云端的数据安全
- 建设管理信息安全大数据平台，构建政府监管、企业运营，社会服务一体化的智能交通体系

芯片

2023年现状：
芯片是目前全球分工最精细的产业；国内专注于芯片的设计研发和销售，对于晶圆制造、封装测试等环节涉及较少

2025年：
1. 拓展芯片的应用场景，提升中国在国际芯片产业中的话语权和竞争力
2. 培育中国芯片优势技术，在单个（如封装）或几个环节努力占据绝对优势

2030年：
- 加强对外开放，提升中国在国际芯片产业中的话语权和竞争力
- 加速芯片在设计研发—晶圆制造—封装测试全环节布局，自主培育中国本土的产业链条

第五节
智能网联汽车科技创新的商业模式与发展策略

一、智能网联汽车产业的理想生态

由于智能网联汽车科技群涉及领域广泛,没有任何一类企业能够拥有智能网联汽车产业所需的所有核心技术,因此,未来智能网联汽车产业一定会呈现生态化发展的态势,各类主体需要共同参与生态建设,融合创新,协同发展。在此情况下,厘清智能网联汽车产业生态图景并确定各类不同企业在其中的角色和分工,是有效推动智能网联汽车科技创新发展、实现交通治理智能化的关键。

基于未来智能网联汽车与智慧城市、智能交通、智慧能源协同发展的前景,系统梳理智能网联汽车产业不同类型企业的主要任务和相互关系,得到理想的智能网联汽车产业生态图景。未来,智能网联汽车产业将从整车企业主导的"线状产业链"转变为智能网联汽车提供商、软硬件提供商及平台运营商等多方共同主导的"网状生态系统"。各主体之间互为支撑、紧密关联,任何环节的缺失或不足都会影响整个汽车生态系统的有效运行(图2-13)。

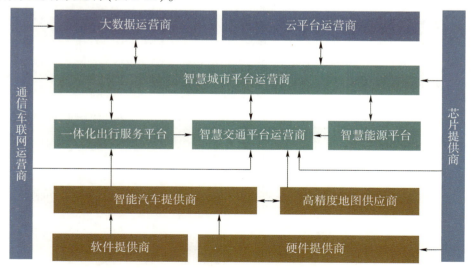

图2-13　理想的智能网联汽车产业生态

二、智能网联汽车与其他领域的关联性

未来,智能网联汽车不只在技术上需要感知设备、人工智能、通信、地理信息数字化和计算机科学等众多领域的共同突破和融合发展,而且还将在产品全生命周期内与出行服务、交通运输、城市综合治理与能源系统等紧密关联,从而产生远超汽车产业本身的更多和更大的价值。

在出行服务和交通运输领域,智能网联汽车可有效支持城内、城际的客运与货运需求,特别是成为解决"最后一公里"出行问题的不可替代的灵活运载工具;此外,未来基于高等级自动驾驶的汽车共享出行模式,有望大幅提升汽车的使用效率,缓解城市交通压力,节约社会运行成本。在城市综合治理领域,智能网联汽车将成为信息采集以及社会管控的关键节点,可实现城市/交通系统管理和调度的智能化,如在火灾、紧急医疗救助场景下提供特定路线的路网级的交通流优化疏导等,从而提高城市的综合治理能力。在能源领域,智能电动汽车作为可移动的储能供能单元,将与间歇性强的绿色光电、风电等相互匹配,成为分布式智慧能源网的重要组成部分,为推动电力系统实现低碳化转型作出重要贡献。

三、智能网联汽车产业生态的分工协作关系

参与到智能网联汽车产业生态的主要有整车企业、零部件企业、信息技术企业和通信企业等四类企业(图2-14)。在"软件定义汽车"的大趋势下,软件将逐渐在智能网联汽车开发中占主导地位,通过软件开发和在线升级(Over-the-Air Technology,OTA)拓展并优化智能网联汽车功能,为用户提供新的服务,进而为产业生态增值。用户驾驶习惯数据、城市交通数据、能源数据等作为新的生产要素,将加速在智能网联汽车产业生态中的各个环节流通,各类相关企业都会积极展开数据主导权的争夺。

其中,整车企业和零部件企业是智能网联汽车产品载体的提供者,而信息技术企业和通信企业在软件开发、数据处理、互联通信等技术领域具有一定优势,两者均在智能网联汽车科技群中处于关键位置。这四类企业各司其职、分工协作,是驱动智能网联汽车产业生态不断进化的核心力量。

图 2-14　智能网联汽车产业生态的分工协作关系

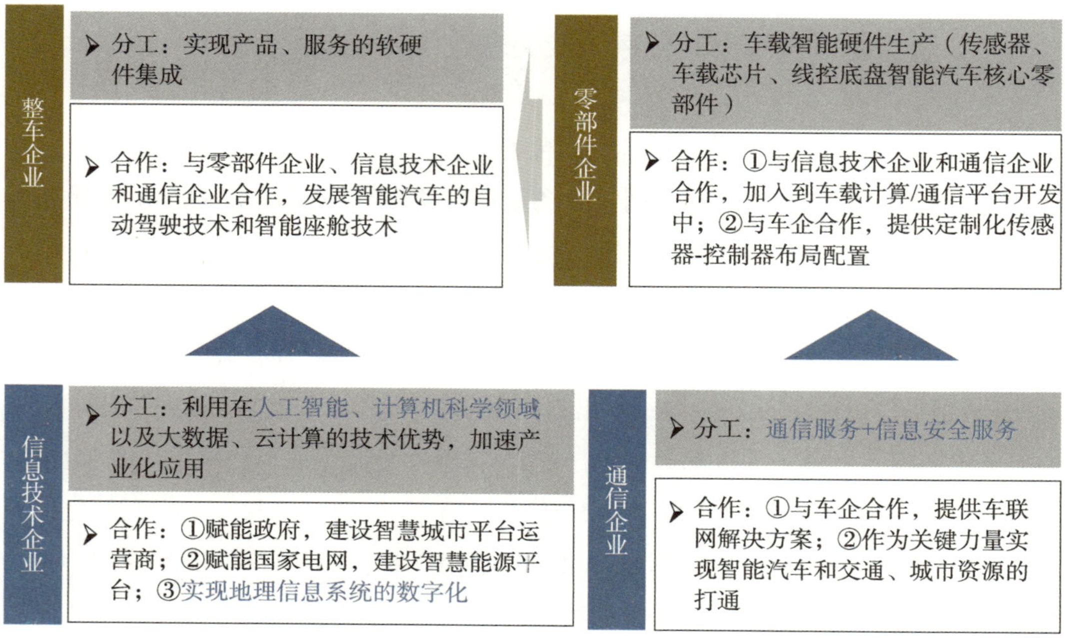

1. 整车企业

具体分工:实现产品、服务的软硬件集成,打造价值载体。

相关合作:与零部件企业、信息技术企业、通信企业合作,开发具备移动生态互联能力的车载操作系统,并逐渐将语音识别、疲劳监测等技术配置在车载操作系统中,以提升人车交互能力和体验。同时基于深度学习、机器学习等技术,优化自动驾驶和车联网系统。通过定制化,满足个人用户和共享出行公司等企业用户的差异化需求。

2. 零部件企业

具体分工:负责提供高精度传感器、车载计算芯片、线控底盘等智能网联汽车核心硬件。但国内企业目前与国外领先的零部件企业技术差距较大,需加紧自主研发攻关,并从进入自主品牌整车企业的供应体系中起步,逐步建立起差异化优势。

相关合作:与整车企业合作,提供定制化传感器—计算平台—智能执行器的布局配置;与信息技术企业和通信企业合作,加入车载计算/通信/娱乐平台的软硬件协同开发。

3. 信息技术企业

具体分工：利用在人工智能、计算机科学领域以及大数据、云计算等技术优势，打造自动驾驶整体解决方案，在车载信息系统中实现更好的人机交互，加速其产业化应用，为智能网联汽车打造"聪明的大脑"和"敏捷的逻辑"。

相关合作：赋能政府，建设智慧城市运营平台，通过科技赋能，实现城市/交通系统管理和调度的智能化；赋能国家/城市电网，智能电动汽车作为移动的智能储能终端，加入国家/城市电网，建设智慧能源平台，为电网"削峰填谷"，助力可再生清洁能源利用和维持电网平衡；与整车企业合作形成产业联盟，布局车载摄像头和高精度地图前装应用，加速形成资源共享、分工协作的商业模式，拓展应用场景和盈利模式，实现地理信息系统的数字化。

4. 通信企业

具体分工：为智能网联汽车、智能交通、智慧城市等提供高质量的互联通信服务，实现智能网联汽车和交通-城市资源的打通，解决车联网的信息安全和网络安全问题。

相关合作：与整车企业合作，以车载信息系统为切入口，为整车企业提供定制化的车联网以及车内通信解决方案。

四、面向智能网联汽车产业生态的全面转型

可以看到，上述四类企业在核心能力的培育方向上各有不同：整车企业应致力于形成可扩展、多方参与的开放设计体系，为新技术落地应用提供硬件平台，同时做好产品、服务的软硬件集成，形成价值载体。零部件企业特别是有实力的一级供应商，应重点提升对本领域关键技术的掌控能力。信息技术企业和通信企业应利用信息的采集与处理能力优势，相互组合，开展产品升级与功能升级，并在新兴产业中充分发挥创新引领和共性支撑作用，加速转变业务方向以匹配智能网联汽车的新需求。在此基础上，不同类型企业的不同特色能力彼此融合，就可以胜任智能网联汽车产业生态中的诸多不同角色，从而适应产业边界不断扩展且渐趋模糊的发展态势。在这个过程中，政府应以交通治理智能化乃至整个城市综合治理能力升级为目标，面向3S融合发展，积极推动资源整合（图2-15）。

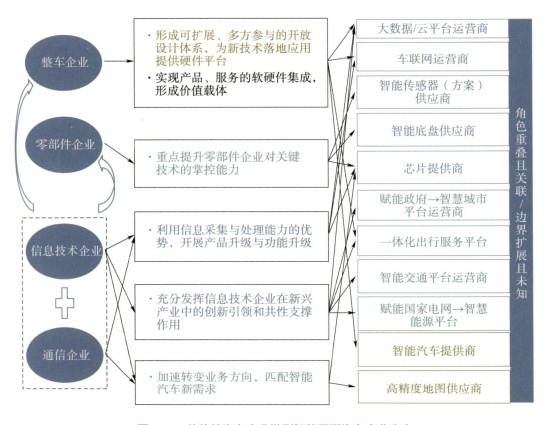

图 2-15　从传统汽车产业链到智能网联汽车产业生态

五、智能网联汽车的特色商业模式分析

在需求端,从社会维度看,城市亟须提高交通效率和安全,通过交通治理智能化升级,解决城市发展瓶颈,实现城市可持续发展;从个人维度看,自动驾驶、智能座舱中的智能人机交互等技术可解放驾乘人员在出行中的注意力,改善用户的出行体验,因此用户具有较强的支付意愿。在供应端,芯片、通信、大数据、人工智能等产业的众多跨界主体全面参与汽车和城市、交通等相关产业的各个环节,以拓展自身业务,围绕汽车出行的产品(个性化定制)、服务(共享/租赁)和信息(数据销售)开展全方位的价值活动。

总体而言,智能网联汽车将作为服务和信息的多元载体,将衍生创造出空前广阔的价值空间,并形成多种创新型的商业模式。以下分别从目标市场、伙伴关系、业务系统、成本模式、收入模式的角度对智能网联汽车的商业模式进行分析。

1. 目标市场

传统汽车产业的目标市场以车主和驾驶人为核心,智能网联汽车将催生网约车、点对点租车、汽车共享等新型出行模式,满足具有出行需求的各个群体的需要,包括未成年人、老年人、残疾人以及没有机动车驾驶证的群体等;同时,通过个性化定制来满足智能网联汽车个人消费者的不同需求。

2. 伙伴关系

在智能网联汽车网状产业生态系统中,各参与主体利益紧密相关,将在产业价值链的各个环节展开全面合作。智能网联汽车产业价值链的治理模式和价值分布将发生巨大变化,传统汽车产业单纯的供给关系面临全面重塑,长期合作、战略联盟等灵活的伙伴关系将发挥越来越重要的作用。

3. 业务系统

汽车产业价值链中设计、生产、销售、使用、服务各个环节的内涵得到充分拓展、体量显著提升,有助于智能网联汽车产业生态中新进入者进行持续创新,整个汽车业务系统具有更高的开放性、动态性。

4. 核心资源能力

从核心资源能力内涵的角度,企业应重新界定核心资源的范畴并进行相应的布局。例如构建自动驾驶核心技术、出行服务运营能力、车联网基础设施等传统汽车产业中不存在的资源和能力。

从核心资源能力组合的角度,企业应将已有的核心资源能力在市场空间、地理空间等不同维度上进行重新分配,以保证收益最大化。例如一些车企将自身的整车制造资源从面向消费者(To Customer,2C)转为面向造车新势力企业(To Business,2B),即所谓代工模式。

从核心资源能力获取的角度,企业考虑到智能网联汽车技术的外延广阔,应基于网络众包、创新联盟、产学研合作等外部技术获取模式进行创新,建立全球资源为我所用的新型技术体系。

5. 收入模式

智能网联汽车具有信息产品的特征,将推动价值链分工的专业化和模块化,扩展原有收入来源,并增加包括使用付费、服务订阅、数据销售等组内的新收入来源。为此,企业应挖掘并梳理新的收入获取对象,包括车主、驾乘人员、第三方企业、各级政府等,并有针对性地选择合理的收入模式。

六、未来智能网联汽车产业的新型商业模式

智能网联汽车具备自动化的物理移动能力以及智能化的信息采集和交互能力，将催生多种全新商业模式，而智能网联汽车产业将在这些特色商业模式中获得发展。因此，智能网联汽车特色商业模式是各类企业实践有效分工协作的突破口，这也是相关企业参与智能网联汽车生态建设必须关注和思考的方向。本节对未来可能出现的智能网联汽车商业模式进行研究，并对三种潜在的重要模式进行了重点分析。

1. 城市交通运营平台

由地方政府提供良好的政策环境，并加快智能化道路、云计算平台等城市新型基础设施建设；各类企业共同参与，加强技术合作和数据共享，使智能道路与智能网联汽车协同演进，实现车辆利用率优化、交通信号灯配时优化、道路交叉口预警等功能，驱动城市交通治理的智能化升级（图2-16）。

2. 一体化出行服务平台

以开放共享的道路、交通数据与商业服务数据相融合，并将各类交通工具平台打通，实现飞机、轨道交通、路面公交和智能网联汽车等各种交通方式的全面接入和优势互补。通过对各交通工具子系统运行的实时数据，道路、停车场等基础设施的动态数据，以及在出行期间的用户数据进行分析，根据乘客的出行目标和偏好，提供多样化、定制化、一体化、全过程、高质量的出行服务。以此将多模式交通系统进行有效整合，实现最优的路径配置与换乘衔接，全面提高出行效率和体验，并为用户乃至社会节约出行成本（图2-17）。

3. 大数据和云平台运营体系

未来与汽车相关的数据将呈爆发式增长，包括智能网联汽车提供商的车辆数据以及用户数据、城市交通平台的交通数据、智慧能源平台的能源数据等。为了更有效地将这些数据资产转化为实际收益，智能网联汽车生态的各类主体应共同参与大数据和云平台体系的建设与运营（图2-18）。通过对车辆数据、用户数据、交通数据、能源数据等进行实时采集和处理，并构建有效的数据监管机制和安全的数据交易机制，确保多元数据价值的最大化实现，进而围绕数据价值链，建立和完善各类企业共赢互利的合作关系。

图 2-16 城市交通平台运营

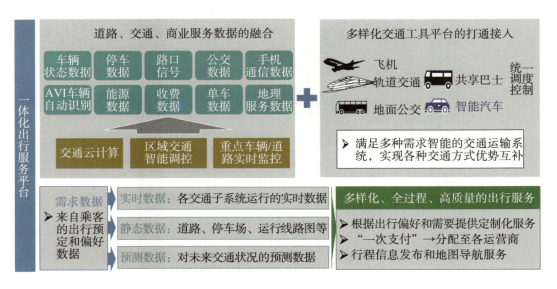

图2-17 一体化出行服务平台

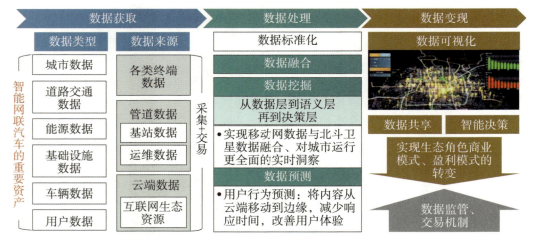

图2-18 大数据和云平台运营体系

4. 共享出行平台

共享出行平台指相关企业通过车联网运营汽车共享出行服务的平台。该平台将打通车辆终端生态和云端生态,结合用户在不同区域的实时出行和用车服务需求,通过车联网云端平台的运营能力和数据分析能力,优化车队调度及路径规划,显著提升车辆的利用率和行程价值,降低用户的出行成本,并可为用户提供主动式智能化的网联服务和个性化的内容推送,实现"人在线、车在线、服务在线",优化用户的共享出行体验。这既是智能化、网联化技术融合应用于汽车产品的重要场景,也是汽车产品能力与角色的根本性改变,还是未来实现按需出行的商业模式创新(图2-19)。

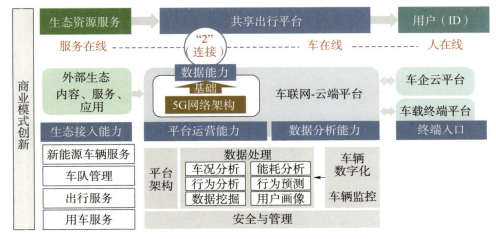

图2-19 共享出行平台

七、智能网联汽车科技创新发展策略建议

为了有效推动基于3S融合的智能网联汽车科技创新发展,支撑交通治理的智能化升级,实现城市的可持续发展,特提出如下建议:

在国家层面,以交通治理智能化乃至整个城市综合治理能力升级为目标,建设智能网联汽车科技创新发展体系,搭建跨产业的联合创新平台,进行产业协同攻关和技术融合创新。在此过程中,积极探索适用于面向个体消费者的民用工业体系的新型举国体制。

在企业层面,智能网联汽车产业中的相关企业都应努力形成自身的特色能力和不可替代性,并以此为基础,共同参与产业生态建设。同时各类企业应认准产业进化方向、彼此相向而行,并在实践中优化、细化自身的行动策略。对于占据智能网联汽车产业生态关键位置的主要企业来说,汽车企业应在软硬件集成的基础上向服务型企业转型,信息技术企业和通信企业则应融合数据分析和软件开发能力,最终双方实现强强联合,提供汽车产品全生命周期的极致服务,共同打造具有中国特色的智能网联汽车品牌。

八、3S融合中智能汽车的发展路线图

智能网联汽车技术路线图分别从系统、产品、技能角度出发,总括未来产业发展

的要求,接着以电动化、智能化、信息化等关键技术为重点领域展开研究,明确各技术的推进方向,指导不同阶段的产业发力点。

本路线图的关键特点在于考虑到智能网联汽车相关领域前沿技术的不断变革和更替,对智能网联汽车的技术架构和体系进行了全面梳理和修订,并考虑与智慧城市、智能交通、智慧能源等领域的融合。总体上,以电动化、智能化、信息化关键技术为技术骨架开展研究,兼顾了底盘、电子电气架构、智能座舱、自动驾驶系统、车规级通信芯片等智能网联技术产业化落地和发展路径,分析基于3S融合一体化的智能网联汽车技术产业化、市场化、商业化时间进度。

本技术路线图提出,到2025年,完成智慧城市、智能交通、智能网联汽车、智慧能源融合一体化概念模型搭建、系统分析和下一代汽车需求设计,实现智慧城市、智能交通、智能网联汽车协同感知,自动驾驶技术达到普通人驾驶水平,能够适应正常的天气和道路条件变化,行车安全性优于人类驾驶水平;到2030年,示范区域内路段及路口设施布设系统完备,具备自动驾驶交通的不间断支持能力,常规交通场景下,自动驾驶技能达到熟练驾驶人水平,行车安全性优于人类驾驶人;2035年,全面实现智慧城市、智能交通、智慧能源、智能网联汽车融合一体化的系统工程研发与部署,复杂场景应对能力进一步提升,恶劣场景条件下自动驾驶通过能力和速度,达到熟练驾驶人水平。智能汽车总体技术路线图如图2-20所示,其具体建立过程见本章附件二。

		2025年	2030年	2035年
总体目标	系统	完成3S融合一体化概念模型搭建、系统分析和汽车需求设计	初步搭建示范区域内设施布设,具备无人驾驶交通的不间断支持能力	全面实现3S融合一体化的系统工程研发与部署
	产品	研制出下一代一阶段概念样车,无人驾驶底盘系统技术基本成熟,实现3S协同感知	研发出全工况无人驾驶运载平台,实现智能设施支持下的全工况无人驾驶示范运行	充分利用智能交通设施的支持,实现无人驾驶汽车间的局部交通协同
	技能	无人驾驶技能达到普通人驾驶水平,行车安全性优于人类驾驶人	常规交通场景下,无人驾驶技能达到熟练驾驶人水平,行车安全性优于人类驾驶人	极端场景条件下,无人驾驶通过能力达到熟练驾驶人水平,行车安全性优于人类驾驶人

图 2-20

	2025年	2030年	2035年
电动化关键技术	完成全工况无人驾驶汽车设计与规划、总成系统设计、座舱内总成系统等原型研发，完成具备试制条件	完成基于新型总线和中央网关的电子电气架构关键技术研究、新型总成集成及其功能、性能、可靠性验证	完成下一代底盘与智能座舱研发和制造，伴随网联无人驾驶共享汽车的研发进行验证和优化
智能化关键技术	完成无人驾驶关键技术研发，及概念车用使能与赋能动态融合的无人驾驶系统原型样机搭建	完成限定区域开放道路上的功能、性能、驾驶水平试验，完成恶劣工况下汽车的功能和性能验证，达到预期水平	完成使能与赋能动态融合的无人驾驶系统优化升级，实现在智能道路设施支持下的全工况无人驾驶
信息化关键技术	完成车规级通信芯片组技术方案、5G-2VX技术方案和关键技术研发	完成5G-V2X设备研制并应用于网联无人驾驶共享汽车概念样车	实现基于3S融合一体化的5G网联汽车研制与验证，支撑实现全工况无人驾驶

图 2-20 智能汽车总体技术路线图

本章附件

附件一 智能网联汽车发展的概述与关键技术

一、导言

1. 战略意义

发展智慧城市是我国国家战略的选择。国家发展和改革委员会、工业和信息化部等八部委联合印发的《关于促进智慧城市健康发展的指导意见》是指导智慧城市建设的纲领性文件，提出公共服务便捷化、城市管理精细化、生活环境宜居化、基础设施智能化、网络安全长效化的主要目标。交通作为城市的主要系统之一，是实现智慧城市主要目标的关键环节。

智慧城市对交通形态的变革提出迫切需求，新技术和运载工具的革命也正在推动交通运输系统发生重大改变，以智能共享出行为代表的智能交通成为大趋势。要构建智慧城市的智能出行系统，不仅要改造交通基础设施，还要通过智能交通系统与智能汽车把汽车与交通各要素有机地结合为一体，实现智慧城市、智能交通与智能汽车的共同优化。

智慧城市、智能交通、智能汽车的深度融合可提高智能汽车和智能交通的安全与效率，是未来的发展趋势，构建中国标准的3S融合，是发展我国交通强国战略的重要支撑。智能共享出行是3S融合的重要组成部分，是提升交通安全与效率的有力解决方案。然而，智慧城市目前在宏观层面上缺少与智能汽车的深度融合，智能交通系统缺少提供给智能驾驶汽车在中观层面上预见性和安全性的环境感知和路径规划；驾驶汽车上道路行驶涉及各类极为广泛和复杂的影响因素，微观层面上单车智能受限于车载传感器、车载计算能力和通信能力，难以支撑在复杂场景下的安全和高效行驶。

2. 研究范围及目标

研究下一代汽车的社会需求、法规需求、经济发展需求、人因、技术需求等要素，凝练出下一代汽车概念模型；瞄准全工况自动驾驶汽车国际领先水平，在国内率先突破一批自动驾驶汽车内能、使能、赋能核心关键技术，研发出概念样车并进行局部示范，为汽车产业探索下一代自动驾驶汽车设计、分析、试验等方法，占领下一代汽车自主创新核心技术制高点，并起到示范和引领作用。

3. 国内外技术现状及对比

以互联网、大数据、云计算、人工智能等技术为代表的新一轮科技革命，正在引发全球汽车行业的深刻变革，各国高度重视智能网联汽车产业发展，纷纷加速制定政策，创造良好发展环境。

（1）美国强调智能网联汽车作为交通系统的一部分，深度融入现有交通系统。美国运输部最早于2015年将智能交通系统上升到国家战略层面，随后，2020年1月发布《确保美国自动驾驶汽车技术领导地位：自动驾驶汽车4.0》，意图通过政府努力，保障美国在自动驾驶技术方面的领先。重点支持技术标准、人因技术、核心基础系统、测试平台等方面的网联技术研究，以及数字化使能、安全保障、交通系统性能提升等方面的自动驾驶技术，侧重于标准、测试技术和实际应用模式。

（2）欧盟强调车路协同和欧洲一体化范围内的协作和数据与标准的共享。欧盟拥有发展智能网联汽车的良好产业基础，也是目前智能网联汽车发展最成熟的地区之一。欧盟委员会在 2018 年发布的《通往自动化出行之路:欧盟未来出行战略》中规划,到 2020 年在高速公路上实现自动驾驶,2030 年进入完全自动驾驶社会。欧盟聚焦清洁出行、智能出行、安全出行,搭建智能网联汽车五大平台,推动公路、物流、智能交通系统领域的技术研究,并积极探索商业化物流服务,开展矿山自动驾驶商业化物流业务,进行商业模式创新。

(3) 日本重视智能网联汽车的落地和产业化,政府大力扫清政策法规的障碍。日本采用循序渐进的方式修订智能网联汽车规则,更为强调智能网联汽车的落地和产业化。直面关键的责任划分问题和安全条件问题,日本国土交通省制定了 L3/L4 级别自动驾驶汽车必须满足的十大安全条件。近年来,日本积极开发先进的安全驾驶、驾驶人监控技术,开发基于 V2X 协同通信的车辆驾驶辅助系统技术,推进先进技术的商业化应用和社会接受度。在日本政府的引导下,协同式自动驾驶技术快速发展,ADAS 逐渐与 V2I 深度融合,逐渐应用落地。

(4) 我国自动驾驶技术体系已有一定基础,自动驾驶产品生态逐渐成形。国内在环境感知技术、控制决策技术和执行系统技术等高级自动驾驶的关键技术领域已有部分突破。高级自动驾驶汽车的车路协同关键技术初步成型,涵盖了智能车载系统关键技术、智能路侧系统关键技术、车车/车路信息交互与协同控制技术、车路协同系统集成与仿真技术等。网络化动态交通信息获取与交互技术、面向出行行为的区域交通智能分析与控制技术、区域交通网络化智能诱导控制技术、区域交通动态协同优化控制技术等具有一定研究基础和研究成果。此外,国内主流车企积极布局和推进高级自动驾驶汽车相关产品的开发,网联化成为产业发展趋势,前装车联网终端比例不断提升,企业高度重视车联网布局。交通设施的智能化、网联化是智能网联汽车运营的基础。2017 年开始,中国已经在无锡打造了全球首个城市级 V2X 示范。同时,基于跨界协同创新的智能出行项目推动智慧城市建设,智能出行被行业公认为是下一代汽车优先落地的场景。

4. 技术发展趋势及战略发展方向

智能网联汽车研发的关键是找到解决感知、规则、安全、可靠性问题并具有商品化价值的新技术路线,目前自动驾驶汽车研发对于感知的错检、漏检以及错觉场景的风险评估需要加强。

目前,以谷歌为代表的基于激光雷达和"重地图"的单车智能自动驾驶技术路线,以车载激光雷达和"饱和"感知系统,能解决感知不充分的难题,但过于豪华,不以利商品化;以特斯拉为代表的基于车载图像和"轻地图"的自动驾驶技术路线,易于商品化,但在解决自动驾驶汽车"感知不充分"难题方面挑战巨大;以通用"Cruise"为代表的"单车智能"汽车产品面世时间一拖再拖。"单车智能"未能充分利用5G通信和云计算等信息物理融合的重要赋能技术,难以解决"规则不明确"问题;"单车智能"依然属于传统汽车"搭载上"的产品独立性设计理念范畴,不是"联接上"的智能网联汽车赋能理念。

欧盟道路交通研究咨询委员会于2019年3月更新发布了网联自动驾驶路线图,强调自动驾驶的协同互联,丰富了网联式自动驾驶的内容,同时明确提出基于数字化基础设施支撑的网联式协同自动驾驶架构。美国运输部支持的协同自动驾驶分类研究项目也提出了协同驾驶的分类标准,并与现有自动驾驶水平分类相结合;同时支持协同自动驾驶的应用研究项目获得良好效果。

智能网联汽车科技发展正呈现出新趋势:

(1) 5G-V2X技术使网联自动交通与自动驾驶汽车信息物理融合催生网联自动驾驶新概念。

网联自动交通系统(CAT)通过人工智能(AI)和云计算分析交通场景大数据和交通控制大数据获得大量有价值信息,5G-V2X的大带宽、低时延特性使分析结果用于自动驾驶汽车的实时控制成为可能,由此产生网联自动交通与自动驾驶汽车信息物理融合的赋能技术。

(2) 欧盟、美国、日本联合推出构建支撑自动驾驶的交通设施(ISAD)规范。

欧盟发布的网联自动驾驶路线图的2019年升级版中提出了ISAD的新概念。ISAD的作用就是支撑高级自动驾驶汽车,ISAD的目的是为高级自动驾驶创造路侧条件,ISAD针对道路的具体结构和交通复杂程度进行构建,使道路设施成为支持自动驾驶的智能设施,并非重建新的路网。

(3) 欧盟、美国、日本联合推出网联自动交通系统构建方案。

方案中,ISAD与网联智能交通系统融合一体化形成完全数字化的"网联自动驾驶交通系统","网联自动驾驶交通系统"通过人工智能(AI)和云计算为自动驾驶汽车提供移动需求数据和交通控制数据。

(4) 欧盟、美国、日本打造网联自动驾驶汽车新技术路线图。

欧盟发布的网联自动驾驶路线图的2019年升级版中提出的网联自动驾驶新概念是:借助智能交通设施的协同支持,扩大自动驾驶汽车的ODD(Operational Design Domain,运行设计域)范围,逐渐实现全自动驾驶。该技术路线摒弃了"单车智能"理念,充分应用路边设施、5G 和云计算信息物理融合等重要的使能与赋能技术,是自动驾驶技术路线的新方向。

(5)网联自动驾驶和与网联自动交通正在成为智慧城市建设的重要内容。

在智慧城市的十大支柱中,自动驾驶出行和智能基础设施是两项重要内容。美国首批在 7 个城市开展的智慧城市建设中,以网联自动驾驶和与网联自动交通为目标的智能基础设施均为重点内容;新加坡在全球第一个提出了包含网联自动驾驶和与网联自动交通的智慧国家的蓝图,并有望建成首个智慧国家。

二、关键技术

1. 关键技术发展中各领域之间的关联

针对我国智能共享出行需求,围绕自动驾驶汽车的模块化、感知、决策和安全等关键技术瓶颈,以面向智慧城市的智能共享出行平台为总体研发目标,结合模块化智能驾驶汽车的优化和提升、智能出行云控技术、智能共享出行管控与服务系统和集成测试评价与应用方面等四大共性关键技术,建立智慧城市、智能交通、智能汽车体系架构。按照智能汽车、智慧城市、智能交通和系统集成与测试评价的功能域设计,各技术领域关系如附图 2-1 所示。首先,针对模块化与智能化为一体的自动驾驶汽车,研究智能驾驶汽车的模块化设计理论。提出基于功能分解的模块化划分方法,研究模块化的车辆底盘、车身、环境感知和计算控制技术;研究智能汽车轨迹的预测技术,构建基于间接示教的决策学习算法框架,实现拟人驾驶决策;研究基于目标运动行为表示及目标危险行为的预判技术。同时研究智慧城市移动共享出行云控技术,针对智慧城市移动共享出行云控技术所应用的大规模网联车辆与路侧设备的异构、多源、海量信息处理;研究云控系统的端网云架构、数据模型与通信协议;研究区域云上高通用的车辆安全与高效运行协同决策技术,实现集中优化与分布式求解。研究智能交通系统的协同控制与服务技术,即研究道路交通运行状态协同感知与多尺度预测技术;提出边云协作的控制策略生成方法,研究面向智能共享出行车辆的多控制节点的协同联动控制技术;同时研究运营车辆调度多目标优化技术,最后开发适配多智能终端的应用软件及智能共享出行服务系统。研究面向智慧城市的智能出行系统集成与测试评价技术,根据 SAE 2 级和 SAE 4 级自动驾驶要求,结合整车厂差异化产品功能需求和整车性能控制目标,开发车载多源传感器可配置方案,开展智慧城市道路环境下智能共享出行系统集成与测试评价。

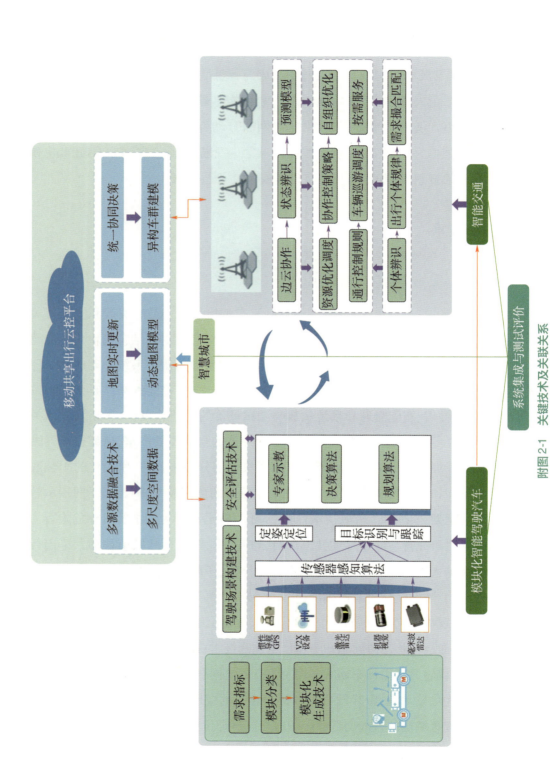

附图 2-1 关键技术及关联关系

基于3S深度融合的体系架构，从车辆技术层面出发又可细化为四大技术领域。

(1)下一代汽车智能使能技术领域。

领域范围包括：自动驾驶系统的感知与决策、失效控制、系统架构、自动驾驶ODD边界识别、目标和意外的检测与响应(OEDR)和退出机制、大数据和人工智能应用等技术。重点内容包括：自动驾驶系统传感器架构技术、可靠的环境感知技术等，识别和预测自动驾驶场景中的所有危险；基于大数据、人工智能的自动驾驶类脑感知与决策高性能计算学习技术面向服务的、失效可操作的、信息安全的电子控制系统架构和软件架构；满足城市场景DDT(Dynamic Driving Task，动态驾驶任务)、ODD、OEDR(Object and Event Detection and Respond，感知和判断)、DDT Fallback(动态驾驶任务应急措施)的，基于模型的城市自动驾驶汽车控制器设计技术等。在新型传感器及感知系统架构、用于训练类脑感知决策系统的高性能计算(HPC)平台、3S融合一体化感知技术等方面实现重大/颠覆性创新。

(2)下一代汽车网联赋能技术领域。

领域范围包括：自动驾驶云控基础平台、网联路侧智能系统感知系统与部署方案、基于C-V2X的网联智能车载终端与域控制器等，研发突破车-路-云融合协同计算与任务编排、车-路-云融合决策与控制技术等系列关键技术，制成高可用的车规级C-V2X装备。重点内容包括：自动驾驶汽车协同应用需求分析；车-路-云协同系统架构梳理、功能分配和接口定义；自动驾驶云控系统多任务编排与可靠性优化技术；车-路-云融合感知与定位技术；车-路-云融合决策与控制技术；C-V2X信息安全技术。V2X多源数据融合、C-V2X混合组网、5G-V2X技术及设备研制等。

(3)下一代汽车安全功能技术领域。

领域范围包括：功能安全、预期功能安全、安全行车规则、车内外人机交互系统安全设计、信息安全、伦理行为决策等。重点内容包括：自动驾驶汽车的安全行车规则；类脑安全决策技术；预期功能安全研究；网络/信息安全；车内人机系统安全设计；车外模糊交流模式和效果；自动驾驶车辆远程操作安全；事故后紧急处理技术等。以研发出自动驾驶汽车的电子电气安全架构、"安全大脑"算法、车内/外人机交互设计指南、安全性设计指南等为目标，在自动驾驶汽车"安全大脑"、车内与车外人机交互系统等方面实现重大/颠覆性创新。

(4)下一代汽车整车平台技术领域。

领域范围包括：整车物理架构、电子电气架构、底盘平台、座舱及车内/车外人机交互系统、使能与赋能动态融合的自动驾驶系统、关键总成系统等,以形成下一代汽车概念设计方案;研发出下一代汽车底盘;研发出下一代汽车智能座舱;研发出下一代汽车电子电气架构;研发出使能与赋能动态融合的自动驾驶系统;研发出下一代汽车概念样车为目标,重点研究智慧城市自动驾驶汽车架构、结构、功能、应用场景、对城市和交通设施的需求等,形成下一代汽车架构、下一代底盘、下一代智能座舱、下一代电子电气、使能与赋能动态融合的自动驾驶系统等概念。在新架构自动驾驶汽车整车技术方面实现重大/颠覆性创新。

总体来说,以智慧城市、智能交通、智能汽车深度融合的体系架构为核心,通过自主设计方案、自主核心技术、自主集成测评体系,与全球主要创新经济体中的发达国家,如美国、德国等在感知和决策算法、交通流模型、自动驾驶测试设备与方法等方面进行合作,实现我国智慧城市、智能交通和智能汽车的升级换代,带动国内相关产业链发展。

2. 当前关键技术核心瓶颈与难点

从需求方面看,交通拥堵、出行难和事故频发是世界城市交通难题,更是制约我国大城市可持续发展的瓶颈。目前,美国、日本和以色列等高科技国家正在研发自动驾驶出租汽车(Robotaxi)和路侧支撑系统,通过实现城市智慧化、交通智能化和建设新型出行系统,从根本上解决城市出行难题。自动驾驶出租汽车(Robotaxi)和大城市新型出行系统已经成为未来智能汽车和城市交通科技前沿技术和颠覆性技术创新的制高点,我国需要在"十四五"时期赶超和创新,自主发展基于智慧城市、智慧交通、智慧能源与智能汽车融合一体化的城市网联自动驾驶共享汽车和智能共享出行体系。

从创新方面看,当前国外自动驾驶出租汽车(Robotaxi)采用"单车智能"技术,致使自动驾驶汽车环境感知能力不足、感知范围有限并且存在驾驶盲区,"单车智能"技术的自动驾驶汽车几乎难于在我国复杂交通场景下高效安全行驶,该问题成为制约自动驾驶汽车和智能交通发展及其产业化的关键瓶颈,因此,需要创新研发能够使自动驾驶车载环境感知的使能系统与车外设施对该车行驶环境感知的赋能系统实现一体化实时"网联智能融合"的高级自动驾驶汽车技术,"单车智能"将向"网联智能融合"的感知、决策和控制演进,这就需要创新研发新型的高速率、低时延、超大容量和高可靠的自动驾驶汽车行驶场景数据智能化和信息化网联技术与体系。

附件二　智能网联汽车发展路线图

一、面向 2035 年的发展愿景、目标及里程碑

1. 面向 2035 年的发展愿景

瞄准国际领先水平,在智慧城市、智能交通、智能网联汽车三个方向进行统筹规划,运用体系工程和价值工程方法,组织优势资源和优秀人才,创新突破一批重大基础技术和关键核心技术,基于中国大城市出行场景,正向设计,跨界融合,分步研发出具备自动驾驶技术水平的下一代汽车模块化整车和系列化关键零部件平台,通过严格测试认证和系统演示验证,系统性推进下一代汽车科技创新和产业化。

2. 目标

以智慧城市、智能交通、智能汽车融合一体化为途径,以破解制约城市可持续发展的出行问题为目标,开展前沿技术和颠覆性技术创新,夯实基础技术,掌握关键核心技术,凝练出下一代汽车概念模型,研发出下一代汽车产品原型、培育重要零部件供给及智慧城市共享出行运载体系,构建绿色、安全、高效、共享和便利的智慧城市、智慧交通和智慧能源与自动驾驶汽车融合一体化的应用示范区,占领自主创新核心技术制高点,并起到示范和引领作用。

3. 里程碑(2025 年、2030 年、2035 年分阶段里程碑)

1) 短期(2021—2025 年)

到 2025 年,完成智慧城市、智能交通、智能网联汽车、智慧能源融合一体化概念模型搭建、系统分析和下一代汽车需求设计;重点突破下一代汽车架构技术,解决限定区域内自动驾驶的感知、决策和行车安全问题,研制出下一代汽车一阶段概念样车;完成智能路侧设施技术、网联智能交通技术、云控基础平台技术研发;完成试点路段或路口完成设施布设,智能化设施与附加静态交通引导设施能够支持自动驾驶示范应用;开始区域示范运行。自动驾驶底盘系统技术基本成熟,实现智慧城市、智能

交通、智能网联汽车协同感知,自动驾驶技能达到普通人驾驶水平,能够适应正常的天气和道路条件变化,行车安全性优于人类驾驶水平。

2)中期(2026—2030 年)

到 2030 年,智能路侧设施、网联智能交通、云控平台装备形成规模,示范区域内路段及路口设施布设系统完备,具备自动驾驶交通的不间断支持能力;重点突破智能设施支持下的全工况自动驾驶的感知、决策和行车安全技术,研发出全工况自动驾驶运载平台,开始示范运行。在具备智能路侧支撑设施的城市区域,自动驾驶车辆实现充分感知,全天候行车,全域到达。常规交通场景下,自动驾驶技能达到熟练驾驶人水平,行车安全性优于人类驾驶人。

3)远期(2031—2035 年)

到 2035 年,全面实现智慧城市、智能交通、智慧能源、智能网联汽车融合一体化的系统工程研发与部署,充分利用智能交通设施的支持,实现自动驾驶汽车之间局部交通协同,群体智能;突破智慧城市、智能交通、智能网联汽车融合一体化感知与决策、自动驾驶汽车整车架构和面向服务、基于高性能中央计算机的电子电气架构、轮毂电机等核心总成、驾驶人虚拟接管、道路设施对自动驾驶支持水平识别及主动应对等核心技术。复杂场景应对能力进一步提升、恶劣场景条件下自动驾驶通过能力和速度,达到熟练驾驶人水平。

二、技术路线图

1. 总体技术路线图

总体技术路线图如附图 2-2 所示。

2. 关键分领域技术路线图

1)先进传感器及自动驾驶计算平台研发

(1)工程目标。

完成基于场景库输入的 DDT、ODD、OEDR、DDT FALLBACK 模型研发;完成先进传感器及感知系统研发;完成高性能中央计算平台研究和原型样机研制,用于下一代全工况自动驾驶概念汽车,实现基于智慧城市、智能交通、智能网联汽车融合一体化的感知、决策和控制。

附图2-2　总体技术路线图

（2）核心技术。

车载视觉雷达前融合一体化传感器技术、车规级专用行人检测传感器技术、路况感知技术；多核异构（集成图像信号处理器、视频处理单元、可编程视觉加速器、深度学习加速器、CUDA GPU 和 CPU）车载高性能中央计算平台；基于模型和场景库输入的 DDT、ODD、OEDR、DDT FALLBACK 的自动驾驶系统的设计技术；基于高性能计算（HPC）平台的类脑感知与决策的训练技术；智慧城市、智慧交通、智慧能源与智能网联汽车融合一体化 3S 感知技术。

（3）路线图。

先进传感器及自动驾驶计算平台技术路线图如附图 2-3 所示。

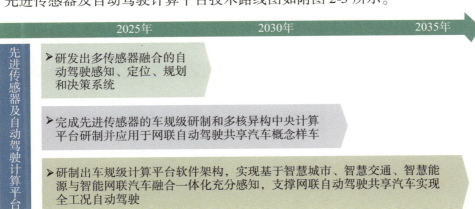

附图2-3　先进传感器及自动驾驶计算平台技术路线图

2020—2025 年:完成多核异构中央计算平台技术方案和先进传感器的技术方案,完成多源数据融合关键技术、可编程视觉加速关键技术、深度学习加速技术等研究;研发出多传感器融合的自动驾驶感知、定位、规划和决策系统。

2025—2030 年:完成先进传感器的车规级研制和多核异构中央计算平台研制并应用于网联自动驾驶共享汽车概念样车。

2030—2035 年:研制出车规级高性能中央计算平台、实现面向服务的计算平台软件架构,实现基于智慧城市、智慧交通、智能网联汽车与智慧能源融合一体化 3S 的充分感知,支撑网联自动驾驶共享汽车实现全工况自动驾驶。

2)行驶安全系统研发

(1)工程目标。

研发出自动驾驶汽车"安全大脑",实时监控汽车的行车安全状况,为自动驾驶系统提供控制执行安全边界,为车内乘员提供行车安全状态信息;研发出车内人机交互系统,满足乘员指令下达、行车状态信息掌握、与外界沟通联络、特殊工况下对汽车的接管与虚拟操控等需求;研发出车外信息交互系统,实现本车行车意图表达、危险警示、与弱势交通参与者的模糊交流等功能。上述系统作为智能座舱装备与座舱同步研发。

(2)核心技术。

基于类脑决策的行车安全性在线评估技术及自动驾驶控制执行安全边界定义技术、行车指令的准确识别与执行反馈技术、乘员对汽车的虚拟操控技术、本车与弱势交通参与者的模糊交流技术等。

(3)路线图。

行驶安全系统技术路线图如附图 2-4 所示。

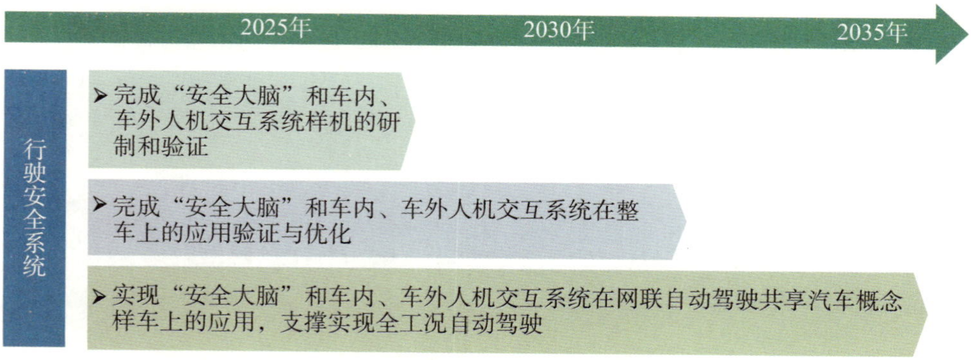

行驶安全系统	
2025年	完成"安全大脑"和车内、车外人机交互系统样机的研制和验证
2030年	完成"安全大脑"和车内、车外人机交互系统在整车上的应用验证与优化
2035年	实现"安全大脑"和车内、车外人机交互系统在网联自动驾驶共享汽车概念样车上的应用,支撑实现全工况自动驾驶

附图 2-4　行驶安全系统技术路线图

2020—2025 年：完成"安全大脑"算法设计以及车内、车外人机交互表达内容和表达方式的设计，完成交互效果初步验证；完成车内、车外人机交互系统样机的研制和验证、完成"安全大脑"功能验证。

2025—2030 年：完成"安全大脑"和车内、车外人机交互系统在整车上的应用验证与优化。

2030—2035 年：实现"安全大脑"和车内、车外人机交互系统在网联自动驾驶共享汽车概念样车上的应用，支撑实现全工况自动驾驶。

3）V2X 技术和车用 5G 装备研发

（1）工程目标。

研发下一代自动驾驶载运平台用 5G-V2X 技术和装备。

（2）核心技术。

车规级通信芯片组、多源数据融合、5G-V2X 技术方案和设备、C-V2X 通信安全等。

（3）路线图。

V2X 技术和车用 5G 装备技术路线图如附图 2-5 所示。

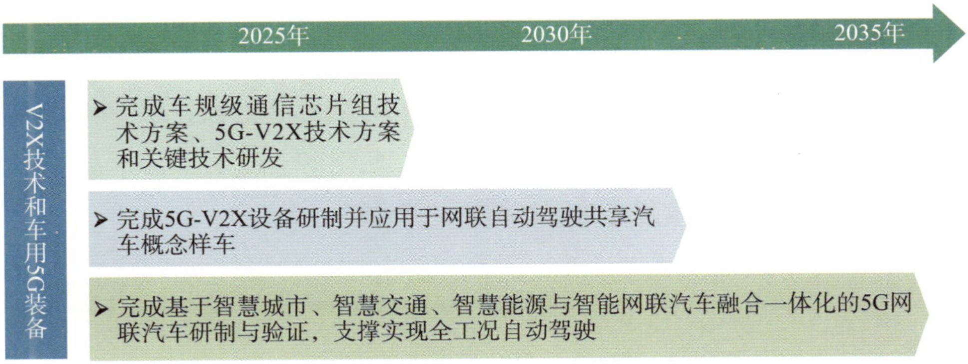

V2X 技术和车用 5G 装备

2025年
➤ 完成车规级通信芯片组技术方案、5G-V2X 技术方案和关键技术研发

2030年
➤ 完成 5G-V2X 设备研制并应用于网联自动驾驶共享汽车概念样车

2035年
➤ 完成基于智慧城市、智慧交通、智慧能源与智能网联汽车融合一体化的 5G 网联汽车研制与验证，支撑实现全工况自动驾驶

附图 2-5　V2X 技术和车用 5G 装备技术路线图

2020—2025 年：完成车规级通信芯片组技术方案、关键技术、多源数据融合关键技术、5G-V2X 技术方案和关键技术、C-V2X 大规模应用技术方案及关键技术、C-V2X 通信安全技术等研究。

2025—2030 年：完成 5G-V2X 设备研制研发并应用于网联自动驾驶共享汽车概念样车。

2030—2035 年：完成基于智慧城市、智慧交通、智慧能源与智能网联汽车融合一体化的 5G 网联汽车研制与验证,支撑实现全工况自动驾驶。

4)底盘及其关键总成研发

(1)工程目标。

研发出网联自动驾驶共享汽车的高电压(800V以上)平台下的电机、蓄电池、集成式机舱高压模块(车载充电机、直流变压器、高压分电器等系统);研发出高功能安全的底盘域控制器、线控转向、线控制动系统;研发出新型灯光及信号系统等。研发出符合下一代全工况自动驾驶汽车概念的底盘。研发出下一代自动驾驶汽车的车与乘员指令交互系统、车内一般信息人机交互系统、车外人机交互系统、舒适性管理系统、车身域控制器、新型座椅及办公装置、被动安全系统、新材料和新结构座舱等;研发出符合下一代全工况自动驾驶汽车概念的下一代智能座舱总成。

(2)核心技术。

下一代底盘模块化总成技术要求;高压高效高功率密度轮毂电机及其控制器;高压、快充、安全动力蓄电池包及无人充电系统;高集成度高效机舱高压模块;高功能安全线控转向系统及其控制器、高功能安全线控制动系统及其控制器;具备信息交互和前照区域智能调节功能的智能灯具等。

自动驾驶汽车的车与乘员指令交互系统总成;满足新型人机交互要求、面向服务架构要求和行车安全要求的车身域控制器;满足自动驾驶汽车乘员坐姿安排的被动安全系统、车外行人保护被动安全系统;采用新材料、满足新安全标准的座舱结构等。

(3)路线图。

底盘及其关键总成技术路线图如附图 2-6 所示。

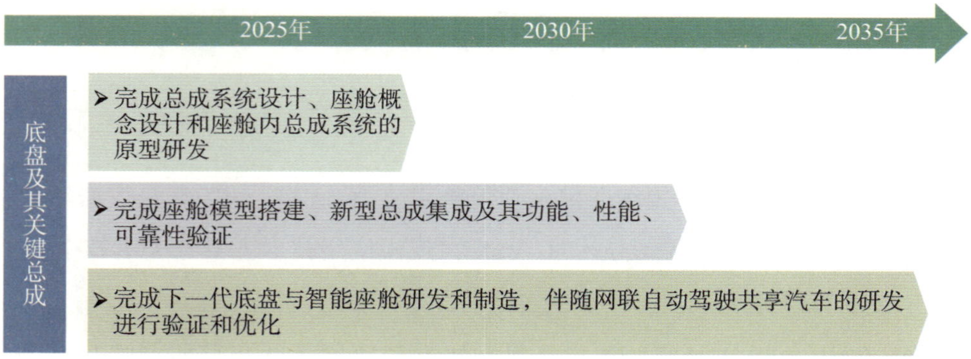

附图 2-6　底盘及其关键总成技术路线图

2020—2025 年:完成总成系统原型研发,完成座舱概念设计和造型创意、完成座舱内新型总成系统的原型研发。

2025—2030 年：完成座舱模型搭建、完成新型总成集成及其功能、性能、可靠性验证。

2030—2035 年：完成下一代底盘与智能座舱研发和制造，伴随网联自动驾驶共享汽车的研发进行验证和优化。

5）电子电气架构研发

（1）工程目标。

完成使能与赋能动态融合技术路线下车内、车外通信需求梳理并提出标准建议；研发出新型总线、中央网关及车内车外信息路由系统；研发出下一代面向服务的、基于高性能中央计算平台的 E/E（电子/电气）架构，满足智能座舱总成即插即用要求和共享出行服务要求。

（2）核心技术。

座舱与底盘接口协议标准、面向服务的、基于高性能中央计算平台的 E/E 架构等。

（3）路线图。

电子电气架构技术路线图如附图 2-7 所示。

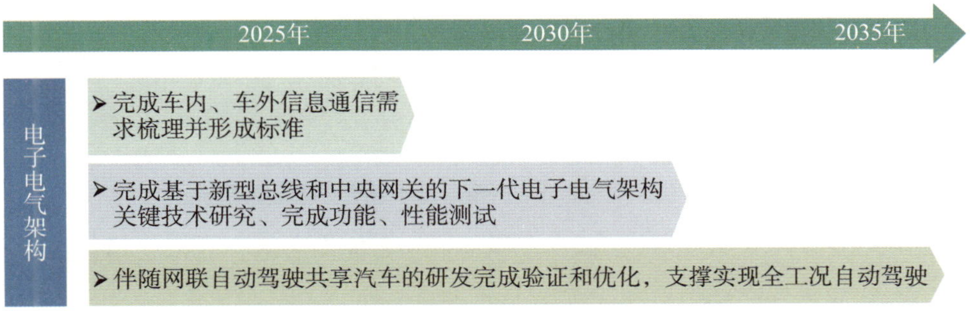

电子电气架构

2025年　2030年　2035年

- 完成车内、车外信息通信需求梳理并形成标准
- 完成基于新型总线和中央网关的下一代电子电气架构关键技术研究、完成功能、性能测试
- 伴随网联自动驾驶共享汽车的研发完成验证和优化，支撑实现全工况自动驾驶

附图 2-7　电子电气架构技术路线图

2020—2025 年：完成车内、车外信息通信需求梳理并形成标准。

2025—2030 年：完成基于新型总线和中央网关的下一代电子电气架构关键技术研究、完成功能、性能测试。

2030—2035 年：伴随网联自动驾驶共享汽车的研发完成验证和优化，支撑实现全工况自动驾驶。

6）使能与赋能动态融合的自动驾驶系统研发

（1）预期目标。

按照下一代电子电气架构设计，集成新型传感器、V2X 车载装备、中央计算平台、车身域控制器、底盘域控制器、各线控总成系统及人机交互系统,研制出使能与赋能动态融合的自动驾驶系统;实现基于智慧城市、智能交通、智能网联汽车融合一体化的俯察式融合感知;实现以中央计算平台为核心的整车综合控制;实现"安全大脑"与"规划执行大脑"协同决策;实现特殊/危险/故障工况的合理处置;实现常规工况和特殊工况下的指令信息和一般行车信息的人机顺畅交互。

(2)核心技术。

使能与赋能动态融合的自动驾驶系统;"安全大脑"与"规划执行大脑"协同决策;自动驾驶汽车特殊/危险/故障工况的处置策略等。

(3)路线图。

使能与赋能动态融合的自动驾驶系统技术路线图如附图 2-8 所示。

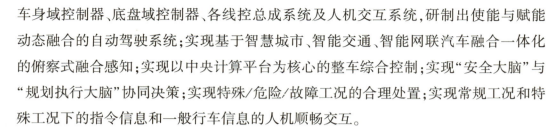

附图 2-8 使能与赋能动态融合的自动驾驶系统技术路线图

2020—2025 年:完成 2025 年概念车用使能与赋能动态融合的自动驾驶系统原型样机搭建,完成硬件在环仿真和改装车上的实验。

2025—2030 年:完成使能与赋能动态融合的自动驾驶系统在 2025 年概念样车上的搭载;完成限定区域开放道路上的功能、性能、自动驾驶水平试验;完成恶劣路况、恶劣天气状况、恶劣交通状况下汽车的功能和性能验证,达到预期水平。

2030—2035 年:完成使能与赋能动态融合的自动驾驶系统升级版研发,并在 2030 年概念车型上实验验证,实现在智能道路设施支持下的全工况自动驾驶。

7)整车研发

(1)预期目标。

以网联自动驾驶共享汽车需求与价值工程研究结果为指导,以基于模型的网联自动驾驶共享汽车科技创新概念设计系统工程研究成果为框架,利用自动驾驶汽车研发工具创新工程研发的工具,研发出网联自动驾驶共享汽车样车,牵引网联自动驾驶共享汽车研发工程中相关技术研发工作的开展,并将相关研发成果集中体现于概念样车中并检验研究成果的功能、性能和成熟度,加速成果的产业化进程。样车的功能和性能分期达到规划目标中2025年、2030年的要求。最终样车目标如下:

网联自动驾驶共享汽车具备以下形态、结构特征:轮毂电机驱动、光纤总线、碳化硅电机控制器、高功能安全的转向系统和制动系统、生物识别(无钥匙进入)、轻量化车身和底盘、承载式线控底盘、可更换座舱、新型人机交互、无制动踏板、无加速踏板、无转向盘、无后视镜等驾驶人操纵装置。

网联自动驾驶共享汽车功能特征:具备自动的休眠/唤醒功能、上/下电功能、起动功能;具备自动泊车功能;具备自动充电功能;具备引导乘客找到本车的功能;具备理解车内乘员指令的功能;具备与其他交通参与物进行模糊交流的功能;具备智慧城市、智能交通、智能网联汽车融合一体化感知和决策功能;具备识别道路设施支持水平、交通状况、天气情况的功能,并根据实际情况具备主动切换自动驾驶水平的功能;具备车内乘客以虚拟方式进行汽车操控的功能;具备自身故障状态监测和处置功能。

网联自动驾驶共享汽车具备以下性能特征:智慧城市、智能交通、智能网联汽车融合一体化感知,实现俯察微观动态交通参与物;在智能路侧设施的支持下进行编队行车;以"安全大脑"保障行车安全;具备精益的能量管理系统;能够实现拟人化转向与制动控制;保障联网安全。

网联自动驾驶共享汽车具备的生态特征:V2X互联(V2I、V2V、V2N、V2P等);智能路侧设施、网联-ITS、先进交通管理系统为网联自动驾驶共享汽车提供不间断服务;公共设施为自动驾驶汽车的运行提供便利(如上下车位置);汽车制造和试验设施能够支持网联自动驾驶共享汽车的研发;社会公众认可的网联自动驾驶共享汽车的行车规则和服务方式。

(2)核心技术。

网联自动驾驶共享汽车正向设计技术、"内能""使能""赋能"的融合一体化技术、基于网联自动驾驶共享汽车架构的底盘、座舱模块化集成技术。

(3)路线图。

整车技术路线图如附图2-9所示。

2020—2025年:完成下一代全工况自动驾驶汽车策划,包括应用场景定义、使用需求定义、汽车主参数定义、自动驾驶系统功能和性能定义、整车配置定义、造型、下一代线控底盘详细设计、下一代智能座舱详细设计、性能及结构强度 CAE（Computer Aided Engineering，计算机辅助工程）分析、自动驾驶能力和水平分析等工作，具备试制条件。

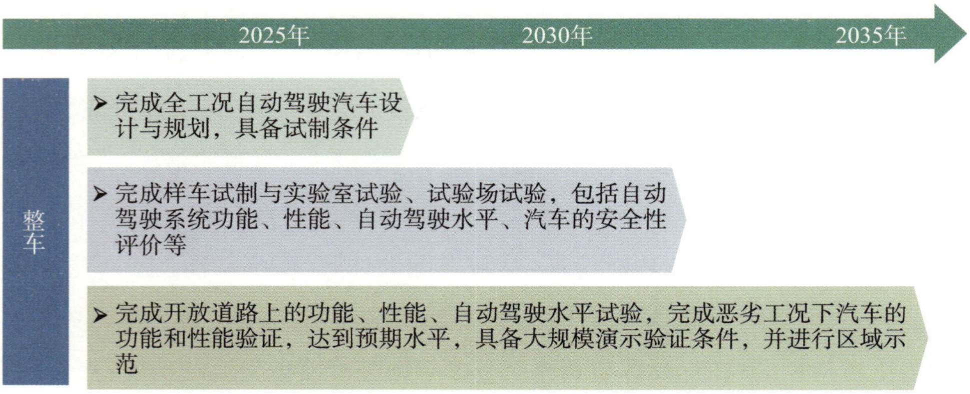

```
              2025年              2030年              2035年
整 ▶ 完成全工况自动驾驶汽车设
车   计与规划，具备试制条件
     ▶ 完成样车试制与实验室试验、试验场试验，包括自动
       驾驶系统功能、性能、自动驾驶水平、汽车的安全性
       评价等
     ▶ 完成开放道路上的功能、性能、自动驾驶水平试验，完成恶劣工况下汽车的
       功能和性能验证，达到预期水平，具备大规模演示验证条件，并进行区域示
       范
```

附图2-9　整车技术路线图

2025—2030年：完成2025年用样车试制，完成2025年样车的实验室试验、试验场试验，包括自动驾驶系统功能、性能、自动驾驶水平、汽车载运功能和性能、汽车对故障或工况异常的处理能力和水平、汽车的安全性评价等内容。

2030—2035年：完成开放道路上的功能、性能、自动驾驶水平试验；完成恶劣路况、恶劣天气状况、恶劣交通状况下汽车的功能和性能验证，达到预期水平，具备大规模演示验证条件；完成2030年样车的研发和区域示范，达成规划目标。

三、创新发展需求及优先行动项

城镇化是当今世界社会发展的主要趋势之一。每年全球超过6000万人涌入城市。据联合国统计，全球27个千万以上人口城市中15个出现在亚洲。以北京市为例，超大型城市面临的日益加剧的高峰期交通拥堵，停车难，公共交通出行难，交通管理难等交通问题，直接影响着城市经济的发展。高效便捷的出行是城市可持续发展最重要的支撑要素之一，它与城市居民的幸福指数密切相关，既要能满足当代人对高效便捷出行的需要，又不对后代人满足其出行需要的能力构成危害。限制城市规模、人口数量、限行限购难以解决居住环境和出行效率问题，也难以成为助力超大城市可持续发展的最优方案。

现有研究表明，智能网联汽车将对交通出行诸多层面产生直接影响。汽车的智能网联化将为行车安全、节能减排以及缓解拥堵提供全新解决方案,有助于优化超大城市交通系统的安全性、绿色性和畅通性。同时,智能网联汽车将促进共享出行等新型商业模式的进一步优化发展。下一代汽车通过智能化、网联化、共享化提高汽车使用率,以相对较少的汽车保有量即可满足全社会交通需求,从需求侧有效解决交通不可持续难题。

作为科技创新的重要焦点和抓手,智能网联汽车是机械电子、人工智能、通信、新型传感器、嵌入式软件、高端芯片等高新技术的发展动力源和应用载体,高级自动驾驶汽车技术成为代表未来出行科学技术发展趋势及交通出行产业升级方向的战略制高点。

新科技革命提供了智能网联汽车科技创新的基础条件,下一代汽车科技发展规划的实施会促进是要跨产业、跨学科的科技创新。特别是超大城市具备的强大的经济实力和丰富的智力资源为智能网联汽车这一科技密集、人才密集、资金密集的产业的发展创造了比较优势。超大城市完全可以基于智能网联汽车,基于智慧交通,打造具有特色的智慧城市,引领全球特大城市的出行科技革命。

综上,基于3S深度融合的下一代智能汽车技术变革主要聚焦在车辆技术层面、系统支持层面和社会生态层面,目标是有效地解决人类社会发展所面临的交通安全、交通拥堵、环境污染、共享出行、高效物流等重大问题,以使能与赋能动态融合的全工况自动驾驶技术创新实现智慧城市、智能交通、智慧能源和智能网联汽车的融合一体化发展。

本章参考文献

[1] 刘宗巍.赵福全论汽车产业(第二卷)[M].北京:机械工业出版社,2020.

[2] 李克强,戴一凡,李升波,等.智能网联汽车(ICV)技术的发展现状及趋势[J].汽车安全与节能学报,2017,8(1):1-14.

[3] 刘宗巍.赵福全论汽车产业(第一卷)[M].北京:机械工业出版社,2017.

[4] 节能与新能源汽车技术路线图战略咨询委员会,中国汽车工程学会.节能与新能源汽车技术路线图2.0[M].北京:机械工业出版社,2020.

[5] DIBAEI M, ZHENG X, JIANG K, et al. Attacks and defences on intelligent connected vehicles: A survey[J]. Digital Communications and Networks, 2020, 6(4): 399-421.

[6] KUANG X, ZHAO F Q, HAO H, et al. Intelligent connected vehicles: The industrial practices and impacts on automotive value-chains in China[J]. Asia Pacific Business Review, 2018, 24(1): 1-21.

[7] 钟志华, 乔英俊, 王建强, 等. 新时代汽车强国战略研究综述(一)[J]. 中国工程科学, 2018, 20(1): 1-10.

[8] 王云鹏, 严新平. 智能交通技术概论[M]. 北京: 清华大学出版社, 2020.

[9] 刘宗巍, 史天泽, 郝瀚, 等. 中国汽车技术的现状、发展需求与未来方向[J]. 汽车技术, 2017(1): 1-6.

[10] SC A, LPDLC B, JMMM B. Sustainable transit vehicle tracking service, using intelligent transportation system services and emerging communication technologies: A review[J]. Journal of Traffic and Transportation Engineering(English Edition), 2020, 7(6): 729-747.

[11] 赵福全, 刘宗巍, 杨克铨, 等. 汽车技术创新[M]. 北京: 机械工业出版社, 2019.

[12] 中国经济信息社. 2016—2017中国物联网发展年度报告[R]. 无锡: 中国经济信息社, 2017.

[13] 边明远, 李克强. 以智能网联汽车为载体的汽车强国战略顶层设计[J]. 中国工程科学, 2018, 20(1): 52-58.

[14] 匡旭. 智能网联汽车综合效益及商业模式研究[D]. 北京: 清华大学, 2019.

[15] QIU L, QIAN L, ABDOLLAHI Z, et al. Engine-Map-Based Predictive Fuel-Efficient Control Strategies for a Group of Connected Vehicles[J]. Automotive Innovation, 2018, 1(4): 311-319.

[16] VAN A B, VAN D C, VISSER R. The impact of cooperative adaptive cruise control on traffic-flow characteristics[J]. IEEE Transactions on Intelligent Transportation Systems, 2006, 7(4): 429-436.

[17] OLIA A, RAZAVI S N, ABDULHAI B, et al. Traffic capacity implications of automated vehicles mixed with regular vehicles[J]. Journal of Intelligent Transportation Systems, 2018, 22(3): 244-262.

[18] 秦严严, 王昊, 冉斌. CACC车辆跟驰建模及混合交通流分析[J]. 交通运输系统

工程与信息,2018,18(2):60-65.

[19] OLIA A,ABDELGAWAD H,ABDULHAI B,et al. Assessing the potential impacts of connected vehicles:mobility,environmental,and safety perspectives[J]. Journal of Intelligent Transportation Systems,2016,20(3):229-243.

[20] TAN H,ZHAO F,HAO H,et al. Estimate of safety impact of lane keeping assistant system on fatalities and injuries reduction for China:Scenarios through 2030[J]. Traffic Injury Prevention,2020,21(2):156-162.

[21] LI Y,LI Z,WANG H,et al. Evaluating the safety impact of adaptive cruise control in traffic oscillations on freeways[J]. Accident Analysis & Prevention,2017,104:137-145.

[22] KUEHBECK T,HAKOBYAN G,SIKORA A,et al. Evaluation of Performance Enhancement for Crash Constellation Prediction via Car-to-Car Communication[C]// International Workshop on Communication Technologies for Vehicles. Springer,Cham,2014:57-68.

[23] KORYAGIN S,KLACHEK P,LIBERMAN I. Technology of hybrid computational intellect and problems associated with intelligent vehicle control systems development-ScienceDirect[J]. Transportation Research Procedia,2018,36:326-333.

[24] GAUTAM V. Analysis and application of vehicular ad hoc network as intelligent transportation system[C]// Mobile Radio Communications and 5G Networks:Proceedings of MRCN 2020. Springer Singapore,2021:1-17.

[25] 刘珺. 汽车共享出行模式选择的演化博弈研究[D]. 南京:南京大学,2017.

[26] 李康清,晏科文. 自动驾驶在共享汽车中的落地运营[J]. 人工智能,2018(6):88-93.

[27] TAIEBAT M,XU M. Synergies of Four Emerging Technologies for Accelerated Adoption of Electric Vehicles:Shared Mobility, Wireless Charging, Vehicle-to-Grid, and Vehicle Automation[J]. Journal of Cleaner Production,2019,230(SEP.1):794-797.

[28] 郑常龙. 基于效用理论的城市居民出行方式选择分析[D]. 北京:北京工业大学,2013.

[29] 李换平. 汽车云计划下城市自动驾驶车辆调度研究[D]. 哈尔滨:哈尔滨工业大

学,2015.

[30] 李瑞敏. 出行即服务(MaaS)概论[M]. 北京:人民交通出版社股份有限公司,2020.

[31] TANIGUCHI E,SHIMAMOTO H. Intelligent transportation system based dynamic vehicle routing and scheduling with variable travel times[J]. Transportation Research Part C Emerging Technologies,2004,12(3/4):235-250.

[32] 徐名赫,朱雷,郝峥嵘,等. 自动驾驶出租汽车商业化现状及挑战[J]. 智能网联汽车,2020(4):40-47.

[33] 张永伟. 自动驾驶应用场景与商业化路径[M]. 北京:机械工业出版社,2020.

[34] 丁革媛,李振江,郑宏云. 智慧城市中的智能交通系统构建[J]. 微型机与应用,2013.

[35] 黄锐. 智慧城市中关于智能交通系统的建设研究[J]. 商品与质量,2020,000(2):84.

[36] STAGER A,BHAN L,MALIKOPOULOS A,et al. A Scaled Smart City for Experimental Validation of Connected and Automated Vehicles-ScienceDirect[J]. IFAC-PapersOnLine,2018,51(9):130-135.

[37] 王玉艳. 智慧城市理念与未来城市发展分析[J]. 城市住宅,2020,27(11):128-129.

[38] CHEHRI A,MOUFTAH H T. Autonomous Vehicles in the Sustainable Cities,the Beginning of a Green Adventure[J]. Sustainable Cities and Society,2019,51:175.

[39] 王云鹏,鲁光泉,于海洋. 车路协同环境下的交通工程[J]. 中国工程科学,2018,20(2):106-110.

[40] MANFREDA A,LJUBI K,GROZNIK A. Autonomous vehicles in the smart city era:An empirical study of adoption factors important for millennials[J]. International Journal of Information Management,2019,58:102050.

[41] LI D,DENG L,CAI Z. Intelligent vehicle network system and smart city management based on genetic algorithms and image perception[J]. Mechanical Systems and Signal Processing,2020,141:106623.

[42] 常雪阳. 智能网联汽车云控系统及其控制技术[D]. 北京:清华大学,2019.

[43] 王成山,董博,于浩,等. 智慧城市综合能源系统数字孪生技术及应用[EB/OL].

(2021-01-20)[2021-02-25]. https://kns.cnki.net/KCMS/detail/detail.aspx?dbcode=CAPJ&dbname=CAPJLAST&filename=ZGDC20210119002&v=MTc1MDI1N1QzZmxxV00wQ0xMN1I3cWRadVpzRkMzbFVyM09KVjQ9UHlyUGJiRzRITkRNcm81TVpPc05ZdzlNem1SbjZq.

[44] 俞学豪,袁海山,叶昀.综合智慧能源系统及其工程应用[J].中国勘察设计,2021(1):87-91.

[45] PHAN D, BAB-HADIASHAR A, LAI C Y, et al. Intelligent energy management system for conventional autonomous vehicles[J]. Energy, 2020, 191: 116476.

[46] 何宣虎.含移动储能单元的微网控制的研究[D].北京:北京交通大学,2011.

[47] SCHILLING M A.技术创新的战略管理[M].谢伟,王毅,李培馨,等,译.北京:清华大学出版社,2005.

第三章

智能交通系统工程创新战略

撰稿人：于海洋　北京航空航天大学
　　　　任毅龙　北京航空航天大学

摘要

  3S融合下的智能交通系统,即将智慧城市、智能交通、智能汽车进行一体化深度融合的智能系统,它以发展基础设施智能化技术和车路信息交互技术作为战略目标。推动突破3S融合核心关键技术,是实现智能交通产业升级的重要方向。以美国、日本、欧洲为代表的发达国家或经济体,在顶层设计、法律、政策等层面高度关注智能交通相关产业,我国以加快建设交通强国为目标不断推进3S融合下的智能交通系统发展。通过对3S融合下智能交通系统工程技术体系进行分析,针对3S融合下智能交通系统工程发展存在的技术瓶颈、体制和政策瓶颈,提出"技术支撑+数字底座+引擎驱动+生态应用"的总体发展路径,并制定了智能网联汽车和智能交通领域近期、中期和远期目标及明确了应分阶段突破的核心关键技术。最后,建议以智慧高速公路作为3S融合的先导应用,先行先试,逐步推进智能交通系统相关技术大范围应用。本章的具体研究背景详见本章附件一。

第一节
3S 融合下智能交通发展现状与目标研究

一、国内外 3S 融合下智能交通发展现状

1. 国外 3S 融合下智能交通发展现状

目前,以美国、日本、欧洲为代表的发达国家或经济体,将智能网联汽车相关产业视为战略性新兴产业在国家层面开展顶层设计;倾向于采取强制立法手段,对汽车统一联网进行国家法律层面的强力引领;政策聚焦于智能化和网联化,并逐步相互融合。

1)美国发展现状

20 世纪 70 年代,美国开始了自动公路(Automated Highway)的研究与实验。到 20 世纪 80 年代,加州大学(伯克利)的 PATH 项目(*Partner for Advanced Transit and Highways*)在自动公路方面已有令人瞩目的研究成果。20 世纪 90 年代,美国通过了 ISTEA 法案(*Intermodal Surface Transportation Efficiency Act*)以及《面向二十一世纪的交通运输平衡法案》(*Transportation Equity Act for the 21st Century*,TEA-21),以推动智能汽车和自动公路的原型系统开发和测试。

随着通信技术的发展,到 21 世纪初,美国加利福尼亚州交通局提出并开展协同式自动车路系统(Cooperative Vehicle-Highway Automation Systems,CVHAS)的研究,研究车路通信条件下的安全保障技术,并宣布启动车路一体化(Vehicle Infrastructure Integration,VII)项目,进一步把系统分为车辆、路侧设施和网络等基本元素。

2009 年 12 月,美国运输部发布了《智能交通系统战略研究计划(2010—2014)》,确定 2010—2014 年美国在智能交通系统方面的研究重点是车车交互,并致力于 DSRC 和非 DSRC 无线通信技术在交通领域的创新应用。2014 年,美国提出的《ITS 战略计划(2015—2019)》中,将以往单纯的车辆网联化发展重点,提升为汽车网联化与自动驾驶融合的发展战略。2015 年,美国开展 M-city 网联自动驾驶实验,对交通事故频率高的场景进行数据提取与分析,进而评估自动驾驶汽车的安全性能。

2017年7月27日,美立法机构全票通过《自动驾驶法案》(编号 H. R. 3388),对美国自动驾驶车辆的生产、测试进行方向性立法。2018年,美国运输部发布第3版自动驾驶指导政策《准备迎接未来交通:自动驾驶汽车3.0》(*Preparing for the Future of Transportation*:*Automated Vehicles* 3.0〔AV 3.0〕),迎接完全自动驾驶汽车的到来。2020年,美国公布了"自动驾驶4.0:确保美国在自动驾驶技术方面的领导地位",提出了3个核心领域:优先考虑安全和保障、推动创新和确保一致的监管方法。同年3月,美国运输部发布《智能交通系统战略规划(2020—2025)》,明确了"加速应用ITS,转变社会运行方式"的愿景,以及"领导智能交通系统的合作及创新研究、开发和实施,以提供人员通勤和货物运输的安全性和流动性"的使命,描述了美国未来五年智能交通发展的重点任务和保障措施。

在实践中,美国研发了CARMA软件平台,用于测试和评价协同式自动驾驶的安全性以及路侧基础设施的有效性,搭建车路协同自动驾驶生态(智慧交通基础设施与汽车工业的融合与协作),促进协同自动驾驶的研发以及支撑车路协同的交通管控。CARMA产品套件包括四种工具:CARMA Platform、CARMA Cloud、CARMA Messenger和CARMA Streets,通过将不同的工具部署在车辆、路侧和云端,实现车路协同的自动驾驶功能。从第一代实现概念验证到目前的第三代具备支持L3级别自动驾驶的能力,CARMA平台已经形成了从仿真评估到产品研发再到场景应用技术链条。

2)欧洲发展现状

2001年欧盟发表题为"欧盟交通政策2010年:由时间来决定"的白皮书。白皮书提出到2010年道路死亡人数减少一半的宏伟目标。为实现这个目标,欧盟启动了eSafety计划。该计划期望通过将信息和通信技术作为智能解决方案,开发更安全的智能汽车安全系统。

2006—2010年,欧盟投入3790万欧元进行了SAFESPOT项目的研究。该项目在驾驶场景和环境实时重建的基础上,通过"扩展协作意识",提高安全相关信息的范围、质量和可靠性;支持驾驶人在不同的驾驶情景下采取合适的事故预防措施;优化紧急状态下的车辆辅助控制;通过交通事件管理减少其负面影响;开发协同安全应用技术;保障所有道路交通参与者的安全。

2017年,德国发布《自动化和互联化车辆交通伦理准则》(又称《自动驾驶伦理准则》)。2019年3月,欧盟道路交通研究咨询委员会(ERTRAC)更新发布了《网联式自动驾驶技术路线图》,强调协同互联的内涵,增加了网联式自动驾驶的内容,同时明确提出基于数字化基础设施支撑的网联式协同自动驾驶(Infrastructure Support levels for Automated Driving,ISAD)。ISAD 分为 5 个级别,可为自动驾驶车辆及其运营商提供道路网络的相关引导信息。2020 年发布了《可持续和智能交通战略》,为运输系统实现绿色和数字化转型奠定基础,并能更加灵活地应对未来危机。2021 年发布了网联协同自动驾驶路线图,提出 CCAD(网联协同)理念,由控制"交通"到控制"车辆",并将其作为路侧设施的建设指南和 ISAD 的升级。

欧洲开展的 INFRAMIX 项目,在奥地利和西班牙高速公路上进行了实地测试,包括三个典型的交通场景:动态车道分配场景、道路施工区域场景、交通瓶颈区场景。研究通过路侧基础设施与网联车辆通信的方式,为车辆提供驾驶信息参考以及控制方案,发现在各类场景下路侧为车辆提供建议速度,可使得延迟时间减少 10%~15%,而为自动驾驶车辆提供控制参数建议,交通效率可提高 50%。这一研究为新型道路基础设施设计和部署、通过网联交通管控来保持或提升交通安全和效率等方面提供了可靠数据。通过该项目,欧洲验证了数字化基础设施对未来网联自动驾驶车辆的支撑能力,为其后续产业发展提供重要依据。

3)日本发展现状

ITS 在日本的发展始于 20 世纪 70 年代。从 1973 年到 1978 年,日本成功地开展了动态路径诱导系统实验。从 20 世纪 80 年代中期到 20 世纪 90 年代中期的 10 年间,日本相继进行了道路与车辆之间通信系统、交通信息通信系统、宽区域旅行信息系统、超智能车辆系统、安全车辆系统以及新交通管理系统等方面的研究。在此基础上,1994 年 1 月,日本成立了道路交通车辆智能化促进协会(Vehicle Road and Traffic Intelligent Society,VERTIS),用以推动 ITS 在日本的发展。2001 年 VERTIS 改名为日本 ITS 协会(ITS Japan)。其中,获得广泛应用的 ITS 项目是车载信息及通信系统(Vehicle Information and Communication System,VICS)、电子收费系统(Electronic Toll Collection,ETC)和智能公路系统(Smartway,ITS Spots)。

20 世纪 90 年代,日本建立了"道路交通信息联络会(VICS 联络会议)",并在日本横滨举行的第二次 ITS 世界大会上展示了装有 VICS 的车辆,其研究成果已经接近实用水平。

2001 年,日本开始装备使用 ETC。目前,日本收费公路的 ETC 使用率约为 87%,约 3900 万辆汽车装备了 ETC 系统。2004 年,日本提出了 Smartway 项目,并从 2005 年开始研究新一代的道路交通服务系统,2007 年,日本形成了 ITS 车载和路侧单元标准,并进行了 Smartway 的成果示范,2009 年,日本开展了基于 ITS 的安全行车技术示范;以 Smartway 的研究作为基础,2011 年,ITS Spot System 在全日本高速公路上开始安装使用。2014 年,日本发起著名的国家级自动驾驶项目"SIP-adus",该项目取得了多项领先成果,于 2016 年完成汽车专用路高级驾驶辅助技术实证试验,2017 年完成普通路面高级驾驶辅助技术实证试验。2019 年起,日本国家自动驾驶研发计划进入 2.0 阶段。2020 年,日本发布《自动驾驶政策方针 4.0》,提出自动驾驶服务的实现和普及路线图。

2. 我国 3S 融合下智能交通发展现状

1999 年,全国 ITS 协调领导小组和办公室开始组织实施我国 ITS 体系框架的制定工作。我国 ITS 体系框架采用面向过程的方法。2003 年 1 月正式发布了《中国 ITS 体系框架》。2005 年进行修订,完成了《中国 ITS 体系框架(第 2 版)》。

"九五""十五"启动阶段,我国成立了国家智能交通系统工程技术研究中心,搭建了我国 ITS 体系框架,国家科技攻关计划"智能交通系统关键技术开发和示范工程"重大专项启动了 12 个研究项目,促进了我国智能交通系统从技术研究到工程示范应用在全国的开展。

"十一五"期间,国家高技术研究发展计划(863 计划)设立了"现代交通技术领域"。在 863 计划专题课题的支持下,在智能化交通管控、汽车安全辅助驾驶、车辆运行系统状态监控与安全预警等一批核心关键技术上取得了实质性的进展。

2011 年以来,《关于加强道路交安全工作的意见》《关于加快推进"重点运输过程监控管理服务示范系统工程"实施工作的通知》《道路运输车辆动态监督管理办法》《道路运输车辆卫星定位系统车载终端技术要求》等政策、标准规范的出台,为智能网联汽车技术的发展营造了良好的政策环境,同时促进了智能网联汽车技术在我国的发展。

2016 年 8 月,国家发展和改革委员会和交通运输部联合发布了《推进"互联网+"便捷交通 促进智能交通发展的实施方案》(以下简称"《方案》"),这是我国第一次就智能交通系统(ITS)发布总体框架和实施方案,《方案》为我国智能交通的未来发展指明了方向,这同时标志着我国智能交通进入新阶段。

国家的总体框架明确近期将以三个系统(智能运输服务系统、智能运输管理系统、智能决策支持系统)、两个支撑(智能交通基础设施、标准和技术)、一个环境(宽松有序的发展环境)作为主要发展内容,在基础设施建设、产业发展、运行服务和技术应用等多个方面进行了详细的安排,同时覆盖了城市交通、公路、铁路、航空、水运。

自 2019 年国务院发布《交通强国建设纲要》以来,以"交通强国"为目标,推进智能化道路基建和建设覆盖全国路网的道路交通 GIS 建设工作一直在推进。

二、3S 融合下智能交通发展概念及内涵

1. 3S 融合发展概念及内涵

智能网联汽车是指搭载先进的车载传感器、控制器、执行器等装置,并融合现代通信与网络技术,实现车与 X(人、车、路、服务平台等)智能信息交换、共享,具备复杂环境感知、智能决策、协同控制等功能,可实现"安全、高效、舒适、节能"行驶,并最终可实现替代人来操作的新一代汽车。3S 的要素组成如图 3-1 所示。智慧城市、智能交通、智能汽车三部分的紧密联系是组成 3S 融合的要素。

图 3-1 3S 的要素组成

3S 融合的特点是强调交通参与者、交通工具、交通设施以及云平台间的融合交互和实时调整,目的是提高交通的安全性和可靠性,以及节能减排;其核心是利用智能汽车和智能交通之间实时动态通信,改变传统道路交通车、路之间的静态联系,使车、路之间能够建立起实时自动连接、相互作用的动态运行系统,使公路交通运行逐步向类似于飞机空中管制和列车运行控制技术体系方向发展。3S 融合下智能交通发展的实现必须着眼于以 V2X 为核心的信息交互平台的构建,从而达到全时空动态交通信息的采集与融合,使车路实现真正的有效融合。

2. 3S 融合功能要素及定义

智能网联汽车与智能交通的融合主要涉及"感""传""知""用""安"五个技术维

度,具体说明如下。

1) 融合感知

新一代区域智能交通系统获取车辆和道路运行状态参数的方式从传统的断面传感逐步向跨域全时的多维、多基自动采集转变,数据颗粒度也从断面、局部数据变为精准的全时空数据,逐步实现系统要素的可测性。

2) 可靠交互

建立基于场景车路要素多模式信息交互机制,实现对通信按需选择,在形成泛在互联的车路要素信息交互通信网络的基础上,构建满足道路交通系统各种场景下车-车、车-人、车-路以及基础设施设备之间所需的多模式交通专用通信系统。

3) 智能决策

支持系统大规模交通要素高并发多数据流汇聚分析,建立软件定义的可重构端、边、云协同计算技术,实现端-边、边-云、端-云一体化融合的数据驱动下敏捷决策。

4) 协同控制与服务

优化布设面向典型场景的智能路侧装备,开展数字化道路环境的施划技术,建立多等级智能车辆群体交通控制规则,建立基于合流、会车、通行、道路交叉口等场景下不同等级智能车辆交通组织,开展面向大规模智能共享车辆的自动化、定制化的信息精准实时投放,调配并优化系统资源,推送智能网联汽车运行的过程化服务。

5) 信息安全

面向新一代区域智能交通系统需要构建能够保障智能汽车、通信网络、云端平台和基础设施一体化信息安全的保障体系,形成基于云的安全认证、基于网的异常检测、基于端的主动防御技术体系,制定信息安全标准体系,推进信息安全测试评估。

3.3S 交互功能要素及定义

智慧城市、智能交通和智能汽车是一体化的概念,它们之间的相互关系可以提供更加高效的城市交通服务和管理机制,并进一步促进城市对数字交通行业的发展。3S 之间在数据、应用、服务等方面交互支撑系统全面发展。

(1) 数据采集与共享:智能交通和智能汽车需要采集大量数据,其中包括路况、车况、环境、行程等数据。智慧城市为其提供数据集成平台,数据共享和开放,同时智能交通和汽车也可以向城市数据平台共享数据以提高城市公共服务质量和完善城市规划。

（2）智能交通管理：智能交通可通过实时监测路面交通状况，对交通信号灯进行智能控制，优化交通信号灯配时，避免拥堵，提高交通流量。智能汽车则可以通过车联网技术不断优化路线，实现智能驾驶。

（3）出行服务优化：智慧城市、智能交通和智能汽车可通过在线智能导航导向服务，分享物流信息，为账单支付提供便利，实现出行服务的高度优化。

（4）数据分析及智能决策支持：为高效管理交通数据以及保障城市资源的可持续利用，智慧城市可通过大数据分析、人工智能和机器学习等技术支持，对独立的数据源进行综合分析。同时，基于此进行的智能决策可进一步优化城市运输规划、部署和调配，提升智能交通服务质量和效率。

三、3S 融合下智能交通发展目标及愿景

智能网联汽车和智能交通系统融合发展战略目标主要为：在达成驾驶零事故、车辆零污染、交通零延误等美好愿景的同时，消除有车与无车的出行差异，以及健全人与残疾人的出行差异，构建更加高效、安全、环保的道路出行体系，为人类创造更美好的城市生活。

按照"技术攻关、示范引领、协同优化"的三步走战略实现智能网联汽车和智能交通系统的融合发展，推动智慧城市建设。具体发展目标包括：

（1）到 2025 年，技术攻关。开展智能网联汽车和智能交通系统关键技术攻关，形成基于智能汽车、智能交通深度融合的新一代智能网联汽车标准与法规体系；建成智能网联汽车测试基地，在封闭和半封闭试验场地开展智能网联汽车技术试点示范，实现城市基础设施数字化。

（2）到 2030 年，示范引领。在可控环境内开展智能网联汽车和智能交通融合示范，基本建成适应智能网联汽车和智能交通融合发展要求的技术支撑体系，建立支撑智能网联汽车和智能交通融合发展的政策和法规体系，实现城市交通发展智能化。

（3）到 2035 年，协同优化。实现车辆自动驾驶技术和道路智能化技术的协同发展，带动形成新一代交通控制与运行系统以及开放、共享的新型客货运输服务系统的集成创新，实现交通运输转型升级，迈向智慧化。

第二节
3S融合下智能交通系统工程战略目标

针对3S融合下智能交通的发展现状与目标，以市场需求为导向，按照"重点突破、分步实施、点面结合、全面推进、服务为主、效益并举"的战略方针，将发展基础设施智能化技术和车路信息交互技术作为重要战略目标，分步解决智能交通系统工程核心的关键技术。

一、基础设施智能化技术

道路基础设施建设的基本原则是不断提升道路基础设施信息化、智能化水平，配合车路协同的发展，为其提供支撑条件。

1. 阶段目标

（1）2020年左右，突破新一代智能化道路交通基础设施建设理论、设计方法与施工工艺；建设车路协同无线通信支撑网络；推动关键基础设施和重要结构物的数字化动态监管，以及沿线交通标志标线规范化及部分交通工程设施数字化，并推动IPv6的应用；研发独立自主的北斗高精度定位系统，动态精度达到分米级；研究高精度地图模型、制作与生产工艺，精度达到厘米级。

（2）2025年左右，选取大型活动、重要通道等区域，开展新一代智能化基础设施的试点示范应用；实现北斗高精度定位与多源辅助定位的组合应用，形成具备高可靠性的高精度车载定位系统，动态下精度达到厘米级；选取大型活动、重要通道等区域，开展高精度地图采集、制作和试用，精度达到厘米级。

（3）2030年左右，全国25%新建和改扩建高速公路的智能化基础设施覆盖，实现车辆自动驾驶技术和道路智能化技术的协同发展；实现北斗高精度定位、多源辅助定位及其他新型定位定姿技术的深度融合；实现高精度地图生产自动化及标准化，突破动态三维高精度地图技术。

2. 实现路径

（1）道路基础设施适应性研究与改造。根据车路协同的技术特点，优化车道宽度、道路限速等设施参数,充分发挥车路协同在安全和效率上的优势。在交通工程设施改造的过程中,充分考虑车路协同的实际需求,根据其发展过程逐步分级推进交通工程设施标准化的修订和编写。推进建立交通工程设施标准化、规范化与车路协同技术研究、标准化的协调机制,促进车路协同和基础设施的协调发展。

(2)提升对关键路段与道路结构物运行监测能力。2020年,完成基于车路协同的重要结构物数字化监测布局,目前已基本实现;2025年以前在试点示范区域实现道路大型关键结构物的数字化监测;2030年及以后实现关键路段的道路结构物与具备车路协同功能汽车的双向交互、危险预警和高效应急保障,并逐步实现产业化的大规模应用。

(3)交通监控扩展与升级。2020年,实现对交通流、天气、车辆运行情况等要素的监测,不断提高监测数据的时效性;2025年初步建成无缝覆盖的交通事件检测和应急处置系统,实现全要素、高实时的交通运行监控和自组网、中心、云端立体化的智能发布,形成完善的车路协同系统;2030年实现规范化、规模化应用。

(4)逐步建设公路无线通信覆盖网。2020年,完成新一代通信技术与基础设施融合发展的总体战略布局,建设车路协同无线通信支撑网络;2025年,在大型活动、重要通道等试点示范区域,开展无缝覆盖的公路沿线专用无线通信系统建设;2030年,实现全国25%新建和改扩建高速公路的专用无线通信系统覆盖。

(5)建设超高精度位置服务系统。2020年,研发独立自主的北斗高精度定位系统,动态精度达到分米级,并研究高精度地图模型、制作与生产工艺,精度达到厘米级;2025年,实现北斗高精度定位与多源辅助定位的组合应用,形成具备高可靠性的高精度车载定位系统,动态下精度达到厘米级,满足车路协同感知需求;2030年,实现北斗高精度定位、多源辅助定位及其他新型定位定姿技术的深度融合,满足车路协同功能的感知和认知需求,实现高精度地图生产自动化及标准化,突破动态三维高精度地图技术,满足车路协同功能需求。

二、车路信息交互技术

1. V2X 底层通信技术路线图

(1)阶段目标。

2020年左右,实现V2X通信模块样机的批量生产,完成大规模测试,完成V2X

频谱规划初步工作。

2025年左右,完成车路协同频谱规划和频谱指派,完成认证体系建设,实现商用车路协同通信模块产品开发。

2030年左右,实现车车、车路信息的全面互联互通,以及全时空交通信息的融合感知与协同处理。

(2)实现路径。

频谱分配。在应用层、传输层技术标准的初稿基础上,估算形成粗粒度的V2X频谱规划,并为外场测试提供试验频率资源,在技术标准的完善稿基础上,进行精细化分析,确定正式的频谱资源分配和指派规则(如信道数量、带宽、关联应用类别等)。

突破V2X通信传输层技术。实现高速移动、动态拓扑组网、信息快速交互、节点密度变化自适应、多业务/多信道/多模式通信共存协调等技术,支撑V2X的低时延、高可靠底层传输,进一步形成V2X底层传输技术解决方案。

技术标准和规范制定。制定底层详细的V2X通信技术标准及标准测试,针对通信技术标准,制定V2X通信模块的性能要求规范。

V2X通信模块研制。基于技术标准初稿,进行批量样机开发,支持小规模测试,对技术标准进行迭代完善,在完善的标准基础上,开发商用V2X通信产品,重点在于V2X通信底层传输芯片研发。

测试认证环节。围绕技术标准初稿,开展技术性能测试和设备间的互操作测试,在完善的标准基础上,进行大规模测试,为商用部署积累经验并建设相关测试认证体系。

2. V2X应用技术路线图

(1)阶段目标。

2020年左右,开发部署在车载终端和路侧系统中支持多种通信模式的数据交互管理平台,通过大规模测试试验,验证不同通信方式对不同应用的适用性,实现不同通信协议的自动切换与协同,完善应用层数据交互标准,开展基于V2X技术的车辆测试、认证和大规模产业化推广。

2025年左右,不同品牌车辆间、车辆与路侧设备以及车辆与平台间可以实现标准协议下的V2X通信,V2X系统应用大幅提升交通安全与能效。

2030年左右,结合V2X技术的智能汽车和自动驾驶技术大幅降低对自车传感器的依赖,提高自动驾驶的可行性,推广和普及结合V2X的自动驾驶技术。

（2）实现路径。

基于V2X技术应用的实现。明确基于V2X应用的通信技术要求，对已有通信方式进行整合，搭建支持多种通信协议的平台，完善基于V2X的面向安全应用方向的通信可靠性保障、测试场环境下通信可靠性分析及验证、多种通信协议集成等技术，进行V2X技术对改善交通流动性及环境等方面的研究，基于中国道路的碰撞场景进行V2X技术应用，提高车辆安全性。

基于V2X技术应用的较大规模化发展。实现不同通信协议快速切换与保持，开展原型系统的开发测试与影响评估，开展建模和仿真评估车联网系统潜在的长期影响，完善高速移动状态下通信的快速切换与通信保持技术、中低车载单元（OBU）渗透率环境下通信可靠性保障与提升技术、较大规模典型实际应用环境下通信性能可靠性测试与验证技术，开展针对基础设施的重大投资与开发车联网系统的研究，实现智能网联汽车之间的部分安全与效率提升应用。

基于V2X技术应用的大规模应用。开发认证程序，进行测试和认证，开发基于优先级列表和技术可行的原型V2X应用程序，完善复杂全路况运行环境下通信性能保证与提升技术、多节点聚集情况下智能网联汽车信息通信模式关键技术、中高OBU渗透率环境下通信可靠性保障与提升技术等，搭建融合全部可行通信模式的通信平台，完善智能网联汽车通信协议标准化建设，建立封闭和可控的试点地区用以支持该技术的发展，实现复杂环境下智能网联汽车绝大部分安全和效率提升应用。

第三节
智能交通与其他领域的联系性

为了实现人、车、路的密切配合与和谐统一的愿景，智能交通系统以及其他相关领域（智能网联汽车、智慧城市、智慧能源、交通基础设施等）需进行有机融合，相互支撑、相互协作，努力建设智慧城市。

一、智能交通与智能网联汽车

智能网联汽车是智能交通系统的关键一环，其管控子系统是智能交通的重要组成,网联车辆的智能化发展是智能交通的核心。智能网联汽车和智能交通的融合发展可以有效弥补智能网联汽车单链发展存在的缺陷,促使智能网联汽车产业赋予车流全方位移动实时感知、精准可控以及标准化通信的特征,加速智能网联汽车的商业化落地。同时借助智能网联汽车的感知和通信能力,可及时发现路面塌陷、井盖丢失、管道堵塞、路面标线缺损等问题,为智能交通和道路基础设施管理服务。而且,智能网联汽车的摄像头信息可以用来与道路卡口摄像头共同进行治安协防,以及提供事故证据等,提升智能交通的管理水平。要实现智能网联汽车与智能交通的融合发展主要应突破以下关键技术。

(1)道路及基础设施数字化技术。

利用先进的传感设备实现对道路及基础设施状态,如交通事故多发路段、滑坡隐患路段等重点监测路段的护栏、山体、路面安装位移等的监测传输,用最经济快速的手段,获得道路及设施的状态信息。

(2)多基协同感知/多源异构融合技术。

面向未来出行,新一代区域智能交通系统应拓展感知维度,利用多元传感数据融合技术提升自主环境感知精度,通过车载(车基)、道路(路基)和无人机(空基)协同感知提升全域感知能力。同时,实现智能网联汽车与路侧感知单元的融合,增强定位效能,以北斗为主、兼容 GPS 的定位路径,实现路车多传感器融合,提升自身定位精度。

(3)5G/异构多模式通信技术。

基于多模式自组织网络信息交互平台,实现超高可靠、超低延迟和多模式的区域车联网服务,需要在现有通信技术水平基础上,提升通信网络系统频谱资源效率和传输可靠性,支持海量车路要素泛在化信息交互。

(4)交通大数据驱动的 AI 技术。

车载 AI 需进行微观层面的自我学习,完成多路况驾驶经验积累以及协同云平台共享;云端 AI 进行全局车/路大数据汇聚,进行演化规律的动态学习和多尺度交通姿态辨识。

(5)端-边-云协同控制与泛在服务技术。

端-边-云协同控制与泛在服务主要包括以下几个方面:①基于协同计算的群体智能控制技术,实现由传统车辆向智能网联汽车、智能网联汽车单车自动化控制向智能网联汽车群体协同驾驶的转变;②基于协同计算的区域交通联动控制技术,实现区域协同;③开发车路系统场景进行测试评价,持续迭代改进;④实现泛在出行服务的可定制化,利用大数据驱动动态适配出行需求与系统资源,制定智能出行时刻表;⑤智能共享出行管控与服务,如需求匹配、优化调度。

(6)信息安全保障技术。

重点突破智能网联汽车终端安全、边界安全、网络安全和数据安全技术,建立基于分域隔离与纵深防御的安全控制架构、入侵检测框架与可信认证、通信交互框架与访问控制模型和数据生命周期管理与安全稳定存储能力。研究智能网联汽车终端芯片安全加密和应用软件安全防护,突破适用于人-车-路-云协同的车用无线通信安全加密技术。研究基于区块链的去中心化的安全通信以及认证授权技术,开展面向智能汽车云控平台的数据加密、监控审计等安全防护,支撑智能网联汽车上路的安全运行。

二、智能交通与智慧城市

城市建设,交通先行,交通是城市经济发展的动脉,智能交通是智慧城市建设的重要构成部分,智能交通能为市民提供全面的出行信息,有效缓解交通拥堵,改善城市交通状况,支撑发挥最大城市交通效能。

目前智能交通在智慧城市中的应用主要体现在如下几个方面。

(1)建设高清视频监控系统。完善卡口、电子警察、交通诱导、信号控制、交通信息分析、交通事件检测、移动警务等系统,可协助交通管理人员进行交通指挥调度、遏制交通违法、维护交通秩序,可协助公安人员进行治安防控、刑侦处突等。

(2)建设道路交通流量、交通态势分析系统、交通诱导发布系统。通过交通流量分析和态势分析系统,实时分析当前城市道路拥堵情况,并通过诱导发布系统,发布道路实时状况。配合交通诱导发布系统,还可以实时提醒车辆前方路段的异常情况,提前绕行。

(3)建设GPS监控系统。实现对"两客一危"车辆的档案管理、定位监控、实时调度等多方面综合信息的管理,有效地遏制车辆超速、绕道行驶、应急响应慢等问题,充分实现车辆综合信息的动态管理,为车辆的安全行驶和科学管理提供保障。

(4)建设公交车监管系统。有效解决公交车内治安监控、逃票等行为。当车辆在运营过程中发生车辆剐蹭或者碰撞等交通事故时,辅助事后辨别事故责任,摆脱公交车辆运营处于"看不见、听不着"的落后现状。

(5)建设城市停车诱导管理系统。将路边停车资源和非路边停车资源通过智能化和网络化等技术手段进行有序管理,提高驾驶人的使用方便性,规范收费流程、简化收费员工作。通过路边车位诱导屏或手机App,向驾驶人实时提供停车场位置、剩余车位和诱导路径等信息,引导驾驶人停车。

综上所述,智慧城市、智能交通融合发展是解决城市病,提高城市效能的重要途径,是助力智慧城市发展、拓展经济走廊的重要手段。

三、智能交通与智慧能源

现阶段,发展智慧能源是能源结构调整和绿色低碳发展的重大发展战略,也是发展智慧城市、智能交通及智能汽车的必要条件,智慧能源可为3S融合提供灵活、便捷及高效的能源动力。

智慧能源对3S融合的目标是通过多能融合、多技术集成、多品类输出的互联网整体能源解决方案,实现能源高效转化、梯级利用、最优配比,满足用户端多品类能源需求。同时为实现安全高效的智慧交通、绿色低碳的智慧城市打通能量流。目前,智慧能源与智能交通的融合主要体现在以下几个方面。

1. 规模化电动汽车与智能电网的深度配合与互动

电动汽车大规模接入电网带来实现规模化电动汽车和智能电网实现深度融合与互动的发展机遇。一方面,电动汽车作为一种分布式储能资源与电网互动,可以为大电网提高削峰填谷、调频、备用等服务;另一方面,通过有序充电技术、V2G技术,可以有效提高本地和全局消纳新能源发电的能力,推动电力系统、公路交通的低碳化发展。

(1)动力蓄电池作为储能与电网进行能量、信息的双向互动。

电动汽车既是交通工具,也是用电设施,又是储能设施。电动汽车作为移动储能设备,为电网安全经济运行提供有效支撑,并可以电网为桥梁与其他能源网络进行互动。当电网负荷过高时,电动汽车向电网馈电,参与电网需求响应;当电网负荷过低时,进行有序充电。

搭建电动汽车、电网与可再生能源微电网融合创新体系,通过综合能源管理系统,实现有序充放电控制,将电动汽车充电负荷转移至弃风弃光时段,合理引导电动汽车用户使用清洁能源电力,将大幅提高风能、太阳能利用率,同时可避免电网过载等问题,促进电网削峰填谷,保障电网安全运行。

(2)有序充电及V2G技术促进可再生能源发电消纳。

通过电动汽车有序充放电调控可以有效促进可再生能源消纳,主要分为两种场景:①电动汽车目的地充电和可再生能源发电的联合调控,是实现电动汽车与可再生能源发电协同的最直接方式;②电动汽车快速充电时,快速充电需求一般集中在白天,与光伏的出力时间相互吻合,因而也可以利用快速充电站消纳光伏出力。

特别是随着快速充电技术的发展,很多快速充电站将配建储能系统,以减小快速充电对配电网的冲击。配建有分布式光伏和储能系统的超级充电站如图3-2所示。

图3-2 配建有分布式光伏、储能模块的超级充电站

2.氢能和燃料电池汽车构成清洁社会

氢能是未来构建以清洁能源为主的多元能源供给系统的重要载体,氢能与燃料电池的发展已经成为新一轮世界能源技术变革的重要方向,也是汽车产业未来发展的战略制高点。我国高度重视氢能和燃料电池汽车产业,并将其作为我国创新战略、交通、制造业及汽车产业战略的重要组成部分。

(1)氢能是我国构建清洁能源综合供给系统的重要载体,也是我国新能源汽车产业极为重要的技术路线。

在优化能源系统方面,氢能的多种制取途径与应用领域,打破了现有煤电等传统能源与可再生能源等清洁能源单一的能量转换模式,可实现多异质能源跨地域和跨季节的优化配置,形成可持续、高弹性的创新型多能互补系统,如图3-3所示。

在提高能源安全方面,有助于大幅降低交通领域的石油与天然气等能源消费量,降低石油等化石能源的对外依存度。

在提升能源使用效率方面,利用储氢及燃料电池技术形成储能装置,配合动力蓄电池梯度使用技术,通过调峰手段增加电力系统灵活性,弥补电力不可存储问题,保障电网安全、提高电能质量(图3-4),从而有效实现不同行业能源网络之间的协同优化。

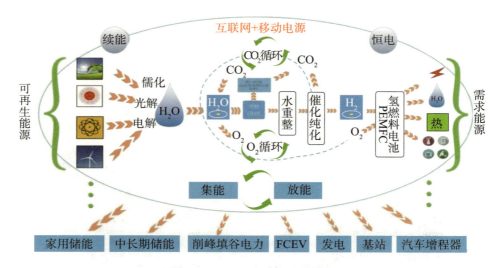

图3-3 氢能利用循环体系实现创新型多能互补系统

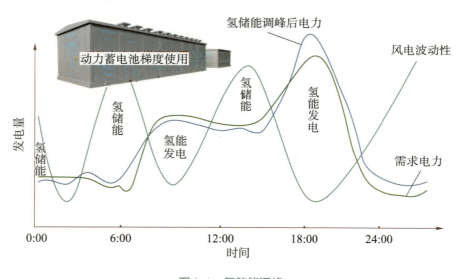

图3-4 氢储能调峰

在低碳清洁方面,氢能以其高效率和零排放被普遍认为具有发展前景,尤其在长途、大型、商用车等领域受到产业的热捧。

(2)我国氢能开发与应用具备产业化条件,燃料电池汽车实现示范运营。

我国发展氢能的优势在于具有良好的制氢基础与大规模应用市场空间。同时,我国拥有全世界最大的汽车与新能源汽车市场，在民用车之外，矿山港口重型车、物流车、重柴油车、轨道交通、船舶及岸电设施甚至航空器，这些都是未来氢能创新应用的方向，我国已具备大规模氢能利用的供氢条件与市场空间。

近年来，我国在氢能关键技术上已取得突破，初步掌握氢能基础设施与燃料电池的开发应用技术，具有产业装备及燃料电池整车生产能力，实现了小规模示范运营，为氢能及燃料电池产业大规模商业化运营奠定良好的基础。未来氢能的接受性与市场规模主要取决于终端用氢的价格、绿色性与安全性，制氢、储运及加氢等基础设施的配套建设至关重要。

四、智能交通与交通基础设施

《交通强国建设纲要》提出，到 2035 年基本建成交通强国。"新基建"的启动提速恰好助推了智能交通建设驶入"快车道"。可以说，智能化的交通基础设施是智慧城市、智能交通、智能汽车的前提。

（1）道路基础设施适应性研究与改造。

根据车路协同发展需求，不断推进道路和交通工程设施的智能化适应性研究，并分阶段逐步进行智能化适应性改造，能同时满足智能化车辆与普通车辆共存的需要。

（2）提升对关键路段与道路结构物运行监测能力。

桥梁、隧道等道路结构物和地质灾害高发地等关键路段对安全高效行车存在很大影响，国外智能交通系统已将上述基础设施的监测作为智能道路的重点之一。

（3）交通监控扩展与升级。

在现有道路监控和机电设施的基础上，扩展其监测范围，并增强其时效性，加强与车辆的通信能力。

（4）逐步建设高速公路无线通信覆盖网。

在现有的高速公路交通专用短程通信系统（DSRC）的基础上，结合新一代通信技术（如 LTE-V、5G 等），在试点示范的基础上逐步建立高速公路专用无线覆盖网。

（5）建设超高精度位置服务系统。

高精度位置服务是车路协同的重要基础支撑，开展高精度交通电子地图的创新应用，建立支持车路协同的高精度三维地理信息平台，基于北斗卫星定位系统及其地基增强网络，实现覆盖公路沿线的加密定位网与超高精度位置服务系统。

第四节

3S融合下智能交通系统工程技术体系研究

一、3S融合发展的重要性

1. 3S融合是打造智慧城市的重要基础

开发智能网联汽车以及实现智能网联汽车和智能交通系统一体化的深度融合对于治理既有城市交通病、构建绿色交通系统以及促进建设"轻拥有、重使用"的节约型智慧城市有着重要的意义。

以融合智能网联汽车的交通体系为核心,未来智慧城市可以打通智能交通、智能物流、智能电网、智能建筑、智能社区、智能家居、智能办公、智能政务等多个领域,实现人、物、能源的高效、智能移动。智能网联汽车和智能交通系统一体化的深度融合将实现一体化移动出行、按需出行等目标,通过合理规划并连接公共交通、共享交通以及私人交通,实现多元化交通工具的无缝衔接,最终实现提高居民出行效率、缓解出行拥堵、丰富出行方式、提升驾乘体验、服务弱势交通群体、构建低碳社会等目标。

智能网联汽车和智能交通系统的深度融合,将推进信息技术、移动互联技术与传统交通行业深度融合,形成集各种交通工具及城市基础设施信息于一体的多元出行服务平台,基于实时的信息交互,实现出行效率的有效提升。

2. 3S融合是实现未来出行的关键支撑

在互联网、大数据等新技术快速发展的智能化时代,未来出行趋势呈现"低碳化、共享化和智能化"三大特征,而实时互联、自动驾驶的智能交通才能满足人们对于智慧、安全兼具娱乐性的出行的需求。

总体上,新一代区域智能交通系统主要由智能交通中心云、智能交通边缘云、无线接入网络、智能网联车载终端等要素组成。

智能交通中心云是交通大数据云平台和控制中心,将具备全局AI动态规划、车辆实时调度、资源与能力开放等功能,并可基于车路大数据进行深度分析、流量预测、实施管理等。

智能交通边缘云主要进行数据采集等工作,包括信号机、摄像头等智能道路设备,最终实现基于智能网联汽车的融合感知、规划和实时调度。

交通边缘云还涉及车道级规划、道路交叉口调度、动态编队等问题。

无线接入网络依托低时延/高可靠/高安全/广覆盖的无线通信设备,实现网络高精度定位、移动边缘计算、位置路由通信等功能。

智能网联车载终端主要基于 AI 车路协同的融合感知/定位/规划/决策,支持各级别自动驾驶的应用。

通过以上技术层面协同,实现以智能网联汽车为主要组成部分的智能交通终端层、智能交通设施层,及包括出行服务/营运车辆服务/紧急救援服务等功能的智能交通服务层。

3. 3S 融合是智能交通转型升级的重要方向

智能网联汽车和智能交通系统的深度融合,将引发包括制造业、交通运输业、微电子业、地图行业、IT 行业在内的多个行业中关键技术的巨大颠覆,推进关键技术与传统交通行业的深度融合。目前,各大车企逐渐认识到将智能汽车与智能交通系统相融合,构建移动互联网生态的重要性。例如,宝马公司正基于微软 Azure 打造开放式移动云,提供智能出行、智能停车、共享出行、智能物联、云端互联、智能终端等服务;丰田公司也在开展 Mobility Teammate Concept 建设,计划通过"服务平台—数据中心—全球通信平台"的架构实现出行共享、汽车共享、汽车租赁、新型更高效的交通管控;百度推出了面向汽车、交通、城市协同发展的 Baidu Carlife 概念,积极拓展出行服务相关业务。总体上,其发展路线是从数据服务到位置服务,最终实现出行服务。

综上所述,3S 融合对解决当前智慧城市发展中面临的问题、支撑未来汽车/未来交通/未来城市的融合转型、提供具有强带动性的新经济增长点具有重要战略意义和经济价值。

二、3S 融合下智能交通系统工程建设

智能交通融合了交通基础设施、智慧能源和智能网联汽车等内容,为打造智慧城市提供强有力的支撑。在 3S 融合下智能交通系统工程建设中,主要分为 9 个子领域,通过各领域间良好的接口和兼容性,真正实现智能交通的总体功能和目标,如图 3-5 所示。

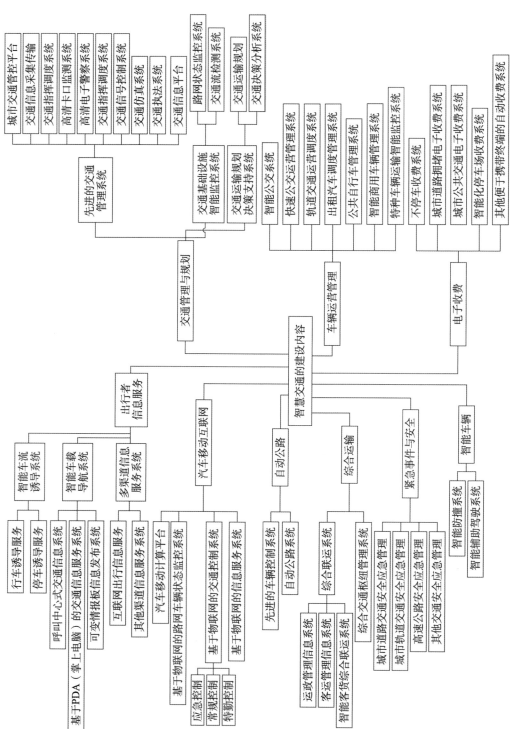

图 3-5 智慧交通系统工程建设内容

第五节
3S融合下智能交通系统工程发展瓶颈与难点

目前我国在智能汽车与智能交通融合发展领域仍存在技术链条核心环节薄弱、创新商业发展模式不清晰、法规标准建设滞后等"卡脖子"瓶颈,严重制约着智能汽车与智能交通的融合发展。厘清3S融合下智能交通系统工程的发展瓶颈与难点是实现智慧城市、智能交通、智能汽车融合发展的关键点之一。

一、智能网联汽车与智能交通融合发展技术瓶颈

以美国、欧洲、日本为代表的交通强国或经济体,凭借各自在交通、汽车、信息等相关领域的深厚积淀,已在车路协同和智能网联汽车与智能交通融合发展上具备了一定的先发优势。

但是,我国在环境感知、计算单元、道路与车辆控制的关键零部件、智能终端、核心芯片和软硬件等方面,由于缺乏自主知识产权的核心技术,过度依赖国外的现象不断加剧。智能网联汽车与智能交通融合发展核心技术环节存在缺失,威胁我国的智能交通、汽车等产业安全,部分关键核心技术亟待补足。

(1)环境感知技术:环境感知作为基础环节,主要为后续决策和控制执行提供依据。我国在感知层面,无论是车载还是路侧的感知传感器件的关键部件为技术短板,如毫米波雷达RF收发芯片、高频PCB板射频芯片、微波集成电路(MMIC)等关键部件依赖国外。

(2)信息交互技术:目前我国在车车、车路信息交互技术已经逐步形成自主知识产权的C-V2X通信技术,在C-V2X通信技术处于国际领先地位,特别是5G-V2X;3GPP标准化工作完成,频谱划定完成批复,TIAA外场测试已完成。同时也在引领国际C-V2X通信技术的标准制定、性能测试与商业化落地,具有国际市场标准及产品话语权。

(3)决策认知技术:微观层面车端实现自我学习能力,在行驶过程中积累各类路况的海量驾驶经验,进行车端的认知决策;路侧边缘节点实现局部状态的获取与认

知,端边融合协同决策;云端要进行多源数据的汇集,实现多尺度交通态势的辨识。

(4)协同控制与泛在服务:实现协同控制与泛在服务需要大规模交通要素数据流并发、实时汇聚与存储以及信息资源优化调度与敏捷计算。涉及的软硬件计算平台有较高的技术壁垒和行业壁垒,从目前看我国尚无整套自主可控的解决方案,特别是计算平台的基础平台及所涉及的工具链也主要由国外所掌握。

(5)信息安全保障。面向车路协同开放和网联环境,需构建保障智能汽车、通信网络、云端平台和基础设施一体化信息安全的保障体系,建立基于云的安全认证和基于网的异常检测和基于端的主动防御。围绕病毒攻击、信息泄露、车辆信息盗用、恶意破坏等安全问题,加快车联网相关法律法规体系和技术标准规范。整体上各国信息安全处于起步阶段。

二、智能网联汽车与智能交通融合发展体制和政策瓶颈

根据上述智能网联汽车与智能交通融合发展关键技术情况分析,我国开展智能网联汽车与智能交通融合创新和产业发展,存在系统性发展顶层设计不足、技术链条核心环节薄弱、协同创新机制尚未建立、法律和技术标准建设滞后等问题,具体情况如下:

(1)融合发展产业链尚不完整,核心技术积累不足。

智能网联汽车与智能交通融合发展的产业链长,同时涉及多产业交叉融合,对产业供给能力提出极高要求。总体来看,我国产业链布局尚不完善,特别是在核心技术节点的供给不足,难以满足产业发展需要。比如:集成电路、操作系统、计算芯片等产业链核心环节缺失;高性能传感器核心元器件多依赖于进口;线控底盘、汽车AI算法、信息安全等领域核心技术积累不足,研发投入比例偏低。

部分已经在用的系统,如辅助驾驶系统、交通事件系统等,核心部件多来源于国外供应商,国内相关技术和产品水平良莠不齐,多数仍处于样机阶段,数据积累有限,尚不具备与国际品牌直接竞争的实力;智能网联汽车与智能交通的深层次融合仍然处于测试示范阶段,尚不具备商业化能力。

(2)融合发展商业模式不清晰,产业生态不健全。

我国智能网联汽车与智能交通融合发展的商业模式尚不清晰。受到核心部件成本、设施投入成本等影响,智能网联汽车与智能交通融合成本高并限制了批量商业运

营落地。由于技术尚不成熟，现阶段融合发展的无人物流运输、自动驾驶共享出行等仍需保留安全员，并且只能在限定场景运营，人工成本不变、系统花费却增大，这些问题都影响了盈利能力。对于车辆运行相关的静态交通，也需要对停车场进行升级改造，背后的商业模式和逻辑也还不清晰。

国内建设了大量封闭测试场，但目前测试场还没有探索出可行的商业模式。限制测试场商业运营的挑战包括：建设投入高，测试场地能力有限，测试场利用率低，测试总量有限，收入模式单一等。此外，由于各地测试场地的检测结果无法互认，给测试单位增加成本的同时，也令测试场地长期可持续的发展变得扑朔迷离。

（3）数字化道路基础设施建设投资大、周期长。

智能网联汽车与智能交通融合的范畴下需要人、车、路、云、网、图等互联与协同发展，道路交通、信息通信、数据云平台等方面的基础设施有待加大投入建设。在基础设施的数字化升级方面，虽然已经取得长足的发展，但也面临着需要跨部门协调、跨产业协同，建设投资大、周期长，投资主体不明确等问题，没有形成有效的商业模式，影响建设进度。

数字化道路基础设施首先要在智能化和网联化方面批量部署。一方面，需要智能路测感知设备以及配套设施、数字化道路交通标志标线、新型交通信号灯等基础设施加大规范建设力度；另一方面，道路交通上的各类硬件设施要不断提高数字化和网联化比例；其次，需加快建设智能化基础设施网络、无线通信网络、高精度位置服务网络等各类基础设施网络。以上建设的投入将很大，建设周期也较长。

此外，由于作为终端车辆运行中会产生、交互大量数据，安全存储相关数据亟须数据云平台基础设施的构建。这是推动智能网联汽车与智能交通融合发展的前提与保障。

（4）法规、标准有待健全，部分条款形成制约。

现阶段，我国相关法律和行政法规尚存在一些制约条款内容，针对未来智能网联汽车与智能交通融合，跨部门的协同法律制定机制尚未形成，部门间协同不足。同时，在车辆数据安全和隐私权保护、信息侵权责任、安全保障、产品责任、行政责任以及刑事责任的主体和内容认定问题等上，依然存在部分法律问题。

相关标准尚处于建设初期，车辆的强制性标准也有部分内容与自动驾驶相关技术产生了矛盾。标准制定速度难以满足产业快速发展的需求。

第六节
突破瓶颈的关键行动与发展路径

一、智能网联汽车和智能交通系统融合发展路径与方针政策

1. 总体发展路径

实现智能网联汽车和智能交通系统融合发展的关键问题在于如何解决智能网联汽车与智能交通融合发展的技术瓶颈，以及人、车、路、管控平台和法律标准间各要素的衔接与融合问题。因此，提出"技术支撑＋数字底座＋引擎驱动＋生态应用"的总体架构，如图3-6所示。

图3-6 智能网联汽车和智能交通系统融合发展总体架构

智能网联汽车和智能交通系统融合的发展路线以广泛深入、循序渐进和以点带面为原则，采用"框架设计—技术攻关—测试验证—重点工程—产业化应用"的思路稳步推进，计划在2035年实现基于智能网联汽车和智能交通系统融合发展的区域产业化应用并大范围市场推广，具体发展路径如下：

（1）框架研究：开展智能网联汽车和智能交通系统融合发展的顶层框架制定，设

定基于智能网联汽车和智能交通系统融合发展的区域产业化应用最终目标,明确重要时间节点的里程碑。

(2)技术攻关:开展新一代智能网联汽车、车载设备、路侧设施、车路集成系统、开放型大数据共享平台,以及相关基础设施、通信交互、信息安全等技术的研究,构建区域多类型、多领域、多功能和多技术跨界分析技术体系。

(3)测试验证:在封闭测试场地和半开放测试区域,开展新型技术应用测试验证,形成标准化测试规程,确保新一代区域智能交通系统应用效果,为产业化发展提供支撑。

(4)重点工程:在测试验证基础上,选取区域示范工程或试点开展小规模示范应用,验证新一代区域智能交通系统应用效果,为大规模产业化推广做准备,同时为测试验证和标准规范修订提供信息。

(5)产业化应用:选取试点示范效果显著、社会反响热烈的新一代区域智能交通系统,明晰全生态核心要素及相互关系,研究融合发展创新生态及标准体系的构建,在此基础上进行市场推广和产业化应用,带动新技术产业化发展,形成新的经济增长点。

在上述发展路径中,智能交通、智能汽车融合发展的落地应用路径可按照场景的开放程度和复杂程度从封闭区域—半开放区域—公开道路和非结构化道路—高速场景—城市场景的分阶段实现,如图3-7所示。首先,可最先在矿区和港口等车辆运行速度缓慢、环境可控程度较高且运行区域封闭的场景下完成;其次,随着场景开放程度和复杂程度的增加,可以在高速场景下开展智能交通、智能汽车融合测试;最后,在多交通参与者混行、区域开放以及环境不可控的城市复杂场景下实现智能交通、智能汽车融合落地。

图3-7 智能交通、智能汽车融合发展应用路径图

2. 技术发展路径

为实现比较连贯的智能网联汽车与智能交通融合技术发展路径,分别针对近期、中期和远期描绘智能交通总体技术路线图,具体如图3-8所示。

中国智慧城市、智能交通与智能汽车融合发展战略研究(战略框架篇)

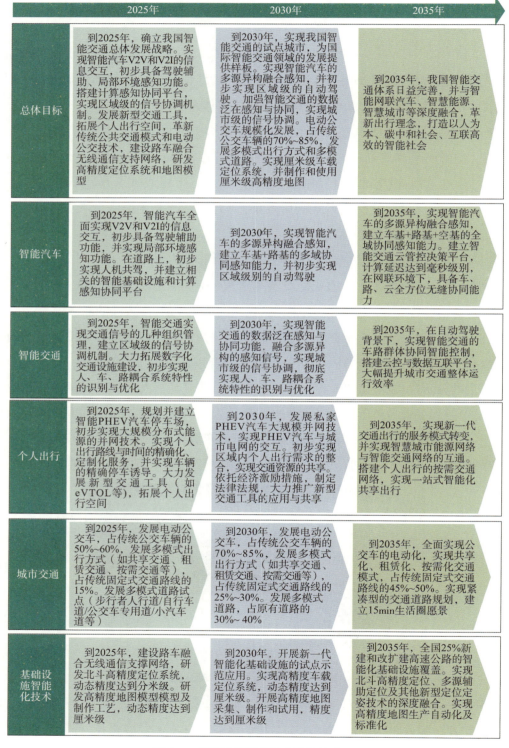

图 3-8　智能交通总体技术发展演进图

总体技术发展演进图的建立背景与关键分领域技术路线图详见本章附件二。

基于融合总体技术发展演进图,应分阶段突破智能网联汽车和智能交通领域核心关键技术,制定基础前瞻与共性交叉融合创新技术体系,如图3-9所示。

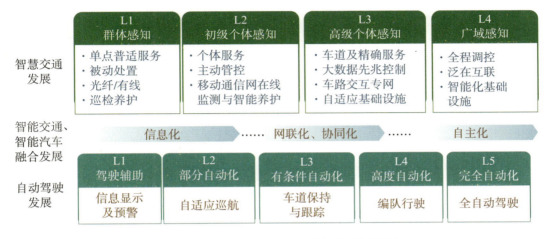

图3-9　智能交通、智能汽车融合创新技术体系

3. 方针政策和关键行动

从区域产业安全、信息安全、交通安全的总体安全观出发,充分发挥信息、互联网、人工智能等方面的产业和市场优势,构建能够解决区域汽车社会问题的智能网联汽车和智能交通系统深度融合系统标准体系。鼓励和引领自主创新,并在兼顾我国和国际标准总体趋势的同时,努力形成自身的区域特色。

明确将智能网联汽车和智能交通系统深度融合系统确立为区域"重点建设工程",通过"用产学研金政"协同创新实现汽车、交通、信息、智能等全面深度融合,并集法律法规、标准规范、基础设施、科技创新、制造强国及交通强国建设于一体实现全面转型升级。

建议开展以大数据为核心的协同式智能交通体系框架,道路网、信息网和能源网"三网合一"的智能交通基础设施,多模式交通系统智能化管控,云控环境下的一体化交通服务以及智慧城市智能共享汽车的示范应用研究。

在技术层面努力突破实现智能网联汽车与智能交通融合发展的限制,主要包括车辆智能化技术、基础设施智能化技术、智能网联汽车与道路信息交互技术、智能交通与智能汽车融合平台技术、智能交通与智能汽车融合应用技术、测试验证技术、信息安全技术以及技术标准规范等。

二、以大数据为核心的协同式智能交通体系研究解决方案

1. 多模式交通系统智能化管控的实现路径

为实现多模式交通系统的智能化管控,必须从最基本的也是最关键的问题着手,即解决人(包括使用者和管理者)、车、路三者之间信息的连接问题。而解决三者之间实时变化的海量信息交换,实现多模式交通系统的智能化管控,必须依靠大数据信息系统作为支撑。

(1)大数据信息中心。主要集成地理信息、道路交通信息、公交信息、停车信息、车辆信息、使用者信息共6个方面的信息,并具备强大的数据分析处理能力。

(2)新一代智能网联汽车。智能车载控制系统集成车辆电子身份证。智能车载控制系统主要功能是与大数据信息中心传输信息、接收指令,上传自身车辆信息;识别监测周边车辆和道路交通信息,与大数据信息中心中的相关数据印证;准确定位和行驶轨迹预判;记录行驶线路里程、停车时间,计算相关费用并自动缴费;控制车辆行驶,接受大数据调度指挥,与同行车辆编队,缩小车间距,减少风阻,节省能源,配合信号控制等信息高效行驶。

(3)智慧道路。道路的基本硬件设施和属性都准确地录入到大数据信息中心,智能信号控制设备、监控设备通过物联网与大数据信息中心相连,执行信息中心传递的信号控制方案,传输监视到的路况信息、识别的车辆信息至信息中心进行印证。

(4)交通参与者。人与大数据信息中心的联系主要通过不同的使用端口进行。

客户使用端:由大数据信息中心提供的客户使用端App。通过App,提取不同出行方式的时间、路径、导航、公交站点和车辆信息、预约车调度、出行费用等信息。

行政部门管理端:不同行政部门的管理端有不同权限从大数据信息中心提取数据、发布、修改信息。

企业管理端:包括公交运营企业、巡游出租汽车和网络预约出租汽车企业、共享自行车运营企业、停车场管理公司、物流公司等。

(5)典型交通场景应用。

在微观层面,针对城市道路交叉口传统信号控制造成资源浪费问题,应布设自适应控制系统,提高道路交叉口的感知精度和维度,根据道路交叉口车流量主动调整交通信号灯的时间,变传统交通为弹性交通和柔性交通。

在中观层面,利用软件重新定义路网,通过城市道路基础设施智能化升级和数字化道路交通设施的建设,系统根据双向车流情况,动态地分配双向车道的条数,实现高效交通。

在宏观层面,利用数字孪生技术实现区域干道协调控制,把物理世界的交通状态通过物联网感知技术在数字空间实时展现,把物理世界交通运行的管理、调度、规划的方法策略通过算法设计、深度学习人工智能的方法在数字空间实现,并反作用到物理世界交通资源的调控、分配中,从而提升交通资源的利用效率。

(6)示范项目。

自2014年起,美国联邦公路管理局(Federal Highway Administration,FHWA)牵头研发CARMA开源软件平台。该平台通过向车辆下发前方交通信息,使车辆具备与前方的基础设施(如交通信号灯)、交通参与者等交互的能力,实现更安全、更高效的移动。

2017年6月,奥地利AustriaTech公司联合宝马、西门子、TOMTOM等十余家单位共同发起INFRAMIX项目,开展混合驾驶交通状态下新型基础设施和新型管控策略的设计、升级、验证评估等一系列研究。这一研究为新型道路基础设施设计和部署、通过网联交通管控来保持或提升交通安全和效率等方面提供了可靠数据。

2. 云控环境下的出行即服务模式及系统

1)内涵与特征

出行即服务(Mobility as a Service,MaaS)的内涵是旨在深刻理解公众的出行需求,通过将各种交通模式全部整合在统一的服务体系与云平台中,从而充分利用大数据决策,调配最优资源,满足出行需求的大交通生态,并以统一的出行服务平台(App)来对外提供服务。它具有共享化、一体化、人本化和低碳化等四个特点,这正是解决当前交通和出行问题的几个关键词。

一是一体化:MaaS的目标是将各种交通服务模式整合在一个统一的服务体系与平台中,实现各种交通方式在体系规划、设施布局、运营调度、支付清分、信息服务等层面的标准化、一体化融合,提供门到门的便捷出行服务。

二是共享化:在MaaS的服务模式下,乘客不仅是交通服务的享受者,同时也是交通数据的提供者与分享者,通过数据来改变和优化出行服务,汽车供应商与运营服务商、驾驶人与乘客之间的关系将日益模糊。

三是人本化:MaaS服务设计是核心是以人的便捷出行为中心,MaaS体系在规划、设计、运营、管理、服务的各个环节均是以提供更好的一站式出行服务作为其核心,为所有的出行者提供最为合理的出行方案,以及安全、便捷、舒适的出行体验。

四是低碳化:MaaS 以实现交通可持续发展为基本理念,以交通运行低碳化发展为根本前提,逐步扩大绿色出行的比例,以降低交通运输工具气体排放为直接目标的低能耗、低污染、低排放的交通发展模式。

2)MaaS 系统构成

MaaS 的构成主体主要有四类:一是交通运营商;二是数据提供商;三是服务提供商;四是 MaaS 用户。MaaS 系统构成如图 3-10 所示。

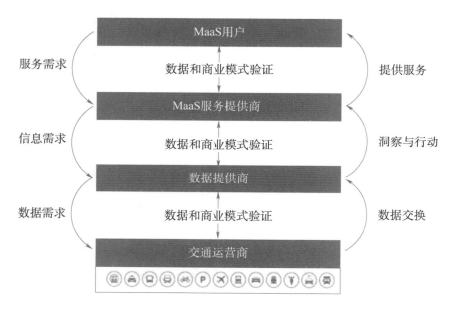

图 3-10 MaaS 系统构成

MaaS 系统中主体是 MaaS 服务提供商,可以是政府也可以是企业,它通过整合交通运营商向用户提供服务。交通运营商提供载运工具和载运能力,比如公共交通、航空服务、高速公路通行服务、货运服务、停车运输、电动汽车充电服务、加油服务等。另外,MaaS 用户可以通过共享自己的载运工具成为交通运营商的一部分。

MaaS 服务商开发一个可在各种设备(智能手机、计算机等)上使用的用户界面。通过这个界面,用户可以参与各种出行方式选择,甚至包括为出行付费、接受个性化的实时的交通出行信息、为 MaaS 服务商提供反馈的窗口。这个用户界面还可以提供附加服务以满足用户生活方式的要求。用户界面和后台工作系统之间可以进行数据传输。用户可以通过用户界面使用定制的智能设计。

MaaS 服务商从数据提供商收集用户出行数据，不断调整和优化运输服务。数据提供商提供数据和数据分析服务，包括数据处理、数据打包和数据公开，这些数据包括公共数据和私人数据。此外，MaaS 服务商还能根据用户历史出行数据分析用户的出行偏好，以针对性提供个性化出行服务。

3）发展 MaaS 的挑战

由于 MaaS 涉及众多的利益主体，在政策法规、体制机制、信用体系、标准规范、安全隐私、绩效评价、发展路径等方面还面临诸多挑战。

（1）政策法规方面：MaaS 发展的同时会带来不同方面的利益格局调整，如支付体系、运营体系以及监管体系等方面，亟须制定相关的政策法规，明确各交通模式的发展定位，及时监管 MaaS 中存在安全、服务等问题。

（2）体制机制方面：在政策法规制定的同时还需配套相关的体制、机制，促进不同交通模式规划、运营、管理、服务环节的有效衔接和整合，构建门到门出行绩效评价机制等，正确规范、改善 MaaS 发展相关市场环境。

（3）信用体系方面：信用体系的建立和完善是 MaaS 发展不断走向成熟的重要标志之一。以相对完善的法律、法规体系为基础，建立和完善 MaaS 信用体系，包括 MaaS 各利益相关体信用积分制度与诚信黑名单制度，规范交通运营商、MaaS 服务商、数据提供商、管理者、消费者的行为。

（4）标准规范方面：标准化是科学管理的基础。为了推进 MaaS 科学发展，还需建立涵盖交通规划、设计、运营、服务等方面一体化标准规范体系，通过标准以及相关技术规范的实施，充分整合和引导 MaaS 相关利益体间社会资源。

（5）信息安全方面：在移动互联网以及实名制时代，信息安全是任何国家、政府、部门、行业都必须重视的问题，也是一个不容忽视的国家安全战略。发展 MaaS 必须建立完善的网络信息安全体系，加大对于出行者个人出行行为、账户资金等方面的信息安全保障。

（6）绩效评价方面：为了提升 MaaS 相关行业的服务水平，还需构建涵盖不同的出行模式、出行距离、换乘次数、候车时间、乘车时间、排放量、出行费用等多种影响因素的门到门出行绩效评价体系，实行定期考核评价机制，深入推进、引导 MaaS 的可持续性发展。

（7）发展路径方面：从法律法规、体制机制、设施、车辆、运营平台、服务模式、技术选型等各个方面制定合理的发展规划与路径，明确我国 MaaS 发展目标和方向，进一步引导和扩大共享型交通服务新理念，努力建设一个更经济、更舒适、更低碳的交通出行新时代。

4）MaaS 应用

在国内，2019 年 11 月 4 日，北京市交通委员会与阿里巴巴旗下高德地图签订战略合作框架协议，共同启动了北京交通绿色出行一体化服务平台（即 MaaS 平台），为市民提供整合多种交通方式的一体化、全流程的智慧出行服务。目前，实时公交已覆盖全市超过 95% 的公交线路，实时信息匹配准确率超过 97%，全市所有地铁站点当前的拥挤情况也可实时在线查询。市民通过最新版高德地图，就可以直观便捷地查看公交车的实时位置，掌握车辆还有几站以及几分钟到达，避免焦急等待，极大地提升了绿色出行体验。

在国外，2018 年美国华盛顿 MaaS 平台 IncenTrip 通过企业短期促销的方式为选择绿色出行的用户发放生态积分，此积分可免费搭乘公共交通，以及兑换加油卡、快易通（不停车电子收费）、礼品卡或者现金等奖励。赫尔辛基市的 MaaS 平台运营商通过各种方法鼓励市民参与可持续交通出行，以始于 2017 年、为期三年的 MUV（Mobility Urban Values）项目为例，MUV 项目在赫尔辛基市的试点由 Forum Vrium（赫尔辛基市一家专注于智慧城市建设的创新公司）负责，以手机游戏的形式收集空气质量数据和市民每日出行数据。空气质量数据通过安装在市民用户阳台上的测量站获取，而市民用户每日出行产生的交通数据则用于分析市民出行路径和出行方式，进而服务于可持续交通出行规划。用户可以通过步行、骑行和搭乘公共交通换取积分，然后用积分兑换虚拟或真实的奖励，如一次免费芬兰桑拿浴。通过这种方法，市民乐于为支持交通规划和提高空气质量提供数据。

第七节
智慧高速公路——3S 融合的先导应用

一、面向 3S 融合的高速公路智能化发展内容

1. 路车智能融合感知

传统的智能交通系统中，对交通参与物与环境的感知依赖于路侧固定的交通流

传感器,感知参数单一,固定点检测范围有限。面向 3S 融合的高速公路路车融合感知则借助覆盖范围更广,涵盖更多维度的传感器,通过多源数据融合实现了对出行全过程、车辆状态、交通流状态、道路运行环境与基础设施状态的全息感知,最终可以达到人、车、路、环境信息的全网感知与数字化。

2. 多模式信息交互

传统的智能交通系统仅包含固定的路侧检测器获取一定区域内的车辆的信息,并上传至云平台进行处理。由于传输带宽受限,这种不对称的信息交互无法有效的服务于道路交通。面向 3S 融合的高速公路化系统则采取包含 LTE-V、DSRC、毫米波及 5G 通信在内的多模型的信息交互系统,保障了车路间信息的双向传输与可信交互,实现了路车信息共享与对称,大幅提升的传输带宽与速度还可以促生安全辅助、娱乐服务及各类自动驾驶场景。

3. 数据驱动的智能认知

传统的智能交通系统基于经验状态进行辨识,基于统计学规律进行分析,尚未形成挖掘分析的架构,多系统之间的数据无法实现协同,无法开展面向治理的综合利用。面向 3S 融合的高速公路化系统则具备自学习能力,基于数据驱动的分析建模,逐步认知道路运行的模式。此外,其还可实现联邦学习等架构下的数据资源的高效协同,面向安全与效率的谱系化的知识挖掘与表达,面向治理的分主题综合利用。

4. 智能交通系统管控与服务

在路网决策与管控方面,传统的智能交通系统采取中心集中式决策,仅管理中心具备路网感知与集中调控能力,控制范围仅限于局部道路的点和线,无法覆盖到面,且局部点与线的控制方式为模型驱动的离线预案式调控决策,时效性差。面向 3S 融合的高速公路化系统则采用端-边-云架构下的系统智能决策,将部分控制决策下沉至边缘,采取数据驱动的决策建模,实现交通网络全网的可监、可控与敏捷决策。

在出行服务方面,传统的智能交通系统仅提供面向公众的基本服务,采取无差异的即到即享的"提醒"服务与收费服务。智能化高速公路服务则通过信息传递范围延展及交互性实现服务模式的创新,提供个性化、定制化、点到点全链条服务,逐步向伴随式服务、沉浸式服务。

5. 信息安全保障

传统的智能交通系统的信息安全是以密码技术为核心的防护体系,基于行业证书认证服务的电子印章系统,缺乏对威胁的主动识别与防控能力。面向 3S 融合的高速公路化系统则构建了 3S 融合-通信网络-云端平台-基础设施一体化信息安全标准体系,包含基于云端的安全认证、基于网的异常检测、基于端的主动防御技术,可以实现全方位的威胁主动防御。

二、面向 3S 融合的高速公路智能化发展与协同治理发展定位

1. 当前的核心瓶颈及难点分析

(1)道路运行状态感知手段单一,对于路侧设施的依赖性强,机电设施故障率递增趋势明显,数据精度欠缺。

(2)视频、收费数据等基础资源比较丰富,挖掘分析综合利用率不高。

(3)全国重点营运车辆联网联控、货运车辆公共监管数据尚未有效纳入路网运行监测与管控。

(4)高速公路里程长,突发事件、恶劣气象发现困难,异常状态的影响分析与预警手段普遍缺乏。

(5)调节网内交通流缺乏有效的主动管控手段,对于行车诱导、冲突分离等车路协同技术手段尚未达到大范围应用阶段。

2. 突破瓶颈的关键行动

1)分阶段突破核心关键技术,形成融合创新技术体系

根据目前主流技术和有前景的发展方向,未来应用在智能公路上的主要包括八大关键技术:泛在无线通信技术、车辆全时空连续高精度定位技术、基于车路协同的车辆队列技术、道路智能材料技术、无线充电技术、面向主动安全的道路控制技术、面向 MaaS 的车路信息交互技术和结合基础设施的智能决策与规划技术。

(1)泛在无线通信技术。可以利用现有的和新的网络技术,实现无所不在并且按需进行的信息获取、传递、存储、认知、决策、使用等综合服务的网络体系。

(2)车辆全时空连续高精度定位技术。随着北斗系统亚米级精度定位技术的逐渐成熟,高精度定位技术可直接应用于城市交通规划和管理、智能公交、车辆安全和辅助驾驶、智能出行等各个领域,从而推动智能公路的技术升级。

(3)基于车路协同的车辆队列技术。车辆队列(Platoon)是利用距离探测传感

器、车车/车路通信技术使得多辆汽车之间保持一定的安全距离,除头车以外的所有车辆都自动跟随头车行驶,从而使得整个车队形成了一个一致性的整体,提高交通流效率。

(4) 道路智能材料技术。道路智能材料能够自主感知环境刺激,对之进行分析、处理、判断,并采取一定的措施进行适度响应。其优异的特性使路面具备了能量收集、自调节、自诊断、自愈合、信息交互等智能化功能,提升了道路服务能力。

(5) 无线充电技术。实现电动汽车的动态无线充电,将无线充电模块配置在智能道路上,同时太阳能等新能源提供电力,则可以大幅度减小电动汽车配备的动力蓄电池容量,节能减排,并且降低电动汽车的运行成本,为延长电动汽车续驶里程提供新思路。

(6) 面向主动安全的道路控制技术。智能公路将从道路基础设施本身着手,通过实时监控、提前预测、自动感知和自动修复等工作模块提高道路的行车安全性和稳定性。

(7) 面向MaaS的车路信息交互技术。在未来的MaaS模式中,车路信息交互技术通过信息交互传输道路和车辆之间的数据信息,建立无缝连接的道路车辆信息化网络系统。

(8) 结合基础设施的智能决策与规划技术。智能道路可为自动驾驶及多车协同规划提供更高效稳定的感知和通信途径。自动驾驶的规划决策模块负责生成车辆的行驶行为,是体现自动驾驶车辆智慧水平的关键因素。

2) 制定基础前瞻与共性交叉融合创新技术体系

从产业发展维度上看,车路协同落实应用涉及从技术、产品、企业、应用场景到商业模式多要素的全面升级,将为制造强国建设提供有力抓手;同时,技术应用涵盖了未来新型智能交通体系框架、数字化智能交通基础设施、"三网合一"的一体化智能交通服务、全局动态的交通管控系统以及基于自动驾驶出行工具的定制化公共交通和智能物流系统,将为交通强国建设提供新引擎。

大力发展车路协同系统,并加快有序实现阶段性产业化,能够最终有望形成全新的战略性新兴产业集群和生态网络在未来十年为国民经济创造万亿级别的新增长点,具有重大意义。

3) 形成与技术发展相适配的标准体系

在顶层设计中,涵盖不同标准委员会的全新"标准树",团体标准先行先试。从技术维度,标准覆盖车-路-云架构体系。遵循适度超前原则,以示范推动+技术推动原则进行标准制定。

交通部于2002年发布了《公路工程标准体系》,编号为JTG,"02版体系"将行业标准划分为11个门类,包括综合、基础、勘测、设计、检测、施工、监理、养护与管理、评价与加固、改扩建、造价11个类别。2002年体系刚发布时有41项标准。至今,形成了150项标准,其中98项现行标准,52项在编标准。

4)依托行业工程应用及重大工程开展示范应用

基于数字化技术设施,实现运输网、信息网、能源网三网合一,提供交通运行状态感知、能源互联网监测、物联网资产与安全监测、交通应急与养护、车路协同应用、信息发布等功能测试与应用,达到工程的可设计、可实施、可检测、可评估。

3. 围绕瓶颈制约的发展技术体系

车路协同的技术内涵有三点:一是强调人、车、路系统协同;二是强调区域大规模联网联控;三是强调利用多模式交通网络与信息交互。

随着车辆自动驾驶技术不断发展,车路协同技术将进一步改变道路交通系统的组织形式、运营模式和运行方式,引发道路交通系统技术的系列变革性发展,在新的技术环境下建立新的技术构架。

车路协同关键技术主要体现在感知、决策和管控三个运行维度的运行能力,实现从单要素自动化水平向多要素协同水平演进。如图3-11所示,三个轴分别表示感知、决策和管控,感知轴主要体现多源和异构的感知能力;决策轴主要包括交通大数据+云端AI驱动和以人为辅、载运工具-云端平台协同决策;在管控上主要是实现大范围的区域交通联动控制。

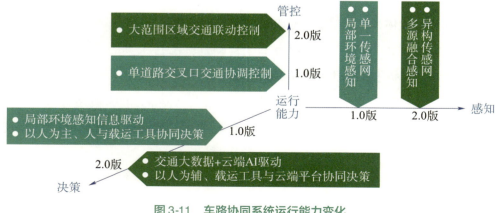

图3-11 车路协同系统运行能力变化

4. 面向3S融合的高速公路智能化发展与协同治理发展

由人、车、路、环境多子系统构成的多层级、多方式、边界开放系统,在不同的时代、依靠不断进步的技术、采用不同的控制策略、针对各种服务对象提供水平越来越高的服务。

(1)智能道路基础设施。建设新型专用道路基础设施,满足新一代智能道路控制和智能车辆按照控制策略运行。在既有基础设施上进行车道分割或改造而形成的专用车道、专用停车场、专门的封闭区域。

(2)车辆控制与服务系统。研究具备通信和智能化功能的车辆(车辆制造商),路侧信息装置、控制装置,车辆与路侧装置可互操作,具备一定程度的自动操控功能,建立新一代虚拟现实和现实增强交通信息服务系统。

(3)交通运行云平台。新建的与既有交通控制系统或高速公路监控系统互操作的控制平台,或既有系统升级改造对交通系统实施本地、通道以及网络级控制,对不同运输方式实施协调控制为智能化运载工具和行人提供安全高效的环境条件。

(4)智能和信息化设施。智能和信息化设施包括大容量基础通信系统、交通数据获取设施、专用无线通信设施、高精度定位系统、高精度地理信息系统。

5. 实现重大突破后带来的经济社会效益

1)高速公路传统道路设施变革高速公路"新基建"设施

(1)路面状态、车辆、环境自监测。

极端恶劣天气条件,给高速公路的车辆行驶带来了巨大的风险,不仅严重影响交通运输,而且还造成国家财产和人民生命财产的严重损失。

智能化高速公路道路监测系统可通过多种传感器采集检测路面状况的实时数据变化情况,可以极大提高交通管理部门应对突发天气状况(如大雾、大雪、暴雨等)决策的准确性并且提供预先实施交通疏导方案的数据依据,是气象监测服务和交管部门工作的有力保障,有利于道路交通的安全性的进一步提高。

(2)智能诊断与预警。

路面状况传感器可使用高精度激光传感器,采用遥感式技术检测路面状况,这种非侵入式的检测方式避免了破坏路面、封闭交通。安全智能诊断与预警,可以有效预防和避免交通事故的发生;可以有效提高高速公路日常的交通管理水平,并可提高发生交通事故的处理效率,缩短交通事故处理时间,体现了以"预防为主"的交通安全管理方针。

(3) 损伤自愈、温湿度调节、融冰除雪、自清洁。

预制型路面及智能化管理系统给道路损伤自愈、温湿度调节、融冰除雪、自清洁等带来极大便利。在雨雪到来之前预处理表面可提高冬季或低温下的安全性,使随后的温湿度调节、除雪和除冰更加快速,成本更低;最大限度地合理使用化学试剂,并降低对道路安全与环境的影响。在结冰降水之前或开始时应用智能化管理与清洁手段可防止路面上形成更严重的自然状况,比如结冰,从而有助于确保驾驶者从雨雪一开始前就安全通过。

(4) 太阳能、机械能、风能、电能等能源互联与转化。

能源互联网以互联网技术为基础,以电力系统为中心,将电力系统与天然气网络、供热网络以及工业、交通、建筑系统等紧密耦合,横向实现电、气、热、可再生能源等"多源互补",纵向实现"源、网、荷、储"各环节高度协调,生产和消费双向互动,集中与分布相结合的能源服务网络。

多种能源的互联与转化可以完成多能源协调管理,根据电、气、热网领域行业的运转情况,从能源价值最大化、系统安全运行和法规的角度对资源配置进行统一的协调管理,从而可以保障能源的高效、安全供应及能源互联网的健康发展。

2) 车辆个体精准感知

(1) 事件检测。

高速公路事件检测系统可及时检测到公路上的各种危害交通安全的事件,如交通事故、异常停车、异物抛撒(洒)、车辆拥堵、车辆逆行、非法变道、道路塌陷等。

事件检测系统可实时在线检测道路交通秩序、状态,对停车、拥堵等异常事件即时报警,为 ITS 的实施供真实准确、及时的信息;快速、高效地自动检测以减轻交通监管人员的工作强度;并可与报警系统共享,实现高速公路报警与城市报警系统联动。

(2) 交通流状态检测。

交通流状态检测系统可通过对交通流数据信息的快速获取,并对交通状态及时判定,从而将状态信息及时地发送给出行者,让出行者及时了解到达目的地的最优路径,也缩短其行程时间。同时,通过避免出行者继续往拥塞路段行进,使得路网出现局部拥塞到瘫痪。

(3) 个体特征分析。

将个人手机、互联车辆作为交通信息采集的探测器,结合无线定位技术,实时获得人员的出行信息。利用多种交通信息采集和发布方式服务全方式的出行者，能够一定程度覆盖传统交通探测器的盲点，同时也可为出行者提供多方式协同诱导。

同时，通过收集城市中大量导航终端的位置和速度信息，汇总和归纳出的时间和空间轨迹地图模型，进而掌握城市交通的即时状态和周期性规律。

3）基于数字孪生的路与车智能融合控制与服务

数字孪生在交通中应用到路与车的智能融合控制与服务中，将 IoT、人工智能、机器学习和软件分析与现实空间网络相结合从而创造一个数字仿真模型，该模型随着物理对应物的变化而更新变化，从而对城市环境及其内部的数据馈送进行建模，为路与车之间的智能融合控制与服务提供了可能性。

4）基于数字化基础设施的智能车辆设施支撑

在新技术的支持下，针对高速公路的路网监测、应急管理、养护管理、收费管理等主要管理功能需求，实现数据、信息的整合与共享，形成面向不同对象的统一智慧云控管理应用系统。实现交警、路政、运营机构等多维协同、可视指挥和高效决策管理，达到提高道路安全通畅率、降低维护成本、提高发展效益等方面的作用。

发展智能高速公路在带动庞大软硬件设备行业发展的同时，还将催生交通信息服务等新兴产业的形成。从软硬件产品看，智能高速公路建设需要大量芯片、光纤、传感器，这些产品的研发、投资、生产，将拉动高科技产业增长，创造大量就业岗位。同时，智能交通信息平台的建设为交通信息服务业的兴起提供了基础，以位置信息服务为例，就包括了地图、定位、导航，以及智能交通调度、智能站牌、智能停车等服务，从而衍生出多个新兴产业。

三、面向 3S 融合的高速公路智能化发展创新技术演进路径

1. 技术演进趋势

整个汽车行业，有两种向自动驾驶汽车的转型的路线，一种是"渐进演化"的路线，也就是说在今天的汽车上逐渐新增一些自动驾驶的功能，例如特斯拉汽车的自动驾驶功能就属于这种类型。另外一种就是"颠覆式"的路线，它们从一开始就是彻彻底底的自动驾驶汽车，例如目前 Google 正在研发的自动驾驶汽车。渐进演化路线和颠覆式路线最终会进行汇合和相互靠拢。

工业和信息化部发布的《汽车驾驶自动化分级》标准基于驾驶自动化系统能够执

行动态驾驶任务的程度,根据在执行动态驾驶任务中的角色分配以及有无设计运行条件限制,将驾驶自动化分成 0~5 级。在高级别的自动驾驶中,驾驶人的角色向乘客转变。

对于自动驾驶技术的发展和大规模应用落地而言,国家标准的出台是关键的前置条件,明确的分级标准将有助于促进各类自动驾驶汽车的量产与落地进程。

高速公路的发展与自动驾驶的发展呈现相互耦合、促进发展的趋势,其共同演进趋势图如图 3-12 所示。

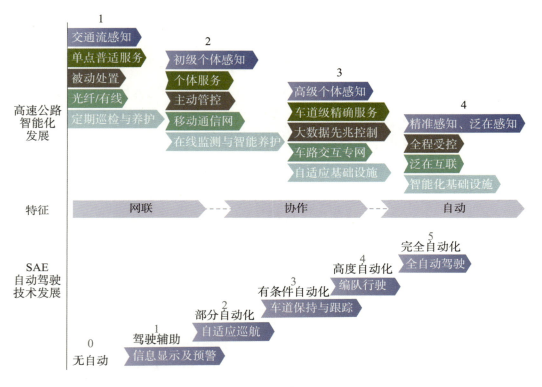

图 3-12　高速公路与自动驾驶发展技术演进趋势图

2. 分阶段发展目标

如图 3-12 所示,将面向 3S 融合的高速公路智能化发展路线划分如下四个阶段。

(1)第一阶段。

该阶段为高速公路智能化发展的初始阶段,主要特征有:道路系统能够采集数字化交通基础设施静态数据并进行更新和储存,交通基础设施感知设备能实时获取连续空间的车辆和环境等动态数据,自动处理非结构化数据,并结合历史数据实现车辆行驶的短时、微观预测;各种类型数据之间无法有效融合,信息采集、处理和传输的时延明显;交通基础设施感知信息和预测结果可实时提供给车辆,辅助车辆自动驾驶如提供信息服务和主动交通管理服务;交通基础设施向车辆系统进行单项传感。

(2)第二阶段。

为交通基础设施具备复杂传感和深度预测功能,通过与车辆系统进行信息交互(包括I2X),可以支持较高空间和时间解析度的自动化驾驶辅助和交通管理。除第一阶段中提供的功能外,可以实现基础设施等静态数据在时空上的连续监测和更新;具备更高精度的车辆和环境等动态非结构化数据的检测传感功能;实现数据高度融合,信息采集、处理和传输的时延低;支持部分数据在车与车之间、车与基础设施之间的实时共享,提供深度分析和长期预测;道路具备对交通个体的感知能力。

其局限为:遇到特殊情况,需要驾驶人接管自动驾驶车辆进行控制;无法从系统层面进行全局优化;主要实现自适应巡航,需在有限场景内完成自动驾驶。

(3)第三阶段。

定义为高度网联化的交通基础设施可以在数毫秒内为单个自动驾驶车辆(自动化等级高于1.5)提供周围车辆的动态信息和控制指令,可以在包括专用车道的主要道路上实现有条件的自动化驾驶。主要特征有:交通基础设施具备高度的网联化和有条件的智能化;在交通基础设施覆盖的道路上可以支持单个自动驾驶车辆的部分自动化驾驶功能;交通基础设施系统可实现对自动驾驶车辆的横向和纵向控制,具备车道级的精确驾驶服务。可运行在包括具有专用车道等的主要道路的限定场景;实现车辆的编组行驶,遇到特殊情况,需要驾驶人接管。

(4)第四阶段。

交通基础设施为自动驾驶车辆(自动化等级高于1.5)提供了详细的驾驶指令,实现完全的自动化驾驶。交通基础设施在所有场景下完全感知、预测、决策、控制、通信等功能,并优化部署整个交通基础设施网络。完全自动驾驶所需的子系统无须在自动驾驶车辆设置备份系统。提供全主动安全功能。遇到特殊情况,由交通基础设施系统进行控制,不需要驾驶人参与。

3. 协同治理的应用路径

在智能公路的建设上,未来将更多地在现有基础设施上,利用信息技术、传感技术、网络技术等技术进行系统集成改造。智能公路为车路协同一体化技术提供了有效的技术实现载体,是实现车路协同技术规模化、产业化、集成化应用的实现平台。未来智能车辆的驾驶控制将由智能公路的路侧控制系统和车载控制系统共同完成,为自动驾驶提供了一个更安全、更稳定和更高效的环境。

个体感知:是指对个体车辆位置感知,高级个体感知,是指对个体车辆运行状态的感知,精准泛在感知是车车、车路的相互精准感知。

个体服务:是面向驾驶动态的推送式服务,车道级服务是基于高精度定位的精准按需服务。

主动管控:是及时对上游交通进行管理均衡,大数据先兆控制是根据事故风险预测和大数据事件预判基础上的先行管理;全面受控是指所有车辆的出入、状态等都受控。

移动通信:目前基于DSRC的复合交通卡和ETC(Electronic Toll Collection,电子不停车收费)的应用推广,使得未来可构建一个新一代交通控制网为特征的车路交互网。最终实现以5G为主要特征的公转网一体、车车/车路一体的泛在网络。

本章附件

附件一　智能交通系统发展的概述与关键技术

一、导言

1. 战略意义

SCSTSV(Smart Vehicle for Smart Transportation of Smart City)意为用于智慧城市智能交通系统内的智能车辆,是将城市人与物的移动需求数字化、交通环境ITS化、车辆智能化的"一体化深度融合的智能系统"。面对严峻的城市发展形势,开发智能网联汽车以及实现智能网联汽车和智能交通系统一体化的深度融合对于治理既有城市交通病、构建绿色交通系统以及促进建设"轻拥有、重使用"的节约型智慧城市有着重要的意义。

在智能交通、智能汽车等新技术引领下,全球交通、汽车产业正开始新一轮转型升级。美国、欧盟、日本等发达国家和经济体普遍重视智能交通、智能汽车的发展,将其视为战略性新兴产业,在产业规划、法律法规、标准研制等多个层面展开布局。国外巨头先后在车联网领域加大研发投入,谷歌旗下 Waymo 公司研发的智能汽车目前已累计开展超过 1000 万 mile 的道路测试;特斯拉研发的辅助驾驶功能已成为重要的增值服务;宝马和戴姆勒联手共建了出行服务集团。国内,工业和信息化部发布《车联网(智能网联汽车)产业发展行动计划》,并会同多个部委在国家制造强国建设领导小组下成立车联网专项发展委员会,形成跨部门协同机制,在全国布局了上海、北京-河北、重庆、无锡、杭州、武汉、长春、广州和长沙等多个车联网应用示范试点,与发达国家竞争本轮产业发展的制高点。在智慧城市(SC)、智能交通(ST)、智能汽车(SV)深度融合趋势下,智能汽车和智能交通作为智慧城市的重要组成单元和发展重点,其融合发展对于推动智能汽车产业体系构建、深化智能交通建设应用以及培育车联网技术和产业生态有重要作用。其战略意义包括:

(1)智能网联汽车和智能交通系统的深度融合,将推进信息技术、移动互联技术与传统交通行业深度融合,形成集各种交通工具及城市基础设施信息于一体的多元出行服务平台,基于实时的信息交互,实现出行效率的有效提升。

(2)推进智能网联汽车和智能交通系统的深度融合,会形成集各种交通工具及城市基础设施信息于一体的出行服务平台,为共享出行提供重要支撑,推动社会公平、解决老龄化出行难题。

(3)智能网联汽车和智能交通系统的深度融合,将引发包括制造业、交通运输业、微电子业、地图产业、IT 产业在内的多个产业行业中关键技术的巨大颠覆,推进关键技术与传统交通行业的深度融合。目前,各大车企逐渐认识到将智能网联汽车与智能交通系统相融合,构建移动互联网生态的重要性。

2. 研究范围及目标

整个研究围绕"点——智能汽车""线——车联网""面——智能交通""核——交通大脑"展开。以智能汽车安全性定义、"机动车驾驶证"登记管理为"点"上的突破;以车联网安全运营与服务为"线"上的突破,实现智能汽车与智能交通的安全互联;以混合交通下的智能交通系统为"面"上的突破,形成交通管控新模式和服务体系;以城市交通"数据大脑"为"核"上的突破,构建新一代智能交通管理框架。

从国家战略层面,研究基于智能交通、智能汽车深度融合的新一代城市智能交通管理系统的技术框架、核心问题、发展路线,包括智能汽车、车联网、智能交通和城市交通"数据大脑"的融合关系,重点突破智能汽车上路测试、车联网安全运行、混合通行模式管控,以及新条件下城市智能交通管理的体系创新、内容创新、形式创新。

从区域层面,依据中国智慧城市、智能交通与智能汽车深度融合发展战略目标、任务和路径,论证制约智能网联汽车与智能交通融合发展的瓶颈性、战略性、前瞻性、基础性及短板关键技术并制定技术发展路线图。通过评估智能网联汽车和智能交通系统融合发展在未来城市发展中的重要意义,明晰基于3S深度融合的智能网联汽车与智能交通融合发展战略方向及核心技术发展趋势,分析智能网联汽车与智能交通融合发展实现存在的核心瓶颈和难点分析,探究突破制约智能交通、智能汽车融合发展核心瓶颈的关键行动和发展路径,以期推动新一代智能网联汽车与智能交通在智慧城市中的应用,形成驾驶零事故、交通零延误、车辆零排放、出行零忧虑的交通出行愿景目标。

3. 国内外技术现状及对比

目前,以美国、欧洲、日本为代表的交通发达国家和经济体,凭借各自在交通、汽车、信息等相关领域的深厚积淀,已在车路协同和智能网联汽车与智能交通融合发展上具备了一定的先发优势。其中,美国基于其强大的信息产业优势在智能化和网联化两个方向都保持领先,车车通信领域初步形成了产业化能力,强调自动驾驶汽车作为交通系统的一部分深度融入交通系统;欧洲基于其世界领先的汽车电子零部件供应商和整车企业,在自主式自动驾驶车辆技术方面保持优势,欧盟提出协同推动道路环境资源聚合与智能驾驶汽车发展的技术路径;日本基于其完善的道路基础设施,以大数据为核心通过发展协同智能交通系统,稳步推进车路协同技术的商业化,并直面车路协同和智能网联汽车与智能交通融合发展中车辆运行中的关键的责任划分问题和安全条件问题。

与此同时,我国在探究新一代智能网联汽车与智能交通融合发展领域中的LTE-V/5G等通信技术、北斗定位、交通复杂场景建模、交通大数据等方面独具特色,但存在系统性发展顶层设计不足、技术链条核心环节薄弱、协同创新机制尚未建立、技术标准建设滞后等问题。环境感知、计算单元、道路与车辆控制的关键零部件、智能终端、核心芯片和软硬件等方面,由于缺乏自主知识产权的核心技术,过度依赖国外的现象不断加剧。无系统性自主可控的核心技术,与世界交通强国的差距无疑会进一步加大,实现交通、汽车等产业的顺利转型升级和领先世界水平恐将成为无本之木和无源之水。

从当前的发展来看,车和车、车和路、路侧和平台之间并未实现实时高可信的信息交互和深度应用,智能交通与智能汽车仅处在"握手"状态,还没有达到两者深度融

合、相互协同和安全应用的阶段。具体来说,包括以下方面:

(1)智能汽车上路测试和示范运行准入门槛亟须规范。目前国内已有超过 16 个城市出台智能网联汽车上路测试细则,发放测试号牌超过 100 张。但在实际的准入过程却存在诸多问题,有的仅测试部分规定项目,有的检验标准不严格,有的甚至没有经过测试就直接上路。因此,亟须研究形成智能汽车运行安全管理体系框架,指导具体准入监管工作的开展。

(2)面向智能交通、智能汽车融合的车联网安全运行服务要求亟须明确。面向智能交通、智能汽车融合一体化的车联网技术路线,应能确保智慧交通、智能汽车以及相关社会体系的安全运行,一方面需要保证车路智能网联设备安全认证、信息交互安全,另一方面要在安全的基础上实现高效、精准服务,并明确智能交通、智能汽车融合下的车联网安全运营技术要求。

(3)智能汽车与普通车辆混行条件下的通行规则亟须界定。智能汽车在发展过程中面对的一大问题就是智能汽车和普通车辆会在很长时间内混合行驶,共享道路交通资源。现行的交通管控模式和通行规则主要是针对人类驾驶人的驾驶行为和特征来制定的。需要根据智能汽车的表现和特性,制定混合通行条件下交通管控模式和通行规则。

(4)亟须构建以大数据为核心的智能交通管理体系框架。当前,互联网、大数据新技术对智能交通管理产生重大影响,随着公众对交通出行质量、出行服务要求的逐渐提高,如何适应新技术的快速发展,构建新一代智能交通管理系统框架,探索面向智能交通、智能汽车融合的大数据平台应用,是交通管理迫切需要深入探索和解决的问题。

4. 技术发展趋势及战略发展方向

自动驾驶技术发展趋势。现阶段,自动驾驶技术主要分为两大类:以传统车企为代表的 ADAS 类和人工智能和网联化技术类。两类技术的出发点各有不同:前者通过由传统的 ADAS 逐步升级演化而来,主要采用的硬件设施有车载摄像头、毫米波雷达、超声波传感器等,利用摄像头采集的图像数据,结合计算机视觉技术对车辆的决策提供帮助。后者主要利用激光雷达测定与周边物体的距离,并将探测数据绘制道路 3D 地形图,结合高分辨率的地图数据构建模型,帮助计算机系统作出决策。无论实现的方式方法如何,利用多场景的测试与深度学习积累来确保所设计的系统的安全性都必不可少。

路侧设施开放互联技术发展趋势。我国路侧交管设施的标准基于现有道路交通管理业务与功能需求制定,包括信号控制机、违法行为取证、交通流信息采集及发布等设施都制定包括功能技术要求、检测检验方法、相关通信协议等国家或行业标准。标准未考虑到车路协同的应用场景与应用需求。随着车联网技术的演进与发展,全新的应用场景对路侧交管设施提出新的应用需求,衍生出面向智能网联车辆的信息安全交互、服务等应用需求。

数据驱动的交管技术发展趋势。当前,我们正处在物联、互联、车联的一个大的网联环境下,大数据、云计算、人工智能为主的新一代信息化技术快速发展,交通管理智能化和信息化深度融合,公安交管系统和互联网平台数据融合趋势越来越明显。国外项目如 incenTrip 一站式出行平台通过手机 App 在华盛顿都市圈落地,谷歌地图基于位置提供交通信号灯信息服务;国内方面,近年来,如 2016 年阿里巴巴提出"世界上最遥远的距离是交通信号灯跟摄像头的距离",互联网企业开始广泛与传统智能交通企业、交通信号厂商、公安交通管理用户部门深入交流,"互联网+交通信号"逐渐开始落地,数据驱动交通管控技术取得一些方向性进展。但是,以大数据为核心的 ITMS(Integrated Terminal Management System,终端综合管理系统)架构如何构建,"交管大脑"的功能定位、实施路径和数据规范亟须明确。

智能网联汽车与智能交通融合发展离不开相关技术支持,包括每个领域特有技术、各领域发展共性技术及协同技术。提出"技术支撑+数字底座+引擎驱动+生态应用"的总体架构,通过突破车辆智能化、道路智能化和数据融合等方面的关键技术,利用强大的云技术形成新一代智能网联汽车和智能交通基础设施数据互通的数字化底座,综合了深度学习、路车融合、自动驾驶等算法和各种数据的 AI 引擎将具备"多基协同全息感知与理解、全时空多尺度交通态势推演与决策、全场景实时群体智能管控"的能力,向上可以兼容数字底座,向下可以扩展应用。

从各领域看,智能汽车和智能交通都需要相关技术支持,从共性技术或者融合协同化技术支持来看,二者融合发展需要感知技术、智能管控技术、通信技术和信息安全技术的支持。为实现比较连贯的智能网联汽车与智能交通融合技术发展路径,总体技术路线图分别考虑应用路径、融合发展应用集的实现时序、融合发展核心技术发展路径之间的逻辑关系,对融合发展过程中涉及的智能汽车、智能交通以及相关领域的核心技术进行单独分析。按照发展智能网联汽车与智能交通融合发展所需要车辆智能化技术、交通和基础设施智能化技术、融合发展应用技术、感知技术、智能管控技术、通信技术以及信息安全技术进行细分(附图 3-1)。

智能交通系统工程创新战略 / 第三章

领域发展		近期	中期	远期
	智能汽车	V2V/V2I信息交互 驾驶辅助	局部环境感知 人机共驾	多源异构融合感知 自动驾驶 多交叉口协调 车路群体协同智能控制	广域感知 云管控决策 大范围区域交通自主协调
	智能交通	交通信号集中组织管理 "人-车-路"耦合系统特性 数字化交通设施建设	区域信号协调与优化 数据泛在感知与协同		云控平台建设与数据互联
出行服务	个人出行	个人出行服务化 出行服务定制化	新型交通工具 动态适配出行需求 与系统资源	新一代交通出行服务模式 协同控制出行服务需求	交通工具—移动生活空间 一站式智能共享出行
	城市交通	交通工具单—组合 出行工具电动化	交通出行多元化 出行工具智能化	一体化智能交通平台 出行工具共享化	交通出行无缝—体化 统筹管理、按需分配
融合发展技术	感知技术	自主感知 多元传感数据融合	协同感知 环境感知/定位精度提升	车基路基空基协同感知	全域感知 高覆盖范围全域感知
	智能管控	车载AI自学习 云端AI全局大数据汇聚	多路况驾驶经验积累 演化规律动态学习	群体智能控制 交通元素协同	区域交通联动控制 计算协同
	通信技术	ETC/DSRC 基础设施通信有线无线	2G/3G/4G 导航、娱乐远程诊断	IEEE Wave/LTE-V/5G 潜在危险提醒、提升交通效率	多模式通信5G Plus 自动驾驶交通、车路/环境充分协同
	信息安全			智能网联汽车—通信网络—云端平台—基础设施—体化信息安全标准体系	
		"端-网-云"整体安全：基于云的安全认证、基于网的异常检测、基于端的主动防御			

附图 3-1 智慧道路侧信息采集系统的整体构架

二、技术架构及关键技术

1. 技术架构及关键技术梳理

智能网联汽车和道路及基础设施之间的融合将成为未来自动驾驶的发展趋势。因此,我们不仅需要单独针对交通系统组成要素攻克其关键技术,而且需要攻克交通系统各要素之间数据交互的关键技术,以期在感知、决策和管控三个运行维度的运行能力上,实现从单要素自动化水平向多要素协同水平演进的路车融合自动驾驶关键技术愿景。其中,感知轴主要体现多源和异构的感知能力;决策轴主要包括交通大数据+云端 AI 驱动和以人为辅、载运工具-云端平台协同决策;在管控上主要是实现包含智能汽车运行安全、车联网运行安全、混行交通管控的智能交通管理体系建立大范围的区域交通联动控制。智能交通、智能网联汽车融合发展交通系统运行能力变化如附图 3-2 所示。

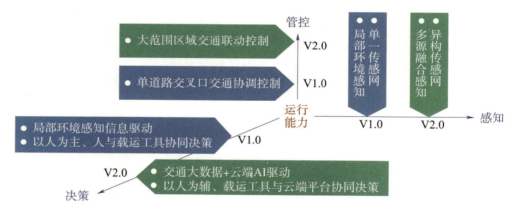

附图3-2 智能交通、智能汽车融合发展交通系统运行能力变化

基于上述技术愿景,面向未来出行的路车融合技术主要涉及"感""传""知""用""安"五个维度,从"感"的角度来说,面向未来出行的路车融合自动驾驶系统不但要有眼观六路的能力,也要具备耳听八方的能力;从"传"的角度来说,系统需要基于高可靠、低延迟通信网络构建;从"知"的角度来说,知是认知、表达和决策的生成,路车融合自动驾驶系统以大数据为核心的驱动方式,通过寻找数据关联关系建立数据模型,完成未来的协同控制需求;从"用"的角度来说,通过本地加云端的协同管控,形成泛在化交通出行信息服务能力;从"安"的角度来说,需要构建端-边-云架构下的

三个层级的信息安全保障体系。

要实现智能网联汽车与智能交通的融合发展主要应突破以下关键技术：道路及基础设施数字化技术、多基协同感知/多源异构融合技术、5G/异构多模式通信技术、交通大数据驱动的 AI 技术、端-边-云协同控制与泛在服务技术、信息安全保障技术。

2. 关键技术发展中各领域之间的关联

智能网联汽车与智能交通的融合发展离不开其他相关领域的支持，包括政策指引层面、技术支持层面以及安全保障层面等。如附图 3-3 所示，课题 1 和课题 5 为本课题提供总体指导和前景分析。课题 2 为本课题的研究提供法规和政策支撑。课题 3 与本课题共同探讨协同发展下一代交通工具与新型交通系统，智能交通、智能汽车融合发展可以有效弥补智能网联汽车单链发展存在的缺陷，促使智能网联汽车产业赋予车流全方位移动实时感知、精准可控以及标准化通信的特征，加速智能网联汽车的商业化落地。这些新的特征为智能交通、智慧应急、智慧生活、智慧空间、智慧城管和智慧安防建设带来了新的泛在感知数据，赋予了全新的远程执行能力。同时借助智能网联汽车的这些感知和通信能力，可以及时发现路面塌陷、井盖丢失、管道堵塞、路面标线缺损等问题，为智能交通和道路基础设施管理服务。而且，智能车辆的摄像头信息可以用来与道路卡口摄像头共同进行治安协防，以及提供事故证据等，提升智能交通管理水平。

课题 4 为本课题提供信息化支撑与信息传输连接，智能交通赋能车联网，车联网也在反哺智能交通的开放和升级，从而进一步开放打造路口信息化推送和汇聚的问题，有效促进传统交通基础设施变革，同时提升交通出行中心平台的能力，有效促进城市中心大脑和智能的机体的技术发展。智能汽车网联化建设对车辆个体精准感知、交通流状态感知、事件监测、视频监视和雷达感知、车辆-卡口群和基站定位等道路基础设施建设提出了更多要求。与此同时，"新基建"可以有效助力车-路-网-云全面协同，推动智能交通、智能汽车融合发展。

课题 8 和课题 9 与本课题共同探讨发展新型移动出行系统的必要性，智能交通能为市民提供全面的出行信息、有效缓解交通拥堵、改善城市交通状况，从而为交通行业管理提供辅助决策发挥最大城市交通效能。智能交通、智能汽车融合发展通过建立人、车、路、环境协调运行的新一代综合交通运行协调体系，实现城市交通系统的整体运行效率提高，提高城市的宜居性，是智慧城市建设的基础性工程。

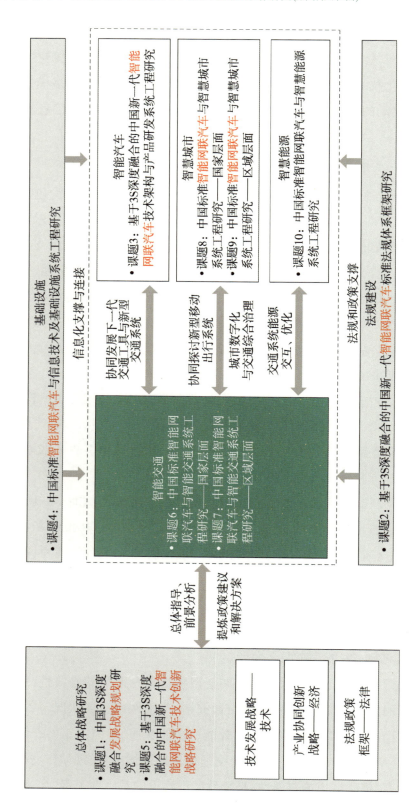

附图 3-3　各子课题领域间关系体系总体示意图

课题10与本课题共同探讨新一代交通系统能源的交互与优化,智能交通、智能汽车融合发展有助于制定新型能源系统重点发展方向,加快基础设施建设以及完善产业链布局深化智能充电和智慧能源技术应用,充分发挥电动汽车能源属性作用,促进智慧能源与智能交通融合发展。新能源汽车具有移动储能和柔性负荷的双重能源属性,新能源汽车与电网互动既可以降低最大充电负荷,减少配套电网建设需求,又可通过辅助服务市场参与电网运行调节,促进清洁能源消纳,也可让用户享受到市场红利,降低用户使用成本。

3. 当前关键技术核心瓶颈与难点

随着中美两国高科技对抗日益增强,智能网联汽车与智能交通融合发展核心技术环节存在缺失,威胁我国的智能交通、汽车等产业安全,部分关键核心技术亟待补足:

(1)环境感知技术:环境感知作为基础环节,主要为后续决策和控制执行提供依据。目前我国在感知层面,无论是车载还是路侧的感知传感器件的关键部件为技术短板,如毫米波雷达 RF(Radio Frequency,电磁频率)收发芯片、高频 PCB(Printed Circuit Board,印制电路板)射频芯片、MMIC(Monolithic Microwave Integrated Circuit,微波集成电路)等关键部件依赖国外。

(2)信息交互技术:目前我国在车车、车路信息交互技术已经逐步形成自主知识产权的 C-V2X 通信技术,在 C-V2X 通信技术处于国际领先地位,特别是 5G-V2X;3GPP 标准化工作完成,频谱划定完成批复,TIAA 外场测试已完成。同时也在引领国际 C-V2X 通信技术的标准制定、性能测试与商业化落地,具有国际市场标准及产品话语权。

(3)决策认知技术:微观层面车端实现自我学习能力,在行驶过程中积累各类路况的海量驾驶经验,进行车端的认知决策;路侧边缘节点实现局部状态的获取与认知,端边融合协同决策;云端要进行多源数据的汇集,实现多尺度交通态势的辨识。

(4)协同控制与泛在服务:协同控制是从系统智能的角度针对群体车辆进行交通控制,实现群体车辆驾驶轨迹的优化规划和控制下的区域交通联动控制;泛在服务需要在大数据汇聚下,动态适配的出行需求和系统资源调配,实现出行可定制。实现协同控制与泛在服务需要大规模交通要素数据流并发、实时汇聚与存储以及信息资源优化调度与敏捷计算。涉及的软硬件计算平台有较高的技术壁垒和行业壁垒,从目前看我国尚无整套自主可控的解决方案,特别是计算平台的基础平台及所涉及的工具链也主要由国外所掌握。

(5)信息安全保障。面向车路协同开放和网联环境,需构建保障智能汽车、通信网络、云端平台和基础设施一体化信息安全的保障体系,建立基于云的安全认证和基于网的异常检测和基于端的主动防御。围绕病毒攻击、信息泄露、车辆信息盗用、恶意破坏等安全问题,我国已经着手开展改进和完善相关安全技术和安全问题的相关工作,加快车联网相关法律法规体系和技术标准规范,整体上信息安全各国处于起步阶段。

(6)智能汽车分级和上路运行安全与管理。在智能汽车分级上,目前智能汽车种类繁多,缺少在安全方面的分级分类;在"上路前"安全把关上,智能汽车能力各异,缺少上公共道路的安全把关;在"上路后"交通管理上,车辆混行长期存在,缺少对智能汽车的上路管理。

(7)混合通行条件下的交通管控模式和通行规则。智能汽车和普通车辆混合行驶下,必然带来城市交通流状态演化特征的巨大变化,现有的城市交通管控方法与技术,将无法继续支撑混合驾驶环境下交通的高效运行,甚至可能会降低运行效率。所以,需要研究混合驾驶交通流演化机理,设计新的交通信息交互体系,构建面向混合驾驶环境的交互型城市交通控制与诱导技术,制定新的通行规则及法规标准。

(8)车联网路侧及中心信息交互和安全认证。围绕车路协同数据接入安全及身份认证应用需求,构建符合公安交管要求的车路协同技术架构,开展设备与设备、设备与车辆、设备与平台、平台与平台的身份认证,以信息数字签名和验签等方式开展信息验证,以及加强车辆信息加密、关键数据加密等隐私保护。依托智能网联汽车测试基地,开展车联网应用场景(如编队行驶、避撞预警等)的测试评估,提出面向智能交通、智能汽车融合的车联网安全运营技术要求。

根据上述智能网联汽车与智能交通融合发展关键技术情况分析,我国开展智能网联汽车与智能交通融合创新和产业发展,存在系统性发展顶层设计不足、技术链条核心环节薄弱、协同创新机制尚未建立、法律和技术标准建设滞后等问题,形成了智能网联汽车与智能交通融合发展存在的难点。具体情况如下:融合发展产业链尚不完整,核心技术积累不足;融合发展商业模式不清晰,产业生态不健全;数字化道路基础设施建设投资大、周期长;法规、标准有待健全,部分条款形成制约。

附件二　智能交通系统发展路线图

一、面向 2035 年的发展愿景、目标及里程碑

1. 发展愿景

通过智能网联汽车和智能交通系统的融合发展推动我国交通领域发展,全面建成"驾驶零事故、交通零延误、车辆零排放、出行零忧虑"等美好愿景。面向智能交通与智能汽车融合过程中的运行安全及管控问题,重点在汽车上路行驶安全、车联网运行安全、混合通行管控模式方面开展研究,构建面向智慧城市的新一代智能交通管理体系框架。同时,消除有车与无车的出行差异,以及健全人与残疾人的出行差异,构建更加安全、高效、绿色、便捷的道路出行体系,实现基于共享化智能网联汽车的出行零差异,促进智慧城市建设发展,全面贯彻落实党的二十大精神,逐步解决我国人民日益增长的美好生活需要和不平衡不充分的发展之间的矛盾,践行和谐、平等的社会主义核心价值观。

2. 目标

在面向 2035 智能网联汽车和智能交通系统融合发展的战略愿景中,包含了先进装备、智能化技术、先进基础设施建设、先进能源系统等多个方面,总体上,是以"安全、高效、绿色、便捷"为主要目标的。智能汽车运行安全方面,形成智能汽车全流程管理体系框架;车联网安全运行与服务方面,形成面向智能交通、智能汽车融合的车联网安全运行与服务商业模式;混行交通管控方面,完善混合通行条件下交通管控模式和通行规则法规标准;智能交通管理体系方面,形成城市交通"数据大脑"建设及应用标准体系框架。为了实现以上战略愿景,不仅需要分别实现智能交通、智能网联汽车等相关领域各自技术和建设目标,而且需要实现智能交通与智能汽车以及其他相关领域的深度融合与协同,包括技术上的协同和建设的协同。

3. 里程碑（2025年、2030年、2035年分阶段里程碑）

按照"技术攻关、示范引领、协同优化"的三步走战略实现智能网联汽车和智能交通系统的融合发展。

1）短期（2021—2025年）

厘清我国智能网联汽车、智能交通以及相关领域产业、技术以及融合发展的优劣势。集中力量攻克智能网联汽车、智能交通系统以及相关领域共性基础技术和核心关键技术难点。提出智能汽车运行安全能力分级，构建面向智能交通、智能汽车融合的运行安全与服务标准体系，继续完善智能基础设施建设，研究混合通行条件下交通管控模式和通行规则基础技术，形成场景目标导向的智能交通管理系统逻辑框架。充分发挥各领域优势产业的带动作用，推动技术协同创新。大力建设通信、智能交通、智慧能源等基础设施，打造智能网联的交通出行环境。构建基于智能汽车、智能交通深度融合的新一代智能网联汽车标准与法规体系。

2）中期（2026—2030年）

继续推进智能网联汽车和智能交通系统融合发展的共性基础技术和核心关键技术攻关。构建与智能网联汽车和智能交通系统融合发展相适应的产业链，加快产业布局，促进新兴产业与传统产业的深度融合，逐步形成新型商业模式。构建智能汽车和车联网运行安全测试评价体系，开展面向智能交通、智能汽车融合的车联网测试道路智能化改造，突破混合通行条件下交通管控模式和通行规则关键技术，形成基于网联大数据的智能交通管理系统物理框架。在可控环境内逐步开展智能网联汽车和智能交通融合示范，如建成智能网联汽车测试基地，在封闭和半封闭试验场地开展智能网联汽车技术试点示范。

3）远期（2031—2035年）

继续推进智能网联汽车与智能交通融合发展的示范应用。形成智能汽车全流程管理体系框架，形成面向智能交通、智能汽车融合的车联网安全运行与服务商业模式，完善混合通行条件下交通管控模式和通行规则法规标准，形成城市交通"数据大脑"建设及应用标准体系框架。形成涵盖封闭测试场、开放道路和先导区的三级测试示范，推动从技术研发、测试验证到示范应用的三级产业链条，最终实现城市级社会开放道路的规模化产业化应用。实现车辆自动驾驶技术和道路智能化技术的协同优化，带动形成新一代交通控制与运行系统以及开放、共享的新型客货运输服务系统的集成创新，实现交通运输行业转型升级。

二、技术路线图

1. 关键分领域技术路线图

1)智能汽车与车联网运行安全管理与服务

智能汽车与车联网运行安全管理与服务技术路线图如附图3-4所示。

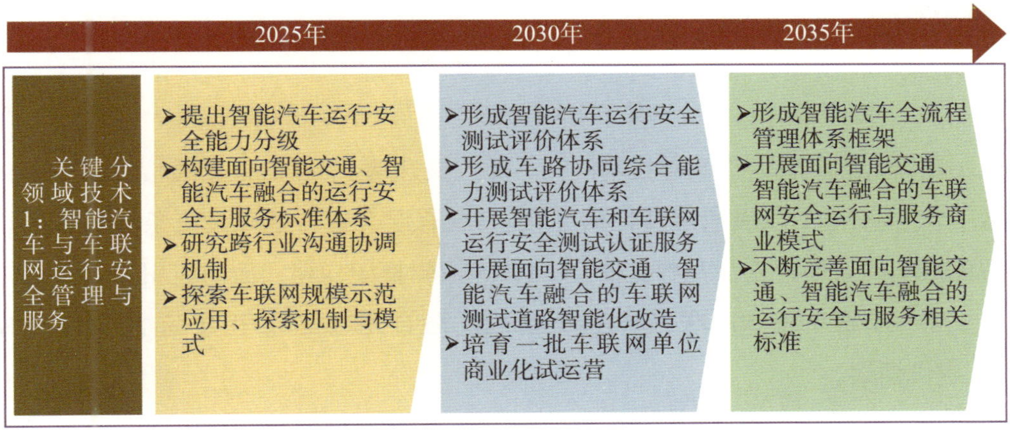

关键分领域技术1:智能汽车与车联网运行安全管理与服务	2025年	2030年	2035年
	▶提出智能汽车运行安全能力分级 ▶构建面向智能交通、智能汽车融合的运行安全与服务标准体系 ▶研究跨行业沟通协调机制 ▶探索车联网规模示范应用、探索机制与模式	▶形成智能汽车运行安全测试评价体系 ▶形成车路协同综合能力测试评价体系 ▶开展智能汽车和车联网运行安全测试认证服务 ▶开展面向智能交通、智能汽车融合的车联网测试道路智能化改造 ▶培育一批车联网单位商业化试运营	▶形成智能汽车全流程管理体系框架 ▶开展面向智能交通、智能汽车融合的车联网安全运行与服务商业模式 ▶不断完善面向智能交通、智能汽车融合的运行安全与服务相关标准

附图3-4　智能汽车与车联网运行安全管理与服务技术路线图

(1)2025年前(短期):运行安全能力分级,拟从面向智能交通的智能汽车运行安全角度出发,提出智能汽车"多维一体"的分级方法。完善道路交通安全法规、事故处理条例等,开展车联网标准体系建设,开展规模示范应用,对通信设施、路侧设施和云平台等进行升级改造。

(2)2030年前(中期):智能汽车运行安全测试评价,一方面,实车实路测试可以考察智能汽车在实际道路交通环境中的表现,强调实战;另一方面,虚拟仿真测试可以通过模拟环境简化测试流程,丰富测试场景,强调效率。开展智能汽车和车联网运行安全测试认证服务。完善车联网相关法律法规,建立车联网安全认证及信息服务标准,开展测试认证,探索相关机制及标准体系完善。

(3)2035年前(长期):智能汽车通行规则,通过借鉴现有的车辆和驾驶人管理体系,结合智能汽车特点,以标准为切入点,初步形成智能汽车管理流程框架。培育一批车联网商业化运营企业,不断完善运营流程,建立成熟运行模式,开展规模验证及商业化运营,建立车联网服务体系。

2)以大数据为核心的智能交通管理体系框架

以大数据为核心的智能交通管理体系框架技术路线图如附图3-5所示。

附图3-5　以大数据为核心的智能交通管理体系框架技术路线图

2025年前(短期)：①基础技术研究。通过提升基于5G的数据通信、路侧基础设施数字化、混合通行驾驶机理特性研究，提升现有混合通行基础设施条件，为普通车和智能汽车高效通行提供基础支撑。②ITMS逻辑框架构建。面向应用场景和目标，基于多模式交通系统和网联汽车多源大数据，融合先进技术，构建场景目标导向的ITMS逻辑框架。

2030年前(中期)：①关键技术突破。研究普通车与智能汽车协同驾驶技术，提升现有普通车辅助驾驶能力和智能汽车安全驾驶水平，通过试验场和测试基地建设，规范开展驾驶人考试测试，研究符合伦理的智能汽车事故避险处理技术研究。②ITMS物理框架构建。基于网联大数据，结合功能需求，融合物理实体和技术架构，构建基于网联大数据的ITMS物理框架。

2035年前(长期)：①法律法规完善。制定并完善相关交通法规标准，考虑修订《中华人民共和国道路安全交通法》及相关条例，制定路侧基础设施数字化标准、驾驶人考试规定、试验测试等相关规定。②"数据大脑"建设及标准体系框架。按照目前的交管数据资源分布情况，构建跨网络跨平台跨系统的"数据大脑"应用架构，整合现有标准，形成"数据大脑"标准体系。

3) 智能交通、智能汽车融合发展技术(智能汽车、智能交通、基础设施)

(1) 感知技术。

新一代区域智能交通系统获取车辆和道路运行状态参数方式从传统的断面传感，逐步向跨域全时的多维、多基自动采集转变，数据颗粒度也从断面、局部数据变为精准的全时空数据，逐步实现系统要素的可测性问题。

至2025年，新一代区域智能交通系统应拓展感知维度，利用多元传感数据融合技术提升自主环境感知精度,实现局部感知功能。

至 2030 年,实现智能车辆与路侧感知单元的融合,增强定位效能,以北斗为主,建立车基 + 路基的多域协同感知。

至 2035 年,通过车载(车基)、道路(路基)和无人机(空基)协同感知提升全域感知能力。建立多元传感数据融合架构,实现高覆盖范围的全域感知。

感知技术路线图如附图 3-6 所示。

附图 3-6　感知技术路线图

(2)车路信息交互技术。

车路信息交互技术目前与国际先进水平的主要差距体现在频谱分配、底层传输技术、通信标准体系、通信模块产品等 V2X 底层通信技术方面,以及 V2X 应用层通信协议互操作性的数据信息标准缺乏、应用开发成熟度与实际应用经验不足等 V2X 应用方面。未来推进发展的路径应主要从分配频谱、突破 V2X 通信传输层技术、标准制定、模块开发、测试认证、大规模示范性应用等方面着手。具体发展方向如下:

至 2025 年,在 V2X 底层通信技术方面,实现 V2X 通信模块样机的批量生产,完成大规模测试,完成 V2X 频谱规划初步工作;在 V2X 应用技术方面,开发部署在车载终端和路侧系统中支持多种通信模式的数据交互管理平台,通过大规模测试试验,验证不同通信方式对不同应用的适用性,实现不同通信协议的自动切换与协同,完善应用层数据交互标准,并开展基于 V2X 大规模的示范与应用;结合底层通信模块的商业化开发,开展基于 V2X 技术的车辆测试、认证和大规模产业化推广和应用,提高车辆的安全和效率。

至 2030 年,在 V2X 底层通信技术方面,完成智能网联汽车频谱规划和频谱指派,完成认证体系建设,实现商用智能网联汽车通信模块产品开发;在 V2X 应用技术方面,实现标准协议下不同品牌车辆间、车辆与路侧设备以及车辆与平台间的 V2X 通信,V2X 系统应用大幅提升交通安全与能效。

至 2035 年,在 V2X 底层通信技术方面,实现车车、车路信息的全面互联互通,以及全时空交通信息的融合感知与协同处理;在 V2X 应用技术方面,结合 V2X 技术的智能汽车和自动驾驶技术大幅降低对自车传感器的依赖,提高自动驾驶的可行性,推广和普及结合 V2X 的自动驾驶技术。

车路信息交互技术路线图如附图 3-7 所示。

附图 3-7　车路信息交互技术路线图

(3)智能交通、智能汽车融合平台及应用技术。

智能交通、智能汽车融合平台技术的主要差距在于架构及标准化方面,未来应从信息交互平台关键技术研发、分级架构与标准建设、各级平台的规模化接入与运营服务等方面推动发展。具体发展方向如下:

至 2025 年,建设信息融合交互平台的分级架构,建立"基础数据平台—公共服务平台—应用服务平台"的三级信息交互平台架构体系,明确政府与企业等各参与者的角色和定位,研究各平台间数据交互标准。

至 2030 年,全国性基础数据平台形成规模化运营,实现不同品牌汽车的大规模接入,三级平台间通过标准协议实现实时对接;完善各级平台标准化与运营工作,网联汽车在基础数据平台的接入率达到 80% 以上。

至 2035 年,全国网联汽车数据实现在基础数据平台上的交互共享,形成三级平台架构下的开发、运营标准化体系。

智能交通、智能汽车融合应用技术与国外的差距主要集中在模型表达能力、虚拟仿真平台、信息交互接口统一、多车纵横向协同控制与决策框架、多车协同控制方法的稳定性、鲁棒性与可延展性分析等方面的不足与缺乏,建议通过建立智能网联汽车多车系统动力学机理及协同控制架构、统一架构下的多车协同决策与控制方法、开展通信拓扑结构与编队几何构型优化及非理想信息环境下协同控制特性解析等工作推进车路协同应用技术发展。具体发展方向如下：

至 2025 年,实现精确停车控制等技术的大规模应用,以及动态协同专用车道管理等部分技术的初步应用;实现临时性障碍预警、无分隔带弯道安全会车等初级技术的广泛应用。

至 2030 年,实现动态协同专用车道技术在奥运会等大型活动的应用,以及基于车路协同信息的集群诱导的技术初步应用;实现智能车速预警与控制、弯道侧滑/侧翻事故预警、车间距离预警与控制等高级应用的小规模示范。

至 2035 年,实现基于车路协同信息的道路交叉口智能控制等效率提升类技术的全面应用;面向安全的车路协同技术全面产业化应用。

智能交通、智能汽车融合平台及应用技术如附图 3-8 所示。

附图 3-8　智能交通、智能汽车融合平台及应用技术路线图

(4) 测试验证技术。

测试验证技术的主要差距在于软件仿真和半实物仿真技术,以及测试验证技术与试验场能力,建议开展仿真与测试技术突破和环境初步搭建、测试能力提升且多种测试方法融合发展、建立完善的车路协同仿真与测试平台等工作。具体发展方向如下：

至 2025 年,融合车辆、交通、通信三大类仿真,突破车路协同仿真技术,初步搭建仿真测试平台,突破智能交通、智能汽车融合发展关键技术测试验证方法,初步搭建测试基地。

至 2030 年,完成实物、半实物、虚拟三级测试验证平台搭建,具备多种通信方式、多种车辆、多场景的智能交通、智能汽车融合技术应用验证测试能力。

至 2035 年,形成完善的智能交通、智能汽车融合仿真与测试平台,支撑市场准入、标准检测以及产业发展。

测试验证技术路线图如附图 3-9 所示。

附图 3-9　测试验证技术路线图

(5)信息安全技术。

信息安全技术主要在技术标准、安全模型建立、生命周期信息安全防护体系、安全漏洞组织建立方面与先进水平有差距,实施路径可包括关键技术研发与应用、规范制定以及体系认证完善等。具体发展方向如下:

至 2025 年,形成智能交通、智能汽车融合信息安全管理要求,建立健全以密码技术为核心的系统信息安全保障体系和技术标准体系,完成软硬件架构设计及原型系统开发,形成统一的安全服务管理平台,完善智能交通、智能汽车融合信息安全测试规范,建立智能交通、智能汽车融合信息安全应急响应体系。

至 2030 年,突破面向高速移动车载系统的轻量级安全认证和访问控制技术,获得核心产品开发能力,并在试点示范中应用,实现对车载系统、路侧系统及中心平台的安全评估和认证。

至 2035 年,完善智能交通、智能汽车融合信息安全架构,构建基于端-管-云的智能网联汽车信息安全保障体系。

信息安全技术路线图如附图 3-10 所示。

附图 3-10　信息安全技术路线图

(6) 技术标准规范。

技术标准规范方面，目前还存在智能化汽车、网联化汽车以及相关行业配套标准法规的缺失问题，建议一方面加强战略性、前瞻性标准的前期研究，另一方面加快车路协同相关标准法规的制修订工作。具体发展方向如下：

至 2025 年，建立科学合理的智能交通、智能汽车融合标准体系，完成术语及定义、信息编码、应用消息集、信息安全总体要求等关键性、基础性标准，规范智能交通、智能汽车融合研发路线和应用场景。

至 2030 年，研究制定面向协同安全、协同效率的服务标准，完成以协同感知、协同决策与控制为重点的技术标准，实现智能交通、智能汽车融合示范应用。

至 2035 年，初步形成相对完整的智能交通、智能汽车融合标准体系，完成覆盖便携、车载、路侧、中心等应用范围的产品标准，支撑智能交通、智能汽车融合产业化。

技术标准规范技术路线图如附图 3-11 所示。

附图 3-11　技术标准规范技术路线图

三、模式创新

1)个人出行

到 2025 年,规划并建立智能 PHEV(Plug-in Hybrid Electric Vehicle,插电式混合动力汽车)停车场,初步实现大规模分布式能源的并网技术。实现个人出行路线与时间的精确化、定制化服务,并实现车辆的精确停车诱导。大力发展新型交通工具(如 eVTOL 等),拓展个人出行空间。

到 2030 年,发展私家 PHEV 汽车大规模并网技术,实现 PHEV 汽车与城市电网的交互。初步实现区域内个人出行需求的整合,实现交通资源的共享。依托经济激励措施,制定法律法规,大力推广新型交通工具的应用与共享。

到 2035 年,实现新一代交通出行的服务模式转变,并实现智慧城市能源网络与智能交通网络的互通。搭建个人出行的按需交通网络,实现一站式智能化共享出行。

个人出行发展技术路线图如附图 3-12 所示。

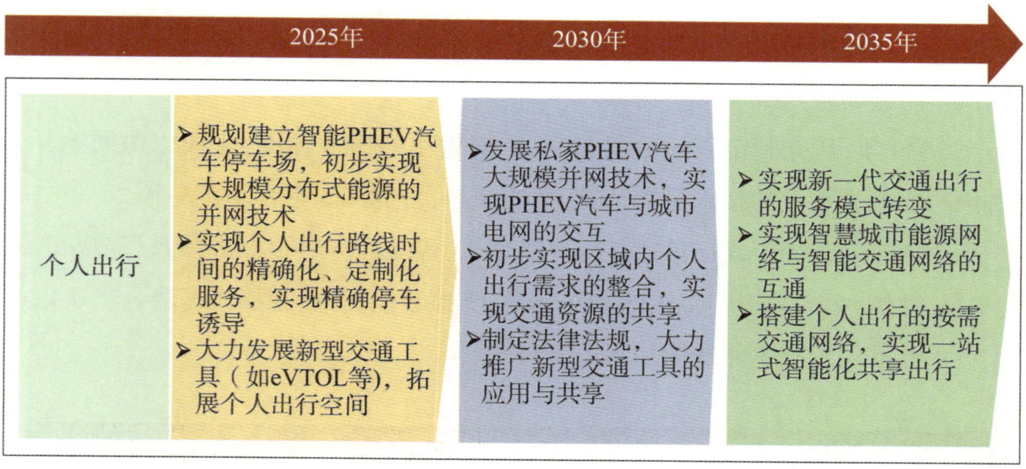

附图 3-12　个人出行发展技术路线图

2)城市交通

到 2025 年,发展电动公交车,占传统公交车辆的 50%~60%,发展多模式出行方式(如共享交通、租赁交通、按需交通等),占传统固定式交通线路的 15%。发展多模式道路试点(步行者人行道/自行车道/公交车专用道/小汽车道等)。

到 2030 年,发展电动公交车,占公交车辆总数的 70%~85%。发展多模式出行方式(如共享交通、租赁交通、按需交通等),占各方式交通线路的 25%~30%。发展多模式道路,占原有道路总数的 30%~40%。

到 2035 年,全面实现公交车的电动化,实现共享化、租赁化、按需化交通模式,占各方式交通线路的 45%~50%。实现紧凑型的交通道路规划,建立 15min 生活圈愿景。

城市交通发展技术路线图如附图 3-13 所示。

附图 3-13　城市交通发展技术路线图

四、创新发展需求及优先行动项

1. 创新发展需求

(1)智慧城市及其可持续发展的需求。城市发展在经历了两次技术革命之后,如今在信息技术革命的推动下,以互联网、物联网、云计算等新一代信息技术为代表的信息化浪潮席卷全球,并酝酿着全球性重大变革与突破。人类持续向发达城市涌入和汽车的快速普及使得"城市病"问题也开始浮现出来:城市规模越来越大,耕地、淡水、电力等资源得不到合理调配,城市管理因机构臃肿而效率低下;汽车保有量急剧上升带来的交通拥堵、安全隐患、能源危机以及环境污染等问题加剧,居民生活质量大大降低。面对严峻的城市发展形势,如何通过提高汽车使用率,以相对较少的汽车保有量满足全社会交通需求,促进建设"轻拥有、重使用"的节约型智慧城市已成为人们关注热点之一。这些因素将促使创新融合发展成为未来智慧城市建设及其可持续发展的重中之重。

(2)智慧城市新型出行移动的需求。我国人口基数大、人均出行次数高、分布东高西低不均匀、人口迁徙性较强以及老年化出行难等对我国未来交通系统的设计提出了挑战。随着互联网、大数据等新技术的快速发展,高级自动驾驶汽车作为汽车及相关领域先进技术集成应用的重要载体,已成为代表未来出行科学技术发展趋势及交通出行产业升级方向的战略制高点。此外,未来出行趋势呈现"低碳化、共享化和智能化"三大特征,只有实时互联、自动驾驶的智能交通才能满足人们智慧、安全兼具娱乐的出行需求。

(3)汽车和交通产业转型升级的需求。面对交通资源孤立、分散,各系统层面未能做到互联互通缺乏全时空、全过程管控的局面,传统车企正在竞相开展智能移动互联生态发展战略,将汽车产业的边界与相关领域融合发展,向交通、城市领域扩展,以期解决车辆智能化单链发展难以突破的难题。在信息化、智能化技术的推动下,实现汽车、交通、城市的协同与融合已成为全球各相关产业的共识并正在付诸实践。

(4)智慧城市经济发展的需求。汽车是多产业、多部门、跨学科的载体,是城市内唯一能够打通城市所有设施的移动端。高效便捷的出行绝不是简单的交通工具优化,因为其与城市规划、道路交通设计、能源布局之间具有关联性和系统性,这就对智能网联汽车和智能交通系统的创新融合发展提出高标准、高要求,由此对汽车、交通以及基建等产业价值链本质产生重大影响。它辐射带动范围广泛,提高了设计开发、采购物流、制造组装、产品销售、后市场服务、新型使用模式等各个产业链环节的技术和知识密度,这些因素将促使创新融合发展成为未来最重要的新经济增长点之一。

(5)混行条件下交通管控的需求。目前的城市交通管控系统还没有做好迎接智能车混合驾驶环境的到来,作为城市智能交通的基本组成部分,现有的交通设施(包括交通信号灯、交通标志标牌、道路施工围挡等),绝大部分仍然是非数字化的,远未实现智能化(包括数字化、网联化、协同化),导致现有交通设施不能对交通状态变化作出实时响应,而且信息传递能力弱,在光线较差或者距离较远时,这些交通设施传递的信息可能被完全忽略。此外,传统的交通控制与诱导系统数据源单一且滞后,不能充分利用城市全域路网的信息,而且使用的是基于非智能交通设施的信息发布方式,导致控制与诱导算法的结果不够精准和实时,不能实现在合适的时间、合适的地点,发布给合适的出行者。在自动驾驶法规标准及规则制定方面亟须有所突破,另外,大数据驱动下的新一代智能交通管理体系框架构建,以及"交管大脑"实施路径亟须明确。

2. 优先行动项

(1)制定适应我国自动驾驶发展的技术路径及标准法规。一是针对不同等级智能汽车实行分级管理,完善相关标准、法规体系。完善智能汽车分级测试评价体系,根据标准体系逐步丰富智能汽车管理标准,修订《中华人民共和国道路交通安全法》及实施条例;二是推动智能汽车上路行驶规则数字化,实现"规则意识"具象化。研究混合通行条件下车辆通行规则,构建通用的智能汽车数字化通行规则,具象化"机器驾驶人"的"规则意识"。

(2)构建以管控为核心的车路协同及智能交通管理体系。一是以管控为核心的车路协同技术架构及产业模式推广。设计完善交通管控开放互联、赋能车联网的应用服务架构体系,制定公安交管路侧设备、网联车辆的数字身份及信息交互安全规定,探索车联网规模化建设、应用、管理主体及全链条协同运营模式。二是大数据驱动下的新一代智能交通管理体系框架构建。明确公安交管"数据大脑"定位及功能界面,制定智能交通、智能汽车大数据深度融合的新一代ITMS框架结构,设计新一代智能交通管理大数据应用标准体系。

(3)推动智能交通、智能汽车融合技术重点发展产业领域发展。推动智能交通、智能汽车融合通信网络与信息平台自主研发创新能力。根据区域产业链分布特征,可重点扶持优势下游产业链通信、信息平台及信息服务技术,研发具有自主知识产权的网络安全、通信标准等智能交通、智能汽车融合下游产业链技术体系,集中突破制高点核心关键技术。支持信息产业与汽车层面融合。针对目前中、下游的信息产业与汽车融合层次较浅的问题,打通智能交通、智能汽车融合生态系统,深入汽车智能化、协作化的决策和控制层面,推动产业升级。推动跨领域、跨行业、跨品牌的智能交通、智能汽车融合应用与合作。通过统一开放规范和平台接口,将直接推动不同品牌汽车产品之间的智能交通、智能汽车融合互通。同时,应以国有整车企业产品之间实现互联为基础,带动民营汽车企业和其他行业参与,形成有利于本土企业发展的行业规范。

本章参考文献

[1] 王云鹏,鲁光泉,于海洋,等.路车融合的道路交通系统智能化分级及发展建议[J].中国公路,2022(10):38-40.

[2] 王云鹏,鲁光泉,陈鹏,等.智能车联网基础理论与共性关键技术研究及应用[J].

中国科学基金,2021,35(S1):185-191.

[3] 王云鹏.国内外ITS系统发展的历程和现状[J].汽车零部件,2012(6):36.

[4] 张军,王云鹏,鲁光泉,等.中国综合交通工程科技2035发展战略研究[J].中国工程科学,2017,19(1):43-49.

[5] CUO Q Q,LI L,BANA X G. Urban traffic signal control with connected and automated vehicles:A survey[J]. Transportation Research Part C:Emerging Technologies,2019,101:313-334.

[6] VAN,BRUMMELEN,JESSICA,et al. Autonomous vehicle perception:The technology of today and tomorrow[J]. Transportation Research Part C:Emerging Technologies,2018,89:384-406.

[7]《中国公路学报》编辑部.中国汽车工程学术研究综述·2017[J].中国公路学报,2017,30(6):1-197.

[8] 赵福全,刘宗巍.中国发展智能汽车的战略价值与优劣势分析[J].现代经济探讨,2016(4):49-53.

[9] 李德仁,邵振峰,杨小敏.从数字城市到智慧城市的理论与实践[J].地理空间信息,2011,9(6):1-5+7.

[10] 许庆瑞,吴志岩,陈力田.智慧城市的愿景与架构[J].管理工程学报,2012,26(4):1-7.

[11] 陆化普,孙智源,屈闻聪.大数据及其在城市智能交通系统中的应用综述[J].交通运输系统工程与信息,2015,15(5):45-52.

[12] MCDONALD. Intelligent Transport Systems in Europe:Opportunities for Future Research[M]. WORLD SCIENTIFIC,2006.

[13] SUMIT G,TONY L,TONY S L. Intelligent Transportation Systems[M]. Taylor and Francis;CRC Press,2000.

[14] 张纪升,李斌,王笑京,等.智慧高速公路架构与发展路径设计[J].公路交通科技,2018,35(1):88-94.

[15] 钱志鸿,田春生,郭银景,等.智能网联交通系统的关键技术与发展[J].电子与信息学报,2020,42(1):2-19.

[16] 王云鹏,鲁光泉,于海洋.车路协同环境下的交通工程[J].中国工程科学,2018,20(2):106-110.

[17] YU H Y,JIANG R,HE Z B,et al. Automated vehicle-involved traffic flow studies:A survey of assumptions,models,speculations,and perspectives[J]. Transportation Research Part C:Emerging Technologies,2021,127.

[18] 李克强.智能网联汽车现状及发展战略建议[J].经营者(汽车商业评论),2016(2):170-175+15.

[19] 李克强,戴一凡,李升波,等.智能网联汽车(ICV)技术的发展现状及趋势[J].汽车安全与节能学报,2017,8(1):1-14.

[20] 崔明阳,黄荷叶,许庆,等.智能网联汽车架构、功能与应用关键技术[J].清华大学学报(自然科学版),2022,62(3):493-508.

[21] 赵福全,刘宗巍,郝瀚,等.中国实现汽车强国的战略分析和实施路径[J].中国科技论坛,2016(8):45-51+76.

[22] 王建强,黄荷叶,李克强,等.迈向L5级自动驾驶汽车的发展原则[J].Engineering,2021,7(9):253-278.

[23] 杨澜,赵祥模,吴国垣,等.智能网联汽车协同生态驾驶策略综述[J].交通运输工程学报,2020:1-26.

[24] 丁飞,张楠,李升波,等.智能网联车-路-云协同系统架构与关键技术研究综述[J].自动化学报,2022,48(12):2863-2885.

[25] 张扬.人工智能赋能城市交通精细化管理的思考[J].交通与港航,2020,7(5):46-50.

[26] 伍朝辉,武晓博,王亮.交通强国背景下智慧交通发展趋势展望[J].交通运输研究,2019,5(4):26-36.

[27] 赵祥模,惠飞,史昕,等.泛在交通信息服务系统的概念、架构与关键技术[J].交通运输工程学报,2014,14(4):105-115.

[28] 徐志刚,李金龙,赵祥模,等.智能公路发展现状与关键技术[J].中国公路学报,2019,32(8):1-24.

[29] 张毅,姚丹亚,李力,等.智能车路协同系统关键技术与应用[J].交通运输系统工程与信息,2021,21(5):40-51.

[30] 陆化普,李瑞敏.城市智能交通系统的发展现状与趋势[J].工程研究——跨学科视野中的工程,2014,6(1):6-19.

[31] 王笑京.智能交通系统研发历程与动态述评[J].城市交通,2008,22(1):6-12.

[32] 吴戬,宋晓峰,季玮,等.智慧高速公路车路协同系统发展现状与趋势[C]//中国智能交通协会,第十五届中国智能交通年会科技论文集(2).

[33] 钱志鸿,田春生,郭银景,等.智能网联交通系统的关键技术与发展[J].电子与信息学报,2020,42(1):2-19.

[34] 刘天洋,余卓平,熊璐,等.智能网联汽车试验场发展现状与建设建议[J].汽车技术,2017,496(1):7-11+32.

[35] 边明远,李克强.以智能网联汽车为载体的汽车强国战略顶层设计[J].中国工程科学,2018,20(1):52-58.

[36] 李克强,李家文,常雪阳,等.智能网联汽车云控系统原理及其典型应用[J].汽车安全与节能学报,2020,11(3):261-275.

第四章

新型智慧城市系统工程创新战略

撰稿人：杜　恒　中国城市规划设计研究院雄安研究院
　　　　潘天鹭　清华大学，鹏城实验室

摘要

随着智能汽车技术的发展、新型基础设施建设的推进和信息服务体系的完善，传统出行体系要素"车、路、人"的巨变将引发城市规划、资源配置、社会服务机制等随之更新，随即迎来全时空全要素感知，全时空全对象统筹，精细化多渠道应用，运（营）管（理）服（务）规（划）多领域变革的新型智慧城市。

本章梳理了新型智慧城市建设的理论和发展政策，并从经济社会发展、资源配置、城市管理等角度分析了智慧城市、智能交通、智能汽车深度融合对于新型智慧城市的发展意义。以传统交通和城市管理难以突破的治理瓶颈为切入点，本章展望了智能网联汽车推动智慧城市治理能力提升的前景，从城市出行行为链条重构、城市物流链条革新和城市服务体系演进三个方向研究智能化、网联化、电动化、共享化对新型智慧城市建设的具体推动作用。

本章描述了支持3S融合的全域覆盖物联网、智能感知设施、智能道路设施、智能能源供给等基础性建设要求。从城市泛在感知来源、信息传输渠道和计算能力、大数据融合分析、城市级统筹优化算法、高精度城市建模与定位技术和车载平台等角度梳理了面向智能汽车的智慧城市交通治理的技术体系和数据体系。综合以上内容，从泛在感知、高效传输、融合决策、智能执行、基础支撑、空间组织等方面形成了面向中长期的智慧城市技术发展路线规划，最后以雄安新区为例给出了智慧城市出行服务实践。

第一节
新型智慧城市建设整体发展思路

一、新型智慧城市的内涵与发展意义

20多年以来,我国城市信息化的发展经历了数字城市、智慧城市、新型智慧城市三个阶段。早期的智慧城市,主要关注的是如何借助遥感、卫星导航系统、地理信息系统等多种信息获取与转换技术,将构成城市的自然环境、建设空间、社会经济、历史人文、管理业务等多种要素进行数字化,构建与现实城市对应的虚拟城市,即数字孪生。然而,这样的智慧城市/数字孪生往往是体现偏于单向的、相对静态的映射关系。当前新型智慧城市建设已经进入以数据为核心的新阶段。新型智慧城市是以为民服务全程全时、城市治理高效有序、数据开放共融共享、经济发展绿色开源、网络空间安全清朗为主要目标,通过体系规划、信息主导、改革创新,推进新一代信息技术与城市现代化深度融合、迭代演进,实现国家与城市协调发展的新生态。其本质是全心全意为人民服务的具体措施与体现。建立城市物理空间和社会空间到信息空间的映射,再通过信息空间回馈物理空间和社会空间,进而优化城市系统,解决城市问题,这是智慧城市建设的基本工程逻辑。

自2012年以来,住房和城乡建设部、工业和信息化部、科学技术部、国家发展和改革委员会等多个国家部委开展了大量的智慧城市试点工作,各省、市也积极响应。2016年4月,在全国网信工作会议上,新型智慧城市的概念被提出。2017年10月,习近平总书记在党的十九大报告中进一步提出建设"数字中国、智慧社会"的宏伟目标。新型智慧城市建设已经上升为国家发展战略。2020年5月,李克强总理在十三届全国人大三次会议政府工作报告中提出,今后政府将扩大有效投资,重点支持"两新一重"建设,即加强新型基础设施建设,加强新型城镇化建设,加强交通、水利等重大工程建设。"两新一重"既是智慧城市的牵引力,又是智慧城市的主战场,二者相辅相成,共建共荣。

2021年,中共中央、国务院印发的《中华人民共和国国民经济和社会发展第十四

个五年规划和2035年远景目标纲要》指出:"分级分类推进新型智慧城市建设,将物联网感知设施、通信系统等纳入公共基础设施统一规划建设,推进市政公用设施、建筑等物联网应用和智能化改造。完善城市信息模型平台和运行管理服务平台,构建城市数据资源体系,推进城市数据大脑建设。探索建设数字孪生城市。"总结起来,即"新型智慧城市"建设的四个重点,即物联网开放体系架构、城市开放信息平台、城市运行指挥中心、网络空间安全体系。

2022年,党的二十大报告提出:坚持人民城市人民建、人民城市为人民,提高城市规划、建设、治理水平,加快转变超大特大城市发展方式,实施城市更新行动,加强城市基础设施建设,打造宜居、韧性、智慧城市。要深入推动城市更新提升,优化城市功能品质,聚焦超大城市治理,加速推进城市管理"智"治体系建设,构建共商共建共管共享的城市治理新格局,不断推进城市治理体系和治理能力现代化。坚持把发展经济的着力点放在实体经济上,推进新型工业化,加快建设制造强国、质量强国、航天强国、交通强国、网络强国、数字中国。

2023年,中共中央、国务院印发了《质量强国建设纲要》,该纲要提出,我国要实施产业基础再造工程和重大技术装备攻关工程,支持专精特新企业发展;要巩固优势产业领先地位,在关系安全发展的领域加快补齐短板,提升战略性资源供应保障能力;要推动战略性新兴产业融合集群发展,构建新一代信息技术、人工智能、生物技术、新能源、新材料、高端装备、绿色环保等一批新的增长引擎;加快发展数字经济,打造具有国际竞争力的数字产业集群;要优化基础设施布局、结构、功能和系统集成,构建现代化基础设施体系等。

新型智慧城市,是一条贯彻新发展理念、全面推动新一代信息技术与城市发展深度融合、引领和驱动城市创新发展的新路径,是一种形成智慧高效、充满活力、精准治理、安全有序、人与自然和谐相处的城市发展新形态和新模式。不仅如此,新型智慧城市也是我国建设数字中国、智慧社会的核心载体。现阶段,我国新型智慧城市已经进入以人为本、成效导向、统筹集约、协同创新的新发展阶段。

与传统智慧城市相比,新型智慧城市虽然仍然需要以各类信息基础设施的建设为基础,但更为注重城市各类信息的共享、城市大数据的挖掘和利用以及城市安全的构建和保障,打通了传统智慧城市的各类信息和数据孤岛,实现城市各类数据的采集、共享和利用,建立统一的城市大数据运营平台。新型智慧城市包含十大核心要素,涵盖智慧城市设计、建设、运营、管理、保障各个方面,具体来说,应包括顶层设计、体制机制、智能基础设施、智能运行中枢、智慧生活、智慧生产、智慧治理、智慧生态、技术创新与标准体系、安全保障体系。

随着对新型智慧城市的研究不断深入，新型智慧城市的内涵和外延也在不断拓展。我国各级各类新型智慧城市建设已经从技术导向、注重建设全面转向成效导向、突出运营阶段，技术架构和业务板块相对固化而成熟。如何解决好政府与市场、全面与聚焦、应用与创新的关系，建立更为高效、顺畅、有机衔接的组织机制、管理机制、运营机制、合作机制，成为现阶段各地推进新型智慧城市建设的核心关注点和探索方向。

二、新型智慧城市建设的现状和发展趋势

随着物联网、云计算、移动互联和大数据等信息技术逐步成熟，新型智慧城市的定义也逐渐清晰，时下的智慧城市强调以信息化为主线，从信息采集、分析、模拟到预测，对城市发展中遇到的问题进行全面了解、精准判断和综合管控，是最新技术与现代化城市治理的深度融合，是新发展理念在公共服务领域的探索实践，是满足人民对美好生活的有效举措。数字孪生的全域感知、精准映射、虚实交互和全局洞察等特点，可以推动城市治理向数字化、全面化、精准化、预见化跃迁，同时带动各垂直领域的创新发展。与此同时，数字孪生能够促使产业界联合资源优势、打通资源壁垒，打造协同发展、共融共生的城市级创新平台，从而带动相关产业和垂直领域实现共同繁荣，并将数据的价值充分放大，实现数据的最大化利用。未来，在 5G + AIoT + 城市底层操作系统的协同下，智慧城市可以建立运营的全面感知系统，并以此解决数据融通和城市碎片化问题，最终为政府提供精准化服务。5G 具有大带宽、低延时和 NB-IoT 广覆盖、低功耗等特点，它与 AI、物联网终端一起，能够形成城市强大的感知系统，成为助力城市数字化转型的入口。

随着新型智慧城市发展的需求和新型技术应用的推动，新型数字孪生更加强调现实城市与虚拟城市之间的互动，并突出强调两个方面：双向互动、动态互动。双向互动致力于打破之前从现实城市到虚拟城市的单向映射，更加强调虚拟城市如何针对现实城市所面临的管理问题和发展诉求，在三维仿真、虚拟现实、增强现实、混合现实等技术支持下，通过仿真模拟和分析反作用于现实城市的规划、建设、运营与治理；而动态互动则是借助物联网致力于实时感知现实城市的动态运营状况，并将感知数据通过光纤网

络或者5G网络输入虚拟城市,通过虚拟城市来随时监测、分析和发现城市运营中存在的问题,诸如城市生态问题、灾害问题、交通问题、治安问题、疫情问题等。

为推进新型智慧城市建设,国内许多城市群、省、市相继推出了一些建设规划。以粤港澳大湾区为例,2019年,中共中央、国务院印发的《粤港澳大湾区发展规划纲要》指出,推进新型智慧城市试点示范和珠三角国家大数据综合试验区建设,加强粤港澳智慧城市合作,探索建立统一标准,开放数据端口,建设互通的公共应用平台,建设全面覆盖、泛在互联的智能感知网络以及智慧城市时空信息云平台、空间信息服务平台等信息基础设施,大力发展智慧交通、智慧能源、智慧市政、智慧社区。推进电子签名证书互认工作,推广电子签名互认证书在公共服务、金融、商贸等领域应用。

2021年,广东省人民政府印发的《广东省新型城镇化规划(2021—2035年)》指出,要坚持智慧创新、数字赋能,前瞻部署新一代信息基础设施、统筹建设城市大脑、打造多元融合应用场景,实现城市全域感知、全网协同和全场景智慧,打造全国领先的新型智慧城市标杆。该规划提出,到2025年全省实现5G网络城乡全覆盖。

2021年,珠海市发布《珠海市新型智慧城市"十四五"规划》,该规划明确提出要全面推进新型智慧城市建设与城市发展战略深度融合,坚持全市统筹规划、整体布局、集约部署、协同联动,资金将重点投向5G通信、大数据、人工智能、工业互联网等领域。部署泛在智能的数字基础设施,构建智能一体的"城市大脑",深度赋能四类智慧应用场景,推出多个智慧应用,打造"1+1+4+N"的智慧城市总体架构,打造全国领先的新型智慧城市标杆,助力珠海加快建成现代化国际化、未来型生态型智慧型城市,为粤港澳大湾区智慧城市群建设提供核心支撑。按照建设规划,到2022年珠海市将建成1.9万座5G基站,率先建成5G+千兆光网的"双千兆"城市;"城市大脑"建设初具雏形,数据治理能力大幅提升;城市数字化水平大幅提升,重点公共区域视频联网率达100%,城市路口智能交通信号覆盖率超40%;惠民便民服务数字化水平显著提升,政务服务事项全程网办率超88%。到2025年,珠海将成为全国领先的新型智慧城市标杆。

2022年6月,深圳市政务服务数据管理局、深圳市发展改革委联合印发的《深圳市数字政府和智慧城市"十四五"发展规划》提出,继续深化政务服务"一网通办"、加快政府治理"一网统管"和强化政府运行"一网协同"。提出构建起统筹集约、全面覆盖的通信网络基础设施体系,实现泛在高速网络连通。统筹布局以数据中心和边缘计算为主体、智能超算为特色的全市算力一张网,强化算法等科技能力支撑,实现算力的云边端统筹供给,构造城市混合云生态,实现云资源的一体化融通。全面应用 BIM/CIM 技术,建立建筑物、基础设施、地下空间等三维数字模型,建成全市域时空信息平台,建设物联感知平台,为数字政府和智慧城市建设提供有力数字底座支撑。到 2025 年,城市大数据中心、政务云、政务网络全面提质扩容,构建时空信息平台,实现全域全要素叠加。每万人拥有 5G 基站数超 30 个,城市大数据中心折合标准机架超 2.6 万个,时空信息平台应用数量超 200 个,重要建筑、市政基础设施、水务工程项目 BIM 模型导入率达 100%。2023 年开始,全市所有新建(立项、核准备案)工程项目(投资额 1000 万元以上,建筑面积 1000m² 以上)全面实施 BIM 技术应用。到 2025 年,攻克一批具有自主知识产权的数字关键核心技术,形成一批国际领先标准。数字经济核心产业增加值占全市生产总值比重达到 31%,软件业务收入突破 1.2 万亿元,5G、人工智能、软件与信息服务业等数字经济细分领域发展领跑全国。建成一系列支撑产业数字化转型的公共技术服务平台。

三、新型智慧城市的核心应用

规划与建设新型智慧城市的根本目标是应用,就是基于虚拟城市所拥有的多维城市信息模型,借助业务模型、计算模型、情景分析、仿真分析等技术手段,诊断与识别城市发展运营面临的问题,并分析与优化解决问题的多种途径,为城市的健康发展提供科学合理的决策支持。事实上,随着我国快速城镇化的发展,"城市病"相伴而来,城市面临大气污染、地面形变、洪涝灾害、交通拥堵、传染病疫情等诸多问题。

为此,我国提出面向新时代的数字中国、智慧社会、新型城镇化发展战略。显然,新型智慧城市发展是新型城镇化发展的重要途径,也是城市治理水平与治理能力现代化发展的必由之路。因此,新型智慧城市的核心应用便是围绕智慧国土、智慧规划、智慧生态、智慧环境、智慧减灾、智慧经济、智慧产业、智慧建设、智慧制造、智慧交通、智慧水务、智慧管廊、智慧医疗、智慧园区、智慧人口、智慧社区、智慧楼宇、智慧家居等扩展与深化。

上述从宏观到微观的诸多业务或专业领域的智慧化发展,其实都离不开对"城市空间"的科学合理配置以及管控运营,概括地说便是围绕构成城市的"天、地、人、房、物、事"及其耦合作用的智慧空间治理。显然,这样的智慧空间治理,需要一个富有智慧的"城市大脑"来进行统筹决策。

四、面向 3S 融合的新型智慧城市的建设意义

智慧城市能够有效协助政府提升城市治理水平。一方面,政府依托"城市大脑"的建设,可以在夯实信息基础设施建设的前提下,将城市管理下沉至社区、园区等微单元,通过实时管理、溯源管理和预测式管理等手段,实现城市的智能化、立体化、精准化治理。另一方面,随着城市治理在社区卫生、公共安全和社会服务管理等领域的渗透,政府可以实现组织结构、运作机制和服务流程等多方面的协作与创新,整合和共享各行业、各系统和各部门的信息,为社会和市民提供一体化、全方位的社会管理服务。

城市安全成为城市智慧化建设的重要场景,为智慧城市提供了物理环境和网络空间的安全保障。在保障城市物理环境安全的实际运用中,公共安全、消防、医疗卫生、交通、应急管理等多个领域的智慧化建设和运营,一方面可以进行实时的智能监管,并通过可视化大屏幕展现,及时发现问题;另一方面,还可以快速协同调度资源,以解决问题。此外,从保护城市网络空间安全的角度来看,智慧城市还能有效解决"隐私保护"问题,同时让相关技术、产品及解决方案的"自主可信"得到保证。

智能汽车与智能交通、智慧城市和智慧能源的融合发展将显著提升驾驶、电召、载客、落客、泊车、充电、接驳引导等出行行为的自动化程度,提升交通管理策略下发和响应的精细程度,以及企业生产、装载、转运、配送的作业流程。同时围绕智能汽车的落地而进行的新型基础设施建设会带来城市感知、市政管理、基建管养、应急响应等方面的新型功能,以上功能与市民生活、生产物流和城市管理的深度融合将会给智慧城市带来崭新的发展机遇,对我国经济社会发展具有重大意义。图 4-1 所示为智慧城市视角下 3S 融合战略意义解析。

(1) 有助于城市打破空间和人力资源限制,促进经济发展。3S 融合发展将可以显著提高市民出行和物流(运输与配送)的效率与安全,如通过管理、调度、协同来优化运力、优化停车空间和使用率、解放人力资源、减轻企业负担等。在新形势下发挥城市交通在生产生活资源调配和优化城市布局方面的影响力,包括突破城市人均用地(特别是道路用地、泊车用地)急剧紧张的困境,解放一部分人力资源(驾驶人、配送员、押运员等),减少有限的空间和人力资源对经济增长的束缚作用,并提升市容市貌。

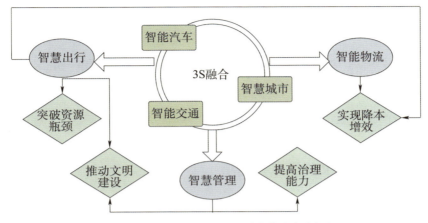

图 4-1　智慧城市视角下 3S 融合战略意义解析

（2）有助于城市精神文明建设。统筹后的出行需求与出行资源的整合优化可以提升市民出行体验,如减少打车排队、空驶、停车排队、车位搜寻、拥堵等交通现象;通过自动驾驶减轻驾驶人压力,如缓解疲劳,减少焦虑,避免重大驾驶错误;减少多个层面的道路不文明现象,如频繁变道,乱停乱放,互不礼让;优化出险、救援、维修等环节,有助于恢复道路秩序和保障车主乘客生命财产,从而以道路文明进步推动城市文明进步,促进社会和谐健康发展。

（3）有助于城市治理体系的升级和治理能力提升。借助于智能路侧集成设施对路面环境的动态全面感知、智能车辆对驾驶环境的动态全面感知,3S 融合将进一步加强管理部门对于城市局部环境（亚米级的温度、湿度、风力、水文状况记录）、城市运转状况（人流、车流、物流、能源流、泊车占用状况）、城市突发事件（交通事故、生产生活事故、自然灾害、治安事件、暴恐事件）、城市基础设施健康状况（破损、塌陷、侧翻、水浸）和城市管理弊端（标线混乱、标志误导、信号误导、执法不规范）的全面动态实时感知。进一步依靠高精度动态地图和城市级云计算、边云协同控制等功能促成科学的管理策略生成、管理办法的分布式快速部署,以及精细化、协同化、自动化的执行。

该体系将有助于推动城市治理向智能化、协同化、自动化、规范化、法制化发展,同时显著加强城市应急的快速响应能力和联动能力,有助提高城市防灾减灾能力和灾后重建工作,提升城市韧性。以上趋势符合《2020 年新型城镇化建设和城乡融合发展重点任务》提出的智慧城市发展目标,即完善城市信息模型平台和运行管理服务平台,打通社区末端、织密数据网格,整合卫生健康、公共安全、应急管理、交通运输等领域信息系统和数据资源,深化政务服务"一网通办"、城市运行"一网统管",支撑城市健康高效运行和提升突发事件快速智能响应能力。

(4)3S融合的智慧城市对物联网、云计算、人工智能、大数据等技术提出了更高的算法能力要求、数据安全要求、业务对接要求、法治环境要求和人员培训要求,也将开拓出广阔的应用场景和市场空间。因此,对于"十四五"期间的城市经济发展和就业市场发展将产生强有力的拉动作用和良好的标杆示范效应。

五、创新发展需求及优先行动项

1. 创新发展需求

1) 智慧城市支撑减碳和城市绿色转型目标

习近平总书记在第七十五届联合国大会一般性辩论上提出:"中国将提高国家自主贡献力度,采取更加有力的政策和措施,二氧化碳排放力争于2030年前达到峰值,努力争取2060年前实现碳中和。"❶4S融合正是"双碳"目标和推进经济社会发展全面绿色转型的有力抓手。智慧城市系统作为统领,能够提高城市运转效率、提升政府管理服务能力、更加合理地配置城市资源;智能汽车通过智能交通系统提供的实时路况信息,更合理地规划行驶路径,获得更为高效的基于位置的服务,提供更加高效便捷的出行、运输服务,可以有效地减少交通资源占用,从而将更多的城市空间释放给人们的社会活动及自然环境;智慧能源则是所有智能化应用的能源基础,清洁能源的使用与能源结构低碳化发展,可以加速实现城市的绿色发展。

2) 打造数字孪生城市,满足未来智慧城市需求

建设数字型政府是推进国家治理体系和治理能力现代化的重要举措之一。国家发改委也在《2020年新型城镇化建设和城乡融合发展重点任务》中提出了"实施创新型智慧城市行动"。构建以全新一代信息技术为基础的创新型智慧城市,令物理世界和数字世界并行共生,精确映射。将全域、全行业数据加进至数字模型,进而实现全景可视化和动态智能管理。通过对数据的分析,可敏锐地发觉城市管理中的关键节点;借助算法,可给出智能化决策建议,并可在数字城市中仿真演练,以虚拟服务于现实。未来的城市,将虚实协作,具备自主学习、不断优化、全方位交互的能力,进而演变为高度智慧的城市新形态。

---

❶ 出自《人民日报》(2020年09月23日第01版)。

2. 优先行动项

1）建设一体化的交通信息平台

基于数据标准化，构建智能交通云系统，智能基础设施开展广泛建设，如智能灯杆、路侧感知系统等，实现交通大数据感知、汇聚、处理与应用一体化。将多种交通模式整合在统一的服务体系与平台，充分利用大数据决策，调配最优资源，建立交通云控下的新型运输服务模式。

部署基于云计算的大数据处理平台，开展基于人工智能的交通数据挖掘与分析应用，部署软件定义的新型智能交通云应用平台，支撑智能交通各类典型应用场景的实现，如自动泊车、自动充电、无人配送、矿区挖掘、码头作业、低速无人环卫、物流车辆编队等。

2）推进数据驱动下的协同控制，提升管理水平

构建全局动态的路网控制系统。建设路网多层级协同控制系统，实现车流长度自动识别、信号配时智能调节，有效避免交通拥堵。引导交通需求和行为，实现交通时空资源的有效利用；实时优化管控策略，实现交通状态及特性变化的自主适应控制；构建动态优化的交通组织管控体系，充分挖掘路网潜力。利用汽车电子标识实现身份认证、通行许可、路线审核、通行收费、停车管理等，减少无效交通量。

提升精准指挥与执法管理水平。构建精准指挥与执法管理一体化智能管控集成平台，强化交通事件的辨识和监测，实现交通状态监视、预警研判、应急指挥与调度、信息发布等功能。利用大数据开展情报分析研判，实现交通管理科学决策、快速响应处置、资源精准调配。

3）逐步开展受控环境下的智能载具联网联控

构建受控环境下的联网联控系统，封闭区域内或专用车道实现智能车辆自动驾驶，迭代实现智能运载工具的规模化应用。基于定制化公交、智能物流等典型场景，开展智能运载工具车车协同控制、车路交互多目标通行控制，通过智能分配道路交叉口通行权，减少交通冲突。在受控环境中积累数据，逐步打造面向未来智能驾驶的运行协同联控系统。

智能组织公交运行。充分借助智能交通等手段提升公交运行速度，开展以公交优先为前提的智能信号协调，实现公交绿波控制，道路时空资源分配转向公共交通主导，保障公交运行速度和优先通行权。通过编制公交运行图实现公交车辆运行的轨道化控制。适应不同阶段发展，建立需求响应型的公交系统，通过大数据、云计算等

手段动态响应需求,智能生成线路,提高公交系统效率。

4)探索面向个人的绿色出行积分管理

依托企业和个人信用平台,建立交通碳排放分配和交易体系,实施基于个人碳汇的慢行和公交一体化费用优惠政策,实行总量控制、自由交易的碳排放配额管理机制。

出台碳积分交易制度和绿色出行奖励政策,建立个人与机构绿色出行积分账户,探索绿色出行积分与住房、税收等各类公共服务挂钩机制,利用经济手段引导居民出行方式转变。

第二节
新型智慧城市智能基础设施建设

一、建设全域覆盖的物联网络

打造统一开放的物联网平台。设计城市感知体系通用架构,制定城市物联网数据接入标准,建设统一开放的城市级物联网平台,实现感知终端的统一接入、分类管理、数据归集,提供感知数据清洗加工和融合共享服务,形成统一的物联网信息中心、区域示范中心和体验中心。构建开放的物联网平台环境,推动城市各类感知终端的统筹集约部署和集中管理,支撑城市治理、服务和发展等各领域物联网应用系统建设,推动物联网相关技术、应用、产业的发展。

全面感知城市运行。依托城市级物联网平台实现多维感知数据的融合汇聚,形成新区全域覆盖、万物互联的感知体系。广泛集成应用边缘计算、云计算、大数据、人工智能等技术,实现智能终端数据的实时处理、高效传输、融合共享,实现城市生产、生活、管理的智能协同,使城市具备全面感知和自适应能力。

推动感知技术不断创新和快速发展,预留感知终端部署所需的空间位置、供电线路、传输设施,持续推进城市感知体系的改进、升级、完善。

适应泛在接入和数据融合、开放、共享的需求,制定泛在异构物联网络的实验和商用标准,加快建设广覆盖低成本、低功耗的短距离无线网络,以及移动物联网、增强移动物联网等低功耗广域网络,预置预留网络接口,形成空间全域覆盖的物联感知网络体系,支持嵌入城市建筑、空间环境、交通、管廊等全部城市空间要素感知终端的泛在接入,实现城市全域万物互联。

二、智能感知设施

部署面向城市建筑的感知终端。与楼宇、道路、桥梁、管廊、隧道等城市建筑建设同步,部署嵌入建筑的感知终端,实时监测建筑安全状态和内外部安全参数,辅助建筑维护和安全保障。在建筑内外部部署用于实时感知电梯、烟雾、温湿度、能耗、公共区域活动状态的感知终端,实现建筑管理、运行、服务的高效、安全、智能。在地下综合管廊统筹部署环境感知、状态监测、信号传输、运行控制等数字化基础设施,预埋支撑管廊智能检修设备的通道,实现管廊运行的实时监测、自动预警和智能处置,推动管廊维护无人化和管理智能化。

部署面向城市部件的感知终端。在灯杆、公共坐具、健身器具等公共服务部件,交通信号灯、道路交通标志标线、护栏、无障碍设施等交通服务部件,垃圾桶、公共厕所等环境卫生服务部件,户外广告、信息栏等信息服务部件,以及雕塑、喷泉、装饰照明等景观服务部件,进行唯一化、数字化身份标识,部署监测位置、状态、运行控制等智能终端,支撑城市精准化管理和便捷化服务。

部署面向城市场景的视频终端。建设视频一张网,充分考虑不同感知区域内事态形势、时空结构特点,统筹规划、集约部署视频终端,形成网格化、多层次视频感知体系,支撑公共安全、市政管理、园林绿化、环保水利、交通物流、科教文卫等各领域业务,为社会服务管理、人民安居乐业、社会安定有序提供有力保障。

部署面向智能交通的感知终端。针对智能网联、自动驾驶汽车等新型载运工具应用需求,部署用于监测路面状态、位置速度等各类感知终端,建立出行者感知系统,打造人、车、路协同的智能化道路环境,支持智能网联、自动驾驶的规模化测试和应用。与交通枢纽、轨道交通、停车场等建设同步,部署用于调度、接驳、安检、安监、环境、运维等工作的感知终端。与物流基础设施建设同步,打造全流程智能化物流节点,推动各类物流载具部署感知终端,实现货物分拨、转运、仓储的无人化。

部署面向气象环保的感知终端。在建筑施工、企业排污、企业耗能、农村取暖等污染高风险区域部署各类智能感知终端,实现对污染源的精准高效管理。加强厂矿企业、交通干线、生态边界、中水灌溉区等区域土壤环境监测终端的部署,提升土壤环境质量监测能力。部署用于气象观测和空气质量监测的各类感知终端,提升气象预测、预报和大气污染预警、防治能力。建设噪声自动监测网络,在敏感和热点地区密集部署噪声自动监测设备,提升移动监测能力。

部署面向民生服务的感知终端。针对社区生活、文化、娱乐、环境、医疗、安全等服务需求,部署体育、健康、看护、娱乐等各类智能终端。普及应用家庭安防、家居环境管理、远程家电控制、服务型机器人等智能设备,为居民构建智能舒适家居环境。

三、智能道路设施

《智能汽车创新发展战略》提出:坚持车路协同发展,分阶段、分区域推进道路基础设施的智能化建设。建设覆盖全国的车用无线通信网络。在重点地区、重点路段建立新一代车用无线通信网络(5G-V2X)。

未来道路将逐渐从仅供通行的物理设施转变为具备感知、通信、信息处理等功能的复合型智能基础设施。交通网、信息网、能源网"三网合一",利用数字化的道路基础设施,实现车路之间的信息互联,支持和引导车辆自动驾驶。

统筹实施、同步建设道路基础设施与全息泛在感知系统。面向车路协同式环境下的不同等级智能车辆混行环境,加强交通运行状态、重要基础设施运行状态、道路气象环境状态等感知设施设备的优化布局,精准感知宏观、中观、微观三个层面的动态、静态信息。构建路基固定传感网络和车基、空基移动传感网络融合互校验的一体化协同感知环境,实现道路网中各要素的全息泛在感知,并依托全覆盖的通信网络实现泛在互联。感知系统的建设与交通基础设施建设同步统筹实施。

建设实时感知、泛在互联的通信网络,构建满足未来交通系统各种场景下车-车、车-人、车-路以及基础设施设备所需的有线传输与空中无线传输相结合的交通专用通信系统。在光传输交通专用信息传输的骨干专用网络的基础上,构建道路沿线全覆盖的无线通信网络,向用户提供高速率、低时延、高可靠的无线通信管道。采用多种技术(标准)、多应用模式相融合的构建理念,重点推进 LTE-V 等无线通信网络的部署,开展高速公路 5G 规模组网建设,并在道路网关键节点可部署窄带物联网(NB-IoT)等网络,同时根据 DSRC 等无线通信技术特点开展应用服务。

在道路沿路建设能够动态、连续、快速、高精度获取空间数据和地理特征的北斗地基增强系统,提供实时的米级、分米级、厘米级等多层级高精度位置服务以适应不同应用服务需求。建设动态高精度地图系统,提供可面向机器识别的供智慧驾驶汽车使用的地图数据,可支持道路级和车道级路径规划以及具备车道级路径引导的能力。构建信息安全接入体系,承担数字化道路基础设施在各种复杂网络环境下智能设施安全接入、实时监控、数据安全传输与交换、主动防御预警等功能,实现数字化基础设施一体化防护。

四、智慧能源供给

未来交通能源供给采用以电能为主、多种清洁能源兼顾的形式,主要服务于不同阶段的新型运载工具、智能交通基础设施等。

建设与道路网相匹配的风能、太阳能等新能源补给系统,在道路沿线配备足够的快速充电设施,选择合理道路区域建设新能源供给系统前瞻性技术创新突破试验场所。利用新能源产能系统为道路沿线大量基础设施用电设备提供清洁能源,为新能源智能车辆提供便捷高效的能源补给,保障电动智能车辆的永久续驶能力,将剩余电量并入公共电网。

综合考虑未来运载工具多样化需求,以及运载工具的分布和运行特征,探索V2G技术的应用,将新能源汽车作为城市电网的有机组成部分统筹考虑,在削峰填谷缓解电网压力、节省新能源汽车充电成本、赋能电网智能化转型方面发挥重要作用。

第三节
新型智慧城市中的智能应用体系

产业结构的转变,生态模式的形成,加速推动了支撑业务的应用体系发展。针对智慧城市建设,基于应用体系可分为智慧政务、智慧管理、智慧民生、智慧产业、智慧生态5大类,超过30项的智慧应用,主要包括智慧交通、智慧医疗、智慧能源、智慧贸易、智慧教育、智慧公共管理、智慧公共服务等。各应用项目并非独立存在,而是相互业务协同,数据互联互通,从数字化到智能化再到智慧化,形成可持续发展的智慧城市。本节从 3S 融合的角度出发,梳理智慧城市的智能应用发展现状,并从出行、物流、应急三个角度展望未来的应用场景。

一、面向 3S 融合的智慧城市智能应用发展现状

当前,与智能汽车相关的一站式出行服务 MaaS、智慧公交、智慧停车、智能充电、无人配送、无人环卫、智慧建设/智慧管养、无人反恐、无人码头等在国内外都有一些落地应用。虽然多是企业或事业单位的局部应用,尚未从城市层面形成真正完整的智慧生态,距离便民利企、全自动化服务还有一定差距,但是"不积跬步无以至千里,不积小流无以至江海"。

(1) MaaS 服务。以 Whim、Moovel、高德、百度等的应用程序为代表的 MaaS(出行即服务)应用为国内外市民出行和游客旅行提供了一站式查询、规划、支付途径。目前的应用程序均可以为用户推荐最佳出行组合方案,其中绝大部分应用覆盖了公交、地铁的状态信息服务,关联了出租汽车、共享汽车、共享单车、网约车的叫车服务,部分应用还覆盖了火车、轮渡、代驾、共享滑板车等业务;此外,泊位信息、充电桩使用情况、景区人流情况、交通拥堵状况、前方交通信号灯读秒、兴趣点等地理信息服务也逐步集成到上述应用中;乘客还可通过以上应用程序对一种或多种交通方式进行现付或包月支付。

(2) 智慧公交。2018 年,百度阿波罗在湘江新区智能驾驶示范区内启动运营 315 路智慧公交线路,线路总里程 15km,沿途共 28 个站台,24 个道路交叉口。车辆本身装有车载智能设备;关键路口部署含有通信单元、边缘计算单元、路测感知单元的智能路测设备;沿线道路交叉口配置智能交通信号灯以及智能网联数字交通系统运营监管平台和智能网联云控平台。该智慧公交可以与交通信号完成实时联动,实现道路交叉口公交优先、片区公交优先、全局公交优先;同时管理人员可在云端感知驾驶状况、载客状况、驾驶行为等;车尾还显示前方信号灯,削弱大型车辆的遮挡效应。此外,深圳前海在 2020 年上线的智能公交站台集成了预报站系统、动态公交线路信息显示、信息交互、客流监测、乘客投诉及报警、灯光控制、故障报修系统、温控散热、全设备故障检测、治安监控等功能。

(3) 自动驾驶出租汽车。截至 2022 年 8 月,百度的"萝卜快跑"全自动自动驾驶出租汽车运营服务已经在北京亦庄经济技术开发区、深圳南山区、长沙湘江新区、成都高新区、重庆永川区以及武汉经济技术开发区等地实现落地运营。2022 年 6 月,小马智行

在广州南沙常态化运行 3 年多的自动驾驶出行服务 PonyPilot+ 正式开启收费运营。

（4）无人配送。无人配送体系通过与现有复杂配送流程结合，形成无人配送整体解决方案，包括快速分发订单的交易平台、基于大数据优化的调度系统、利用自动驾驶技术构建的物流路网、多种人机协同的末端配送模式（如可进电梯）、形式多样的智能配送终端等。目前京东、美团、阿里、苏宁的自动驾驶配送车穿梭在许多城市的大街小巷，助力企业实现降本增效。特别值得一提的是，在 2020—2022 年，自动驾驶配送车承担了许多重要医疗物资和生活物资配送工作，显示了其特殊时期特殊场景下的重要意义。

2022 年世界智能网联汽车大会上，京东第五代自动驾驶配送车已经最大可载重 200kg，续驶里程 100km，实现 L4 级别的自动驾驶。另外，无人机在路面交通不畅的灾后现场配送能够有效降低灾区人员伤亡及财产损失，但同时其具有负载小、成本高等短板。因此，自动驾驶配送车与无人机联合配送模式也受到了广泛关注。当前无人配送领域仍然存在一定发展瓶颈，包括多样化场景开发的难度、生产成本较高，上游供应商无法满足小批量、定制化零部件生产需求，运营落地的难度较大等。受到法律法规的限制，自动驾驶配送车目前主要是以封闭的园区为主，车型主要是低速车。

（5）智慧停车与智能充电。高密度智能立体停充一体车库被看作是解决未来城市停车和充电难题的重要方法，当前我国立体停车库的升降方式主要有升降横移式车库、平面移动车库、垂直升降车库等；充电模式包括划触连接式充电口、智能接插连接和无限电能传输等。目前许多高密度智能立体停充一体车库已经成功运营，例如深圳石岩同富裕工业区停充一体化车库、苏州吴江区人社大厦西侧智能机械停车楼、西安沣科花园立体车库等。未来智能汽车实现与智能停充一体车库实现关联之后，可大大减少车主寻找可用充电桩的时间和精力，提高充电设备的共享效率。

（6）无人码头。目前无人码头的港区作业的两种主要驾驶模式是 AGV（Automated Guided Vehicle，自动导引小车）和自动驾驶集装箱货车，两种模式均需要识别集装箱物体、机械设备、灯塔等物体，并精准驶入门式起重机作业指定位置，并可实现 7×24h 全天候作业，提高码头作业效率、作业安全、减少劳动力成本，化解人力资源短缺问题。但 AGV 对港区作业环境要求的成本高，应变能力弱，承重能力弱，因此自动驾驶集装箱货车无论对于传统码头改造还是新型码头建设都将是未来最优选择。

2021 年底，由东风公司、中国移动、中远海运联手打造的"智慧港口 2.0"在厦门远海码头正式进入商业运营。"无限星"第三代港口集装箱货车，在"5G 智慧港口全场景应用"和"智慧港口 2.0"的基础上新增实现远程启动休眠、岸桥及堆场的精准对位、蓝牙手柄/手机 App 控车、多车编队行驶、车路协同等功能。可在港口堆场货物堆积、塔式起重机等高建筑物多重遮挡环境下正常运营。基于地图搜索环境可行驶区域的复杂场景规划，能更好地适应自主线路规划和行驶。"无限星"第三代港口集装箱货车在实船作业中已经实现多车联运，以及自动驾驶集装箱货车和传统集装箱货车的混流作业，能够完成装卸箱全流程闭环操作，并有望实现 24h 全天候作业，大大提升了作业的安全性和稳定性，也提高了作业效率。

(7) 无人清扫。基于线控底盘和多重传感器融合，目前自动驾驶清扫车已具备贴边清扫、遇障碍物停止或绕行、故障诊断、人工介入判断、智能语音、人机交互、一键起动等功能；自动感知路侧可行使区域，保持定速并贴边清扫；有效降低驾驶人劳动强度，提高作业安全性。研发自动驾驶清扫车的初衷，主要针对城市道路清洁和低速自动驾驶这些市场痛点，如环卫作业的安全无法保障、工作环境恶劣、劳动力缺乏、自动驾驶设备昂贵、充电、加水、卸垃圾仍需要人工干预等。当前，市场上已经出现自动驾驶清扫车及智慧环卫一体化平台，自动驾驶清扫车拥有单车智能和智能联网双重保障，搭载自动控制系统、高精度地图数据系统、通用域控制器、自动驾驶系统及智能联网系统，实现对环卫的垃圾清扫、转运、处置等全过程监控管理，实现人、车、物的全方面管理。另外，自动驾驶清洁车整车系统及配套的智能终端设备（智能充电桩、智能加水站、智能垃圾箱），可串联全自动充电、加水、垃圾倾倒等完备功能体系，实现城市清洁环卫服务的全流程无人化操作，可直接融入清洁环卫工业链条、快速落地。

(8) 无人震暴。无人震暴可用于战场侦察、测量、目标引导、攻坚打击、合围追捕，机场、码头、仓库、港口等巡逻守卫等任务，有助于减少反恐震暴过程中的执法人员和救援人员伤亡。

(9) 无人消防。目前无人消防作业依靠火场外围的远程驾驶技术，救援时配合消防专用无人机和救援无人机使用。无人消防适用于地铁、公路、铁路隧道、地下设施与货场、石化炼制厂与油库的火灾灭火，特别是对于发生毒气泄漏、大面积烟雾及易燃易爆事故，人员不易接近的场合实行现场施救、摄像监控、危险品扫除和搬运或障碍物的清除等。在执行消防任务时，消防员可操控自动驾驶消防车及无人机实施灭火救援，多台消防无人机可编队轮番作业，并实时监控现场态势，把火灾现场实况通过视频直播接入消防指挥中心。

面向 3S 融合的智慧城市智能应用场景如图 4-2 所示。

a) Mass 服务

b) 智慧公交

c) 自动驾驶出租汽车

d) 立体式停充一体车库　　　　　　e) 无人配送

f) 无人码头　　　　　　　　　　　g) 无人清扫

h) 无人震暴　　　　　　　　　　　i) 无人消防

图 4-2　面向 3S 融合的智慧城市智能应用场景

目前与交通相关的智慧城市基础建设和信息服务已经有了显著进展,然而绝大多数应用还未能与智能汽车、智能交通和智慧能源形成有效联动,处在单点智能的状态。如 MaaS 类的应用虽然可以帮助使用者进行出行信息的查询、规划、召唤、拼车甚至支付,但是目前尚不能有效引领一辆智能驾驶车辆自动完成导航、预定泊位、停泊、充电、支付等全流程业务,而是需要车主逐项决策并手动操控;当前货车已经能够在高速公路专用车道上编队行驶,自动驾驶也可以服务于自动化码头、自动化仓库,但是连接二者的城市内部道路目前还难以支持货运车辆的自动驾驶;无人配送虽然可以完成简单的配送工作,但是目前还不能与社区基础设施形成有效联动,派送成功率和派送服务尚有很大的改进空间;车载摄像头和路侧感知设备可以拍摄到路面异物、路面破损、路面坍塌、路面水浸等事故和问题,但是目前依然要依靠车主主动上报,还远未形成自动感知—主动决策—主动处理的完整闭环。

未来,3S 融合的智慧城市发展会遵循由点及面,先易后难,逐步推开的发展原则。目标是建立一个可以覆盖驾驶、预约、泊车、充电、拼车、载客、落客、信息推送的全链条出行服务体系,一个纳入预警、导航、配流、调速等策略的城市交通管理体系,一个衔接生产、装载、运输、转运、配送的城市物流服务体系,以及一个囊括监控、治堵、环卫、清障、管养、救援、防疫、反恐、应急等业务的城市管理体系。

二、3S 融合下的新型智慧城市应用愿景

未来,3S 融合的智慧城市将遵循"需求—场景—功能—技术"的技术路线;立足中国城市特色,坚定以绿色为导向,优先发展共享交通。目标是通过对城市空间流和城市环境的多维度精细化毫秒级感知,对交通物流城市管理的统筹优化决策,以及车辆及其附属功能的快速化精准化执行,实现如下的愿景,包括:

出行服务体系:一个可以覆盖驾驶、预约、泊车、充电、拼车、载客、落客、行程规划的以人为本的全链条出行即服务体系,预计将会打破出行资源分属于不同出行服务公司的现状,更有利进行社会化的统筹。

城市交通管理体系:一个纳入预警、导航、配流、调速、限行、事故责任鉴定、处理等的安全、绿色、高效的城市交通管理体系。

城市物流服务体系:一个衔接生产、装载、运输、转运、配送的智能化城市物流服务体系。

城市公共事务管理体系：一个囊括监控、治堵、环卫、清障、管养、救援、防疫、反恐、应急等业务的城市公共事务体系。

3S 融合与未来愿景的关联如图 4-3 所示。

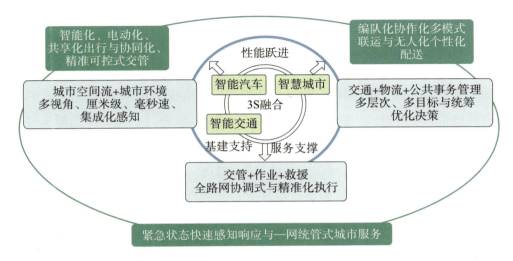

图 4-3　3S 融合与未来愿景的关联

三、3S 融合推进新型智慧城市建设的底层逻辑

网联环境下的自动驾驶是汽车产业与人工智能、高性能计算、大数据、物联网等新一代信息技术融合的产物，通过智能汽车＋人工智能技术、智能汽车＋通信赋能、智能汽车＋车联网使能，将传统的依赖人力驾驶和个体决策的交通工具进化为具有群体感知与融合决策能力的自动驾驶智能体，提升个体运行效率、实现编队组网、大幅减少交通事故和不文明驾驶行为对交通流的干扰；实现基于自动驾驶的出行即服务（MAAS）链条，一体化统筹共享、停车、充电、接送等任务，减少对驾驶人精力和体力的重复性消耗，降低乘客的出行成本；云控技术可以进一步赋能给城市交通管理系统，以更宏观的视角实现路网整体效率的提升，优化城市动态与静态交通资源的配置，提升交通事故后的智能化处理水平，预判极端天气或事件后的交通状况并提供紧急预警方案；广泛推行无人配送服务，优化物流的"最后一公里"，减少人力资源消耗，有助企业减负和社会特殊时期（防疫、救灾、战争）的供应链保障；为城市中长期交通基础设施规划和交通资源配置提供辅助决策支持，特别是城市路网规划、自动泊车与充电服务的选址和规模设计，城市汽车保有量控制与限行、限号、拥堵收费政策的制

定等。

在感知层，凭借智能汽车和路侧单元强大的感知能力和车联网的稳定、高效传输功能，为城市交通治理提供及其丰富的感知数据，包括车辆自身的实时位置、速度、加速度、转向、周边车辆、道路情况、天气水文实况等；还可准确收集车辆准确的起讫时间与位置，甚至全日出行和充电需求，乃至车辆的乘用与载货情况、违章情况、维护情况等。同时，城市交通基础设施的运行服务数据和出行服务企业、物流企业的运营情况也能在统一的平台上集中呈现，包括全市停车场的占用泊位和空闲泊位，充电中与空闲中的桩位；共享汽车的在途数量、载客量、行程计划；物流企业的配送需求等。显著改善交通管理过程中数据不全面、时效性差、需要重复建设路侧感知设备等弊端。

在决策层，未来智慧城市时空大数据平台将会集成交通指挥系统平台、车路协同云平台、智慧停车系统、出行服务企业和物流企业数据系统，科学统筹应用泛在感知数据，并生成覆盖多业务部门、兼顾多驾驶模式、均衡多群体利益和考虑多时间维度的统筹优化算法，为实时交通管理、一体化出行链条、共享拼车、无人配送、交通基础设施的选址和规模、城市汽车保有量控制和限行办法等提供科学的决策。

在应用层，成熟的智能驾驶本身将具有快速反应、快速应变、文明驾驶的极大优势；更重要的是，智能驾驶可以在车联网的服务下，做到随时随地接收统一数据格式的管理控制信号，并大幅提高服从程度、改善治理效果；智能驾驶系统还可以实现全链条出行服务的整合任务，如将家庭的出行需求、沿途需求、泊车和充电需求、配送任务、停留时长等进行充分整合，兼顾提升整体出行效率和个性化需求等；对接相关业务部门，为长期交通基础设施规划和交通资源配置提供辅助决策支持。

从治理逻辑上看，智能汽车本身将具有快速反应、可车际协同编队、文明驾驶、高度自动化和普遍电动化的驾驶特征；在管理层面上，面向智能汽车的管理策略能够在真正全面地掌握城市交通运行数据的基础上，实现云端统筹优化精算和城市资源的全面统筹配置；在执行层，其优化策略也能够被智能汽车随时随地接收与响应，摆脱对定点交通信号发布装置的依赖并克服响应效果的随机性。

反过来说，智能汽车本身将可以克服人类驾驶反应慢、易疲劳、易冲动、易投机、差异性大、需要驾驶人事必躬亲操控车辆、对复杂信息天然排斥、决策以自利为先的种种弊端；智能交通系统也可以摆脱严重依赖定点交通感知与管理基础设施，管理效果随机性大，复杂管理策略的社会接收程度低，管理权责分散的一系列难题。

基于以上新的驾驶特征和管理特征，未来智慧城市交通除直接提升路面交通效率和管理水平之外，还将极大地影响或改变市民与物流行业的出行模式和出行需求、土地利用模式、交通能源，并衍生新的社会服务形式（金融、法律、救援、防疫、反恐等），从多种渠道上为提升城市交通治理能力，甚至城市整体发展水平和法治文明建设拓展出新的方向。

四、3S 融合的新型智慧城市相关要素梳理

本章对 3S 融合下的智慧城市的关键要素作出如下梳理。

1. 基础设施

（1）信息服务设施：智能灯杆（集成激光雷达传感器、环视摄像机、V2X 通信路侧单元、边缘计算单元、照明设施、充电设施等）、智能交通信号灯、智能可变信息标志、5G 基站、大数据云控平台。

（2）公共服务设施：自动泊车场、智能充电场、智慧公交站台、共享单车集中存放场地。

（3）企业设施：智慧仓储、智慧码头、智慧矿山、智慧园区、智慧社区等基础设施。

2. 相关参与者

（1）政府与事业单位：交警、交管局、路政、环境、气象、水文、卫生、消防、武警、市政工程、应急办等部门。

（2）企业：云平台服务商、移动通信服务商、图商、公交运营企业、出行服务公司、智慧停车企业、充电桩企业、物流企业、矿山、码头、工厂、社区等。

（3）被服务者：私家车车主、公交车乘客、网约车乘客、物流配送收货人和寄件人、被救援人员等。

（4）车辆类型：私家车、巡游车、网约车、物流集装箱货车、厢式货车、自动驾驶配送车、自动驾驶消防车、自动驾驶巡逻车、自动驾驶防暴车、自动驾驶清扫车、自动驾驶消毒车、矿山作业车、修路作业车等。

3. 信息服务

Mass 应用服务、高精度地图和定位服务、智慧城市场景库、停充一体管理服务、

数据安全服务等。

4. 数据

（1）感知数据：

①出行需求（驾车需求、拼车需求、乘公交需求、泊车需求、充电需求、"最后一公里"需求）。

②出行供给（共享车辆数量和运行情况、公交运行和客座情况、泊位占用情况、充电桩使用情况）。

③交通运行（车流-交通流量、速度、车辆分布、时空轨迹；人流-人流量、人群分布、时空轨迹、体温、人脸；物流-货物种类、站点情况、配送形式；能源流-电流量、天然气、储油量）。

④交通安全（车距、相对车速、人行轨迹）。

⑤基础设施状态（异物掉落、破损、塌陷、积水、设备故障、设备服务时间）。

⑥城市运行（治安需求、防疫需求、救援需求、急救需求）。

⑦物流需求（运输需求、转运需求、码头作业需求、配送需求、取件需求）。

⑧气象风力水文。

（2）决策数据：

①交通管理（信息警示：碰撞预警、交通事故警示、路面标线警示、违章警示等；管理决策：路径诱导、协同汇入、匝道限流、可变限速、编队行驶、交通信号灯调控等）。

②出行服务（车辆服务：自动泊车指令、自动充电指令、载落客指令；乘客服务：公交到站信息、拼车/打车/租车需求发布与接单反馈；管理决策：公交班次动态调整、运营车辆投放调整、共享单车调配）。

③物流管理（信息发布：装载通知、配送通知；管理决策：车路协同、船岸协同指令）。

④城市管理（信息发布：生产生活事故广播、自然灾害广播；管理决策：维修指示、追击指示、救援指示等）。

5. 法制建设。

（1）测试标准。

（2）权责归属。

（3）交规厘定。

（4）执法队伍。

五、未来智慧城市交通场景库构建

当前，我国已经建成了一批智能汽车测试园区进行自动驾驶和车路协同的测试工作，这些测试园区结合当地地形条件、道路特征和气象特征构建了许多真实的测试场景。但由于道路测试的测试成本高、测试周期长、测试事故多等一系列的局限性，汽车企业同时也进行自动驾驶虚拟仿真（软件在环、硬件在环）测试能力的建设。自动驾驶虚拟仿真测试是以虚拟测试作为出发点，将真实硬件系统与虚拟环境结合，形成测试工具链，充分发挥虚拟环境的柔性化优势，实现测试场景的快速部署和自动化测试。场景是自动驾驶测试中的一个重要环节，它是一定时间和空间范围内汽车驾驶行为与行驶环境的综合反映，或一定的时间、空间内发生的一定的任务、行动或因人物关系所构成的具体生活画面。目前相关研发部门都是从道路、环境、交通参与者三种角度，提取影响产品功能的性能、状态的核心因素，以组合形式建立场景分类架构，如中国汽车技术研究中心有限公司完成了全国数量最多、覆盖最广的自然驾驶数据集的建立[50万km，全国27个省（自治区、直辖市）]，并在数据管理上集成了数据标记、融合软件，形成了结构化的数据储存格式。

当前的自动驾驶与车路协同场景库基本都是面向驾驶任务本身的，即训练自动驾驶车辆在不同场景下的应对办法，如加减速、转弯、换道、避让、道路交叉口辅助、泊车、违章警告、信号配时、匝道控制、事故处理等。其场景的生成是通过随机组合以下六类信息衍生出的，包括：道路几何信息（直行、弯道、上坡、下坡、掉头）、道路基础设施（交通信号灯、标线）、道路变化（封路、封车道、清扫、洒水、结冰、水浸）、车辆与行人活动（跟驰、超车、汇入、穿过道路、碰撞、侧翻）、环境（气象、水文、光照）和V2X协同信息（制动、避让、协同汇入、穿插）等，但是对城市生产生活中所要面对的复杂、广泛的场景尚缺乏深入认识和解析。

未来智慧城市交通场景构建拟大致包括以下几类信息：

（1）空间信息：小区（精确到住户）、CBD（Central Business District，中央商务区，精确到工位）、学校、医院、停车场、公交站、交通枢纽、充电站、配货点、配送站、包裹驿站、消防站、道路几何信息等。

（2）设施信息：自动化充电桩、停车场出入闸、车用电梯、快递柜、取餐柜、快递机器人可交互电梯、自动充水装置、车用电梯、标线、交通信号灯、限速牌、信息牌、道路健康状况等。

（3）设施变化信息：设施损坏、维修、封闭、水浸、断网、停电等。

（4）需求信息：打车/拼车/召唤私家车的时空及人员信息，取货单/配送单/寄件单等时空及货物信息，洒水/清扫/消毒/救援等时空及任务信息。

（5）车辆和人员活动信息：上车排队、取放行李、取件迟到、死伤情况等。

（6）环境信息：气象、水文、光照、空间密闭程度、空气质量、事故等级等。

（7）协同信息：车辆资源与乘客需求匹配协同策略、物流投递与客户需求协同策略、市政服务资源与市政服务需求协同策略。

六、新型智慧城市技术与数据体系架构

本节将3S融合下的智慧城市技术划分为了"五横四纵"架构，"五横"包括了泛在感知技术、高效传输技术、基础支撑技术、融合决策技术和精准执行技术；"四纵"是指技术投放的载体，包括智能汽车、智能基建、智能决策和智能应用，以上技术将最终服务于城市交通（出行+交管），城市物流（运输+配送+作业）和城市管理（管养+应急）三大主要业务，技术体系分类及技术架构如图4-4、图4-5所示。

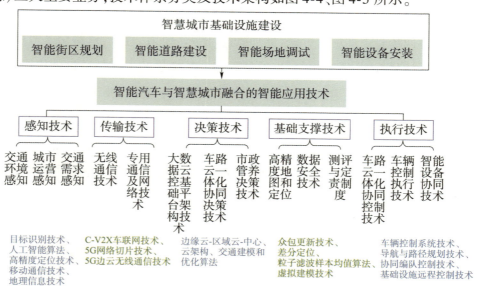

图4-4 3S融合下的智慧城市技术体系

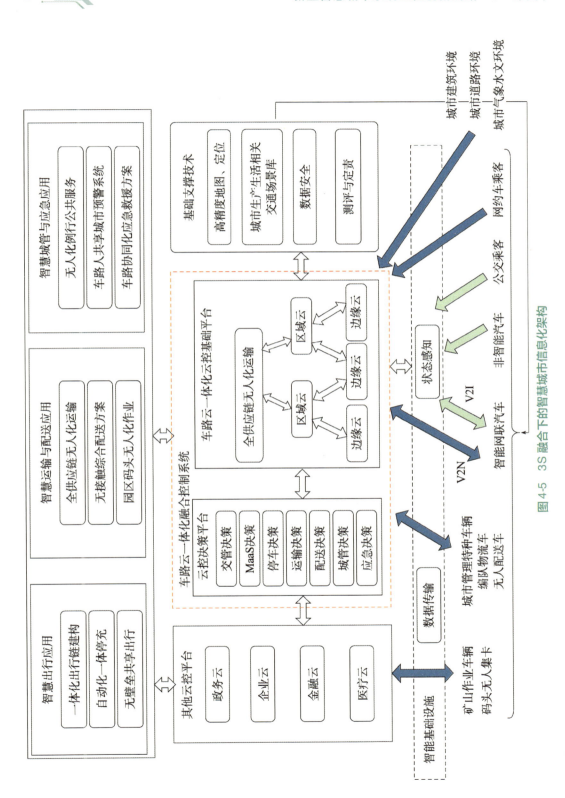

图 4-5 3S 融合下的智慧城市信息化架构

智慧城市视角下的关键技术梳理见表 4-1。

关键技术及功能描述　　　　　　　　　　　　表 4-1

技术类型	技术名称	功能描述
泛在感知技术	交通环境感知技术	行驶环境和交通运营感知，通过激光点云、目标识别与跟踪技术、人工智能算法、模式识别等技术，实现以车辆视角和路侧视角对车辆和行人的感知
		交通管理措施感知技术，通过目标识别、人工智能算法对交通信号灯、可变信息标志信息的感知技术，以及与交管平台直接通信的无线传输技术
	城市运行状态感知技术	人流状态感知技术，通过人工智能算法对人流数量、人流分布、人群体温的感知以及人脸识别技术的综合应用
		物流运输状态感知技术，包括 GPS 或 GNSS 定位技术和差分定位技术，来感知物流运输和配送的状态
		道路健康状况感知技术，通过人工智能算法对车辆视频内容或车辆震动数据进行挖掘，来识别道路的受损情况
		城市光照、气象、水文、大气污染等状况感知技术
	交通需求感知技术	乘客服务需求感知技术，通过移动通信技术和地理信息技术对于乘客出行需求时间、起讫点、出行方式选择的感知
		物流寄件和配送需求感知，通过移动通信技术和地理信息技术对于企业和客户的寄件/配送的时间、地点、选择方式的感知
		城市应急需求感知，通过人工智能技术、移动通信技术和地理信息技术对城市事故类型与规模、救援需求的感知
高效传输技术	无线通信技术	5G 无线通信技术，用于保障乘客与智能出行系统（MaaS 平台）的通信，收货人与物流平台的通信，以及市民或基层单位与城市管理运营平台的通信等
	专用通信与网络技术	包括 C-V2X 车联网技术、5G 网络切片技术和 5G 边云无线通信技术，用来保障车辆与智能路侧单元、车辆与其他车辆之间，智能路侧单元与云控平台的通信，具有低时延、高可靠性、高安全性、足够宽带的特征
基础支撑技术	高精度地图与定位技术	高精度动态地图制图技术，用于支持车辆的智能驾驶的虚拟城市地理环境技术，它将道路基本信息（车道宽度、高程、曲率等）、道路其他信息（交通标志、交通信号灯、路侧设备）等存储为结构化数据。目标是实现厘米级精度，和车路协同作用下的动态高精度地图层的秒级更新
		高精度定位技术，通过差分定位和粒子滤波样本均值算法，实现车辆空间上的厘米级定位，以及时间上的严格一致
		高精度导航技术，基于 GNSS 的车道级最优路径导航，导航精度需精确到分米级

续上表

技术类型	技术名称	功能描述
基础支撑技术	数据安全与测评定责等	数据安全技术,包括云的安全认证、网的异常检测、端的主动防御,来保障交通安全和车辆隐私
		测试评价技术、基于使能感知的车端感知测试(智能汽车驾驶能力测评体系)、基于赋能感知的路段测试和使能赋能一体的化的路口测试的虚拟模型技术
		管理模式、通行规则制定与责任认定技术。通过新型指标、体系、法律法规的制定来规范行驶秩序和各方责任
融合决策技术	大数据云控基础平台技术	大数据云控基础平台架构技术,形成边缘云-区域云-中心云架构体系以支撑数据协同中心、计算中心与资源优化的配置。
		边缘云要满足实时性、低时延、高并发的感知和控制需求;区域云需同时应对实时性和弱实时性控制需求;中心云平台需要构建大规模高性能 HPC 计算集群,满足海量接入、低时延传输、机密完整、自由扩展等需求,并提供 SaaS、PaaS(Platform as a Service,平台即服务)、IaaS(Infrastructure as a Service,基础设施即服务)三种服务功能
	车-路-云一体化协同决策技术	车-路-云一体化协同决策技术,边缘云和区域云对海量感知数据进行融合、分析、决策,通过交通建模和优化算法对出行策略、交通管理、公共基础设施资源使用、物流运输与配送、城市应急车辆调度与优先级分配等作出统筹优化,以标准化 API(Application Programming Interface,应用程序接口)形式向车辆和其他外部平台提供建议
	市政管养决策技术	智能化城市管理模式,通过全天候动态监测公共设施,实现对公共服务设施的预见性维护
精准执行技术	车-路-云一体化协同控制技术	车-路-云一体化协同控制技术,区域云将协同控制指令和路网动态管控信息以标准化 API 行驶实现协同控制服务、状态推送、路网智能管控、路侧设备管控等
	车辆控制执行技术	远程自动泊车技术,融合 V2X 协同技术,无线通信技术,车辆对环境数据的感知、中央处理器的分析和决策,以及车辆策略控制系统操控技术,完成停车入位
		无人配送技术,在高精度地图支撑下完成智能导航指引和智能路径规划;通过车路协同技术规避拥堵,以及多重验证方式支撑配送任务的完成等
		编队行驶技术,包括自动驾驶车辆的组合定位与多传感器多源信息融合技术、自动驾驶车辆的协同编队控制技术以及自动驾驶车辆协同系统的感知与通信技术
	智能设备协同控制技术	智能设备协同技术,智能汽车与特种功能的协同,如码头吊臂、挖掘机械臂的操作与车辆行驶的协同技术
		智能充电基础设施运营技术,用于与车辆互动,完成充电任务的启动、运行、监控和关闭的协同控制技术

第四节
新型智慧城市中的智能交通发展趋势与挑战

一、车、路、人的内涵的重新定义和重构

在智能城市的背景下,传统交通工程领域的三大要素"车、路、人"都早已超出了物理范畴,要素的内涵和相互间的关系都正在发生深刻的变化。

(1)车辆的变化。传统车辆是人和物移动的物理空间,由驾驶人来实现移动的工具,但随着物联网、智能驾驶与共享经济的不断发展,车辆本身也成为物联网的重要信息节点和组成部分;车辆的驾驶行为已经渐渐不仅仅依靠人,而是可以实现自主行为和远程控制;车辆的属性也不能简单地分为私人和公共,分时租赁、共享汽车等的变化。道路作为各类车辆和行人的通行空间,长期以来被作为简单的物理设施对待。随着车路协同技术的发展,通过路基固定传感网络和车基、空基移动传感网络融合互校验,道路将成为一体化协同感知环境,实现道路网中各要素的全息泛在感知,并依托全覆盖的通信网络实现泛在互联。同时,道路沿线配备足够的快速充电设施,道路将成为新能源供给系统前瞻性技术创新突破试验场所。

(2)人的变化。人作为交通出行的主体,在传统的交通工程学中是被简单集计成为不同群体出现,随着移动互联技术的普及,人的个体差异出行需求将作为牵引未来交通模式发展的重要引擎。不论是基于出行链的交通模型、MaaS系统还是个人碳汇账户,都显示出在智慧城市背景下,对个体出行者的重视和对个体出行行为的精准识别与响应,将成为城市交通的发展方向。

在"车、路、人"三要素自身内涵发生变换的同时,交通领域更大的变革是各个要素相互融合的发展趋势,各要素之间的实时影响和动态反馈将成为"车、路、人"关系的新特征,将各要素单独对待的研究方法将越来越不适应未来交通的需求。

基于智能城市云平台建立的交通大数据感知、汇聚、处理与应用的一体化系统,将深刻理解个体出行需求,通过将各种交通方式和交通工具全部整合在统一的服务体系与平台,充分利用大数据决策,调配最优资源,满足出行需求的大交通生态,开展

交通云控下新的运输服务模式,并将运输服务的双方(人和车)在基础设施网络中实时优化。具体包括运输网络耦合的多模式出行门到门服务、智能共享出行服务、需求响应式公共交通服务、智能网联汽车行驶过程化服务以及智慧物流服务等。

二、通过智能交通支撑城市可持续发展的目标日渐明确

交通服务作为城市基本功能的重要组成部分,通过自身的智慧化手段支撑城市可持续发展,通过绿色低碳出行助力城市整体减排目标的实现是智能交通发展的重要目的。

以引领公共交通发展,融入私人交通为契机,以城市交通可持续发展为导向,逐步推广应用智能汽车出行模式。在建设初期间,利用"公交优先"的既定政策,发展公共交通辅助驾驶,提升公共交通服务水平;探索合乘模式下的共享车辆服务,提供小容量、非定点定线的需求响应型服务,提供介于私人小汽车和传统公交之间的多样化共享交通服务;逐步提高私人小汽车中智能汽车比例,提升城市交通整体效率。

同时,明确资源环境约束,解决城市交通问题也是智能交通发展的主要意义之一。我国城市发展受到资源和环境双重约束,城市空间紧张,环境承载力弱,城市交通发展面临较大压力。因此,明确城市典型交通问题、剖析问题产生根源、突破问题瓶颈,是精准有效推广智能汽车出行模式的关键。

道路交通拥堵是目前各城市面临的普遍问题,其根本原因为私家车出行比例过高,超过了道路的负荷能力,因此,在倡导"公交优先"的背景下,结合智能网联汽车的技术,转变居民的出行模式成为突破交通资源约束瓶颈的必要手段。挖掘私家车出行用户的基础特性,剖析交通需求特征,实现不同类型不同模式下的出行需求画像是改变出行模式的基础。

三、以智能网联汽车为载体,实现智能交通与智能城市协同发展的态势逐渐清晰

智能网联汽车是构建绿色、数据化、智能化、可持续性的智慧城市重要组成要素,对保障交通运行安全性、提升服务效率、改善用户出行舒适度具有关键意义。随着智能网联汽车技术的不断发展,如何基于城市交通问题,明确智能网联汽车的发展定

位,是助力城市整体发展目标的基础。

智能网联汽车和智能城市协同的关键要点之一是发展符合中国城市特点和要求的交通模式。我国城市发展受到资源和环境双重约束,城市空间非常紧张,能源消耗和污染排放十分敏感。简单地将私家车从有人驾驶转变为自动驾驶对城市交通本身意义并不显著,特别是在有人、自动驾驶车辆混行的状态下,车辆规模、行驶里程可能不降反升,给城市道路带来更大的交通压力。

所以在我国城市,智能网联汽车的重要优势在于可以利用"公交优先"的既定政策,从公共交通和共享交通切入,首先发展公共交通辅助驾驶,提升公共交通服务水平。同时积极探索合乘模式下的共享车辆运行服务,提供小容量、非定点定线的需求响应型服务,提供介于私人小汽车和传统公共交通之间的多样化共享交通服务。

四、各类机构形成合力实现美好愿景的意愿日趋迫切

汽车企业着力实现汽车制造领域的升级与创新,主要在动力平台集成、软件控制和数据领域等方面,走车辆"智能化、电动化"发展路线,但多关注于"车"的智能驾驶,对"路"的研究尚少。

互联网出行服务商充分发挥移动互联的优势,创造更好匹配出行供给与需求的平台,创新拓展了顺风车、拼车、分时共享等业务,可以说是共享出行的雏形,但其可调度车辆资源相对有限,目前相关法规、监督体系也不够完善。

交警和地方交通研究机构联合,利用大量道路真实场景数据,对道路交叉口信号配时、绿波信控等进行实时优化与反馈,建立城市路网运行数据库,但仅从道路交通(即"机动车")视角,通过子系统的优化来缓解城市交通拥堵,难以调整城市交通出行结构;高校、研究机构优势在于研究能力和人才技术的领先,近年来做了自动驾驶技术测试、智慧交通管控实验室等诸多研究探索,但相对缺乏在城市真实场景下的应用。

为了通过智能网联汽车的广泛应用,实现城市美好出行,需要各类研究机构发挥优势形成合力。目前汽车企业、出行服务商、交通+互联网企业和高校、研究机构都有各自的发展优势,但也存在瓶颈。正由于各类研究机构各有所长,所以只有相互联合,取长补短,智能网联汽车的发展才能走上正确的道路。

五、从实验到示范,从车辆到城市,实现智能网联汽车和智能城市协同发展依然面临挑战

在各家机构发挥优势、积极研究的同时,智能网联汽车的落地推进也存在若干明显的瓶颈与挑战。

首先的问题是"为什么要自动驾驶?自动驾驶能带来什么?"当前的智能驾驶研究侧重于推进"无人",各地大量建立的测试场地以虚拟场景和不带乘客的实际道路测试为主,与实际交通使用者无关,大量同质的实验场地没有回答自动驾驶与既有城市出行的关系问题。谁会乘坐自动驾驶汽车?乘坐者需要支付怎样的费用?将获得何种形式的服务?

其次是"怎么才能自动驾驶?单车智能是否需要智能城市的支持?",现阶段测试的主流技术还是依靠自身定位技术实现高级别的自动驾驶,那车辆的成本如何解决?如何看待智能城市的数据平台与车辆平台的关系?

这些问题如果不解决,智能网联汽车可能会遭遇"叫好不叫座"的尴尬处境,只有尽快找到从实验到示范,从车辆到城市,实现智能网联汽车和智能城市协同发展的路径,智能网联汽车才能真正在城市交通系统中发挥重要作用。

第五节 新型智慧城市中的出行服务

一、基于 3S 融合的未来智慧城市交通场景

为直观体现 3S 融合的愿景,本节选取了市民家庭出行、城市物流和城市公共事务服务三个典型场景进行分析,并分别从管理者角度和服务对象角度分析其收益。

1. 市民家庭出行

未来城市出行将全面整合家庭全日出行需求,包括家庭成员的全日起讫点、出行时间、途经点需求、停靠时长,结合实时交通动态、泊位供需动态、充电桩供需状况等

城市时空大数据,提出一整套的出行解决方案。

图4-6以家庭出行单元为例,展望了一个9:00—17:00工作繁忙,有全职配偶,有3个低龄学龄儿童(2个上小学,1个上幼儿园),且工作地点车位紧张的有车人士一天的出行行为。

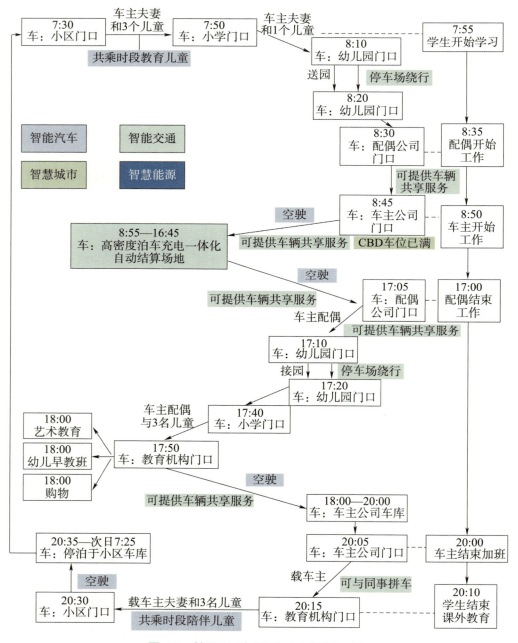

图4-6 基于3S融合的家庭出行行为链条

与依靠非智能汽车驾驶的出行链条相比,智能驾驶出行链将具有如下优势:全日减少进出停车场 6~9 次,减少正向搜寻充电桩和反向寻回车辆结束充电 1 次,减少中途打断车主工作状态 2 次,减少配偶换乘公交车 2 次,增加了车主休息时间和家庭教育时间,见表 4-2。

3S 融合下的家庭出行优势　　　　　　　　表 4-2

行为	传统交通生态	3S 融合交通生态	3S 融合优势
停车/取车	住宅车库 2 次; 幼儿园停车场 1 次; CBD 停车场 2 次; 教育集团停车场 1 次	无须停车取车	预计节省时间 60min
充电	正向寻找充电桩 1 次; 反向寻找车辆结束充电 1 次	无须寻桩寻位	预计节省时间 15min
共享车辆	无	可共享 6 次	环保效益和经济收益
配偶接园	需乘坐公交或打车: 公司—幼儿园 1 次; 幼儿园—小学 1 次; 小学—教育集团 1 次	智能汽车串联出行链,且无须打断车主工作	预计节省出行时间 30min,保障车主集中精力工作
驾驶	驾驶人需全神贯注驾驶,并不断更新旅途目的地,以及根据交通状态调整路径	智能驾驶将分担大多数驾驶负担	节省精力和体力,打造家庭成员在车内的幸福时光

综上,基于 3S 融合的交通生态对于提升工作效率、减少人力资源浪费、减少家庭后顾之忧、保持婚育人士的职场竞争力等都将具有相当积极的社会意义。另外从企业角度看,员工在连续时间内将创造更优质的劳动成果,企业所在的物业的停车压力将显著减小,对于提升企业效益、减轻企业负担也有积极意义。从社会角度来看,一方面,更完善的汽车共享方案将明显提高车辆利用率,减轻停车压力;另一方面,人车可以分离的驾驶模式将使得停车场和充电桩用地规划的灵活度,准确把握车辆泊车、充电的时空需求。

2. 城市物流

未来城市物流将显著提升企业生产、仓储、物流运输、码头作业、转运、配送等环节的智能化水平和自动化程度,并实现全链条安全可追踪、源头可溯源、风险可管控、原因可查清、责任可追究。

图4-7勾画了三条重要的物流路径,包括工业品出口、货物进口及转运和城市配送过程。第一条,即工业产品从自动化生产车间生产后经智能仓储分拣、打包、车辆调度和装车,再通过市内远程驾驶(或高级自动驾驶)和高速公路编队行驶运至自动化货运码头,最后通过船岸协同过程经远洋货轮出口。第二条,进口货物协同上岸之后经自动化码头作业,直接吊装至货运列车,经洲际铁路前往陆路口岸,即海铁联运过程。第三条,物流仓储中的货物经过分拣、包装、装车、运输、配送过程到达消费者手中。表4-3分析了一定数量的货物在面对不同的物流场景时,通过传统物流模式和3S融合物流模式耗用的人力资源和时间成本差别。

3. 城市公共事务

3S融合影响下的未来城市公共事务将在城市管理、城市服务和城市救援方面产生明显变化,如城市多维感知体系的集成化改造、城市环卫的无人化改革、市政管养的全流程自动化转变、城市救援体系的协同化趋势等。图4-8是以城市特大暴雨场景为例,围绕隧道低洼地区受困人员和受困车辆救援实施的解决方案。与传统智慧城市相比,新型智慧城市救援将在预警信息发布的及时性、有效性、针对性上明显改进;在应急过程有更灵活、更可靠、更有效的交通疏导措施和救援协同方案;在灾后秩序恢复过程中,可提供更安全、更全面的保障。

3S融合下的应急优势见表4-4。

二、新型智慧城市融合发展路线

1. 面向2035年的发展愿景

全面落实科技强国、网络强国、数字中国、智慧社会的战略部署,坚持世界眼光、国际标准、中国特色、高点定位,打造具有学习、分析、判断能力的智能城市信息管理中枢,发展高效便捷的智能服务,构筑自主可控的网络安全环境,形成自我学习、自我优化、自我成长的智能城市发展模式,实现城市资源配置持续优化,提升城市居民的获得感、幸福感和安全感。

2. 目标

通过智慧城市建设,探索高效协同的城市治理模式,提供更加优质的公共服务,创造更加宜居、宜业、安全的城市生活,打造良好的营商环境和人居环境,满足人民对更加美好生活的向往。

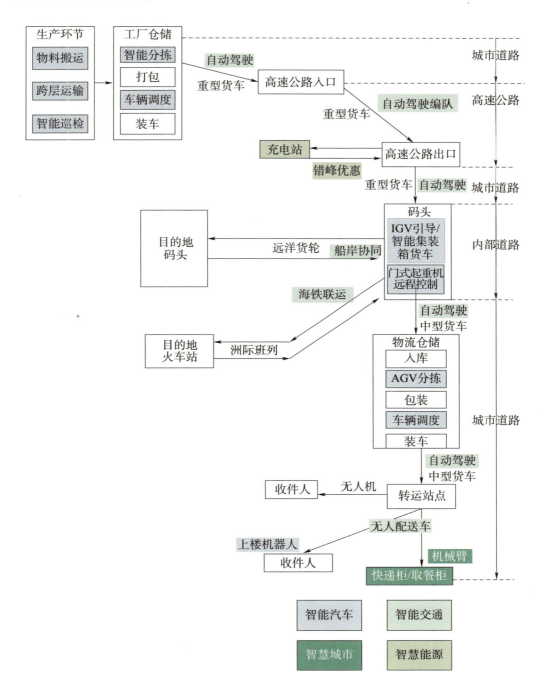

图 4-7　基于 3S 融合的供应链

3S 融合下的物流优势　　　　　　　　　　　表 4-3

场景	非智能驾驶物流模式	3S 融合物流模式	3S 融合的优势
10 个集装箱货物从生产到码头集装箱堆场,共计 1000km 路程	需要 10 位货车驾驶员完成出库—城市道路—高速公路—城市道路—码头园区驾驶的任务。不堵车情况下,驾驶、吃饭、充电、休息、码头排队等待时间共计约 15h	仅需 2~3 位驾驶员押运,中途无须频繁休息,餐饮可在车上进行,货物可通过机械吊装转移至码头无人集装箱货车,全程最快 8h 完成	节省人力资源,避免疲劳驾驶,加快运输效率
10 个进口集装箱货物转运	需要 10 位货车驾驶员完成从吊装地到港口货运列车的运输	无须驾驶员,园区内无人集装箱货物全程自动操作	节省人力资源,加快转运效率
10 个集装箱货物从进口到配送	需要 10 位货车驾驶员完成驶离码头区域—城市道路—物流仓储,再换 10 位驾驶员进行物流仓储—城市道路—码头园区快递柜/客户楼层配送的任务	无须驾驶员,全流程无人化操作	节省人力资源,适应多样化场景,加快投递效率,减少人际接触,有助于防控疫情

近期,智能应用广泛开展,城市智能化体系逐步建立。在建成区域同步完成高速、移动、安全、泛在的新一代通信基础设施部署,城市传感网络、数字化标识体系、先进协同的计算能力等初步形成;统一接入、统筹利用的数据融合共享体系全面构建,虚拟空间和现实空间相互映射、虚实融合的数字镜像城市基本呈现,关键智能基础设施和数据资源安全防护能力显著提升;"城市大脑"建设深入推进,全面感知、数据驱动的智能城市管理架构基本形成,初步实现研判决策治理一体化。

远期,居民生活、企业生产和城市运行高度智能化。城市空间要素实现全数字化,数据资源实现全面融合共享和跨领域应用,与智能城市运行相适应的法律法规制度体系完善,依托"城市大脑",推动政府管理和社会治理模式全面创新,健全多元共治体系,实现政府决策科学化、社会治理精准化、公共服务高效化,数字经济迈向繁荣成熟期,形成多元交互、深度学习、自我优化的智能城市。

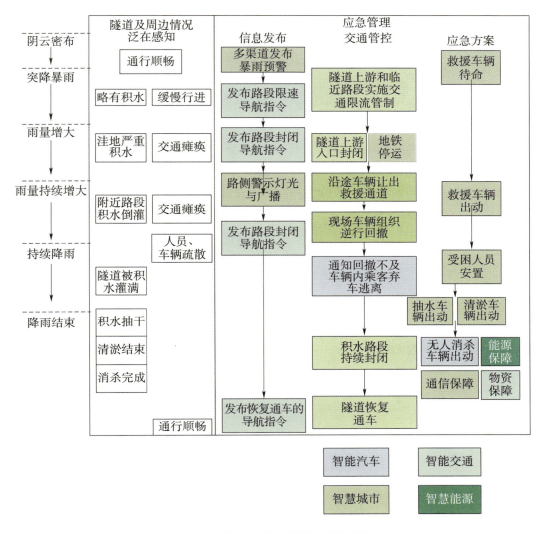

图 4-8　基于 3S 融合的城市应急管理

3S 融合下的应急优势　　　　　　　　　　　　　　　　　　　　　表 4-4

应急措施	非 3S 融合应急救援	3S 融合下的应急救援	3S 融合的优势
事件感知和信息发布	依靠现场人员肉眼观察事故，上报警务中心和导航平台；再通过导航应用、手机短信、可变信息标志形式发布预警或避免行走某些道路的简单信息	依靠现场的车载传感器和路侧感知设备自动感知气象水文状况，通过车载智能单元和路侧智能单元发布警示性强的弃车逃离建议、灾难现场避让提醒、附近避难场所指引等信息	道路环境相关感知数据更精准、更及时，预警信息和救援信息发布更科学，更有针对性和指导性

续上表

应急措施	非3S融合应急救援	3S融合下的应急救援	3S融合的优势
交通管理	管理措施较为僵化,如封路、限速、调整交通信号灯、呼吁为救援车辆让路等措施。但若灾害现场道路中断且上游十分拥堵,以上传统的交通应急管理措施将基本无效	在救援车辆通过路口时可给予优先级,此外可以启用协同后撤、协同给救援车辆让路、协同包围异常车辆等非常规交通管理手段	显著拓宽交通管理的功能边界,提高救援的机动灵活性
应急救援与灾后恢复	依靠驾驶员驾驶常规救援车辆执行救援作业或运输救援装备	对于部分情况不明的救援场景,可以采用无人或远程驾驶方式接近灾害现场,结合车载自动化的救援装备如自动侦查设备、自动喷水机、消毒机等进行救援	减少救援人员伤亡

三、里程碑

1. 短期(2021—2025年)

到2025年,网联协同感知在高速公路和城市道路节点实现交通和物流领域的成熟应用,道路交通基础设施的智能化水平有一定提升,届时公交车、共享汽车、物流配送、停车、充电等动态信息会更精细化精准化和集成化;交通、交管、城管和治安感知体系将启动整合,出行需求和交通资源供给的不平衡状况会有所改善,城市重要道路、重要节点运行情况可以通过智能交通信息平台进行调节,城市停车服务也将智能化、精细化;智能汽车的研究将更进一步,部分封闭区域或专用车道将零散地实现高度自动驾驶智能汽车的商业化应用,如自动泊车、自动充电、矿区挖掘、码头作业、低速无人环卫等。

试点建设智能化运行的新型枢纽场站,作为智能公交的运行核心,探索城市绿道系统与物流配送的智能化应用。

2. 中期（2026—2030 年）

到 2030 年，网联协同感知将实现交通和物流领域内的成熟应用，建设一体化的交通信息平台，城市公交、私家车、非机动车、行人、物流车辆的实时动态信息将会得到精细化的掌握，城市管理水平得到大幅提升；出行需求和交通资源供给的不平衡状况得到明显改善。交通、交管、城管和治安的感知体系将得到有效整合，覆盖城市所有道路、节点运行情况。少部分道路和路口可实现无交通信号灯行驶，智能汽车编队将会在部分高速公路和城市快速路上行驶，并与部分城市道路连接可以形成完整的自动驾驶线路；城市公交、共享车辆实现智能化的接驳换乘服务。

城市交通的可控性加强，交通效率、安全、秩序等能够明显改善，可适当放宽城市机动车限行限购；推出面向个人的绿色出行积分管理制度，在智能化交通设施的支撑下，引导人们逐步形成绿色出行的生活方式，城市将更加安全、宜居。

3. 远期（2031—2035 年）

到 2035 年，全面推进交通基础设施的数字化与智能化，实现交通网、信息网、能源网的"三网合一"。出行需求和交通资源的供给将趋近平衡状态，基本解决城市出行难、停车难、充电难问题，智能交通载具实现联网联控。

城市管理智能化水平显著提升，主要道路和路口可实现无交通信号灯行驶，城市交通的可控性大大增强，效率、安全、秩序得到飞跃提升。人们可利用智能应用与智能载具，实现"门到门"的公共交通出行服务，城市生活更加安全、美好、舒适。

四、总体技术路线图

智能城市发展的最终目的是人们获得美好的生活，智能网联汽车也是为人服务的，所以在智能城市背景下，需要以人为中心，挖掘 3S 融合的内在逻辑，从人的视角建立"需求-场景-功能-技术"的技术路线。以满足人的多样化出行需求为出发点，以乘客需求为中心，基于不同出行目的与空间场所共同构成的完整出行链，细化不同人群、不同目的、不同时间、不同位置的实际需求，将出行场景和城市空间、用地功能、产业与公共服务密切结合，基于出行特征的数字化表达，形成定位准确、内涵丰富的智能出行场景库。构建个体视角下的典型出行场景。在各出行场景中，以最大程度便利人的出行，以构建安全、绿色的交通系统为导向，明确主要服务功能。为支撑场景中各类功能的顺利实现,从可靠、经济等角度出发,合理选择或研发车辆、道路、通信等领域的各类技术手段,从而打通"需求-场景-功能-技术"的研究路径。融合决策技术发展关键在于整合判断、决策输出系统,包括规建管一体化平台、大数据云控平台、车-路-云一体化协同决策、城市数字诚信体系、出行即服务应用体系;泛在感知终端发展关键在于建设研究基于城市中的各类感知终端及相关技术,以支持智能汽车实现更精准的感知、决策与控制;空间组织技术发展关键在于需适应未来智慧城市集约化、混合化的建设趋势,空间组织及设计需更加精细化、具体化。总体技术目标路线图如图 4-9 所示。

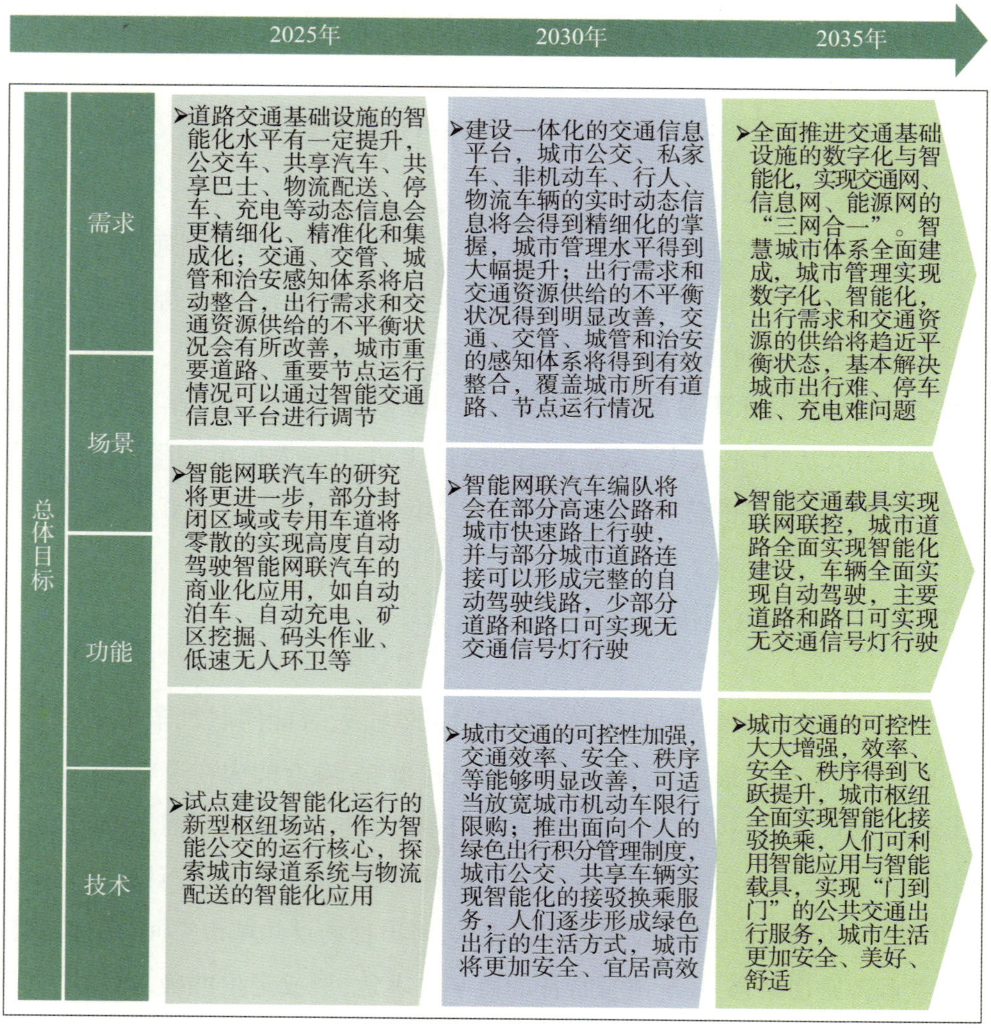

总体目标		2025年	2030年	2035年
	需求	➤道路交通基础设施的智能化水平有一定提升,公交车、共享汽车、共享巴士、物流配送、停车、充电等动态信息会更精细化、精准化和集成化;交通、交管、城管和治安感知体系将启动整合,出行需求和交通资源供给的不平衡状况会有所改善,城市重要道路、重要节点运行情况可以通过智能交通信息平台进行调节	➤建设一体化的交通信息平台,城市公交、私家车、非机动车、行人、物流车辆的实时动态信息将会得到精细化的掌握,城市管理水平得到大幅提升;出行需求和交通资源供给的不平衡状况得到明显改善,交通、交管、城管和治安的感知体系将得到有效整合,覆盖城市所有道路、节点运行情况	➤全面推进交通基础设施的数字化与智能化,实现交通网、信息网、能源网的"三网合一"。智慧城市体系全面建成,城市管理实现数字化、智能化,出行需求和交通资源的供给将趋近平衡状态,基本解决城市出行难、停车难、充电难问题
	场景	➤智能网联汽车的研究将更进一步,部分封闭区域或专用车道将零散的实现高度自动驾驶智能网联汽车的商业化应用,如自动泊车、自动充电、矿区挖掘、码头作业、低速无人环卫等	➤智能网联汽车编队将会在部分高速公路和城市快速路上行驶,并与部分城市道路连接可以形成完整的自动驾驶线路,少部分道路和路口可实现无交通信号灯行驶	➤智能交通载具实现联网联控,城市道路全面实现智能化建设,车辆全面实现自动驾驶,主要道路和路口可实现无交通信号灯行驶
	功能			
	技术	➤试点建设智能化运行的新型枢纽场站,作为智能公交的运行核心,探索城市绿道系统与物流配送的智能化应用	➤城市交通的可控性加强,交通效率、安全、秩序等能够明显改善,可适当放宽城市机动车限行限购;推出面向个人的绿色出行积分管理制度,城市公交、共享车辆实现智能化的接驳换乘服务,人们逐步形成绿色出行的生活方式,城市将更加安全、宜居高效	➤城市交通的可控性大大增强,效率、安全、秩序得到飞跃提升,城市枢纽全面实现智能化接驳换乘,人们可利用智能应用与智能载具,实现"门到门"的公共交通出行服务,城市生活更加安全、美好、舒适

图 4-9 总体技术目标路线图

本技术路线图提出,到 2025 年,道路交通基础设施智能化水平有一定提升,封闭区域或专用道路将零散地实现智能工具的商业化应用,并开始试点智能系统的运行;到 2030 年,将初步建成一体化的交通信息平台,交通系统的实时调控、城市管理水平将得到大幅提升,智能车辆将可以在开放的高速公路、快速路等编队行驶,智能公交、共享车辆等智能化出行方式将逐渐成为主流,个人绿色积分管理制度将全面推行;到 2035 年,将全面实现交通网、信息网、能源网的"三网合一",智能交通载具与城市道路实现联网联控,人们可以利用智慧交通系统实现便捷的"门到门"公共交通出行服务。

五、关键分领域技术路线图

1. 泛在感知技术路线图

基于车路协同的技术路径因其明显优势,将是未来智能汽车发展的必由之路,基于城市中的各类感知终端及相关技术,支持车辆实现更精准的感知、决策与控制。泛在感知技术的发展也是构建智慧城市系统的基础,基于城市建筑、基础设施、交通设施的感知终端,是检测、管理城市的活动硬件基础;基于城市环境的感知终端,可以收集城市环境信息,后台处理,提前预警自然灾害或空气变化,为决策提供信息基础;基于城市人群的感知终端,是直接影响人们生活的智慧应用设施;基于城市物流的感知终端,则可以在运载、装卸等方面发挥作用。

泛在感知技术路线图如图 4-10 所示。

2. 高效传输技术路线图

可靠的信息传输关系对于四种智能形式本身的实现以及四种智能形式之间的紧密融合都具有相当重要的意义。一方面保障所有泛在感知信息可以传输到决策平台或相邻终端,另一方面确保决策信息可以在尽可能短的延迟时间内准确无误地以分布式形式传达到目标执行终端。

高效传输技术路线图如图 4-11 所示。

3. 融合决策技术路线图

每个传感器或终端在本地完成基本的特征抽取、识别或判决,以建立对所观察目标的初步结论。通过决策层融合,将不同类型的传感器或终端收集的信息及初步结论,进行整合计算,最后进行决策层融合判决,推断结果。融合决策技术应用于需整合判断、决策输出系统,包括规建管一体化平台、大数据云控平台、车-路-云一体化协同决策、城市数字诚信体系、出行即服务应用体系。

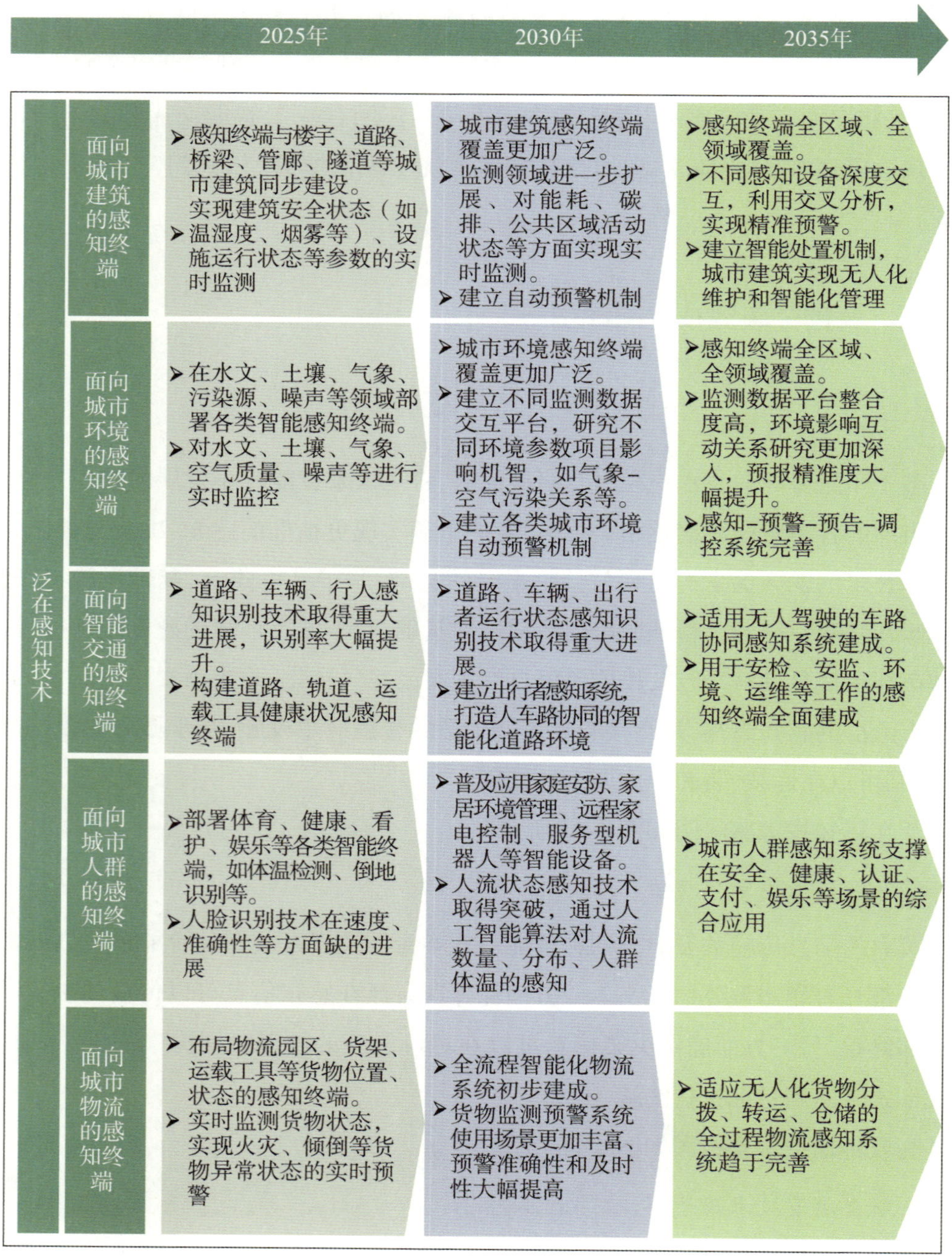

		2025年	2030年	2035年
泛在感知技术	面向城市建筑的感知终端	➢ 感知终端与楼宇、道路、桥梁、管廊、隧道等城市建筑同步建设。 ➢ 实现建筑安全状态（如温湿度、烟雾等）、设施运行状态等参数的实时监测	➢ 城市建筑感知终端覆盖更加广泛。 ➢ 监测领域进一步扩展、对能耗、碳排、公共区域活动状态等方面实现实时监测。 ➢ 建立自动预警机制	➢ 感知终端全区域、全领域覆盖。 ➢ 不同感知设备深度交互,利用交叉分析,实现精准预警。 ➢ 建立智能处置机制,城市建筑实现无人化维护和智能化管理
	面向城市环境的感知终端	➢ 在水文、土壤、气象、污染源、噪声等领域部署各类智能感知终端。 ➢ 对水文、土壤、气象、空气质量、噪声等进行实时监控	➢ 城市环境感知终端覆盖更加广泛。 ➢ 建立不同监测数据交互平台,研究不同环境参数项目影响机智,如气象-空气污染关系等。 ➢ 建立各类城市环境自动预警机制	➢ 感知终端全区域、全领域覆盖。 ➢ 监测数据平台整合度高,环境影响互动关系研究更加深入,预报精准度大幅提升。 ➢ 感知-预警-预告-调控系统完善
	面向智能交通的感知终端	➢ 道路、车辆、行人感知识别技术取得重大进展,识别率大幅提升。 ➢ 构建道路、轨道、运载工具健康状况感知终端	➢ 道路、车辆、出行者运行状态感知识别技术取得重大进展。 ➢ 建立出行者感知系统,打造人车路协同的智能化道路环境	➢ 适用无人驾驶的车路协同感知系统建成。 ➢ 用于安检、安监、环境、运维等工作的感知终端全面建成
	面向城市人群的感知终端	➢ 部署体育、健康、看护、娱乐等各类智能终端,如体温检测、倒地识别等。 ➢ 人脸识别技术在速度、准确性等方面缺的进展	➢ 普及应用家庭安防、家居环境管理、远程家电控制、服务型机器人等智能设备。 ➢ 人流状态感知技术取得突破,通过人工智能算法对人流数量、分布、人群体温的感知	➢ 城市人群感知系统支撑在安全、健康、认证、支付、娱乐等场景的综合应用
	面向城市物流的感知终端	➢ 布局物流园区、货架、运载工具等货物位置、状态的感知终端。 ➢ 实时监测货物状态,实现火灾、倾倒等货物异常状态的实时预警	➢ 全流程智能化物流系统初步建成。 ➢ 货物监测预警系统使用场景更加丰富、预警准确性和及时性大幅提高	➢ 适应无人化货物分拨、转运、仓储的全过程物流感知系统趋于完善

图 4-10　泛在感知技术路线图

图 4-11 高效传输技术路线图

融合决策技术路线图如图 4-12 所示。

4. 智能执行技术路线图

2025—2035 年,智能汽车对协同控制决策的执行能力获得显著提升,逐步完善诸如高级自动驾驶、协同变道、协同汇入、协同变速等复杂交通管控命令的执行;同时,面对城市出行、物流、作业、和城市特种服务的需求,车辆的座舱、车厢、特种功能区域也将进行相应的革新,实现车辆特种功能与驾乘体验的协同配合。

智能执行技术路线图如图 4-13 所示。

5. 基础支撑技术路线图

3S 融合对基础支撑技术的发展提出了阶段性需求,包括高精度地图服务的区域要在窗口期内实现稳定扩展;制图、定位、导航精度要满足不断提高的要求;测试评价体系需作出适应国内法律体系和道路环境的设置。同时,面对城市出行、物流、和城市服务的需求,支撑技术业务的广度也需要不断扩充,特别是室内导航和高程导航技术亟须大力发展和融合。

		2025年	2030年	2035年
融合决策技术	规建管一体化平台	➢ GIS、BIM、CIM实现广泛应用。 ➢ 智能城市模型、交通模型、车辆模型实现初步融合。 ➢ 空间规划体系"一张底图"基本建成	➢ 形成GIS、BIM、CIM持续更新、不断迭代的智能城市模型。 ➢ 平台实现规划、建设、管理各阶段数据的共享互通，空间规划精确模拟	➢ 平台实现规划、建设、管理不同阶段的实时仿真，实现管理运行主动调控，实现城市功能布局的智能优化，城市形态的协同设计。 ➢ 与现实对应的虚拟孪生城市建成
	大数据云控平台	➢ 边缘云、区域云、中心云技术取得显著进展，应用场景广泛。 ➢ 云控平台提供SaaS、PaaS、IaaS三种服务功能	➢ 边缘云实现实时性、低时延、高并发的感知和控制；区域云实现实时性和弱实时性控制；建成大规模HPC（High Performance Computing高性能计算机群），满足海量接入、低时延传输、机密完整、自由扩展的中心云平台	➢ 形成边缘云-区域云-中心云架构体系以支撑数据协同中心，计算中心与资源优化的配置
	车路云一体化协同决策	➢ 车路感知数据与边缘云和区域云实现融合。 ➢ 云端实现对数据的整合分析功能	➢ 边缘云和区域云通过交通建模和优化算法对交通信号、路段限流限速等作出统筹优化，并向车辆和其他平台提供建议	➢ 车路云一体化协同决策系统建成，对路网配流、单一车辆位置、加减速、变道决策、编队行驶、通过交叉口等联合政策略作出统筹，并自动调控车辆和其他外部平台
	城市数字诚信体系	➢ 打通政府、社会和第三方征信机构信用数据，形成互认共享的信用数据平台	➢ 基于区块链技术的关键数据上链，构建可追溯、不可篡改的个人与机构诚信数据体系，提供可信身份认证、电子签名认证、电子印章认证、电子证照查询、信用等级查询等验证服务	➢ 建设基于深度学习、自我优化的信用评价体系，在政务、住房、出行、金融、就业、生活服务等多领域推进多元化信用服务，推动建立守信激励和失信惩戒的综合奖惩机制
	出行即服务应用体系	➢ 出行全链条、全方式信息融合。 ➢ 建立出行即服务应用平台，出行优化算法框架基本建成	➢ 出行平台功能逐渐成熟、完善，通过信息传递延展和交互性为市民提供定制化、全链条的出行服务查询、决策、共享、导航、支付服务	➢ 出行即服务应用体系趋于完善，智能撮合、智能调度、智能控制等效率趋于成熟，体系与自动驾驶技术深度融合

图 4-12　融合决策技术路线图

		2025年	2030年	2035年
精准执行技术	出行场景和需求	➢ 车辆技术满足全面CA,部分场景HA级自动驾驶需求。在多源协同感知领域实现突破,障碍物检测能力、驾驶环境识别和系统计算时间等指标取得明显进步。城市交通信号灯能够实现固定时段区域优化控制	➢ 车辆技术满足全面HA级自动驾驶需求。在多源协同感知领域实现突破,障碍物检测能力、驾驶环境识别和系统计算时间等指标取得重大进步。城市交通信号灯能够实现动态区域优化控制	➢ 车辆技术全面FA级自动驾驶需求。在多源协同感知领域实现突破,障碍物检测能力、驾驶环境识别和系统计算时间等指标满足应对任何状况。城市信号灯能够实现动态区域优化控制
	物流城市服务场景需求	➢ 无人配送车辆可在封闭园区、少数固定城市路线,以及电梯内低速行驶,箱体功能单一。自动驾驶集装箱货车在少数封闭港区、厂区、库区完成装载、卸载、运输全流程的无人化作业。低速无人特种车辆在短距离范围之内接收远程驾驶控制信令,装载设备功能以灾情探查为主	➢ 无人配送车辆可在部分城市路线,建筑物内低速行驶,箱体初步具备冷链、保温等功能。自动驾驶集装箱货车可在港区、厂区、库区完成装载、卸载、运输全流程的无人化作业,并能够继续在部分城市道路和高速公路上继续行驶。无人特种车辆可以在部分城市道路上正常速度行驶,初步实现无人探查、救灾、医疗救援等功能	➢ 无人配送车辆可在大多数城市路线和建筑物内以正常速度行驶,箱体将根据需求满足冷链、保温、无菌、防爆等特种功能。自动驾驶集装箱货车可港区、厂区、库区完成装载、卸载、运输全流程的无人化作业,并能够继续在部分城市道路和高速公路上继续行驶,与码头、车站、货运枢纽形成无人多式联运体系。无人特种车辆可以在几乎所有城市道路和非结构化道路正常速度行驶,可完成探查、救灾、医疗救援功能,并在一定程度上应对道路损毁、通信基础设施损坏、能见度差的情况
	技术	➢ 完成NR-V2X与LTE-V2X设备共存技术研究,NR-V2X频谱研究,5G网络切片实现超可靠低延时通信。多边缘计算能力与路侧RSU融合,形成泛云化路侧单元部署	➢ NR-V2X 6GHz以上毫米波技术成熟。实现针对局部典型化业务的智能化切片处理。实现多边缘计算能力对智能网联汽车业务的全场景支持	➢ V2X技术达到支持高度自动驾驶和完全自动驾驶商用的能力。全场景切片按需部署,针对不同业务和场景实现切片自主优化;具备广泛分布的边缘云能力

图 4-13　智能执行技术路线图

基础支撑技术路线图如图 4-14 所示。

6. 空间组织技术路线图

应对未来城市的智能化、数字化发展,城市空间也将发生翻天覆地的变化。智能化与数字化使得城市的运转更加高效,城市建设将更加集约化、混合化,公共服务设施将更加小型化、分布式布局,建筑功能更加复合。因此,城市公共服务设施应按照生活圈范围进行布局组织,能够更高效地提供服务,交通设施也更加小型、分布,与其他建筑混合共建,以满足人们"门到门"的出行需求,公共交通将提供与私家车相媲美的服务与体验。

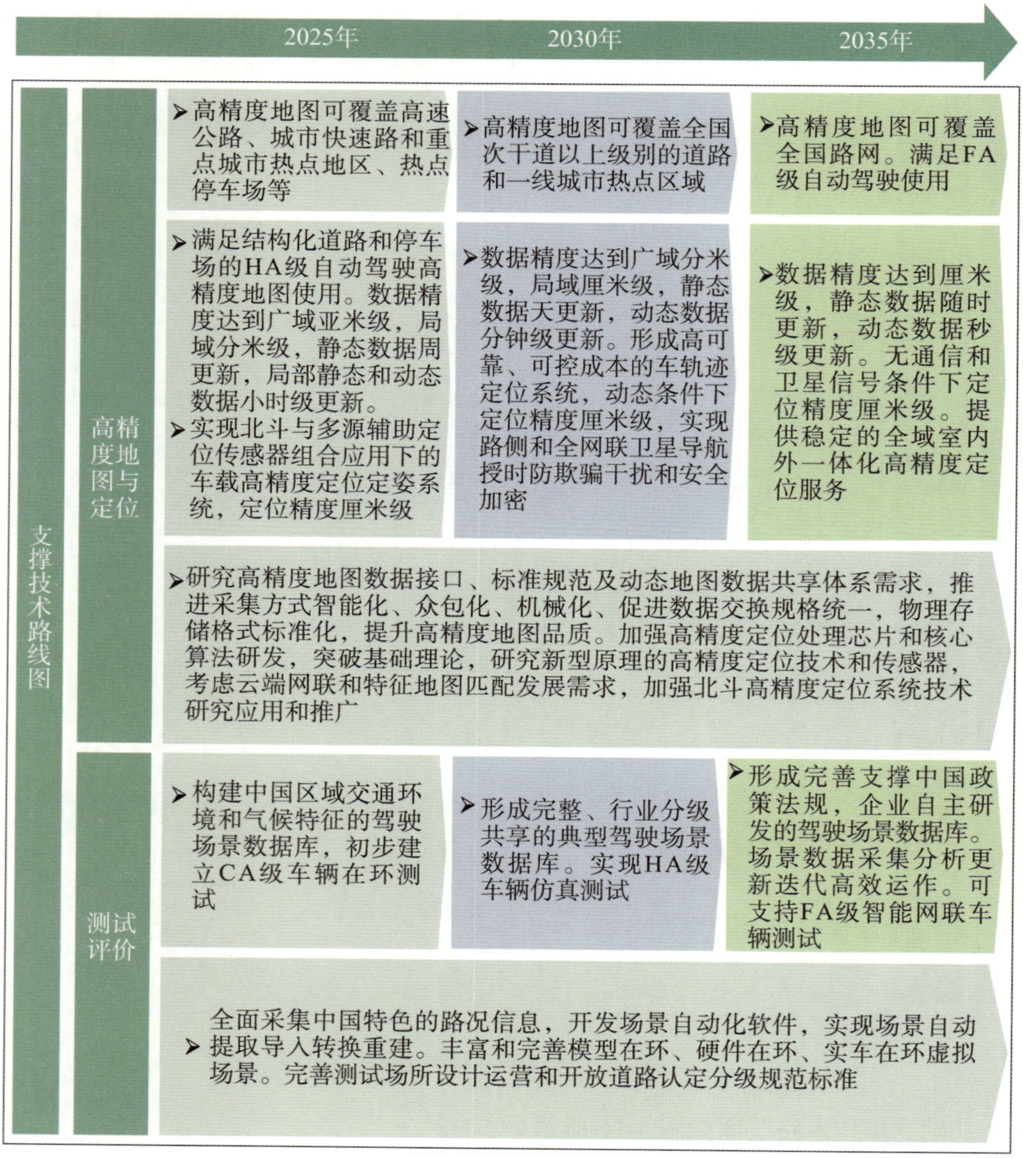

		2025年	2030年	2035年
支撑技术路线图	高精度地图与定位	➤ 高精度地图可覆盖高速公路、城市快速路和重点城市热点地区、热点停车场等 ➤ 满足结构化道路和停车场的HA级自动驾驶高精度地图使用。数据精度达到广域亚米级,局域分米级,静态数据周更新,局部静态和动态数据小时级更新。 ➤ 实现北斗与多源辅助定位传感器组合应用下的车载高精度定位定姿系统,定位精度厘米级	➤ 高精度地图可覆盖全国次干道以上级别的道路和一线城市热点区域 ➤ 数据精度达到广域分米级,局域厘米级,静态数据天更新,动态数据分钟级更新。形成高可靠、可控成本的车轨迹定位系统,动态条件下定位精度厘米级,实现路侧和全网联卫星导航授时防欺骗干扰和安全加密	➤ 高精度地图可覆盖全国路网。满足FA级自动驾驶使用 ➤ 数据精度达到厘米级,静态数据随时更新,动态数据秒级更新。无通信和卫星信号条件下定位精度厘米级。提供稳定的全域室内外一体化高精度定位服务
		➤ 研究高精度地图数据接口、标准规范及动态地图数据共享体系需求,推进采集方式智能化、众包化、机械化、促进数据交换规格统一,物理存储格式标准化,提升高精度地图品质。加强高精度定位处理芯片和核心算法研发,突破基础理论,研究新型原理的高精度定位技术和传感器,考虑云端网联和特征地图匹配发展需求,加强北斗高精度定位系统技术研究应用和推广		
	测试评价	➤ 构建中国区域交通环境和气候特征的驾驶场景数据库,初步建立CA级车辆在环测试	➤ 形成完整、行业分级共享的典型驾驶场景数据库。实现HA级车辆仿真测试	➤ 形成完善支撑中国政策法规,企业自主研发的驾驶场景数据库。场景数据采集分析更新迭代高效运作。可支持FA级智能网联车辆测试
		➤ 全面采集中国特色的路况信息,开发场景自动化软件,实现场景自动提取导入转换重建。丰富和完善模型在环、硬件在环、实车在环虚拟场景。完善测试场所设计运营和开放道路认定分级规范标准		

图 4-14　基础支撑技术路线图

空间组织技术路线图如图 4-15 所示。

新型智慧城市系统工程创新战略 / 第四章

		2025年	2030年	2035年
城市空间组织技术	按照生活圈布局的公共服务设施组织模式	▶新建地区规划中按生活圈分级布局公共服务设施与公共活动空间，建设社区中心、邻里中心、街坊中心，为居民提供公共服务，实行集中建设、混合布局、综合使用，将公共服务与日常生活有机衔接	▶已建成城市按照分级配置、以生活圈为依托的原则，完善社区中心、邻里中心、街坊中心三级公共服务体系。实现生活圈内可以解决日常生活与公共服务需求，减少城市交通的低效出行，城市生活舒适便捷	▶全面推行按生活圈布局公共服务设施的空间组织模式，城市用地更加混合、集中，智能化的城市建设将更加集约，占用最少的用地实现最多的功能，更多的城市空间将成为生态空间
	分布式的公共交通与共享交通设施组织模式	▶综合智能出行系统，实现提前预约、智能匹配线路等服务，新建地区规划建设小型化、分布式的公交枢纽设施，与社区中心相耦合，实现多种交通方式便捷、安全、舒适换乘	▶随着智能车辆的技术提升，智能共享出行将更加普及，公共交通服务设施将更加分布，公共交通与共享交通设施将与办公室、住宅及其他公共设施一体化建设，以满足"门到门"的出行需求	▶智慧车辆与智慧交通系统的完善，使公共交通体系更加灵活，更加定制化。分布式、共建式的公共交通设施将提供更加高效的服务，公共交通将可以提供媲美私人小汽车的服务与体验

图 4-15　空间组织技术路线图

第六节
雄安新区智慧出行服务的探索与实践

一、"共享合乘"新型公交模式探索

提高绿色交通和公共交通出行比例、示范应用共享化智能运载工具是《雄安新区总体规划》的上位要求。契合雄安交通理念，承接北京非首都功能疏解，雄安新区首次提出共享合乘的出行模式，开发雄安需求响应型公交系统，并将此作为起步区交通体系重要组成部分。建设初期，雄安需求响应型公交（弹性公交）考虑集聚的公交客流走廊，运营范围主要包括容城县城及容东安置区（图4-16），自2020年9月开始试运行，2020年10月起正式运营。

265

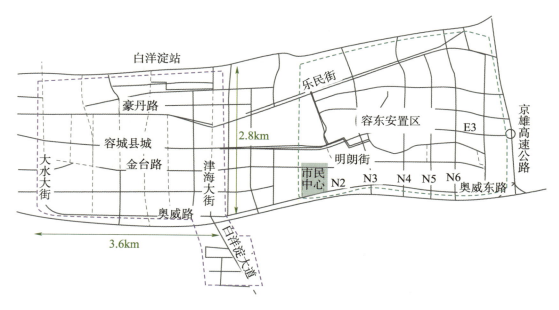

图 4-16　需求响应型公交运营空间范围

　　小定制、半开放、密站点、共享合乘是雄安需求响应型公交的四大亮点。一是小型化车辆、定制化出行。提供高品质服务，满足个性化出行需求，雄安需求响应型公交选择以 5 座新能源轿车为主的车型，在 2021 年 7 月新增 13 座中型客车（3 辆），日均运力稳定，运行时间合理。二是客户群体广泛，注册形式开源。采用乘客白名单制，面向新区工作通勤的乘客，雄安需求响应型公交白名单人数、活跃用户、订单量年增长显著（表 4-5），广受认可。三是公交站点与出行发生点紧密结合。根据客流覆盖、用户特征动态调整站点布局，利用建筑前区、出入口退线等空间布设灵活多样的站点形式，雄安需求响应型公交提供接近门到门的接驳服务，运营一周年，站点数量从 93 个增加至 123 个（图 4-17），覆盖容城县城、容东安置区、容信路办公区，站间距为 200～600m，与出行起讫点紧密结合。四是车辆定点不定线运行，实现顺路拼车。用户应用"雄安行"App 下单且默认接受合乘模式，运营规则按"一车对多人"、顺路拼单模式派单。车辆线路运行采用"定点不定线"模式，定点指同一起讫点，固定站点位置上下车，不定线指公交可按照最优线路行驶送客。该模式与巡游车相比，可实现不同下单者顺路合乘，与网约车拼车模式相比，可实现最优路线网送客，避免绕行距离长的问题，最终实现"一车、多单、多人、多站点"、有组织的共享合乘出行方式。

用户及订单量增长统计表　　　　　　　　　　　表 4-5

时间段	白名单人数（人）	活跃用户（人）	订单量（单）
2020 年 10 月	5386	1110	9084
2021 年 9 月	12042	3554	26209
年增长率（%）	125	220	190

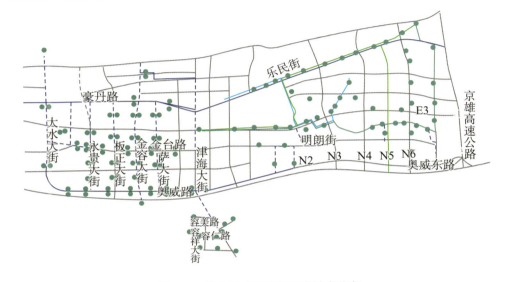

图 4-17　雄安需求响应型公交站点分布

二、需求响应型公交客流特征与服务水平分析

客流特征是公交线网规划、运营组织优化的重要依据，提升服务水平是吸引客流的重要方式。运营一周年，雄安需求响应型公交系统建立了订单数据处理和智能分析单元，通过统计分析每日订单量，挖掘需求响应公交的服务人群、客流分布、服务水平。

目前，雄安需求响应型公交的服务对象以通勤客流和公务商务出行为主，客流分布呈周期性变化。从客流的时间分布来看，工作日客运量较大，周末客运量较小，工作日中周一和周五客运量相对略高（图 4-18），与一般城市出租汽车运营特征相似，与通勤客流出行特征相符。工作日分时段客流呈现明显的"双峰"状态（图 4-19），早晚两个高峰时段以通勤为主，客运量较大且集中，平峰约为高峰客运量的一半，以商务为主。周末客流量较小，呈现出平峰居多，在周日晚高峰客流量到达峰值的规律（图 4-20）。从客流的空间分布来看，相同站点的发生吸引量接近，客流起讫点以办公类、居住类、枢纽类用地为主导,与通勤人员出行特征相符(图4-21)。客运量较大的站点分别为市民服务中心、白洋淀站、奥威大厦、容信路办公区(图4-22)。

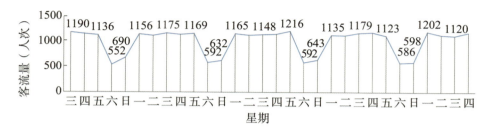

图4-18　2021年9月客流量分布

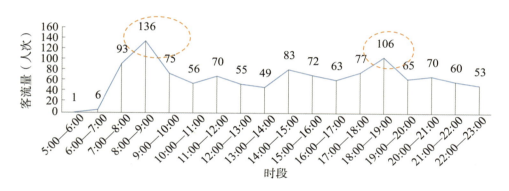

图4-19　2021年9月某工作日单日客流量分布

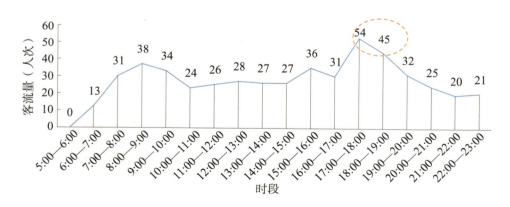

图4-20　2021年9月某周日单日客流量分布

合乘出行,费用分摊。相比传统出租汽车按里程计费的规则,需求响应型公交的价格更具优势。需求响应型公交按人数计费,对一个订单多人共同乘车给予打折优惠,以合乘最远距离为基准进行打折,不包括不同订单同时合乘的情况(表4-6)。对比不同出行里程的价格(图4-23),可以得到两者的价格关系:需求响应型公交费用=

出租汽车费用×（43%～73%）。特别是每单1～2人时，需求响应型公交的价格约为出租汽车的50%。

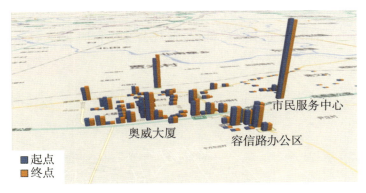

图 4-21　OD 分布柱状图

图 4-22　OD 路径网点

弹性公交及出租汽车收费规则　　　　　　　　　　　　　　　表 4-6

基准价		多人共同下单折扣率			
起步价（3km 以内）	里程费（超出 3km）	1 人	2 人	3 人	≥4 人
4	1 元/km	1	0.6	0.5	0.4
出租汽车价格					
起步价（2km 以内）	里程费（超出 2km）	—	—	—	—
8	2.1 元/km	—	—	—	—

以门到门全过程出行时间来判断出行服务水平，需求响应型公交的出行服务水平介于小汽车与常规公交之间。尽管私家车与出租汽车的出行方式具有点到点的优势（图 4-24、图 4-25），但时间分段较少且经济性较差。需求响应型公交与常规公交的

出行过程相似,站点间距更密集(100~200m)步行接驳距离更短。同时由于需求响应型公交接近点到点服务,乘客不需要换乘。目前,雄安需求响应型公交平均运行车速达23km/h,接近私家车水平,出行全过程所需时间为22~28min,与私家车15min及出租汽车18min相比,服务水平略低;与常规公交出行时35~41min相比,服务水平更高。

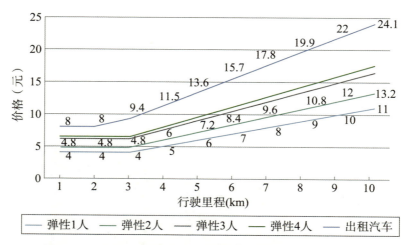

图4-23 需求响应型公交与出租汽车不同出行里程价格对比图

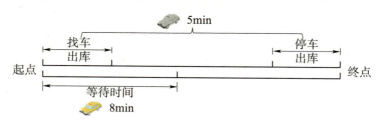

图4-24 出租汽车与私家车出行全过程示意图

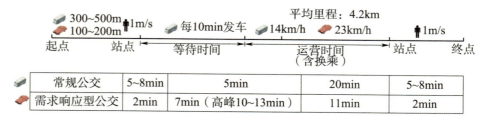

图4-25 常规公交与需求响应型公交出行全过程示意图

三、需求响应型公交共享合乘效益评价

需求响应型公交的共享合乘行为定义条件为:一个合乘单里的用户订单数量

不少于2个;两个相邻订单存在上下车时间段重合,即两个用户订单组成一个合乘单;验证用户订单与合乘单中每一个用户订单是否存在上下车时段重合。分析合乘单组成(表4-7),雄安需求响应型公交运营一年总单次为189029单,其中存在合乘行为的用户订单数为28601,占比约为29.30%。合乘订单中,2~3个用户订单组成合乘为主导形式,约占总合乘单数的93%,在早高峰时期,多单合乘现象频繁。

合乘单组成分析   表4-7

时段	合乘订单数（单）	占比(%)			
		2单	3单	4单	5单及以上
整年	28601	73.17	20.10	6.10	0.64
早高峰	8013	61.11	26.15	11.41	1.34
晚高峰	5657	75.52	19.27	5.00	0.21
平峰	14931	78.74	17.17	3.67	0.42

雄安需求响应型公交共享合乘对于整个交通系统产生的效益可概括为以下三个方面:

(1)缓解地面交通拥堵。容城县城干路网长度约为33.5km,需求响应型公交共享合乘平均每日早高峰能为交通系统完成732.8人×车公里的周转量,并且节省139.93车公里,通过合乘为路网减少19%车公里的运营压力。

(2)缩减出行车辆规模。容城平均每日早高峰有出行需求的人数为356人。采用需求响应型公交共享合乘形式需要20~40辆公交车,采用全私家车形式需要297辆,采用私家车、出租汽车混合形式需要238辆(表4-8)。相比较,需求响应型公交合乘共享可使车辆规模缩减6~7倍,极大地缓解了城市停车难的问题。

早高峰情景车队规模   表4-8

车辆组成	车队规模(辆)
100%私家车	297
50%私家车+50%出租汽车	238

(3)减少碳排放。目前雄安正在运行的需求响应型公交全年约服务28.8万人次、92.7万km,合乘共享模式约减少出行14.8万km。其减少的出行量,可实现燃油车节省碳排约29.98t,新能源汽车节省碳排约18.97t。

四、"共享合乘+自动驾驶"可持续出行模式探索优化

(1)综合服务水平,确定车队规模。雄安新区持续深入研究共享合乘运营范围面积、职住关系比、出行人口、目标分担率、平均等候时间、平均运营速度、合乘率、平均出行距离、订单量等指标与车队规模之间的关系。参与合乘拼车、顺路接单系统派单规则的优化设计,寻求效率与服务之间平衡点。

(2)引入自动驾驶,减少运营成本。运营初期,雄安新区需求响应型公交综合运营成本较高,其中驾驶人的人工成本超过综合运营成本的50%。采用"共享合乘+自动驾驶"的发展方式,将减少对政府补贴的依赖,极大降低运营成本(约为总成本的45%)。若车辆模块化、分时利用,还可将车辆作为物流车解决平峰时段车辆的闲置问题。

(3)完善设施空间,探索政策激励。设置公交专用车道/路,给予需求响应公交与常规公交共享专用路权,优化布局连续成网。在支路结合地块人行出入口设计停靠泊位,供需求响应公交上下客,实现泊位地块全覆盖,从而缩短起讫点与站点之间的步行距离,逐步提升需求响应公交的服务水平。探索基于个人碳汇的慢行和公交一体化费用优惠政策,实行总量控制、自由交易的碳排放配额管理机制,建立新区个人与机构绿色出行积分账户,探索绿色出行积分与住房、税收等各类公共服务挂钩机制。

本章参考文献

[1] 郑明媚,聂聪迪.新型智慧城市概论[M].北京:中国城市出版社,2020.

[2] 郭仁忠,林浩嘉,贺彪,等.面向智慧城市的GIS框架[J].武汉大学学报(信息科学版),2020,45(12):1829-1835.

[3] 孙亮,吴静媛,梁翠兰,等.面向群体感知的智能汽车协同通信方法[J].无线电工程,2022,52(1):28-32.

[4] 王润民,张心睿,赵祥模,等.混行环境下网联信号交叉口车路协同控制方法[J].

交通运输工程学报,2022,22(3):139-151.

[5] 孙溥茜.京东物流:智能物流体系中的配送机器人与无人机技术[J].机器人产业,2022(5):56-58.

[6] 刘苏晴.5G网络环境下的"无人机+车辆"应急物资配送优化方案[J].信息系统工程,2023(5):112-115.

[7] 孙羽,汪沛.无人驾驶技术在未来智慧港口的应用[J].珠江水运,2019(23):5-7.

[8] 朱剑,陈海云,赵江南,等.智能驾驶环卫车5G远程驾驶系统[J].汽车实用技术,2021,46(6):52-57.

[9] 许鸿贯,骆千珺,覃杰,等.自动化集装箱码头的海铁联运设计[J].水运工程,2022(10):48-52+104.

[10] 刘帅,李秋伟,承林涛.基于无人驾驶技术的无人配送物流服务体系研究[J].中国新通信,2021,23(1):73-74.

[11] 李骏,张新钰,史天泽.智慧城市与智能汽车融合一体化科技创新研究[J].建设科技,2022,445(1):21-27+33.

[12] 丁继成."十四五"时期新型智慧城市建设的对策研究——以黑龙江省哈尔滨市为例[J].上海城市管理,2023,32(2):44-49.

[13] 邱宇凡.智慧城市理念在城市交通规划中的应用研究[J].城市建设理论研究(电子版),2023,437(11):164-166.

[14] 张东,俞忠东,侯晓宇.智慧城市出行新生态及大中城市的建设应用[J].交通世界,2019,509(23):10-14.

[15] 孙超.浅谈虚拟现实技术在智慧城市领域的应用[J].中国公共安全,2017,295(1):73-78.

[16] 周婷婷,黄耿志,曹凯滨.基于空间数据与3S技术的县域数字城市建设规划——以广东增城为例[J].测绘与空间地理信息,2015,38(9):177-179.

[17] 赵悦,魏雅蕾,李梓暄,等.雄安新区智慧交通标准化建设研究[J].中国标准化,2022(S1):311-319.

[18] 王振,夏婷.新基建形式下智慧交通建设解决方案[J].互联网天地,2020(10):42-47.

[19] 冯青文,王丹辉.信息化环境下城市智慧交通的建设与发展[J].电脑知识与技术,2021,17(23):157-159.

[20] 张小雨,邵春福,王博彬,等.新冠肺炎疫情影响下居民共享出行方式选择行为研究[J].交通运输系统工程与信息,2022,22(2):186-196+205.

[21] 任晓红,柳春花.共享出行领域研究现状、热点及前沿——基于CiteSpace的文献计量分析[J].科学技术与工程,2022,22(12):5009-5019.

[22] 董鲁祺.国内外共享移动性综述研究[J].现代经济信息,2017(14):342.

[23] 李梦,黄海军.考虑共享出行的用户均衡交通分配模型[J].系统工程理论与实践,2019,39(7):1771-1780.

[24] 唐国建,杨金龙.共享出行的实践逻辑与绿色生活方式建构[J].哈尔滨工业大学学报(社会科学版),2022,24(5):67-75.

[25] 易晓峰.智能汽车的未来和出行服务生态的构建[J].智能网联汽车,2019,2(01):65.

[26] HU J,CREUTZIG F. A systematic review on shared mobility in China[J]. International Journal of Sustainable Transportation,2022,16(4):374-389.

[27] HYUN K,NAZ F,CRONLEY C,et al. User characteristics of shared-mobility: a comparative analysis of car-sharing and ride-hailing services[J]. Transportation Planning and Technology,2021,44(4):436-447.

[28] FENERI A,RASOULI S,TIMMERMANS H. Modeling the effect of Mobility-as-a-Service on mode choice decisions[J]. The International Journal of Transportation Research,2022,14(4):324-331.

[29] PAN S,ZHOU W,PIRAMUTHU S,et al. Smart city for sustainable urban freight logistics[J]. International Journal of Production Research,2021,59(7): 2079-2089.

第五章

3S融合下的智慧能源创新战略

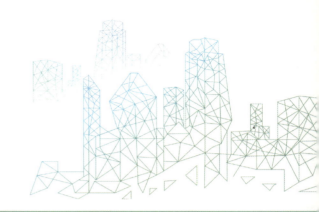

撰稿人：王文伟　北京理工大学
　　　　陈晓慧　北京理工大学

摘要

发展智慧能源是能源结构调整的主要路径之一,也是我国应对气候变化、实现"双碳"目标的必由之路。智慧能源可为智慧城市、智能交通、智能汽车的发展提供灵活、便捷及高效的能源动力,通过智慧能源与智慧城市、智能交通、智能汽车的深度融合(简称"智慧能源与3S融合"),实现能源、交通、城市、环境的全面可持续发展,已成为新时代下绿色低碳发展的新格局。因此,"3S融合下的智慧能源创新战略"研究具有重要且深远的意义。本章在深入分析智慧能源与3S融合国内外发展现状及趋势的基础上,制定了智慧能源与3S融合发展的阶段目标,分析了融合发展的技术体系及当前的核心瓶颈,提出了突破瓶颈的发展路径及建议,以期通过多能融合、多技术集成、多场景适配,实现智慧能源与3S在形态和功能上的深度耦合,最终实现持续健康的能源环境、智能低碳的汽车社会、安全高效的智能交通及和谐健康的城市生活。

第一节

智慧能源与 3S 融合发展的目标、愿景、现状及趋势

一、智慧能源与 3S 融合发展现状及趋势

1. 智慧能源与 3S 融合发展现状

智慧能源与 3S 融合发展已成为全球重要的战略方向,多个国家在推动智慧能源与 3S 融合发展上起步较早,出台了相关的政策以推动关键技术、示范项目及商业模式的发展,如日本、德国、丹麦、美国等。

日本智慧城市的代表丰田市,基于"低碳可持续"和"3E"两个目标,导入新一代汽车及智慧交通系统,实现可再生能源充分利用,使用家庭能源管理系统对包括新一代汽车在内的能源使用进行综合控制;通过电动汽车与社区能源管理系统的结合,扩大太阳能利用的领域,如图 5-1 所示。

图 5-1 电动汽车与区域能源系统的联动

2008年,德国联邦政府发起E-energy计划,选取6个地区进行数字化能源系统关键技术与商业模式的开发和示范,如图5-2所示。首先是把信息通信技术和能源结合起来,打造新型能源网络,在整个能源供应体系中实现综合数字化互联以及计算机控制和监测;其次是通过将可转移用能负荷转移到非峰值时间,减少峰值负荷,实现电网的"平峰填谷";最后是综合考虑可再生能源和电动汽车的影响和应用,通过合理调控电动汽车的充电,把电动汽车作为备用电源和移动存储器,实现二者的互补。

图5-2 德国E-energy计划数字化能源示范项目

2009年2月,丹麦在伯恩霍尔姆岛开展了促进风力发电、智能电网和电动汽车相融合的研究项目,如图5-3所示。该项目利用居民电动汽车蓄电池储蓄大风力时产生的过剩能量并在风力不足时将电能反输至电网,提升绿色能源的使用效率和比例,建立岛内绿色电网与电动汽车融合发展的智慧网络。

西班牙巴塞罗那早在2009年便提出"智慧城市"模式设想,通过早期规划、分阶段次第推进,以太阳能推广为基础,结合电动汽车、充电站建设,配套绿色交通设施服务,在2012年已完成了包括智能照明、智慧能源、智慧水资源、智能交通等一系列卓有成效的智慧城市项目,如图5-4所示。

为应对能源及气候快速变化,欧洲智能城市计划提出,选择25个50万人口以上的城市和5个100万人口以上的大型城市开展包括建筑、电网以及交通在内的综合应用示范,通过打造低排放建筑、智慧电网及充电、存储设施、智能交通等系统,以实现欧洲2020气候及能源目标,如图5-5所示。

图 5-3　丹麦风力发电、智能电网和电动汽车融合项目

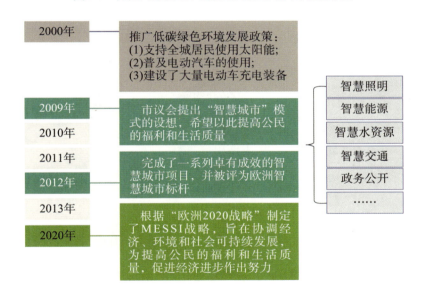

图 5-4　巴塞罗那智慧城市发展阶段示意图

美国加利福尼亚州在 2013 年发布 VGI（车网互动）融合路线图，2014 年 PG&E 在加利福尼亚州开展电动汽车与电网融合的试点项目，通过发展智能充电解决方案，布局充电设施，发展电动汽车共享、租赁，来满足降低电力负荷、降低使用成本的需求，并尽可能采用包括太阳能、风能、地热能、生物电能等可再生能源。2015 年美国政府发布智慧城市行动倡议，并通过举办智慧城市挑战赛来鼓励多方协同发展和制定包括智慧交通和智慧能源在内的评价标准，如图 5-6 所示。

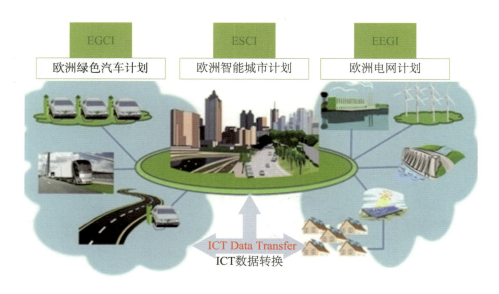

图 5-5 欧洲智能城市计划

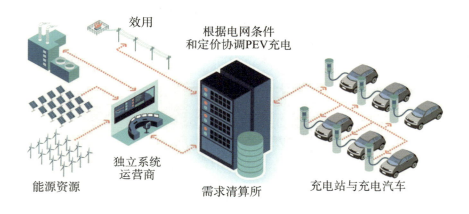

图 5-6 美国加州 VGI 车与电网集成试点项目

近年来,我国陆续推出各具特色的智慧能源与 3S 融合发展示范项目,重点对关键技术及商业模式进行了创新性研究和探索。"中国新能源汽车和可再生能源综合应用商业化推广"项目是 2015 年工业和信息化部会同联合国工业发展组织、中国汽车工程学会共同承担的全球环境基金项目。项目在上海、北京、天津、山西、保定、青岛、深圳、盐城、如皋、连云港等地开展可再生能源和新能源汽车综合应用落地示范,内容包括分时租赁电动汽车推广、智能充电站建设、光伏系统、储能系统搭建、V2G 技术示范、动力蓄电池梯次利用,旨在促进和扩大新能源汽车与可再生能源在我国的发展和应用,以有效降低中国交通运输行业的温室气体排放为最终目标。

现阶段,我国智慧能源与 3S 融合发展成为热点,但成熟度有待提升,目前产业链各端的企业或机构都只是在零散地开展研究和市场化运作,产业资源并未集聚,技术发展比较松散,还未形成创新发展合力,多数单位基于自有标准提供垂直封闭的方案,不同方案之间无法互联互通,产业链各端配合度较低,导致现阶段难以形成大的产业规模。我国应吸收和借鉴国外智慧能源与 3S 融合发展中的经验,在政策的引导下,加强跨产业的深入合作和交叉融合,探索我国智慧能源与 3S 融合的发展路径。

2. 智慧能源与 3S 融合发展趋势

智慧能源与 3S 融合发展的整体趋势是从供给主导的传统能源体系到需求侧主导的现代智慧能源体系。传统能源体系以供给主导,存在诸多弊端:能源单一紧凑、用能需求多样化、客户缺乏选择权、市场化程度低、能源利用效率低、产生不可逆转的环境污染。随着能源形式的多样化、技术的进步、经济的发展、能源供需逆转及环境承载力接近极限,多重矛盾叠加,建立清洁、高效、经济、安全的智慧能源体系是可持续发展的必由之路。通过车网互动、动态无线充电公路、光伏智能公路、光储充换电站、P2P 能源交易等多种形式,构建多能互济、开放共享、需求主导、清洁高效的现代智慧能源体系。

二、智慧能源与 3S 融合发展的目标

智慧能源与 3S 融合发展的目标是通过多能融合、多技术集成、多场景适配,实现能源与汽车、交通、基础设施、城市的联合规划及协同运行,在形态和功能上深度耦合,构建智能高效、广泛互联、清洁低碳和开放共享的发展格局,最终实现持续健康的能源环境、智能低碳的汽车社会、安全高效的智能交通及和谐健康的城市生活。

具体来说,可以按照三个阶段推动智慧能源与 3S 融合发展目标的实现,如图 5-7 所示。

1. 萌芽期(2021—2025 年)

智慧能源与 3S 融合建设以车网互动充电桩为代表的能源融合基础设施,构建电动汽车充电服务产业生态,推动智能有序充放电及 V2G 技术的应用,实现汽车与可再生能源、电网的多元互动。

2. 发展期(2026—2030 年)

智慧能源与 3S 融合进一步扩大能源与交通的智能化互动,加快电动汽车及燃料电

池汽车等低碳运载工具的推广应用,推动动态无线充电公路、光伏智能公路等分布式供能基础设施的建设,构建低碳智能交通体系,实现绿色能源与智能交通的一体化集成。

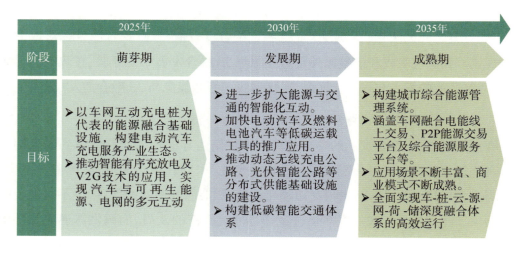

图 5-7　智慧能源与 3S 融合发展目标

3. 成熟期(2031—2035 年)

智慧能源与 3S 融合在上述两个阶段的基础上,构建城市综合能源管理系统,涵盖车网融合电能线上交易、P2P 能源交易平台及综合能源服务平台等,使得智慧能源与 3S 融合应用场景不断丰富、商业模式不断成熟,全面实现车-桩-云-源-网-荷-储深度融合体系的高效运行。

三、智慧能源与 3S 融合发展的愿景

通过智慧能源与智能网联汽车、智慧交通、智慧城市的深度融合,最终期待在社会和产业两个维度实现如下发展愿景,如图 5-8 所示。

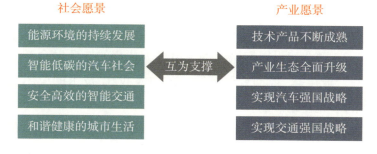

图 5-8　智慧能源与 3S 融合发展愿景

1. 社会愿景

实现能源环境的持续发展,实现智能低碳的汽车社会,实现安全高效的智能交通,最终实现和谐健康的城市生活。

能源环境的持续发展:基于智慧能源与3S融合,推进能源结构绿色转型、实现生态环境持续改善、实现我国碳达峰碳中和目标,推动能源环境的可持续发展。

智能低碳的汽车社会:基于智慧能源与3S融合,大力发展电动汽车、氢燃料电池汽车、车网互动技术等,实现汽车产业与技术升级,全面推动我国汽车产业的智能化转型和绿色低碳发展。

安全高效的智能交通:基于智慧能源与3S融合,构建起"车、路、云、网、图"全产业生态体系,大幅减少交通事故,提升出行效率,持续推动安全高效的智慧交通融入居民生活。

和谐健康的城市生活:基于智慧能源与3S融合,大力发展气候友好型供热和供冷、构建灵活的能源交易模式、高效的资源配置体系和智能化的补贴核算机制、实现城市能源的协同与互联。

2. 产业愿景

智慧能源与3S融合的相关产品品质不断提高,产业生态全面升级,智慧能源与3S的深度融合推动汽车强国及交通强国的实现。

技术产品不断成熟:智慧能源与3S融合势必会产生诸多新技术及新产品,培育并完善技术创新链,使技术创新体系基本成熟,原始创新水平具备全球领先能力。

产业生态全面升级:以智慧能源与3S融合典型应用场景为牵引,优化融合发展环境,创新发展模式,推动形成互融共生、分工合作、利益共享的新型产业生态。

实现汽车强国战略:智慧能源与3S融合有助于实现汽车全面电动化、智能化、网联化和共享化,形成一批具有国际竞争力的跨国公司和产业集群,支撑汽车强国的建设。

实现交通强国战略:智慧能源与3S融合有助于我国建立技术先进、运行高效、零事故、零环境负荷的交通运输体系,构建现代化高质量国家综合立体交通网,支撑交通强国的建设。

第二节
智慧能源的发展对 3S 融合的支撑

智慧能源与智能汽车、智能交通、基础设施相互赋能、协同发展、深度融合,构建多领域多主体参与的"网状生态",成为产业发展的新格局,如图 5-9 所示。能源、交通、信息等领域前沿和交叉技术的发展成熟,推动智慧能源与 3S 融合应用的不断涌现,在形态和功能上深度融合,形成广泛互联、智能高效、清洁低碳和开放共享,将带来巨大的规模效应、网络效应和溢出效应,实现"1 + 1 > 2"。

图 5-9　智慧能源与 3S 融合构建"网状生态"示意图

智慧能源与 3S 融合总体归纳为"4 + 5 + 5"的理论架构,即四大驱动力、五层结构、五大融合模式,实现能源流、人流/物流、信息流的高效协同、价值倍增。四大驱动力指产业变革驱动、技术创新驱动、效率提升驱动、国家政策驱动;五层结构指业态层、应用层、数据层、物理层及动力层;五大融合模式指产业融合、业务融合、数据融合、设施融合及能源融合,如图 5-10 所示。

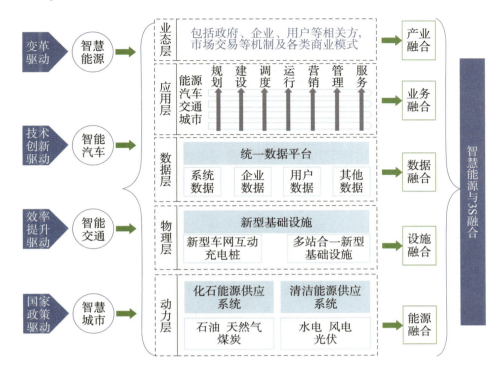

图 5-10　智慧能源与 3S 融合的理论架构

一、电动汽车、电网与可再生能源深度融合和互动

电动汽车大规模接入电网及可再生能源占比不断提高,给三者的融合发展带来了前所未有的机遇,应用电动汽车与电网互动 V2G 技术的规模效应必将凸显。电动汽车既是交通工具,也是用电设施,也是储能设施,可为电网安全经济运行提供有效支撑,如图 5-11 所示。

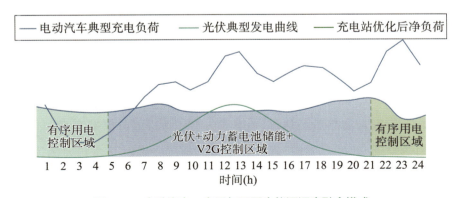

图 5-11　电动汽车、电网与可再生能源深度融合模式

在负荷调节方面,可减少负荷波动,降低峰值。通过有序充电技术、在满足电动汽车充电需求的前提下,运用峰谷电价的经济措施或者智能控制措施,优化调整充电时序与功率,引导用户低谷充电,改善电网的负荷特性,可降低峰值负荷 50% ~ 70%。

在清洁能源消纳方面,可提供利用率,稳定新能源并网。通过综合能源管理系统将电动汽车充电负荷转移至弃风弃光时段,合理引导电动汽车用户使用清洁能源电力,将大幅提高风能、太阳能利用率,同时可避免电网过载等问题,促进电网削峰填谷,保障电网安全运行。通过构建我国动力蓄电池综合利用的产业生态圈,在太阳能、风能等可再生能源并网、微电网、充电桩、社区及公共建筑储能、数据中心备用电源等领域建设综合电池应用示范。

在作为备用储能方面,为建筑等其他用电单元供电,参与电网主动需求响应。以特斯拉 Model S 款为例,它作为用电设施,连接上普通的家用交流充电桩,其用电容量为 8.8kW;作为储能设施,可以存储 85kW·h 的电量。对于私家电动汽车,每日用于形式的时间仅为 4% 左右,处于非行驶状态的时间大约是 96%,在这些时间里它都可以接入电网,主动需求响应,实现与电网的互动。对于车队性质的运营车辆,其停放时间和地点相对固定,有利于通过集中管理,实现与电网的互动。

总之,电动汽车、电网与可再生能源深度融合和互动,可以有效提高本地和全局消纳新能源发电的能力,推动电力系统、公路交通的低碳化发展。

二、氢能为汽车产业发展提供绿色能源

在世界能源结构中,煤炭、石油和天然气等化石能源在自然界中的储量是有限的,随着耗量的增加将日益减少,终有一天会枯竭。这就迫切需要寻找一种不依赖化石燃料的储量丰富的新的含能体能源。氢能作为一种清洁、高效、安全、可持续的二次能源,可通过一次能源、二次能源及工业领域等多种途径获取。氢能具有燃烧热值高、无碳排放、利用形式多、可储能、安全性好的优势,氢能可广泛应用于能源、交通运输、工业、建筑等领域,如图 5-12 所示。氢能既可以直接为炼化、钢铁、冶金等行业提供高效原料、还原剂和高品质的热源,有效减少碳排放;也可以通过燃料电池技术应用于汽车、轨道交通、船舶等领域,降低长距离高负荷交通对石油和天然气的依赖;还可应用于分布式发电,为家庭住宅、商业建筑等供电供暖。氢能是未来构建以清洁能源为主的多元能源供给系统的重要载体,氢能与燃料电池的发展已经成为新一轮世

界能源技术变革的重要方向,也是汽车产业未来发展的战略制高点。

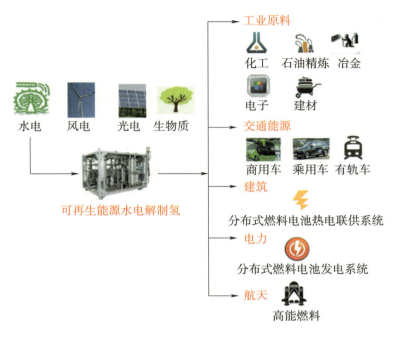

图 5-12　氢能的应用领域

在优化能源系统方面,氢能的多种制取途径与应用领域,打破了现有煤电等传统能源与可再生能源等清洁能源单一的能量转换模式,可成为现有能源体系的互转点与耦合中心,是实现大规模可再生能源利用的重要载体,可实现多异质能源跨地域和跨季节的优化配置,实现多能互补、能量双向、源-网-荷-储-车友好互动,实现汽车和可再生能源的深度融合发展。

在提高能源安全方面,由于石油消费比重增加与自给能力不足之间的矛盾日益凸显,2018 年我国石油对外依存度已达到了 69.8%,石油等能源紧缺及较高的对外依存度正在成为遏制我国可持续发展的瓶颈,氢能配合燃料电池技术,可实现氢燃料电池汽车大规模应用,有助于大幅降低交通领域的石油与天然气等能源消费量,降低石油等化石能源的对外依存度。

在提升能源使用效率方面,氢作为能源互联媒介,可循环利用工业副产氢与一次富裕化石能源,配合二氧化碳捕集与封存就地低碳转化,将广泛应用于交通运输领域、替代焦炭用于冶金、与二氧化碳转化为含氧化合物和燃料、与天然气混烧并通过燃气轮机发电或工业供热、利用储氢及燃料电池技术形成储能装置,配合动力蓄电池梯度使用技术,通过调峰手段增加电力系统灵活性,弥补电力不可存储问题,保障电网安全、提高电能质量,从而有效实现不同行业能源网络之间的协同优化。

在低碳清洁方面,氢能与燃料电池技术在排放方面具有无可比拟的优势,结合氢源的"绿色"制备,可实现"低碳生产,零碳使用",可引导大量可再生能源从电力部门流向交通运输、工业和建筑等终端使用部门,有利于实现终端能源消费领域深度脱碳。燃料电池汽车作为新能源汽车的一个重要组成,以其高效率和零排放被普遍认为具有发展前景,尤其在长途、大型、商用车等领域受到产业的热捧。

我国氢能开发与应用具备产业化条件,燃料电池汽车已进入商业化运营阶段。

我国发展氢能的优势在于具有良好的制氢基础与大规模应用市场空间,我国现有工业的制氢产能已达到 2.5×10^7 t,2018 年中国弃风、弃光、弃水总电量约为 1.0229×10^{11} kW·h,国内化工行业还存在部分无法循环利用的副产氢,均可提供大规模氢源。同时,我国拥有全世界最大的汽车与新能源汽车市场,在民用车之外,矿山港口重型车、物流车、重柴油车、轨道交通、船舶及岸电设施,甚至航空器,这些都是未来氢能创新应用的方向,我国已具备大规模氢能利用的供氢条件与市场空间。

近年来,我国在氢能关键技术上已取得突破,初步掌握了氢能基础设施与燃料电池的开发应用技术,具备了产业装备及燃料电池整车生产能力。国内在售的氢燃料电池汽车以中型货车及大、中型公交车为主,已有 17 个省(自治区、直辖市)开展了氢燃料电池汽车商业化运营。其中,广东、上海累计投入氢燃料电池汽车运营都超过1000 辆。未来氢能的接受性与市场规模主要取决于终端用氢的价格、绿色性与安全性,制氢、储运及加氢等基础设施的配套至关重要。

三、智慧能源发展促进智能交通体系的构建和运行

能源与交通的互动发展一直是人类社会经济过程合理、有效运转和持续进步的基本条件和保障。二者的融合发展对人类社会经济的持续发展发挥不可替代的作用。我国交通用能总量逐年上升,由 2012 年的 3.26 亿 tce 增长至 2016 年的 3.97 亿 tce,交通用能在城市能源消费的占比由 2012 年的 9.8% 上升至 2016 年的 10.7%,私人汽车极速增长是城市交通用能增长主要驱动力。随着我国城市化进程的推进和机动车数量的快速增长,城市道路交通量不断增加,各种交通问题凸显:交通拥堵成为影响大城市居民出行的首要问题,交通事故数量呈上升趋势,机动车尾气污染成为城

市大气污染的主要来源,智能交通与智慧能源融合发展是解决以上问题的重要途径。

智能交通的概念从单项交通的智能化逐步地扩充到了综合交通系统的信息化、网络化和智能化,已经成为综合交通系统现代化发展的核心技术,推动了各种交通方式的协同和创新发展,提升了交通治理现代化的能力。智慧能源的发展为智能交通体系的建设注入了源源不断的动力,驱动多种智能交通形式的发展:如"三合一"电子公路、分布式交通供能系统等。

2018年10月,东南大学研究团队与重庆大学研究团队于同里综合能源服务中心共同研制并建成的"三合一"电子公路在国际上首次实现路面光伏发电、动态无线充电、自动驾驶三项技术的融合应用,实现了电力流、交通流、信息流的智慧交融。"三合一"电子公路全长约500m,宽3.5m,是世界上最长的动态无线充电道路,这条公路的两边黑色部分是光伏路面,中间绿色部分是动态无线充电发射线圈区,汽车行驶在上面时,底部的接收线圈可以接收来自地面发射线圈的能量,从而实现无线充电。"三合一"电子公路融合了多种智慧交通元素,集智能路侧设施、LED（Light Emitted Diode,发光二极管）路面标识、电子斑马线、多功能路灯等诸多智慧交通元素于一体,其中多功能路灯具有LED虚拟同步机、环境监测、雾化降霾、信息发布、智能Wi-Fi、智能充电桩等多种功能,可以参与电网调峰调频,并动态调整亮度,如图5-13所示。

图5-13 "三合一"电子公路

四、智慧能源发展为智慧城市的建设提供条件

城市是能源消耗的中心,而能源推动了城市的发展。但是,粗放的能源利用方式和低效的能源利用效率,正限制着城市的发展。随着科技的进步,大数据、云计算、物联网、人工智能等新技术不断发展,人类试图通过智慧城市的建设来实现城市的可持

续发展。因此，智慧城市的关键是建设一个智慧能源系统，以保障城市能源供应，服务于整个智慧城市多元化的能源需求。

城市能源从供应种类方面可分为一次能源和二次能源，其中：一次能源包括可再生能源和二次能源，如太阳能、水能、风能、生物质能、地热能等，不可再生能源主要包括煤、石油、天然气、核能；二次能源主要是电力和热能。城市能源的消费结构按照行业来分有工业用能、居民用能、商业用能、服务业用能、农业用能、交通用能。传统的城市能源供应网络中，单一能源系统各自为政，需要分别面对各自系统中供需平衡问题。智慧城市的不断发展对能源的需求日益突出，需要实现以电为中心的各类能源互联互通、综合利用、优化共享。发展城市智慧能源的路径包括新能源分布式开发利用、建设智能配电网和建设城市综合能源系统。

新能源分布式开发利用可以优化能源结构、实现多能源融合，利用分散的风能、太阳能等新能源，因地制宜发展分布式供能，是实现城市智慧能源的重要手段之一。分布式新能源是城市智慧能源的底层终端，利用区域内光电转换、光热转换、风电转换、地热转换等方式，为区域提供电能、制冷和热能，实现多种可再生能源互补利用和优化匹配。

发展智能配电网是以坚强配电网架为基础，集成现代网络技术、控制技术和信息技术，兼容各类分布式电源，服务电动汽车等多元化客户，使电力供给和电力需求双向传输，实现灵活高效的能源配置和互动。

城市综合能源系统通过建设综合能源服务平台，形成了综合能源智能利用和能源大数据解决方案，连接消费者、生产者、制造商、运维商等各方，在信息与物理融合的实体之上，通过业务融合和商业模式创新持续满足用户需求，实现源于用户选择性和扩展性的价值诉求，从根本上实现"源-网-荷-储"的深度互动，实现能源与交通、制造、信息、城市管理等领域的协同发展。

2021年6月5日，西安西电电力系统有限公司发布西电综合能源智慧服务系统，西电综合能源智慧服务系统是以园区为载体，设计冷、热、电、气多能源综合利用，集合交、直流微电网，储能、充电站等多项技术，构建源、网、荷、储综合能源智慧服务系统，打造园区级综合能源示范基地。综合能源站集成了300kW三联供机组（CHP）、1310kW·h相变储热、225kW·h相变储冷、300kW空气源热泵、500kW电锅炉等换能设备，实现园区冷热电多能综合互补。西电综合能源智慧服务系统如图5-14所示。

3S 融合下的智慧能源创新战略　/　第五章

图 5-14　西电综合能源智慧服务系统

第三节

智慧能源与 3S 融合的技术体系

智慧能源与 3S 融合发展将构造一个全面的能源供、输、用的优化体系，使得不同的能源形式接入能源系统进行优化组合，实现不同应用场景的高效、经济、安全运行，减少能源利用过程中对环境的破坏，降低能源供应成本。本节侧重于探讨智慧能源与 3S 融合过程中涉及的关键技术，涵盖能源技术、信息通信技术和智慧能源融合技术，如图 5-15 所示。

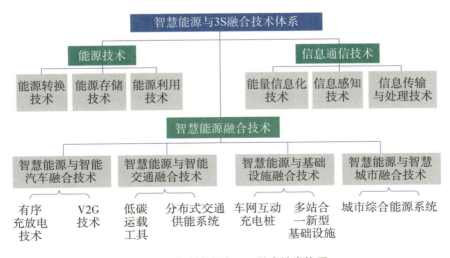

图 5-15　智慧能源与 3S 融合技术体系

一、能源技术

能源技术是发展 3S 融合的基础和依托,包括柔性多能转换技术、多能灵活存储技术及能量自由传输技术,其中:柔性多能转换技术包括传统能源技术(煤炭、石油、天然气、水能等)和新能源技术(太阳能、风能、生物质能、地热能等)的生产转换;多能灵活存储技术包括机械储能、电磁储能、电化学储能等;能量自由传输技术包括远距离低耗大容量传输、双向传输、端对端传输、选择路径传输、大容量低成本储能、无线电能传输等。

1. 柔性多能转换技术

任何能源主体实现自由接入和转换是能源高效利用的前提,能源的转换分为源端和用户侧两方面,源端流入不同形式的能量,包括一次能源、二次能源,在用户侧转换成满足不同应用场景需要的能量形式,如电能、热能、冷能和燃料,利用柔性化多能转换技术可实现电、热、冷、气、交通等多能源综合利用,并接入风能、太阳能、潮汐能、地热能、生物质能等多种可再生能源,形成开放互联的智慧能源系统。

在多能转换系统中,能量集线器是不同形式能量的传输系统的交互界面和耦合节点,能量集线器由能源转换和储能设备构成,是实现多种能源相互转化、传输和存储的结构单元。所实现的具体功能可概括如下:①能量集线器的使用有利于能量按照热力学规律实现梯级利用;②提升能源系统对分布式可再生能源的接纳能力,实现低碳功能;③能量集线器内需要配置合适数量的能量转化设备和存储设备,实现多能量系统的技术和经济优化运行;④要求应用新型信息物理融合的配电设备,在配电系统中广泛实现信息的接入和传递。由此可见,能量集线器不是被动的能量转换站,而是与信息系统结合,在环境约束下,按照经济最优主动地控制为用户提供能量。

2. 灵活多能存储技术

能源结构的调整使得光伏、风电等可再生能源占比逐年增加,可再生能源大多具有波动性、间歇性与随机性,其大量并入电网将对电网带来很多不利影响,且存在大量弃风弃光现象,因此限制了可再生能源的发展。在此背景下,能源的存储是实现可再生能源高效灵活利用的重要途径,储能技术可实现能量在时间和空间上的迁移,将难以存储的能量形式转换为经济的、易于存储的能量形式,打破了传统电力系统发、输、配、用必须实时平衡的瓶颈,使得原本刚性连接的电力系统呈现柔性,显著增强了电力系统的灵活性。按照电力储能方式的不同,可以分为机械储能、电化学储能、电磁储能和相变储能四大类型。①机械储能,常用的有抽水蓄能、压缩空气储能和飞轮储能三种。②电化学储能,可分为全钒液流电池、钠硫蓄电池、锂离子蓄电池和铅酸蓄电池储能等。③电磁储能,主要有超导磁储能和超级电容器储能两种方式。储能技术及储能系统应用于电网中,可以实现:①发电侧:平滑新能源输出、消纳可再生能源;②输配电网侧:电网调频调峰、延缓电网升级、提高供电可靠性;③用户侧:通过储能动态调节电压、频率,提升供电可靠性和电能质量。

3. 能量自由传输技术

类比信息自由传输的特点,能量自由传输表现在以下几点:远距离低耗(甚至零耗)大容量传输、双向传输、端对端传输、选择路径传输、大容量低成本储能、无线电能传输等。能量自由传输使得能量的控制更为灵活,储能的大量使用可使能源供需平衡更为简便,可以根据需要选择能量传输的来源、路径和目的地,支持能量的端对端分享,支持无线方式随时随地获取能源等,进而可以促进新能源消纳和提高系统的安全可靠性。随着电的广泛运用,电气化时代对电能传输方式的灵活性、安全性、开放性及互联性提出更高的要求。传统的导体接触能量传输方式存在线路暴露易老化、易产生接触火花等问题,无法满足智慧能源实现能量 Wi-Fi 的需求。无线电能传输技术是一种通过电磁效应或者能量交换作用实现从电源到负载无电气接触地进行电能传输的新型输电方式。该技术在电动汽车充放电、智能电子设备充电等方面具有良好的应用前景。电动汽车通过接入能量 Wi-Fi 实现无线充电具有诸多优点:①充电便利性强,车主将车驶入泊车位,设定程序即可实现自动充电。②充电安全性高,既不存在机械磨损,又无裸露电缆、电路老化和漏电等。③续驶里程远,有利于降低对蓄电池容量的要求,减少蓄电池组的体积,提高电动汽车续驶里程。④促进电动汽车无人化、智能化发展,使电动汽车与电网的互动更加便捷、有序。以下从电动汽车的无线电能传输技术进行详细分析。

二、智慧能源信息通信技术

信息通信技术(Information Communication Technology,ICT)主要用于管理和处理信息所采用的各种技术,包括能量信息化技术、信息感知技术及信息传输与处理技术。信息技术是智慧能源与3S融合发展的工具和手段,智慧能源与3S融合发展的目标是实现能源的"智慧化",而实现"智慧"的载体则是互联网、物联网、云计算、大数据等信息通信技术。

1. 能量信息化技术

能量信息化是智慧能源与3S融合发展中的关键技术之一,通过先进电力电子技术和信息物理智能硬件技术,实现传统模拟能量流的数字化和信息化处理,实现信息流和能量流的紧密融合,可将能源虚拟化视为继计算资源、带宽资源的存储资源之后的第四种可计算、可运营的互联网资源,支撑能量的互联网运营,推动智慧能源中定制化和个性化用能服务业态的发展。

能量信息化是指在物理层上对模拟能量流进行离散化和数字化处理,进而与信息流深度融合,将能量转化成计算资源、带宽资源以及存储资源一样的可计量、可计算的网络资源,进而通过信息互联网技术进行灵活的网络化管理、控制和运营。

2. 能源信息感知技术

信息感知技术是智慧能源的重要基础,以建设传感器网络为核心,结合射频、功率、微处理器、微能源等技术。传感器网络涉及温度传感器、形变/振动/加速度传感器、电流/磁场传感器、电压/电场传感器和气敏/湿敏传感器等类型。传感器网络所提供的信息能够在如下几个方面产生巨大的价值:①提高能源互联网中设备的运行效率、可靠性与预期寿命。②提高包含电力网络在内的多能源系统的稳定性与可靠性。③提高智慧能源各个环节预测与调度等工作的灵活性和有效性。④完善能源互联网事故前预警机制及事故后快速反应与恢复机制。⑤有效地减少智慧能源各环节中的人力成本。

除了专门为智慧能源所安装的传感器,其他部门(如智能交通系统、基础设施等)所构建的传感器网络所获得的数据,也逐渐和智慧能源相融合。如电动出租汽车的运行数据为电动汽车的充电调度提供了重要的依据。道路交通智能传感器对行人、路况等的数据感知为自动驾驶的实现奠定了基础。

3. 能源信息传输与处理技术

能源信息需要借助网络在系统中进行传输和处理,分为本地局域网和广域互联网。本地局域网主要完成本地服务器和各类传感器、智能设备之间的通信,而不同传感器和智能设备往往采用不同的通信协议,这就需要能源网关对不同的协议进行处理，并实现信息的上通下达。为了保证本地信息网络的可扩展性和即插即用性，具有较强通用性和规范性的通信标准就显得非常重要。广域互联网主要是解决海量能源数据的输送和信息安全等问题，对应目前电网架构中的配电网，在微网或者分布式能源等能量自治单元基础之上实现之间的能量交换与路由。

三、智慧能源融合技术

随着能源在各个行业的深入应用，涉及相关融合技术和解决方案的发展。如能源与汽车领域融合涉及智能充换电技术、电动汽车 V2G 技术等；能源与交通领域融合涉及低碳运载工具的应用，如电动汽车及燃料电池汽车，智慧路口、光伏智能道路、光储充供电等分布式交通功能系统；能源与基础设施融合包括建设新型车网互动充电桩、多站合一新型基础设施等；智慧能源与智慧城市融合包括发展城市综合能源管理系统。实现智慧能源与 3S 融合的核心是车-桩-云-源-网-荷-储的耦合优化及协调调度，针对上述融合发展技术将在本章第六节进行详细介绍。

第四节
智慧能源与 3S 融合带来的收益

智慧能源与智能汽车、智能交通、智慧城市、基础设施的深度融合，既可以加速推动能源清洁低碳转型，同时为实现安全高效的智慧交通、绿色低碳的智慧城市打通能量流。

一、智慧能源与智能汽车融合促进清洁能源消纳

电动汽车通过有序充放电控制，可实现对电网基础负荷的削峰填谷，保障电网安全，促进清洁能源消纳。大量电动汽车在无序充电情形下，夜间充电高峰负荷将可能与系统原有的夜间高峰负荷重叠，这将进一步加大系统负荷的峰谷差。通过有序充放电实现削峰填谷，可以有效降低由电动汽车接入产生的电网和电源扩容需求，从而节约电力系统的投资成本。另外，也可降低电网运行的成本，提高电网运行的可靠

性。在用户侧实行分时电价的情形下,利用有序充放电还可利用电价较低的时段进行充电,从而有效降低电动汽车用户的充电成本。

伴随着新能源产业的大规模发展,风力发电、光伏发电在所有装机容量中的占比不断提高,电动汽车充电桩所用的电既可以从电网下载,也可以直接取自太阳能光伏。光伏与充电桩结合形成光伏充电站,是电动汽车促进可再生能源消纳的最直接的物理形态。未来,城市里的停车场与屋顶光伏相连通,可以成为光伏充电站的电源。在高速公路上,服务区及公路旁边的光伏电站都可以成为光伏充电站的电源。电动汽车还可以通过绿电直购推进可再生能源消纳。

二、智慧能源与智能交通融合助力交通强国建设

党的十九大提出建设"交通强国"的战略目标。2019 年 9 月,中共中央、国务院颁布了《交通强国建设纲要》,提出到 2035 年,基本建成交通强国,到 21 世纪中叶,全面建成交通强国。其中明确地提出了智慧交通创新的任务。智慧能源与智能交通融合发展将助力交通强国的建设,主要体现在以下几个方面:①车辆的电动化、网联化、智能化和共享化,这"四化"的发展已经成为一个重要的趋势,将助力打造新一代自主智能交通系统,可解决交通拥堵及事故频发,实现高效安全环保出行。②车路协同技术可实现交通系统的协同决策和智能化的管控,从而满足人们出行的智能化、交通组织的全局化、交通信息服务的泛在化的需求。③动态无线充电公路、光伏路面、高速公路光储充一体化电站等的新型交通设施的发展,成为新能源和交通有机融合的不同形式,不断提高交通系统的低碳化和智能化水平。

三、智慧能源助力实现可持续发展的智慧城市

智慧能源与智慧城市融合发展开拓综合能源服务新业态,满足客户多元化用能需求。能源由"单一"走向"综合"以应对能源需求的多元化,首先为用户提供电力和综合能源整体解决方案,搭建互通互联的能源网架,实现电、气、热、冷等各种能源灵活转换;然后能源服务向"供电 + 能效服务"延伸拓展,"供电服务"包括电力供应、业扩报装等服务,"能效服务"包括电能替代、综合能源、需求响应等服务,这一组合为用户用能提供了更多经济、智慧的用能方案,有效提升了全社会能效利用水平。

在智慧能源的支撑下，突破城市资源制约，资源将得到最大化的合理利用，不断提高风能、太阳能、地热等清洁能源在城市能源中的供给占比，不仅使得城市能源供给多样化，并且将有效避免资源匮乏和环境污染的问题，形成以清洁能源为主的新型能源发展格局，构建绿色生态城市，形成资源节约型、环境友好型的可持续发展模式。

四、智慧能源助力实现基础设施的综合规划及智能运维

传统交通、能源、城市的基础设施多为独立建设及运营，随着智慧能源与智能网联汽车、智能交通、智慧城市的融合发展，其相关的基础设施产生很多的交叉融合点，通过对新型基础设施进行一体化规划、建设及运营，如新型车网互动充电桩、光伏智能道路、高速公路光储充电站等都是其融合发展的有效结合点，可以实现电动汽车及其充电设施网络、道路设施与智能电网、可再生能源发电之间的信息和能量的无障碍流通，不仅可以提高基础设施利用率，还可以推动智慧能源、智能汽车、智能交通、智慧城市的发展。

第五节
当前核心瓶颈与难点

智慧能源与 3S 融合发展的难点在于实现车-桩-云-源-网-荷-储的耦合优化及协调调度，主要存在以下四个问题。

1. 能源的不确定性造成的调度及控制问题

能源系统是一个复杂的多目标、多约束、非线性、随机不确定组合优化问题，可再生能源如风电、光伏等占比不断增大，负荷侧参与市场交易进行需求响应，均给能源系统带来了极大的不确定性，影响系统的安全性和可靠性。在此背景下，基于不确定性的安全约束经济调度（Security Constrainted Economic Dispatch，SCED）成为智慧能源与 3S 融合发展的技术难题之一。

2. 电动汽车规模化接入对能源系统稳定性的影响

交通网络中电动汽车充电负荷的不确定性影响电能系统的峰谷差和电能质量，

当车辆电动化比例达到50%时,多数配电网将面临超载的风险,如此大规模的用电如果处于无序状态,将直接影响电网运行的经济性、稳定性和可靠性,增大电网运行优化控制难度增加,对配电网规划提出新的要求。在此背景下,在线感知车辆、交通、电网的实时状态,基于人工智能分析电动汽车充电行为与自然环境、市场激励措施、交通状况等因素的耦合关系,实现智能有序充放电成为智慧能源与3S融合发展的技术难题之一。

3. 车-桩-云-源-网-荷-储的协调优化问题

车-桩-云-源-网-荷-储需要在空间及时间两个维度下实施协调优化,在空间维度上,将微网系统、动力蓄电池梯次利用系统等大量终端能源单元,与集中式的区域电力、热力和燃气网络互为支撑,才能满足用户多样用能需求、提高能源利用效率。在时间维度上,在不同阶段,不仅要考虑终端能源单元与供能网络之间耦合程度的不断变化,还需寻求长期愿景与短期利益间的有机平衡。

4. 智慧能源与3S融合全局综合规划问题

以往各能源系统、交通系统及相关基础设施的单独规划仅着眼于其局部利益,而智慧能源与3S融合规划涉及诸多部门,彼此间存在复杂的相互耦合关系,在规划过程中需综合考虑经济性、安全性、可靠性、灵活性、可持续性、环境友好性等诸多用户需求,规划方案在寻求整体目标优化的同时还需兼顾各方的不同利益诉求,需在全局与局部优化间寻求平衡。

第六节
突破瓶颈的关键行动和发展路径

一、发展智能有序充放电及 V2G 技术,建设新型车网互动充电桩

我国电动汽车产业开始由导入期进入成长期,电动汽车渗透率突破5%,如此大规模的电动汽车无序接入电网充电将对电力系统的运行和规划产生不可忽视的影响。通过研究智能有序充放电技术、V2G技术,建设新型车网互动充电桩,构建电动

汽车、电网与可再生能源融合创新体系,如图 5-16 所示,实现三者的深度融合与互动。

图 5-16　电动汽车、电网与可再生能源融合创新体系

1. 研究智能有序充放电技术

电动汽车用户对电力服务提出了更高的要求,逐渐从电网的被动参与者向主动参与者转变,是能源服务的客观规律决定的。随着阶梯电价和峰谷电价的推行,电动汽车用户将获得更多的激励收益,使其改变充放电行为,对用电成本将更加敏感。因此,需要以车联网和电网为基础,发展电动汽车智能有序充电,降低电动汽车规模化随机无序充电对电网的影响,促进电动汽车产业的健康快速发展,提高电动汽车与电网协调运行的有序性、可靠性、经济性。国家电网有限公司的报告显示,到 2020 年与 2030 年,在无序充电情形下,国家电网公司经营区域峰值负荷增加 1361 万 kW 和 1.53 亿 kW,预计相当于当年区域峰值负荷的 1.6% 和 13.1%,而有序充电可降低负荷 50%~70%。

智能有序充放电是智能电动汽车生态系统中的一个关键要素,是指电动汽车充电站和充电运营商共享数据的连接,以预测电力供应、电力需求、驾驶需求的充电量,优化充电时间和充电时长,满足所有用户的要求。具体包括:①研究基于电动汽车使用和停放特性并考虑时空分布的充电负荷预测方法,研究电动汽车有序充放电云计算技术,综合考虑整个地区能量供给和负荷的全时空平衡。②考虑风电、光伏等可再生能源消纳的电动汽车分层优化控制,突破多能量多时间尺度能量调度控制技术,实现地区能量的最优分配,促进地区新能源的消纳。③考虑电动汽车充放电需求响应不确定性的鲁棒优化调度。在以上研究基础上,以电网安全、可再生能源发电协同、电动汽车充放电特性等为约束条件,建立充电负荷调控精细化模型,掌握基于充电功率柔性调节的智能有序充电技术,实现充电行为的科学引导和最优决策。

2. 研究 V2G 技术

V2G 即为车与电网的互动技术,利用 V2G 技术可以实现电动汽车和电网之间的双向通信和双向能量流,电动汽车具有负荷和储能双重属性。当电网负荷较低时,进行有序充电,能够有效管理电动汽车的充放电过程,此时,电动汽车为电网的负荷;相反,当电网负荷过高时,电动汽车可将自身电量输出到电网,参与电网需求响应、削峰填谷及频率调节,如图 5-17 所示,此时电动汽车则作为电网的储能单元,可提高电网供电灵活性、可靠性和能源利用效率、延缓电网建设投资。具体研究包括:①电动汽车储能应用,综合考虑电网约束、蓄电池约束和车主使用需求的电动汽车移动储能系统模型。②电动汽车可调度容量,分析决定电动汽车可调度能力的要素,如线路的容量输送能力、电动汽车中存储的能量及电动汽车逆变器的额定最大功率。③电动汽车辅助电网调频服务的控制架构和运行原理,构建以台区为单位的就地化控制和以地区为单位的全局优化控制的两层控制架构,研究该架构对车网互动服务的控制作用和效果,实现就地平衡和全局优化的协同。④建立后台管理系统,采集、统计、计算所管辖范围内所有车辆可充放电的实时容量、受控时间等信息,实时提供给电网安全监控和数据采集(SCADA)系统。后台管理系统根据电网 SCADA 系统的调度指令,下发充放电指令,对所管辖范围内双向智能控制装置进行充放电控制管理并反馈相关信息,双向智能控制装置执行后台管理系统指令,对连接车辆进行充放电操作。

3. 建设以车网互动充电桩为代表的能源融合基础设施

电动汽车充电基础设施是电动汽车与电网、可再生能源产生物理联系的媒介。根据能源条件、应用场景等要素因地制宜地建设新型车网互动充电站。具体包括:①构建充电站日前车网互动优化模型及优化方法,研究各时段各充电站的实际出力值以及储能设备出力值。②研究交直流配网、可再生能源发电、充电设备、储能系统之间能量互通和多能互补技术。③研究车网互动充电站的能量控制器,具备数据采集、存储、通信、功率控制、策略执行等功能的新型智能终端,具备充放电功率控制、充电保护功能等功能,实现对电动汽车充放电的就地控制。④研究新型车网互动充电站与配电网等基础设施的规划布局,根据对电动汽车充电需求能量与分布的预测分析,结合交通网结构、交通量和交通密度等因素,进行设施备选站址间优化分配,以实现系统投资和运行成本有效降低。在以上研究基础上,拓展风电、光伏等可再生能源的应用场景,降低配电网的投资扩容,增加电网的调峰能力,提高充电站利用率,丰富其功能,并增加收益模式。图 5-18 为天津生态城充电网络及新型车网互动充电桩示范项目,该项目实现了电动汽车与电网、可再生能源的有序互动。

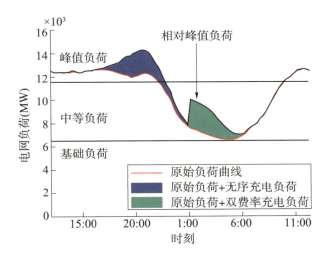

图 5-17　利用 V2G 技术实现削峰填谷

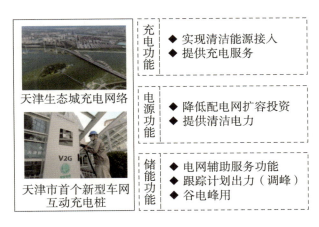

图 5-18　天津生态城充电网络及新型车网互动充电桩

二、发展低碳运载工具及分布式供能基础设施，构建低碳智能交通体系

在未来的交通用能场景下，特性各异且紧密耦合的能源和交通系统经由以电能、氢能为基础的架构实现互联互通，随着电动汽车及燃料电池汽车的规模化运行，能源系统与交通系统将会产生更多的交互融合。发展电动汽车、燃料电池汽车等低碳化运载工具；发展动态无线充电公路、光伏智能公路、高速公路光储充电站等分布式供能基础设施，实现绿色能源与智能交通的一体化集成。

1. 发展低碳运载工具

国际能源署数据显示，2020年，全球碳排放中交通运输占比26%，交通行业碳减排依赖于电动汽车及燃料电池汽车渗透率的全面提升，《新能源汽车产业发展规划（2021—2035年）》指出：到2035年，纯电动汽车成为新销售车辆的主流，公共领域用车全面电动化，燃料电池汽车实现商业化应用。

我国纯电动汽车的发展已进入完全市场化和高质量发展时期，突破我国存在的车规关键芯片、核心工业软件等基础薄弱问题，补足短板；开发全气候、高安全、高性能、智能化的纯电动汽车，提升产品核心竞争力，将是实现电动汽车大规模推广应用的关键，也是后续产业发展的重要方向。

氢能在未来能源之路中具有多种潜力，与可再生能源系统结合，可实现大规模可再生能源系统集成及发电，跨种类跨地区能源分配，还可为可再生能源系统提供缓冲作用。氢能用于燃料电池，可实现交通运输、工业用能及建筑供热和供电过程的脱碳。氢能与燃料电池引导可再生能源从电力流向交通运输、工业和建筑等，是实现融合发展的重要枢纽，有利于实现终端能源消费领域深度脱碳，如图5-19所示。重点研究可再生能源水电解制氢技术，结合电网调峰需求，发挥风电和太阳能发电协同作用，利用离/并网直流微网实现风/光资源和制储氢负荷之间的时空耦合和高效集成，利用谷电发展低成本制氢，实现氢能与智能电网耦合；研究燃料电池汽车整车及动力系统集成与控制技术，不断提高环境适应性、耐久性和运行效率，降低系统成本，应用领域从商用车不断扩展至轨道交通、船舶、航空等领域。

2. 发展分布式供能基础设施

智慧能源的发展为智能交通体系的建设注入源源不断的动力，驱动多种智能交

通形式的发展,如动态无线充电公路、光伏智能公路、高速公路光储充一体化电站等分布式供能基础设施。

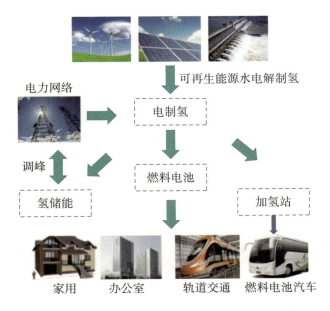

图 5-19　氢能和燃料电池的应用

电动汽车动态无线供电技术可实现电动汽车在行驶过程中能量的动态补给,不仅使得电动汽车充电变得简单便捷,而且减小了对蓄电池容量的要求。电动汽车动态无线供电系统目前存在地面端发射线圈轨道设计不合理、接收端各电动汽车车载蓄电池电量不相同等问题,而且其本身也存在着传输功率波动、控制不稳定等缺点。2018 年,中国电力科学研究院牵头研制的移动式无线充电试验路段示范工程,采用多磁极窄供电导轨和双相四线圈宽接收端组成的耦合机构和与之适应的大功率高频电能变换装置,建成了长 180m、融合静止和移动式无线充电的试验路段,实现了自动充电运行,如图 5-20 所示。

图 5-20　电动汽车移动式无线充电实验路段

光伏智能道路通过太阳能发电、路面光伏发电,为插电式充电桩补充电量或提供动态无线充电服务,如图5-21所示。重点研究光伏路面结构层材料,提高布设在路面结构中光伏板的存活率及耐久性;此外,提高光伏路面光电转化效率是关系到光伏铺设是否可以推广应用的重要指标,可以从光伏阵列的组成构型和凸透镜聚光原理两方面提升光电转换效率。

图 5-21　光伏智能道路

高速公路服务区充分利用高速公路快充站、服务区土地资源和配电设施,建设光伏、储能、充电一体化电站,也是实现绿色能源和绿色交通的有机融合的形式之一,如图 5-22 所示。光储充一体化电站具有以下优点:①峰谷套利,收益可观。光储充一体化充电站的年收益相当可观。②解决动力蓄电池退役"痛点"问题,变废为宝。③"光储充"的能量管理系统支持远程监控,电站运维时,只需定期巡检,无须人工值守,系统功能强大。高速公路光储充一体化模式还可扩展到高速公路沿线,打造高速公路绿色充电走廊。

图 5-22　高速公路光储充一体化电站

三、发展城市综合能源管理系统，构建清洁低碳城市

基于能源与汽车、交通、基础设施的深度融合，城市综合能源管理系统是围绕国家和政策的能源方针和政策，以实现"清洁、科学、高效、节约、经济用能"为宗旨，通过综合能源系统，为用户供应综合能源产品或提供能源应用相关的综合服务。随着丰富及多样化的能源供给侧、能源消费侧不断接入城市，对能源管理水平提出了更高的要求，实现城市能源系统的高效智能、能源消费侧的节约低碳和能源供给侧的多元发展，发展城市综合能源管理系统是实现"清洁、科学、高效、节约、经济"用能，构建清洁低碳城市的有效途径。

建设城市综合能源管理系统主要是打造以电为中心的能源交互配置平台，以数据驱动的城市能源互联网资源配置机制和体系，构建创新服务机制，如图 5-23 所示。建设城市综合能源管理系统将连接消费者、生产者、制造商、运维商等各方，在互联网理念渗透下、在信息与物理融合的实体之上，通过业务融合和商业模式创新持续满足用户需求，实现源于用户选择性和扩展性的价值诉求，从根本上实现"车-桩-云-源-网-荷-储"的深度互动，实现能源与汽车、交通、制造、信息、城市管理等领域的协同发展。

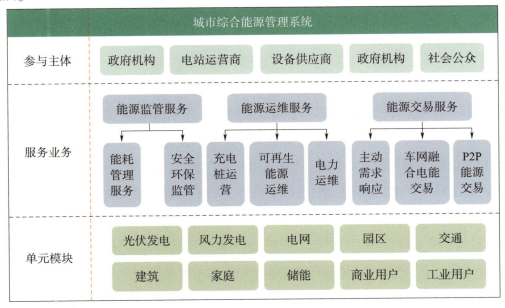

图 5-23 城市综合能源管理系统架构

建立能源交易平台和机制是实现城市能源系统安全高效运行的有效途径。

1. 车网融合电能线上交易

车网融合电能线上交易除了包含 V2G 外,还可发展 V2MG(Vehicle to Microgrid, 车与微电网互动)、V2H(Vehicle to Home,车与家庭能源系统互动)、V2B(Vehicle to Building,车与楼宇能源系统互动)、V2L(Vehicle to Load,车为负荷供电)和 V2V(Vehicle to Vehicle,电动汽车间互相充电)等不同方式,总体框架如图 5-24 所示。在车与电网实现互联互通的基础上,进一步实现车与各类能源形式的转换和交易,将大幅提高能源利用效率。

图 5-24　车网融合电能线上交易总体框架

2. P2P 能源交易

P2P 能源交易平台是一种高效协调能源系统中分布式能源的手段,如图 5-25 所示。随着分布式能源渗透率的不断提高及新型能源体系的推进,开放能源交易市场,允许分布式能源等多主体参与市场竞争已成为我国能源市场发展的趋势,P2P 能源交易模式能够实现局部资源共享、充分利用分布式能源、有效提高能源的利用率。在 P2P 能源交易平台中,涵盖冷、热、气、电等,每个用户不仅仅是消费者,同时也是生产者。要提高用户参与能源市场交易的积极性,需要研究建立一套合理的用户交易机制,通过交易机制使终端用户进行自管理运行,避免了集中式运算乏力以及信息与交易安全问题,用户单元在能量消费时能够同时接收系统的实时信息,并调整自身的用能行为和策略,对系统环境变化进行动态响应,以在提升自身能效、争取经济收益的同时促进系统的协同优化运行。同时,利用 P2P 能源交易平台培育运营商调度能力,并为需求侧资源提供能源管理、设备维护、节能等增值服务,利用平台所积累的海量数据,提升城市综合能源系统的可靠性、稳定性。

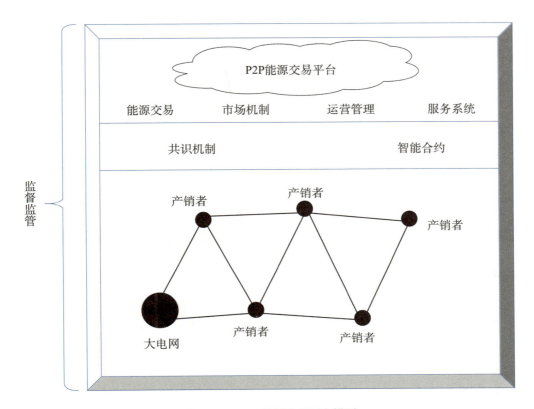

图 5-25　P2P 能源交易平台模型

近年来,雄安新区在城市智慧能源管理系统进行了多项探索。2018 年,城市智慧能源管控系统在雄安市民服务中心率先投入使用,如今已推广至雄县第三中学、保定万达广场、雄安高质量建设试验区等场景。该系统具备对能源的规划配置、综合监测、智慧调控、分析决策、智能运维、运营支撑等功能,实现横向"水、电、气、热、冷"多能互补控制,纵向"源-网-荷-储-人"高效协同,宏观上可对城市综合能源规划、生产、运营全环节进行顶层设计和智慧决策,微观上可实现对能源站机组及用户家用电器的元件级控制。

此外,在城市综合能源管理系统的基础上,加强顶层设计,通过突破制度和技术壁垒,改变城市能源系统规划、建设、运行等环节相对封闭,贯通全环节能源数据信息,统筹可再生能源、电网、电储能、充换电及冷热气等基础设施的建设,推动建设完善的基础设施条件,实现城市能源系统全过程的协同发展、信息共享。

第七节 技术路线图

一、总体技术路线图

智慧能源与 3S 融合发展总体技术路线图研究了发展的总体目标,并分别以 2025 年、2030 年、2035 年为三个阶段,制定了技术发展及应用的里程碑,如图 5-26 所示。

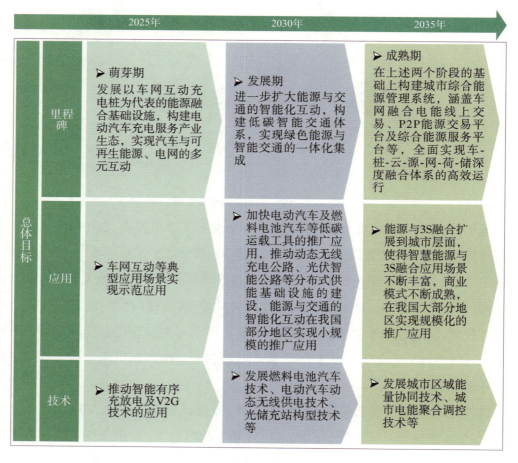

图 5-26　智慧能源与 3S 融合发展总体技术路线图

阶段里程碑,到 2025 年,发展以车网互动充电桩为代表的能源融合基础设施,构建电动汽车充电服务产业生态，实现汽车与可再生能源、电网的多元互动。到 2030 年，进一步扩大能源与交通的智能化互动，加快电动汽车及燃料电池汽车等低碳运载工具的推广应用，构建低碳智能交通体系，实现绿色能源与智能交通的一体化集成。到 2035 年，在上述两个阶段的基础上构建城市综合能源管理系统，涵盖车网融合电能线上交易、P2P 能源交易平台及综合能源服务平台等，全面实现车-桩-云-源-网-荷-储深度融合体系的高效运行。

在应用方面，到 2025 年，车网互动等典型应用场景实现示范应用。到 2030 年，推动动态无线充电公路、光伏智能公路等分布式供能基础设施的建设，能源与交通的智能化互动在我国部分地区实现小规模的推广应用。到 2035 年，能源与 3S 融合扩展到城市层面，使得智慧能源与 3S 融合应用场景不断丰富、商业模式不断成熟，在我国大部分地区实现规模化的推广应用。

在技术层面，到 2025 年，推动智能有序充放电及 V2G 技术的应用。到 2030 年，发展燃料电池汽车技术、电动汽车动态无线供电技术、光储充站构型技术等。到 2035 年，发展城市区域能量协同技术、城市电能聚合调控技术等。

二、关键分领域技术路线图

1. 能源技术

能源技术发展技术路线图如图 5-27 所示。

能源转换技术：2025 年重点发展：①能源和电力的转换技术：如何提高水能、风能、太阳能、生物质能等可再生能源转换为电能的效率是目前研究的技术方向。②能源和燃料的转换技术：研究可再生能源制氢及电转气（P2G）技术等。2030 年，柔性多能转换技术趋于成熟，可根据特定应用场景下用户侧需求，实现源端的多能转换。2035 年，在大部分应用场景下，不同形式的能源可根据优化目标和用户侧的需求，实现快速频繁转换。

能源存储技术：2025 年，开发低成本的机械储能、电化学储能、电磁储能和相变储能技术；研究 V2G 技术，实现动力蓄电池作为储能单元与电网双向互动；研究储能参与微网稳定控制技术。2030 年，灵活多能存储技术趋于成熟，在电动汽车与电网双向互动、储能参与微网调峰调频等应用场景下，实现小规模应用。2035 年，在部分应用场景下，实现能源的高效灵活存储，实现发、用的动态平衡。

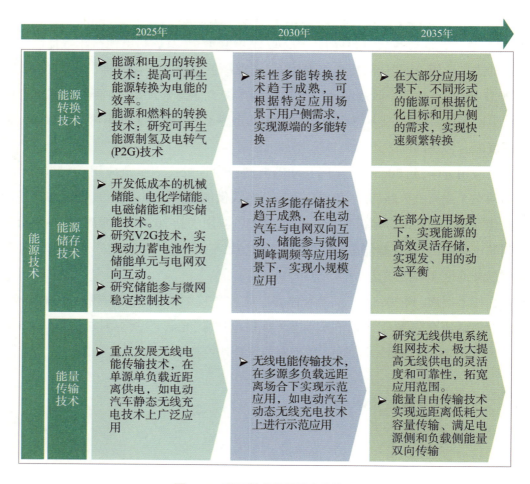

图 5-27 能源技术发展技术路线图

能量传输技术:2025 年,重点发展无线电能传输技术,在单源单负载近距离供电,如电动汽车静态无线充电技术上广泛应用。2030 年,无线电能传输技术,在多源多负载远距离场合下实现示范应用,如电动汽车动态无线充电技术上进行示范应用。2035 年,研究无线供电系统组网技术,极大提高无线供电的灵活度和可靠性,拓宽无线供电传输技术的应用范围;能量自由传输技术趋于成熟,实现能源的远距离低耗大容量传输、满足电源侧和负载侧的能量双向传输。

2. 能源信息通信技术

能源信息通信技术发展技术路线图如图 5-28 所示。

能量信息化技术:2025 年,通过蓄电池能量网卡和能量交换机将闲置碎片化的电池存量资源虚拟化高效利用,构建云储能平台,支持退役蓄电池的梯次利用、构建家庭储能。2030 年,应用先进电力电子技术和信息物理智能硬件技术,实现传统模拟能量流的数字化和信息化,在更广泛的应用场景上实现能源的高效利用。2035 年,开发能源信息安全保障与广域覆盖应用技术,全面提升能源信息安全。

图 5-28　能源信息通信技术发展技术路线图

能源信息感知技术:2025 年,重点研究射频、功率、微处理器、微能源等技术,在部分场景实现示范应用,如:电动出租汽车的运行数据为其充电调度提供依据;道路交通智能传感器对行人、路况等的数据感知为自动驾驶提供信息。2030 年,智慧能源传感器与智能交通、基础设施等传感器相融合,构建传感器网络,在部分场景中实现大规模应用。2035 年,建立完善的能源信息传感器网络,实现能源信息的传输、互联和共享。

能源信息传输与处理技术:2025 年,基于 5G/IoT 覆盖与高通量实时交互技术构建本地局域网,实现园区等区域内能源信息的处理和传输。2030 年,基于区块链与可信数据交互技术构建广域互联网,实现跨地区的能量交换与路由。2035 年,实现能源信息处理与传输的高速化、大容量化、数字化、泛在化和智能化。

3. 能源与汽车领域融合发展技术

能源与汽车领域融合发展技术路线图如图 5-29 所示。

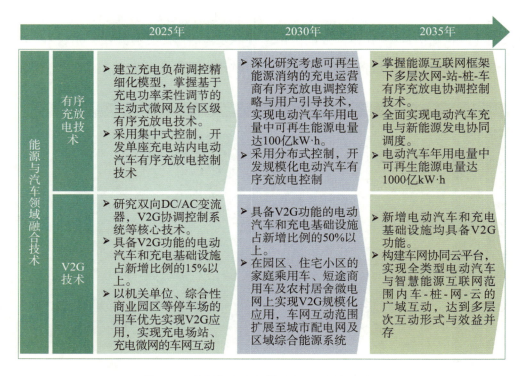

图5-29 能源与汽车领域融合发展技术路线图

有序充放电技术：2025年，建立充电负荷调控精细化模型，掌握基于充电功率柔性调节的主动式微网及台区级有序充放电技术；采用集中式控制，开发单座充电站内电动汽车有序充放电控制技术。2030年，深化研究考虑可再生能源消纳的充电运营商有序充放电调控策略与用户引导技术，实现电动汽车年用电量中可再生能源电量达100亿 kW·h；采用分布式控制，开发规模化电动汽车有序充放电控制。2035年，掌握能源互联网框架下多层次网-站-桩-车有序充放电协调控制技术；全面实现电动汽车充电与新能源发电协同调度；电动汽车年用电量中可再生能源电量达1000亿 kW·h。

车-网互动V2G技术：2025年，研究双向DC/AC变流器、V2G协调控制系统等核心技术；具备V2G功能的电动汽车和充电基础设施占新增比例的15%以上；以机关单位、综合性商业园区、企业园区等停车场的公务用车、私人车辆、通勤车辆优先实现V2G应用，实现充电场站、充电微网的车网互动。2030年，具备V2G功能的电动汽车和充电基础设施占新增比例的50%以上；在园区、办公区、住宅小区的家庭乘用车、公务车、短途商用车及农村居舍微电网上实现V2G规模化应用，车网互动范围扩展至城市配电网及区域综合能源系统。2035年，新增电动汽车和充电基础设施均具备

V2G 功能;构建车网协同云平台,实现全类型电动汽车与智慧能源互联网范围内车-桩-网-云的广域互动,达到多层次互动形式与效益并存。

4. 能源与交通领域融合发展技术

能源与交通领域融合发展技术路线图如图 5-30 所示。

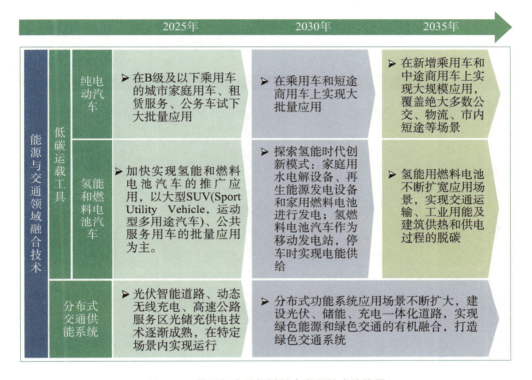

图 5-30　能源与交通领域融合发展技术路线图

发展低碳运载工具——纯电动汽车:2025 年,在 B 级及以下乘用车的城市家庭用车、租赁服务、公务车中纯电动汽车实现大批量应用。2030 年,在乘用车和短途商用车上实现大批量应用。2035 年,在新增乘用车和中途商用车上实现大规模应用,覆盖绝大多数公交、物流、市内短途等场景。

发展低碳运载工具——氢能和燃料电池汽车:2025 年,加快实现氢能和燃料电池汽车的推广应用,以大型 SUV、公共服务用车的批量应用为主。2030 年,探索氢能时代创新模式:家庭用水电解设备、再生能源发电设备和家用燃料电池进行发电;氢燃料电池汽车作为移动发电站,停车时与家庭或办公室连接,实现电能供给。2035 年,氢能用燃料电池不断扩宽应用场景,实现交通运输、工业用能及建筑供热和供电过程的脱碳。

分布式交通供能技术:2025年,光伏智能道路、动态无线充电、高速公路服务区光储充供电技术逐渐成熟,在特定场景内实现运行。2030—2035年,分布式功能系统应用场景不断扩大,建设光伏、储能、充电一体化道路,实现绿色能源和绿色交通的有机融合,打造绿色交通系统。

5. 能源与基础设施领域融合发展技术

能源与基础设施融合发展技术路线图如图5-31所示。

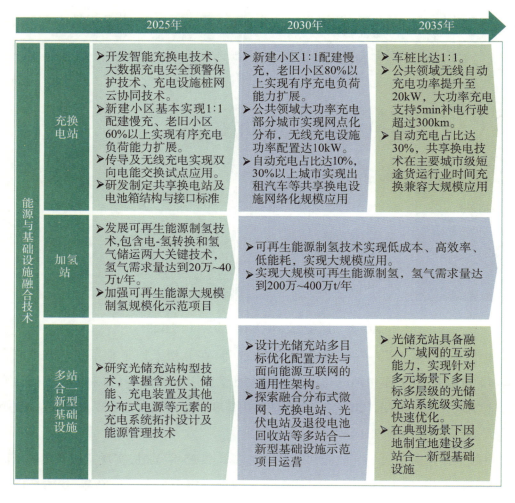

图 5-31　能源与基础设施融合发展技术路线图

充换电站:2025年,开发智能充换电技术、大数据充电安全预警保护技术、充电设施桩网云协同技术;新建小区基本实现1∶1配建慢充,老旧小区60%以上实现有序充电负荷能力扩展;传导及无线充电实现双向电能交换试点应用;研发制定共享换电站及蓄电池箱结构与接口标准。2030年,新建小区1∶1配建慢充,老旧小区80%以上实现有序充电负荷能力扩展;公共领域大功率充电部分城市实现网点化分布,无线充电设施功率配置达10kW;自动充电占比达10%,30%以上城市实现出租汽车等共享换电设施网络化规模应用。2035年,车桩比达1∶1;公共领域无线自动充电功率提升至20kW,大功率充电支持5min补电行驶超过300km;自动充电占比达30%,共享换电技术在主要城市级短途货运行业时间充换兼容大规模应用。

加氢站:2025年,发展可再生能源制氢技术,包含电-氢转换和氢气储运两大关键技术,氢气需求量达到20万~40万t/年;加强可再生能源大规模制氢规模化示范项目;2030—2035年,可再生能源制氢技术实现低成本、高效率、低能耗,实现大规模应用;实现大规模可再生能源制氢,氢气需求量达到200万~400万t/年。

多站合一新型基础设施:2025年,研究光储充站构型技术,掌握含光伏、储能、充电装置及其他分布式电源等元素的充电系统拓扑设计及能源管理技术。2030年,设计光储充站多目标优化配置方法与面向能源互联网的通用性架构;探索融合分布式微网、充换电站、光伏电站及退役蓄电池回收站等多站合一新型基础设施示范项目运营。2035年,光储充站具备融入广域网的互动能力,实现针对多元场景下多目标多层级的光储充站系统级实施快速优化;在典型场景下因地制宜地建设多站合一新型基础设施。

6. 能源与城市领域融合发展技术

能源与城市领域融合发展技术路线图如图5-32所示。

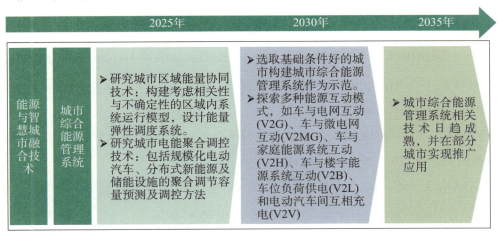

图5-32 能源与城市领域融合发展技术路线图

城市综合能源管理系统:2025年,研究城市区域能量协同技术:构建考虑相关性与不确定性的区域内系统运行模型,设计能量弹性调度系统;研究城市电能聚合调控技术:包括规模化电动汽车、分布式新能源及储能设施的聚合调节容量预测及调控方法。2030年,选取基础条件好的城市构建城市综合能源管理系统作为示范,包括车网互动、P2P能源交易平台等,探索多种能源互动模式,如车与电网互动(V2G)、车与微电网互动(V2MG)、车与家庭能源系统互动(V2H)、车与楼宇能源系统互动(V2B)、车位负荷供电(V2L)和电动汽车间互相充电(V2V)。2035年,城市综合能源管理系统相关技术日趋成熟,并在部分城市实现推广应用。

本章参考文献

[1] 沈振江,李苗裔,林心怡,等.日本智慧城市建设案例与经验[J].规划师,2017(5):26-32.

[2] To Thanh PHOUNG. Application of Solar Distributed Generation System in Urban Regeneration Projects[D]. Japan:Kanazawa University,2013.

[3] 王喜文,王叶子.德国信息化能源(E-Energy)促进技术[J].电力需求侧管理,2011.13(4):75-80.

[4] HARTMUT S,LUDWIG K. E-Energy—Paving the Way for an Internet of Energy[J]. Information Technology,2010,52(2):55-57.

[5] XU Z,GORDON M,LIND M,et al. Towards a Danish power system with 50% wind-smart grids activities in Denmark.[C]. Proceedings of IEEE PES General Meeting,2009,Galgary,Canada:1-8.

[6] 杨黎晖,许昭,等.电动汽车在含大规模风电的丹麦电力系统中的应用[J].电力系统自动化,2011,35(14):43-47.

[7] TAJANI A. Mission Growth:Europe at the Lead of the New Industrial Revolution [C]//High—level conference Brussels. 29th May,2012

[8] 工业和信息化部.全球环境基金(GEF)"中国新能源汽车和可再生能源综合应用商业化推广"项目启动会在京举行[J].稀土信息,2018,(9):14.

[9] 刘建平,陈少强,刘涛.智慧能源——我们这一万年[M].北京:中国电力出版社,2013.

[10] 何正友,向悦萍,廖凯,杨健维.能源-交通-信息三网融合发展的需求、形态及关键技术[J].电力系统自动化,2021,45(16):73-86.

[11] 孙宏斌,郭庆来,潘昭光,等.能源互联网:驱动力、评述与展望[J].电网技术,2015,39(11):3005-3013.

[12] 国网天津市电力公司.城市能源互联网发展与实践[M].北京:中国电力出版社,2017.

[13] 冯庆东.能源互联网与智慧能源[M].北京:机械工业出版社,2019.

[14] 童光毅,杜松怀.智慧能源体系[M].北京:科学出版社,2019.

[15] 艾欣,董春发.储能技术在新能源电力系统中的研究综述[J].现代电力,2015,32(5):1-9.

[16] 范兴明,高琳琳,莫小勇,等.无线电能传输技术的研究现状与应用综述[J].电工技术学报,2019,34(7):1353-1380.

[17] 王继业,郭经红,曹军威,等.能源互联网信息通信关键技术综述[J].智能电网,2015,3(6):473-485.

[18] 贾宏杰,王丹,徐宪东,等.区域综合能源系统若干问题研究[J].电子系统自动化,2015,39(7):198-207.

[19] 张津珲.多网融合的综合能源系统优化调度方法研究[D].上海:上海交通大学,2020.

[20] 胡泽春,宋永华,徐智威,等.电动汽车接入电网的影响与利用[J].中国电机工程学报,2012,32(4):1-10.

[21] 王成山,李鹏.分布式发电、微网与智能配电网的发展与挑战[J].电力系统自动化,2010,34(2):10-14+23.

[22] 中国汽车工程学会.节能与新能源汽车技术路线图 2.0[M].北京:机械工业出版社,2020.

[23] 余涛.电动汽车有序充放电策略与鲁棒优化调度.[D].长沙:湖南大学,2020.

[24] 陈丽丹,张尧,ANTONIO F.电动汽车充放电负荷预测研究综述[J].电力系统自动化 2019,43(10):177-197.

[25] 万雄,彭忆强,邓鹏毅,等.电动汽车 V2G 关键技术研究综述[J].汽车实用技

术,2020(2):9-12.

[26] 董佳宝.基于V2G的电动汽车充放电机研究[D].徐州:中国矿业大学,2014.

[27] 刘晓飞,张千帆,崔淑梅.电动汽车V2G技术综述[J].电工技术学报,2012,27(2):121-127.

[28] 新型车网互动充电桩在中新天津生态城试点应用[J].农村电气化,2020(6):36.

[29] 李娜,李志远,王楠,等.氢储能调峰站发展路径探索研究[J].中国能源,2021(1):55-67.

[30] 潘光胜,顾伟,张会岩,等.面向高比例可再生能源消纳的电氢能源系统[J].电力系统自动化,2020,44(23):01-10.

[31] 羊树文.电动汽车动态无线供电功率稳定控制策略研究[D].南京:南京师范大学,2020.

[32] 刘超群,魏斌,吴晓康,等.电动汽车移动式无线充电技术工程化应用研究[J].电网技术,2019,43(6):2211-2218.

[33] 王帅琪,金玉婷,陈英实.光伏技术在路面结构中的应用分析[J].交通建设,2019(11):246-247.

[34] 张焕炯.对"超级高速公路"的几点深度思考[C].世界交通运输工程技术论坛(WTC2021)论文集(中册),2021:1646-1649.

[35] 朱维政.智慧城市能源服务[M].北京:中国电力出版社,2019.

[36] 刘芯汝,高辉,张卫国,等.基于区块链技术的P2P电能交易平台与配电网协同仿真[J].计算机系统应用,2021,30(4):54-61.

[37] 刘坚,熊英,金亨美,等.电动汽车参与电力需求响应的成本效益分析—以上海市为例[J].全球能源互联网,2021,4(1):86-94.

[38] 国网天津市电力公司.城市能源互联网发展与实践[M].北京:中国电力出版社,2017.

第六章

支撑3S融合的智能基础设施发展战略

撰稿人：程　洪　电子科技大学
　　　　詹惠琴　电子科技大学

摘要

　　智慧城市、智能交通和智能汽车的深度融合具有重要意义。本章围绕基于智慧城市、智能交通、智能汽车的 3S 融合，阐述城市智能基础设施发展战略。智能基础设施主要包括智慧道路、高精度地图、车-路-云通信网络、多层次云平台等，针对相关的关键技术和发展面临的主要问题进行梳理和分析，阐述了领域的技术体系、当前的核心瓶颈和融合发展的路线，最后提出了智能基础设施的创新发展初步战略。主要分为以下四个方面：

　　(1) 智慧道路的建设。目前智能网联汽车越来越朝着智能化、网联化深度融合的方向发展，而要为行驶在道路的智能网联汽车提供边缘智能服务，就必须建立起以智慧道路为核心的边缘智能设备网。智慧道路的建设可以为智能网联汽车提供两方面的服务：①与智能车协同交互，为其提供及时可靠的决策信息；②实时采集智能车端数据，处理后上传至更高一层云控大数据中心作分析决策。

　　(2) 高精度地图的构建。自动驾驶汽车业内的共识是未来自动驾驶汽车从 L3 级别开始，就需要高精度地图的支持，因此，在智慧道路的基础上构建完善的高精度地图为智能车提供全局视野实现更高级别的自动驾驶是今后智慧城市、智能交通和智能汽车发展的关键一环。

　　(3) 车-路-云通信网络建设。建设车-路-云通信网络是实现未来自动驾驶，打通智能网联汽车体系结构的最核心技术，基于目前最先进的 4G、5G 通信技术的 LTE-V2X 已经成为我国车辆网通信标准，其凭借比 DSRC 技术更优异的性能让车-路-云的通信网络具有低延时、高可靠性和大带宽的特点，为智能网联汽车的发展打下坚实基础。

　　(4) 智能网联汽车云平台的建设。云控平台是中国标准智能汽车体系的重要组成部分，是支撑智能汽车实际应用实施的数据协同中心、计算中心与资源优化配置中心。通过云控基础平台的物理架构形成车端—边缘云—区域云—中心云 4 级支撑体系，逐步建立中国特色的智能网联汽车生态体系，打造行业协同发展生态圈，推进现有产业的转型升级，推动智能网联驾驶基础设施建设，拉动经济发展，完善公共服务。本章研究背景见本章附件一。

第一节
智能基础设施的发展目标

一、智能基础设施的国内外发展现状

智能基础设施是智慧城市、智能交通、智能汽车深度融合发展的重要支撑,智能基础设施综合体系如图6-1所示,数据层主要包括云控平台,交互层包括车-路-云通信网络和高精度地图,应用层主要包括智慧道路、智能汽车等。

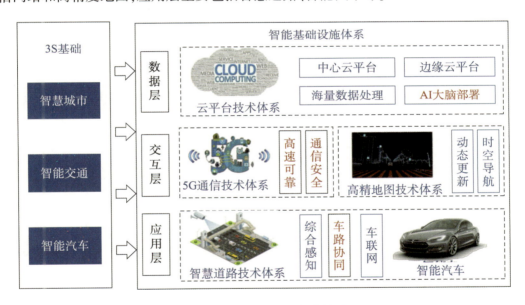

图6-1 智能基础设施综合体系

1. 智能基础设施国外发展现状

美国:在保持单车自动驾驶领先优势基础上,美国开始重视车路协同与数字基础设施。在政策推动、标准制定和频谱确定背景下,美国正以高速公路为载体开展新一代车路协同系统建设探索,美国联邦公路管理局(FHWA)启动面向移动应用的协同自动驾驶研究(CARMA)项目,旨在为网联式自动驾驶研究和设计提供通用开放的架构平台,以企业为主体,以支持协同驾驶自动化(CDA)的研究和开发。2018年,开启

CARMA 3 阶段，美国运输部开展多种模式的合作关系，主要与美国联邦高速公路管理局、美国联邦汽车运输安全管理局、智能交通系统联合规划办公室以及 Volpe 国家运输系统中心合作，完成协作式自动驾驶、交通管理、标准、合作、公共安全、货运以及数据等工作。2019 年，美国通信委员会（FCC）为 C-V2X 分配了 5.905～5.925GHz 专用频谱，并把 5.895～5.905GHz 频段的 10MHz 从 DSRC 转给 C-V2X。同年，由 DOT 主导的美国国家 ITS 参考架构（The National ITS Reference Architecture）ARC-IT 已经演进到了 9.0 版本，考虑了车路协同自动驾驶，提供了政府间合作的框架，重点是在安全、出行、网络安全、基础设施和联网方面的投资，在 26 个州展开试点示范，覆盖超过美国 50% 的州，总共大约 18000 套车载终端 OBU（包括前装设备和后装设备）。2021 年 1 月 11 日，美国运输部发布了一份《美国运输部自动驾驶汽车综合计划》（Automated Vehicles Comprehensive Plan），制定了美国运输部的多式联运战略，通过提供现实例子来应对现代交通系统的挑战，以及分析业务管理部门是如何通力合作应对新兴技术应用的。

但从目前美国智能基础设施产业情况来看，仍存在很多不足：缺乏政策持续强力推进、投资不足、试点示范规模不足、产业链协同欠缺、应用场景和商业模式探索深度不够等。

欧洲：采用欧盟—国家层面两级管理，重视智能化与网联化协同发展欧洲重视顶层设计与新技术研发，政府及产业界重在加强跨国家和地区的自动驾驶联合示范，探索道路智能化发展，实现汽车与交通系统的齐头并进，高度重视单车智能与车路协同自动驾驶协同发展。欧盟道路运输研究咨询委员会（ERTRAC）在 2019 年发布了 Connected Automated Driving Roadmap，提出的目标是：2020 年通过云计算、IoT、大数据和 V2X 推动网联自动驾驶发展 2022 年网联自动驾驶实现与大数据可信平台开放数据交互；2025 年下一代 V2X 提升 L4 级别自动驾驶能力。为推进车路协同落地，欧洲 ERTRAC 已经明确提出基于数字化基础设施支撑的网联协同式自动驾驶（Infrastructure Support levels for Automated Driving，ISAD），见表 6-1；同时欧盟也启动了大量的示范验证项目，包括 Horizon 2020 计划、eSafety 计划等，eSafety 计划包括 PReVENT、I-way（Intelligent cooperative system in cars for road）、Car2car 等若干子项目。当前，欧盟正在奥地利和西班牙组织开展 INFRAMIX 示范项目，来验证 ISAD 中数字化基础设施对未来网联式自动驾驶车辆的支撑能力，以支持自动驾驶汽车与传统汽车混流行驶的发展阶段。

欧洲道路基础设施分级   表6-1

分类	等级	名称	描述	数字化地图和静态道路标识信息	VMS、预警、事故、天气信息	交通状态信息
数字化基础设施	A	协同驾驶	基于车辆行驶实时信息的获取，基础设施能够引导自动驾驶单个车辆或队列车辆行驶，以优化整体交通流	√	√	√
数字化基础设施	B	协同感知	基础设施能够获取交通状况信息并实时向自动驾驶车辆传输	√	√	√
数字化基础设施	C	动态信息数字化	所有静态和动态基础设施信息均以数字化形式提供给自动驾驶车辆	√	√	
传统基础设施	D	静态信息数字化/地图支持	可提供数字化地图数据和静态道路标志信息。地图数据可通过物理参考点来补充。交通信号灯、临时道路施工、VMS仍需要由自动驾驶车辆识别	√		
传统基础设施	E	传统基础设施/不支持自动驾驶	传统基础设施不能提供数字化信息，需要自动驾驶车辆本身来识别道路几何形状和交通标志			

日本：企业、市民共建共治共享，以技术赋能车路协同产业和智能基础设施发展。近年来，日本社会高度老龄化、信息化发展趋势日益凸显，人们对交通出行的需求更加多样化和复杂化，因此，日本从顶层机构层面开始统筹布局，构建ITS战略组织机构，在2014—2018年间，政府就以公私合作的方式推动跨部门创新促进战略计划(SIP)"车路协同系统"，自2016年至今，先后发布《车路协同汽车道路测试指南》《车路协同汽车安全技术指南》等政策，开展车路协同道路测试工作，大幅

提升道路交通管控和服务能力。2018年,政府开始在新成立的SIP二期项目"车路协同系统和服务拓展"下进行研发和示范试验等工作。2019年,发布了《智能交通指南2019》(ITS HANDBOOK 2019),主要关注三个方面:①实现政府和官方共同建设日本ITS框架,通过打造政府、企业、市民共建共治共享的合作模式实现制度创新,积极培育开放聚合的智能交通生态圈,共同推进产业发展;②更加注重推进车路协同、MaaS等新的移动出行信息服务,以提高现有公共交通的便利性、保障公众舒适出行,从整体上提升道路交通安全和效率;③更加重视以技术赋能产业发展,推动车路协同、自动驾驶、ETC(Electronic Toll Collection,电子不停车收费)2.0等前沿技术研发和应用示范,促进国际标准制定和车联网等产业发展。2020年,日本政府在SIP-adus的规划中进一步提出将基于车路协同的自动驾驶技术作为新阶段的研究重点,加快探索自动驾驶汽车协同决策技术,力图从多角度全面覆盖基于车路协同的自动驾驶技术内容,主要包括区域实现、服务与商业应用、动态3D地图、网联技术安全保障与信息安全等。

美国在人工智能、集成电路、高端芯片等方面处于全球领先的优势,但在通信行业,尤其是5G领域落后于中国发展,且道路基础设施的投资一般由市场主导而非政府主导,所以导致美国的智能基础设施系统发展缓慢。欧洲采用"欧盟-国家层面"两级管理车路协同式自动驾驶汽车产业发展,既关注顶层设计,致力于构建欧盟自动驾驶法律和政策框架,又聚焦落地法案,积极推动自动驾驶汽车上路测试,从道路交通安全、车辆安全、网络安全等角度出发完善测试要求,保障测试安全。日本整体上采取自下而上、单点功能突破、系统整合的模式,从各个系统之间的整合到车联网和车路协同技术的应用,向实现舒适移动的社会发展。

综上,虽然国外一些发达国家和地区在政策法规、技术标准、关键技术、测试方法和落地应用商业模式等方面各有千秋,但发展基本目标保持一致,均希望通过自动驾驶汽车与道路基础设施的协同开发来改善城市交通状况,推动智能交通系统产业发展。

2. 智能基础设施国内发展现状

我国对于智慧道路的建设探索,也与国外步伐保持一致,从自动驾驶示范区起步,研究道路智能化的进程。根据《智能汽车创新发展战略(征求意见稿)》规划,在2020年,我国智能汽车新车占比达到50%,中、高级别智能汽车实现市场化应用,重点区域示范运行取得成效。智能道路交通系统建设取得积极进展,大城市、高速公路的车用无线通信网络(LTE-V2X)覆盖率达到90%。

在加快建设交通强国、新基建等政策支持下,我国正在构建具有中国特色的车-路-云一体化协同控制系统,如图6-2所示,它是以云控基础平台为核心,利用新一代信息与通信技术,将人、车、路、云的物理层、信息层、应用层连为一体进行融合感知、决策与控制,可实现车辆行驶和城市交通运行安全、效率等性能综合提升的一种信息物理系统,简称"云控系统"。

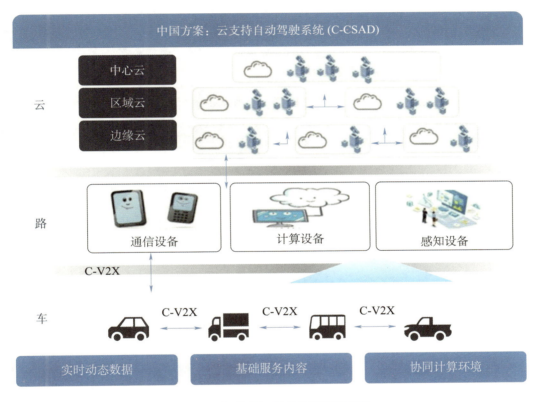

图6-2 车-路-云一体化协同控制系统

2022年3月1日,国家标准《汽车驾驶自动化分级》(GB/T 40429—2021)开始实施。根据报批稿编制说明,为保证国际协调性,该标准参考SAE J3016的L0～L5级别的分级框架,并结合我国当前实际情况进行调整,提出了适合我国自动驾驶发展的分级标准,明确了系统和人在驾驶中的角色分配,统一相关行业认识,减少沟通分歧,为后续自动驾驶功能相关标准制定奠定基础,为相关行业政策和管理提供基础支撑。在此标准制定过程中,中国公路学会、中国智能交通产业联盟先后对智能网联道路系统、车路协同自动驾驶交通系统、智慧高速公路开展了定义及分级工作,进而提出了面向车路协同自动驾驶的道路智能化技术分级,见表6-2。

道路智能化技术分级 表6-2

道路智能等级	等级名称	道路+云的能力				协同决策控制能力	功能安全与SOTIF体系	与车路协同自动驾驶发展阶段对应情况	可配套实现L4级别闭环的车辆要求
		道路附属设施	地图	协同感知定位能力	网络通信能力				
C0	—	—	—	—	—	—	—	—	—
C1	较低智能化	（1）基础交通安全设施；（2）基础交通管理设施	导航SD地图	—	（1）3G、4G蜂窝通信；（2）DSRC直连通信	—	—		
C2	初级智能化	（1）C1所有设施；（2）直连通信设施	导航SD地图（车道级）	—	（1）4G蜂窝通信；（2）DSRC、LTE PC5直连通信	—		阶段1：信息交互协同	（1）L5级别；（2）限定环境下的L4级别
C3	部分智能化	（1）C2所有设施；（2）感知设施（单一传感器）；（3）辅助定位设施、计算设施等		（1）交通参与者环境感知识别；（2）米级定位	（1）4G、5G蜂窝通信；（2）DSRC、LTE PC5直连通信；（3）全链路500ms端到端较低延迟	—	可选	阶段2.1：初级协同感知	
C4	高度智能化	（1）C3所有设施；（2）高精度融合感知定位设施；（3）高精度辅助定位设施；（4）MEC、区域级云控平台	HD地图（静态+动态）	（1）全量交通要素实时感知；（2）多特征精准识别；（3）分米级定位	（1）5G Uu蜂窝通信；（2）LTE-V2X、NR-V2X直连通信；（3）全链路200ms较低延迟	有（限定场景）	必须满足	阶段2.2：高级协同感知 阶段3.1：有条件协同决策控制	（1）L2级别；（2）L3级别；（3）L4级别；（4）L5级别
C5	完全智能化	（1）C4所有设施连续部署；（2）跨域协同MEC		（1）全时空全量感知；（2）厘米级定位	（1）支持5G、NR-V2X、6G等；（2）全链路100ms端到端端延迟	所有环境		阶段3.2：完全协同决策控制	

326

目前,全国 27 个省(自治区、直辖市)出台了智能网联汽车道路测试管理细则,拥有近 20 家智能网联汽车测试示范区和 16 个"双智"试点城市,发放 8300 余张测试牌照,道路测试总里程超过 1000 万 km,超 3500km 的道路实现智能化改造升级,组装了 4000 多台路侧联网设备,搭载联网终端车辆超过 500 万辆,并已批复建设江苏无锡、天津西青、湖南长沙和重庆两江 4 个国家级车联网先导区,基本覆盖全部的一线和中东部二线城市。

相比于国外,我国对于智慧城市、智能交通、智能汽车相关的智能基础设施建设在国家及地方政府政策层面大力支持,先行建立了车路协同测试示范区和先导区,国家统筹规划,工业和信息化部、交通运输部、住房和城乡建设部等多部门跨部门联合制定产业政策,在新基建、"双碳"目标的推动下,我国智能网联产业发展取得积极成效,基本与全球先进水平处于"并跑"阶段,智能基础设施进入发展快车道。2020 年 L2 级别智能网联汽车乘用车新车市场渗透率达到 15%,2021 年上半年提高至 20% 左右,L3 级别自动驾驶车型在特定场景下开展测试验证,高精度摄像头、激光雷达等感知设备已达到国际先进水平,车规级 AI 芯片在多个车型上实现装车应用,多个地方加快部署 5G 通信、路侧联网设备等基础设施,加大交通设备数字化改造力度,开展车路协同试点部署与测试。

二、智能基础设施的发展目标

智能基础设施是智慧城市、智慧交通、智能汽车深度融合发展的重要支撑,通过建设智慧道路、车-路-云通信网络、云控平台以及高精度地图,实现智能基础设施与3S 融合的协同发展。到 2035 年,在智慧道路建设方面,依托国内现有高等级道路,完成智能化道路改造率超过 20%,依靠高速通信技术完成车路协同系统(V2X)对智能道路的覆盖率达到 90% 以上,为交通参与者提供多样化、精准化的服务,推动 L5 级别自动驾驶技术的初步实现;在车-路-云通信网络建设方面,主要道路高速基站覆盖达 100%,局域网络吞吐量能满足百万级车辆同时接入使用,使用超密集网络技术能够处理 5G 的 1000 倍流量,车-路-云一体化网络应用于 30% 的智慧道路设备设施,网络安全性可到达国际系统安全标准 A 类;在云控平台建设方面,建立完善的边缘-区域-中心云统一系统、形成"一个中心,多个区域"模式,使用边缘计算和云计算协同技术处理百万级车辆数据,在高等级道路中应用部署不低于 20%，全国高性能大规模集群部署覆盖率达 20%，单集群规模达到 1 万台，CPU（Central Processing Unit，中央处理器）总核数达到 60 万个左右，存储容量达 1000PB；在高精度地图建设方面，实现我国自制高精度地图对高等级道路的覆盖率达到 20% 以上，局部高精度地图的更新频率达到日更新，为自动驾驶提供动态、实时的数据服务，结合高速通信技术实现高精度地图的全方位、多时域动态呈现，实现与交通参与者的深度交互。发展思路是探索具有中国特色的、中国标准的智能基础设施系统发展战略，重点突破 3S 融合应用场景的核心关键技术，为智能交通、智慧城市的融合发展提供重要支撑。

第二节 智慧道路采集装备技术

智慧道路是借助物联网、大数据、人工智能等新一代信息技术，通过将道路本身及其附属设施通过传感器变成信息采集与发布终端，实现路况的数字化、可视化、物联化，并推进道路服务品质化、管理科学化和运行高效化的一种理念。智慧道路是一个系统工程，需要将原有智能交通设计部分系统纳入智慧道路中，构成完整的智慧道路技术框架，如图 6-3 所示。

智慧道路技术框架从基础感知层开始，利用针对路域的桥梁检测传感器、路面状态传感器、气象监测仪、交调、视频监控摄像头、车流量检测器、无人机，针对行人检测的行人闯红灯监控、行人智慧道钉、智慧路灯，针对车辆的车辆称重传感器、非现场执法设备、车辆地感线圈、微波车辆检测器等三类感知设备所采集到的数据通过数据传输层，借由专用传输网络、Wi-Fi、4G/5G、人工智能（AI）、光纤骨干网、局域网等手段将以上数据传输至数据中心层。数据中心层中将存储道路处以及交管部门交换来的所有数据，并进行数据分析，为感知应用、智慧管控、智慧决策、道路综合服务中的应用，包括路面环境状态监测、桥梁健康监测、全要素气象监测、客运和危险品运输车辆运行监管、路端视频智能分析、桥梁运营养护管理、智慧道路数据资源中心、三维可视系统、智慧道路综合展示与应急指挥、交通信息动态诱导、恶劣天气及夜间明亮道路、可变限速标志、数据共享服务、恶劣天气主动引导及防撞预警等提供数据支持。

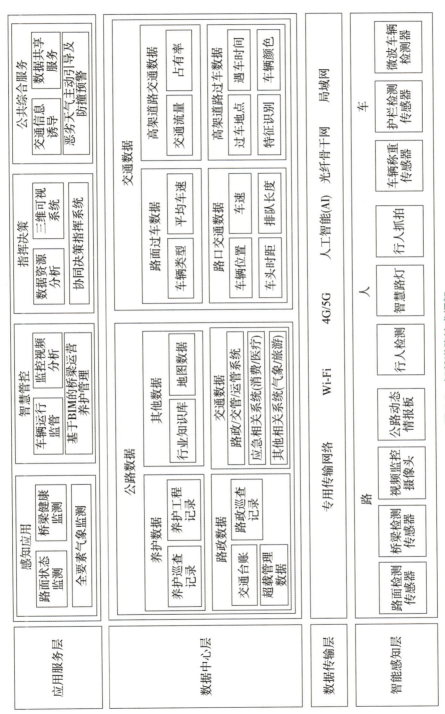

图6-3 智慧道路技术框架

一、基于 5G 和 AI 融合的车路协同智能交通综合感知技术

在智慧道路的建设过程中,需要对于道路信息进行全面而又清晰的掌握。数据采集是整个智慧道路的底层,它依据数据标准体系要求,收集各类基础数据。利用智能摄像头、传感器、探测器以及相对应的障碍物识别、场景感知与安全模型建立等 AI 算法,对交通数据进行预处理,自主选择重点采集信息,通过物联网进行道路信息获取,使用多源异构数据融合技术进行同步处理,保存动态实时路网信息,为智慧道路建设提供数据基础。智慧道路路侧信息采集系统的整体构架图如图 6-4 所示。

智慧道路路侧信息采集系统的关键技术主要包括智能汽车在具体环境下的自动驾驶,通过智慧路桩自身标定位置信息为智能汽车提供定位服务;高速公路路况智能化检测,通过图像识别算法去检测道路障碍、交通事故、自然灾害预警信息反馈给控制中心及时处理;道路路面健康检测,通过深度学习神经网络检测路边结冰、道路起雾、车道线损毁等,为道路养护和管控中心提供实时信息;通过人、车、路及云平台直接的全方位连接和高效信息服务,构建协同管控、协同安全和协同服务的新一代智慧交通体系,节省资源利用,减少环境污染,减少事故发生和改善交通管理。

智慧道路信息采集中心通过与路网管理系统、桥梁管理系统、养护管理系统以及交通监控系统等业务系统进行对接,将路网信息、桥梁信息、养护信息和交通监控信息等业务信息进行汇总,通过大数据平台进行分析处理,并通过图形化方式使道路管理者较为直观地掌握道路运行情况,为管理决策提供支持,为安全事件的发生提供预警。

二、车路协同技术

智慧道路的特征是与云计算、大数据和物联网、人工智能等新一代互联网技术融合,实现对道路透彻全面、实时准确的感知,掌握每段路、每辆车和每个结构物的现状并精准预测发展趋势;这些感知到的数据需要通过稳定、大带宽道路通信专网进行传输。

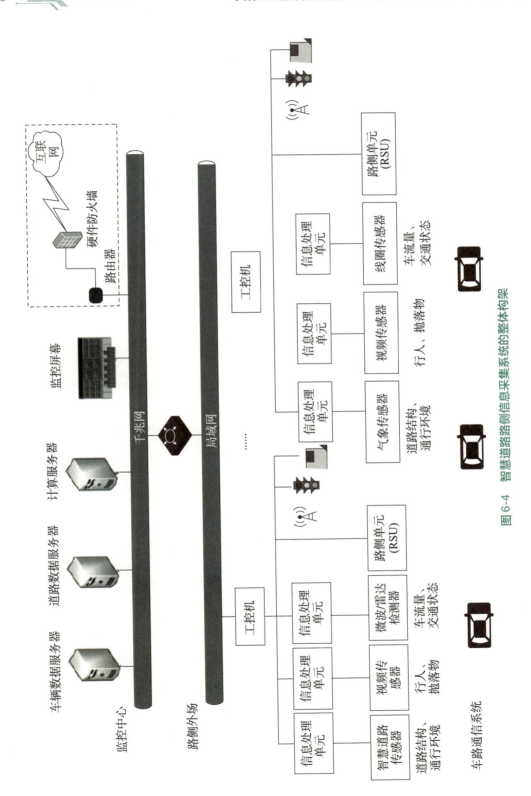

图6-4 智慧道路路侧信息采集系统的整体构架

中国智慧城市、智能交通与智能汽车融合发展战略研究(战略框架篇)

在智慧道路的建设过程中,车路协同系统是其中的一个重要支撑,该系统是通过无线通信技术和网络技术,使车辆与外界各项元素之间实现信息互联互通的智能交通系统。V2X 标准应用场景见表 6-3。车路协同系统通过车车互联,车人互联,车路互联等方式来实现信息共享,在这些共享过程中,最为重要的就是低延时、大带宽通信网络的建设,在 V2X 场景最严格的自动驾驶和扩展传感器场景中,时延要求最低达到了 3ms;在带宽需求最大的扩展传感器场景中,带宽速率要求最高达到了 1Gbit/s,通过 5G 通信网络建设,可实现单载波达到 100MHz 的带宽,8CA 载波聚合的支持下,能够实现 800MHz 的超高带宽。在 5G 时代,最大网络传输速率甚至可达 4.63Gbit/s,可以满足智慧公路对于通信的需求。

V2X 标准应用场景   表 6-3

分类	应用场景
V2V	前方碰撞警告、车辆失控警告、紧急车辆警告、紧急停车、协同自适应巡航控制、基站控制下的通信、预碰撞警告、非网络覆盖下的通信、错误驾驶警告、V2V 通信的信息安全
V2P	行人碰撞警告、道路安全警告、弱势交通群体安全应用
V2I	与路侧单元的通信体验、自动停车系统、曲线速度警告、基于路侧设施的道路安全服务、道路安全服务、紧急情况下的停车服务、排队警告
V2N	交通流量优化、交通车辆记录查询、提高交通车辆的精度、远程诊断和及时修复通知
V2X	漫游下的信息交换、混合交通管理、与外界通信的最低服务质量

三、云边计算技术

交通系统产生的大量数据,单日采集数据量可达 PB 级,不同数据用于支撑各类功能,包括交通管控、自动驾驶等。根据不同功能在计算效率、能力等方面的需求不同,应当对数据进行分层级计算处理,包括云计算、边缘计算。

在智慧道路建设的背景下,以"云-边-端"架构设计以车路协同为基础的整体框架,更好地实现道路上小汽车和公交车等特殊车辆的车路协同应用。以多功能智能杆中边缘计算网关为中心节点,在"边"侧实现设备万物互联,打通网关-设备、网关-网关、网关-信号机、网关-平台、网关-车载设备的双向互联,实现全覆盖、低时延、广连接的建设目标,形成信息快速感知、分析和流转;在以平台为主的"云"侧与"边"进行联动处理、数据大规模集散和应用调度;在"端"侧实现与"边"业务数据的双向联动。

对于云计算,它是通过互联网提供计算资源和应用程序服务的模式,主要用于处理非时效性数据,如为智能交通系统提供存储和管理庞大数据集的能力;提供智能化的数据分析,包括数据挖掘和机器学习模型训练所需的计算能力,有助于获得交通流量、拥堵状况、出行模式和出行这需求等信息;可帮助交通系统进行规划和预测,例如城市规划、交通安全和枢纽站点的优化等;执行大量的优化算法,包括路线规划、定价策略和交通信号灯优化等。

对于云计算,一般通过在路侧搭建边缘计算设备,将部分数据在边缘直接处理,从而减少数据流量和延迟,并提供更快速和安全的服务。如更快速、更实时地识别交通事件和发生的事故;降低对云计算的大量依赖;降低数据的传输延迟和网络拥堵,从而提供更快速和高效的通信体验。另外,边缘计算能够实现完全本地数据处理,将传感器数据加密,只有在必要时才传输数据,这样可以使得大量隐私数据不再集中存在云计算服务器上,因此,边缘计算可以提高交通服务的安全性和隐私保护性。

云边计算资源的高效合理分配是提高智能交通系统效率的基础。针对交通系统中的不同场景,可以采用一些优化算法和技术来选择使用边缘计算或云计算,或者采用两者的结合方式来提高系统性能和可靠性,并应充分考虑网络传输时延、响应速度、隐私安全、计算成本等因素。

四、新型充电技术

除进行高效率的充电之外,系统还需要具备智能。智能充电桩要满足车辆快速充电的需求,必须要实现硬件框架设计的完整性。就具体的分析来看,硬件系统的组成主要包括以下设备:中央主控板、IC(Integrated Circuit,集成电路)读卡器、检测芯片、显示电表、显示屏、键盘以及通信模块等。

就系统的具体分析来看,其核心是主控板,在充电过程中启动、运行、实时监控以后关闭。从主控板的具体工作来看,它能够通过多种的数据传输方式实现数据向后台的传输。IC读卡器以及检测芯片的主要作用是进行用户认证。至于其他的如显示电表、显示屏等设备,主要的作用是进行监测结果的显示。简单来讲,在智能充电桩实际应用的过程中,硬件系统发挥着重要的作用,所以对硬件系统的具体设备、设备的性能和参数等进行分析和讨论,保证系统的完整性具有非常重要的价值。

不论是传统的充电技术还是新型的智能充电桩,都需要电动自动驾驶车辆停车之后进行电力的补充,并且要耗费一定的时间,如果能将无线充电技术应用到电动汽车的充电领域,可以实现在车辆不停的情况下就完成充电过程,这对于充电时间的节省将会意义重大,满足车辆对于快速、高效充电方式的需求。

电动汽车在利用无线充电时无须通过接触插座内的接口来传输电能,其充电原理与变压器的工作原理类似,以电磁场为媒介,将其一次线圈置于车外,二次线圈置于车内,通过高频磁场的耦合传输电能。将这种充电设备置于一段特定道路的路面或者路旁,车辆在电量较低时只要驶过这段道路就可以完成充电,完全不必停车,不再浪费时间,满足智能共享出行对于效率的需求。

第三节
车-路-云通信网络建设技术

一、高速移动的环境下实时可靠的 5G 通信技术

在车联网中,由于车辆行驶速度快,每次连接的实际有效时间短,接入切换频繁,因此要求网络接入和切换足够快,才能保持车载终端始终在线,其他的业务正常进行。V2X 通信需求包括极短的网络接入时间、极低的传输时延、高传输可靠性、高信息安全性和隐私保护、有限的范围内频谱再利用和低干扰、拥有足够的通信带宽。目前车联网中存在多种不同的无线通信模式,如无线局域网、4G/5G 蜂窝通信、卫星通信和全球微波互联接入等,这些不同结构的网络要互通互联,进行数据传输交换,必须解决异构网络的融合问题。5G 的超可靠性、低时延、切片网络等关键技术为车联网提供强有力的支撑,使车联网的体系结构得到优化,进一步激发了车联网的市场潜力。

无线通信技术是 V2X 车联网实现的基础,它直接决定了信息交互的实时性和有效性。由于 V2X 通信中的车辆往往处于高速运动的情景中,因此 V2X 通信模式对于车辆的定位信息具有更加严格的要求。同时在高速运动的场景下,信道和通信环境也更为复杂。而车辆的高速移动性以及网络拓扑结构的快速变化,容易造成车辆间的通信不稳定。例如当一辆车发信息给另一辆车时,由于车辆的速度可能使车辆间

的距离超出双方的可通信范围,从而造成网络联通的不持续性。所以,如何保证高速移动下 V2X 通信的高可靠低时延服务是值得探讨的关键问题。

二、车辆安全和隐私保护技术

车辆作为智能交通运输系统最为重要的一环,其安全性是非常重要的。未来,车辆将不再是一个封闭的载体,而是一个开放的可连接的载体,与目前的手机等智能终端一样融入互联网中进行信息交互。因此,不法分子可以利用互联网技术对车辆进行攻击,从而达到解锁车辆、使车辆熄火或主动制动等目的。此外,与普通的通信网络(如手机通信网络等)相比,由于涉及用户的生命和财产安全,V2X 通信网络往往需要更高的安全等级。因此,如何保证 V2X 通信网络中的数据安全是一个关键的问题。

三、驾驶安全技术

由于车联网中网络拓扑结构的频繁变化以及传输数据的海量递增,驾驶安全也是 V2X 通信中需要考虑的关键问题。V2X 通信系统所特有的一些新应用存在安全漏洞问题,比如车队通信、协作防撞、动态驾驶地图、视频数据共享等。信息共享机制允许车辆、路边基础设施、行人或所涉及的任一实体共享其传感数据,以避免不必要的碰撞。但是,每辆车捕获的视频数据太大,无法进行加密,而且在许多情况下,这些视频数据是在没有任何保护的情况下进行传输的,因此给 V2X 通信带来安全驾驶的安全隐患问题。在车辆传感数据伪造方面,攻击者插入一些视频帧或照片误导其他车辆用户作出错误的决定。

因此,必须在技术上采取多项措施,加强 V2X 通信网络信息安全。一种方法是研究不可见的邻居用户数量问题、数据的传输范围和数据分组生成率对于 V2X 通信行驶安全的影响,针对某一特定安全需求的车联网应用场景,相对大的传输范围和较低的数据分组生成率能够使不可见的邻居数量最小化,从而满足安全驾驶的要求。还有一种方法是定期会话的双向通信信道以及两种对双向信道可靠性的监控方法,一类是在会话期间进行监测,另外一类是在会话期间进行监控的基础上,再在相邻会话之间的间歇加一次监测。

第四节
云控平台建设技术

一、基于边缘计算的大规模高性能计算集群构建技术

构建云计算平台的基础是海量的运算资源加持,因此,构建基于边缘计算的大规模高性能计算集群也就顺理成章成了构建智能网联汽车云平台的核心技术之一。边缘计算,是指利用靠近交通道路的边缘计算设备,采用网络、计算、存储、应用核心能力为一体的开放平台,就近提供服务。基于网络边缘把收集到的交通数据依据深度神经网络模型等 AI 算法进行分类,把相应的部分数据放在边缘上进行处理,从而做到缩短时间的延迟,高效同时实时地处理数据,这就是边缘计算的处理能力。就目前的发展来看,边缘计算还没有得到很好的应用,但是其所反映的趋势和应用特点是必然的。构建基于边缘计算的高性能计算平台可以获取高性能计算(High Performance Computing,HPC)机群资源和快速扩容,支持最新硬件及应用加速,物理服务器无虚拟化损耗。另外,它还支持灵活的配置方式,不再受限于计算资源,按需配置 HPC 集群,即时调整配置满足需求、高性能计算集群还具有丰富的解决方案,用户无须关注资源和调度平台,可以更专注于产品研究和创新。

二、云计算平台构建技术

云计算是一种能够通过网络以便利的、按需付费的方式获取计算资源(包括网络、服务器、存储、应用和服务等)并提高其可用性的模式,这些资源来自一个共享的、可配置的资源池,并能够以最省力和无人干预的方式获取和释放。云计算平台具有 5 个关键功能,还包括 3 种服务模式和 4 种部署方式。

5 个关键功能是:①按需自助服务(On Demand Self-Service):供应商的资源保持高可用和高就绪的状态,用户可以按需方便地自助地获得资源。②泛在的网络访问(Broad Network Access):可以通过各种网络渠道,以统一标准的机制(如浏览器,相同

的 API 等)获取服务,但是客户端可以是多种多样的瘦客户端或富客户端(例如移动电话、笔记本电脑、PDA 等)。③动态的资源池(Resource Pooling):供应商的计算资源可以被整合为一个动态资源池,以多租户模式服务所有客户,不同的物理和虚拟资源可根据客户需求动态分配。服务商需实现资源的位置无关性,客户一般不需要知道所使用的资源的确切地理位置,但在需要的时候客户可以指定资源位置(如哪个国家,哪个数据中心等)的要求。④快速弹性(Rapid Elasticity):可以迅速、弹性地提供服务,能快速扩展,也可以快速释放实现快速缩小。对客户来说,可以租用的资源看起来似乎是无限的,可在任何时间购买任何数量的资源。⑤可计量的服务(Measured Service):服务的收费可以是基于计量的一次一付,或基于广告的收费模式。系统以针对不同服务需求(例如,按 CPU 时间、存储空间、带宽甚至用户账号的使用率高低)来计量资源的使用情况和定价,以提高资源的管控能力和促进优化利用。整个系统资源可以通过监控和报表的方式对服务提供者和使用者透明化。

云计算的三种服务模式分别是 SaaS、PaaS 和 IaaS。

SaaS:提供给客户的服务是运营商运行在云计算基础设施上的应用程序,用户可以在各种设备上通过瘦客户端界面访问,如浏览器。消费者不需要管理或控制任何云计算基础设施,包括网络、服务器、操作系统、存储等。

PaaS:提供给消费者的服务是把客户采用提供的开发语言和工具(例如 Java、Python、.Net 等)开发的或收购的应用程序部署到供应商的云计算基础设施上。客户无须管理或控制底层的云基础设施,包括网络、服务器、操作系统、存储等,但客户能控制部署的应用程序,也可能控制运行应用程序的托管环境配置。

IaaS:提供给消费者的服务是对所有设施的利用,包括处理、存储、网络和其他基本的计算资源,用户能够部署和运行任意软件,包括操作系统和应用程序。消费者不管理或控制任何云计算基础设施,但能控制操作系统的选择、储存空间、部署的应用,也有可能获得有限制的网络组件(例如,防火墙、负载均衡器等)的控制。

目前,用于大规模科学计算任务的主流云计算平台云端架构有开源的 Hadoop 系统。Hadoop 是一个分布式系统基础架构,其实现了一个分布式文件系统(Hadoop Distributed File System,HDFS)。HDFS 有高容错性的特点,并且设计用来部署在低廉的(low-cost)硬件上;而且它提供高吞吐量(high throughput)来访问应用程序的数据,适合那些有着超大数据集(large data set)的应用程序。HDFS 放宽了(relax)POSIX 的要求,可以流的形式访问(streaming access)文件系统中的数据。Hadoop 的框架最核心的设计就是 HDFS 和 Map Reduce。HDFS 为海量的数据提供了存储,而 Map Reduce 为海量的数据提供了计算。

三、基于云计算平台的大规模交通数据处理技术

云计算和车联网都是当代科技迅猛发展高新技术产物,一方面云计算需要从概念构想走向应用实践,另一方面车联网的大量交通数据需要强大的支撑平台对其进行处理分析。因此,云计算和车辆网的结合可以实现优势互补,具有十分重要的应用价值。云计算与车联网相结合需解决的关键技术主要有基于云计算的海量数据存储技术基于云计算的数据实时分析处理技术、基于云计算的交通信息安全等。大数据领域关键技术栈如图 6-5 所示。

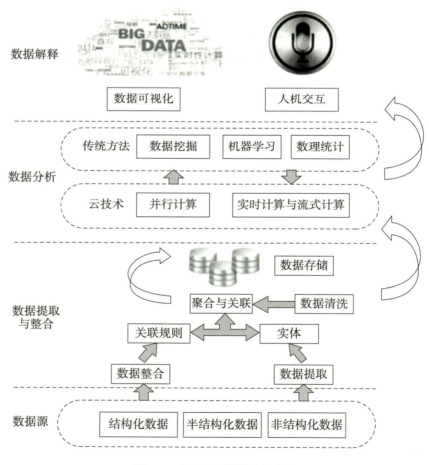

图 6-5　大数据领域关键技术栈

1. 基于云计算的海量数据存储技术

由于交通数据具有数据信息量大、数据波动严重、信息实时处理性强、数据共享性高、可用性及稳定性高等特点,这对交通数据的存储、处理及管理提出很高的要求。交通云的数据存储技术的重点主要集中在超大规模的数据存储、数据加密和安全性保证以及提高 I/O（输入/输出）速率等方面。如何设计出适合交通云数据存储的技术是亟待解决的课题。在大数据的环境下,为保证高可用、高可靠和经济性,往往采用分布式存储的方式来存储数据,采用冗余存储的方式来保证存储数据的可靠性,即为同一份数据存储多个副本。海量存储的关键技术包括并行存储体系架构、高性能对象存储技术、并行 I/O 访问技术、海量存储系统高可用技术、嵌入式 64 bit 存储操作系统、数据保护与安全体系、绿色存储等。

广泛适用的分布式文件存储系统的设计思想不同于传统的文件系统,这类系统往往是针对大规模数据处理而特殊设计的。它们虽然运行在一些非常廉价的普通硬件之上,但是却可以提供容错的功能,从而给用户提供总体上性能较高的服务。一个分布式集群一般由一个主服务器和大量的块服务器构成,许多用户可以同时访问。主服务器包含了所有的元数据,包括名字空间、访问控制信息、从文件到块的映射以及块的当前位置。主服务器还控制系统活动范围,定期通过心跳消息与每一个块服务器通信,并收集它们的状态信息。

为保证高可用、高可靠和经济性,云计算一般采用分布式存储的方式存储数据,并采用冗余存储的方式（即为同一份数据存储多个副本）进一步保证存储数据的可靠性。

2. 基于云计算的数据实时分析处理技术

并行计算是指同时使用多个计算资源完成运算。其基本思想是将问题进行分解,由若干个独立的处理器完成各自的任务,以达到协同处理的目的。在大数据时代下,串行的处理方式难以满足人们的需求,现在主要采用并行计算的方式。目前在大数据环境下所提出的并行计算往往是指任务级别的并行计算,而指令或进程级别的并行计算模型往往具有更强大的处理大规模数据的能力,只是现有的 GPU（Graphics Processing Unit,图像处理器）编程模型还不够完善。大量挖掘算法开始针对并行架构进行调整,使其能够利用并行的优势,对大规模的数据进行更好的处理。Luo 等提出的非平凡策略,可以对一系列的数据挖掘问题进行并行处理,其中包括支持向量机

（Support Vector Machine，SVM）、非负最小二乘问题等。由此得到的算法，可以通过目前流行的并行处理结构进行实现，数据分析效果获得了显著的提升。Gao 等提出了一种新的近似算法，将基于核函数的数据挖掘算法的应用范围推广到了海量数据集上。该算法大幅降低了计算核矩阵时的计算开销和内存使用，但却没有对结果的精确度产生很大的影响。此外，并行结构下该算法的实现也被提出，真实数据集上的测试结果显示，提出的算法可以大量节省时间和空间上的消耗。Shim 在并行结构的框架下，讨论了如何将传统的数理统计方法和并行结构相结合，以便进行大数据分析。

传统的数据流处理受到数据采集速度和内存容量等因素的限制，往往只能处理小规模的数据流。但随着数据采集技术和数据传输技术的进一步发展，使得短时间内积累大量的历史数据成为可能。与此同时，目前大数据环境下对数据流处理的要求不断提升，使得历史数据规模的增加也成为必然。

目前关于数据流的处理研究主要可以分为两类：集中式和分布式。在集中式环境下，数据流的计算受到存储资源，特别是内存容量的限制，主要通过概要数据、准入控制和 QoS（Quality of Service，服务质量）降价等方法，以牺牲服务质量为代价最终实现伸缩性。而在分布式环境下，针对由多个算子组成的数据流处理网络，主要是通过平衡在多个节点上的算子分布来最终实现伸缩性。

实时计算同样为实时数据的挖掘奠定了基础，此时数据挖掘有了特定的对象——数据流。为了有效地处理数据流，需要建立新的数据结构，并将新的数据结构与传统的挖掘算法相结合圈。因为并不存在无限大的空间存储数据流，所以需要在正确性和存储空间之间进行平衡。常用的数据结构和挖掘技术有滑动窗口、多分辨率方法、梗概、随机算法等。

深度学习概念的出现，源自复杂数据结构处理以及复杂特征提取任务之中遇到的与人工智能相关的问题，这些问题普遍需要对高阶抽象概念进行表述，具有非线性、语意性等特征。深度学习网络结构通常由多层非线性运算网络组成，每一层的输出作为下一层的输入，能够从海量数据中提取并学习到有效的复杂特征，进而用于数据的检索、分类、回归等问题之中。

深度学习概念起源于人工神经网络的研究，而人工神经网络结构在复杂高维数据处理问题上有许多不足，并且有着泛化能力差、训练速度慢等问题。2006 年，Hinton 等提出的用于练深信度网络（Deep Belief Network，DBN）的无监督学习算法，将之前用于训练网络的全局优化算法拆分成若干个子任务逐次执行,在保证算法性能的前提下极大地提高了网络训练效率。此后,深度学习理论被不断丰富,并将深度学习技术大量应用于信号处理、图像识别、语音处理等领域。

深度学习结构试图找到数据内部的结构特征,发觉数据间的真实关联规则。在处理实际任务的过程中,数据的表现形式、关系模式是多种多样的;与之对应,深度学习结构也发展出多种结构,以应对不同场景下的数据处理需求。目前有卷积神经网络(Convolutional Neural Network,CNN)和深度信念网络(Deep Belief Network,DBN)两种主流的深度学习结构。在自然语言处理和信息检索领域,已经有了大量的 DBN 应用案例。

3. 基于云计算的交通信息安全

云计算由于其用户、信息资源的高度集中,带来的安全事件后果与风险也较传统应用高出很多。交通信息的安全性直接关系到整个交通网络的命脉,信息安全一旦出现了问题,后果将不堪设想。交通云的信息安全主要有交通数据存储安全问题、交通云平台可用性安全问题及云平台遭受攻击的安全问题等。解决交通云安全的主要方法是将交通云构建成混合云。交通数据中心搭建成私有云,并将基础架构虚拟化,通过虚拟架构查看及监控、虚拟资源管理及远程控制;面向公众的交通信息服务平台构建成公共云,向公众提供各种交通信息服务,并在私有云和公共云之间设置防火墙,有效地防止数据中心与外界相连。而有关交通云信息安全的措施则需进一步加强。

第五节

高精度地图与高精定位技术

一、高精度地图制作技术

高精度地图的丰富度主要满足智能网联汽车两方面的需求:一是道路数据本身信息量,如车道的位置、类型、宽度、坡度和曲率等;二是车道周边的街景信息,如交通标志、交通信号灯等基础设施信息。这些信息对智能网联应用合理控制车速、灯光、能源补充、路径规划等都非常重要。丰富度主要表达了车辆需要的要素、属性,这些内容支撑导航、横向定位、纵向定位、相对实时空间定位、主动安全等功能实现。丰富度研究的重点是数据模型以及数据在媒体上的存储格式。

高精度地图的制作主要包括三个方面:采集、加工、转换。需要一些传感器来获取数据,需要的传感器包括激光雷达、摄像头、全球导航卫星系统(Global Navigation Satellite System,GNSS)、惯性测量单元(Interial Measurement Unit,IMU)等。激光雷达主要是来采集点云数据,因为激光雷达可以精确地反映出位置信息,所以激光雷达可以知道路面的宽度、交通信号灯的高度以及一些其他的信息。摄像头主要是来采集一些路面的标志、车道线等。GNSS记录了车辆的位置信息和当前采集点的坐标。IMU用来捕获车辆的角度和加速度信息,用来校正车辆的位置和角度。加工过程主要包括点云地图校准和地图标注加工。转换主要是得到一个通用的自动驾驶系统可以使用的高精度地图。

高精度地图作为除复杂传感器之外的自动驾驶车辆最核心的技术之一,已成为智能网联汽车技术产业的重要基础技术。与提供给驾驶人看的导航电子地图不同,高精度地图是提供给计算机使用的,为辅助驾驶和自动驾驶提供重要的道路信息保障。因此,相较于普通的导航电子地图,高精度地图具有精度更高、信息更全的特点,这种特点一方面是指地图的绝对精度更高,普通导航电子地图的精度一般在10m左右,而高精度地图的精度则一般需要达到20cm左右;另一方面是指包含的道路信息更加丰富、细致和全面,能够更加精准地反映道路的真实情况。高精度地图将大量的行车辅助信息存储为结构化数据,这些信息可以分为两类。第一类是道路数据,比如车道线的位置、类型、宽度、坡度和曲率等车道信息。第二类是车道周边的固定对象信息,比如交通标志、交通信号灯、车道限高、下水道口、障碍物及其他道路细节,还包括高架物体、防护栏、数目、道路边缘类型、路边地标等基础设施信息。

二、高精度地图的实时更新技术

高精度地图还需要有比传统地图更高的实时性。由于道路路网每天都会有变化,比如道路整修、道路标识线磨损及重漆、交通标识改变等,这些改变需要及时反映在高精度地图上,以确保智能网联车辆行驶安全。要做到能实时更新的高精度地图有很大难度，但随着越来越多载有多种传感器的智能网联车辆行驶在路网中，一旦有一辆或几辆智能网联车辆发现了路网的变化，通过车路协同设备与云端的通信，就可以把路网更新信息告诉其他的智能网联车辆，使得其他智能网联车辆变得更加聪明和安全。通过这种方法，高精度地图可以分为两个层次：底层为静态高精度地图，上层为动态高精度地图。静态高精度地图包括车道模型、道路部件、道路属性和其他的定位图层，可以满足自动驾驶的需求；动态高精度地图包含了道路拥堵情况、交通管制、天气情况、路面情况等信息。高精度道路导航地图不仅具有更高精度的坐标，还拥有更加准确的道路形状。同时，每个车道的坡度、曲率等数据也被添加进来。智能高精度地图实时数据层、动态数据层的特点分别见表6-4、表6-5。

智能高精度地图实时数据层　　　　　　　　　　　　　　　　　表6-4

数据类型	内容	属性	服务功能
交通限制信息	道路交通、交通管制、交通事件、天气条件	路面状况、可见度、限制起点、限制终点、限制长度、影响范围、车道ID等	动态路径规划、车辆控制
交通流量信息	实时交通拥堵程度、预测交通拥堵程度等	通行时间、拥堵起点、拥堵终点、拥堵长度、路段行驶时间、拥堵程度（颜色）、车道ID等	
服务区信息	停车空位、服务区负载程度等	车位宽度、车位起点、车位终点、车位长度、服务区拥堵长度（颜色）、车道ID等	

智能高精度地图动态数据层　　　　　　　　　　　　　　　　　表6-5

数据类型	内容	属性	服务功能
主动感知动态信息	车辆传感器主动感知附近车辆、行人、交通信号灯等	种类、方位、GNSS定位数据、距离、速度、航向等	动态路径规划、车辆控制
被动感知动态信息	源获取的附近车辆、行人、交通信号灯等	种类、方位、GNSS定位数据、距离、速度、航向等	

三、基于 GNSS 与高精度地图的精准时空定位与导航技术

自动驾驶中按照不同的定位实现技术，高精度定位可以分为三类：①基于信号的定位，典型代表就是 GNSS 定位，即全球卫星导航系统；②航迹推算 IMU，其根据上一时刻的位置和方位推断现在的位置和方位；③环境特征匹配，基于激光雷达/立体视觉的定位，用观测到的特征和数据库中存储的特征进行匹配，得到当前时刻车辆的位置和姿态。

对于智能网联汽车，我们对于车辆定位的精准性需求将会更高，精确到米（m）级的定位技术只能给人类驾驶人领路，智能网联汽车需要的是厘米（cm）级的精度。因此，我们需要提高基于 GPS 或北斗卫星导航系统对于车辆的定位能力。与此同时，车辆在定位的过程中保持时间与空间上的一致性也十分重要，即空间定位精度达到厘米（cm）级，而时间定位延时降低至毫秒（ms）级，准确判定车辆所到达的位置。

在导航技术中，具有代表性而又被广泛应用的有两类：第一类是基于 GNSS 明确地寻找最优路径的 A*算法，它是按照某一性能指标搜索一条从起始点到目标点的最优或近似最优的无碰路径。如果单位路径的成本不一样的话，最好的路径不一定是最短的路径。如果有最好的，一定要找到最好的路径。A*算法是搜索了所有的可能路径后选择了最好的路径，而且运用了启发式算法决定最佳路径。A*的数据结构实现是优先排队，不停地在选取"最小成本"的节点扩建路径。

另一类导航方式是基于高精度地图的抽样的路径规划。从起点开始，不知道最优路径是什么，所以从起点开始随机抽样（怎么随机也有讲究）来扩建可能路径集，但一个很重要的因素可以加速抽样，就是障碍物的检测，这如果有障碍物，那么在障碍物方向再扩建路径没有意义。比较典型的算法是 RRT（Rapidly-exploring random tree）算法，但需要注意的是，这种算法侧重的是要有效率地让树往大面积没有搜索过的区域增长，那么实际运用中尤其是在如果有了一些启发式算法的情况下，特别是在智能网联汽车的应用中，实时的路径规划是很注重效率的，所以要根据实际情况做优化，进行 RRT 的变种或两类算法的结合。比如路径规划在智能网联汽车的工程实现一定是根据传感器的情况和地图质量做实际算法的选择和调整，比如地图到底有多准、实时的各个传感器的数据质量如何、在第一位永远是安全性的前提下更注重效率还是更注重绝对的优化等。

第六节
智能基础设施核心瓶颈

一、智慧道路体系化建设面临的核心瓶颈

1. 路侧设施智慧化程度不足

目前,我国道路路侧设施的信息化水平与达到"智慧道路"的要求还有较大差距,无法支撑智能化信息数据的实时采集与处理,路侧设备只具备基础的图像等信息的采集功能,缺乏相对应的 AI 算法的部署,无法实现对于交通数据的重点提取与把握,以及道路路侧感知、实时处理、定性推送等智慧路侧端应用等功能,尚未形成真正的"智慧"内涵。受到硬件性能瓶颈、标定调试、融合算法设计等多方面因素的影响,当前主流产品在真实工况下的系统性能、稳定性以及与场景需求的匹配度等方面仍有提升空间。同时,路侧融合感知系统上游供应链仍面临较高技术壁垒,存在融合感知算法的泛化能力不足等问题。在部分城市,路侧智能感知设施与安防、交通感知设备探索复用的实践路径,目前尚存在具体技术指标不一致、安装点位诉求不相同等技术问题,需要进一步实践。

2. 车路协同(V2X)系统建设经验不足

当前,V2X 技术的应用并不广泛,尽管部分自动驾驶相关企业已经在自动驾驶示范区积极开展测试研究,但是距离最终的大规模应用尚需时日。V2X 技术强调车车互联、车路互联、车人互联、车与路侧设备互联等信息交互模式,该技术在理论上具有可行性,但在实际中应用中还存在许多困难,需要通信、软件、终端、基础设施建设等多方面的技术发展,涉及频谱分配和使用、保护 V2X 频谱免受与带外发射相关的干扰、通信协议标准制定、技术和基础设施之间的互操作性、网络安全、V2X 应用优先级等。由于 V2X 技术走向实际应用还需要一段时间,因此,在实际建设中可能会因为经验不足而产生诸多问题。

3. 新型充电技术不成熟

电动汽车的充电桩设施与电动汽车一同出现,目前制约电动汽车发展的一个主要问题就是电动汽车充电十分缓慢,对于当前普通电动汽车,慢充可能需要 8~9h 甚至更久,快充也需要 1~2h,相比在加油站几分钟就能完成加油过程的传统能源汽车而言,电动汽车在能源补充方面具有极大的劣势。在新型充电设备的建设过程中,除了要提高充电设备的智能性外,减少充电时间也是很重要的一个技术。但是,关于快充技术的进步仍然不能满足人们的要求,充电时长过久依然会成为电动汽车推广的一个阻碍。

而对于当前出现的无线充电技术,目前仅存在理论上的可能性,无线充电速度并不比有线充电快,而且在充电过程中还会产生 50%~60% 的能量损耗,以目前的技术水平,还不能使得无线充电技术真正地走向实际应用。

4. 标准规范保障有待加强

制订符合国家及行业需求的标准规范体系,是保障智慧道路建设有序开展、推动我国道路运输产业良性发展的基础保障和先决条件。道路智慧化建设是一个综合、动态、开放的系统工程,如果没有统一的技术标准体系、数据格式标准、接口标准、术语符合标准、信息安全标准,将会给智慧道路系统的建设、管理维护以及系统之间的资源共享带来严重的障碍。目前,我国交通行业尚未形成有关智慧道路的标准规范体系,如传感器、数据接口、信息交换和信息服务等相关标准缺失,致使难以整合行业资源,无法实现跨部门、跨行业间协同运行,行业信息化智能化的整体效益尚未发挥。

5. 对于当前道路改造的成本高昂

一般而言,新型智慧公路的建设改造需要考虑的因素包括但不限于:光纤、卫星通信、无线通信、GPS 地面基站等通信设施的布置;智能交通管理系统的建设,如路侧端交通数据采集、信息发布、信号控制、高速公路 ETC 等;道路及桥梁的改造及建设,如智能路面、新型充电桩、自动驾驶专用道等;第三方服务设施的改造,如智能服务区、自助加油站等。初期建设改造的投资,目前接近 100 万元/km,这是一笔极大的投资。对于交通情况复杂许多的城市道路而言,路侧检测设备的建设密度将远大于高速道路的设备密度,还会使得成本急剧上升。我国拥有里程数极长的高速公路与城市道路,即便是在智慧道路技术完全成熟以后,对于全国的道路改造的成本也会上升为天文数字,这也将会成为智能网联汽车推广过程中可能的阻碍因素。

二、高精度地图体系化建设面临的核心瓶颈

1. 地图标准不统一的限制

地图标准作为地图生产的指导性规范,其制定可分为基于技术推动的与基于需求推动的两类,由于安全性需求几乎超高苛刻,因此,很多标准需要和法规同步制定。目前相关地图标准在国际上以欧洲为主导,如欧洲电信标准化协会(European Telecommunications Standards Institute)和传感器接口规范创新平台的一些标准。相比之下,国内地理信息标准化工作委员会、中国智能交通产业联盟等也开始着手相关标准制定工作,但进度相对滞后且还需要进一步协同立场,亟待整合测绘、汽车、交通全行业资源制定具有我国特色的行业统一标准,包括智能高精度地图生产技术标准规范(数据采集工序、数据处理指标及要求等)、智能高精度地图数据规范(统一的静态/动态数据标准、数据交换格式等)、保证国家地理数据安全的数据发布与控制标准等。

2. 地图迭代刷新模式限制

高精度地图可以分为静态底层与动态上层,各大地图厂商可以在原有导航地图的基础上通过采集车完成对于静态层的绘制,并且可以通过这样的方式提高地图的精度。但是对于动态层的绘制更新,需要涵盖先验地图、众包地图,实时路况发布,政府相关管制信息(交管等)、预警、道路施工、高清卫星等数据。上述数据进行融合发布,要根据智能网联汽车需求的刷新频率来更新,目前尚未形成产业模式,数据无法融合,迭代刷新无从谈起。这都将制约高精度地图动态层的建设,会使得高精度地图无法实时更新道路动态信息,对自动驾驶造成安全隐患。

3. 政策限制

地理信息涉及国家安全,我国地图测绘政策限制严格,高精度地图数据采集、编辑加工和生产制作等必须由具有甲级测绘资质的单位完成。自动驾驶对于高精度地图存在一定的技术需求,特别是精度需求,由于自动驾驶级别的不同,对于高精度地图的要素和精度的要求也不同。

由于采集资质限制,高精度地图数据采集、编辑、加工和生产必须由取得导航电子地图资质的企业承担,有了资质才可以在使用高精度地图的同时开展环境感知和高精度定位。其次,高精度地图内容有严格的保密要求,无法满足智能网联汽车技术需求:由于偏转加密原因,导致地图形变误差,存在错误判断危险;曲率、高程、坡度、重要桥梁的限高限宽等信息表达缺失,造成空间维度降低。

三、车-路-云网络通信面临的核心瓶颈

1. 网络覆盖问题

在 V2X 场景中,也存在着网络覆盖场景与无网络覆盖场景,无论车辆处于哪种场景中,都应当支持 V2X 服务安全应用程序。在网络覆盖场景中,V2X 车辆用户距离基站较近,服务质量较高,通信质量也较好,而对于无网络覆盖的通信场景,由于无法复用网络资源,在高密度 V2V 情况下,服务质量可能会有所下降。

另外,在公众移动通信网的无线覆盖范围内,V2X 终端使用无线接入网元指示的无线资源进行 V2X 通信。在覆盖范围之外,V2X 终端之间仍可进行 V2X 通信,但通信的并发性能、云端系统的支持相对较弱。

2. 频谱资源问题

如今,随着无线通信技术不断发展,对于频谱资源的需求将逐渐增多。然而在有限的频谱空间内如何提高频谱利用率都将是一项新技术所需要考虑的问题。在服务小区内,V2X 用户将与 LTE 用户共享所有资源,此时就存在着两种情况:一是 V2X 用户与 LTE 用户分配相互正交的频谱资源,二是 V2X 用户与 LTE 用户分配相同的频谱资源。

当 V2X 用户与 LTE 用户分配相互正交的频谱资源时,V2X 用户间的相互通信将不会对原有的 LTE 网络造成干扰。若 V2X 用户与 LTE 用户分配相同的频谱资源时,D2D 通信将会对原有的 LTE 网络造成一定的干扰。因此,需要对 V2X 用户所需的频谱问题进行进一步的研究,使频谱资源得到充分的利用。

3. 关键产品还未达到商用化

C-V2X(V2V/V2I) 商用部署的关键产品包括芯片、车载终端、路侧基础设施。这些产品在我国虽已获得巨大进展,但产品本身仍然离商业部署还有差距,仍需要加大

研发力度,尽早实现产品商用。

4. C-V2X 商业模式不清晰,网络部署方案不明确

由于 C-V2X 涉及的产业链长,不同于以往传统车联网的商业模式,牵涉的厂商众多,还未形成强有力的主导方,未有统一的 C-V2X 的网络部署方案,整个产业的没有形成核心的凝聚力,导致产业推动力量发散。为解决以上问题,当前需要借助技术试验和示范应用,促进产品成熟与跨行业协作融合,共同推动 C-V2X 产业成熟和商用部署。

四、智能网联汽车云平台面临的核心瓶颈

1. 智能网联汽车存在信息孤岛,难以互联协同、有效管控的问题

智能车发展的现阶段,单车的智能化已经做到了很高的水准,但是目前的大多数智能汽车还在网联化的道路上探索,具体实用化还有很长的路需要走,因此暴露出车与车之间形成了一个个信息孤岛,难以互联协同并进行有效的管理,使得单车智能变成一种群体智能的状态,也就是车联网的最终落地目标——实现车内网、车际网、车云网的整合,所涉及的三大技术平台是智能终端、通信网络、通信平台。

通过提供一套基础可靠的信息交互规则,实现跨品牌车与车、车与基础设施、车与服务机构之间数据互联互通,将各种实时动态信息汇聚到云控基础平台,为各种出行应用场景、交通管理、车辆监管提供基础大数据平台。

2. 自动驾驶单车智能成本过高、感知能力不足、运行范围受限,难以商业化运营的问题

当前,以深度学习为代表的当代人工智能技术,基于在机器视觉、自然语言处理等领域的成功应用,被引入自动驾驶技术的环境感知、决策规划和控制执行的研究,获得了较好的效果。由于车辆行驶环境复杂,一些严重依赖于数据、计算资源和算法的人工智能技术,在自动驾驶的感知、决策、执行等环节尚无法满足实时性需求。实时可靠性需求给系统的计算速度和计算可靠性带来挑战。自动驾驶系统要求感知、决策和执行各子系统的响应必须是实时可靠的,因此需要系统提供高速可靠的计算能力。部件小型化的产业化需求使目前系统庞大的硬件尺寸面临挑战。当前的自动

驾驶系统原型大多是计算机系统或工控机系统,不满足车规级部件需求,因此难以商业化运营。

通过对车-路-云数据统一分析处理、协同感知,建立车辆与交通环境的精细化四维数字时空模型,从全局角度进行云端大数据计算与分析,将全局最优决策结果反馈给车辆、路侧设备进行协同控制,实现车-路-云协同自动驾驶,降低单车智能对车载传感、导航、计算处理等设备在数量、性能上的依赖程度。

云控基础平台使得汽车作为主体深度参与城市交通优化变为现实,为智能网联汽车营造车-路-云一体化的出行环境,减少交通事故发生率,提高道路交通效率及社会公共服务管理水平,推动智慧城市数字化建设。

第七节
突破路径与技术路线图

一、突破路径

1. 智慧道路建设的突破路径

(1)提升路侧基础设施的智能化水平与AI感知检测能力。

路侧基础设施不仅要做到为自动驾驶汽车提供相应的定位与交互等功能支持,还要对路面环境信息、天气灾害等信息提供及时的监测与预警,通过图像识别算法去检测道路障碍、交通事故、自然灾害预警信息反馈给控制中心去及时处理,特别是在夏天对于突发洪水、泥石流等自然灾害进行高级别预警,在冬季可以对道路路面健康检测,通过深度学习神经网络去检测路边结冰、道路起雾、车道线损毁等,为道路养护和管控中心提供实时信息。通过人、车、路及云平台直接的全方位连接和高效信息服务,构建协同管控、协同安全和协同服务的新一代智慧交通体系、节省资源利用、减少环境污染、减少事故发生和改善交通管理都具有重要意义。

(2)加大人才引进及培养力度,为智慧道路建设提供人才支撑。

信息技术的发展日新月异,网络和通信技术、数据库技术、系统分析和设计等信息技能是现代信息专业人才必须了解和掌握的技能。道路管理部门一方面要加强员工的信息化培训,把信息化知识培训作为道路系统的培训重点,组织人员去道路信息化发展水平较高的东部地区座谈交流,全面提高道路管理人员的信息化工作水平。另一方面,加大信息技术应用、系统开发以及信息资源开发利用等工作岗位所需的人才引进力度,以保证各项信息管理工作高效运转。

(3)加强创新能力建设及知识产权保护力度,以创新驱动推进智慧道路发展。

组织实施重大科技专项、自主创新专项,推动"智慧道路"关键技术研发和产业化。鼓励从事智能交通行业的企业参与产业技术创新战略联盟建设,支持生产制造企业、服务业企业等与智能交通企业合作对接,共建跨界交叉领域的工程(重点)实验室、工程(技术)研究中心和企业技术中心,培育一批高水平创新平台,促进创新资源开放共享。支持智慧道路领域关键技术、产品的创造并形成自主知识产权。

(4)注重交通安全,安全运行。

注重交通安全,安全运行的智能化保障是未来智能城市道路发展的重要方向。交通安全是我国城市道路长期面临的严峻问题,通过运用现代化的信息技术来分析之前交通事故成因、规律,从而设计管控策略及设计主动安全技术和管理方法,实现交通安全运行防控一体化。同时,将无线通信、传感器和智能计算等前沿技术综合应用于车辆和城市道路基础设施,通过车与车、车与路信息交互和共享,实现车辆运行的安全保障和实现绿色驾驶,是集安全辅助驾驶、路径优化、低碳高效等多目标统一的新服务,将成为智慧交通行业的发展方向之一。

(5)加大资金投入,为智慧道路建设提供资金支持。

建议交通运输行业管理部门设立信息化建设专项资金,确保信息化建设各项基础工作落到实处。同时,在借鉴各地道路建设的实际情况、学习研究借鉴国外及国内典型地区道路建设的先进经验基础上,引进在道路监控、高速公路收费和系统集成环节等领域的大型知名企业共同参与道路的智慧化建设,并与之签订战略合作协议,充分利用社会资本。

2. 高精度地图建设的突破路径

(1)提升高精度地图的感知与定位能力。

高精度地图可以为感知模块提供固定范围内的精确道路面域以及周边设施,如人行道或应急车道作为兴趣区参考。兴趣区内的物体会影响自动驾驶系统的驾驶行为,所以需要使用比较精确的模型,来检测兴趣区内存在的物体,并计算每个物体的类别、速度、姿态等信息。而对于兴趣区外的物体,则仅需要简单判断是否会进入兴趣区即可。

理论上,基于定位图层的3~4个地标,通过与感知结果匹配并计算距离,就可以精确地计算出车辆当前的位置。但在现实中容易识别和匹配的地标,如较大的交通标牌的密度并不稳定,大部分路段可以保证每200m就有足够的地标,而有的路段可能要1km,而对于密度比较稳定的,如路灯杆等,就难以检测和匹配,这样定位的精度就难以得到保证。而自动驾驶场景要求定位及姿态的估计是准确而且稳定的,众多基于高精度地图定位的方案中,都会采用密度比较稳定的地标作为定位或者里程计参考,而将容易识别匹配的地标作为控制点来不断修正精度。

最初的高精度地图考虑到量产对于数据存储空间的要求,是完全语义的。但随着SLAM技术的逐步成熟,基于特定传感器特征的特征定位图层,也有可能进入高精度地图的量产要素清单。

(2)提升高精度地图的决策水平。

在L4级别的城市场景自动驾驶中,一个典型的场景就是车辆行人交错的复杂路口。想要顺利通过路口,需要能够准确预测每一个路权竞争者的行为,从而得出有效的决策结果。预测的瓶颈在于,感知结果的不稳定将极大地影响预估姿态的准确性。而决策的瓶颈在于,复杂路口的路权竞争者较多,数据维度难以控制,对于机器学习方法并不友好,也难以用经典方法实现并维护能力强大的通用决策模块(基于规则的决策模块往往有数万行处理逻辑的代码)。

高精度地图中准确地记录了各个车道之间的关联关系,如可通行和交通规则。当一辆车在路口前的左转车道稳定行驶时,那么其未来行为空间只剩下左转对应的几条车道。用这种方式,我们可以把高维的姿态空间轻松地映射到行为空间,并且大幅提高长期预测的精度。决策可以使用类似的方法,来将决策映射到行为空间,也可以将整个环境通过结构化的可行驶区域及可行驶行为来分层次进行端到端决策。这种方案需要对于数据组织进行专业的设计,来保证表达环境精度准确的同时,保持数据维度的统一。

(3)提高高精度地图的实时更新水平。

高精度地图作为自动驾驶系统的重要组成部分,其可靠性除制作过程中的严防死守,同样依赖于对现实变化的及时体现。我国正在快速发展基础设施,路网变化频繁,保证高精度地图的实时更新能力会是近期高精度地图最重要的课题之一。

专业的采集团队,可以制作出精美的全国高速公路网,但是无法实现每个变化都能及时被发现,并且实时体现在地图中。因此,解决更新问题的最好办法就是采取众包,具备能够辨别不同来源的数据可靠性和精度的能力,实现多源信息融合的方法。

3.车-路-云通信网络建设的突破路径

(1)突出5G技术创新特点。

5G技术创新主要包括无线技术和网络技术两方面。在无线技术方面,有大规模天线阵列、超密集组网、新型多址和全频谱接入等技术。

多天线技术从3G时代开始发挥作用,其可以减少多用户之间的干扰,能够有效地对抗多径衰落,结合MIMO(Multiple In Multiple Out,多入多出)技术在4G网络中发挥了巨大作用,大大增加了传输速率和可靠性。为了进一步提高频谱利用率,在5G技术中必须继续发挥大规模多天线技术的特点,通过对源天线列阵的不断完善,利用3D-MIMO技术进一步扩大网络覆盖范围,提高频谱利用率。

(2)提高通信技术智能化水平。

同时同频全双工技术是指发送端和接收端采用相同的频率同时进行信息的传输,突破了传统的频分双工和时分双工模式。为了避免发射机信号对接收机信号的干扰,同时同频全双工技术利用干扰消除的方法,减少信号在频域或时域上的干扰,起到了提高频谱效率的效果。这种技术与传统的双工模式相比,使无线资源的使用效率提升近一倍,是5G通信的关键技术之一,虽然这种技术目前在实际应用中还不是非常完善,但随着5G技术的不断发展,会进一步增强系统的稳定性和可靠性。

(3)打造新型网络架构。

通信技术的不断发展是为了适应对日益增多的综合业务传输的需求,一方面业务种类繁多,对网络系统结构以及硬件要求都会随之提高;另一方面,也要控制通信业务的成本,这样才能有利于通信技术的推广,才能惠及大众。在传统的网络架构中,一旦业务需求发生变化,就要相应地修改网络设备的配置,而这个过程是极其烦琐的。但是利用软件定义网络技术可以将路由器的控制和转发功能分离,大大提高了网络的灵活性和敏捷度。在这个过程中还有一项重要技术就是网络功能的虚拟化,它是基于大型共享的服务器,利用软件定义的方式,对网络实体进行虚拟化运行。利用虚拟化技术可以方便地整合和操作复杂的硬件设备,根据业务需要对其进行并行处理或者合理释放资源,这样整个网络的构建成本可以降低,同时又提高了网络功能的灵活性,是5G通信迈向更高台阶的关键技术。

4. 智能网联汽车云平台建设的突破路径

(1)统一车联网标准数据格式与标准化协议,建立车端-边缘云-区域云-全国云的云控平台体系。

未来的自动驾驶一定需要车端与云端的相互协同,面对多个厂家生产的车载单元、多家云计算提供商所提供的云服务,站在区域甚至国家角度,智能网联汽车云平台的建设必须要考虑多个车载平台、异构云计算服务等这些不统一的数据提供端所提供的数据是按照某种标准进行组织的,这就需要相关权威机构制定车联网标准化数据与协议。

云控驾驶平台通过将交通与汽车通过标准化协议进行互联,同时更关键的是,云控自主研发的车路协同模型是业内首次将车辆运动的决策与控制以及交通的调控系统协同起来,将车辆的运动决策与控制引入到交通优化中来,从而使得车辆与交通信号之间能够基于共同的优化目标的共同发挥作用,真正解决交通出行中存在的各类问题。

(2)依托国内互联网巨头企业构建起标准化云基础平台。

如果要建立起智能网联汽车云平台,一个必要条件是必须拥有强大、可靠的云计算提供商支持,其所提供的云服务应该具有以下几点要求:

①稳定健壮:其数据中心需要在异地部署且均保持很好的活性,还可以自动水平扩展,可以稳定支撑多款亿级产品的运行。

②亿级并发:云服务端应该支持海量的数据接入,无上限用户数量,亿级消息并发且可以在极低延时的条件下即时到达。

③安全保障:云服务端应该具有良好的抗攻击能力,保护好客户数据的机密性、完整性和可用性。

④自由扩展:云服务还可以任意配置多个服务集群,其提供的服务、数据、网络均可动态伸缩无限扩展。

(3)各大云服务商应该基于数据标准化的云平台开发各类中间件,供用户根据需要设计相应的功能。

随着汽车与互联网、人工智能技术的深度融合,自动驾驶正逐步成为人们智慧出行的新方式。技术的创新,随之带来的是对自动驾驶体系的考验。现有车辆因传感系统在感知范围和感知能力上的局限,无法保障车辆在各类视线受遮挡条件下的行驶安全。车与车之间因缺乏协同决策,极易因为驾驶行为冲突而造成通行受阻。道路基础设施与车辆、车辆与车辆之间各自独立运行,在车辆起步快慢不一、车辆分布不均等诸多状况下,无法做到车路一体化调度,造成交通效率低下。单独依靠单车自动驾驶技术,无法从根本上解决这些问题。自动驾驶的全面实施,需要一套基于云端的面向全局的网联基础设施体系。

云服务商应该提供标准化的开发环境,通过数据和业务分离结构,帮助车企掌控数字资产,汇聚第三方内容和应用生态,构筑以车企为中心的生态系统。具体包括各类应用开发中间件、开发函数、标准化通信协议与通信优化服务等,让产业链客户能够更好地利用超视距感知平台和云控驾驶平台来开发支持自动驾驶,以及智慧交通和智慧城市的应用。

(4)推动智能网联汽车云平台建设与LTE-V2X车云通信网络协同演进。

智能网联汽车云平台的建设应该与LTE-V2X车云通信网络的建设同步进行,不仅仅在于当5G时代来临,移动通信网络的整体速率、带宽等参数大幅提升,还由于在5G通信技术的推动下,一定会催生出更多的车联网应用需求,到那时云平台就需要适应未来的通信环境。

车联网平台与V2X协同发展,从单车智能到车、路协同智能,使能未来智能交通,提升社会交通整体的安全性和效率。

二、技术路线图

智能基础设施是智慧城市、智能交通、智能汽车深度融合发展的重要支撑,通过建设智慧道路、车-路-云通信网络、云控平台以及高精度地图,实现智能基础设施与3S融合的协同发展,在智慧道路建设中同步建设智慧能源基础设施。智能基础设施发展的总体目标和4个关键技术近期(2025年)和中长期(2030年和2035年)的发展路线图如图6-6所示,到2035年初步建成智能数字基础设施,满足智慧城市、智能交通、智能汽车发展的需要。路线图里程碑及详细线路图详见本章附件二。

		2025年	2030年	2035年
总体目标	里程碑	智慧道路环境感知设备的覆盖率达到50%以上；示范区数量超过60个；高精度地图使用标准初步完善；智慧道路专用网络体系初步完善；完善高性能大规模集群建设，完成试点城市部署	智慧道路环境感知设备的覆盖率达到70%以上；示范区数量超过百个；高精度地图和专用网络初步应用于智能网联汽车系统；高性能大规模集群数量达到千级	智慧道路环境感知设备基本覆盖道路；高等级道路改造率不低于5%；高精度地图和专用网络大规模应用于车路协同；高性能大规模集群服务器数量到达万级
	应用	测试智能化道路的完备性；千级车联网接入测试；满足车路云网络构建的安全性和高并发性	智慧道路示范区对高精地图格式、采集和使用标准试点应用；专用网络能够满足十万级车联网需求；促进L4级别自动驾驶技术落地实施	区域车路云一体化专用网络能够满足百万级车联网需求；为交通参与者提供多样化、精准化的服务
	技术	物理道路与数字化道路虚实交互技术；基于路侧或车辆的传感器收集信息技术；泛在无线通信技术	车辆全时空连续高精度定位技术；基于车路协同的车辆队列技术；道路智能材料技术	无线充电技术；面向主动安全的道路控制技术；面向出行即服务的车路信息交互技术；结合基础设施的智能决策与规划技术
智慧道路建设的关键技术		基于5G路侧或车辆的传感器收集信息技术；道路电磁共振式充电技术；基于5G车路协同的车辆队列技术；道路智能材料技术	在全国范围内建立百个以上的智慧道路示范区，结合5G通信技术完成车路协同系统车辆队列系统的初步建设，道路智能材料初步实现	示范区测试面向主动安全的道路控制技术以及面向出行即服务的车路信息交互技术，结合基础设施的智能决策与规划技术
高精度地图构建的关键技术		高精度地图亚厘米级测绘精度；高精度地图快速制作技术；地图数据的多尺度标定和高效存储技术	车辆全时空连续高精度定位技术；高精度地图轻量化技术；高精度地图的自学习、自适应、自评估能力	高精度地图与交通参与者的深度交互技术，帮助自动驾驶车辆预知复杂的道路信息，有效预测大多数的道路交通事故
车路云一体化通信网络建设技术		基于5G的高速移动环境实时可靠通信技术；基于PC5和LTE-Uu混合部署的V2X通信技术；邻近通信服务技术；道路局域网络高吞吐量技术，满足千级并发接入使用，保证专用网络达到国际系统安全标准B1类	道路高速基站覆盖率达80%及以上。V2X高速移动场景下网络通信低延时丢包率技术，道路局域网络吞吐量能满足万级车辆同时接入使用。专用网络安全性可到达国际系统安全标准B3类	道路高速基站覆盖率达九层及以上。道路局域网络吞吐量能满足百万级车辆同时接入使用。使用新型多天线传输技术。使用超密集网络技术能够处理海量数据流量。专用网络安全性达到国际系统安全标准A类
智能网联汽车云平台的关键技术		形成边缘-区域-中心云统一建设标准、边缘云服务器基本覆盖示范区道路，在全国90%以上智慧道路示范区落地部署。单个边缘云服务可同时满足千级车辆接入和数据处理。完成试点城市部署，单集群规模不低于千台	示范区边缘云智能设施基本覆盖，可同时满足万级车辆数据接入。边缘云计算技术能够同时处理万级车辆数据。在高等级道路中开始部署应用。全国高性能大规模集群部署主要道路开始部署覆盖	推行"一个中心，多个区域"模式，使用边缘计算和云计算协同技术处理百万级车辆数据。在高等级道路中应用部署率不低于10%左右。全国高性能大规模集群部署覆盖率达10%左右，单集群规模达到万台

图6-6 智能基础设施发展路线图

本章附件

附件一 智能基础设施发展的概述

一、导言

1. 战略意义

2020年8月,交通运输部发布《关于推动交通运输领域新型基础设施建设的指导意见》(以下简称"《意见》")。《意见》提出,主要任务是打造智慧公路、智能铁路等融合高效的智慧交通基础设施,助力5G、人工智能等信息基础设施建设,以及完善行业创新基础设施。到2035年,交通运输领域新型基础设施建设取得显著成效。《意见》的发布,对全面推动交通基础设施数字转型、智能升级,建设交通运输领域新型基础设施起到了引领性作用。

随着智慧城市(SC)、智能交通(ST)及智能汽车(SV)的深度融合,智慧基础设施领域技术的发展方向和趋势应集中在路测感知设施、先进专用传输网络、北斗时空服务在交通运输行业深度覆盖、行业数据云平台和网络安全体系基本建立,自动驾驶汽车高精度地图的逐步应用,提出面向2035年3S融合发展下智慧基础设施产业发展愿景,制定具有一定科学性、前瞻性、引领性的技术发展路线,整理关键核心技术研发需求,确定近期优先行动项,为我国3S融合发展下智慧基础设施产业的持续、快速、健康发展提供技术指引,具有深远的意义。

2. 研究范围及目标

本技术路线图研究覆盖了3S融合下智慧基础设施的四个方面,包括能智慧公路、车-路-云通信网络、云控平台以及高精度地图。智能基础设施是智慧城市、智能交通、智能汽车、智慧能源深度融合发展的重要支撑。

到 2035 年,在智慧公路建设方面,依托国内现有高等级公路,完成智能化公路改造率超过 20%,依靠高速通信技术完成车路协同系统(V2X)对智能公路的覆盖率达到 90% 以上,为交通参与者提供多样化、精准化的服务,推动 L5 级别自动驾驶技术的初步实现;在车-路-云通信网络建设方面,主要道路高速基站覆盖达 100%,局域网络吞吐量能满足百万级车辆同时接入使用,使用超密集网络技术能够处理 5G 的 1000 倍流量,车-路-云一体化网络应用于 30% 的智慧道路设备设施,网络安全性可到达国际系统安全标准 A 类;在云控平台建设方面,建立完善的边缘-区域-中心云统一系统、形成"一个中心,多个区域"模式,使用边缘计算和云计算协同技术处理百万级车辆数据,在高等级道路中应用部署不低于 20%,全国高性能大规模集群部署覆盖率达 20%,单集群规模达到 1 万台,CPU 总核数达到 60 万左右,存储容量达 1000PB;在高精度地图建设方面,实现我国自制高精度地图对高等级公路的覆盖率达到 20% 以上,局部高精度地图的更新频率达到日更新,为自动驾驶提供动态、实时的数据服务,结合高速通信技术实现高精度地图的全方位、多时域动态呈现,实现与交通参与者的深度交互。总体目标是探索具有中国特色的、中国标准的智能基础设施系统发展战略,明确针对 3S 融合应用场景的核心关键技术,为智慧城市、智能交通、智能汽车、智慧能源网络的融合发展提供方案。

3. 国内外技术现状及对比

1)智慧公路建设的技术现状

目前世界各国对于智能网联汽车的支持不仅仅局限于政策研究、技术开发方面,美国、欧洲、日本等发达国家及地区更是斥资建设智能网联示范区,在对现有的公路进行大规模智能化改造之前,在示范区模拟多种道路和场景,为智能网联汽车提供实际的运行环境,测试智能网联汽车实际运行中的 V2X、自动驾驶汽车等技术,培训自动驾驶安全员,抢占技术和标准的制高点,成了许多国家探索公路智能化的首选方案。

我国对于智慧公路的建设探索,也与国外步伐保持一致,从自动驾驶示范区起步,研究公路智能化的进程。根据《智能汽车创新发展战略(征求意见稿)》规划,在 2020 年,我国智能汽车新车占比达到 50%,中高级别智能汽车实现市场化应用,重点区域示范运行取得成效。智能道路交通系统建设取得积极进展,大城市、高速公路的车用无线通信网络(LTE-V2X)覆盖率达到 90%。

2)高精度地图构建的技术现状

国外的高精度地图主要有 Here、TomTom、Waymo(原 Google 地图)等老牌图商,比较有名的初创公司 DeepMap、CivilMaps、lvl5、Carmera。CivilMaps 能将 1T 的激光雷达

点云数据压缩到 8MB,Carmera 融合摄像头和激光雷达的图像获得更好的传感效果等。但是云端的存储、运算、通信能力是初创企业普遍的短板。另外 Uber、通用 Cruise 等也都在布局高精度地图。

在国内市场,由于高精度地图的测绘过程要比传统电子地图复杂得多。目前市场上高精度地图的制作方式有采集车测绘和"众包测绘"两种。传统图商凭借自身技术优势一般采纳采集车测绘,精度更高;整车厂拥有海量普通汽车,以"众包测绘"为主。采集数据完成后要将来自 GPS、点云、图像等数据识别融合在一起,最后经过人工的修正完善,才上传到云端。目前,我国拥有导航电子地图资质单位名单的企业有 14 家中,四维图新、高德、百度瓜分车载导航市场超过 90% 的市场份额。

3) 车-路-云通信网络建设的技术现状

目前,世界上用于 V2X 通信的主流技术包括专用短程通信(Dedicated Short Range Communication,DSRC)技术〔IEEE.〕和基于蜂窝移动通信系统的 C-V2X(Cellular Vehicle to Everything)技术(包括 LTE-V2X 和 5G NR-V2X)。美国、欧洲、日本等发达国家和地区均积极开展了相关的技术研究和测试验证工作。

近年来,车联网(V2X)作为汽车工业产业升级的创新驱动力,已被提到国家战略高度。2018 年 6 月,工业和信息化部及国家标准化管理委员会颁布《国家车联网产业标准体系建设指南(总体要求)》,解决了车联网产业发展痛点。2018 年 10 月,工业和信息化部发布了《车联网(智能网联汽车)直连通信使用 5905~5925MHz 频段管理规定(暂行)》的通知,明确将 5905~5925MHz 频段作为基于 LTE-V2X 技术的车联网(智能网联汽车)直连通信的工作频段。2018 年 12 月,工业和信息化部发布了《车联网(智能网联汽车)产业发展行动计划》,明确分阶段实现车联网产业高质量发展的目标。2020 年 4 月,工业和信息化部公示已经完成的 8 个车联网相关通信行业标准,其中多为"车联网安全"相关标准,此外还有 PC5 接口 RSU 设备及 OBU 设备技术要求。

4) 智能网联云平台建设的技术现状

美国提出的基于智能化、信息化、共享化与城市智慧化的深度融合,它们需要用到网联和智能一体化技术。欧洲已经明确提出基于数字化基础设施支撑的网联式协同自动驾驶。

目前,国内智能网联汽车云平台体系的定位,是基于真实数据的大数据计算(面向安全、节能、高效出行生态的统筹/协同等业务应用)实现物理空间与信息空间中车、交通、环境等要素的相互映射，两者通过标准化交互、高效协同、利用云计算大数据能力，解决系统性的资源优化与配置问题，促进人车路运行按需响应、快速迭代、动态优化，最终实现超视距感知、驾驶环境态势认知、预测性控制、交通智能调度、系统性能优化（协同式自动驾驶）。华为云、启迪云控、四维智联为首的信息通信技术企业都纷纷推出了自己的车联网云平台解决方案，旨在构建起车联网云平台/大数据产品及运营平台，进行大数据增值运营服务，驱动互联网汽车业务创新。

4. 技术发展趋势及战略发展方向

1) 智慧公路建设的技术发展趋势

智慧公路是借助物联网、大数据、人工智能等新一代信息技术，通过将道路本身及其附属设施通过传感器变成信息采集与发布终端，实现路况的数字化、可视化、物联化，并推进道路服务品质化，管理科学化和运行高效化的一种理念。智慧公路是一个系统工程，需要将原有智能交通设计部分系统纳入智慧公路中来，构成完整的智慧公路技术框架。

2) 高精度地图构建的技术发展趋势

高精度地图作为除复杂传感器之外的自动驾驶车辆最核心的技术之一，已成为智能网联汽车技术产业的重要基础技术。高精度地图的丰富度主要满足智能网联汽车两方面的需求：一是道路数据本身信息量，如车道的位置、类型、宽度、坡度和曲率等；二是车道周边的街景信息，如交通标志、交通信号灯等基础设施信息。未来技术主要围绕轻量化快速制作地图、高频率更新、精准定位导航方面。

3) 车-路-云通信网络建设的技术发展趋势

无线通信技术是 V2X 车联网实现的基础，它直接决定了信息交互的实时性和有效性。由于 V2X 通信中的车辆往往处于高速运动的情景中，因此 V2X 通信模式对于车辆的定位信息具有更加严格的要求。同时在高速运动的场景下，信道和通信环境也更为复杂。而车辆的高速移动性以及网络拓扑结构的快速变化，容易造成车辆间的通信不稳定。所以，保证高速移动下 V2X 通信的高可靠低时延服务是关键问题。此外，目前车联网中存在多种不同的无线通信模式，如无线局域网、2G/3G/4G 蜂窝通信、卫星通信和全球微波互联接入等，这些不同结构的网络要互通互联，进行数据传输交换，必须解决异构网络的融合问题。

4) 智能网联云平台建设的技术发展趋势

智能网联汽车云控平台体系的定位，是基于真实数据的大数据计算（面向安全、节能、高效出行生态的统筹/协同等业务应用)实现物理空间与信息空间中车、交通、环境等要素的相互映射,两者通过标准化交互、高效协同、利用云计算大数据能力,解决系统性的资源优化与配置问题,促进人、车、路运行按需响应、快速迭代、动态优化,最终实现超视距感知、驾驶环境态势认知、预测性控制、交通智能调度、系统性能优化(协同式自动驾驶)。

二、关键技术发展中各领域之间的关联

1. 智能化基础设施是智慧城市、智能交通、智能汽车的前提

城市基础设施智能化建设是智慧城市平台、智能交通和智能汽车的重要基础。打造一条现代化的智慧公路,服务于智能汽车的自动驾驶,不仅仅在于智能车路协同,还需要智能化基础设施。智能化基础设施包括无线传感网、新型专用道路基础设施、专用车道、停车场,专门的封闭区域、满足新一代智能道路控制和智能车辆按照控制策略运行等,以及交通运行云平台,交通控制系统或高速公路监控系统互操作的控制平台、态势监测与预警、为智能化运载工具和行人提供安全高效的环境条件。智慧城市的建设依赖于大容量基础通信系统、交通数据获取设施、专用无线通信设施、高精度定位系统、高精度地理信息系统等基础设施的建设。

2. 智慧交通是智慧城市建设的关键一环

城市建设,交通先行。交通是城市经济发展的动脉。城市从诞生起就与交通有着千丝万缕的关系,城市的发展离不开交通,交通因城市的各种活动而产生。交通是城市生产生活正常进行的先决条件,城市的发展直接决定了交通系统的构成,并能促进交通系统的改善,两者相互辅助、相互促进。但是,随着城市化进程的加快,城市人口集中、经济活动频繁、人员流动速度加快、城市功能不完善、交通阻塞严重、城市发展与环境资源矛盾等问题日益突出,迫切需要解决或缓解,智能交通系统则是有效解决上述问题的重要手段。

3. 智能交通是智能汽车发展的重要载体

智能交通系统也叫作智能运输系统,是把计算机、通信、自动管控、人工智能等先进技术使用到交通输送、服务管控、汽车制造等方面,让汽车、道路、人得以联系,达成高效、安全、环保、的全面运输系统。智能交通系统的作用是经过人与车、路的相互配

合提升输送效率,从而降低事故发生率,以及能耗和污染的目标。系统有车控制子系统、交通监控、运营车高度管理、旅行信息子系统构成。这些年来,我国的交通发展迅速,在北京、上海、广州等地区建设了先进的交通系统。依托智能交通系统的技术的进步,智能汽车技术也会得到极大发展。

4. 基础设施建设促进不同技术体系间的融合发展

基础设施智能化建设的全面开展,导航定位、高精度地图、5G相关企业,以及为智能交通设施、智能交通管理设施建设提供相关产品的智能交通企业都将迎来广阔的市场前景。新技术的发展和应用,为出行者提供更加精细、准确、完善和智能的服务,将是智能交通系统面向公众服务的重要方向。这些服务的提供加速交通产业生态圈的跨界融合,未来汽车制造业、汽车服务业、交通运营服务、互联网、信息服务、智能交通等行业的融合发展是大势所趋。

5. 智慧能源助力智慧城市

智慧城市是城市未来发展趋势,智慧能源则为智慧城市的发展提供了基础。城市形态千变万化,始终离不开能源的支持,城市智慧化,核心要点是发展智慧能源。能源互联网理念在能源行业已形成广泛共识,成为推进能源革命、保障能源可持续供应的重要因素,按照规模可分为城市能源互联网和全球能源互联网。城市能源互联网可以理解为智慧能源城市的血管和神经系统的结合,为城市能源和信息的流通提供了载体。城市能源互联网无疑要通过城市能源清洁化、区域化、智能化和互联网化转型升级而实现。

附件二 智能基础设施发展路线图

一、面向2035年发展愿景、目标及里程碑

1. 面向2035的发展愿景

智慧新型基础设施建设对"引爆"以数字经济、纳米技术和新能源为代表的新一

代技术革命浪潮具有不可或缺的基础性作用。作为重要的基础产业和新兴产业,"新基建"不仅对应着巨大的投资需求,也对应着巨大的消费需求,是实现中国经济高质量发展的重要引擎之一。

2. 目标

到 2035 年,在智慧公路建设方面,依托国内现有高等级公路,完成智能化公路改造率超过 20%,依靠高速通信技术完成车路协同系统(V2X)对智能公路的覆盖率达到 90% 以上;在车-路-云通信网络建设方面,主要道路高速基站覆盖达 100%,局域网络吞吐量能满足百万级车辆同时接入使用,车-路-云一体化网络应用于 30% 的智慧道路设备设施,网络安全性可到达国际系统安全标准 A 类;在云控平台建设方面,建立完善的边缘-区域-中心云统一系统、形成"一个中心,多个区域"模式,使用边缘计算和云计算协同技术处理百万级车辆数据,在高等级道路中应用部署不低于 20%;全国高性能大规模集群部署覆盖率达 20%,单集群规模达到 1 万台,CPU 总核数达到 60 万左右,存储容量达 1000PB;在高精度地图建设方面,实现我国自制高精度地图对高等级公路的覆盖率达到 20% 以上,局部高精度地图的更新频率达到日更新,为自动驾驶提供动态、实时的数据服务,结合高速通信技术实现高精度地图的全方位、多时域动态呈现,实现与交通参与者的深度交互。

3. 里程碑(2025 年、2030 年、2035 年分阶段里程碑)

到 2025 年,依托我国现有的基础设施建设条件进行道路智能化改造,完善智能高精度地图构建的相关法律法规,在车-路-云一体化专用网络中部署可以满足更大规模车辆通信能力的通信技术,促进 V2X 技术、智能网联汽车云平台技术等关键技术的快速发展,形成边缘-区域-中心云统一建设标准、边缘云服务器道路覆盖率达到 80%,单个边缘云服务可同时满足万级车辆接入和数据处理,完善高性能大规模集群建设,初步推动 3S 融合发展。

到 2030 年,持续推进依托现有的高等级公路的智能化改造工作,同时依靠全国各地主要的自动驾驶示范区建设成果,稳步提升智慧公路在我国公路总里程中的占比;提升高精度地图与环境的交互能力,在全国范围内统一高精度地图建设格式,促进 L4 级别自动驾驶技术落地;与此同时,进一步大规模部署高性能服务器数量,提高城市的智能化水平,增加智慧道路边缘云智能设施覆盖率,使用边缘计算能够同时处理十万级车辆数据(激光雷达、毫米波、摄像头等),提升 3S 之间的互联互通水平。

到 2035 年,完成我国 20% 以上的高等级公路的智能化改造,依靠高速通信技术完成车路协同系统(V2X)对智能公路的覆盖率达到 90% 以上,为交通参与者提供多样化、精准化的服务,推动 L5 级别自动驾驶技术的初步实现,使主要道路高速基站覆盖达 100%,局域网络吞吐量能满足百万级车辆同时接入使用,并建立完善的边缘-区域-中心云统一系统、形成"一个中心,多个区域"模式,完成 3S 深度交融。

二、技术路线图

1. 总体技术路线图

总体技术路线图如附图 6-1 所示。

附图 6-1　总体技术路线图

依托现有高等级道路建设智能化道路示范区数量不低于 90 个;国家完善高精度地图格式、采集和使用标准;完成区域车-路-云一体化专用网络体系建设,满足万级车联网需求;单个高性能大规模集群服务器数量不少于 1000。

依托现有高等级道路建设智能化道路示范区数量不低于 300 个;全国智慧道路示范区对高精度地图格式、采集和使用标准试点应用;区域车-路-云一体化专用网络体系建设能够满足十万级车联网需求;单个高性能大规模集群服务器数量不少于 5000 台。

全国高等级道路智能化改造率不低于 5%;区域车-路-云一体化专用网络能够满足百万万级车联网需求;单个高性能大规模集群服务器数量不少于 10000 台。

2. 关键分领域技术路线图

1) 智慧公路建设关键技术

智慧公路建设关键技术路线图如附图 6-2 所示。

	2025年	2030年	2035年
智慧公路建设关键技术	➤ 到2025年，高等级公路环境感知设备的覆盖率达到50%以上，在全国范围内建立90个以上的智慧公路示范区，示范区内的智能感知设备的覆盖率达到90%以上，加强创新能力建设与知识产权保护力度，以创新驱动推进智慧公路的发展	➤ 到2030年，在全国范围内建立300个以上的智慧公路示范区，并依托智慧公路示范区，结合5G通信技术完成车路协同系统(V2X)的初步建设，通过智慧公路路侧设备实现智能车辆与万物互联技术的初步实现，促进L4级别自动驾驶技术落地实施	➤ 到2035年，依托现有高等级公路，完成智能化公路改造率超过20%，依靠高速通信技术完成车路协同系统(V2X)对智能公路的覆盖率达到90%以上，为交通参与者提供多样化、精准化的服务，推动L5级别自动驾驶技术的初步实现
	➤ 到2025年，智能充电设备在高速公路等高等级公路的服务区的覆盖率达到70%以上，感应式充电技术和共振式充电技术充电效率为10%~30%，以智能充电设备为基础，初步探索智慧智慧能源网络建设的技术路径	➤ 到2030年，依托智慧公路示范区打造智慧能源网络，发展电动汽车与智能充电设备网络的V2G技术，实现能量双向、实时、可控、高速地在车辆和电网之间流动，以智能充电设备为基点，完成智慧公路基础设施与智慧能源网络的初步融合	➤ 到2035年，实现智慧公路基础设施与智慧能源网络的高度融合，基于可靠、高效的信息通信平台，推动高度智能化的共享充电设备对于智慧公路服务区的全覆盖，并推动无线充电技术的发展

附图 6-2　智慧公路建设关键技术路线图

到 2025 年，高等级公路环境感知设备的覆盖率达到 50% 以上，在全国范围内建立 90 个以上的智慧公路示范区，示范区内的智能感知设备的覆盖率达到 90% 以上，加强创新能力建设与知识产权保护力度，以创新驱动推进智慧公路的发展，智能充电设备在高速公路等高等级公路的服务区的覆盖率达到 70% 以上，感应式充电技术和共振式充电技术充电效率为 10%~30%，以智能充电设备为基础，初步探索智慧能源网络建设的技术路径。

到 2030 年，在全国范围内建立 300 个以上的智慧公路示范区，并依托智慧公路示范区，结合 5G 通信技术完成车路协同系统（V2X）的初步建设，通过智慧公路路侧设备实现智能车辆与万物互联技术的初步实现，促进 L4 级别自动驾驶技术落地实施，依托智慧公路示范区打造智慧能源网络，发展电动汽车与智能充电设备网络的

V2G 技术,实现能量双向、实时、可控、高速地在车辆和电网之间流动,以智能充电设备为基点,完成智慧公路基础设施与智慧能源网络的初步融合。

到 2035 年,依托现有高等级公路,完成智能化公路改造率超过 20%,依靠高速通信技术完成车路协同系统(V2X)对智能公路的覆盖率达到 90% 以上,为交通参与者提供多样化、精准化的服务,推动 L5 级别自动驾驶技术的初步实现,实现智慧公路基础设施与智慧能源网络的高度融合,基于可靠、高效的信息通信平台,推动高度智能化的共享充电设备对于智慧公路服务区的全覆盖,并推动无线充电技术的发展。

2)高精度地图建设关键技术

高精度地图建设关键技术路线图如附图 6-3 所示。

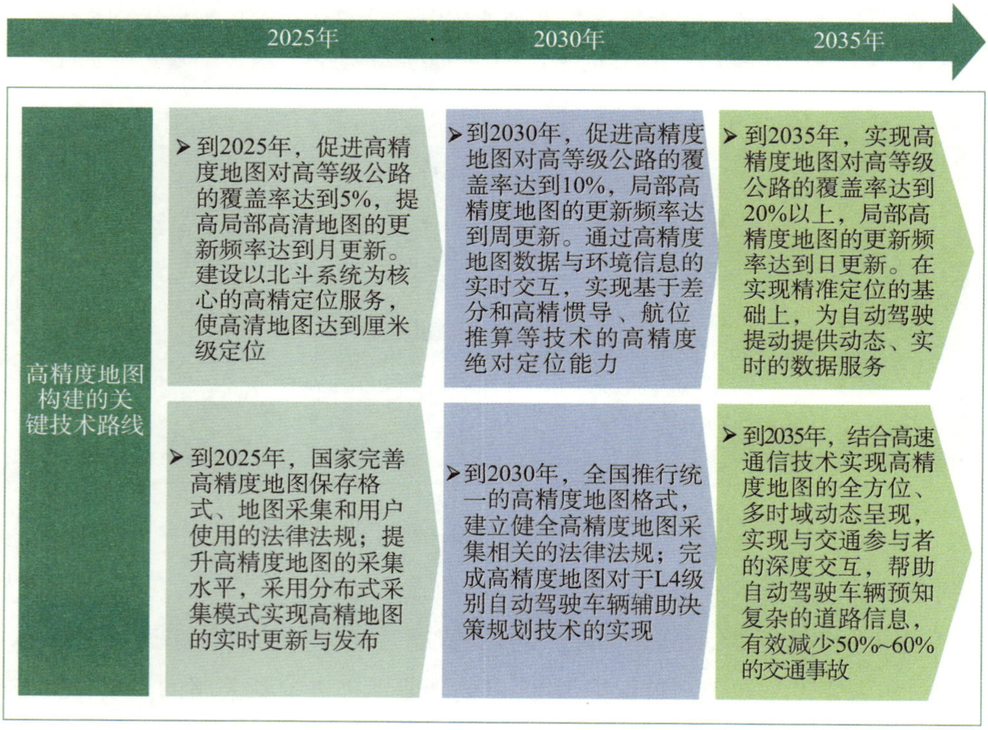

高精度地图构建的关键技术路线	2025年	2030年	2035年
	到2025年,促进高精度地图对高等级公路的覆盖率达到5%,提高局部高清地图的更新频率达到月更新。建设以北斗系统为核心的高精定位服务,使高清地图达到厘米级定位	到2030年,促进高精度地图对高等级公路的覆盖率达到10%,局部高精度地图的更新频率达到周更新。通过高精度地图数据与环境信息的实时交互,实现基于差分和高精惯导、航位推算等技术的高精度绝对定位能力	到2035年,实现高精度地图对高等级公路的覆盖率达到20%以上,局部高精度地图的更新频率达到日更新。在实现精准定位的基础上,为自动驾驶提动提供动态、实时的数据服务
	到2025年,国家完善高精度地图保存格式、地图采集和用户使用的法律法规;提升高精度地图的采集水平,采用分布式采集模式实现高精地图的实时更新与发布	到2030年,全国推行统一的高精度地图格式,建立健全高精度地图采集相关的法律法规;完成高精度地图对于L4级别自动驾驶车辆辅助决策规划技术的实现	到2035年,结合高速通信技术实现高精度地图的全方位、多时域动态呈现,实现与交通参与者的深度交互,帮助自动驾驶车辆预知复杂的道路信息,有效减少50%~60%的交通事故

附图 6-3　高精度地图建设关键技术路线图

到 2025 年,促进高精度地图对高等级公路的覆盖率达到 5%,提高局部高精度地图的更新频率达到月更新。建设以北斗系统为核心的高精定位服务,使高精度地图达到厘米级定位,国家完善高精度地图保存格式、地图采集和用户使用的法律法规;提升高精度地图的采集水平,采用分布式采集模式实现高精度地图的实时更新与发布。

到 2030 年,促进高精度地图对高等级公路的覆盖率达到 10%,局部高精度地图的更新频率达到周更新。通过高精度地图数据与环境信息的实时交互,实现基于差分和高精惯导、航位推算等技术的高精绝对定位能力,全国推行统一的高精度地图格式,建立健全高精度地图采集相关的法律法规;完成高精度地图对于 L4 级别自动驾驶车辆辅助决策规划技术的实现。

到 2035 年,实现高精度地图对高等级公路的覆盖率达到 20% 以上,局部高精度地图的更新频率达到日更新。在实现精准定位的基础上,为自动驾驶提供动态、实时的数据服务,结合高速通信技术实现高精度地图的全方位、多时域动态呈现,实现与交通参与者的深度交互,帮助自动驾驶车辆预知复杂的道路信息,有效减少 50% ~ 60% 的交通事故。

3) 车-路-云一体化通信网络建设技术

车-路-云一体化通信网络建设技术路线图如附图 6-4 所示。

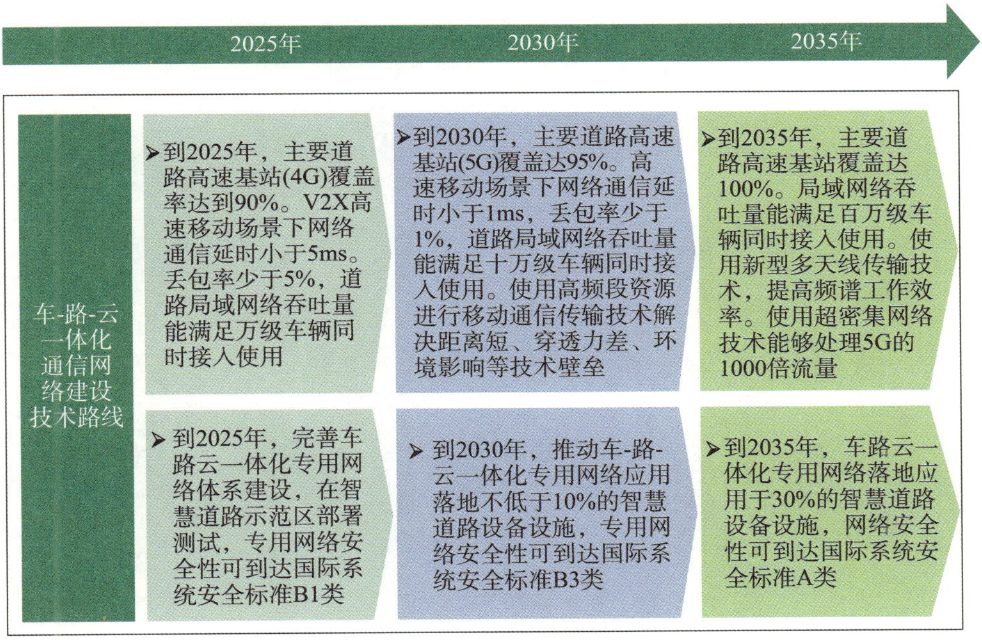

车-路-云一体化通信网络建设技术路线	2025年	2030年	2035年
	到2025年,主要道路高速基站(4G)覆盖率达到90%。V2X高速移动场景下网络通信延时小于5ms。丢包率少于5%,道路局域网络吞吐量能满足万级车辆同时接入使用	到2030年,主要道路高速基站(5G)覆盖达95%。高速移动场景下网络通信延时小于1ms,丢包率少于1%,道路局域网络吞吐量能满足十万级车辆同时接入使用。使用高频段资源进行移动通信传输技术解决距离短、穿透力差、环境影响等技术壁垒	到2035年,主要道路高速基站覆盖达100%。局域网络吞吐量能满足百万级车辆同时接入使用。使用新型多天线传输技术,提高频谱工作效率。使用超密集网络技术能够处理5G的1000倍流量
	到2025年,完善车-路-云一体化专用网络体系建设,在智慧道路示范区部署测试,专用网络安全性可到达国际系统安全标准B1类	到2030年,推动车-路-云一体化专用网络应用落地不低于10%的智慧道路设备设施,专用网络安全性可到达国际系统安全标准B3类	到2035年,车路云一体化专用网络落地应用于30%的智慧道路设备设施,网络安全性可到达国际系统安全标准A类

附图 6-4　车-路-云一体化通信网络建设技术路线图

到 2025 年,主要道路高速基站(4G)覆盖率达 90%。V2X 高速移动场景下网络通信延时小于 5ms,丢包率少于 5%,道路局域网络吞吐量能满足万级车辆同时接入使用,到 2025 年,完善车-路-云一体化专用网络体系建设,在智慧道路示范区部署测试,专用网络安全性可到达国际系统安全标准 B1 类。

到 2030 年,主要道路高速基站(5G)覆盖达 95%。高速移动场景下网络通信延时小于 1ms,丢包率少于 1%,道路局域网络吞吐量能满足十万级车辆同时接入使用。使用高频段资源进行移动通信传输技术,解决距离短、穿透力差、环境影响等技术壁垒,到 2030 年,推动车-路-云一体化专用网络应用落地不低于 10% 的智慧道路设备设施,专用网络安全性可到达国际系统安全标准 B3 类。

到 2035 年,主要道路高速基站覆盖达 100%。局域网络吞吐量能满足百万级车辆同时接入使用。使用新型多天线传输技术,提高频谱工作效率。使用超密集网络技术能够处理 5G 的 1000 倍流量,车-路-云一体化专用网络落地应用于 30% 的智慧道路设备设施,网络安全性可到达国际系统安全标准 A 类。

4)智能网联云平台的关键技术

智能网联云平台关键技术路线图如附图 6-5 所示。

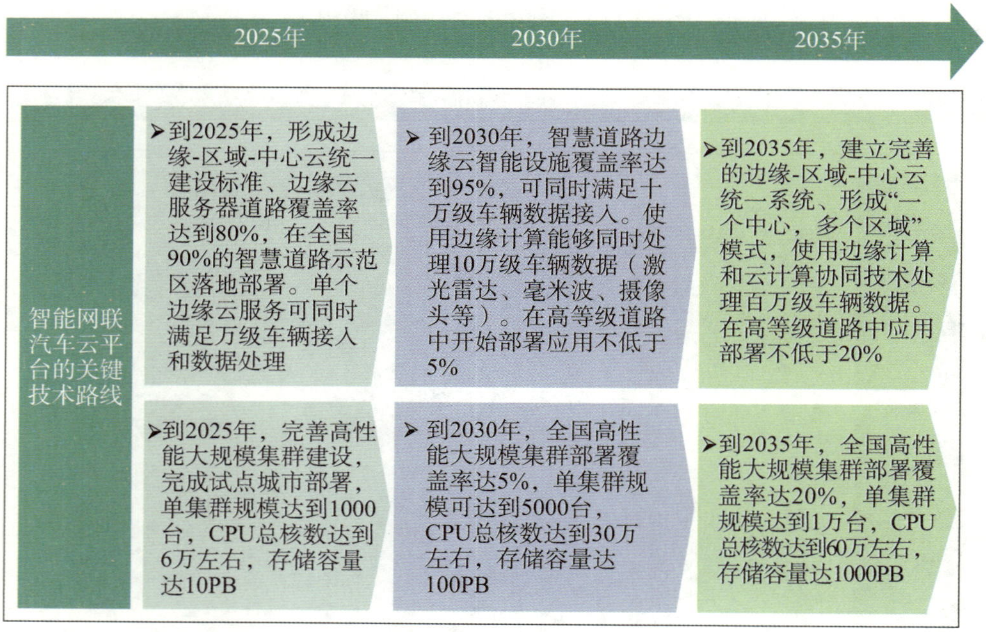

智能网联汽车云平台的关键技术路线	2025年	2030年	2035年
	到2025年,形成边缘-区域-中心云统一建设标准、边缘云服务器道路覆盖率达到80%,在全国90%的智慧道路示范区落地部署。单个边缘云服务可同时满足万级车辆接入和数据处理	到2030年,智慧道路边缘云智能设施覆盖率达到95%,可同时满足十万级车辆数据接入。使用边缘计算能够同时处理10万级车辆数据(激光雷达、毫米波、摄像头等)。在高等级道路中开始部署应用不低于5%	到2035年,建立完善的边缘-区域-中心云统一系统、形成"一个中心,多个区域"模式,使用边缘计算和云计算协同技术处理百万级车辆数据。在高等级道路中应用部署不低于20%
	到2025年,完善高性能大规模集群建设,完成试点城市部署,单集群规模达到1000台,CPU总核数到6万左右,存储容量达10PB	到2030年,全国高性能大规模集群部署覆盖率达5%,单集群规模可达到5000台,CPU总核数达到30万左右,存储容量达100PB	到2035年,全国高性能大规模集群部署覆盖率达20%,单集群规模达到1万台,CPU总核数达到60万左右,存储容量达1000PB

附图 6-5 智能网联云平台关键技术路线图

到 2025 年,形成边缘-区域-中心云统一建设标准、边缘云服务器道路覆盖率达到 80%,在全国 90% 的智慧道路示范区落地部署。单个边缘云服务可同时满足万级车辆接入和数据处理,完善高性能大规模集群建设,完成试点城市部署,单集群规模达到 1000 台,CPU 总核数达到 6 万左右,存储容量达 10PB。

到 2030 年,智慧道路边缘云智能设施覆盖率达到 95%,可同时满足十万级车辆数据接入。使用边缘计算能够同时处理十万级车辆数据(激光雷达、毫米波、摄像头等)。在高等级道路中开始部署应用不低于 5%,全国高性能大规模集群部署覆盖率达 5%，单集群规模可达到 5000 台，CPU 总核数达到 30 万左右，存储容量达 100PB。

到 2035 年，建立完善的边缘-区域-中心云统一系统、形成"一个中心，多个区域"模式，使用边缘计算和云计算协同技术处理百万级车辆数据。在高等级道路中应用部署不低于 20%，全国高性能大规模集群部署覆盖率达 20%，单集群规模达到 1 万台，CPU 总核数达到 60 万左右，存储容量达 1000PB。

三、创新发展需求及优先行动项

1. 创新发展需求

1）智能基础设施设备的发展需求

新型基础设施主要包括七大领域：5G 基建、特高压（电力物联网）、高速铁路（轨道交通）、充电桩（新能源汽车）、数据中心（云计算）、人工智能、工业互联网，其中，5G 基建、充电桩、数据中心、人工智能、工业互联网等基础设施是智能基础设施体系建设的重要组成部分，这些新型基础设施于传统工业化基础上叠加了信息化、数字化、网络化、绿色化等要求，是新一轮科技和工业革命的信息技术、智能技术、新能源技术等生产和应用的结果，会极大促进智慧城市、智能交通与智能车辆技术体系的融合，推动 3S 融合发展进程。

2）智能网联汽车示范区建设

设立智能网联示范区和车联网先导区的主要目的是探索智能网联汽车技术的应用场景，促进智能网联汽车产业生态建设。我国智能网联汽车产业处于发展初期，示范区建设保障智能网联相关技术测试与认证，提供必要生产要素支撑，是产业初期集聚和发展的关键。

下一步示范区的建设重点是开展城市级智能汽车大规模、综合性应用试点，逐步向国家级车联网先导区过渡。国家级车联网先导区以应用为导向、以一定规模的行政区域为载体，强化政府统筹、集聚产业优势、丰富应用场景、支持产品迭代、探索商业模式，促进技术、产品、政策、机制、法规、标准等创新，在封闭测试基础上进一步扩大应用，推动跨部门、跨行业合作，鼓励在更大范围内实践解决运营管理模式、投资主体等问题，尽快实现"从点到面"的突破，进而为全国范围车联网规模商用积累经验。

3）构建统一的边缘-区域-中心云平台架构体系

目前国内有许多公司在构建自己的云平台，但是由于标准以及架构体系不统一，造成平台与平台之间形成了一个个信息孤岛,难以互联协同并进行有效的管理,使得局部网联智能变成一种群体网联智能的状态,也就是车联网的最终落地目标——实现车内网、车际网、车云网的整合,所涉及的三大技术平台是智能终端、通信网络、通信平台。因此,统一的边缘-区域-中心云平台架构体系对于未来智能网联起到了关键性基石作用。

2. 优先行动项

1) 国家层面优先行动项

从全球科技创新发展趋势看,智能汽车科技创新是国家工程。自动驾驶汽车就是"国家科技",是一国未来强盛之本。宏观层面,实施智能汽车创新战略是国家工程,需要举国体制的创新,进行中国特色的支撑自动驾驶汽车的智慧城市设施布局。中观层面,进行中国特色的支撑自动驾驶汽车的智慧基础设施布局;微观层面,进行下一代汽车科技创新与自主研发体系布局。

2) 行业层面优先行动项

科研院所、高校应从多学科交叉与融合出发,研发新技术、改进现有技术,为车路协同落地发展提供智力支持;基础设施建设企业,应牢牢抓住道路智慧化建设的机遇,为项目建设赋能增值,有力推进既有道路信息化、智能化改造和智慧道路新建;提供智能化道路基础设施相关产品的智能交通企业,应紧跟车路协同相关技术发展步伐,实现技术推广应用,依托智慧道路建设和改造,为基础设施建设企业提供解决方案,发展成为智慧城市交通系统方案的供应商。只有各界统一目标、协调发展步伐、协同合作,才能实现智能基础设施建设的总任务,为智能汽车技术的发展提供有力支撑。

本章参考文献

[1] 张纪升,李斌,王笑京,等.智慧高速公路架构与发展路径设计[J].公路交通科技,2018(1):88-94.

[2] 张振.浅析面向未来智慧公路的发展思考[C].第十三届中国智能交通年会大会论文集.北京:中国智能交通协会,2018:136-146.

[3] 李占辰.高速公路服务区标准化体系构建与对策分析[J].山东交通科技,2019(03):9-12.

[4] 齐为.我国智慧高速公路建设标准化现状研究[J].标准科学,2015(10):47-49.

[5] 王少飞,祖晖,付建胜,等.智慧高速公路初探[J].中国交通信息化,2017(S1):7-14.

[6] 马龙.公路交通智能化建设发展趋势分析与探讨[J].交通世界,2019(27):26-27.

[7] 王超,陈乐言.交通大数据在智能高速公路中的应用分析[J].电子元器件与信息技术,2018(10):39-41,45.

[8] 王淼,徐文城,刘洋.自动驾驶交通街景下智慧道路系统设计[J].公路交通科技(应用技术版),2019,15(10):260-262.

[9] 黄建梅.G524常熟段智慧公路建设及关键技术应用研究[C].2019世界交通运输大会论文集(上).北京:中国公路学会,2019:1058-1067.

[10] 范中华.高速公路智慧交通平台与初步应用研究[D].重庆:重庆交通大学,2015.

[11] 梁仁鸿,闫超,贾皓,等.我国智慧公路发展存在的问题及对策建议[J].交通世界,2017(28):8-10.

[12] 鲁波.中小城市智慧公路现状及建设框架研究[J].江苏科技信息,2016(19):49-51.

[13] NAIK G,CHOUDHURY B,PARK J M. IEEE 802.11 bd & 5G NR V2X:Evolution of radio access technologies for V2X communications[J]. IEEE access,2019,7:70169-70184.

[14] 缪立新,王发平.V2X车联网关键技术研究及应用综述[J].汽车工程学报,2020,10(1):1-12.

[15] 王兰.TomTom:打通高精度地图的闭环[J].汽车观察,2019(6):86-87.

[16] 张进明,孙灿,刘兆丹,等.智能网联汽车高精度地图技术指标及标准化需求研究[J].中国汽车,2019(10):49-52.

[17] 潘霞,张庆余,朱强.高精度地图在自动驾驶领域的作用及意义解析[J].时代汽车,2019(4):49-50,53.

[18] 陆哲元.基于高精度地图的车路协同智能交通系统[J].中国公共安全,2019

(11):101-103.

[19] 唐洁,刘少山.面向无人驾驶的边缘高精度地图服务[J].中兴通讯技术,2019,25(3):58-67,81.

[20] 张宁,马文双.自动驾驶对于高精度地图的技术需求分析[J].物流技术与应用,2020,25(1):135-137.

[21] JEONG J,LEE I. Classification of lidar data for generating a high-precision roadway map[J]. The International Archives of the Photogrammetry, Remote Sensing and Spatial Information Sciences,2016,XLI-B3.

[22] 李鑫慧,郭蓬,戎辉,等.高精度地图技术研究现状及其应用[J].汽车电器,2019(6):1-3.

[23] SCHINDLER A,MALER G,JANDA F. Generation of high precision digital maps using circular arc splines[C]//2012 IEEE Intelligent Vehicles Symposium. IEEE,2012:246-251.

[24] 刘经南,吴杭彬,郭迟,等.高精度道路导航地图的进展与思考[J].中国工程科学,2018,20(2):99-105.

[25] CHEN A,RAMANANDAN A,FARRELL J A. High-precision lane-level road map building for vehicle navigation[C]//IEEE/ION position, location and navigation symposium. IEEE,2010:1035-1042.

[26] 陈山枝,胡金玲,时岩,等.LTE-V2X车联网技术、标准与应用[J].电信科学,2018,34(4):1-11.

[27] 付长军,李斌,乔宏章.车联网产业发展现状研究[J].无线电通信技术,2018,44(4):5-9.

[28] 郝铁亮,叶平,郝成龙,等.车联网技术研究[J].汽车实用技术,2017(20):141-143.

[29] 吕玉琦,丁启枫,杜昊,等.汽车自动驾驶和V2X标准进展现状[J].数字通信世界,2019(3):19-20.

[30] HAMIDA E B,NOURA H,ZNAIDI W. Security of cooperative intelligent transport systems;standards,threats analysis and cryptographic countermeasures[J]. Electronics,2015,4(3):380-423.

[31] 魏垚,王庆扬.C-V2X蜂窝车联网标准分析与发展现状[J].移动通信,2018,42

(10):9-12.

[32] 夏亮,刘光毅.3GPP 中 V2X 标准研究进展[J].邮电设计技术,2018(07):11-16.

[33] NHTSA. Vehicle safety communications project task 3 final report: Identify intelligent vehicle safety applications enabled by DSRC[R]. Washington, D. C. U. S. Department of transportation,2005.

[34] ALEXANDER P, HALEY D, GRANT A. Cooperative intelligent transport systems: 5.9-GHz field trials[J]. Proceedings of the IEEE,2011,99(7):1213-1235.

[35] LU H, POELLABAUER C. Analysis of application-specific broadcast reliability for vehicle safety communications[C]// Proceedings of the Eighth ACM international workshop on Vehicular inter-networking. 2011:67-72.

[36] KABASHKIN I. Reliability of bidirectional V2X communications in the intelligent transport systems[C]// 2015 Advances in Wireless and Optical Communications (RTUWO),2015,Riga,Latvia. Piscataway:IEEE Press,2015:159-163.

[37] BIAN K,ZHANG G,SONG L. Security in use cases of vehicle-to-everything communications[C]// 2017 IEEE 86th Vehicular Technology Co-nference (VTC-Fall), Sept 24-27,2017,Toronto,ON,Canada. Piscataway:IEEE Press,2017:1-5.

[38] YAN B, RHODES P J. Toward automatic parallelization of spatial computation for computing clusters[C]// Proceedings of the 17th international symposium on High performance distributed computing. 2008:45-54.

[39] AGRAWAL D,BEMSTEIN P,BERTINO E,et al. Challenges and opportunities with big data[J]. Challenges and Opportunities with Big Data-ResearcGate,2012,6(12): 2032-2033.

[40] LUO D,DING C,HUANG H. Parallelization with multiplicative algorithms for big data mining. Proceedings of IEEE 12th International Conference on Data Mining,Brussels,Belgium,2012:489-498.

[41] SHIM K. MapReduce algorithms for big data analysis, and storage of big data. Proceedings of the VLDB Endowment,Istanbul,Turkey,2012:2016-2017.

[42] 曹新颖,史辛琳,刘琳娜,等.分析电动汽车智能充电桩的设计与实现[J].科技风,2019(15):6.

[43] 李静.电动汽车无线充电技术及其商用模式[J].汽车与配件,2018(20):44-45.

[44] JAIN A K. Working model of self-driving car using convolutional neural network, Raspberry Pi and Arduino[C]//2018 Second International Conference on Electronics, Communication and Aerospace Technology(ICECA). IEEE, 2018: 1630-1635.

[45] 张宁,马文双.自动驾驶对于高精度地图的技术需求分析[J].物流技术与应用,2020,25(1):135-137.

[46] 刘经南,詹骄,郭迟,等.智能高精度地图数据逻辑结构与关键技术[J].测绘学报,2019,48(8):939-953.

[47] 邱佳慧,刘琪,康世明.车辆高精度定位技术研究[J].信息记录材料,2019(6):201-204.

[48] JIAO J L. Machine Learning Assisted High-Definition Map Creation[C]//2018 IEEE 42nd Annual Computer Software and Applications Conference(COMPSAC). Japan: IEEE, 2018: 367-373.

[49] CHEN S Z, HU J L, SHI Y, et al. LTE-V: a TD-LTE-based V2X solution for future vehicular network[J]. IEEE Internet of Things Journal, 2016, 3(6): 997-1005.

[50] 袁建华,王敏,陆文杰,等.国外自动驾驶测试示范区现状[J].汽车与安全,2018(3):40-48.

[51] 祝月艳,赵琳.国内智能网联汽车测试示范区发展现状分析及建议[J].汽车工业研究,2018(11):36-43.

第七章

支撑3S融合的标准法规发展战略

撰稿人：陈桂华　国汽(北京)智能网联汽车研究院有限公司

孙宫昊　国汽(北京)智能网联汽车研究院有限公司

摘要

  智能网联汽车是新科技变革趋势下的新兴产业形态，是汽车、信息通信、交通、地理信息、大数据等技术领域的深度交叉融合。由于涉及跨领域、跨部门的监管，相关法律法规与技术标准体系复杂。在法律法规方面，道路测试、产品管理、道路交通管理、地理测绘、网络安全等政策研究刚刚起步，落后于产业发展水平，甚至对产业发展产生束缚。技术标准方面，车辆关键系统、信息交互与基础支撑相关技术标准仍有缺失，限制了自动驾驶技术的发展。

  基于此，结合我国智能网联汽车产业发展现状以及 3S 融合的产业发展趋势，开展基于 3S 融合的新一代智能网联汽车标准法规体系研究，为我国智能网联汽车提供法律、法规、标准支撑，推动构建跨界融合的智能汽车产业生态体系。

  本章着重分析当前智能网联汽车法律法规存在的问题与挑战，构建了基于 3S 融合的新一代智能网联汽车标准法规体系架构，从车载智能计算平台、自动驾驶测试场景、信息通信、云控基础平台、车路协同、高精动态基础地图、安全防护与管理七方面分析我国的标准需求情况，提出关键标准的研制规划，从标准的跨行业协同、标准体系动态更新、标准研制与管理、国际合作与人才培养等方面提出关键行动建议，形成基于 3S 融合的中国新一代 ICV 标准法规体系发展路线图。本章的研究背景详见本章附件一。

第一节
智能网联汽车法律法规适用性分析与建议

一、智能网联汽车法律法规总体框架

智能网联汽车涉及跨领域、跨部门监管,相关法律法规体系复杂,其分类也有多种方式,结合产业发展现状以及车-路-基础支撑的系统体系架构,可将法律法规总体上分为道路测试、产品管理、交通管理和基础支撑四大领域(图7-1)。

图7-1 车-路-基础支撑法律法规体系架构

(1)道路测试。当前智能网联汽车产业整体处于测试验证与示范应用阶段,道路测试对加速技术研发和产业推广有重要的推动作用。同时,部分法律法规的突破也可以依托道路测试开展试点示范,再向规模应用阶段进行推广。因此,有必要对道路测试相关的法律法规进行独立研究。

(2)产品管理。围绕产品准入、生产、销售、检验、升级、召回、回收利用的全生命周期开展研究,并关注强制性技术标准方面的限制。根据前期的初步调研,重点关注准入、产品强制标准、OTA(Over-the-Air Technology,空中下载技术)升级三个领域的法律法规挑战。

(3)道路交通管理。围绕车辆在使用过程中涉及的通行主体、交通责任与车辆保险、交通执法等重点环节开展研究,关注智能网联汽车在应用过程中面临的各类实际

道路交通管理问题。未来,还将针对营运资质等开展研究。

(4)基础支撑。智能网联汽车的发展需要汽车产业与交通、通信等领域的跨界融合,涉及网络安全、地理测绘、数字基础设施、信息通信等诸多新兴领域。根据产业发展需求,本书重点研究需求更为紧迫的网络安全与地理测绘领域,其他基础支撑领域研究后续逐步展开。

二、建设目标

加快开展智能网联汽车准入和上路通行试点,推动产品管理和道路交通管理相关法律法规在地方的先行先试,形成可复制可推广的经验,为研究我国准入管理和道路交通管理实施办法奠定基础;制定智能网联汽车数据分类分级指南和管理细则,智能网联汽车数据安全风险评估、数据安全合规性评估和数据出境安全评估的实施流程和评估方法等文件,以规范数据处理活动,保障智能网联汽车数据安全;解决无人配送车等新型车辆的身份问题,厘清无人配送车等新型车辆的法律属性,在我国交通体系中给予明确定位,明确无人配送车等新型车辆产品管理、道路路权、上路牌照获取、商业运营资质,保险等管理方式,建立产品认证体系,加以引导和规范。

到2035年,建立完备的车-路-云一体化智能网联汽车管理体系,完成《中华人民共和国道路交通安全法》及实施条例、《中华人民共和国道路运输条例》、《中华人民共和国机动车交通事故责任强制保险条例》、地理测试、网络安全和数据安全等相关法规等的修订,全面支持L3、L4级别智能网联汽车大规模上路和商业化应用。

三、道路测试法律法规适用性分析

1. 国内发展现状

2018年4月,工业和信息化部、公安部、交通运输部联合发布《智能网联汽车道路测试管理规范(试行)》,指导开展道路测试工作。2021年7月,工业和信息化部、公安部、交通运输部联合发布《智能网联汽车道路测试与示范应用管理规范(试行)》,针对测试场景有限、测试方案不统一、测试结果不互认等行业问题,明确允许开展载人载物示范应用,并将测试示范道路扩展到包括高速公路在内的公路、城市道路和区域;明确通用项目异地不需要重复检测。

2021年3月,智能网联汽车推进组(ICV-2035)推进组成立,下设测试应用工作小组,推动道路测试发展、测试区协调互认等工作。截至2022年6月底,全国有44个省市地区发布道路测试实施细则,各地开放道路测试里程超过6600km,从单条道路扩展到区域已成为开放测试道路的趋势。全国近30个城市累计为80余家企业发放超过1000张道路测试牌照。

2. 国外发展现状

美国智能网联汽车道路测试相对较为开放。自2012年以来,美国共有40个州和华盛顿特区颁布了自动驾驶相关立法(29个州+1个特区)或发布了行政命令(11个州),允许企业开展智能网联汽车道路测试。相关道路测试基本遵循申请制,仅有少部分州执行考试制,同时,多数州的法规已不再限制企业开展测试的道路类型和区域。针对自动驾驶汽车测试和数据收集问题,2020年6月,美国国家公路交通安全管理局(NHTSA)公布《自动驾驶透明度和安全测试参与》(AV TEST)计划。AV TEST是美国运输部、各州和地方政府与私营企业利益相关者之间在自动驾驶汽车领域形成的一种自愿、非监管的伙伴关系,旨在提供一个面向公众的线上平台,用于分享自动驾驶系统的路上测试活动信息。

欧洲部分国家已允许企业开展道路测试,但各国在道路测试要求方面存在一定差异。德国根据《德国道路交通法规》(StVZO),原型车(包含自动驾驶车辆)取得许可后可在公共道路上进行测试。英国发布《自动驾驶汽车的发展路径:自动驾驶技术规则综述》《自动驾驶汽车发展路径:道路测试指南》,准许自动驾驶汽车在公共道路上测试,并对测试车辆、测试人员等提出明确的要求。法国公布了自动驾驶汽车路线图,政府投资1亿欧元在接下来的三年内开展自动驾驶汽车测试。2016年8月,法国通过了允许自动驾驶汽车道路测试的法令,对测试路段和测试等级提出明确要求。2018年5月和2020年12月又发布两版《法国自动驾驶发展战略》,推动法国自动驾驶道路测试发展。荷兰众议院于2018年4月颁布《自动驾驶测试法(草案)》,允许自动驾驶车辆在没有人员跟随的情况下进行测试,明确荷兰交通部负责自动驾驶汽车的审批和管理。

日本道路测试实行申请制,测试主体需提前提交测试计划。日本警察厅于2016年、2017年分别发布《自动驾驶汽车道路测试指南》《远程自动驾驶系统道路测试许可处理基准》,对自动驾驶汽车道路测试的安全保障措施、测试流程、自动驾驶系统、测试数据记录、交通事故处理等方面提出了要求,并准许企业申请无人在车内的远程测试。

3. 存在的问题与挑战

(1)部分地方复杂道路交通场景无法开展道路测试,高速公路测试仅限于地方指定的道路范围。《中华人民共和国道路交通安全法实施条例》不允许高速公路开展道路测试,通过《智能汽车道路测试与示范应用管理规范(试行)》已将高速公路测试纳入道路测试范畴,放开相关测试,但仅限于地方政府指定路段。

(2)Robotaxi 及自动驾驶货运无法运营。无针对 Robotaxi 或自动驾驶货运的相关法规,《中华人民共和国道路运输条例》对运营形成障碍。

四、产品管理法律法规适用性分析

1. 国内发展现状

(1)产品准入方面。2021 年 8 月,工业和信息化部发布《关于加强智能网联汽车生产企业及产品准入管理的意见》,明确提出加强智能网联汽车数据安全、网络安全、OTA 升级等管理。2022 年 4 月,工业和信息化部装备工业发展中心发布《关于开展汽车软件在线升级备案的通知》,旨在保障汽车产品生产一致性。

(2)豁免制度方面。2020 年 4 月,针对《道路机动车辆产品准入新技术、新工艺、新材料应用评估办法(征求意见稿)》公开征求意见。《道路机动车辆生产企业及产品准入管理办法》第二十四条规定,鼓励道路机动车辆生产企业进行技术创新。因采用新技术、新工艺、新材料等原因,不能满足《道路机动车辆生产企业及产品准入管理办法》规定的准入条件的,企业在申请道路机动车辆生产企业及产品准入时可以提出相关准入条件豁免申请。工业和信息化部应当评估其必要性、充分性,根据技术审查和评估结果,作出是否准入的决定。

(3)强制性标准方面。部分强制性标准存在限制,比如:《汽车驾驶员前方视野要求及测量方法》(GB 11562—2014),对采用摄像头或其他需要布置于前方视野范围内的装置和设计形成制约;《机动车安全运行技术条件》(GB 7258—2017)涉及车辆的方向控制、速度控制以及发动机、变速器等总成的操作,对自动驾驶产生干涉或限制的条款。

2. 国外发展现状

2019年6月,联合国世界车辆法规协调论坛(UNECE/WP.29)审议通过了中国、欧盟、日本和美国共同提出的《自动驾驶汽车框架文件》,《自动驾驶汽车框架文件》旨在确立L3及更高级别的自动驾驶汽车的安全性和安全防护的关键原则,并为UNECE/WP.29附属工作组提供工作指导。UNECE/WP.29第181次全体会议于2020年6月召开,各国160余位代表出席会议。会上,《1958年协定书》管理委员会(AC.1)投票表决通过了信息安全(Cybersecurity, UN R155)、软件升级(Software Updates, UN R156)以及自动车道保持系统(Automated Lane Keeping Systems, ALKS, UN R157)3项智能网联汽车领域的联合国法规(UN Regulation),并于2021年1月生效。2022年6月,UNECE批准有关UN R157的修正案,将运行上限速度调整至130km/h,并允许自动变道等,修正案将于2023年1月正式生效。

2022年7月,欧盟汽车通用安全法规(Vehicle General Safety Regulation, Regulation(EU)2019/2144)生效。它引入了一系列强制性的高级驾驶人辅助系统,以提高道路安全性,并建立了在欧盟认证L3及以上(Automated and Fully Driverless Vehicles)级别车辆的法律框架。2022年8月,欧盟委员会发布Regulation(EU)2019/2144的应用规则《关于全自动车辆的自动驾驶系统的型式认证的统一程序和技术规范》(Regulation(EU)2022/1426)。Regulation(EU)2022/1426将只适用于以欧盟小批量模式进行的车辆型式认证。该法规要求车辆制造商建立并实施"安全管理体系"(Safety Management System),以实现对自动驾驶系统的"全生命周期"的有效管理,包括有关的交通场景、评估标准、安全概念、危害和风险分析以及所使用的工具链,乃至对在用车辆产生数据的收集和上报。2019年3月,日本审议通过《道路运输车辆法》修正案,该修正案允许对交付完成的汽车进行OTA升级。企业在实施OTA升级前要向国土交通省提出申请,经国土交通省批准后方可进行,更新时需按照国土交通省规定的使用电信线路的方法或其他方法实施。从事系统更新的企业及更新后的汽车都必须符合相应标准。

3. 存在的问题与挑战

(1)产品准入指南或管理办法缺失。智能网联汽车产品准入的边界、安全原则、验证方法及管理模式均需明确。

(2)豁免制度实施尚不清晰。不满足现有产品准入管理办法申请豁免,缺失落地实施细则法规。

(3)强制性技术标准限制。多项汽车强制性标准对自动驾驶功能形成制约。

五、道路交通管理法律法规适用性分析

1. 国内发展现状

(1)自动驾驶系统上路方面。公安部公布《中华人民共和国道路交通安全法(修订建议稿)》规定,具有自动驾驶功能的汽车开展道路测试应当在封闭道路、场地内测试合格,取得临时行驶车号牌,并按规定在指定的时间、区域、路线进行。经测试合格的,依照相关法律规定准予生产、进口、销售,需要上道路通行的,应当申领机动车号牌。

(2)事故认定与保险方面。针对自动驾驶汽车商业应用相关法律法规尚处空白。以道路测试为试点,工业和信息化部、公安部、交通运输部联合印发的《智能网联汽车道路测试管理规范(试行)》规定,在测试期间发生交通违法行为的,由公安机关交通管理部门,按照现行道路交通安全法律法规对测试驾驶人进行处理。在测试期间发生交通事故,应当按照道路交通安全法律法规认定当事人的责任,并依照有关法律法规及司法解释确定损害赔偿责任。构成犯罪的,依法追究刑事责任。

(3)交通执法方面。针对自动驾驶汽车商业应用相关法律法规尚处空白。以道路测试为试点,工业和信息化部、公安部、交通运输部联合印发的《智能网联汽车道路测试管理规范》要求:自动驾驶测试车辆具备车辆状态记录、存储及在线监控功能,能实时回传下列第1、2、3项信息,并自动记录和存储下列各项信息在车辆事故或失效状况发生前至少90s的数据,数据存储时间不少于3年。在测试期间发生交通违法行为的,由公安机关交通管理部门按照现行道路交通安全法律法规对测试驾驶人进行处理。

2. 国外发展现状

美国的州政府具有较大的立法权限,可以独立制定适用于其行政区域内的立法。自2012年以来,美国共有40个州和华盛顿特区颁布了自动驾驶相关立法(29个州+1个特区)或发布了行政命令(11个州)。以加利福尼亚州为例,加利福尼亚州公共事业委员会(CPUC)持续推动Robotaxi的商业化进展。2018年5月,CPUC设立有

人/无人自动驾驶试点项目,允许企业在获得加州车辆管理局(DMV)测试许可和CPUC的TCP承运人授权后开展Robotaxi服务。2020年11月,CPUC提出有人/无人自动驾驶部署项目,推动相关企业提供共享自动驾驶服务和探索商业化收费。

日本通过法律法规修订明确规定允许L3、L4级别自动驾驶车辆上路。2018年9月,日本国土交通省发布《自动驾驶汽车安全技术指南》,明确L3、L4级别自动驾驶汽车必须满足的安全条件。2020年4月,日本《道路交通法》修订版实施,允许L3级别自动驾驶车辆上路,要求自动驾驶汽车必须装载能记录系统运行状态的装置,明确驾驶人在L3级别自动驾驶过程中仍有安全驾驶的义务。2022年3月,日本内阁通过一项新的《道路交通法》修正案,允许可远程监管的L4级别自动驾驶公交车在公共交通网较弱的地方以指定线路行驶。如果此项《道路交通法》修正案获得国会批准,日本将成为继德国后第二个允许L4级别自动驾驶汽车上路的国家。

德国通过修订本国的《道路交通法》,实现了高度或完全自动驾驶技术在汽车交通领域得以有条件运用的合法化,基于现有法律制度构建了较为弹性的法律规则和一个较为全面的权责体系。在2017年6月,德国发布《道路交通法(第八修正案)》,允许高度或全自动驾驶系统代替人类驾驶,给予其和驾驶人同等的法律地位,德国成为全球第一个将自动驾驶纳入生效道路交通法规的国家。2021年5月,德国联邦通过《"道路交通法"和"强制保险法"修正案——自动驾驶法》(以下简称"《自动驾驶法》"),并于2021年7月28日正式生效。2022年2月,德国联邦内阁通过一项由德国联邦数字化和交通部提出的《自动驾驶车辆批准和运营条例》,该条例对《自动驾驶法》运营管理流程作出了详细规定,同时还明确了自动驾驶汽车的技术要求以及监管机构和汽车制造商等行业内各方的义务,强调了对自动驾驶车辆的数据安全保护。

3. 存在的问题与挑战

(1)自动驾驶系统无法上路。驾驶人管理以人为主体,自动驾驶系统无法上路。

(2)事故责任认定与车辆保险尚属空白。交通责任划分体系以"人"为核心,对于涉及智能网联汽车事故的责任划分机制尚不明确,相关法规也不适用智能汽车的责任划分需求。缺乏针对自动驾驶的商业化保险,智能网联汽车的投保、承保、理赔机制不健全,不具备大规模推广条件。

(3)交通执法带来挑战。对执法监督产生挑战。《中华人民共和国道路交通安全法》第六章"执法监督"规定了交通警察和公安机关在执法过程中应当遵守的规范。自动驾驶汽车的投入使用,将会影响交通执法监督行为,对交通警察的执法能力提出更高要求。针对自动驾驶的违章问题缺乏处罚规则,现行针对人类驾驶人的违章计分制度不适用于自动驾驶系统。

六、相关基础支撑法律法规适用性分析

1. 国内发展现状

(1)地图测绘方面。我国相关法律法规存在限制。以应用试点项目为依托,开展相关探索。2019 年 12 月 31 日,工业和信息化部、自然资源部、北京市政府三方签署《关于车联网(智能网联汽车)和高精度地图应用试点的合作协议》,共同推动北京智能网联汽车基础地图应用试点建设,在试点区域范围内,开展道路曲率、高程、坡度等数据的采集与应用探索,可针对智能汽车上路要求,开展数据采集、数据传输的创新研究与试验。开展安全传输课题研究与测试验证。2022 年 7 月,自然资源部印发《关于做好智能网联汽车高精度地图应用试点有关工作的通知》,在北京、上海、广州、深圳、杭州、重庆六个城市开展智能网联汽车高精度地图应用试点。明确鼓励管理创新、技术创新和服务业态创新,支持不同类型地图面向自动驾驶应用多元化路径探索,支持不同主体就不同技术路线、不同应用场景开展测试验证和应用推广,支持试点城市根据产业实际需求,开展高级辅助驾驶地图城市普通道路、高精度位置导航应用等先行先试和示范应用。2022 年 8 月,自然资源部印发《关于促进智能网联汽车发展维护测绘地理信息安全的通知》,对智能网联汽车(包括智能汽车、网络预约出租汽车、智能公交以及移动智能配送装置等)涉及的测绘地理信息数据采集和管理等相关法律法规政策的适用与执行问题进行了规定。

(2)网络安全方面。2017 年 6 月,《中华人民共和国网络安全法》正式实施,网络安全有法可依、强制执行,网络安全市场空间、产业投入与建设步入持续稳定发展阶段。《中华人民共和国网络安全法》提供了一些基本原则。2019 年 5 月,公安部发布《网络安全等级保护制度 2.0》,作为《中华人民共和国网络安全法》的重要配套法规,对网络安全等级保护的适用范围、各监管部门的职责、网络运营者的安全保护义务以及网络安全等级保护建设等提出了更为具体的要求,为开展等级保护工作提供了重要的法律支撑。2021 年 8 月,国务院发布《关键信息基础设施安全保护条例》,并于 2021 年 9 月 1 日开始实施,以保障关键信息基础设施安全,维护网络安全。2021 年 9 月,工业和信息化部接连发布《关于加强车联网网络安全和数据安全工作的通知》

《关于加强车联网卡实名登记管理的通知》,加强车联网网络安全和数据安全管理工作,健全完善车联网安全保障体系。2022年2月,工业和信息化部办公厅印发《车联网网络安全和数据安全标准体系建设指南的通知》,明确到2023年底,初步构建起车联网网络安全和数据安全标准体系,到2025年,形成较为完善的车联网网络安全和数据安全标准体系。

2021年8月,国家互联网信息办公室、发展改革委、工业和信息化部、公安部、交通运输部联合印发《汽车数据安全管理若干规定(试行)》,以规范汽车数据处理活动,保护个人、组织的合法权益,维护国家安全和社会公共利益,促进汽车数据合理开发利用。2021年9月,《中华人民共和国数据安全法》正式施行,旨在规范中华人民共和国境内的数据处理活动,保障数据安全,促进数据开发利用,保护个人、组织的合法权益,维护国家主权、安全和发展利益。作为《中华人民共和国数据安全法》主要配套规则之一的《网络数据安全管理条例(征求意见稿)》,再次围绕网络数据处理活动中涉及的个人信息保护、重要数据安全管理、跨境数据流动规范等内容进行落实、细化和补充。2021年11月,《中华人民共和国个人信息保护法》正式施行,以保护个人信息权益,规范个人信息处理活动,促进个人信息合理利用。2022年6月,市场监督管理总局和国家互联网信息办公室联合发布《关于开展数据安全管理认证工作的公告》。2022年7月,国家互联网信息办公室印发《数据出境安全评估方法》,规范数据出境活动,保护个人信息权益,维护国家安全和社会公共利益,促进数据跨境安全、自由流动。

2. 国外发展现状

(1)地图测绘方面。2017年,在第115届美国国会会议上,美国参众两院通过了旨在促进联邦层面地理信息数据协调和使用的《地理信息数据法案》(以下简称"《法案》")。《法案》对联邦地理数据委员会、国家地理信息咨询委员会、空间基础设施、地理信息标准、地理信息平台的定义和职责等进行了明确,对各类地理信息活动的监督进行了规范,对建立国家空间数据基础设施的相关行为进行了明确,此外,《法案》还确定了地理信息数据、元数据等的定义。

2000年12月20日,德国通过《德国国家土地测绘管理条例》,规定"地理空间参考信息可以传输给任何相关人员和机构,这些数据的传输采取信息访问授权管理制度,提供信息和信息摘录的形式"。2010年通过的《联邦州地理空间数据基础设施法》,规定"地理数据和地理数据服务对公众开放,应采取适应的保护措施来保障数据安全"。德国联邦各州负责制定本州的测绘法律,行政管理部门通过条例与规范具体执行法律,如莱茵兰-普法尔茨州,已经形成了以《州官方测绘法》为核心,包括《州官方测绘法实施细则》《州官方测绘数据采集办法》《州官方测绘基础地理信息提供与使用办法》等在内的测绘法律体系。

日本的测绘法律体系以《日本测量法》《日本海道测量法》《日本国土调查法》为主,包括《日本测量法施行规则》《日本地形调查作业规程准则》《日本基准点调查作业规程准则》和《日本地籍调查作业规程准则》等部门规章在内。《日本测量法》要求基本测量、公共测量和其他测量的成果都要汇交,基础测绘的种类、精度和实施时期与地区以及其他必要的事项及时公布,而对汇交的非基础测绘成果要进行审查后公布。测量成果或测量记录的复制品、副本或者手抄本的需求者,应根据国土交通省的规定,向国土地理信息院院长提出申请。《日本海道测量法》规定获准实施海道测量的人员应将其测量成果复制品并及时提供给海上保安厅长官,其实就是一种成果汇交规定。同时,规定任何人要发行类似于海上保安厅发行的海图、航空图、航路指南或航标表等刊物,必须经过海上保安厅长官的批准。

(2)网络安全方面。2019年6月,UNECE/WP.29审议通过《自动驾驶汽车框架文件》,明确了L3级别及以上自动驾驶的安全性和安全防护的关键原则,提出了优先工作中有待解决的4个问题和9个共性原则,其中原则7和原则8分别是"信息安全"和"软件更新"。2020年6月24日,UNECE/WP.29投票通过了信息安全(Cybersecurity)、软件更新(Software Updates)法规,两项新法规将通过为汽车制造商建立明确的性能和审核要求,帮助解决这些安全风险。同时也是这一领域有史以来,首批国际统一并具有约束力的技术规范。

欧盟网络安全局(ENISA)2019年底发布《智能汽车安全的良好实践》,从智能汽车基本要素定义到威胁场景划分以及应对体系框架,形成了逻辑清晰的"三层"智能汽车安全认知架构,构建了智能汽车整体安全观,提出了网络安全及隐私保护等问题的解决思路和框架,其多项内容在国际范围内尚属首次。

2017年7月27日,美国众议院一致通过《自动驾驶法案》(*Self Drive Act*),法案第五章"自动驾驶系统网络安全",要求自动驾驶车辆厂商必须作出网络安全计划,包括如何应对网络安全攻击、未授权入侵及虚假或者恶意控制指令等安全策略,用以保护关键的控制、系统和程序,并根据环境的变化对此类系统进行更新,制定内部人员的安全培训和管理制度。美国运输部自2016年起,连续发布并更新自动驾驶汽车准则

（AV1.0~AV4.0）。AV1.0提出，通用功能的性能指标、数据记录与分享、隐私权是其中两项指标；AV2.0建议，汽车行业应投入一定资源来测试评估车辆安全风险尤其是车辆数据安全风险；AV3.0提出，由美国运输部联合各部门及行业专家，处理与自动驾驶技术和数据有关的网络漏洞并管理网络风险；AV4.0提出，网络安全、隐私和数据安全等方面要求。2021年1月，NHTSA发布《现代车辆安全性的网络安全最佳实践》(*Cybersecurity Best Practices for the Safety of Modern Vehicles*)2020年版草案，并公开征求意见，草案围绕通用网络安全最佳实践、安全教育、售后市场/用户自有设备、服务性和车辆网络安全技术最佳实践五个关键领域展开研究。此外，该草案还反映了NHTSA在机动车网络安全方面持续研究的成果，包括OTA更新、加密方法、构建网络安全渗透测试和诊断方面的能力等。

3. 存在的问题与挑战

（1）地图测绘方面。

①地理信息表达。在高精度地图测试与应用中，自动驾驶需要道路的最大纵坡、最小曲率半径、高程等信息。当前相关法律法规规定，地图中不允许表达道路的最大纵坡、最小曲率半径、高程等属性。

②数据采集资质管理。自动驾驶对高精度地图有高时效性要求，仅依靠图商的专业采集模式无法实现地图的快速更新，需要增加众包模式进行地图数据采集与更新，众包模式下的采集车辆所安装的采集设备需满足地理信息安全要求。

③安全传输。自动驾驶高精动态数据上传与地图下发过程均涉及数据传输，相关法律法规规定，不得使用无安全保密保障的设备处理、传输、存储涉密测绘成果。

（2）网络安全方面。

①车辆网络安全。我国没有专门的法律规范自动驾驶汽车网络安全，自动驾驶除了涉及道路安全之外，还涉及责任划分及保险等多方面的法律法规，立法复杂度高，难度大；尚未出台自动驾驶网络安全相关的实施细则；国内在自动驾驶汽车网络安全流程体系及软件升级等流程和技术的监管要求仍不明确，暂未形成一套适用于智能网联汽车网络安全的检测认证的合规体系。自动驾驶技术从设计、研发、生产、使用全过程都涉及网络安全难题，网络安全风险必须遵循全过程监管的模式。

②数据出境管理。我国对于数据出境有严格的限制，可能对国际合作、国内企业的境外研发机构协同等产生制约。

③隐私保护。针对自动驾驶功能的个人数据采集及隐私防护等尚无明确规定，存在对用户数据过度收集和使用的风险。

第二节
支撑 3S 融合发展的标准法规体系架构

一、基本原则

（1）立足国情，统筹规划。建立适应我国城市社会规划、道路交通环境、驾驶人行为习惯与产业发展需求的基于 3S 融合的新一代智能汽车技术标准体系，发挥政府主管部门在顶层设计、组织协调和政策制定等方面的主导作用，同时制定政府引导和市场驱动相结合的国家标准、行业标准、团体标准协同配套新型标准体系建设方案。

（2）基础共性，前瞻引领。科学确定基于 3S 融合的中国新一代智能汽车标准体系建设的重点领域，对跨学科、跨专业的标准项目予以重点关注，加快前瞻、交叉、关键共性技术标准的研究制定，及时吸纳最新创新成果，促进新技术快速推广应用，引领产业技术创新发展，促进产品技术水平和质量提升。

（3）跨界协同，开放合作。在开放有序的市场环境下，构建跨行业、跨领域、跨部门协同发展、相互促进的工作机制，统筹利用汽车与信息、通信、公安、交通等相关行业优势资源，积极支撑汽车、ITS、通信、交通管理、信息安全等智能网联汽车相关标准委员会的标准研究与制定工作，持续开展跨产业多融合的协同创新；加强国际化合作，注重标准研制、推广应用、交流合作的开放性。

二、建设目标

全面形成技术先进、结构合理、内容完善的基于 3S 融合的中国新一代智能网联汽车法规标准体系，体系可适用于各类型智能汽车的量产需求，重点制定新型架构车载关键系统、中国典型工况测试场景、智能网联汽车基础地图、云控基础平台、安全防护与安全管理、智能化基础设施等技术标准和规范,以及"人-车-路-云"系统协同的专用通信与网络、服务与控制等相关规范;开展标准体系实施整体评估与优化研究工作,并根据研究结果启动相关标准的制定工作;到2035年,实现标准体系可覆盖智能网联汽车发展的全部过程,满足产业产品设计、准入认证、在用车管理等车辆全生命周期需求,在标准支撑下实现高级别自动驾驶功能的全面普及,推动构建3S跨界融合的智能网联汽车产业生态体系,显著提升国际竞争力,助力构建安全、高效、绿色、文明的未来智能汽车社会。

三、技术架构

立足基本国情,结合我国智能网联汽车技术和产业发展的现状及特点,构建符合我国国情的智能基础设施标准、网联运营标准、信息安全管理标准、新型架构汽车产品标准等中国方案智能网联汽车体系架构(图7-2)。

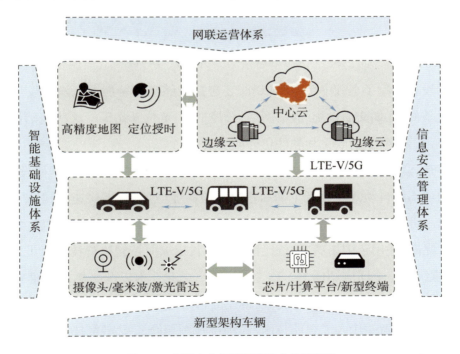

图 7-2　中国方案智能网联汽车体系架构

智能网联汽车涉及汽车、信息通信、交通、地理资源、大数据等多领域技术,其技术架构较为复杂,《节能与新能源汽车技术路线图2.0》中智能网联汽车技术路线图将智能网联汽车划分为"三横两纵"技术架构(图7-3)。"三横"是指智能汽车主要涉及的车辆关键技术、信息交互关键技术与基础支撑关键技术三大领域,"两纵"是指支撑智能网联汽车发展的车载平台和基础设施。

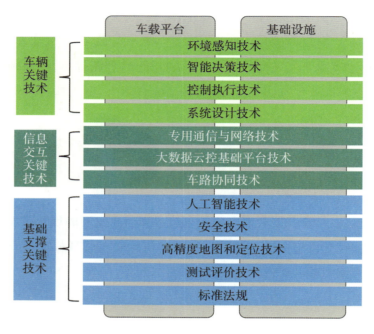

图7-3 智能网联汽车"三横两纵"技术架构

基础设施指除了车载平台本身以外,还包括能够支撑智能网联汽车发展的全部外部环境条件,比如交通设施、通信网络、云控平台、定位基站等。这些基础设施将逐渐向数字化、智能化、网联化和软件化方向发展。

近年来,众多整车制造、信息通信企业都在加大智能网联汽车技术研发投入,各国政府加快不同自动驾驶等级车辆示范推广与商业应用,技术快速迭代,新技术、新应用层出不穷。一方面,围绕单车智能,多种高精度、新型传感器取得突破,复杂环境感知精度提高,适用范围拓展,性价比提升;同时,横纵向控制执行技术同步发展。另一方面,围绕车路协同应用的 C-V2X 技术、云控交互技术以及路侧端关键技术的商业化加快,网联化和智能化融合式发展路径得到国内外产业界的广泛认同。此外,整车制造商开始在新一代人工智能技术、高精度地图与全工况定位技术、信息安全、预期功能安全等领域不断加大集成应用。因此,伴随上述诸多关键核心技术和基础共性技术的发展,对以车辆为载体的电子电气架构、计算平台、智能终端等提出更高的要求。为此,将技术体系架构在车辆关键技术、信息交互关键技术、基础支撑技术基础上,进行了第二层级与第三层级子领域技术分解研究(表7-1)。

智能网联汽车"三横"技术体系　　表 7-1

第一层级	第二层级	第三层级
车辆关键技术	环境感知技术	高精度传感器,包括成像系统、毫米波雷达、激光雷达、新型传感器等
		行驶环境感知技术
		车辆状态感知技术
		乘员状态感知技术
		态势分析技术
	智能决策技术	行为预测与决策技术
		轨迹规划技术
		基于深度学习的决策算法
	控制执行技术	关键线控执行机构,包括驱动、制动、转向、悬架系统等
		车辆纵向、横向和垂向运动控制技术
		车辆多目标智能控制技术
	系统设计技术	电子电气架构技术
		人机交互技术
		智能计算平台技术
信息交互关键技术	专用通信与网络技术	C-V2X 无线通信技术
		专用通信芯片与模块技术
		车载信息交互终端技术
		直连通信技术
		移动自组织组网技术
		5G 网络切片及应用技术
	大数据云控基础平台技术	多接入边缘计算技术
		边云协同技术
	车路协同技术	车路数字化信息共享技术
		车路融合感知技术
		车路融合辅助定位技术
		车路协同决策自动驾驶技术
		车-路-云一体化协同控制自动驾驶技术
基础支撑关键技术	人工智能技术	新一代人工智能与深度学习技术
		端到端智能控制技术
	安全技术	信息安全技术
		功能安全技术

续上表

第一层级	第二层级	第三层级
基础支撑关键技术	安全技术	预期功能安全技术
	高精度地图和定位技术	高精度三维动态数字地图技术
		多层高清地图采集及更新技术
		高精度地图基础平台技术
		基于北斗卫星的车用高精度定位技术
		高精度地图协作定位技术
		惯性导航与航迹推算技术
	测试评价技术	测试评价方法与技术标准
		自动驾驶训练与仿真测试
		测试场地规划与建设
		示范应用与推广
	标准法规	标准体系与关键标准构建
		标准技术试验验证
		前瞻标准技术研究
		国际标准法规协调

四、标准体系架构及其分类说明

基于3S融合的中国新一代智能网联汽车标准法规体系建设需要国家积极引导和直接推动形成跨领域、跨行业、跨部门合作的工作机制,在国家法律法规、政策和战略要求的大框架下,充分利用和整合各领域、各部门在智能网联汽车相关产业标准研究领域的基础和成果,调动各个行业通力合作,坚持"立足国情,统筹规划;基础共性,前瞻引领;协同发展,开放合作"的基本原则,同时,按照智能网联汽车技术体系的构建方法,梳理基于3S融合的标准法规需求,将标准法规体系框架定义为"新型架构车载关键系统""信息交互""智能化基础设施""基础支撑"四个部分(图7-4)。

新型架构车载关键系统标准包含基于智能网联汽车特征的电子电气架构设计、人机交互界面设计以及计算平台技术相关标准。其中,新型电子电气架构包含新型车载高速网络相关协议、接口、应用类标准;人机交互着重考虑驾驶模式切换和其他交通参与者信息传达交互等问题,与驾驶安全密切相关;计算平台是指包括芯片、模组、接口等硬件以及驱动程序、操作系统、基础应用程序等软件,能够保障智能网联汽车感知、决策、规划、控制的高速可靠运行的新一代车载中央计算单元。

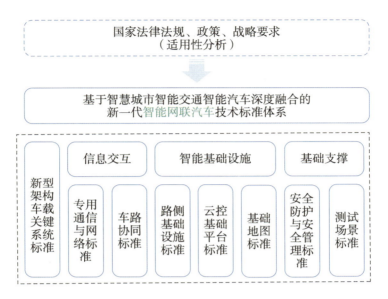

图 7-4　基于 3S 融合的中国新一代智能网联汽车标准法规体系

信息交互是指具备网联功能的车辆可在自身传感器探测的基础上，通过车载通信装置与外部节点进行信息交换，并在此基础上进行网联化协同决策与控制，实现车辆安全、有序、高效、节能运行。信息交互包括"专用通信与网络""车路协同"两部分。其中，专用通信与网络涵盖 LTE-V2X 及 5G-V2X 无线通信技术专用通信芯片与模块、应用层（具体功能场景）、数据集、通信终端等相关标准；车路协同包括行驶环境/路网环境协同感知、协同定位、协同预警、协同决策、协同控制等旨在提高交通安全和效率的服务与控制相关标准。

智能化基础设施分为"路侧基础设施""云控基础平台""高精动态基础地图"三部分。其中，路侧基础设施标准涵盖视觉、毫米波雷达、激光雷达等路侧多感知设备、交通智能化基础设施与交通管理设施等的相关技术要求与测试方法；云控基础平台标准涵盖平台架构、界面接口，服务与管理系统技术要求，以及车-路-云数据交互协议等相关标准；高精动态基础地图主要建立完善包含中国路网信息的地理信息系统，提供实时动态数据服务的面向智能网联汽车的自动驾驶地图以及高精度定位及时空服务相关标准。

基础支撑分为"安全防护与安全管理""测试场景"两部分。其中，安全防护与安全管理主要包括支撑智能网联汽车信息安全产业链的汽车电子产品、汽车信息系统、通信网络传输、云端平台与基础设施等方面提出风险评估、安全防护与测试评价要求;以及交通安全管理相关的车辆登记管理、身份认证与安全、运行管理等相关标准。测试场景主要构建体现中国区域特征、交通特征、驾驶员行为习惯的测试场景库相关标准。

第三节

基于 3S 融合的中国新一代智能网联汽车关键技术标准

一、新型架构车载关键系统——车载智能计算平台

随着世界汽车产业智能化、网联化、电动化、共享化("新四化")技术革命和行业变革,计算平台及其搭载的自动驾驶操作系统作为支撑汽车"新四化"的平台技术,逐渐成为国内外整车企业和相关科技公司竞争的热点。

1. 智能计算平台领域国内外技术标准已有进展

1)国外智能计算平台领域技术标准研究现状

欧洲在 20 世纪 90 年代发展出用于汽车电子领域,分布式实时控制系统的开放式系统标准 OSEK/VDX,主要包括 4 部分标准:①操作系统(OS);②通信;③网络管理;④OSEK 语言。但随着技术、产品、客户需求等的升级,OSEK 标准逐渐不能支持新的硬件平台。

AUTOSAR 组织发布 Classic 和 Adaptive 两个平台规范,分别对应安全控制类和自动驾驶的高性能类。AUTOSAR 标准平台由于采用开放式架构和纵向分层、横向模块化架构以及代码开源方式,不仅提高了开发效率、降低开发成本,同时保障了车辆的安全性与一致性。

POSIX 是 IEEE 为在各种类 UNIX 操作系统上运行软件,而定义应用程序编程接口(Application Programming Interface,API)的一系列相互关联的标准的总称,其正式称呼为 IEEE Std1003,国际标准名称为 ISO/IEC 9945。

2014 年,Linux 基金会发布了开源 AGL(Automotive Grade Linux)规范 1.0 版本,它是业界首个开放式车载信息娱乐(In-Vehicle Infortainment,IVI)软件规范,新的规

范发布对细节进行更精确的规范,同时更好地满足任何遵循 AGL 规范的 IVI 栈定义汽车级 Linux 软件平台的体系结构。

汽车工业软件可靠性协会(Motor Industry Software Reliability Association,MISRA)是由汽车制造商、零部件供应商、工程咨询师代表组成的联盟,旨在推动开发安全相关的嵌入式软件在车辆及其他嵌入式系统中的最佳实践。MISRA C 是由该联盟提出的 C 语言开发标准,其目的是增进 C 代码在嵌入式系统中的安全性、可移植性和可靠性。针对 C++ 语言也有对应的 MISRA C++。

汽车软件过程改进及能力评定(Automotive Software Process Improvement and Capacity Determination,ASPICD)是汽车行业用于评价软件开发团队的研发能力水平的模型框架,最初由欧洲 20 多家主要汽车制造商共同制定,于 2005 年发布,目的是指导汽车零部件研发厂商的软件开发流程,从而改善车载软件的质量。ASPICE 从最开始的 2.0 版本,不断发展更新,现在最新的 ASPICE 是 2017 年 11 月发布的 3.1 版本。

《电气/电子/可编程电子安全相关系统的功能安全》(IEC 61508),针对采用了硬件、软件、电子、电气、机械等多种技术的综合系统,提出了端到端、全系统和全生命周期的安全评估理念,意在解决科技发展中越来越复杂的工程系统带来系统失效模式和失效率预测困难的问题。IEC 61508 要求系统考虑产品系统从概念到设计直至使用以后的寿命终结各个阶段,考虑时间因素在产品安全中产生的影响。

《道路车辆功能安全》(ISO 26262)是从电子、电气及可编程器件功能安全基本标准 IEC 61508 派生出来的,主要定位在汽车行业中特定的电气器件、电子设备、可编程电子器件等专门用于汽车领域的部件,旨在提高汽车电子、电气产品功能安全的国际标准。ISO 26262 为汽车安全提供了一个生命周期(管理、开发、生产、经营、服务、报废)理念,并在这些生命周期阶段中提供必要的支持。该标准涵盖功能性安全方面的整体开发过程(包括需求规划、设计、实施、集成、验证、确认和配置)。

2)国内智能计算平台领域技术标准研究现状

我国已经启动计算平台相关标准研究与制定工作。2019 年 10 月,全国汽车标准化技术委员会在工业和信息化部、国家标准化管理委员会的指导下,组织汽车、信息、通信等相关行业骨干企业、技术机构,全面分析车用操作系统现状及趋势,清晰界定车用操作系统的定义、功能及边界,基于我国汽车技术和产业发展需要确定了《车用操作系统标准体系》。

《车用操作系统标准体系》按照立足国情、统筹规划、创新驱动、构建生态、开放合作、协同发展、基础优先、强化安全的原则,细分"基础通用""操作系统技术要求及评价方法""信息安全""配置方法"等不同部分,如图7-5所示。

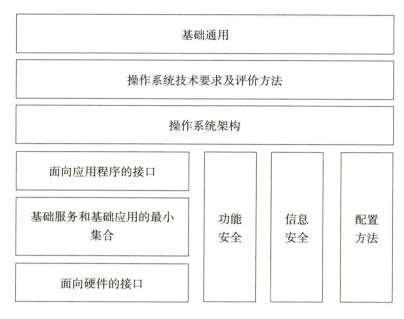

图7-5 《车用操纵系统标准体系》框架图

2020年3月,国家标准化管理委员会印发《2020年全国标准化工作要点》,其中指出需开展汽车信息安全、车用操作系统、通信协议等智能汽车标准研制。2020年5月,全国汽车标准化技术委员会智能汽车分技术委员会成立资源管理与信息服务工作组。智能汽车一方面借助和利用车辆内外数据、信息、资源实现自动驾驶相关功能,另一方面,在实现自动驾驶功能的过程中形成了大量有价值的数据、信息和资源,该工作组将针对智能汽车计算平台、自动驾驶操作系统、大数据等方面展开标准研究制定,促进相关技术和产品研发应用。截至2023年4月,工作组已启动9项国标项目与14项国标研究项目,其中,国家智能汽车创新中心牵头车控操作系统技术要求标准项目、车控操作系统总体技术要求研究项目以及车控操作系统架构研究项目。

2. 智能计算平台领域标准需求分析及关键标准规划建议

优先形成计算基础平台总体框架、重点边界及测评等标准,广泛聚焦行业资源、吸收行业生态深化行业共识,引领中国自主开放智能汽车软件平台和产业。

信息安全、网联云控、数据通信及保护、AUTOSAR扩展等标准及研究以产品示范为基础,加快标准制定,抢占和引领全行业发展,推进中国特色标准。

加强国家标准、团体标准、行业研究、产业生态需求、市场化及示范产品、监管需求等多方面多角度互动,共同构建中国特色自主开放、国际领先的产业生态。

二、自动驾驶测试场景

智能网联汽车是一个集环境感知、决策、规划与控制等多项功能于一体的综合智能系统。智能网联汽车通过车载传感器或网联通信设备等媒介,获取车辆周围环境信息,智能自主地作出决策并控制车辆横纵向运动,从而使车辆能够安全、可靠地在道路上行驶,到达预定目的地。

车辆从实验室走向量产,需要大量的测试来证明其各项应用功能和性能的稳定性、鲁棒性、可靠性等。传统车辆测试评价的对象是人-车二元独立系统,而智能网联汽车的测试评价对象变为人-车-环境-任务强耦合系统,从而导致对其的测试和验证变得极具挑战性,传统的车辆测试手段无法满足智能网联汽车测试与验证的使用需求。

由于基于里程测试的方法带来的高成本和低效率等问题,必须利用测试场景进行针对性的测试和验证,降低里程测试的测试量,即需要通过预先设定场景对被测车辆进行特定目标或任务的测试,充分和有效地验证车辆在纷繁复杂的驾驶场景下具备的功能是否满足客户的预期用途的要求。世界各国对自动驾驶测试场景技术都给予了相当的重视,围绕智能网联汽车验证环节所需的标准体系、测试场地条件以及相关测试方法,各国的政府机构、科研院所、相关企业已经开展了大量研究工作。

1. 自动驾驶测试场景领域国内外技术标准已有进展

1)国内自动驾驶测试场景领域技术标准研究现状

近年来,在国家智能网联汽车相关政策规划和发展战略的指导下,我国测试示范区建设初具成效,中央及地方相关主管部门陆续出台道路测试管理规范和实施细则。2018年4月,工业和信息化部、公安部、交通运输部三部委联合印发《智能网联汽车道路测试管理规范(试行)》,对测试主体、测试车辆、牌照申请流程等进行明确规定。按照《智能网联汽车道路测试管理规范(试行)》,测试车辆应在封闭道路、场地等特定区域进行充分的实车测试,由国家或省市认可的从事汽车相关业务的第三方检测机构对其14项自动驾驶功能进行检测验证,确认其具备进行道路测试的条件,方可申请进行自动驾驶道路测试;测试车辆应在封闭测试区中以复现典型的道路交通环境为主,依托封闭场地开展自动驾驶测试理论及方法研究,模拟尽可能多的交通场景,不断积累测试数据,为自动驾驶车辆开放道路测试提供有力支撑。

为配合和支撑管理规范,中国智能网联汽车产业创新联盟、全国汽车标准化技术委员会智能网联汽车分技术委员会联合发布了《智能网联汽车自动驾驶功能测试规程(试行)》,列出了14个智能网联汽车自动驾驶功能检测项目,并依据项目特点,拟定其细分及对应的34个测试场景,提出各检测项目对应测试场景、测试规程及通过条件,为各省市级地方政府组织开展智能网联汽车道路测试工作提供参考,为第三方检测机构进行自动驾驶功能检测验证提供依据和借鉴。

全国汽车标准化技术委员会智能网联汽车分标委自动驾驶标准工作组启动一系列智能网联汽车测试评价相关标准的研究与制定工作,见表7-2。围绕仿真测试、封闭场地测试、道路测试,针对测试场地、测试环境、测试设备及数据采集、测试车辆、测试过程,提出相应要求。

全国汽车标准化技术委员会智能网联汽车测试评价相关标准项目　　表7-2

序号	标准项目	标准性质	状态
1	智能网联汽车　自动驾驶功能场地试验方法及要求	国标	发布 GB/T 41798—2022
2	智能网联汽车　自动驾驶功能道路试验方法及要求	国标	已立项 20213609-T-339
3	智能网联汽车　自动驾驶功能仿真试验方法及要求	国标	申请立项
4	智能网联汽车　自动驾驶系统仿真测试工程	行标	预研中

2)国外自动驾驶测试场景领域技术标准研究现状

UNECE/WP.29/GRVA自动驾驶与网联车辆工作组下设自动驾驶测试评价方法非正式工作组(VMAD),来自世界汽车组织(International Organization of Motor Vehicle Manufacturers,OICA)的专家提出"多支柱法"智能网联汽车测试评价准则,即审核和认证、虚拟仿真测试、场地测试、道路测试构成的多级智能网联汽车测试体系。

如表7-3所示,场景建设及功能划分与智能网联汽车仿真测试、封闭场地测试、实际道路测试密不可分,一般场景保证基本功能、危险场景拓展功能适应性、边角场景检验系统强鲁棒性,多层次全方位测试来保证安全性能。OEM 进行自我声明,检查一般安全要求和交通规则的整合情况,使用虚拟仿真测试检验核心算法功能,验证应对边角场景的能力;场地测试检验特定场景特定功能,将审核/评估结果与实车行为相匹配,通过具有挑战性的场景评估系统行为;实际道路测试检验产品在综合环境下的可靠性,评估系统应对现实世界交通情况的能力,相当于自动驾驶的"驾驶证考试"。

"多支柱法"智能网联汽车测试评价准则　　　　表 7-3

测试类型 Test Type	一般场景 Normal Cases	危险场景 Danger Cases	边角场景 Edge Cases
实际道路测试 Real World Driving Test	▲		
封闭场地测试 Track Test	▲	▲	
仿真测试 Simulation Test	▲	▲	▲

注:▲代表适用于该场景。

图 7-6 给出了不同测试方法验证不同场景功能划分的例子。虚拟仿真测试应覆盖 ODD(Operational Design Domain,运行设计域)范围内可预测的全部场景,包括不易出现的边角场景,覆盖 ODD 范围内全部自动驾驶功能;封闭场地测试应覆盖 ODD 范围内的极限场景,如安全相关的事故场景和危险场景,覆盖自动驾驶系统正常状态下的典型功能,验证仿真测试结果;真实道路测试覆盖 ODD 范围内典型场景组合的道路,覆盖随机场景及随机要素组合,验证自动驾驶功能应对随机场景的能力。

2018 年 4 月,在工业和信息化部、国家标准化管理委员会的指导下,中国汽车技术研究中心有限公司专家向国际标准化组织道路车辆技术委员会(ISO/TC22)提出自动驾驶测试场景国际标准提案,获批组建自动驾驶测试场景工作组(ISO/TC22/SC33/WG9)。随后,我国与德国、日本、英国、荷兰、美国等二十余个国家的专家共同推动了 ISO 34501（场景词汇）、ISO 34502（基于场景的安全评估框架）、ISO 34503（设计运行范围）、ISO 34504（场景特征及分类）及 ISO 34505（场景评价与用例生成）等一系列国际标准的立项与起草工作。

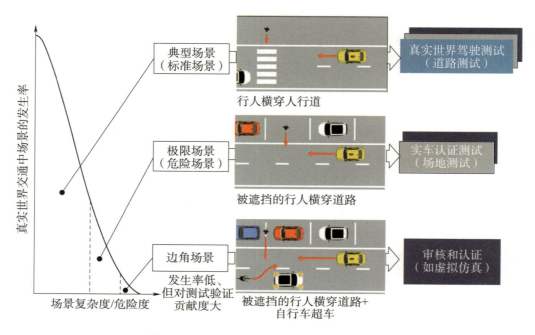

图 7-6　不同测试方法验证不同场景功能划分

2. 自动驾驶测试场景技术标准需求分析

1）现有场景库难以全面反映中国区域特有的驾驶场景特征

虽然世界上众多国家和地区已开始布局自动驾驶场景库，但是，现有场景库难以全面反映我国区域特有的驾驶场景特征。我国地势西高东低，呈阶梯状分布，山地、高原面积广大，东西相距约 5000km，大陆海岸线超过 18000km，气温、降水复杂多变，形成了多样化的气候类型，造就了我国独特的地理环境。我国独特的地理环境与交通环境相结合，对自动驾驶的测试与发展提出了更为严苛的要求，应对我国现有的自然经济环境和道路交通环境进行描述与分析，如图 7-7 所示，选取具有我国典型特征场景的城市，为场景的采集工作打好基础。

2）测试场景复杂多变不确定，在场景数据采集、接口定义等标准化方面面临挑战

（1）从高级驾驶辅助系统（Advanced Driving Assistant System，ADAS）只需满足特定场景下的功能要求，扩展到有条件自动驾驶（L3）或高度自动驾驶（L4）系统等需要满足各类场景的功能需求，导致用于智能汽车测试与验证的场景数量呈几何级数增

加,且实际驾驶场景因天气、道路、交通参与者、工况等因素的多变具有复杂性、随机性和不确定性,对于场景构成要素,车、路、行驶环境的表征,如何更好地进行数据采集和提取特征是面临的问题之一。

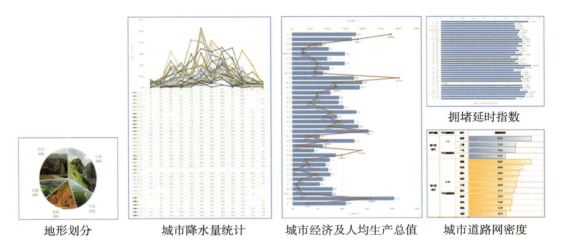

图 7-7 《中国标准智能网联汽车场景库理论架构体系研究报告(草案)》摘录

（2）测试场景的广泛覆盖性和分类的多样性,造成业内共识不足和扩展的连续性问题,面对海量的测试场景,是否有合适的自动化技术,如何通过有限的测试场景有效表征真实世界的无限场景,充分支撑测试评价工作是行业面临的共性问题。

（3）传感器类型的多样性造成的场景数据格式多样化,加之应用软件多样性造成的接口定义多样化,给标准化工作带来挑战。

（4）自动驾驶测试场景的一致性、可复现性、可用性问题,也是场景的标准化应用和快速推进自动驾驶技术落地的关键问题和挑战。

3. 中国自动驾驶测试场景关键标准规划及发展路线图

1）构建中国特征自动驾驶测试场景库

通过研究中国的自然经济特征和道路交通特征,提取中国特有的交通元素和独有场景,统计性表征因地理、气候等因素不同造成的区域差异;结合国内、外自动驾驶产业发展较为领先的城市和地区,进行对比分析、寻找差异点,列举影响自动驾驶车辆测试的潜在因素并逐步分析,见表 7-4,提出符合中国区域特征的自动驾驶测试标准和建议,为后期的自动驾驶场景采集典型城市筛选和自动驾驶测试试验区的建设提供建议。

表7-4 自动驾驶场景区域特征研究及潜在影响因素

序号	特征	归属	表征要素	潜在影响因素
1	自然经济特征	气候特征	气温变化	车辆动力学响应 传感器性能
2	自然经济特征	气候特征	降水变化	车辆动力学响应 传感器性能
3	自然经济特征	地理特征	地形类型	车辆动力学响应
4	自然经济特征	地理特征	光照变化	传感器性能
5	社会经济特征		国内生产总值	公共交通基础建设 出行结构
6	社会经济特征		城市人口	公共交通基础建设 交通复杂程度 出行结构
7	道路交通特征	道路特征	道路网密度	交通复杂程度 出行结构
8	道路交通特征	交通特征	机动车保有量	交通复杂程度 出行结构
9	道路交通特征	交通特征	拥堵延迟指数	交通复杂程度 出行结构

如图7-8所示，构建中国标准智能网联汽车场景库，首先须充分吸收国内外场景研究成果，开展场景数据的需求调研、分析方法和应用研究，包括场景定义、场景数据采集、场景数据处理、场景数据应用等多个环节，构建从数据产生到场景应用的场景理论体系架构；其次，开展场景数据的采集、管理、分析与标注，场景数据采集须覆盖不同道路、不同天气、不同路况和不同驾驶人等各种情况，场景数据解析及清洗部分包括数据拆分、缺失检查、数据转换和数据脱敏等环节，场景提取及数据标注包括场景分类、特征提取、自动切分与标注及人工修正与审核等环节；最后是场景数据的应用环节，依次是场景原始数据库建设、构建研发与测试场景用例集、自动驾驶测试评价执行等，支持包括SIL（Software in the Loop，软件在环仿真）、HIL（Hardware in the Loop，硬件在环仿真）、VIL（Vehicle in the Loop，整车在环仿真）、封闭场地测试和道路测试。要突出中国特色场景库的特点，除了单车智能之外充分考虑V2X网联化的作用，将V2X作为一个重要的场景要素加入，还须考虑中国特色的交通参与者（比如外卖电动车或快递三轮车等）和道路环境等情况。

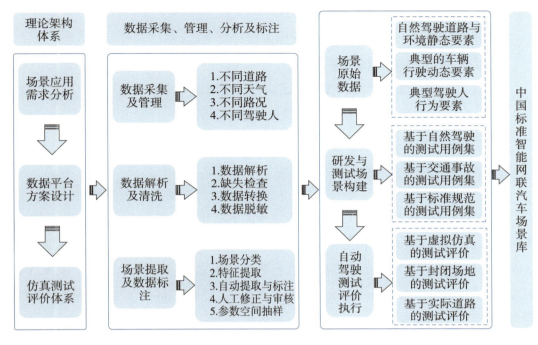

图 7-8　中国标准智能网联汽车场景库构建示意图

2）测试场景标准体系规划及发展路线图

为采用众包模式建立中国特征自动驾驶场景库，需要建立健全统一的测试场景标准法规体系，包括：①基础类——自动驾驶测试场景定义和分类；②通用类——中国自动驾驶测试场景分级和场景构建流程；③数据类——中国自动驾驶测试场景数据格式、采集规范、数据标注规范、数据处理规范、数据库接口等相关技术标准；④应用类——仿真测试场景、物理测试场景等相关技术标准。

3）测试场景技术标准发展路线图

根据驾驶测试场景技术的发展趋势，结合自动驾驶实际的发展状况，建议通过以下三个阶段逐步发展测试场景技术及相关标准。

第一阶段（2019—2020 年），集成现有技术，推进国际及行业标准体系建设阶段：

（1）合理集成使用现有场景测试技术；

（2）积极参与场景测试项目并抽象共性技术；

（3）讨论并提出可扩展的测试场景相关标准体系建议。

第二阶段（2021—2022 年），重点突破关键技术阶段：

（1）突破场景测试关键技术；

（2）输出场景测试项目落地应用；

(3)制定和完善测试场景相关标准。

第三阶段(2022—2025年),广泛应用阶段:

(1)形成成熟的场景测试技术体系;

(2)促进自动驾驶场景测试技术广泛认可与应用。

目前,自动驾驶测试场景技术的发展正处于第三阶段。

三、信息通信

车用无线通信技术(V2X)是将车辆与一切事物相连接的新一代信息通信技术,其中V代表车辆,X代表任何与车交互信息的对象,当前X主要包含车、人、交通路侧基础设施和网络。V2X交互的信息模式包括车与车之间(Vehicle to Vehicle,V2V)、车与路之间(Vehicle to Infrastructure,V2I)、车与人之间(Vehicle to Pedestrian,V2P)、车与网络之间(Vehicle to Network,V2N)的交互。

C-V2X中的C是指蜂窝(Cellular),它是基于3G/4G/5G等蜂窝网通信技术演进形成的车用无线通信技术,包含了两种通信接口:一种是人、车、路之间的短距离直连通信接口(PC5),另一种是终端和基站之间的通信接口(Uu),可实现长距离和更大范围的可靠通信。C-V2X是基于3GPP(the 3rd Generation Partnership Project,第三代合作伙伴项目)全球统一标准的通信技术,包含LTE-V2X和5G-V2X,从技术演进角度讲,LTE-V2X支持向NR-V2X平滑演进。

1. C-V2X领域国内外技术标准已有进展

C-V2X标准主要分为各个层(包括应用层、消息层、网络层和接入层)的协议规范、安全标准以及对应的技术要求规范,如图7-9所示。

2015年初,3GPP正式启动基于C-V2X的技术需求和标准化研究,并于2017年3月发布了R14版本LTE-V2X标准,面向基本的道路安全业务通信需求,引入了基于PC5接口的短程分布式直连通信,并对移动蜂窝网的Uu接口进行了优化。2018年6月,3GPP R15完成对LTE-V2X的增强标准化工作,在保持与R14 LTE-V2X后向兼容要求下,在PC5接口引入了载波聚合、高阶调制、时延降低和传输分集等技术。2020年6月,首个支持NR-V2X的3GPP R16版本冻结,对R14/15 LTE-V2X进行演进,面向增强车联网应用,完成支持基于5G新空口(NR)的直连通信能力的技术方案。2022年6月,3GPP冻结R17版本,针对直通链路特性进一步增强,增强资源分配机制,支持车辆间协调、功耗节约机制等。同年,3GPP 已启动 R18 研究,对 NR-V2X CA、授权以及非授权频谱的 C-V2X 增强、LTE-V2X 和 NR-V2X 的信道共存等展开进一步增强研究。2024 年计划启动 R19 研究,相关研究内容将在 2023 年开始讨论。

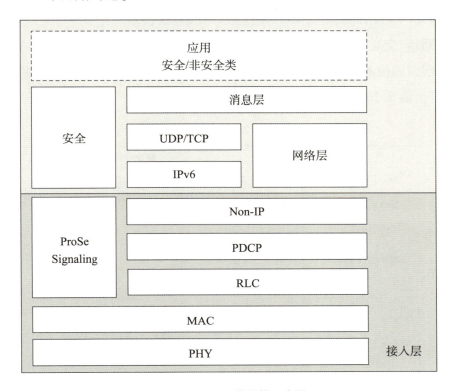

图 7-9　C-V2X 协议栈示意图

美国汽车工程师协会(Society of Automotive Engineers,SAE)于 2017 年成立 C-V2X 技术委员会(C-V2X Technical Committee)。为全力推动 C-V2X 相关标准和产业化进展,SAE 提出一阶段应用层数据交互标准(J2735 V2X Communications Message Set Dictionary)、二阶段应用场景标准(J3186 Application Protocol and Requirements for Maneuver Sharing and Coordinating Service;J3224 V2X Sensor-Sharing for Cooperative and Automated Driving)、C-V2X 技术参考架构以及基于 3GPP R14 和 R15 的 PC5 接口标准(J3161 LTE Vehicle-to-Everything(LTE-V2X) Deployment Profiles and Radio Parameters for Single Radio Channel Multi-Service Coexistence)等。

欧洲电信标准协会(European Telecommunications Standards Institute,ETSI)于 2004 年开始研究基于 DSRC 的 ITS-G5 技术,并制定系列车联网接入层协议标准,以

及基于ITS-G5的应用层协议标准。ITS-G5标准经过广泛测试验证,可确保安全性,并已在欧洲部分地区使用。欧盟车联网频谱规定保持技术中立,同时研究DSRC与LTE-V2X及NR-V2X在5.9GHz频段上的共存方案。2020年,ETSI发布的EN303 613 LTE-V2X Access layer specification for Intelligent Transport Systems operating in the 5 GHz frequency band标准,定义C-V2X作为ITS接入层技术。

我国通信、交通、汽车等领域的行业协会和标准化组织积极开展LTE-V2X标准协议栈各层面的技术标准制定,包括总体技术要求、空中接口技术要求、应用消息集、信息安全等,截至2023年5月的标准研制情况见表7-5。

LTE-V2X相关标准列表　　　　　　　　　　　　　　　表7-5

标准分类	标准名称	标准等级	标准组织	状态
总体技术要求	基于LTE的车联网无线通信技术 总体技术要求	行业标准/团标	CCSA/C-ITS	已发布
	合作式智能运输系统专用短程通信 第1部分:总体技术要求	国标	TC268	已发布
	基于ISO智能交通系统框架的LTE-V2X技术规范	行业标准	C-ITS	已发布
接入层	基于LTE网络的车联网无线通信系统总体技术要求	国标/行业标准	TC485/CCSA	国家标准立项/行业标准发布
	基于LTE的车联网无线通信技术空中接口技术要求	国标/行业标准	TC485/CCSA	国家标准立项/行业标准发布
	合作式智能运输系统 专用短程通信 第2部分:媒体访问控制层和物理层规范	国家标准	TC268	已发布
网络层	合作式智能运输系统 专用短程通信 第3部分 网络及应用层规范	国家标准	TC268	已发布
	基于LTE的车联网无线通信技术 网络层技术要求	行业标准	CCSA	已形成报批稿
	基于LTE的车联网无线通信技术 网络层测试方法	行业标准	CCSA	已形成报批稿

续上表

标准分类	标准名称	标准等级	标准组织	状态
消息层	基于 LTE 的车联网无线通信技术 消息层技术要求	行业标准	CCSA	已发布
	基于 LTE 的车联网无线通信技术 消息层测试方法	行业标准	CCSA	已发布
	基于 LTE 的车联网无线通信技术 应用标识分配及映射	行业标准	CCSA	已发布
	合作式智能运输系统 车用通信系统应用层及应用数据交互标准 第 1 阶段	团体标准	C-SAE/C-ITS	已发布
	合作式智能运输系统 车用通信系统应用层及应用数据交互标准 第 2 阶段	团体标准	C-SAE	已发布
	基于车路协同的高等级自动驾驶数据交互内容	行业标准/团体标准	CCSA/CSAE/C-ITS	已发布
	营运车辆 合作式自动驾驶货车编队行驶 第 3 部分：车辆通信应用层数据交互要求	团体标准	C-ITS	已发布
	基于移动互联网的车路协同应用场景及技术要求	行业标准	CCSA	已形成征求意见稿
	合作式智能运输系统 应用层交互技术要求 第 1 部分：意图共享与协作	团体标准	CSAE	已形成征求意见稿
	合作式智能运输系统 应用层交互技术要求 第 2 部分：感知数据共享	团体标准	CSAE	已立项
安全标准	基于 LTE 的车联网无线通信技术 安全证书管理系统技术要求	行业标准	CCSA	已发布
	基于 LTE 的车联网通信 安全技术要求	行业标准	CCSA	已发布
	基于公众电信网的联网汽车安全技术要求	行业标准	CCSA	已发布
	车联网无线通信安全技术指南	行业标准	CCSA	已发布
	基于 LTE 的车联网无线通信技术 安全认证测试方法	行业标准	CCSA	已形成报批稿
	车辆 C-V2X 异常行为管理技术要求	行业标准	CCSA	已形成报批稿
	C-V2X 车联网系统 认证授权系统技术要求	行业标准	CCSA	已形成征求意见稿

续上表

标准分类	标准名称	标准等级	标准组织	状态
Profile系统要求	基于LTE的车联网无线通信技术直连通信系统路侧单元技术要求	团体标准	C-SAE/C-ITS	已发布
	基于LTE-V2X直连通信的车载信息交互系统技术要求	国家标准	NTCAS	已立项
通信设备标准	基于LTE的车联网无线通信技术 支持直连通信的车载终端设备技术要求	国家标准/行业标准	CCSA	已形成报批稿
	基于LTE的车联网无线通信技术 支持直接通信的车载终端设备测试方法	行业标准	CCSA	已发布
	基于LTE的车联网无线通信技术 支持直接通信的路侧设备技术要求	行业标准	CCSA	已形成报批稿
	基于LTE的车联网无线通信技术 支持直接通信的路侧设备测试方法	行业标准	CCSA	已发布
	基于LTE的车联网无线通信技术 基站设备技术要求	行业标准	CCSA	已发布
	基于LTE的车联网无线通信技术 基站设备测试方法	行业标准	CCSA	已发布
	基于LTE的车联网无线通信技术 核心网设备技术要求	行业标准	CCSA	已发布
	基于LTE的车联网无线通信技术 核心网设备测试方法	行业标准	CCSA	已形成报批稿

2. 中国C-V2X业务场景需求分析

1) C-V2X 基础业务场景

在国内C-V2X产业的发展中,通过标准的研究,行业内多家车企、C-V2X供应商、交通部门、科研机构依据技术成熟度、应用价值以及可实现性准则,定义17个C-V2X基础业务场景(表7-6),为当前C-V2X技术的应用提供了一个可信的模板。

在基础业务场景阶段,大部分应用的实现都基于车辆、道路设施等参与者之间的实时状态共享。在利用C-V2X信息交互实现状态共享的基础上,再自主进行决策或辅助。

C-V2X 基础业务场景　　　　　　　　　　　　　　　　　　　表 7-6

序号	类别	通信方式	应用名称
1	安全	V2V	前向碰撞预警
2		V2V/V2I	道路交叉口碰撞预警
3		V2V/V2I	左转辅助
4		V2V	盲区预警/变道辅助
5		V2V	逆向超车预警
6		V2V-Event	紧急制动预警
7		V2V-Event	异常车辆提醒
8		V2V-Event	车辆失控预警
9		V2I	道路危险状况提示
10		V2I	限速预警
11		V2I	闯红灯预警
12		V2P/V2I	弱势交通参与者碰撞预警
13	效率	V2I	绿波车速引导
14		V2I	车内标牌
15		V2I	前方拥堵提醒
16		V2V	紧急车辆提醒
17	信息服务	V2I	汽车近场支付

　　2019 年 10 月,IMT-2020(5G)推进组 C-V2X 工作组、中国智能汽车产业创新联盟、中国汽车工程学会、上海国际汽车城(集团)有限公司共同在上海举办 C-V2X"四跨"互联互通应用示范活动,首次实现国内"跨芯片模组、跨终端、跨整车、跨安全平台"C-V2X 应用展示。本次活动聚集了 26 家整车厂商、28 家终端设备和协议栈厂商、10 个芯片模组、6 个安全解决方案、2 个 CA 平台。演示活动共包含 4 类 V2I 场景、3 类 V2V 场景和 4 个安全机制验证场景;其中,V2I 演示场景包括安全限速预警、道路危险状况提示、闯红灯预警和绿波车速引导、弱势交通参与者提醒,V2V 演示场景包括前向碰撞预警、盲区提醒和故障车辆预警,安全机制验证场景包括伪造限速预警防御、伪造交通信号灯信息防御、伪造紧急车辆防御和伪造前向碰撞预警防御。本次活动在 2018 年"三跨"互联互通应用演示的基础上,重点增加了通信安全演示场景,安全芯片企业、安全解决方案提供商、CA 证书管理服务提供商等相关单位积极参与本次活动,有效试验验证了 C-V2X 通信安全技术解决方案,实现了跨"模组-终端-

CA服务-车厂"的全方位演示,协力共促了包含安全的完整V2X产业链形成。"四跨"活动有效展示了我国C-V2X标准协议栈的成熟度,为C-V2X大规模商业化应用奠定了基础。

2)C-V2X增强业务场景

与此同时,随着基础业务场景的逐步推广和应用落地,产业界开始越来越多地关注车联网和智能汽车、智慧道路三者协同为驾驶安全、交通效率以及新型出行服务带来的重大影响。这些改变主要来源于两个方面,首先是细粒度的信息感知和实时信息交互的革命,其次是为协同控制提供了可能。

一方面,C-V2X与智能汽车相结合,能有效地提高交通系统例如道路、交通控制系统等的感知粒度、信息实时双向交互的能力;另一方面,C-V2X能提升智能车辆本身的感知、协同控制能力,对驾驶环境的感知范围在时间和空间方面都有长足的拓展。车、路、云协同促使未来车联网业务演进将从四个方面持续推进:出行发生端的共享出行业务,出行阶段的安全出行和交通效率两类业务,以及贯穿整个出行过程的信息服务类业务。

因此,从总体上看,C-V2X下一阶段的增强业务场景在保证驾驶安全的基础上,对于效率出行的业务将逐渐增加;从个性上看,安全出行和效率出行会向精细化方向发展,信息服务业务则继续作为其他业务的载体与其他业务互相融合,协同支持各种增强的车联网业务。业务的融合与精细化、智能化演进对增强的C-V2X车联网系统以及应用层消息交互都提出了新的要求。

当前产业界正逐步提出并对以下增强的业务场景进行定义、研究和应用探索,见表7-7。

C-V2X增强业务场景 表7-7

序号	增强的业务场景	通信模式	场景分类
1	协作式变更车道	V2V	安全
2	协作式匝道汇入	V2I	安全
3	协作式道路交叉口通行	V2I	安全
4	感知数据共享/车路协同感知	V2V/V2I	安全
5	道路障碍物提醒	V2I	安全
6	慢行交通轨迹识别及行为分析	V2P	安全

续上表

序号	增强的业务场景	通信模式	场景分类
7	车辆编队	V2V	综合
8	特殊车辆信号优先	V2I	效率
9	动态车道管理	V2I	效率
10	车辆路径引导	V2I	效率
11	场站进出服务	V2I	效率/信息服务
12	浮动车数据采集	V2I	信息服务
13	差分数据服务	V2I	信息服务

3. C-V2X 功能及应用层标准规划建议

目前，各行业协会和标准化组织针对 C-V2X 的基础应用场景定义了较为完善的标准，但这些标准尚未进行大规模测试，技术成熟度仍有待验证。而针对增强业务场景的标准尚在研究阶段，还需各行业共同协作制定。建议启动基于 V2X 的【增强应用场景】的应用类标准，提出智能汽车 C-V2X 相关基础设施与服务标准项目；进一步地，还需要在 C-V2X 应用功能安全、C-V2X 与 ADAS 融合等相关标准方面开展研究工作；与此同时，积极开展下一阶段针对更高级别应用的相关技术研究，制定相关标准。

此外，C-V2X 产业化应用场景尚未达成共识，还需汽车、交通、公安和通信等行业共同协作，明确各行业需求及发展规划，综合考虑 C-V2X 的技术成熟度、部署可行性、实施迫切性，选择行业亟需场景首先进行产业化部署。

四、云控基础平台

1. 云控基础平台领域技术发展现状

云控平台是应智能网联汽车的发展而生，是汽车智能化、网联化、平台化的重要体现。智能网联汽车、路侧设备和其他交通参与者都会产生大量数据，车载计算单元受制于算力、尺寸和功耗等，无法支撑海量数据的存储和融合计算。此外，基于网联化的技术发展路径，如何将智慧道路以及各类平台的信息高效、精准、安全地融合以弥补单车感知范围不足的情况，提高车辆对其行驶环境的感知能力和基于大数据的协同决策能力是当下产业面临的重要问题。为此,以智能汽车大数据为基础,通过高效运用最新通信、云计算及大数据等技术赋能智能汽车的云控平台应运而生。

根据业务场景需要及相关技术和产业链的发展水平,云控平台的发展可分为四个阶段,即第一阶段为汽车远程服务提供商(Telematics Service Provider,TSP),第二阶段为车联网,第三阶段为车路协同和第四阶段为云控平台。

第一阶段为 TSP 时期。TSP 在汽车的 Telematics 产业链居于核心地位,上接汽车、车载设备制造商、网络运营商,下接内容提供商。Telematics 集合位置、GIS 和通信等相关技术,为车主和个人提供强大的服务,包括导航、娱乐、资讯、安防、远程维护等。

第二阶段为车联网时期。车联网是物联网技术在交通系统领域的典型应用,既包含相关具体技术,又包含因此而产生的导航、娱乐、后服务、车队管理等一系列服务。

第三阶段是车路协同时期。该时期利用 V2X 通信技术实现智能交通系统最新应用功能,通过车路协同实现交通参与者(车、人等)能够实时获取其他参与者的位置、方向、速度、加速度、加速/制动状态等深度信息,从而重构整个交通场景,对可能出现的突发状况作出及时反应,为交通参与者之间的协同提供了基础和可能。

第四阶段为云控平台时期。云控平台利用新一代移动互联技术,将人、车、路、云的物理层、信息层、应用层融为一体,进行车路融合感知、融合决策与控制,实现交通安全、交通效率的综合提升。云控平台通过构造基于云端的车路实时数据闭环链路与实时计算网络,建立行车与交通环境的全局精确数字映射,从而形成从感知、决策到控制的车路实时协同,支撑智能网联驾驶与智能交通应用按需实时运行,并进行全域不同等级智能汽车及其交通的联合运行优化,实现车辆与交通运行的安全、效率、节能等性能的综合提升。

2. 云控基础领域国内技术标准已有进展

云控系统方案为我国首次提出,是具有中国特色的智能网联汽车落地方案,对目前国家车联网产业标准体系建设指南(智能交通相关)、通信标准化协会(CCSA)信息通信领域中与云控相关的标准进行梳理,见表 7-8,总结面向智能网联汽车云控基础平台相关标准的研究与制定现状。

云控平台建设相关标准 表 7-8

标准名称	所属标准体系	分类
智能型通信网络 云计算数据中心网络服务质量（QoS）管理要求	—	行业标准
智能型通信网络 支持云计算的广域网互联技术要求	—	行业标准
车联网数据的云端存储技术要求与测试方法 TC11/WG1（送审）	—	行业标准
移动互联汽车数据共享与开放平台技术要求 TC11/WG1（征求意见稿）	—	CCSA 协会标准
车路协同数据管理技术规范 第1部分:路侧设施车路协同数据管理（预研）	车联网-智能交通相关	国家标准
车路协同数据管理技术规范 第2部分:交通信息中心车路协同数据管理（预研）	车联网-智能交通相关	国家标准
智能道路车路协同云控平台建设技术规范	车联网-智能交通相关	国家标准
智能道路车路协同云控平台运维管理技术规范	车联网-智能交通相关	国家标准

3. 云控基础平台领域标准需求分析及关键标准规划建议

云控基础平台作为云控系统的核心组成部分,旨在为整个云控系统以及各类交通领域的云控应用提供丰富的数据接口和服务接口,此外,还需要保障云控基础平台在数据分级共享过程中的运行性能。从云控基础平台的主要功能及基础数据分析共享角度出发,云控数据交互、云控服务以及云控平台建设相关的标准化工作具有重要意义。

在云控数据交互方面,由于云控基础平台可以向其他平台以及应用提供细粒度的、更精确的车辆实时运行状态数据,可以探讨和规范化两个层面的内容。一是在数据交互格式方面,目前已经有相关标准可供参考应用,但仍缺乏车、云之间通信的应用层数据格式标准;二是在交互方式方面,由于云控基础平台中的边缘云需要确保低时延处理并传输高频度、海量的交通动态数据,已有的应用以及标准无法满足实际需要,建议在数据交互方面建立一套适用于云控基础平台尤其是边缘云所需的数据交互标准。

在云控服务方面,云控基础平台可以满足智能汽车行车安全、能效以及智能交通监管等多方面的需求,可以基于融合感知、协同决策与协同控制为自动驾驶提供低时延应用服务,也可以基于交通管控和领域大数据分析等为智能交通提供交通动态数据使能的数据价值提升服务。鉴于云控服务涉及不同服务对象,以及车、路、云等不同层面的协同,亟须对云控服务的内容、云控服务的方式和云控服务的质量要求进行规范化,以满足不同用户及云控应用的使用需求。特别是在服务质量方面,现有的标准主要面向通信行业以及云平台的通用应用,而智能网联汽车云控基础平台提供的服务内容种类多、时延要求变化较大,需要对数据在不同生命周期所需的不同服务质量保障进行详细定义。开展如面向车联网应用的网络服务质量要求和测量方法的规范化工作是智能网联规模化应用的一个必要前提。另外,现有的面向自动驾驶汽车的测试要求无法完全适用于测试云控平台的服务项,有必要为云控基础平台所能提供的服务开展测试场景与测试用例规范化工作,并形成相应的标准。

在云控基础平台的建设方面,由于云控基础平台的边缘云部分需要满足毫秒(ms)级的数据传输以及处理的时延要求,需要完成车辆与道路动态数据高速采集与处理,所需实时处理的数据量大,并且边缘云上的数据的生命周期短,传统的数据存储手段、云平台架构以及建设方法难以满足这种需求,为此,需要为云控基础平台尤其是边缘云平台建立一套新的架构方案和建设标准。

五、车路协同

1. 国外车路协同相关技术标准研究进展

2020年5月,《道路车辆协同自动驾驶 相关术语分类方法和定义》(SAE J3216)即 Taxonomy and Definitions for Terms Related to Cooperative Driving Automation for On-Road Motor Vehicles 发布,该标准通过网联(车车/车路)对车辆动态自动驾驶任务(Dynamic Driving Task,DDT)性能和交通管理能力的影响,从支持协作式驾驶自动化(感知/规划/控制)的角度进行功能分类,并给出了自动驾驶分级的对应关系。该标准还对协同自动驾驶(Cooperative Driving Automation,CDA)通信方式、通信距离、时延、隐私保护和安全、信息质量等方面作了初步分析,同时给出了5个典型的协同自动驾驶案例,包括协同目标跟踪、协同交通信号灯、协同并道、协同交通管理、协同编队。该标准明确了网联协同对提升交通效率与安全性、推动自动驾驶部署的重要性,以及对道路使用者和道路运营者支持或赋能的两种作用。

欧洲道路运输研究咨询委员会（European Road Transport Research Advisory Council, ERTRAC）于2019年发布网联、协作和自动化出行路线图（*Connected Automated Driving Roadmap*），路线图指出物理和数字基础设施可决定ODD许多关键属性的可用性，提出支撑自动驾驶能力的基础设施级别（Infrastructure Support levels for Automated Driving, ISAD）对路侧基础设施的能力进行分类和协调，并期望未来需要汽车行业和道路运营商的共同努力来开发ODD-ISAD框架。

2. 中国车路协同相关标准法规现状与适用性分析

近年来，为促进智能交通发展，我国陆续发布了多项促进新政策。2016年，国家发展改革、交通运输部共同发布《推进"互联网＋"便捷交通促进智能交通发展的实施方案》，方案明确了建设"三系统""两支撑""一环境"的工作任务，并面向产业，在基础设施、功能应用、政企合作等方面提出了27项重点示范项目。2018年，交通运输部印发《加快推进新一代国家交通控制网和智慧公路试点的通知》，提出基础设施数字化、路运一体化车路协同、北斗高精度定位综合应用、基于大数据的路网综合管理、"互联网＋"路网综合服务、新一代国家交通控制网。2019年7月，交通运输部印发《数字交通发展规划纲要》，提出到2025年，交通运输基础设施和运载装备全要素、全周期的数字化升级迈出新步伐，数字化采集体系和网络化传输体系基本形成；到2035年，交通基础设施完成全要素、全周期数字化，天地一体的交通控制网基本形成，按需获取的即时出行服务广泛应用。2019年9月，中共中央、国务院印发《交通强国建设纲要》，提出到2035年，基本建成交通强国，智能、平安、绿色、共享交通发展水平明显提高，城市交通拥堵基本缓解，无障碍出行服务体系基本完善，交通国际竞争力和影响力显著提升。2019年12月，交通运输部印发《推进综合交通运输大数据发展行动纲要（2020—2025年）》，提出到2025年实现综合交通运输大数据标准体系更加完善，基础设施、运载工具等成规模、成体系的大数据集基本建成，交通运输行业数字化水平显著提升，大数据在综合交通运输各业务领域应用更加广泛，大数据安全得到有力保障。2021年2月，工业和信息化部、交通运输部、国家标准化管理委员会联合印发《国家车联网产业标准体系建设指南（智能交通相关）》，提出重点侧重于车联网发展中的道路基础设施、车路交互（路侧）以及面向车联网的管理与服务开展标准研究。

2003年9月，国家标准化管理委员会批准成立"全国智能运输系统标准化技术委员会"，简称ITS标委会，国内编号SAC/TC268。ITS标委会秘书处设在交通运输部公路科学研究院。ITS标委会负责全国智能运输系统标准化的技术归口工作。其主要工作范围有交通管理与控制、交通信息服务、城市交通智能化、营运车辆管理、电子收费与支付、智能驾驶、车路协同、交通通信和信息交换、交通数据管理与信息安全等。

根据《国家车联网产业标准体系建设指南(智能交通相关)》提出的标准研制计划,截至 2023 年 5 月,已发布相关标准 16 项、完成 4 项标准制修订及报批(含修订 1 项)、完成 5 项标准立项并形成阶段性成果、组织开展 9 项标准预研究工作。ITS 各领域国家及行业标准研制情况见表 7-9。

ITS 各领域国家及行业标准情况　　　　　表 7-9

序号	标准名称	标准类型	状态
1	智能运输系统　通用术语	国家标准	已发布,申报修订
2	营运车辆服务　车辆交互信息集	行业标准	已发布
3	公路工程适应自动驾驶公路附属设施总体技术规范	行业标准	已报批
4	自动驾驶封闭测试场地建设技术要求	国家标准	已报批
5	公路交通气象监测设施技术要求	国家标准	已发布
6	交通信息采集　视频交通流检测器	国家标准	已发布
7	交通信息采集　微波交通流检测器	国家标准	已发布
8	公路网运行监测技术规范	行业标准	已报批
9	车路协同系统智能路侧协同控制设备技术要求和测试方法	国家标准	已送审
10	合作式智能运输系统　专用短程通信　第 1 部分:总体技术要求	国家标准	已发布
11	合作式智能运输系统　专用短程通信　第 2 部分:媒体访问控制层和物理层规范	国家标准	已发布
12	合作式智能运输系统　专用短程通信　第 3 部分:网络层和应用层规范	国家标准	已发布
13	合作式智能运输系统　专用短程通信　第 4 部分:设备应用规范	国家标准	已发布
14	智能运输系统　智能驾驶电子道路图数据模型与表达　第 1 部分:封闭道路	国家标准	已发布
15	智能运输系统　智能驾驶电子道路图数据模型与表达　第 2 部分:开放道路	国家标准	已发布
16	电子公路图路线及沿线设施要素高精度表达规范	国家标准	已发布

续上表

序号	标准名称	标准类型	状态
17	合作式智能运输系统应用集 第1部分:车辆辅助驾驶应用集	国家标准	已征求意见
18	合作式智能运输系统应用集 第2部分:车辆协同驾驶应用集	国家标准	已征求意见
19	基于车路协同的交通障碍物预警系统要求	行业标准	已发布
20	交通运输 数字证书格式	国家标准	已发布,正在修订中
21	智能交通 数字证书应用接口规范	国家标准	已发布
22	交通运输 信息安全规范	国家标准	已发布

在智能化基础设施方面,部分智能网联汽车测试区和车联网先导区开始部署智能化基础设施,开展智能汽车网联化测试,探索智能化基础设施对自动驾驶发展的促进作用。各测试区均已建设V2X联网通信基础设施,部署LTE-V2X、5G等多模式路侧通信终端,搭建了《智能网联汽车自动驾驶功能测试规程(试行)》中规定的网联通信场景,部分测试区还对网联通信场景进行了适度的扩展或增加,能够支持相关企业开展智能化与网联化相融合的场地测试。其中,无锡、上海、长沙、北京等地区已在开放道路上大力推进通信、路侧感知等基础设施建设,为车路协同构建测试环境。如无锡已完成240个路口的道路基础设施升级改造,应用大数据和云端计算新技术,建成"人-车-路-云"系统协同平台;长沙已经在100km高速公路和100km城市道路上完成200个5G基站和200个C-V2X路侧终端布局,主要用于城市级智能网联开放道路测试与示范应用,包括基于车路协同的智慧公交、ROBOTAXI示范运行等场景;上海安亭已经在15.8km道路上安装了路侧设备,并组织2000辆搭载车载C-V2X终端的车辆开展日常测试。

在自动驾驶道路测试方面,部分省市探索将道路按照交通复杂度进行分级来满足道路测试需求。北京市交通委员会、公安局公安交通管理局以及经济和信息化局于2019年9月联合发布修订版《北京市自动驾驶车辆测试道路要求(试行)》,根据道路交通复杂程度将道路划分为五个等级,北京市道路测试牌照也同样分为相对应的五级,测试主体可依据北京市道路分级以及测试主体自身情况申请相应等级的测试牌照并开展测试,目前北京市发放的最高等级测试牌照为T4。广州市智能汽车示范区运营中心于2019年3月发布《广州市智能网联汽车开放道路及自动驾驶功能测试技术要求（试行）》，根据道路交通复杂度相关的人、车、路、环境将道路分为三个等级，企业首次开展道路测试只能在一级道路上。通过将道路按复杂度分级来不断验证和提升测试主体自动驾驶技术，保证自动驾驶道路测试的有序开展是现阶段的一种有效探索。

3. 中国车路协同关键标准规划及建议

目前，车路协同（智能交通）标准体系技术架构已搭建完成，结合汽车、通信、公安等领域，优先研究制定基础、关键的标准，例如《营运车辆自动驾驶系统分级》《营运车辆服务　车辆交互信息集》《合作式智能运输系统应用集　第二部分：车辆协同驾驶应用集》《智能运输系统　智能驾驶电子地图数据模型与交互格式　第一部分：高速公路》等。

分阶段出台一批关键性、基础性车路协同标准，到 2020 年底，初步构建支撑车联网应用和产业发展的标准体系，完成一批智能交通基础设施、辅助驾驶等领域车路协同相关标准，制修订标准 20 项以上；到 2025 年系统形成能够支撑车联网应用和产业发展的标准体系形成一批智能管理和服务、车路协同等领域能交通关键标准，制修订标准 40 项以上。

六、高精度动态基础地图

高精度地图在自动驾驶中发挥着至关重要的作用。为了保证高精度地图的精准性和实时性，全球范围内各相关标准化组织建立了一系列高精度地图标准，同时美国、日本、欧洲等国家和地区也纷纷发布一些政策法规以支持自动驾驶产业的发展。在高精度地图行业应用需求的推动下，结合中国本地属性的高精动态地图技术路线逐步形成。

高精度地图，简称 HD Map（High Definition Map）或 HAD Map（Highly Automated Driving Map），是指精度可达到厘米级，包含道路信息、车道信息、道路附属设施等静态信息与实时路况、交通事件等动态信息，具有高精度、高鲜度、高丰富度的导航电子地图，可为智能汽车感知、规划、决策、控制提供依据。

智能网联汽车测绘地理信息数据，既包含带有空间坐标的位置轨迹、点云、影像等数据，又包含加工后可用于构建高精度地图的构图数据，具有多源、海量、更新快速的特点，是国家基础性、战略性信息数据资源（表 7-10）。

智能网联汽车测绘地理信息数据　　　　　表 7-10

序号	名称	数据内容
1	位置轨迹数据	基于车载全球卫星导航系统定位设备采集的智能网联汽车定位或移动轨迹的大地坐标
2	车外地理信息数据	通过车载摄像头、雷达等传感器采集的智能网联汽车外部环境中道路、建筑、地形等静态地物的点云、影像等以及对其进行加工后产生的数据
3	构图数据	由位置轨迹数据和车外时空数据经融合处理加工产生的含大地坐标的点云、图像及地物要素属性的数据

1. 国内外高精度动态地图技术标准现状

国际上成立了 NDS 协会、ADASIS AISBL 协会等多个高精度地图相关组织，并编著了 NDS 标准、OpenDrive 标准等多个高精度地图标准。中国智能汽车产业创新联盟（CAICV）成立了自动驾驶地图和定位工作组，发布了高精度地图多项团体标准。

1）高精度地图相关组织机构

国际上的高精度地图标准化组织主要有 NDS 协会、ADASIS AISBL 协会、SENSORIS 平台、OADF 开放式自动驾驶论坛、OpenDrive 协会和 ISOTC22 工作组等行业组织。

2018 年 5 月，中国智能汽车产业创新联盟成立了自动驾驶地图和定位工作组，该工作组主要对车用高精基础地图数据的模型、结构、接口、标准、规范，以及动态地图数据共享体系等开展研究，目前已经开展高精度地图与定位技术相关的团体标准研究和编制。

2）国外高精度地图标准

目前，国外高精度地图标准主要包括 NDS 标准、OpenDrive 标准、ADASIS 标准、KIWI 标准和 Open LR™。

NDS 标准最初是面向汽车生态系统的普通地图数据全球标准，由厂商、系统商以及图商主导成立，制定适合普通地图使用的导航电子地图数据格式标准。由于该标准规格具有较好的兼容性和可扩展性，目前高精度地图也采用其标准规范及数据格式。

OpenDrive 标准属于 OpenX 标准系列，主要用于模拟仿真，是基于 .xml 的开放格式，允许使用与真实道路相同精度的元素描述道路，兼容左右驾驶规则。

ADASIS 标准接口定义了地图在 ADAS 和自动驾驶应用程序中的数据模型和传

输方式,是针对地图与车载应用之间的标准接口,该标准使 ADAS 和自动驾驶应用程序能够访问描述车辆前方道路网络的地图数据。

KIWI 标准是由日本 KIWI 协会制定的日系标准。在广泛采用的 KIWI2.0 的基础上,针对增量更新需求形成 KIWI 3.0,但仍然存在着数据量超限限制。

Open LR™ 是 TomTom 于 2009 年 9 月发起的一个开源软件项目,提供开源动态定位参考方法,可以使不同供应商和版本的数字地图进行可靠的数据交换和交叉参考。Open LR™适应应用不同地图的系统之间的位置通信要求,可以在不同定位服务提供商的数字地图中分享路线信息。

3)国内高精度地图相关标准

(1)基础度地图标准体系建设。

2023 年 3 月,自然资源部发布了《智能汽车基础地图标准体系建设指南(2023 年版)》,从基础通用、生产更新、应用服务、质量检测和安全管理等方面,对智能汽车基础地图标准化提出原则性指导意见,推动智能汽车基础地图及地理信息与汽车、信息通信、电子、交通运输、信息安全、密码等行业领域协同发展,逐步形成适应我国技术和产业发展需要的智能汽车基础地图标准体系,如图 7-10 所示。

《智能汽车基础地图标准体系建设指南(2023 年版)》提出 2025 年,制定大于 10 项的汽车基础地图重点标准,涵盖基础通用、数据采集、动态更新、数据分发、交换格式,以及多种智能端侧相关数据安全保护等技术要求和规范;2030 年前制定 20 项以上标准,形成较为完善的智能汽车基础地图标准体系。

(2)自动驾驶地图与定位团体标准体系建设。

2022 年,中国智能网联汽车产业创新联盟基于《智能网联汽车团体标准体系建设指南(2021 年)》,组织开展团体标准建设年度评估,客观总结联盟团体标准体系建设情况,深入分析发展需求,明确今后一段时期智能网联汽车团体标准体系的建设目标。团体标准体系框架定义为"车辆关键技术""信息交互关键技术""基础支撑关键技术"三部分,自动驾驶地图与定位子体系包含在"基础支撑关键技术"中,如图 7-11 所示。结合自动驾驶地图产品应用与定位服务目标,支撑智能网联汽车自动驾驶功能实现,基于标准子体系框架,考虑根据行业急需、技术发展趋势及团体标准工作定位,将自动驾驶地图与定位子体系分为基础通用、数据及动态信息交互、高精度定位、生产更新及服务、安全与质量五个部分,并识别梳理出 20 项自动驾驶地图与定位相关团体标准项目。

支撑3S融合的标准法规发展战略 / 第七章

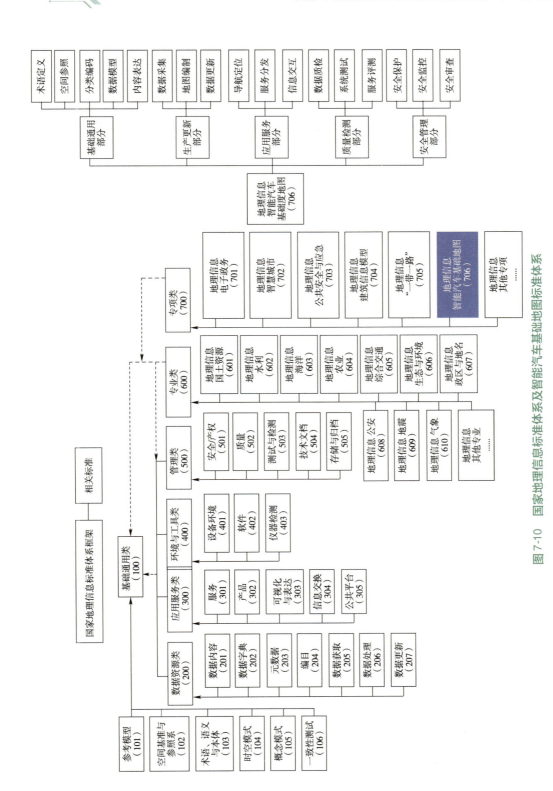

图 7-10 国家地理信息标准体系及智能汽车基础地图标准体系

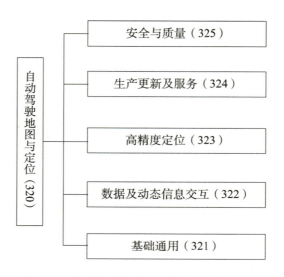

图 7-11　自动驾驶地图与定位团体标准子体系

（3）智能交通领域。

在智能交通领域，由全国智能运输系统标准化技术委员会归口的《智能运输系统　智能驾驶电子道路图数据模型与表达》（GB/T 42517—2023）两项推荐性国家标准于 2023 年 5 月发布；由中国交通通信信息中心牵头制定的《电子公路图路线及沿线设施要素高精度表达规范》（GB/T 42056—2022）已于 2022 年 10 月发布，自 2023 年 2 月 1 日期实施。

（4）测绘地理信息领域。

在测绘领域，自然资源部办公厅于 2022 年 9 月发布的测绘行业标准《道路高精度电子导航地图质量规范》正式完成立项。2023 年 5 月，自然资源部科技发展司发布测绘行业标准《道路高精度电子导航地图生产技术规范》《道路高精度电子导航地图数据规范》报批公示。2020 年针对高级辅助驾驶电子地图《高级辅助驾驶电子地图审查要求》推荐性国家标准正式立项，于 2022 年 2 月公开征求意见，目前正在审查阶段。从征求意见稿内容中可以看出，自然资源部将高级辅助驾驶电子地图定义为供智能汽车 0~3 级驾驶自动化系统使用，为其感知、定位和决策起辅助作用的地图要素数据集。此外，由部地图技术审查中心牵头的《智能网联汽车时空数据处理安全技术基本要求》《智能网联汽车时空数据传感系统安全检测基本要求》两项强制性国家标准已于 2023 年 1 月完成立项公示。

中国测绘学会在 2021 年开始发力智能网联汽车高精度地图领域相关标准研制。2021 年底《自动驾驶高精度地图产品规格》团体标准立项完成，2022 年立项了包括

《智能汽车基础地图 众源更新基本要求》《智能网联汽车时空数据 安全审查基本要求》《智能网联汽车时空数据 服务监管基本要求》《自动驾驶高精度地图数据交互接口》在内的4项标准研究项目。

（5）智能网联汽车领域。

在智能网联汽车领域，由中国智能网联汽车产业创新联盟自动驾驶地图与定位工作组发起，中国汽车工程学会归口在2021—2022年发布了5项自动驾驶地图团体标准，包括《智能网联汽车 自动驾驶地图采集要素模型与交换格式》（T/CSAE 185—2021）、《自主代客泊车 地图与定位技术要求》（T/CSAE 261—2022）、《智能网联汽车 自动驾驶地图数据质量规范》（CSAE 267—2022）、《智能网联汽车 自动驾驶地图路侧传感器数据交换格式》（T/CSAE 268—2022）和《智能网联汽车 自动驾驶地图动态信息数据交换格式》（T/CSAE 269—2022）。2023年3月，《智能网联汽车 自动驾驶地图增量更新》三项系列标准立项完成，预计2024年发布。

作为崭新的交叉领域，智能网联汽车行业快速发展，但各主机厂的自动驾驶系统发展能力不均衡，对高精度地图的要素、精度及更新方面的需求存在较大差异，不同图商对高精度地图的定义和解决方案也不尽相同，形成了不同的高精度地图产品。但随着智能汽车和高精度地图行业的深入融合和技术的成熟，同时推动高精度地图向标准化方向发展。

工业和信息化部、交通运输部、自然资源部、国家标准化管理委员会等不断加快编制和发布智能汽车、车联网、高精度地图等相关标准规范。

未来，智能汽车标准化工作将以推动标准体系与产业需求对接协同、与技术发展相互支撑的方式推进，推动新型智能汽车标准体系的建立。在车路协同、高精度地图和定位、云平台、试验场地等跨行业交叉领域联合开展标准研究，加快推进基础通用类标准、汽车智能化标准、汽车网联化标准的制定。

同时，通过加强与WP.29、ISO等国际组织、国际主要汽车生产国标准化机构、国际先进汽车制造商和零部件企业等沟通交流，同时与欧盟、德国、法国、日本及"一带一路"沿线国家的相关领域交流合作，协同推进智能汽车技术及产业发展。

2. 高精度动态地图技术标准需求分析

导航电子地图及高精度地图的制作和发布涉及国家地理信息安全，因此，我国对地图制作资质有严格控制，并制定相关法规、标准以维护信息安全。智能汽车产业的发展对高精度地图的精度、更新时间、信息丰度等提出更高的需求,但这些要求与现行法规标准存在一定冲突,主要体现在以下几个方面。

1)智能网联汽车测绘地理信息管理

2022 年 8 月 30 日,自然资源部国土测绘司发布《关于促进智能网联汽车发展维护测绘地理信息安全的通知》(自然资规〔2022〕1 号),指出对智能网联汽车运行、服务和道路测试过程中产生的空间坐标、影像、点云及其属性信息等测绘地理信息数据进行收集、存储、传输和处理者,是测绘活动的行为主体,应遵守相关规定并依法承担相应责任。

该通知指出,需要从事相关数据收集、存储、传输和处理的车企、服务商及智能驾驶软件提供商等,属于内资企业的,应依法取得相应测绘资质,或委托具有相应测绘资质的单位开展相应测绘活动;属于外商投资企业的,应委托具有相应测绘资质的单位开展相应测绘活动(如特斯拉则无法自己开展测绘),由被委托的测绘资质单位承担收集、存储、传输和处理相关空间坐标、影像、点云及其属性信息等业务及提供地理信息服务与支持。

2)高精度地图测绘资质管理

自然资源部办公厅于 2021 年 6 月 7 日发布《测绘资质管理办法和测绘资质分类分级标准的通知》(自然资办发〔2021〕43 号),目的是进一步落实党中央、国务院"放管服"改革要求,促进地理信息产业发展,维护国家地理信息安全。根据《关于加强自动驾驶地图生产测试与应用管理的通知》(国测成发〔2016〕2 号)相关规定,自动驾驶地图属于导航电子地图的新种类,其数据采集、编辑加工和生产制作必须由具有导航电子地图测绘资质的单位承担。

测绘分为 10 类,分为对应甲级和乙级两个等级,除甲级导航电子地图制作资质由自然资源部负责审批外,其余测绘资质均由省、自治区、直辖市人民政府自然资源主管部门审批和管理。新增加设定的乙级导航电子地图制作资质,可在相关政府部门划定的自动驾驶区域内从事导航电子地图制作。

根据 2021 年自然资源部办公厅发布的《关于开展测绘资质复审换证工作的通知》(自然资办发〔2021〕46 号),截至 2023 年 5 月,已有三批共 19 家单位完成甲级导航电子地图资质换证工作,较原已发布的 31 家单位,减少了 12 家单位。

3)偏转处理与地理信息安全保护

为保证地理信息安全,我国要求所有地图产品地理信息进行偏转,《导航电子地图安全处理技术基本要求》(GB 20263—2006)要求：导航电子地图在出版前必须进行空间位置技术处理。在具体的实行过程中，由国家的测绘管理部门统一将各测绘单位绘制的地图使用偏转工具进行非线性偏转处理，把原本基于 WGS-84 地理坐标系的经纬度信息进行非线性变化，转换后的地图坐标系称为 GCJ-02 坐标系。偏转工具给地图带来非线性系统变换，实现地理信息的安全保护。

具体加密技术处理申请与制作流程如图 7-12 所示，图商准备加密技术处理申请公文、数据表格、数据加密清单等文件，提交至中国测绘科学研究院（以下简称"测科院"）。测科院组织专家进行技术评审。评审结束后，测科院将评审报告、申请资料统一呈报至自然资源部地理信息管理司，由自然资源部地理信息管理司进行审批。若审批通过，图商在测科院由专业技术人员进行数据加密技术处理，并最终实现产品发布。

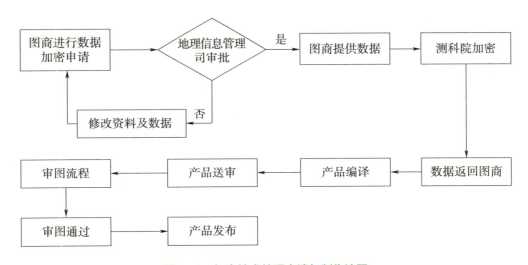

图 7-12　加密技术处理申请与制作流程

经过偏转后的地图，在车端使用时势必产生定位与地图信息之间的偏差。为了解决这个问题，在车端也使用偏转插件，将卫星定位信息进行偏转，使偏转后的定位信息能够匹配被偏转的地图，达到定位与地图的一致偏转。上述过程如图 7-13 所示。由于车载终端通过偏转插件也进行了和地图相同的坐标偏转，所以理论上终端用户能正常使用 GCJ-02 坐标系下的电子地图。

4）随机偏差及功能安全

在地图和定位都进行偏转之后，理论上不存在使用问题。但在实际操作中发现受定位精度、时延等多因素影响,偏转后的地图和偏转后的定位无法完全匹配,两者之间存在随机误差,高德软件有限公司在为通用汽车公司 Super Cruise 系统进行适配时也发现这一问题。这个误差对于传统导航地图不会产生影响,但对智能汽车而言,则会带来车道级别的误差,并带来严重的安全隐患。同时,在进行随机偏转后,也可能导致道路曲率等的变化,引发不必要的制动等问题,但这个方面影响尚无定论。

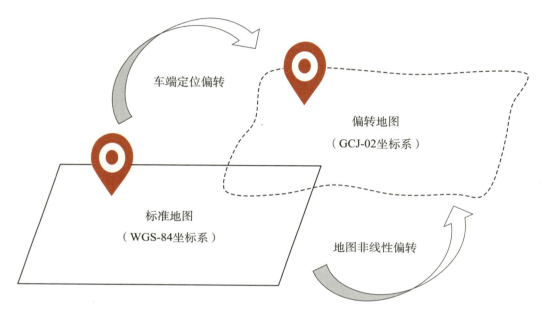

图 7-13 导航电子地图和定位偏转示意图

同时,由于偏转处理投入使用较早,目前难以满足《道路车辆 功能安全》(GB/T 34590—2017)(ISO 26262:2011)对汽车电子电气"安全相关系统"整个安全生命周期的相关标准要求。由于自动驾驶控制系统的复杂性,以及对安全极高的要求,定位模块汽车安全完整性等级的降低将给车辆行驶安全、可靠性带来隐患。

目前,相关主管部门已经密切关注上述问题,在高德软件有限公司与通用汽车公司为 Super Cruise 系统适配高精度地图工作中,测科院就对偏转处理进行了针对性调整以满足系统对定位精度的要求。针对自动驾驶高精度地图发展需求,在自然资源部地理信息管理司、自然资源部地图技术审查中心、测科院等的努力下,已经初步完成了自动驾驶地图的偏转处理和加密方案,经过大量测试认为满足现阶段 L3 级别自动驾驶需求。未来,随着产业发展对高精度地图要求的不断变化,我国高精度地图管理也会针对性调整,在保障地理信息安全的同时,满足自动驾驶精度要求及汽车功能安全要求,推动行业的发展进步。

5）地理信息表达要求

根据《基础地理信息公开表示内容的规定(试行)》《公开地图内容表示若干规定》《公开地图内容表示补充规定(试行)》《测绘局关于导航电子地图管理有关规定的通知》及《导航电子地图安全处理技术基本要求》(GB 20263—2006)等法规和标准规定,我国道路的铺设材料、最大纵坡、最小曲率半径、桥梁的限高、限宽、净空、载重量、坡度、桥梁结构、隧道的高度及宽度、未正式公布的高程点等均不可公开。

道路曲率、高程、限高、限重等都是重要的先验信息,对这些信息的利用有助于提高智能汽车决策的效率和驾驶的安全性及舒适性。在实际操作中,主管部门对相关信息表达已经适度放开,曲率等信息可以采用分段表达的方式公开,上述信息对当前的高精度地图应用已经基本满足要求。未来随着自动驾驶技术的发展和对高精度地图信息丰度和精度要求的逐步提升,信息表达与公开形式将有望不断调整以匹配产业发展步伐。

6）地图审核和审图周期

我国对地图信息的更新和审核也作出明确规定。《中华人民共和国测绘法》要求:基础测绘成果应当定期更新,经济建设、国防建设、社会发展和生态保护急需的基础测绘成果应当及时更新。基础测绘成果的更新周期根据不同地区国民经济和社会发展的需要确定。

《地图审核管理规定》第二十四条规定:测绘地理信息主管部门应当自受理地图审核申请之日起20个工作日内作出审核决定。时事宣传地图、发行频率高于1个月的图书和报刊等插附地图的,应当自受理地图审核申请之日起7个工作日内作出审核决定。《地图管理条例》也作出类似规定。现阶段各图商的高精度地图采集也限于静态基础信息,现行审图周期不会对高精度地图应用产生阻碍。但未来高精度地图上层要求动态甚至实时信息更新,有关部门也在密切关注行业发展进展和需求,将来有可能对审核和更新模式进行优化。

3. 中国高精度动态地图关键标准规划

1）时空数据安全要求

(1)《智能网联汽车时空数据处理安全技术基本要求》。

本标准规定了中国境内智能汽车获取的地理信息进行处理、传输、存储、使用等采集活动的安全技术基本要求。本标准适用于面向社会公开销售的、在中国境内行驶的智能汽车利用车载传感系统对地理信息的处理活动。运营的网约车、无人配送装置、智能公交等其他智能移动终端利用地理信息传感系统对地理信息的处理活动应参此执行。

(2)《智能网联汽车时空数据传感系统安全检测基本要求》。

本标准规定了时空数据传感系统安全检测的总体要求,以及时空数据传感系统采集、存储、传输安全检测基本要求和结果判定。本标准适用于向社会销售且在中国境内运行的智能汽车测绘传感系统的地理信息安全检测。运营的网约车、无人配送装置、智能公交等其他搭载了测绘传感系统的智能移动终端的地理信息安全检测应照此执行。

同时,三项推荐性国家标准《智能网联汽车时空数据安全审查基本要求》《智能网联汽车时空数据 监管服务基本要求》《智能汽车基础地图 众源更新基本要求》也将优先以团体标准形式落地实施,在智能网联汽车及测绘地理信息领域,将对测绘数据的采集、传输、存储、使用、更新、审查、监管等方面提出要求,更好地规范和促进测绘地理信息数据支撑智能网联汽车高质量发展。

2)车端传感器数据与云平台交互相关标准

《自动驾驶传感器与云平台数据交换格式》,本标准定义车载传感器上传数据到云平台的数据格式,同时规定了图像、激光点云、毫米波雷达信息、GNSS定位及自车状态等不同部件上传的前端要素识别要求和原始数据的格式、定位精度、分辨率、校准精度等指标要求。本标准适用于自动驾驶汽车上传车端实时识别信息、原始数据信息到路侧设施或云平台,为云端生成实时动态交通数据信息、发现现场道路设施信息变化提供必要的数据支撑。

3)高精度地图与导航地图交互相关标准

《高精度地图与导航地图协同工作交互协议》标准旨在确定高精度地图与导航地图协同工作情况下,为确保高精度地图车道级规划与导航地图匹配、确保自动驾驶行车高效和安全所需的接口要求,并制定相应的接口协议。

4)车路协同高精度地图交互相关标准

《基于V2X的高精度地图动态信息适配场景需求和技术要求》标准旨在规范高精度地图描述路口范围内车道级要素、交通信号灯配置信息以及交通信号灯与其控制车道间的关系,用以承载来自智能信号灯控制系统/智能路侧设备以及互联网动态信息服务商的路口动态信息。本标准目的是实现高精度地图与V2X系统、智能交通信号灯控制系统(以及路侧设备)间的信息交互和融合,辅助驾驶人(人或者自动驾驶系统)在路口自动驾驶。

5)其他高精度地图相关标准

(1)《自动驾驶高精度地图数据质量标准》。

本标准规定自动驾驶高精度地图质量安全要求,定义基于自动驾驶汽车功能需求的不同要素的错误率、缺失率,定义各要素在自动驾驶场景下的精度指标要求,定义动态地图更新的主体要素质量安全要求。

(2)《高精度地图功能安全技术要求》。

本标准旨在根据整车企业基于 ISO 26262 提出的 ASIL 等级要求分解到高精度地图数据中的安全目标和安全等级,建立高精度地图从规划、设计、生产到发布的功能安全技术规范,使之满足自动驾驶汽车子系统功能安全要求。

七、安全防护与安全管理

1. 国外 ICV 安全标准研究进展

1) ISO(国际标准化组织)

ISO/TC22/SC32(国际标准化组织/道路车辆技术委员会/电子电器与系统分委会)成立 WG11Cybersecurity 信息安全工作组,开展信息安全国际标准的制定工作。其运行方式以由美国 SAE 和 ISO 联合成立工作组的方式即 ISO/SAE/JWG Automotive Security 运行。

目前,ISO/SAE 已开展 ISO 21434(道路车辆——信息安全工程)标准的制定,该标准主要从风险评估管理、产品开发、运行/维护、流程审核等四个方面来保障汽车信息安全工程工作的开展。目标是通过该标准设计、生产、测试的产品具备一定信息安全防护能力。

ISO/TC22/SC32 成立 WG8 功能安全工作组,开展 ISO 26262(道路车辆——功能安全)和 ISO 21448(道路车辆——预期功能安全)标准的研究制定工作,见表 7-11。ISO 26262 针对电控系统的故障而导致的安全风险,提供了系统化的解决方案;ISO 21448 针对自动驾驶车辆,除了需要避免因电控系统故障而导致的安全风险,还需考虑电控系统在不发生故障的情况下的安全风险。ISO 21448 将拓展至 L3~L5 级别的自动驾驶汽车,标准内容涵盖自动驾驶汽车功能和系统的 SOTIF 定义、风险识别和评估、SOTIF 需求开发、预期功能改进、验证和确认策略制定、驾驶场景及 SOTIF 用例测试、SOTIF 发布方法和准则。同时,标准将引入机器学习、路径规划、人员响应 HMI、先进测试方法等全新内容。

ISO/TC22/SC32 相关信息安全/功能安全标准　　　　表 7-11

序号	标准编号	标准名称	导致危害的因素
1	ISO 26262：2018	道路车辆——功能安全（第 1~12 部分）	电子电气系统的故障
2	ISO/PAS 21448：2019	道路车辆——预期功能安全	电子电气系统功能的局限性 环境影响（天气、机械、电磁、噪声）
3	ISO/SAE CD 21434	道路车辆——信息安全	网络攻击

2）SAE

SAE 的全球车辆标准工作组（Global Ground Vehicle Standards group）所属汽车电子系统安全委员会（Vehicle Electrical System Security Committee），负责汽车电子系统网络安全方面的标准化工作。SAE J3061 推荐规程《信息物理汽车系统网络安全指南（Cybersecurity Guidebook for Cyber-Physical Vehicle Systems）》作为首部针对汽车电子系统网络安全的指南性文件,其对汽车电子系统的网络安全生命周期具有重要的应用意义,为开发具有网络安全要求的汽车电子系统提供了重要的过程依据。SAE J3061 详细定义了一个结构化的汽车信息安全流程框架,用于指导汽车信息安全过程管理及开发体系的搭建。标准强调汽车信息安全的系统工程性,即从项目初始就应将信息安全纳入系统设计进行考量,并在其整个生命周期中提供有效保护,应贯穿于车辆产品设计、研发、制造、维修服务等各环节。SAE J3061 构建的汽车信息安全过程框架包含汽车信息安全管理、生命周期各阶段的工程活动和支持过程,其中生命周期阶段包括概念设计阶段、产品开发阶段、产品生产及服务阶段。

3）ITU-T（国际电信联盟电信标准分局）

ITU-T（国际电信联盟电信标准分局）成立第 17 研究组（SG17）负责通信安全研究与标准制定工作,下设 Q13 小组,开展智能交通及智能网联汽车安全的研究工作,标准项目见表 7-12。

ITU-T 车辆通信安全相关标准　　　　表 7-12

序号	标准名称	标准简介
1	X.1373	该标准通过适当的安全控制措施，为远程更新服务器和车辆之间的提供软件安全的更新方案，并且定义了安全更新的流程和内容建议。修订版已于 2021 年发布
2	X.itssec-2	介绍了 V2X 通信系统的基本模型和用例，并给出了系统的安全要求
3	X.itssec-3	X.itssec-3 的目标与 SAE J3138 类似，当外部设备（无论是否可连接电信网络）连接到 OBD Ⅱ 端口时，它将识别安全问题，并定义适当的安全要求来保护这个外部接口
4	X.itssec-4	对车载控制网络中的入侵检测系统（IDS）进行完整的指导。该建议将包括对车载网络和系统的攻击类型进行分类和分析。研究的重点是车载网络，如控制器区域网络（CAN）或 CAN-FD，这是传统的 IDS 不支持的
5	X.itssec-5	针对 VEC（Vehicular Edge Computing，车辆边缘计算），在威胁分析和风险评估的基础上，提出了 VEC 的安全需求
6	X.mdcv	为联网汽车提供了安全相关的异常行为的检测机制，定义了所需的数据类型和整套检测机制的步骤
7	X.srcd	提出了针对 V2X 通信数据保护的安全要求，并且定义了数据的安全等级
8	X.stcv	定义了联网汽车相关的安全威胁，并提出了相应的分析
9	X.edrsec	为基于云的事件数据记录仪提供安全指导，梳理在收集、传输、存储、管理和使用事件数据的过程中存在各种漏洞，并提供安全要求和用例
10	X.eivnsec	为基于以太网的车载网络提供安全指导，涵盖了车载以太网的参考模型、威胁分析、用例等
11	X.fstiscv	定义了联网车辆的安全威胁信息，旨在帮助各组织保护自身免受威胁或对相关行为进行检测

2. 国内智能网联汽车安全标准研究进展

1）TC114（全国汽车标准化技术委员会）

（1）功能安全。

2015年3月，工业和信息化部发布《关于汽车安全标准体系建设》（工装函〔2015〕414号），明确强调以主被动安全、功能安全技术和标准为重点，完善我国汽车安全标准体系；2016年5月，工业和信息化部发布《整车及关键电控系统功能安全ASIL等级及测试评价规范研究》（工装函〔2016〕190号），联合行业力量，共同开展电子电气功能安全基础数据、测试评价方法、标准制定，功能安全技术和标准研究已上升至国家战略。

全国汽车标准化技术委员会功能安全标准工作组与国内外标准组织之间的信息交互如图7-14所示。

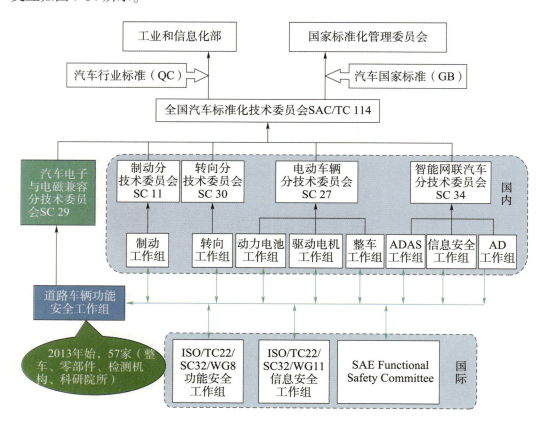

图7-14　功能安全标准工作组与国内外标准组织之间的信息交互示意图

全国汽车标准化技术委员会功能安全工作组关于功能安全技术和标准的研究规划（2016—2025年）如图7-15所示。

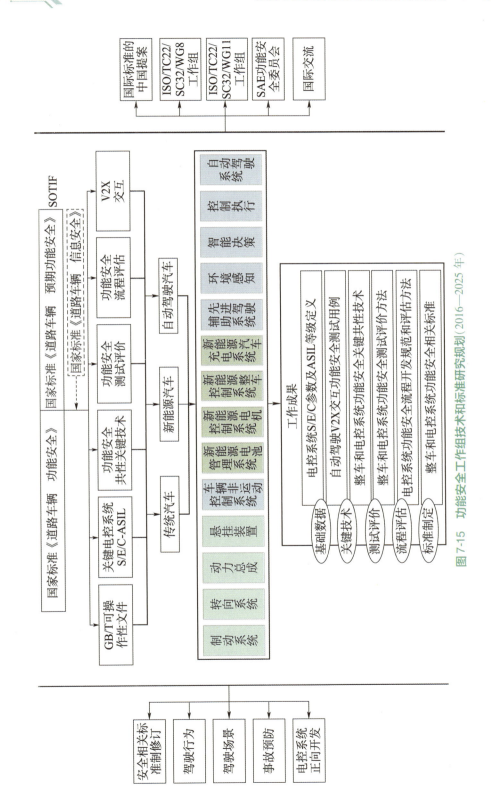

图 7-15 功能安全工作组技术和标准研究规划（2016—2025 年）

功能安全标准体系研究方面,将形成相对完善的道路车辆功能安全标准体系,将前期工作成果拓展到道路车辆电子电气系统和产品:制定关键电控系统如制动、转向、动力总成、新能源电控系统相关的功能安全标准,导入功能安全理念和要求;制定高级辅助驾驶系统(ADAS)、自动驾驶系统标准,加入功能安全理念和要求;制定《道路车辆　功能安全审核及评估方法》系列国家标准。积极开展乘用车/商用车功能安全接受准则研究,开展《道路车辆　功能安全要求及验证确认方法》国家标准预研,提出电控系统通用性功能安全要求和验证确认方法。

完善已有标准和在研标准中与功能安全相关的内容,包括完善《乘用车制动系统技术要求及试验方法》(GB 21670)关于功能安全相关要求;完善《商用车辆和挂车制定系统技术要求及试验方法》(GB 12676)关于功能安全相关要求;《道路车辆　自动紧急制动系统(AEBS)技术要求及试验方法》等ADAS标准中加入功能安全附录。

建立功能安全与信息安全间的交互接口;功能安全管理与信息安全管理、概念阶段、产品开发、生产和运行阶段交互;研究功能安全与电磁兼容,功能安全与人工智能、车路云协同功能安全要求等。

(2)信息安全。

全国汽车标准化技术委员会智能汽车分技术委员会(SAC/TC114/SC34,简称"分标委")在国家标准化管理委员会、工业和信息化部支持下于2017年12月29日获批成立,主要负责汽车驾驶环境感知与预警、驾驶辅助、自动驾驶以及与汽车驾驶直接相关的车载信息服务等领域的标准化工作,是国际范围内首个专门负责智能汽车领域标准化的专业标委会。

2022年9月,工业和信息化部、国家标准化管理委员会联合发布《国家车联网产业标准体系建设指南(智能网联汽车)(2022年版)》的征求意见稿。汽车网络安全标准基于车联网复杂环境,以车端为核心运用纵深防御理念保护其免受网络攻击或缓解网络安全风险,主要包括安全保障类与安全技术类标准。其中,安全保障类标准主要规范了企业及产品相关的体系管理和审核评估方法;安全技术类标准主要包括车用数字证书、密码应用等底层支撑类技术要求,元器件级、关键系统部件级、整车级安全技术要求及测试评价方法,以及态势感知和入侵检测等综合安全防护技术要求、软件升级技术要求等。

汽车数据安全标准用于确保智能网联汽车数据处于有效保护和合法利用的状态

并具备保障持续安全状态的能力,对重要数据和个人信息提出明确的安全保护要求,主要包括数据通用要求、数据安全要求、数据安全管理体系规范、数据安全共享模型和架构等标准,标准研制情况见表7-13。

网络安全和数据安全国家及行业标准研制情况　　　表7-13

编号	标准项目	类型	性质	状态
网络安全				
221-1	汽车整车信息安全技术要求	国家标准	强制	已立项
221-2	汽车软件升级通用技术要求	国家标准	强制	已立项
221-3	道路车辆　信息安全工程	国家标准	推荐	已立项
221-4	道路车辆　信息安全工程审核指南	国家标准	指导	预研中
221-5	道路车辆　网络安全保障等级和目标攻击可行性	国家标准	推荐	预研中
221-6	道路车辆　网络安全验证和确认	国家标准	推荐	预研中
221-7	汽车信息安全应急响应管理规范	国家标准	推荐	已立项
221-8	汽车信息安全通用技术要求	国家标准	推荐	已发布 GB/T 40861—2021
221-9	汽车网络安全态势感知和入侵检测技术要求	国家标准	推荐	预研中
221-10	汽车数字证书应用规范	国家标准	推荐	已立项
221-11	智能网联汽车　身份认证系统应用规范	国家标准	推荐	预研中
221-12	汽车密码应用技术要求	国家标准	推荐	已申请立项
221-13	汽车安全漏洞分类分级规范	国家标准	推荐	预研中
221-14	信息安全、网络安全和个人信息保护　智能网联汽车设备的安全要求及评估	国家标准	推荐	预研中
221-15	汽车电子控制单元信息安全防护技术规范	国家标准	推荐	预研中
221-16	车载信息交互系统信息安全技术要求及试验方法	国家标准	推荐	已发布 GB/T 40856—2021
221-17	电动汽车远程服务与管理系统信息安全技术要求及试验方法	国家标准	推荐	已发布 GB/T 40855—2021

续上表

编号	标准项目	类型	性质	状态
网络安全				
221-18	汽车网关信息安全技术要求及试验方法	国家标准	推荐	已发布 GB/T 40857—2021
221-19	电动汽车充电系统信息安全技术要求及试验方法	国家标准	推荐	已发布 GB/T 41578—2022
221-20	汽车诊断接口信息安全技术要求	国家标准	推荐	已立项
221-21	汽车芯片信息安全技术规范	国家标准	推荐	预研中
数据安全				
222-1	智能网联汽车 数据通用要求	国家标准	推荐	已立项
222-2	智能网联汽车 数据安全要求	国家标准	强制	预研中
222-3	智能网联汽车 数据安全管理体系规范	国家标准	推荐	预研中
222-4	智能网联汽车 数据安全共享模型与规范	行业标准	推荐	预研中
222-5	智能网联汽车 数据安全共享参考架构	行业标准	推荐	预研中

2）TC260（全国信息技术安全标准化技术委员会）

全国信息技术安全标准化技术委员会（SAC/TC260，简称"信安标委"）是国家标准化管理委员会的直属标准委员会，负责全国信息安全技术、安全机制、安全服务、安全管理、安全评估等领域标准化工作，并负责统一协调申报信息安全国家标准年度计划项目，组织国家标准的送审、报批工作。

2020年，信安标委发布了首个关于汽车电子系统网络安全的国家标准项目《信息安全技术 汽车电子系统网络安全指南》（GB/T 38628—2020）。汽车电子系统作为集电控技术、信息技术、网络技术和汽车技术于一体的复杂系统，汽车网络安全在根本上取决于汽车电子系统的网络安全防护能力。

2021年8月，中华人民共和国国家互联网信息办公室网信办等五部委联合发布了《汽车数据安全管理若干规定（试行）》，提出汽车数据安全保护要求，为有序开展汽车领域重要数据和个人信息保护工作指明了方向。在该政策背景之下，信安标委开展了《信息安全技术 汽车数据处理安全要求》（GB/T 41871—2022）的标准研制工作，规定了汽车数据处理者对汽车数据进行收集、传输等处理活动的通用安全要求、车外数据安全要求、座舱数据安全要求和管理安全要求。

3）CCSA（中国通信标准化协会）

中国通信标准化协会（China Communications Standards Association，CCSA）的TC8技术工作委员会负责网络与数据安全研究，与ITU-T SG17对应，下设五个工作组和两个任务组：安全基础及产业支撑工作组（WG1）、网络安全工作组（WG2）、数据安全工作组（WG3）、新兴技术和业务安全工作组（WG4）、防范治理电信网络诈骗工作组（WG5）、网络空间安全仿真任务组（TF1）和车联网安全任务组（TF2），其职责及研究范围见表7-14。

CCSA网络与信息安全相关工作组简介　　　　表7-14

工作组	职责及研究范围
安全基础及产业支撑工作组（WG1）	开展安全基础和安全管理相关标准化工作，包括安全基础标准、安全管理及产业支撑标准、供应链安全标准等
网络安全工作组（WG2）	开展网络安全相关标准化相关工作，包括：网络安全测试与检测，风险评估与安全认证，网络安全能力评价，网络安全技术手段建设等
数据安全工作组（WG3）	开展数据安全相关标准化相关工作，包括数据安全管理，数据安全检测、评估与认证，数据安全技术与产品，数据安全防护，用户数据安全等
新兴技术和业务安全工作组（WG4）	开展新兴技术和业务安全标准化相关工作，包括人工智能、未来网络、区块链等新兴技术和业务的安全风险评估、安全管理、安全技术等
防范治理电信网络诈骗工作组（WG5）	开展防范治理电信网络诈骗工作的综合性、管理性和框架性研究，制定政策支撑性标准、防范技术标准和业务管理标准，包括电话用户实名登记、物联网卡等
网络空间安全仿真任务组（TF1）	网络空间安全仿真相关标准化工作，内容涵盖网络空间安全仿真的基础术语、体系架构、数据采集、大数据及知识表示、存储管理、目标网络生成、仿真模拟、量化评估、运行控制、互联、工业控制、使用和培训，以及国际网络空间安全仿真标准跟踪研究等
车联网安全任务组（TF2）	根据《车联网网络安全和数据安全标准体系建设指南》，围绕车联网总体与基础共性安全、终端与设施网络安全、网联通信安全、数据安全、应用服务安全、安全保障与支撑共6个部分开展标准化工作

3. 我国智能网联汽车安全关键标准建议

我国尚未建立完善的智能网联汽车产品安全相关政策法规、技术标准，特别是在个人隐私、数据传输等方面，产品设计与实施无章可循；尚未形成完善的智能网联汽车信息安全评测及服务体系；智能网联汽车信息安全管理能力不足，国内尚无针对智能网联汽车信息安全专门的监管机构,整车企业及相关企业普遍缺乏针对智能汽车信息安全有效的管理机构和管理制度,信息安全管理相对较弱;缺乏智能汽车责任及保险制度。

为了全面规范智能网联汽车信息安全评测体系的实施,建议从以下三个方面建立并完善相关标准规范:

(1)针对智能网联汽车全生命周期管理制定一套相应的标准,从风险评估管理、产品开发、运营/维护、流程审核等方面来保障智能汽车信息安全工作的开展,形成中国版 ISO 21434,目前全国汽车标准化技术委员会已成立标准起草组开始预研工作。

(2)考虑到不同的车辆在功能上有所差异,车辆将面临不同的安全威胁,同时,由于不同车辆在车内架构上又存在差异,相同的零部件在不同的车辆上也可能会面临不同的安全威胁,相关标准应包含统一的信息安全风险评估方法和整车/零部件信息安全技术要求,以形成统一的方法论和被测试车辆的通用安全需求。目前,相关标准已由全国汽车标准化技术委员会着手制定中,包括汽车信息安全风险评估规范、汽车信息安全通用技术要求和各零部件(包括网关、车载信息交互系统等)的信息安全技术要求。

(3)对于认证智能汽车开发和生命周期过程的审计方以及实施整车/零部件测试评估的测试实验室而言,还需要诸如认证测试执行流程、测试机构资质要求、测试场地环境要求等相关标准规范来约束,目前上述标准或规定还有待制定。

第四节

基于 3S 融合的中国新一代智能网联汽车标准法规体系发展路线图

一、关键行动建议

1)构建跨行业、跨领域、跨部门协同发展、相互促进的合作机制

落实汽车、ITS、通信及全国道路交通管理标准化技术委员会共同签署的《关

于加强汽车、智能交通、通信及交通管理 C-V2X 标准合作的框架协议》，按照"友好合作、专业分工、优势互补、协同推进"的总体原则，加强汽车与电子、通信、互联网、公安、交通、信息安全、地理信息等领域的法规标准联动并预留接口，相互支持和参与标准研究制定，共同承担各类研究项目和课题，共同开展标准应用示范与评估。

依托行业学会/协会/产业联盟，联合开展跨行业交叉领域的标准研究与制定、宣贯与应用示范等工作，在车路协同、高精度地图和定位、云平台等跨行业交叉领域，联合开展标准化需求分析工作，联合制定发布跨产业多标号团体标准；支持应用成效较好，符合国家标准定位的跨行业标准项目转化为国家标准，避免规范同一技术领域有多套国家标准。

2）构建国家标准、行业标准、团体标准协同配套新型标准体系，开展标准研究与制定工作

全面贯彻落实《国家车联网产业标准体系建设指南》系列文件对五大行业的要求开展标准制定及研究工作，同时形成基于 3S 融合的新一代 ICV 技术标准体系。梳理分析标准层级与适用范围，聚焦前瞻、交叉、空白领域，实现政府主导的国家标准、行业标准和市场主导的团体标准的优势互补和协调一致，及时吸纳最新创新成果，促进新技术快速推广应用，引领产业技术创新发展，促进产品技术水平和质量提升。

3）标准体系动态更新及标准项目计划管理

开展跨行业、跨领域标准化需求分析，充分调研企业产品规划和技术特点并形成报告，依据报告适时启动相关标准的制定工作，保证标准项目设置合理性和全面性，有目的、有计划、有重点地安排相关标准化工作并进行有效管理。

综合考虑智能汽车不同技术路线差异，分析不同技术路线对于产品应用的差异性，基于差异性启动支撑不同技术路线需求的标准制定工作；建立标准体系动态完善机制与标准实施评估机制，保障标准对于技术不断更新迭代的适用性。

4）国际合作与人才培养

加强与世界主要汽车生产国的交流与合作，全面参与或牵头国际组织和机构智能汽车相关标准法规制定工作，开展适应性分析并适时启动相应标准法规的国标转化工作。

发挥我国国家标准化管理委员会、行业学会/协会/产业联盟标准专家在国际标

准化组织中任职的优势,积极参与联合国世界车辆法规协调论坛(UN/WP. 29)、国际标准化组织(ISO)、国际电信联盟(ITU)、国际电工委员会(IEC)、第三代合作伙伴计划(3GPP)、美国电气电子工程师学会(IEEE)等相关国外标准化组织的标准制定工作。

推动国际标准采信/采用我国行业学会/协会/产业联盟标准,推动标准联合制定与互认与国际性认证认可组织建立合作关系,探讨拓展多边、双边的国际互认。

推动智能汽车相关跨行业、跨领域标准创新论坛建设及落地,组织标准知识理论培训,提高标准起草人标准化专业能力水平。

二、里程碑

1. 短期(2021—2025 年)

初步构建时期:初步构建跨行业、跨领域、跨部门协同发展、相互促进的合作机制,初步形成适应我国国情并与国际标准协同发展的基于 3S 深度融合的中国新一代智能网联汽车技术标准体系,可适用于大规模具备 CA 级智能网联汽车的量产应用需求。

2. 中期(2026—2030 年)

形成持续灵活、不断更新迭代的基 3S 深度融合的中国新一代智能网联汽车技术标准体系,可适用于 HA 级及以上智能网联汽车的量产应用需求。

3. 远期(2031—2035 年)

全面形成时期:全面形成技术先进、结构合理、内容完善的基于 3S 深度融合的中国新一代智能网联汽车技术标准体系,体系可适用于各类型智能网联汽车的量产需求(图 7-16)。

三、发展路线图

3S 融合发展标准法规技术路线图将体系框架定义为"新型架构车载关键系统""信息交互""智能化基础设施""基础支撑"四个部分,研究制定标准法规发展的总体目标及里程碑。

2025年

- 构建跨行业、跨领域、跨部门协同发展、相互促进的合作机制，形成适应我国国情并与国际标准协同发展的基于3S融合的中国新一代智能网联汽车法规标准体系，可适用于大规模具备CA级智能网联汽车的量产需求。
- 制定标准体系各细分领域的核心和关键技术标准，形成各层级关键标准超100项。
- 开展跨行业重点标准应用示范，依托实施效果良好的标准项目，促进汽车智能化与网联化深度融合发展，以及技术和产品的商业化应用

2030年

- 形成持续灵活、不断更新迭代的基于3S融合的中国新一代智能网联汽车法规标准体系，可适用于HA级及以上智能网联汽车的量产需求。
- 开展标准实施评估工作，根据评估结果启动并完成重点标准的修订工作，基于智能网联汽车运行数据，更新标准中对于智能网联汽车的功能要求和测试方法、人-车-路-云的互联互通要求等。
- 标准可覆盖高级别自动驾驶所涉及的各类设计运行范围，持续促进智能网联汽车技术和产品推广普及，持续推进智能化和网联化技术的融合应用

2035年

- 全面形成技术先进、结构合理、内容完善的基于3S融合的中国新一代智能网联汽车法规标准体系，体系可适用于各类型智能网联汽车的量产需求。
- 开展标准体系实施整体评估与优化研究工作，并根据研究结果启动相关标准的制定工作。
- 标准体系可覆盖智能网联汽车发展的全部过程，满足产业产品设计、准入认证、在用车管理等车辆全生命周期需求，在标准支撑下实现高级别自动驾驶功能的全面普及，推动构建跨界融合的智能网联汽车产业生态体系，显著提升国际竞争力，助力构建安全、高效、绿色、文明的未来智能汽车社会

图 7-16　面向 2035 年的发展目标

本路线图的关键特点在于参考智能网联汽车"三横两纵"技术架构，结合适应我国城市社会规划、道路交通环境、驾驶人行为习惯与产业发展需求，对基于3S深度融合发展并与国际接轨的国家标准、行业标准、团体标准协同配套的新一代智能网联汽车法规标准体系进行全面梳理与分析。总体上，以新型架构车载关键系统关键标准、信息交互关键技术标准、智能化基础设施关键技术标准、基础支撑关键技术标准为标准分类骨架开展研究，进一步细分到不同领域，分别从建设目标、标准制修订具体工作、标准应用示范等方面提出发展路径（图7-17）。各关键分领域标准法规技术路线图详见本章附件二。

		2025年	2030年	2035年
总体目标	里程碑	▶ 初步形成适应我国国情并于国际标准协同发展的基于3S融合深度融合的中国新一代智能网联汽车技术标准体系	▶ 形成持续灵活、不断更新迭代的基于3S融合深度融合的中国新一代智能网联汽车技术标准体系	▶ 全面形成技术先进、结构合理、内容完善的基于3S深度融合的中国新一代智能网联汽车技术标准体系
		▶ 适用于大规模CA级,高速等部分场景的HA级,以及网联协同感知应用需求	▶ 可适用于大规模HA级、网联协同决策与控制量产应用需求	▶ 可适用于各类型智能网联汽车的量产需求
	制修订工作	▶ 制定标准体系各细分领域的核心和关键技术标准形成各层级标准超100项	▶ 开展标准实施评估工作,根据评估结果启动并完成重点标准的修订工作,基于智能网联汽车运行数据,更新标准中对于智能网联汽车的功能要求和测试方法、人-车-路-云的互联互通要求等	▶ 开展标准体系实施整体评估与优化研究工作,并根据研究结果启动相关标准的制定工作
	应用示范	▶ 开展跨行业重点标准应用示范	▶ 标准可支撑覆盖高级别自动驾驶所涉及的各类设计运行范围的应用示范	▶ 标准体系可覆盖智能网联汽车发展的全部过程,满足产业产品设计、准入认证、在用车管理等车辆全生命周期需求
		▶ 依托实施效果良好的标准项目,促进汽车智能化与网联化深度融合发展,以及技术和产品的商业化应用	▶ 持续促进智能网联汽车技术和产品推广普及,持续推进智能化和网联化技术的融合应用,推进3S深度融合发展	▶ 在标准支撑下实现高级别自动驾驶功能的全面普及,推动构建3S融合跨界融合的智能网联汽车产业生态体系
新型架构车载关键系统标准		▶ 围绕新型电子电气架构、人机交互及计算平台开展核心和关键技术标准的制定。▶ 针对标准开展试验验证,为相关技术平台的构建、交互技术的应用提供基础支撑	▶ 更新迭代形成电子软件工具链、人机交互、自动驾驶操作系统自主可控等关键标准。▶ 依托标准,促进电子电气架构平台的建立,支撑在相关交互技术、计算平台等方面的应用	▶ 完成新型架构车载关键系列标准的制定,开展相关标准实施效果及优化评估支撑基于车-路-云一体化平台架构构建、▶ 相关交互技术的规模化普及,实现相关技术、体系的落地实施
信息交互关键技术标准		▶ 围绕专用通信与网络、车路协同开展核心和关键技术标准的制定。▶ 为我国测评体系的建立、相关技术的应用提供基础支撑	▶ 更新迭代形成NR-V2X、车路融合环境感知决策系统等关键标准。▶ 依托标准,促进建立全球领先的C-V2X检测平台,并基于车路云协同决策的自动驾驶技术在重点路口、路段和封闭园区实现应用	▶ 完成信息交互关键技术一系列标准的制定,开展相关标准实施效果及优化评估支撑C-V2X标准测评体系、测评工具链服务于全球研发测试领域、车路全息协同感知和数据融合的标准体系,实现信息交互关键技术的应用

图 7-17

图 7-17　3S 融合发展标准法规发展路线图

‖ 本章附件 ‖

附件一　3S 融合相关标准法规发展的概述

一、导言

1. 战略意义

(1) 推动构建跨界融合的智能网联汽车产业生态体系,培育经济新增长极。

智能网联汽车涉及信息技术、网络技术、智能技术、大数据、云计算等一系列新技术在汽车上的融合，与汽车研发、生产、测试、使用、监管等环节相关的、属于新兴交叉学科的、涉及人、车、路、云互联互通的信息交互与基础支撑的技术标准市场需求日益旺盛，通过制定跨行业、跨领域的标准项目，促进产业间深度交叉融合，形成全新的、对未来产生深远影响的产业生态体系与经济增长极。

（2）提高国际标准制定话语权，显著提升国家综合竞争力。

智能网联汽车作为数据网络的中间枢纽和核心环节，无时无刻不在产生和获取各种有价值的数据；建立健全基础数据采集和应用相关法规标准，推动海量数据的深度挖掘和使用，将对社会管理和国家治理产生深远影响。形成全球领先的基于3S深度融合的智能网联汽车标准体系，发展自主可控的智能网联汽车，有利于关乎国家安全的关键信息始终由国家掌控，避免被不法获取、传输或者利用，进而对国家安全造成隐患。

（3）助力构建安全、高效、绿色、文明的未来智能社会。

汽车智能化将带动与汽车相关的各类公共基础设施的智能化改造，促进智能交通构建与智慧城市建设，将建立车辆、道路和使用者之间的智能动态协同，形成保障安全、提高效率、改善环境、节约能源的智能交通运输系统，将适应未来汽车社会共享消费理念，逐步取代驾驶人员，降低成本与能耗，为共享出行服务提供强劲支撑，且有效解决老龄化社会所面临的出行问题。

2. 研究范围及目标

智能网联汽车涉及跨领域、跨部门监管，相关法律法规体系复杂，结合智能网联汽车产业发展现状以及3S深度融合的产业发展趋势，形成车-路-基础支撑的法律法规体系架构，将法律法规总体上分为道路测试、产品管理、交通管理和基础支撑四大领域，支撑促进道路交通安全、测绘地理信息、保险、网络安全、数据隐私、产品准入及管理等相关法律法规的废、立、改、释工作。

分阶段建立适应我国城市社会规划、道路交通环境、驾驶人行为习惯与产业发展需求的基于3S深度融合的新一代智能网联汽车技术标准体系，包含新型架构车载关键系统、中国典型工况测试场景、智能汽车基础地图、云控基础平台、安全防护与安全管理、智能化基础设施等技术标准和规范，以及"人-车-路-云"系统协同的专用通信与网络、服务与控制等相关规范，推动构建跨界融合的智能网联汽车产业生态体系，显著提升国际竞争力，助力构建安全、高效、绿色、文明的未来智能汽车社会。

3. 国内外标准法规差距分析

我国针对传感系统、车载终端、测试评价等核心技术和关键环节的标准尚处于制定阶段,现有部分汽车强制性标准条款存在对自动驾驶的技术发展约束的可能性;标准内容涉及汽车、通信、电子、交通、公安等多行业,相关标准由不同标准化委员会及各行业标准组织分别制定,现有标准在通信传输、链路建立、信息联系、数据解析等方面还有待进一步协调。

欧、美、日等汽车发达国家和地区也于同期开展 ADAS、自动驾驶及网联标准法规的制定工作。我国智能网联汽车标准体系作为全球首部系统规划智能网联汽车标准的指南性文件,受到全世界范围的关注,发布后部分汽车产业发达国家纷纷组织制定类似文件并与我国开展标准体系比对研究。依据标准体系,我国率先启动驾驶人注意力提醒、车门开启、夜视系统、交通拥堵辅助、后部穿行等国家标准的制定工作。我国通过制定《智能网联汽车道路测试管理规范(试行)》和《智能网联汽车自动驾驶功能测试规程(试行)》,形成世界领先的道路测试管理方案,先试先行为后续自动驾驶标准制定提供支撑。伴随上述成果,我国逐渐步入自动驾驶领域标准法规制定的核心地带,中国专家先后担任国际标准化组织自动驾驶测试场景国际标准工作组(ISO/TC22/SC33/WG9)召集人和联合国自动驾驶工作组(UN WP.29/GRVA)副主席职务,承担 GRVA 下设自动驾驶功能要求非正式工作组(FRAV)联合主席,并承担国际电工委员会(IEC)未来可持续交通(SEG11)召集人职务及秘书处单位。中国智能网联汽车标准体系建设已得到全世界范围的认可。

4. 支撑3S融合发展的标准法规发展对策

针对智能网联汽车产业未来发展需求,需要发挥中国独有的体制机制优势,攻克相关技术和产业化难题,实现产业技术自主安全可控,在国家创新中心的顶层规划下,由相关部门、标准化委员会、行业组织等全面梳理相关标准法规需求建议,在参考国际先例的同时,充分考虑我国道路交通特点,避免标准脱离实际;建立多层级、不同适用范围的标准体系,实现政府主导的国家标准、行业标准和市场主导的团体标准的良好配合和衔接,并为与电子、通信、互联网、交通、信息安全等领域的标准联动预留接口;结合标准体系启动行业急需、基础通用、安全保障的相关标准,增加标准有效供给,有目的、有计划、有重点地安排相关标准化工作并进行有效管理;加强企业创新主体作用,发挥企业在产品开发、示范应用等方面的基础作用和优势,对智能网联汽车关键技术、产品的适用性进行研究和对比分析,确定适合中国的技术发展路线和应用场景,提出适合我国国情和产业需求的智能网联汽车标准项目;通过发挥我国在通信、互联网、人工智能等方面的优势,加强与国际标准化组织的合作,积极参与国际标准制定,发出中国声音、贡献中国智慧、提供中国方案,实现中国标准"走出去",抢占标准战略制高点。

附件二　3S融合相关标准法规发展路线图

一、关键分领域标准法规技术路线图

1. 新型架构车载关键系统标准

新型架构车载关键系统标准技术路线图如附图7-1所示。

新型电子电气架构类标准:到2025年左右,制定形成以太网等新型车载高速网络相关协议、接口、应用类核心和关键技术标准,可支撑建立基于域控制器的电子电器架构平台。到2030年左右,持续制修订并更新迭代形成汽车电子软件工具链、车载总线协议以及OTA相关标准体系,可支撑建立以计算平台为核心的电子电气架构平台。到2035年左右,开展相关标准实施效果及优化评估,可支撑搭建基于车-路-云一体化平台架构,实现跨汽车品牌、跨行业领域互联互通。

人机交互相关标准:到2025年左右,制定形成手势、头部姿势、面部表情等人机交互产品类、人机共驾测试评价类行业通用核心和关键技术标准,可支撑相关交互技术应用于智能座舱,构建中国驾驶人自然驾驶行为和车辆控制系统数据库。到2030年左右,持续制修订并更新迭代形成人机交互相关标准体系,可支撑相关交互技术进入前装量产。到2035年左右,开展相关标准实施效果及优化评估,可支撑实现相关交互技术得到规模化普及,实现自动驾驶和人工接管无缝衔接。

计算平台相关标准:到2025年左右,制定形成硬件平台、系统软件、功能软件等计算平台核心和关键技术标准,可支撑计算平台支持CA级自动驾驶和协同感知。到2030年左右,持续制修订并更新迭代形成自动驾驶操作系统自主可控标准体系,可支撑计算平台支持HA级自动驾驶和协同决策与控制。到2035年左右,开展相关标准实施效果及优化评估,可支撑计算平台具备和交通基础设施(云车路)全方位无缝协同能力,实现定制和行业领先,建立自主可控的开发与应用生态。

		2025年	2030年	2035年
新型架构车载关键系统标准	新型电子电气架构类标准	制定形成以太网等新型车载高速网络相关协议、接口、应用类核心和关键技术标准。可支撑建立基于域控制器的电子电器架构平台	持续制修订并更新迭代形成汽车电子软件工具链、车载总线协议以及OTA相关标准体系。可支撑建立以计算平台为核心的电子电气架构平台	开展相关标准实施效果及优化评估。可支撑搭建基于车-路-云一体化平台架构,实现跨汽车品牌、跨行业领域互联互通
	人机交互相关标准	制定形成手势、头部姿势、面部表情等人机交互产品类、人机共驾测试评价类行业通用核心和关键技术标准。可支撑相关交互技术应用于智能座舱,构建中国驾驶人自然驾驶行为和车辆控制系统数据库	持续制修订并更新迭代形成人机交互相关标准体系。可支撑相关交互技术进入前装量产,实现在复杂环境、高速自动驾驶条件下,提升驾驶在环成功率	开展相关标准实施效果及优化评估。可支撑实现相关交互技术得到规模化普及,实现自动驾驶和人工接管无缝衔接
	计算平台相关标准	制定形成硬件平台、系统软件、功能软件等计算平台核心和关键技术标准。可支撑计算平台支持CA级自动驾驶和协同感知	持续制修订并更新迭代形成自动驾驶操作系统自主可控标准体系。可支撑计算平台支持HA级自动驾驶和协同决策与控制	开展相关标准实施效果及优化评估。可支撑计算平台具备和交通基础设施(云车路)全方位无缝协同能力,实现定制和行业领先,建立自主可控的开发与应用生态

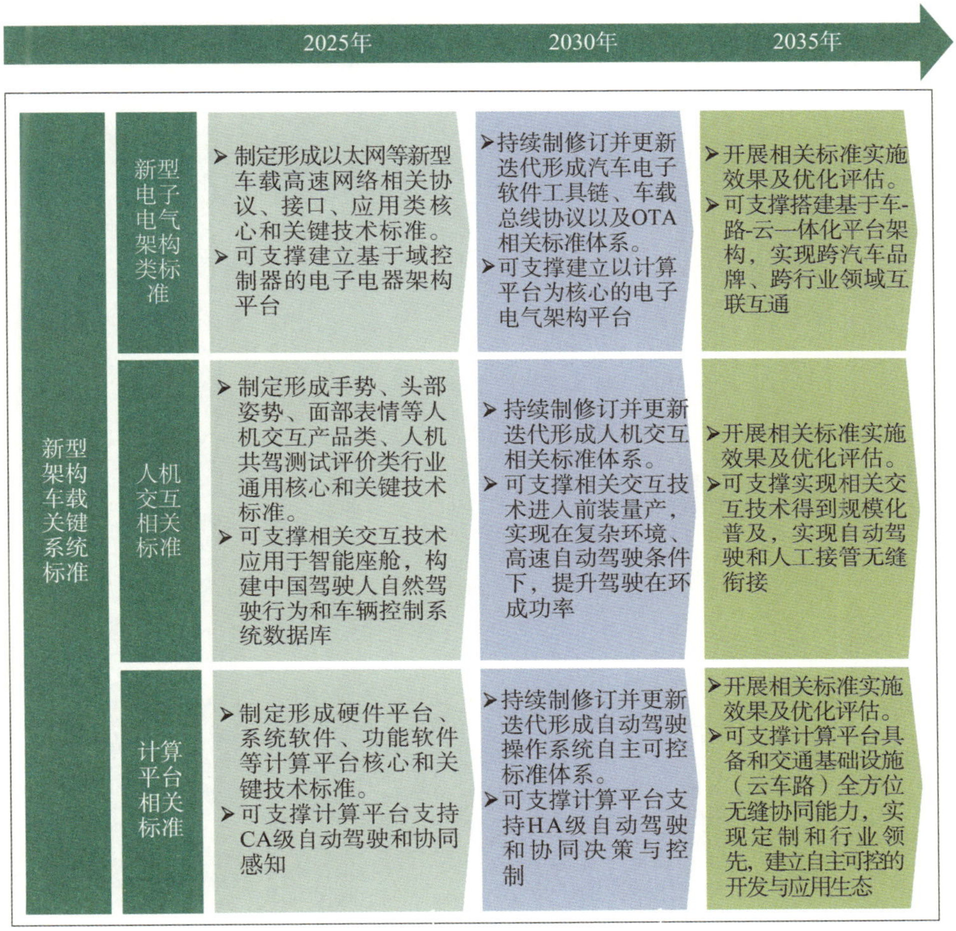

附图 7-1　新型架构车载关键系统标准技术路线图

2. 信息交互关键技术标准

信息交互关键技术标准技术路线图如附图 7-2 所示。

专用通信与网络标准:到 2025 年左右,制定形成 LTE-V2X、NR-V2X 相关核心和关键技术标准,可支撑建立我国完善的测评体系,支撑形成泛云化的 RSU 部署,实现对自动驾驶等低时延业务的增强处理。到 2030 年左右,持续制修订并更新迭代形成 NR-V2X 相关标准体系,可支撑建立全球领先的 C-V2X 检测平台,实现多边缘计算能力对智能网联汽车业务全场景支持,满足不同业务网络和处理能力需求。到 2035 年左右,开展相关标准实施效果及优化评估,可支撑 C-V2X 标准测评体系、测评工具链服务于全球研发测试领域,实现支持 HA 级以上自动驾驶商用。

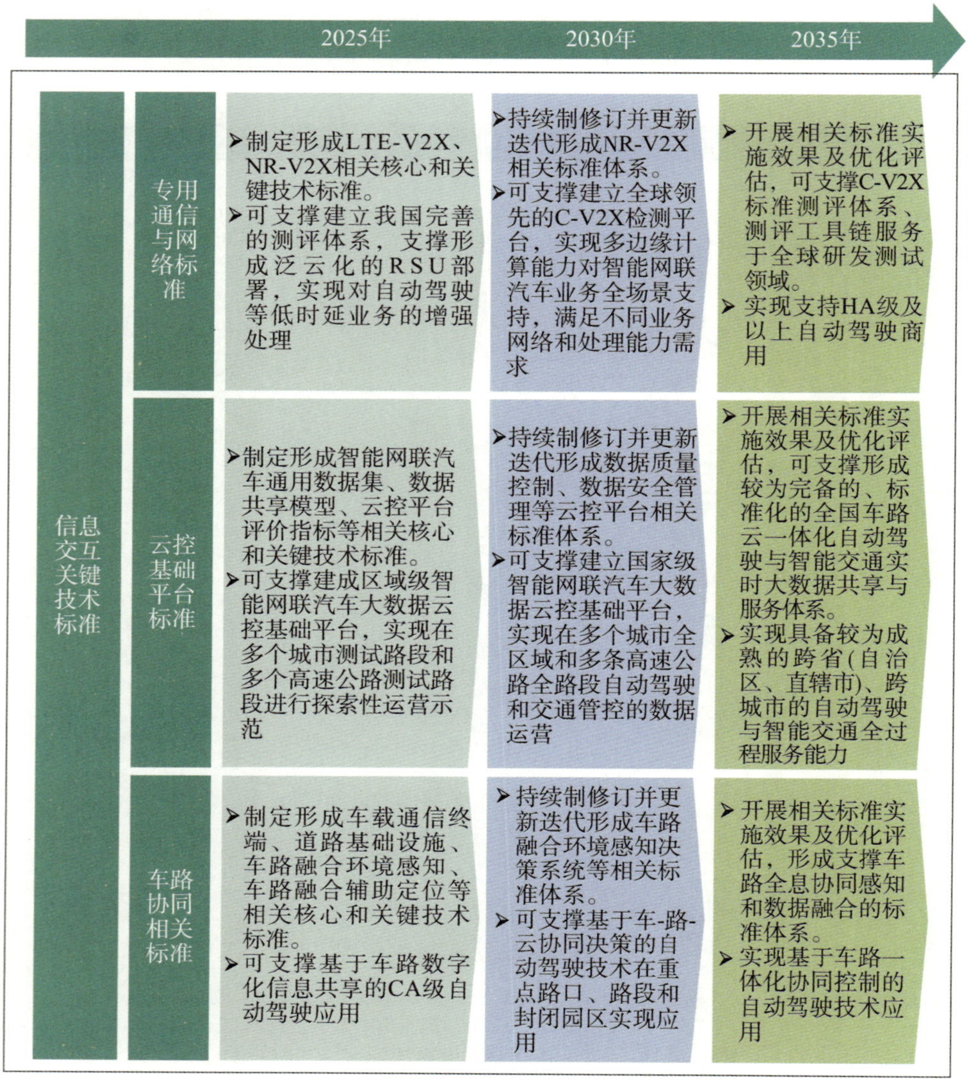

	2025年	2030年	2035年
专用通信与网络标准	➢ 制定形成LTE-V2X、NR-V2X相关核心和关键技术标准。 ➢ 可支撑建立我国完善的测评体系，支撑形成泛云化的RSU部署，实现对自动驾驶等低时延业务的增强处理	➢ 持续制修订并更新迭代形成NR-V2X相关标准体系。 ➢ 可支撑建立全球领先的C-V2X检测平台，实现多边缘计算能力对智能网联汽车业务全场景支持，满足不同业务网络和处理能力需求	➢ 开展相关标准实施效果及优化评估，可支撑C-V2X标准测评体系、测评工具链服务于全球研发测试领域。 ➢ 实现支持HA级及以上自动驾驶商用
云控基础平台标准	➢ 制定形成智能网联汽车通用数据集、数据共享模型、云控平台评价指标等相关核心和关键技术标准。 ➢ 可支撑建成区域级智能网联汽车大数据云控基础平台，实现在多个城市测试路段和多个高速公路测试路段进行探索性运营示范	➢ 持续制修订并更新迭代形成数据质量控制、数据安全管理等云控平台相关标准体系。 ➢ 可支撑建立国家级智能网联汽车大数据云控基础平台，实现在多个城市全区域和多条高速公路全路段自动驾驶和交通管控的数据运营	➢ 开展相关标准实施效果及优化评估，可支撑形成较为完备的、标准化的全国车路云一体化自动驾驶与智能交通实时大数据共享与服务体系。 ➢ 实现具备较为成熟的跨省（自治区、直辖市）、跨城市的自动驾驶与智能交通全过程服务能力
车路协同相关标准	➢ 制定形成车载通信终端、道路基础设施、车路融合环境感知、车路融合辅助定位等相关核心和关键技术标准。 ➢ 可支撑基于车路数字化信息共享的CA级自动驾驶应用	➢ 持续制修订并更新迭代形成车路融合环境感知决策系统等相关标准体系。 ➢ 可支撑基于车-路-云协同决策的自动驾驶技术在重点路口、路段和封闭园区实现应用	➢ 开展相关标准实施效果及优化评估，形成支撑车路全息协同感知和数据融合的标准体系。 ➢ 实现基于车路一体化协同控制的自动驾驶技术应用

附图7-2　信息交互关键技术标准技术路线图

云控基础平台标准：到2025年左右，制定形成智能网联汽车通用数据集、数据共享模型、云控平台评价指标等相关核心和关键技术标准，可支撑建成区域级智能网联汽车大数据云控基础平台，实现在多个城市测试路段和多个高速公路测试路段进行探索性运营示范。到2030年左右，持续制修订并更新迭代形成数据质量控制、数据安全管理等云控平台相关标准体系，可支撑建立国家级智能网联汽车大数据云控基础平台，实现在多个城市全区域和多条高速公路全路段自动驾驶和交通管控的数据运营。到2035年左右，开展相关标准实施效果及优化评估，可支撑形成较为完备的、标准化的全国车-路-云一体化自动驾驶与智能交通实时大数据共享与服务体系，实现具备较为成熟的跨省、跨城市的自动驾驶与智能交通全过程服务能力。

车路协同相关标准：到2025年左右，制定形成车载通信终端、道路基础设施、车路融合环境感知、车路融合辅助定位等相关核心和关键技术标准，可支撑基于车路数字化信息共享的CA级自动驾驶应用。到2030年左右，持续制修订并更新迭代形成车路融合环境感知决策系统等相关标准体系，可支撑基于车-路-云协同决策的自动驾驶技术在重点路口、路段和封闭园区实现应用。到2035年左右，开展相关标准实施效果及优化评估，形成支撑车路全息协同感知和数据融合的标准体系，实现基于车路一体化协同控制的自动驾驶技术应用。

3. 基础支撑相关技术标准

基础支撑相关技术标准技术路线图如附图7-3所示。

安全防护与安全管理标准：到2025年左右，制定形成终端与设施安全、网联通信安全、数据安全、安全管理与服务等相关核心和关键技术标准；支撑构建智能网联汽车信息安全基础防护体系，在CA、HA级智能网联汽上实施；支撑实现车车、车路、车人、车云安全通信及车联网专有中心云/边缘云的安全防护。到2030年左右，持续制修订并更新迭代形成智能网联汽车信息安全产业链的汽车电子产品、汽车信息系统、通信网络传输、云端平台与基础设施等风险评估、安全防护与测试评价相关标准体系，可支撑实现HA级及以上智能网联汽车信息安全防护体系的落地实施；支撑健全智能网联汽车信息安全应急响应机制及保障与监管体系。到2035年左右，开展相关标准实施效果及优化评估，支撑实现智能网联汽车信息安全防护体系的全面落地实施；促进交通网、通信网、车联网三网融合，支撑构建交通安全、信息安全、网络安全融为一体的监管体系。

高精动态基础地图标准：到2025年左右，制定形成自动驾驶高精度地图数据存储格式、数据模型与交换格式、地图生产、质量评价、安全管理及OTA等相关核心和关键技术标准，可支撑高精度地图覆盖全国高速路、城市快速路及重点城市的热点区域、封闭园区、停车场等复杂道路，实现结构化道路及停车场等特定场景的自动驾驶高精度地图应用，支持HA级自动驾驶。到2030年左右，持续制修订并更新迭代形成自动驾驶高精度地图与定位相关标准体系，可支撑高精度地图覆盖全国城市次干道及以上等级道路和一线城市热点区域等，实现高精度地图应用示范区建设和运营模式推广，形成实时采集、生产、加密、审图、发布的规模化应用。到2035年左右，开展相关标准实施效果及优化评估，可支撑地图数据覆盖全国路网，时空大数据各维度（如精度、内容、延迟性等）满足FA级自动驾驶需求，全面建成高精度地图安全保障体系，支持全场景地图数据服务。

		2025年	2030年	2035年
基础支撑关键技术标准	安全防护与安全管理标准	➢ 制定形成终端与设施安全、网联通信安全、数据安全、安全管理与服务等相关核心和关键技术标准。 ➢ 可支撑构建智能网联汽车信息安全基础防护体系，在CA、HA级智能网联汽上实施。 ➢ 支撑实现车车、车路、车人、车云安全通信及车联网专有中心云/边缘云的安全防护	➢ 持续制修订并更新迭代形成智能网联汽车信息安全产业链的汽车电子产品、汽车信息系统、通信网络传输、云端平台与基础设施等风险评估、安全防护与测试评价相关标准体系。 ➢ 可支撑实现HA级及以上智能网联汽车信息安全防护体系的落地实施。 ➢ 支撑健全智能网联汽车信息安全应急响应机制及保障与监管体系	➢ 开展相关标准实施效果及优化评估。 ➢ 支撑实现智能网联汽车信息安全防护体系的全面落地实施。 ➢ 促进交通网、通信网、车联网三网融合，支撑构建交通安全、信息安全、网络安全融为一体的监管体系
	高精度动态基础地图标准	➢ 制定形成自动驾驶高精度地图数据存储格式、数据模型与交换格式、地图生产、质量评价、安全管理及OTA等相关核心和关键技术标准。 ➢ 可支撑高精度地图覆盖全国高速公路、城市快速路及重点城市的热点区域、封闭园区、停车场等复杂道路。 ➢ 实现结构化道路及停车场等特定场景的自动驾驶高精度地图应用，支持HA级自动驾驶	➢ 持续至修订并更新迭代形成自动驾驶高精度地图与定位相关标准体系。 ➢ 可支撑高精度地图覆盖全国城市次干道及以上等级道路和一线城市热点区域等。 ➢ 实现高清地图应用示范区建设和运营模式推广，形成实时采集、生产、加密、审图、发布的规模化应用	➢ 开展相关标准实施效果及优化评估。 ➢ 可支撑地图数据覆盖全国路网。 ➢ 时空大数据各维度（如精度、内容、延迟性等）满足FA级自动驾驶需求，全面建成高精度地图安全保障体系，支持全场景地图数据服务
	测试场景标准	➢ 制定形同场景数据库采集规范、接口规范、数据格式规范、评价规范以及测试场设计运营、开放道路认定分级等相关核心和关键技术标准。 ➢ 可支撑构建反映中国区域交通环境和气候特征的3S融合发展的中国典型驾驶场景数据库。 ➢ 形成CA级智能网联汽车完整的测试评价体系	➢ 持续制修订并更新迭代形成模拟仿真测试、封闭场地测试、开放道路测试等相关标准体系。 ➢ 可支撑形成较完整的、行业分级共享的中国典型驾驶场景数据库，支撑建立基于场景的分级评价方法。 ➢ 构建符合我国交通环境特点的主客观测试评价体系，形成HA级智能网联汽车测试评价体系	➢ 开展相关标准实施效果及优化评估。 ➢ 形成完整的可支撑企业自主研发验证的中国典型驾驶场景数据库，可支撑实现中国交通环境下MIL、HIL、VIL测试评价全覆盖。 ➢ 产品认证规范和流程成熟完备，可全面支撑各类智能网联汽车走向市场

附图 7-3　基础支撑相关技术标准技术路线图

测试场景标准:到 2025 年左右,制定形成场景数据库采集规范、接口规范、数据格式规范、评价规范以及测试场设计运营、开放道路认定分级等相关核心和关键技术标准,可支撑构建反映中国区域交通环境和气候特征的 3S 融合发展的中国典型驾驶场景数据库,形成 CA 级智能网联汽车完整的测试评价体系。到 2030 年左右,持续制修订并更新迭代形成模拟仿真测试、封闭场地测试、开放道路测试等相关标准体系,可支撑形成较完整的、行业分级共享的中国典型驾驶场景数据库,支撑建立基于场景的分级评价方法,构建符合我国交通环境特点的主客观测试评价体系,形成 HA 级智能网联汽车测试评价体系。到 2035 年左右,开展相关标准实施效果及优化评估,形成完整的可支撑企业自主研发验证的中国典型驾驶场景数据库,可支撑实现中国交通环境下 MIL、HIL、VIL 测试评价全覆盖,产品认证规范和流程成熟完备,可全面支撑各类智能网联汽车走向市场。

本章参考文献

[1] 冯屹,王兆.自动驾驶测试场景技术发展与应用[M].北京:机械工业出版社,2020.

[2] 节能与新能源汽车技术路线图战略咨询委员会,中国汽车工程学会.节能与新能源汽车技术路线图 2.0[M].北京:机械工业出版社,2020.

[3] 中国汽车工程学会,国汽(北京)智能汽车研究院有限公司.中国智能汽车产业发展报告(2020),智能汽车蓝皮书[M].北京:社会科学文献出版社,2020.

[4] 中国智能网联汽车产业创新联盟.基于 C-V2X 的智能化网联化融合发展路线图[R].北京:国汽(北京)智能网联汽车研究院有限公司,2023.

[5] 中国通信学会.车联网产业与技术发展路线图[M].北京:中国科学技术出版社,2022.

[6] 全国汽车标准化技术委员会.《车用操作系统测试评价研究报告》[R].天津:汽标委智能网联汽车分标委资源管理与信息服务标准工作组,2021.

[7] 中国智能网联汽车产业创新联盟.国内外智能网联汽车法律法规对标白皮书[R].北京:国汽(北京)智能网联汽车研究院有限公司,2022.

国家出版基金项目
NATIONAL PUBLICATION FOUNDATION

RESEARCH ON THE
INTEGRATED DEVELOPMENT STRATEGY
OF SMART CITY,SMART TRANSPORTATION AND SMART VEHICLE OF CHINA

中国智慧城市、智能交通与智能汽车
融合发展战略研究
（关键技术篇）

《中国智慧城市、智能交通与智能汽车融合发展战略研究》编委会　著

人民交通出版社股份有限公司
北　京

内 容 提 要

本书是中国工程院重点咨询项目"中国智慧城市、智能交通与智能汽车深度融合发展战略研究"的重要成果。"战略框架篇"提出了智慧城市、智能交通、智能汽车融合一体化发展的战略路径，明确了未来跨产业融合发展的必然方向。"关键技术篇"包含智能汽车使能技术、赋能技术、支持3S融合云控技术、通信技术、人工智能、智能制造、交通融合升级关键技术和智能共享移动装备共八个关键技术领域。

本书适合汽车、交通、城市规划及相关行业从事技术研发、企业战略研究的人员，以及负责制定和实施相关政策的各级政府人员阅读，也可作为对汽车、交通、城市产业发展感兴趣人员的专业读物。

图书在版编目(CIP)数据

中国智慧城市、智能交通与智能汽车融合发展战略研究/《中国智慧城市、智能交通与智能汽车融合发展战略研究》编委会著. —北京：人民交通出版社股份有限公司，2023.9
　　ISBN 978-7-114-18940-1

Ⅰ.①中… Ⅱ.①中… Ⅲ.①现代化城市—城市建设—研究—中国 ②城市交通系统—智能系统—研究—中国 Ⅳ.①F299.2 ②U491.2

中国国家版本馆 CIP 数据核字(2023)第 153355 号

Zhongguo Zhihui Chengshi、Zhineng Jiaotong yu Zhineng Qiche Ronghe Fazhan Zhanlüe Yanjiu

书　　名：	中国智慧城市、智能交通与智能汽车融合发展战略研究（关键技术篇）
著 作 者：	《中国智慧城市、智能交通与智能汽车融合发展战略研究》编委会
责任编辑：	姚　旭　董　倩　李　佳
责任校对：	孙国靖　卢　弦
责任印制：	张　凯
出版发行：	人民交通出版社股份有限公司
地　　址：	(100011)北京市朝阳区安定门外外馆斜街3号
网　　址：	http://www.ccpcl.com.cn
销售电话：	(010)59757973
总 经 销：	人民交通出版社股份有限公司发行部
经　　销：	各地新华书店
印　　刷：	北京印匠彩色印刷有限公司
开　　本：	787×1092　1/16
印　　张：	50
字　　数：	926千
版　　次：	2023年9月　第1版
印　　次：	2023年9月　第1次印刷
书　　号：	ISBN 978-7-114-18940-1
定　　价：	300.00元（全两册）

(有印刷、装订质量问题的图书，由本公司负责调换)

中国智慧城市、智能交通与智能汽车融合发展战略研究

编写委员会

顾问：

钟志华　郭孔辉　李　骏　柳百成　冯培德　林忠钦　李言荣　郭仁忠　张　军
陈学东　孙逢春　周志成　戴琼海　李克强　王云鹏

主任委员：

李　骏

副主任委员：

张进华　赵福全　侯福深　王长君　公维洁

委员：

关积珍　孙正良　战静静　贡　俊　陈　伟　林　榕　王晓明　宋紫峰　周　炜
杨新征　赵一新　陈　赣　李丰军　汤立波　何　霞　程　洪　杜　恒　赵亦希
刘宗巍　张新钰　于海洋　詹惠琴　马　楠　王文伟　乔英俊　郑亚莉　冯锦山

撰稿人：（按姓氏笔画排序）

于胜波　于海洋　马　楠　王文伟　史天泽　代磊磊　任毅龙　刘　顺　刘宗巍
孙　宁　孙国皓　孙坚添　孙宫昊　吴祉璇　李一鹏　杜　恒　张新钰　陈桂华
陈晓慧　陆文杰　杨金松　赵亦希　徐　枫　高博麟　曹　静　黄朝胜　梁　晔
程　洪　詹惠琴　潘天鹭

前言

中国智慧城市、智能交通与智能汽车融合发展战略研究

  城市、交通、汽车的发展水平是综合国力的重要体现。在实现"两个一百年"奋斗目标进程中，为了使城市、交通、汽车充分融合发展，服务广大人民群众日益增长的美好出行需要，中国工程院联合十余家高校、企业及科研机构于2017年陆续启动了中国工程院中长期咨询项目"面向2035智慧城市的智能共享汽车系统工程"（简称"2035项目"）、中国工程院重大咨询项目——"突破智能汽车核心瓶颈，实践交通治理智能化"（简称"治理项目"）与"中国智慧城市、智能交通与智能汽车深度融合发展战略研究"（简称"3S项目"）。研究项目组成员包括10位中国工程院院士以及来自高校、企业、科研机构等单位的100多位研究人员。

  中国工程院和相关科研机构领导同志高度重视项目研究工作。项目组由中国工程院李骏院士牵头，得到钟志华、郭孔辉、柳百成、冯培德、林忠钦、李言荣、郭仁忠、张军、陈学东、孙逢春、周志成、戴琼海、李克强、王云鹏院士的大力支持。他们为智慧城市、智能交通与智能汽车的融合发展相关研究提供了十分重要的指导。广泛的调研是项目开展的必要前提，项目组通过企业调研、文献调研、试验区调研等方式充分了解行业发展现状。与此同时，还邀请了汽车、交通、城市规划、社会学、经济学等领域的专家，组织了项目启动会、论证会、咨询会、研讨会、评审会等多种形式的会议，充分听取专家意见。

  项目组成员围绕智慧城市、智能交通及智能汽车融合发展展开了深入系统的研究，对融合发展的战略目标、核心内涵、战略规划、重要突破点等问题进行针对性研究并提出相关建议。最终，2035项目形成1份研究报告，治理项目形成10份研究报告，3S项目形成10份研究报告，共计21份研究报告。基于研究成果，项目组不断凝练总

结,形成咨询建议,并于 2022 年 6 月向中国工程院提交 3S 融合相关的院士建议。此外,项目组还向科技部高新科技司提报"面向 2035 交通领域科技发展战略研究"建议,向上海市住房和城乡建设管理委员会提报"上海智能网联汽车与智慧城市基础设施协同试点方案建议",得到采纳,使研究工作得以及时充分发挥效用。

《中国智慧城市、智能交通与智能汽车融合发展战略研究》重点关注 3S 融合,但 3S 融合发展与智慧能源的发展与建设是相互支撑、互为约束的,打通智慧城市、智能交通、智能汽车与智慧能源将为解决安全、拥堵、能耗和污染等社会问题提供新方案,为形成更高效的国家治理和资源配置能力提供新支撑。因此,本书通过"3+1"模式在着重分析介绍 3S 融合发展策略的同时,明确智慧能源在融合发展中的战略意义。

本书的撰写建立在上述研究报告的基础上,为符合研究顺序,采用由下至上的逻辑,按照智能汽车、智能交通、智慧城市的顺序介绍 3S 融合。这种撰写方式可以让读者更好地理解 3S 融合的发展路径和逻辑,即从智能汽车开始,逐步扩展到智能交通和智慧城市。同时,这种逻辑也可以帮助读者更好地理解每个层面的关键技术和应用场景,从而深入了解 3S 融合的实践和未来发展趋势。全书分为两篇,"战略框架篇"和"关键技术篇"。

战略框架篇分为七章。第一章智慧城市、智能交通、智能汽车深度融合发展战略总体研究,提出了智慧城市、智能交通、智能汽车及智慧能源融合一体化发展的战略路径,揭示了未来跨产业融合发展的必然方向。第二章支持 3S 融合的智能网联汽车科技创新战略,着重阐明发展 3S 融合的新一代智能汽车对于中国的重要意义,明确实现其创新发展的技术路线。第三章智能交通系统工程创新战略,提出"技术支撑+数字底座+引擎驱动+生态应用"的总体发展路径。第四章新型智慧城市系统工程创新战略,分阶段给出了新型智慧城市应用体系、关键要素、交通场景库、技术与数据体系架构等。第五章 3S 融合下的智慧能源创新战略,在深入分析智慧能源与 3S 融合国内外发展现状及趋势的基础上,制定了智慧能源与 3S 融合发展的阶段目标。第六章支撑 3S 融合的智能基础设施发展战略,阐述了本领域的技术体系、当前的核心瓶颈和融合发展的突破路径及技术路线建议。第七章支撑 3S 融合的标准法规发展战略,为我国智能网联汽车发展提供法律、法规、标准体系的建议。

关键技术篇分为八章。第八章智能汽车使能技术发展战略,提出了我国面向交通治理智能化的智能汽车使能技术系统发展战略建议。第九章智能汽车赋能技术发展战略,分析我国 C-V2X(Cellular Vehicle-to-everything,蜂窝车联网)在应用场景、通信标准频谱等方面的产业发展进展。第十章支持 3S 融合的智能汽车云控技术发展路径分析,提出了建立具有分层次、跨时空、多任务特点的智能汽车"三层四级"云控系统架构。第十一章支持 3S 融合的通信关键技术,提出了 3S 通信技术的发展目标与收益方向。第十二章支持 3S 融合的人工智能技术,提出了突破瓶颈的关键行动与发展路径。第十三章面向未来智能汽车的智能制造技术,梳理了未来智能汽车智能制造的瓶颈问题,提出了突破瓶颈的主要对策和发展路径。第十四章智能交通融合升级关键问题研究,提出了中国智能汽车与智能交通融合发展研究总体路线及优先行动项。第十五章智慧城市的智能共享移动装备,提出了支撑智能共享汽车系统工程的保障措施。

《中国智慧城市、智能交通与智能汽车融合发展战略研究》汇聚了项目组多位院士、学者、专家、企业代表辛勤劳动形成的成果。同时,这些成果也建立在前期多年研究基础之上,更与城市规划、交通、汽车及能源行业的大量前期积累密不可分。

最后,在《中国智慧城市、智能交通与智能汽车融合发展战略研究》付梓出版之时,希望本书能够为政府决策提供参考、为科学研究提供方向、为企业发展提供指引。同时,本书难免存在不足之处,敬请广大读者批评指正。

2023 年 8 月

目录

战略框架篇

第一章
智慧城市、智能交通、智能汽车深度融合发展战略总体研究 ……… 001
  第一节　智慧城市、智能交通与智能汽车融合发展的背景 ……… 003
  第二节　我国开展3S融合发展的战略形势 ……… 009
  第三节　3S融合的战略方向 ……… 012
  第四节　3S融合的总体技术体系 ……… 018
  第五节　3S融合下的各系统发展方向 ……… 033
  第六节　3S融合产业发展的分阶段战略 ……… 056
  第七节　总体发展路线图 ……… 063
  本章附件 ……… 066
  本章参考文献 ……… 075

第二章
支持3S融合的智能网联汽车科技创新战略 ……… 079
  第一节　智能网联汽车在3S融合中的核心地位 ……… 081
  第二节　智能网联汽车科技创新的战略价值 ……… 084
  第三节　智能网联汽车科技创新的发展现状与重点方向 ……… 085

第四节　智能网联汽车科技创新的技术路线 ·········· 101
　　第五节　智能网联汽车科技创新的商业模式与发展策略 ·········· 112
　　本章附件 ·········· 123
　　本章参考文献 ·········· 141

第三章
智能交通系统工程创新战略 ·········· 147
　　第一节　3S 融合下智能交通发展现状与目标研究 ·········· 149
　　第二节　3S 融合下智能交通系统工程战略目标 ·········· 156
　　第三节　智能交通与其他领域的联系性 ·········· 159
　　第四节　3S 融合下智能交通系统工程技术体系研究 ·········· 166
　　第五节　3S 融合下智能交通系统工程发展瓶颈与难点 ·········· 169
　　第六节　突破瓶颈的关键行动与发展路径 ·········· 172
　　第七节　智慧高速公路——3S 融合的先导应用 ·········· 180
　　本章附件 ·········· 190
　　本章参考文献 ·········· 213

第四章
新型智慧城市系统工程创新战略 ·········· 217
　　第一节　新型智慧城市建设整体发展思路 ·········· 219
　　第二节　新型智慧城市智能基础设施建设 ·········· 228
　　第三节　新型智慧城市中的智能应用体系 ·········· 231
　　第四节　新型智慧城市中的智能交通发展趋势与挑战 ·········· 246
　　第五节　新型智慧城市中的出行服务 ·········· 249
　　第六节　雄安新区智慧出行服务的探索与实践 ·········· 265
　　本章参考文献 ·········· 272

第五章
3S 融合下的智慧能源创新战略 ·········· 275
　　第一节　智慧能源与 3S 融合发展的目标、愿景、现状及趋势 ·········· 277
　　第二节　智慧能源的发展对 3S 融合的支撑 ·········· 284

第三节　智慧能源与3S融合的技术体系 ……………………………………… 291
　　第四节　智慧能源与3S融合带来的收益 …………………………………… 295
　　第五节　当前核心瓶颈与难点 ………………………………………………… 297
　　第六节　突破瓶颈的关键行动和发展路径 …………………………………… 298
　　第七节　技术路线图 …………………………………………………………… 308
　　本章参考文献 …………………………………………………………………… 316

第六章
支撑3S融合的智能基础设施发展战略 ……………………………………… 319

　　第一节　智能基础设施的发展目标 …………………………………………… 321
　　第二节　智慧道路采集装备技术 ……………………………………………… 328
　　第三节　车-路-云通信网络建设技术 ………………………………………… 334
　　第四节　云控平台建设技术 …………………………………………………… 336
　　第五节　高精度地图与高精定位技术 ………………………………………… 341
　　第六节　智能基础设施核心瓶颈 ……………………………………………… 345
　　第七节　突破路径与技术路线图 ……………………………………………… 350
　　本章附件 ………………………………………………………………………… 357
　　本章参考文献 …………………………………………………………………… 370

第七章
支撑3S融合的标准法规发展战略 …………………………………………… 375

　　第一节　智能网联汽车法律法规适用性分析与建议 ………………………… 377
　　第二节　支撑3S融合发展的标准法规体系架构 …………………………… 388
　　第三节　基于3S融合的中国新一代智能网联汽车关键技术标准 ………… 394
　　第四节　基于3S融合的中国新一代智能网联汽车标准法规体系
　　　　　　发展路线图 …………………………………………………………… 438
　　本章附件 ………………………………………………………………………… 443
　　本章参考文献 …………………………………………………………………… 451

关键技术篇

第八章
智能汽车使能技术发展战略 453
- 第一节 国外政策和研究计划 455
- 第二节 国内外产业技术发展研究 458
- 第三节 我国智能汽车使能技术发展需求 461
- 第四节 国外智能汽车使能代表性技术剖析 462
- 第五节 智能汽车与智能出行关键核心技术梳理 466
- 第六节 智能汽车使能技术系统发展战略建议 468
- 本章参考文献 480

第九章
智能汽车赋能技术发展战略 481
- 第一节 3S融合下智能汽车的研究背景与必要性 483
- 第二节 国内外智能汽车网联化发展现状 486
- 第三节 3S融合下智能汽车网联化发展瓶颈与难点分析 507
- 第四节 突破发展瓶颈的预期收益 509
- 第五节 突破发展瓶颈的关键行动与发展路径 510
- 第六节 落地实施方案建议 517
- 本章参考文献 520

第十章
支持3S融合的智能汽车云控技术发展路径分析 523
- 第一节 智能汽车云控系统关键技术基础现状 525
- 第二节 智能汽车云控系统及关键技术发展目标 531
- 第三节 智能汽车云控系统关键技术发展瓶颈与难点 540
- 第四节 智能汽车云控系统技术路线 544
- 第五节 智能汽车云控系统产业化路径发展建议 559

本章参考文献 ··· 569

第十一章
支持 3S 融合的通信关键技术 ··· 571

第一节　面向 3S 融合通信技术的发展目标与收益 ··· 573
第二节　面向 3S 融合的移动通信跨领域合作技术 ··· 578
第三节　面向 3S 融合的移动通信技术分析 ··· 580
第四节　面向 3S 融合的空天地一体化信息网络技术 ··· 586
第五节　面向 3S 融合的信息安全技术 ··· 589
第六节　发展路径及落地实施方案 ··· 591
本章参考文献 ··· 595

第十二章
支持 3S 融合的人工智能技术 ··· 599

第一节　人工智能技术的发展背景与目标 ··· 601
第二节　人工智能技术对 3S 融合的关键支撑 ··· 603
第三节　人工智能技术面临的关键挑战 ··· 619
第四节　人工智能在自动驾驶领域应用的核心瓶颈 ··· 622
第五节　突破核心瓶颈的关键行动与发展路径 ··· 627
第六节　落地实施方案建议 ··· 630
本章参考文献 ··· 632

第十三章
面向未来智能汽车的智能制造技术 ··· 637

第一节　制造业转型背景下的汽车智能制造 ··· 639
第二节　智能制造助力汽车制造业应对新挑战 ··· 642
第三节　智能设计技术 ··· 646
第四节　智能加工技术 ··· 650
第五节　智能运维及服务技术 ··· 655
第六节　突破瓶颈的关键行动与发展路径 ··· 658
第七节　落地实施方案建议 ··· 667
本章参考文献 ··· 669

第十四章
智能交通融合升级关键问题研究 ···················· 673
  第一节　背景概述 ································· 675
  第二节　面向智能交通的智能汽车运行安全与管理研究 ········ 679
  第三节　混合通行条件下交通管控模式和通行规则研究 ········ 699
  第四节　面向 STSV 融合的车联网安全运行与服务研究 ········ 707
  第五节　以大数据为核心的智能交通管理体系框架研究 ········ 721
  第六节　总体技术路线图 ···························· 732
  本章参考文献 ································· 735

第十五章
智慧城市的智能共享移动装备 ···················· 737
  第一节　智能共享移动装备驱动要素分析 ················ 739
  第二节　移动出行场景研究 ·························· 742
  第三节　智能共享移动装备功能要素与关键技术 ············ 750
  第四节　智能共享移动装备发展路线图 ·················· 761
  第五节　战略支撑与保障 ···························· 765
  本章参考文献 ································· 767

第八章

智能汽车使能技术发展战略

撰稿人：黄朝胜　清华大学

摘要

　　智能汽车需要承担安全行车责任，面临提升感知与决策能力、与网络后端行车支持系统协同等技术挑战。智能汽车使能技术是破解智能汽车关键核心技术难题、促进产业化落地的系统性技术。智慧城市、智能交通、智能汽车融合（以下简称"3S融合"）一体化是智能汽车使能技术的总体技术路线，需要系统化布局和发展。本章梳理了国内外智能汽车使能技术相关国家政策、重大研究计划、产业界对智能汽车发展阶段的共识、我国智能汽车使能技术发展需求、国外智能汽车使能代表性技术等，提出了我国面向交通治理智能化的智能汽车使能技术系统发展战略建议，具体包括以下一代汽车技术创新工程为牵引的总体发展思路、宏观-中观-微观三层发展布局、汽车使能技术中的七项核心技术、面向五至十年智能汽车使能技术的八项发展目标、涵盖车辆技术-系统支持-社会生态三个层面的十二项任务规划等。

第一节
国外政策和研究计划

在全球汽车产业深度变革的时代背景下,以人工智能、大数据、云计算、互联网为代表的众多先进技术发挥着重要的使能作用,各国政府均高度重视此类技术的发展,并制定了众多技术规划、培育、落地的计划与政策,旨在以使能技术为基础,大力发展智能汽车及其配套产业,从而促进城市智能交通体系的发展。本节主要阐述国外相关政策,并简要介绍部分具有代表性的研究计划。

一、国外智能汽车使能技术政策

美国运输部最早于 2015 年将智能交通系统上升到国家战略层面,制定了网联化与智能化融合发展的策略;2016 年,首次将自动驾驶的安全监管纳入联邦法律框架;2017 年,鼓励各州修改法律法规,为自动驾驶测试部署提供环境;2018 年,发布《准备迎接未来交通:自动驾驶汽车 3.0》,致力于推动智能网联汽车在确保安全的情况下与现有交通系统深度融合;2020 年 1 月,发布《确保美国自动驾驶汽车技术领导地位:自动驾驶汽车 4.0》,意图通过政府努力,保障美国在自动驾驶技术方面的领先,该文件强调先进制造、人工智能与机器学习、网联技术与频谱分配、量子信息科技等技术对智能汽车的重要使能作用,并详细说明了交通运输部、国防部、能源部、国家运输安全委员会、联邦通信委员会等政府部门和机构在推动上述技术发展方面的职责。美国政府将交通安全、信息安全和隐私保护放在首位,提供政策、指引、最佳实践的指导,同时进行合适的试点项目,为相关投资和计划提供必要协助,以促进智能汽车使能技术发展。

欧盟拥有发展智能网联汽车的良好产业基础,也是目前智能网联汽车发展最成熟的地区之一。欧盟委员会早在 2010 年就发布了第一个协调欧盟各成员国推动智能交通系统(Intelligent Transportation System,ITS)发展的法律基础性文件,随后高度重视和推进高级自动化和网联化的技术研发;在 2016 年便开始着手在欧盟部署协同式智能交通系统以实现车载单元与其他设备通信(Vehicle to Everything,

V2X)网联服务;在2018年发布的《通往自动化出行之路:欧盟未来出行战略》中规划:"到2020年在高速公路上实现自动驾驶,2030年进入完全自动驾驶社会。"该战略还阐述了欧盟委员会为推进相关技术发展所做的工作,聚焦的关键技术包括人工智能、大数据、数字地图、物联网、互联基础设施、第五代移动通信技术(5G)、伽利略定位导航等,工作方向包括服务于智能汽车测试及市场化的立法活动、对大量科研项目的资金支持等。

日本采用循序渐进的方式修订智能网联汽车规则,更强调智能网联汽车的落地和产业化。早在2013年,智能网联汽车便被日本内阁视为日本复兴计划指导文件的核心之一,并上升到国家战略高度,在一开始便提出了自动驾驶商业化时间表。随后,日本政府在跨部战略创新提升计划-用于通用服务的自动驾驶系统(Cross-ministerial Strategic Innovation Promotion Program-Automated Driving for Universal Services, SIP-adus)针对安全、拥堵等问题制定了多个方向的大量研究计划,推进基础技术和协同系统的开发和产业化。2017年,日本内阁提出2020年在高速公路实现L3级自动驾驶、L2级货车编队行驶以及在特定区域内实现L4级自动驾驶的配送服务。随着智能网联汽车的不断实践,日本政府直面关键的责任划分问题和安全条件问题,发布了《自动驾驶相关制度整备大纲》,明确一般事故的责任由车辆所有者承担,由黑客入侵导致的事故由政府赔偿。日本国土交通省则制定了L3/L4级自动驾驶汽车必须满足的十大安全条件。

以上研究表明,世界主要经济体事实上已将发展智能汽车使能技术上升为国家战略,智能汽车使能技术的研发需要从政府层面统一领导、协同发展。

二、国外政府资助的研究计划

除了较高层次的政策外,许多国家还制定了一系列智能汽车使能技术的研究计划。

美国各主要部门在智能汽车相关技术研究上均有大量投资或其他方式的支持。美国运输部支持了众多自动驾驶研究计划,其中,联邦高速公路管理局每年投入6000万美元用于先进交通及拥堵管理技术部署项目,其他研究项目例如CARMA(指协作式驾驶出行应用研究项目,Coopevative Automation Research Mobility Applications),旨在开发一般交通环境下的协作式自动驾驶。美国农业部支持了许多与农业生产相关的自动驾驶研究项目,用于精准农业和作物育种,具体技术包括传感器开发、语音回答系统、预测模型、机器学习、快速响应控制系统、机器人、大数据分析、管理决策支持工具等。这些项目与技术虽然面向农业应用,但与智能汽车具有非常密切的关系,智能汽车可以借鉴其方法与成果。美国国防部支持了一系列军用自动驾驶技术研究,例如,"自动地面补给"项目使用无人系统的技术来加强有人系统的性能,如驾驶辅助系统、远程控制系统、环境状态感知系统等;"战斗车辆机器人"项目开发用于支持战斗的多域协同机器人系统,这些项目成果可以由军用转为民用,以促进智能汽车技术发展。美国能源部进行了交通方面的基础研究,包括自动驾驶汽车在系统层面对交通的影响、使用自动驾驶技术和互联技术减少拥堵的方法等,这些研究在智能汽车与城市交通治理体系方面具有重要意义。

欧盟的地平线2020(Horizon2020)计划中,与智能汽车相关的研究领域有城市出行、道路安全、自动驾驶与智能交通等。以自动驾驶与智能交通领域为例,具体的研究项目有研究面向自动驾驶与传统汽车混合交通流的道路设施(INRFRAMIX)、研究作为驾驶人可信赖伙伴的自动驾驶系统(AutoMate)、研究使用基础设施辅助的车辆编队管理及协商技术(MAVEN)、5G-CARMEN 和研究用于支持智能汽车的 5G 技术及其互操作性(5G-DRIVE)、研究合作式智能交通系统的高精度定位技术(HIGHTS)、研究驾驶人状态及场景分析(Ⅵ-DAS)等。

欧盟 Horizon2020 计划具有一个显著特点,即鼓励车企之间、车企与科技公司之间广泛联合开展核心技术的研发。智能汽车自动驾驶应用与技术(Automated Driving Applications and Technologies for Intelligent Vehicles,ADAPTIVE)和在欧洲道路上试点自动驾驶(Piloting Automated Driving on European Roads,L3Pilot)是欧盟在智能网联方面连续支持的重大项目,研究乘用车不同自动驾驶功能在提高安全性和交通流量方面的潜力,参加单位包括大众汽车公司、宝马公司、梅赛德斯-奔驰公司、菲亚特汽车公司、欧宝汽车公司、沃尔沃汽车公司等 10 家整车企业,还有罗伯特·博世有限公司、安波福公司、大陆集团公司等 18 家供应商、大学和科技公司。德国 PEGASUS(飞马)项目是智能网联汽车测试验证研究,参加单位包括奥迪汽车公司、宝马公司、梅赛德斯-奔驰公司、欧宝汽车公司、大众汽车公司等汽车公司,罗伯特·博世有限公司、大陆集团公司等供应商,TÜV、SÜD(德国技术监督协会南德意志集团)等实验室,还包括多所大学和研究机构。

日本政府发起的 SIP-adus 已经实施到第二阶段,其预期目标为:通过自动驾驶带来重大的社会变革。2019年6月，SIP-adus发布的合作倡议/路线图称，日本旨在通过推动自动驾驶系统的发展和普及以及数据平台的准备，在2030年之前建设和维护世界上最安全、最顺畅的道路运输社会。SIP-adus旨在通过自动驾驶技术解决社会问题，包括减少交通事故和堵塞、确保弱势交通参与者的安全出行、缓解驾驶员短缺问题和减少物流成本等，从而提高整个社会的生活质量，具体将基于《官民ITS倡议/路线图2019》中所示的路线图实施，也可能由于国际趋势、技术进步等因素提前完成目标。

综上，政府组织的大规模研究计划有利于统一发展目标、聚集资源、实现综合性的重大技术突破。

第二节 国内外产业技术发展研究

一、美国

关于交通治理智能化这一主题，美国运输部与美国智能交通系统联合项目办公室共同提出了《ITS战略计划（2015—2019）》。该计划提出了增强车辆和道路安全性、加强机动性、降低环境影响、促进改革创新、支持交通系统信息共享五项战略目标；重点突破车辆与周边系统通信技术；支持对车对车（V2V）和车辆到基础设施（V2I）通信实现的安全性、政策、商业机会、能力、示范和激励措施的研究；研究V2V和V2I（统称为V2X）与其他政府服务和公用事业互动的整合和决策支持能力。

二、欧盟

欧盟《协同、网联、自动运输路线图》面向道路、轨道、水路、航空四大运输方式，是智能交通（含汽车）使能技术系统性发展的典型模型，其中关于道路运输的部分与本章内容相关。该路线图提出，当前交通运输技术的主要发展趋势是采用协同化、网联化、自动化交通技术提高系统效率和安全性，为推动建设具有上述特征的交通系统，关键要点在于新概念汽车、信息与通信技术（Information and Communication Technology，ICT）基础设施、物联网与大数据、数据与信息安全、人机交互、与传统技术的协同、社会经济影响、资源与环境影响、社会接受度九个方面的发展。道路运输车辆的发展理念是设计、制造、服务的数字化平台全阶段整合，实现设计制造服务一体化。交通管理的主要发展趋势是通过有效优化区域内的整个运输网络，开发先进的多式联运系统，例如公共交通、车辆共享、步行骑车相结合，综合考虑车辆管理与燃料技术，将基础设施、车辆、系统和服务整合到一个真正的多模式网络中，最终实现安全、高效和可持续的公路运输。智能出行与服务的主要发展方向是新技术、新模式、新装备（电动和自动驾驶汽车、无人机）和新服务（按需出行），关键要点包括运营模式升级、协同创新、数据和基础设施共享、支持未来互操作性、公共-私人交通协同、大规模城市示范，以及合理的政府支持规划。智能汽车使能技术落地还需要基础设施配合，应当在多式联运、能源管理、开放式数据、抗干扰能力等方面重点进行开发测试。

欧盟《网联自动驾驶路线图》（2019 年）中也有相关论述。该路线图提出了支持自动驾驶的基础设施分级（Infrastructure Support Levels for Automated Driving，ISAD）的新概念，ISAD 概念中，充分应用路边设施、5G 和云计算信息物理融合等重要使能赋能技术，希望借助交通设施的协同支撑，扩大自动驾驶汽车的设计运行区域。ISAD 针对的产品类型包括自动驾驶乘用车、自动驾驶城市共享汽车、编队自动驾驶商用车。

三、日本

日本以 SIP-adus 为依托，也建立了自动驾驶发展规划图，包括日本智能交通系统、自动驾驶的总体战略、产业目标、具体规划及时间表，针对自动驾驶、智能交通系统的不同应用模式分别给出了发展计划。其中，移动出行服务应用包括限定区域内的自动驾驶移动出行服务、高速公路公交车自动驾驶、下一代城市交通体系；物流服务应用包括高速公路货车队列行驶、高速公路货车完全自动驾驶、限定区域内的自动驾驶配送服务；私家车应用包括不同道路上、不同等级的自动驾驶。日本模式是面向交通治理智能化的智能汽车使能技术稳步推进模式。

美国、欧盟、日本还成立了三边道路交通自动化工作组,致力于发展网联智能交通,目前的三个子工作组包括自动驾驶人因工程学、自动化对道路交通及社会影响的评估、适航性测试。工作组合作领域还有:下一代交通,协调确定最有前景的智能共享汽车服务;数字化基础设施,协调确定物理世界的静态/动态数字表达,以便于自动驾驶汽车与之互联;网联,协调确定自动化道路车辆系统对车辆到基础设施(V2I)和车到车(V2V)通信的要求;安全,协调确定必要或适当的测试或评估,以防止自动驾驶汽车受到网络攻击;法律问题,分享关于法律框架和研究方法的区域信息和意见。面向交通治理智能化的智能汽车使能技术国际协同发展在发达国家逐步形成。

四、中国

中国针对面向交通治理智能化的智能汽车使能技术同样有一系列重要论述。我国发布的《智能网联汽车技术路线图 2.0》中提出,要发展中国方案智能网联汽车,以网联运营体系、智能基础设施体系、信息安全管理体系和新型架构车辆共同支撑中国方案智能网联汽车体系架构。要打造全新的智能网联汽车产品形态,有以下几个方面要求:在安全方面,大幅减少交通事故数量和交通事故伤亡人数;在效率方面,显著减少交通通行时间,提升整体运行效率;在节能减排方面,有效降低交通能源消耗和污染排放;在舒适便捷性方面,提高驾乘舒适度,减少驾驶人劳动强度;在人性化方面,使老年人、残疾人拥有平等出行的权利。为实现上述智能汽车与交通治理的目标,需要加大投入发展一系列使能技术,包括:环境感知、智能决策、控制执行等车辆关键技术;V2X 通信、云平台与大数据、信息安全等信息交互关键技术;高精度地图、高精度定位、标准法规与测试评价等基础支撑技术。清华大学车辆与运载学院李骏院士团队提出,要研发 3S 融合一体化技术,建立中国独立自主的智能网联交通系统工程。基于 3S 融合一体化技术,清华大学新技术概念汽车研究院将传统的移动出行方式"人找车"转变为"车找人""人驾车""车找位",提出了一套创新的城市智能共享出行模式和自动驾驶共享汽车设计方案,这是我国面向交通治理智能化的智能汽车使能技术创新的典型案例。

综上,世界主要经济体已经在多学科、多技术领域形成发展智能汽车使能技术的良好产业基础,各国应在国家层面形成发展战略,系统推进智能汽车使能技术发展。

第三节
我国智能汽车使能技术发展需求

智能汽车使能技术的发展需求,不只包括智能汽车本身,还涉及人民便捷出行、智慧城市与相关经济发展的需求。中国发展面向交通治理智能化的智能汽车使能技术具有非常高的必要性和迫切性,其需求具体如下。

一、占领国际科技高地的需求

习近平总书记指出:"中国要强盛、要复兴,就一定要大力发展科学技术,努力成为世界主要科学中心和创新高地。"❶而智能汽车技术正是国际科技前沿,当前美国加利福尼亚州(以下简称"美国加州")是自动驾驶汽车技术高地,中国需要依托技术优势城市赶超美国加州成为自动驾驶技术的国际领头羊,以自动驾驶汽车拉动和承载人工智能(Artificial Intelligence,AI)、5G、ICT、智能制造等使能技术,形成国家高科技领域链。

二、建设智慧城市的需求

发展智慧城市与人民日益增长的美好生活需要相契合,其重要性不言而喻。实现安全、绿色、高效和可持续发展,成为国际一流的智慧城市是中国大型城市的建设愿景,其中,智能交通、智慧能源、共享出行系统、智能物流系统等又是智慧城市建设的重要内涵。为支持智慧城市建设,还需要实施的重要举措是智慧城市、智能交通、智慧能源与智能汽车四者的融合一体化。

---

❶ 《人民日报》(2021年03月16日01版)。

三、新经济发展的需求

汽车产业作为国家的支柱性产业,正处于技术创新和产业转型升级的变革期,其中,智能网联汽车、智能零部件、智能交通设施和出行服务是下一代汽车的新产业链,由"生产型制造"的传统汽车转型为"服务型制造"的下一代汽车,可以产生新的经济动力。

第四节
国外智能汽车使能代表性技术剖析

目前,智能新能源汽车有四个技术高地:特斯拉智能纯电动汽车、美国加州自动驾驶汽车 RoboTaxi、丰田多功能智能车辆平台 e-Palette、欧盟 5G 概念汽车。它们可作为我国技术发展的对标对象,并以之为借鉴实现更高水平的发展。

一、特斯拉智能纯电动汽车

特斯拉(Tesla)是一家美国电动车及能源公司,产销电动车、太阳能板及储能设备。该公司于 2003 年创立,总部位于美国加州。特斯拉在电动及智能汽车领域具有如下技术优势。

(1)碳化硅金属氧化物半导体场效应晶体管(Metal Oxide Semiconductor Field Effect Transistor, MOSFET):功率半导体是电力电子设备的关键部分,碳化硅作为新一代功率器件具有低损耗、高开关速度、耐高温等优点。特斯拉从 Model 3 开始就采用碳化硅 MOSFET 来满足整车的功率和性能要求,是最早集成全碳化硅功率模块的车企。

(2)自研 HW3.0 芯片:与基于英伟达 Drive PX2 的 HW2.5 芯片不同,HW3.0 芯片为特斯拉自主研发。HW3.0 芯片容纳了 60 亿个晶体管,并拥有强大的神经网络处理器,计算能力提升约 7 倍,硬件成本降低约 20%,能耗降低约 21%,能够有效支持辅助驾驶功能。

（3）自动驾驶感知算法：特斯拉开发了强大的算法，将毫米波雷达与图像结合，取代激光雷达配置，并得到了较为稳定的结果。

（4）海量的自动驾驶数据集：特斯拉凭借其产品销量高、用户数量多、上市时间早、行驶里程长的优势，采集的传感器数据量远超竞争对手，且均来源于真实使用环境。这些数据对其自动驾驶系统的迭代升级、新功能的开发测试具有不可估量的作用，有助于快速积累测试里程。另外，结合合适的筛选识别算法与测试流程，这些数据可以覆盖一般数据集无法包含的极端场景，有助于提高自动驾驶汽车在极端条件下的安全性。

（5）影子模式（Shadow-Mode）：影子模式于2019年4月发布，旨在收集自动驾驶相关数据，并从中学习人的驾驶习惯。2020年3月，特斯拉申请了一项基于影子模式的专利。该专利使用车辆行驶的大数据训练自动驾驶神经网络，从而让自动驾驶系统能力得到提升。

（6）双电机全轮驱动控制：双电机全轮驱动能够根据汽车行驶需要，实时精确控制前轴和后轴，对其进行动力分配，稳定性、操控性和安全性都有所提升。

（7）蓄电池管理系统：特斯拉的蓄电池管理系统能够提供精确的蓄电池健康状态预估、蓄电池平衡管理、蓄电池残电量、蓄电池热管理、诊断与预警技术，其中涉及的核心专利超过140项，能够有效实现超过7000节18650号蓄电池的一致性管理。

二、美国加州自动驾驶汽车 RoboTaxi

RoboTaxi即自动驾驶出租汽车，是使用自动驾驶技术代替人类驾驶员进行驾驶行为的出租汽车服务。全球自动驾驶出租汽车示范运营项目起步于2017年，可以分为有安全员的RoboTaxi和无安全员的RoboTaxi两个阶段。目前在美国、欧洲、日本、韩国、中国等地区与国家都有示范运营项目在开展，但是几乎所有的自动驾驶出租汽车都配备安全员，唯一无安全员的RoboTaxi示范项目在美国加州运营。在美国加州，自动驾驶车辆获得加州机动车辆管理局（Department of Motor Vehicles，DMV）的部署许可证和加州公共事务委员会（California Public Utilities Commission，CPUC）颁发的载客运输两种许可后，将被允许提供载客服务，但不能收取费用。目前只有五家公司（Aurora公司、AutoX公司、北京小马智行科技有限公司、Waymo公司和Zoox公司）得到了加州公共事业委员会的许可，可以使用自动驾驶汽车接送乘客。与此同时，随着示范运营覆盖范围逐步扩大，RoboTaxi服务逐渐被当地民众所接受。Waymo的RoboTaxi运营范围已经从凤凰城扩展到加州南湾，累计服务超过10万人次。2019年12月，戴姆勒股份公司和罗伯特·博世有限公司两个德国汽车工业的代表性企业，在美国加州圣何塞投入了30台奔驰S级自动驾驶汽车用于提供RoboTaxi服务，这是全球传统车企和一级供应商合作的典范。

在技术方面，我国可以借鉴美国加州RoboTaxi的部分思路。建议联合多家企业、科研机构等共建RoboTaxi场景库，并推动场景标注、数据管理等标准建立，为RoboTaxi发展提供基础数据支撑及技术保障。

三、丰田多功能智能车辆平台e-Palette

丰田多功能智能车辆平台e-Palette是一款可定制的多座多功能纯电动汽车，采用了电气化、网联和自动驾驶技术，具备酒店、餐车和流动医院等多种用途，可以通过智能手机App来扩展操作，通过响应各种服务（例如运输、物流和产品销售）来支持人们生活的"新流动性"。丰田还开发了出行服务平台（Mobility Service Platform，MSPF），将车辆信息汇聚至大数据中心，充分利用数据为车辆提供全生命周期服务，实现动态管理，如金融保险、服务定价、维修等。

e-Palette采用电驱动、模块化、低底板和空间最大化设计，可根据不同用户需求定制不同布局，用于公共交通、城市物流、无障碍摆渡车非常方便。车身长度可在4～7m进行调整，同时轮胎也可采用4个或8个的布局。东京2020年奥运会及残奥会上使用的e-Palette长宽高为5255mm×2065mm×2760mm，轴距4000mm，核定载客20名（含1名操作员），有轮椅乘客的情况下载客4名+站席7名，续驶距离150km左右，最高速度19km/h。该车采用前后对称的箱型设计，大开口的滑动式车门，拥有更低更平坦的底盘以及电动坡道，方便轮椅进出。轮胎则配置在车体四角，增大了车内空间。另外，车内设置了无论高矮都能方便使用的扶手和座椅，同时还针对色弱的乘客，在底板、内饰及座椅处都设计了颜色的亮度差。

该车还搭载专门开发的Guardian自动驾驶系统，以及高精度3D地图，能实现低速自动驾驶（相当于SAE Level 4）。同时，由于车辆配备了紧急制动系统，所以在系统异常时,也可通过车辆配备的操作人员实现安全停车。另外,该车还设置了前车灯和后车灯,以便行人和其他车辆及时获取车辆状况。

四、欧盟 5G 概念汽车

"5G-Infrastructure-PPP"是欧洲信息与通信(ICT)行业和欧盟委员会共同发起的一项数亿欧元的联合计划,旨在重新考虑基础设施建设并创建下一代通信网络和服务,同时针对不同的应用提供无所不在的超快速连接和无缝服务。该计划现已进入第三阶段,将为未来十年的下一代通信基础设施建设提供解决方案、架构、技术和标准,并在欧洲建立新市场,例如智慧城市、电子医疗、智能交通、教育、娱乐和媒体等,其中智能交通部分涉及智能汽车使能技术。具体的项目和使能技术如下。

(1)H2020 5G-CAR 项目:主要开展 5G 汽车研究与创新,释放自动驾驶的潜力。该项目开发了一套整体的 5G 系统架构,可提供优化的端到端、V2X 的网络连接,提供高度可靠和低延迟的 V2X 服务;提出了利用 5G 的无线电接口和网络架构解决方案,这些解决方案是针对汽车行业的需求量身定制的。项目目标是实现 5mm 以下的极低延迟、极高的可靠性(99.999%)和低于 1m 的车辆定位精度。

(2)H2020 5G-CroCo 项目:当车辆穿越各个国家边界时,需要不同国家和地区提供互联合作和自动出行服务,这项服务具有巨大的创新潜力。但是,无缝连接和沿边界不间断提供服务的需求也存在巨大的技术挑战,考虑到跨国界、多国家、多运营商、多电信供应商和不同车辆原始设备制造商(OEM)场景,这种情况尤其具有挑战性。为此,5G CroCo 汇集了来自欧洲汽车和移动通信行业的强大联盟,并得到道路交通管理当局和各国政府的明确支持,以验证先进的 5G 功能,在跨国界、跨电信运营商和跨OEM 场景下保证服务的持续性。

(3)H2020 5G-CARMEN 项目:着眼于博洛尼亚—慕尼黑走廊,目标是利用 5G 的最新发展提供一个多租户平台,该平台可以提供更安全、更绿色、更智能的运输,实现自动驾驶汽车的最终目标。项目研究了从 SAE L0 到 L4 的四种自动化级别的应用场景。

(4)H2020 5G-MOBIX 项目:拥有来自欧盟国家、土耳其、中国和韩国等 10 个国家的 55 个合作伙伴。将在车辆交通、网络覆盖、服务需求等方面,考虑不同的法律、商业和社会条件,将多个跨境走廊和城市作为试点,利用5G核心技术创新来开发和测试自动驾驶汽车功能。

五、小结

美国、欧盟、日本均投入海量资源研发智能汽车使能技术。以美国加州自动驾驶汽车 Robotaxi 为代表的众多方案均采用单车智能技术,致使自动驾驶汽车环境感知能力不足,且该问题成为制约自动驾驶汽车和智能交通发展的关键瓶颈。"单车智能"将向"网联智能融合"演进,这就需要建立网联自动驾驶技术体系。该体系主要由新架构自动驾驶载运平台、高性能自动驾驶中央计算平台、高可靠和低延时 5G-V2X 技术、智能云控平台和路侧设施、网联智能交通系统(C-ITS)、智能出行服务(MaaS)、智能汽车安全技术 7 项核心技术与软硬件装备组成。

第五节 智能汽车与智能出行关键核心技术梳理

智能汽车与智能出行技术体系非常复杂,就智能汽车本身而言,其关键核心技术可划分为三个大类:自动驾驶技术、线控底盘及整车技术、人机交互技术。其中自动驾驶技术包括先进传感器技术、高性能计算技术、5G-V2X 技术、大数据和人工智能技术、感知与决策技术等;线控底盘及整车技术包括高效动力系统技术、线控转向技术、线控制动技术、新型电子电气架构技术等;人机交互技术包括车内人机交互技术和车外人机交互技术等。

就整个智能出行体系而言,关键核心技术可分为基础技术、自动驾驶汽车技术和智能出行技术。其中基础技术主要包括线控底盘平台相关技术;自动驾驶汽车技术包括动力系统技术、人机交互技术和自动驾驶技术;智能出行技术包括交通管理技术、基础设施技术、大数据和云计算技术、出行服务技术等。

图 8-1 给出了智能汽车使能技术之间的关系,图中黑框中技术内容为"关键控制点"。

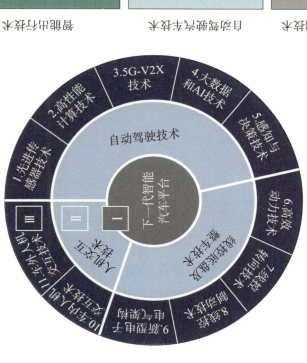

图 8-1 智能汽车使能技术及其关系图

第六节
智能汽车使能技术系统发展战略建议

一、指导思想

智能汽车使能技术系统发展的指导思想是面向交通治理智能化的重大需求,瞄准国际领先水平,在智慧城市、智能交通、智能汽车三个方向进行统筹规划,运用体系工程和价值工程方法,组织优势资源和优秀人才,创新突破一批重大基础技术和关键核心技术,基于中国大城市出行场景,正向设计,跨界融合,分步研发出具备自动驾驶技术水平的下一代汽车模块化整车和系列化关键零部件平台,通过严格测试认证和系统演示验证,系统性推进下一代汽车科技创新和产业化,助力我国冲刺智能网联汽车科技创新高地。具体要求为:一是充分发挥我国电子信息、新材料和新能源汽车等领域的研究基础,用好国家新能源汽车技术创新中心、国家智能网联汽车创新中心、清华大学等现有平台,发展下一代汽车技术,培育相关产业。二是发挥整车企业带动作用,调动整车、互联网企业等多方面资源,与整车规划相结合,打造未来新概念整车,带动下一代汽车技术发展。三是与城市发展相融合,在自动驾驶汽车与城市基础设施的交互、智慧出行生态环境的构建等方面,形成辐射带动其他城市发展的示范效应。

二、总体思路

以智慧城市、智能交通、智能汽车融合一体化为途径,以破解制约大城市可持续发展的出行问题为目标,突破交通治理智能化在车辆端的关键核心技术,开展前沿技术和颠覆性技术创新,夯实基础技术,掌握关键核心技术,研发出下一代汽车产品原型、培育重要零部件供给及智慧城市共享出行运载体系,构建绿色、安全、高效、共享和便利的智慧城市、智能交通和智慧能源与智能汽车融合一体化的应用示范区。为此,提出按"3-3-2-1"总体思路进行下一代汽车技术创新工程布局,具体如下。

1. 实施 3 大布局

1)宏观布局

在条件较好区域实施支撑下一代 5G 智能网联汽车的城市数字化与智能化设施布局,建设适当规模的未来智慧城市示范区,形成智慧城市大数据平台,包括动态交通模型、动态出行模型、城市道路地标与导航地图、天气环境影响驾驶数据等。

2)中观布局

在条件较好区域实施支撑下一代汽车的交通智能化与 5G 网络化设施布局,构建支撑下一代汽车的网络智能交通分布式监控系统,建立一体化的城市机动出行协同服务与城市交通信息管控中心。

3)微观布局

(1)颠覆性技术创新布局。

预设在 SCSTSV 融合一体化体系工程、使能赋能融合一体化自动驾驶汽车感知、基于区块链理论 + RSU + 5G + V2X + OBU 融合一体化的自动驾驶支撑、基于安全熵概念和耗散结构熵减理论的自动驾驶汽车预期功能安全(SOTIF)和自动驾驶直觉"安全大脑"等研发方面实现颠覆性技术创新。

(2)前沿性技术研究布局。

预设在新型传感器及专用芯片、安全行车规则、车内和车外信息交互(iHMI、eHMI)、自动驾驶汽车功能和安全性测试验证方法、城市智能共享出行交通及车辆相关政策法规、共享出行数据隐私保护以及支撑网联自动驾驶共享汽车网络安全等领域开展前沿技术研究。

(3)基础性技术研究布局。

预设突破高复杂度智能汽车正向设计方法、智能汽车安全性设计方法、智能汽车功能性能测试验证关键场景库建立、大带宽和低延时高可靠度 5G-V2X 通信等基础技术。

(4)掌握 7 项核心技术。

核心技术一:新架构智能汽车平台技术。提出"共底盘平台的多模态汽车"的模块化理论方法,重点突破载运平台架构、面向智能汽车需求的轮毂电机驱动线控车辆平台、底盘关键总成系统、平台功能安全、座舱人机交互等关键核心技术。

核心技术二:高性能智能汽车中央计算平台技术。提出多传感融合一体化感知与定位的理论方法,重点研发融合一体化智能化系统,突破多核异构高性能计算

（HPC）平台技术。

核心技术三：高可靠和低延时 5G-V2X 技术。重点研发车载智能网关与网联控制器、智能汽车 5G 通信技术和装备，突破车载 5G-V2X 的通信芯片、通信安全技术。

核心技术四：智能云控平台和路侧设施技术。提出智能出行云控系统框架，重点研究智能道路设施（ISAD）技术、基于区域云的车辆协同决策技术。

核心技术五：网联智能交通系统 C-ITS 智能汽车技术。提出网联智能交通系统框架，重点研究道路交通运行状态协同感知、边云融合计算的交通协同控制技术。

核心技术六：智能出行服务（MaaS）技术。提出 MaaS 体系架构，重点研究 MaaS 服务中心及应用系统软件，突破群体出行需求智能辨识技术。

核心技术七：智能汽车安全技术。重点研究智能汽车功能安全、预期功能安全、信息安全，提出面向智慧城市道路安全的系统理论，建立基于熵减理论的预期功能安全研究体系，阐明类脑安全决策机理等。

（5）产品及应用技术研究布局。

各领域技术在城市端、交通端和车辆端与相关产业沉淀和融合，通过示范运行，贯通、验证综合技术成果，达成本次规划的技术目标。

2. 强化 3 大融合

"智慧城市 + 智能交通 + 智能汽车"融合一体化。

3. 实现 2 大创新

实现智能汽车使能技术正向研发技术创新、关键核心技术颠覆性创新。

4. 实现 1 个目标

研发出国际领先水平的下一代智能汽车。

三、发展目标

智能汽车使能技术系统发展的目标是到 2030 年，研究下一代智能汽车的社会需求、法规需求、经济发展需求、人因需求、技术需求等要素，凝练出下一代汽车概念模型；瞄准智能汽车国际领先水平，在国内率先突破一批智能汽车内能、使能、赋能关键核心技术，研发出概念样车并进行局部示范，为汽车产业探索下一代智能汽车设计、分析、试验等方法，占领下一代汽车自主创新核心技术制高点奠定基础，并起到示范和引领作用；布局优先落地的产业和技术。具体为：

（1）率先推出国际领先的自动驾驶概念汽车；

（2）率先构建支撑自动驾驶汽车的中国交通设施（ISAD）规范；

（3）率先应用5G-V2X技术实现自动驾驶与协同智能交通系统信息物理融合；

（4）率先构建网联自动交通系统，支持智能网联汽车研发和示范应用；

（5）率先在部分区域实现3S智能汽车的示范应用，局部实现交通治理智能化；

（6）面向交通治理智能化需求，规划研发的汽车能够为市区局部区域停车难、交通拥堵、出行效率低下等问题提供解决方案；

（7）技术研发内容须能够促进汽车产业、交通产业，以及传感器等核心零部件产业的发展；

（8）建成能够完成下一代汽车的自主创新、体系强劲、正向研发、跨界融合、孵化成果、培育人才和可持续发展的平台。

四、任务规划

智能汽车使能技术系统发展的任务规划是根据国际智能汽车发展与创新趋势，将以智能化技术为重要特征的下一代汽车分为三个主要产品发展方向，分别是"自动驾驶私家车""自动驾驶共享汽车"和"自动驾驶商用车"；智能汽车的创新主要体现在"车辆技术""系统支撑"和"社会生态"三个层面。为此，本规划以三个主要产品发展方向为三纵，以三个创新层面为三横，构建下一代汽车研发任务总体规划，如图8-2所示，按照"三纵三横"架构，实施下一代汽车研发。

纵向层面任务规划的目的是构建"下一代汽车创新发展先导工程"，抓住国家对汽车产业及其紧密关联产业未来发展的重大需求，瞄准国际竞争焦点和技术领先水平，正确选择某一类"三纵"车型作为智能汽车创新和转型升级的突破口和实际抓手，实施产品原型车前瞻性研发，紧密结合、验证和应用横向层面任务规划的12个技术领域的研发成果，形成基础研发—技术研发—工程研发（R—A—E）"一条龙"，在智能汽车创新发展方面先导、先试、先行。

横向层面任务规划的目的是通过在"三横"层面的协同创新取得智能汽车技术、基础设施及智能交通技术的基础性、前沿性和颠覆性突破，并实现与社会需求的密切结合，为研发任何一类下一代汽车的"三纵"产品奠定技术基础，掌握核心技术,消除技术短板。横向层面任务将以高校、科研院所及科技创新企业为主体,聚焦纵向层面的下一代汽车具体研发的某一类"三纵"产品的技术需求,有目的和有组织地实施。

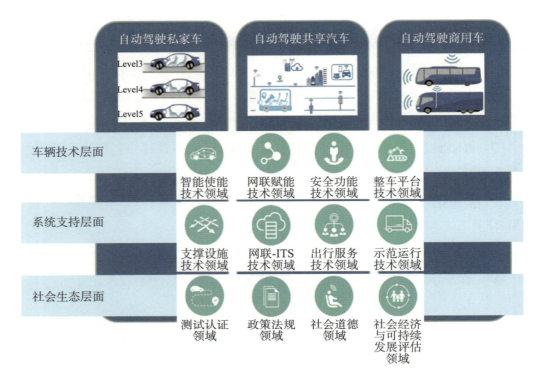

图 8-2　下一代汽车"三纵三横"任务规划

具体任务如下:

1. 智能使能技术

研究范围:自动驾驶系统的感知与决策、失效控制、系统架构、自动驾驶设计运行域(ODD)边界识别、目标和意外的检测与响应(OEDR)和退出机制、大数据和人工智能应用等技术。

重点内容:自动驾驶系统传感器架构技术、可靠的环境感知技术等,需要识别和预测自动驾驶场景中的所有危险;基于大数据、人工智能的自动驾驶类脑感知与决策高性能计算学习技术,及其面向服务的、失效可操作的、信息安全的电子控制系统架构和软件架构;满足城市场景动态驾驶任务(DDT)、ODD、OEDR、动态驾驶任务支援(DDT FALLBACK)的,基于模型的城市自动驾驶汽车控制器设计技术等。

具体目标：研究车载的视觉相机、毫米波雷达、惯性测量单元（Intertial Measurement Unit，IMU）和定位系统等新型传感器和感知系统，研究信息前融合与混合融合技术，路侧的视觉相机、毫米波雷达和激光雷达的前融合技术，实现车载传感器和路侧传感器融合一体化的感知、定位、规划和决策，利用基于大数据、人工智能的自动驾驶类脑感知与决策高性能计算学习技术进行学习训练，颠覆单车智能的自动驾驶方案和以路侧提供预警信息的车路协同的方案，设计开发集成化的融合一体化自动驾驶系统，形成自动驾驶计算平台原型样机；开发面向服务的计算平台软件架构，针对人找车、车找人、人驾车和车找位的四大场景，实现城市智能共享汽车的示范应用。在新型传感器及感知系统架构、用于训练类脑感知决策系统的高性能计算（HPC）平台、SCSTSV融合一体化感知技术等方面实现重大/颠覆性创新。

2. 网联赋能技术

研究范围：自动驾驶云控基础平台、网联路侧智能系统感知系统与部署方案、基于C-V2X的网联智能车载终端与域控制器等。

重点内容：自动驾驶汽车协同应用需求分析，车路云协同系统架构梳理、功能分配和接口定义，自动驾驶云控系统多任务编排与可靠性优化技术，车路云融合感知与定位技术，车路云融合决策与控制技术，C-V2X信息安全技术；V2X多源数据融合、C-V2X混合组网、5G-V2X技术及设备研制等。

具体目标：

（1）研究分层决策控制的云控架构体系、网联车辆控制器等关键技术，实现包括量化还原、状态预测、协同观测的统一网联状态估计，适配包括编队生成、动态指派、协同控制等统一网联决策，满足路段、路口、匝道、环岛等多种交通场景无缝、安全、高效协同行驶的需求，克服现有方法依赖集中式交通场景判断机制、场景切换导致驾驶决策割裂等不足。

（2）突破自动驾驶云控基础平台、网联路侧智能系统感知系统与部署方案、基于C-V2X的网联智能车载终端与域控制器等关键技术，实现网联赋能的自动驾驶系统落地应用。

（3）研发云控基础平台与路侧智能系统设计与部署工具，构建车路云融合控制系统仿真与测试平台，突破现有工具与设计方法的瓶颈。

（4）解决车规级C-V2X的通信芯片、北斗定位系统、信息安全等装备和技术的现有不足。

（5）在车路云融合协同计算与任务编排、车路云融合决策与控制技术等关键技术、高可用的车规级 C-V2X 装备等方面实现突破。

3. 安全功能技术

研究范围：功能安全、预期功能安全、安全行车规则、车内外人机交互系统安全设计、信息安全、伦理行为决策等。

重点内容：自动驾驶汽车的安全行车规则，类脑安全决策技术，预期功能安全研究，网络/信息安全，车内人机系统安全设计，车外模糊交流模式和效果，自动驾驶车辆远程操作安全，事故后紧急处理技术等。

具体目标：研发出预期性驾驶安全的自动驾驶汽车预警与管控系统，主被动一体化安全系统，新型车内、车外人机交互安全系统，构建危险驾驶场景库，开发出安全测试仿真软件、自动驾驶汽车的安全行车规则标准、自动驾驶汽车的安全性设计指南、自动驾驶的"安全大脑"软件等。在自动驾驶汽车"安全大脑"、车内与车外人机交互系统等方面实现重大或颠覆性创新。

4. 整车平台技术

研究范围：整车物理架构，电子电气架构，底盘平台，座舱及车内、车外人机交互系统，使能与赋能动态融合的自动驾驶系统，关键总成系统等。

重点内容：

（1）自动驾驶汽车需求系统工程研究。定义智慧城市自动驾驶汽车架构、结构、功能、应用场景、对城市和交通设施的需求等，形成下一代汽车架构、下一代底盘、下一代智能座舱、下一代电子电气、使能与赋能动态融合的自动驾驶系统等概念。

（2）下一代底盘研究。模块化可自主行驶的滚动底盘、免维护轮毂电机总成、高安全免维护蓄电池包、多合一高压辅助系统、高功能安全线控制动系统、高功能安全线控转向系统、自动充电系统等。

（3）下一代智能座舱研究。车与乘员指令交互系统、车内人机交互系统、车外人机交互系统、舒适性管理系统、车身域控制器、新型座椅及办公装置、被动安全系统、新型灯光及信号系统、新材料和新座舱结构等。

（4）下一代电子电气架构研究。基于高性能中央计算平台的 E/E 架构、新型总线、使能与赋能动态融合需求下中央网关及车内车外信息路由系统、底盘域控制器和云孪生空中下载技术(Over-the-air update,OTA)系统等。

（5）使能与赋能动态融合的自动驾驶系统研究。基于车、路感知信息的俯察式融合感知,以中央计算平台为核心的整车综合控制,"自动驾驶安全大脑"与"自动驾驶规划执行大脑"协同决策,特殊、危险、故障工况的处置等。

（6）下一代汽车整车研究。智能网联汽车正向设计等设计技术、应用场景与特征清单、外观与内饰概念、能量管理与动力学性能控制、主动与被动安全系统集成、自动驾驶概念样车研发、样车测试认证等。

具体目标:形成下一代汽车概念设计方案,研发出下一代汽车底盘,研发出下一代汽车智能座舱,研发出下一代汽车电子电气架构,研发出使能与赋能动态融合的自动驾驶系统,研发出下一代汽车概念样车。在新架构自动驾驶汽车整车技术方面实现重大或颠覆性创新。

5. 支撑设施技术

研究范围:下一代汽车自动驾驶所需物理及数字化路侧设施、智能路侧单元(RSU)及其数据算法、V2I通信等。

重点内容:支持自动驾驶的道路设施(ISAD)中国标准、支持自动驾驶的道路设施技术、基于区块链的智能路侧单元和5G-V2X的自动驾驶汽车赋能技术、道路交通设施动静态数字化信息交互技术、基于交通规则数字化设施优化布设与动态重构技术等。

具体目标:道路基础设施通过物理和数字元素为下一代汽车运行提供支持和引导,可支持传统车辆和自动驾驶车辆混行;实现从分散式网联到协同引导的多种类型底层信息交互,确保交通的安全性、高效性、连续性和可测性。在中国ISAD标准和基于区块链的RSU和5G-V2X的自动驾驶汽车赋能技术等方面实现重大创新。

6. 网联-ITS技术

研究范围:下一代汽车运行所需交通管理系统、云智能平台、车路协同控制系统等。

重点内容:面向下一代汽车运行的交通组织技术、基于车路协同的超视距泛在感知技术、基于群智计算的群体车辆运行态势演化与事件辨识、基于数据驱动的边云融合敏捷决策技术、基于端-边-云架构的交通系统路车智能融合控制技术、网联-ITS系统信息交互与安全保障技术。

具体目标:攻克基于 SCSTSV 一体化深度融合的下一代汽车运行交通控制关键技术,构建基于端-边-云架构的路与车智能融合控制技术体系,支持下一代汽车安全、有序、高效运行。在基于端-边-云架构的交通系统路车智能融合控制方面实现突破性创新。

7. 出行服务技术

研究范围:下一代汽车运行所需出行服务平台、远程出行需求调控及调度系统、事故处理及救援系统等。

重点内容:面向出行服务的大规模车辆流式数据并发处理技术、出行需求智能辨识与调控方法、个体动态出行生成与自主匹配技术、下一代汽车出行事故处置与应急服务技术、智能共享出行服务技术及系统、自动驾驶汽车行驶过程化服务技术及系统等。

具体目标:建立面向下一代汽车出行的"出行即服务"的出行服务平台,实现常态下群体智能共享出行和个体乘坐下一代汽车出行的过程化服务,以及出行发生事故的高效处置。在面向出行服务的大规模流式数据并发处理与群体出行需求智能辨识方面实现创新。

8. 示范运行技术

研究范围:智慧城市,智能交通,智能汽车体系工程设计,下一代汽车示范运行管理,自动驾驶汽车改善交通效率和出行安全的能力和水平评估,居民出行对自动驾驶汽车功能性、安全性、舒适性、便利性等方面的详细需求识别等。

重点内容:智慧城市,智能交通,智能网联汽车系统工程设计,下一代自动驾驶汽车示范运维管理,面向交通功能提升的下一代汽车示范运行系统性评估,基于 SCSTSV 的车辆功能性、安全性、舒适性、便利性辨识等。

具体目标:建立数字化智慧城市、智能交通、智能网联汽车运行管控系统,完成区域智慧城市及智能交通。在基于 SCSTSV 的体系工程设计方面实现重大或突破性技术创新。

此外,车辆智能使能技术还需要测试认证、政策法规、社会道德及社会经济与可持续发展评估的支持,具体如下。

9. 测试认证

研究范围:自动驾驶汽车功能验证,出厂性能验证,测试认证所需的流程、方法、场景、软件工具链、试验室装备、试验场设施、开放道路场地条件、指标限值等。

重点内容：自动驾驶汽车测试认证的维度、要素、指标，关键场景构建方法，认证仿真平台技术，场地测试认证技术，开放道路测试认证技术，不同类型的测试方法的组合测试标准及可接受的安全性指标基准等。

具体目标：建立基于关键场景的自动驾驶测试用例规范；提出汽车测试认证所需工具的适用标准，按关键场景提出软件仿真、试验室试验、场地试验分类标准；提出自动驾驶汽车安全性评价流程、方法和指标。在自动驾驶汽车认证指标体系及其限值方面实现重大突破。

10. 政策法规

研究范围：全球自动驾驶政策法规进程，自动驾驶汽车上路所需修订或指定的国家层面政策法规、地方层面政策法规，政策修订或制订的节奏和顺序，对社会产生的影响评估等。

重点内容：调研全球自动驾驶政策法规修订进程、梳理相关参与方和涉及的政策法规、分析我国自动驾驶法规适用性和影响、提出消除法规障碍的措施及建议等。

具体目标：掌握全球自动驾驶政策法规修订进展，提出对我国的启示；梳理国内自动驾驶可能参与方，明确政策法规涉及的领域；基于现行管理制度，搭建自动驾驶政策法规体系；识别自动驾驶与现行政策法规冲突条款，评估相关政策法规对社会影响；提出政策法规修改建议，促进和支持自动驾驶应用落地。

11. 社会道德

研究范围：影响自动驾驶汽车用户接受度的因素、自动驾驶汽车决策相关交通伦理、用户隐私保护、交通事故责任、自动驾驶决策中社会伦理道德相关指导原则等。

重点内容：自动驾驶汽车落地应用的社会认知与共识、影响用户接受度的关键因素、复杂应用场景下的模糊交通事故责任、自动驾驶汽车面临的交通伦理难题或矛盾、安全的数据开放与基于隐私的数据保护间的选择、用户与非用户安全权重的设定、广泛应用后的社会伦理影响、在智能交通和智慧城市体系中运行的道德伦理规范及边界等。

具体目标：识别用户接受度的多维复杂影响因素，揭示作用规律及耦合作用机制；阐明智能交通系统事故产生机理和影响要素；提出模糊交通事故责任的分解与界定方法;构建出自动驾驶汽车的合理规范;梳理出自动驾驶汽车对社会伦理影响的内涵与范畴;建立面向未来汽车与人类的全新社会契约关系。

12. 社会经济与可持续发展评估

研究范围:自动驾驶汽车对社会经济与可持续发展的影响、自动驾驶汽车导入社会条件与步骤、全自动驾驶汽车的首批用户或服务对象、城市智能共享汽车的运营模式等。

重点内容:不同渗透率普及应用的社会经济综合效益、在不同应用场景和渗透率下的综合部署成本、成本收益盈亏平衡点、重点应用场景可行性和排序等。

具体目标:揭示其在复杂应用场景下多维度社会经济效益的产生与耦合机理,构建其社会经济效益和车队部署成本的量化评估模型,提出成本收益盈亏平衡的系统分析方法,识别特定应用场景下影响高应用效益及成本的关键要素,阐明多因素不确定条件对自动驾驶汽车技术经济性的作用机制。

五、阶段目标

智能汽车使能技术系统发展的阶段目标是整合国内优势资源,以整车技术研发和示范运行为牵引,按重大工程实施,具体分以下三步进行:

第一步,系统筹划,总体设计,整合研发资源,突破智能汽车使能关键核心技术,针对区域示范需求研发出下一代汽车产品原型车。到 2025 年,落实信息、材料等领域的优势产业布局,整合智慧城市、智能交通、智慧能源、智能网联汽车各领域产业资源,在优势区域示范交通治理智能化科技创新成果。

第二步,针对市场需求,研发出下一代汽车工业原型车。到 2030 年,持续推动下一代汽车技术水平提升,形成下一代汽车优势产业生态,实现全工况自动驾驶,并在典型区域示范科技创新社会效果。

第三步,产业落地,大范围推广。到 2035 年,在下一代汽车整车技术、车载高性能计算平台技术、车用操作系统、面向服务的车用软件技术、V2X 通信技术、智能路侧设施技术、自动驾驶汽车云控技术、自动驾驶汽车运营服务技术、网联化城市智能交通管理技术、网络安全技术等方面形成系列产业标准,完成超大城市主城区全域实施自动驾驶的技术储备。

智能汽车使能技术系统发展路线图如图 8-3 所示。

	2025年	2030年	2035年
总体目标	1. 突破智能汽车使用技术瓶颈，研发出国际领先水平的下一代智能汽车； 2. 实现智慧城市、智能交通、智能汽车融合一体化； 3. 智能汽车技术和产品产业化落地		
里程碑	突破智能汽车使能技术；研发出产品原型样车；智慧城市、智能交通、智能汽车初步融合；优势区域示范运行	研发下一代汽车工业原型车；形成下一代汽车优势产业生态；典型区域示范科技创新社会效果	智能汽车使能技术产业落地并在国内大范围推广；完成智能汽车使能技术产业链标准制定；超大型城市实现智能汽车出行
车辆智能使能技术	基于3S融合的智能汽车感知技术突破；自动驾驶系统具备典型形态及明确技术指标；自动驾驶与底盘控制功能融合	传感器技术、感知规划等算法技术逐步成熟；自动驾驶系统软硬件初具产业化规模	智能汽车感知、规划、控制技术基本成熟并形成较完整技术标准；车辆运行场景涵盖城市复杂交通及不同天气状况
网联赋能技术	智能交通系统分层决策控制架构初步建立并部署；车路云协同感知突破；网联赋能技术能够支撑城市工况自动驾驶	智能路侧装备基本成熟并较大规模部署；网联赋能技术能够支撑城市复杂交通环境的自动驾驶；车路云协同任务编排与控制技术突破	网联赋能技术成熟并形成标准体系；车路云无缝衔接与协同显著缓解城市交通拥堵等问题
安全功能技术	初步解决智能汽车功能安全问题；构建预期功能安全危险场景库；出台信息安全标准	解决智能汽车功能安全问题；构建预期功能安全危险场景库；出台信息安全标准	建立针对新型E/E架构的下一代汽车功能安全标准体系；城市、高速公路等运行场景的预期功能安全得以解决；网联自动驾驶生态系统信息安全得以保障
整车平台技术	智能汽车新型E/E架构和SOA软件架构突破；自动驾驶与线控底盘有机融合；自动驾驶汽车样机验证	智能化系统使能与赋能动态融合；下一代汽车工业原型车具备成熟形态；真实道路场景中智能汽车与智能交通系统融合	车辆智能化系统及底盘线控系统技术基本成熟；智能车辆技术形成较完整技术标准；智能车辆形成批量
系统支持技术	支持自动驾驶的道路设施标准出台；制定5G-V2X通信技术标准；初步构建支持下一代智能汽车运营的出行服务平台	突破基于3S融合一体化的交通控制关键技术；构建基于端边云架构的路与车智能融合控制技术体系；云端服务系统支持大规模自动驾驶出行	支持自动驾驶的智慧城市及智能交通系统稳定运行；面向下一代汽车运行的智能交通组织技术成熟；出行服务及应急处理系统稳定
社会生态层面技术	初步建立高级别自动驾驶汽车功能及安全性认证标准；初步完成自动驾驶汽车准入对交通安全等相关法规、政策的影响评估；完成对交通伦理、用户隐私等影响评估	初步建立智能汽车验证认证自主工具链体系；自动驾驶汽车相关法规标准修订完成；构建自动驾驶汽车的合理伦理规范；获得经济效益和积极社会效益	高级别自动驾驶功能及安全性认证标准完备，配套法规完备；建立面向未来汽车与人类的全新社会契约关系

图 8-3　智能汽车使能技术发展路线图

本章参考文献

[1] 王荣本,李斌,储江伟,等.世界智能车辆行驶安全保障技术的研究进展[J].公路交通科技,2002,19(2):5.

[2] 王永军.5G技术是智能驾驶汽车成为现实的使能技术[J].汽车文摘,2019(9):1.

[3] 王永军.智能驾驶汽车需要车载使能技术[J].汽车文摘,2019(10):1.

[4] 佚名.华为轮值董事长徐直军:聚焦ICT技术,使能车企"造好"车,造"好车"[J].财新周刊,2019.

[5] 贠天一.文一波:打通环境、能源、汽车三产业的"万物互联"[J].中国战略新兴产业,2019(21):3.

[6] 刘燕.迎接"万物互联"的未来车世界[J].中国科技投资,2013(A16):1.

[7] 刘天洋,余卓平,熊璐,等.智能网联汽车试验场发展现状与建设建议[J].汽车技术,2017(1):6.

[8] 黎宇科,刘宇.国内智能网联汽车发展现状及建议[J].汽车与配件,2016(41):4.

[9] 李克强,戴一凡,李升波,等.智能网联汽车(ICV)技术的发展现状及趋势[J].汽车安全与节能学报,2017,8(1):14.

[10] 尚蛟,何鹏.推进我国智能网联汽车发展的建议[J].汽车工业研究,2017(2):5.

[11] 远山之石.智能网联汽车发展综述及浅析[J].上海汽车,2016(7):3.

[12] 王兆.中国智能网联汽车标准体系研究[J].汽车电器,2016(10):4.

[13] 孔垂颖,马恩海,门峰.智能网联汽车发展路径及机制研究[J].汽车工业研究,2016(11):26-31.

[14] 殷媛媛.国内外智能网联汽车发展趋势研究[J].竞争情报,2017,13(5):8.

第九章

智能汽车赋能技术发展战略

撰稿人：于胜波　国汽(北京)智能网联汽车研究院有限公司

摘要

随着新一轮科技革命进程,汽车作为新技术集成应用的最佳载体之一,正在加速向智能化转型,智能汽车已经成为国际汽车产业发展战略方向与竞争焦点。伴随着汽车技术智能化发展,单车智能的局限性愈发明显,以网联化赋能智能化,智能汽车赋能技术发展正逐步成为全球共识,但现阶段智能汽车发展仍面临网联化商业模式、智能化与网联化融合发展路线不够清晰的问题。本章将结合我国《智能汽车创新发展战略》的战略愿景,以及《节能与新能源汽车技术路线图2.0》所提出的网联化未来发展路径及分阶段目标进行探讨;通过分析国外智能汽车智能化与网联化融合的探索路径,结合我国智能汽车网联化发展现状以及智能化与网联化融合发展特点,分析我国 C-V2X 在应用场景、通信标准频谱等方面的产业发展进展,找出 C-V2X 产业在车载终端渗透率、信息安全保障体系等方面的发展问题;随后,研究 C-V2X 产业实现终端突破后,在提升道路交通安全、提高交通效率等方面的社会及经济效益;最后,基于上述研究提出落地实施建议。

第一节
3S 融合下智能汽车的研究背景与必要性

一、3S 融合下智能汽车的发展背景及研究目标

2020年2月,国家发改委等十一部门联合印发《智能汽车创新发展战略》(发改产业〔2020〕202号),提出到2025年的智能汽车及车用无线通信网络发展目标,即中国标准智能汽车的技术创新、产业生态、基础设施、法规标准、产品监管和网络安全体系基本形成,车用无线通信网络(LTE-V2X等)实现区域覆盖,新一代车用无线通信网络(5G-V2X)在部分城市、高速公路逐步展开应用。2021年11月,工业和信息化部印发《"十四五"信息通信行业发展规划》(工信部规〔2021〕164号),提出加快车联网部署应用,协同发展智慧城市基础设施与智能网联汽车,推动C-V2X与5G网络、智能交通、智慧城市等统筹建设,推广车联网应用,加速车联网终端用户渗透。

2020年11月,《节能与新能源汽车技术路线图2.0》发布并给出了未来5~10年汽车智能化与网联化发展趋势预判,即到2025年,部分自动驾驶(PA)、有条件自动驾驶(CA)级智能汽车占当年新车销量超过50%,高度自动驾驶(HA)级智能汽车开始进入市场,C-V2X终端新车装配率达50%,网联协同感知在高速公路、城市道路节点(如道路交叉口、匝道口)和封闭园区实现成熟应用;到2030年,PA、CA级智能汽车占当年汽车市场销量超过70%,HA级占比达20%,C-V2X终端新车装配基本普及,具备车路云一体化协同决策与控制功能的车辆进入市场。

但现阶段我国智能汽车发展仍面临许多问题,如智能化与网联化融合发展技术路线尚不明确,网联化商业模式仍在探索阶段。本章研究目标将结合《智能汽车创新发展战略》的战略愿景,围绕六大建设任务,以及我国《节能与新能源汽车技术路线图2.0》中网联化相关描述及其提出的未来发展路径及分阶段目标,梳理美国、欧洲、日本在网联化相关立法及标准制修订、网联化通信方式、车联网信息安全、网联化应用场景、车载终端及路侧基础设施建设等方面发展情况,并结合我国智能汽车网联化发展现状以及智能化与网联化融合发展特点,从应用场景、通信标准频谱、车载终端、路侧基础设施、通信安全、测试验证、应用示范等角度开展分析,找出我国 C-V2X 在车载终端渗透率、信息安全保障体系、5G-V2X 应用、基础设施建设、商业模式探索等方面的发展问题。研究 C-V2X 产业实现终端突破后在提升道路交通安全、提高交通效率、增强信息服务、加强产业协同、构筑完善的商业模式方面的社会及经济效益。最后,结合上述内容给出促进智能化与网联化融合的发展建议。

二、3S 融合下智能汽车网联化发展的必要性与可行性

1. 网联化可以提升智能化水平,弥补单车智能短板

一方面,网联化发展通过车路协同感知可提升驾驶安全性,通过人、车、路、云间的信息交互可大幅提升交通效率。另一方面,单车智能解决方案需要依赖全套高精度感知系统、超强计算系统、可靠的车内通信系统、精准的线控系统以及多重冗余系统来保证整体系统安全,将造成高昂的单车智能成本,而网联化发展将在一定程度上降低单车智能成本。此外,车路协同、新基建、车联网等产业迅速崛起,将进一步促进汽车、通信、交通产业融合,助推通信、交通等基础设施升级改造。最后,网联化的发展将推动智慧城市、智能交通、智能汽车进一步融合发展,促进产业发展,加速汽车产业转型升级。

2. 国家顶层设计支持智能化与网联化协同发展技术路线

2020 年 2 月,国家发改委等十一部门联合印发《智能汽车创新发展战略》,提出车用无线通信技术 2025 年发展愿景,并提出产业发展对应的保障措施。2020 年 10 月,国务院办公厅印发《新能源汽车产业发展规划(2021—2035 年)》(国办发〔2020〕39 号),提出坚持电动化、智能化、网联化发展方向,并提出实施智能网联技术创新工程。

3. 新基建国家战略为汽车网联化基础设施提供强劲助推力

国家政策层面,2020 年 3 月,国家发改委办公厅、工业和信息化部办公厅联合印发《关于组织实施 2020 年新型基础设施建设工程(宽带网络和 5G 领域)的通知》,在 C-V2X 方面重点支持"基于 5G 的车路协同车联网大规模验证与应用",提出建设 C-V2X 规模示范网络,验证典型应用场景下的 C-V2X 车路协同平台功能和交互能力,以及相关 C-V2X/5G 模组、设备的功能及性能,并对大规模测试数据进行规范和分析。此外,国务院常务会议提出加快推进信息网络等新型基础设施建设,车联网、智慧城市作为重要应用被提及。2020 年 8 月,交通运输部发布《交通运输部关于推动

交通运输领域新型基础设施建设的指导意见》（交规划发〔2020〕75 号），提出协同建设车联网，推动重点地区、重点路段应用车用无线通信技术，支持车路协同、自动驾驶等。2020 年 12 月，商务部等十二部门发布《关于提振大宗消费重点消费促进释放农村消费潜力若干措施的通知》（商消费发〔2020〕299 号），鼓励加快推进车联网（智能网联汽车）基础设施建设和改造升级。2021 年 2 月，中共中央、国务院发布《国家综合立体交通网规划纲要》，提出加强交通基础设施与信息基础设施统筹布局、协同建设，推动车联网部署和应用，强化与新型基础设施建设统筹。2021 年 7 月，工业和信息化部等十部门印发《5G 应用"扬帆"行动计划（2021—2023 年）》（工信部联通信〔2021〕77 号），提出推动车联网基础设施与 5G 网络协同规划建设，选择重点城市典型区域、合适路段以及高速公路重点路段等，加快 5G + 车联网部署。

地方政策层面，多地出台发展规划或行动计划，积极推进车路协同信息化设施建设或改造。2019 年 6 月，江苏省发布《江苏省推进车联网（智能网联汽车）产业发展行动计划（2019—2021 年）》（苏工信产业〔2019〕248 号），提出推动 LTE 网络升级和 5G 网络部署，满足车联网的大规模应用。2020 年 6 月，北京市发布《北京市加快新型基础设施建设行动方案（2020—2022 年）》，提出加快实施自动驾驶示范区车路协同信息化设施建设改造，三年内铺设网联道路 300km，建设超过 300km^2 示范区。2020 年 7 月，广州市发布《广州市加快推进数字新基建发展三年行动计划（2020—2022 年）》，提出到 2022 年，建成 400km 车路协同的"智路"。2021 年 1 月，重庆市提出加快推进车联网（智能网联汽车）基础设施建设和改造升级。2021 年 5 月，江西省提出推进智慧道路基础设施建设，加快车用无线通信网络（LTE-V2X）部署实现区域覆盖。

4. 我国已经取得汽车网联化初步领先优势

我国已基本建立完善的 LTE-V2X 标准体系，形成覆盖 C-V2X 空口、核心层、消息层、终端、设备等系列标准，5G-V2X 相关标准正在制定中，并且跨管理部门标准协同机制已经建立。此外，我国 C-V2X 专利数量居全球首位，初步形成芯片、模组、车载终端、路侧单元、系统等产业链布局，具备产业化能力。华为技术有限公司（以下简称"华为"）、大唐电信科技股份有限公司（以下简称"大唐"）、北京星云互联科技有限公司（以下简称"星云互联"）、深圳市金溢科技股份有限公司（以下简称"金溢科技"）、北京千方科技股份有限公司（以下简称"千方科技"）等已实现不同产品的规模量产。2020 年 10 月，由中国智能网联汽车产业创新联盟（CAICV）组织的"2020 智能网联汽车新四跨暨大规模先导应用示范活动"，实现了面向产业化的先导应用；2020 年末我国迎来C-V2X市场化应用突破,多个车型前装C-V2X终端。目前,中国第一汽车集团股份有限公司(以下简称"一汽")、北京汽车集团股份有限公司(以下简称"北汽")、上海汽车集团股份有限公司(以下简称"上汽")、广州汽车集团股份有限公司(以下简称"广汽")、长城汽车股份有限公司(以下简称"长城")、浙江吉利控股集团有限公司(以下简称"吉利")、比亚迪股份有限公司(以下简称"比亚迪")、蔚来汽车有限公司(以下简称"蔚来")、华人运通科技股份有限公司(以下简称"华人运通")均已经量产或发布前装C-V2X车型;长安福特、上汽通用等合资企业,也实现C-V2X前装应用;此外,相关外资企业的网联化研发中心也纷纷在我国落地,加速我国整体网联化落地。

第二节 国内外智能汽车网联化发展现状

一、国外智能汽车网联化发展现状

1. 美国智能汽车网联化发展现状

美国智能汽车网联化发展起步较早,但发展成效不显著,最新的网联化技术路线转向C-V2X。美国运输部先后提出《ITS战略计划(2010—2014)》《ITS战略计划(2015—2019)》,首次将V2X技术提高到国家战略层面,汽车的智能化、网联化成为该战略计划的重点。

2016年12月,美国运输部发布《联邦机动车安全标准—第150号》(FMVSS No.150)提案,提出美国销售的轻型车辆必须安装V2V通信设备,以确保车车之间能够发送和接收基本安全信息,并选择专用短程通信(DSRC)作为车车通信的统一标准。但目前仅有数千辆车安装DSRC通信设备,未实现大规模产业化。

为加快网联化发展,美国密歇根州已建成全球领先的网联式自动驾驶测试场MCity和美国移动中心(ACM),MCity是全球第一个网联式自动驾驶测试场,ACM是美国面向网联式自动驾驶测试验证的测试场。认识到网联对提高交通系统安全性、效率、可靠性以及对促进自动驾驶部署的巨大作用后,国际自动机工程师学会(SAE)于2020年6月发布《道路机动车辆协同自动驾驶相关术语的分类和定义》(J3216),

重点阐明以下六项问题：明确协同自动驾驶运行期间交互的信息类型，明确协同自动驾驶所需要的协同能力，通过制定相关政策、法规、标准解决相关问题，为协同自动驾驶标准、规范、技术要求和开源平台建立参考框架，明确协同自动驾驶通信的清晰度和稳定性要求，提供节省时间和精力的简便方法，为未来的标准提供基础和参考，展现产业界当前的做法，在可行的范围内保存现有技术。

为促进网联自动驾驶汽车（CAV）和相关基础设施的应用，打造一个安全、高效、适应性强的出行典范，2020年8月，美国密歇根州政府发布网联式自动驾驶走廊项目，走廊连接底特律市和安娜堡市，长度为40mile（约64.36km）。项目耗时3年，探索全面部署基础设施后的成熟商业模式。

经过多方博弈讨论，2020年11月，美国联邦通信委员会（Federal Communications Commission，FCC）正式投票弃用DSRC，将5.895-5.925GHz分配给C-V2X技术，用以提升汽车安全。

2. 欧洲智能汽车网联化发展现状

欧洲尚未确定V2X的通信方式是采用DSRC还是蜂窝网络（Cellular）。欧洲智能汽车发展起源于ITS，并逐步通过车辆的智能化、网联化实现车与交通系统的协同发展，欧洲的ITS开发及应用与欧盟的交通运输一体化建设进程紧密联系。2015年，欧洲道路交通研究咨询委员会（ERTRAC）发布智能汽车技术路线图，以加强顶层规划，促进各国协同推进。2016年，欧洲28国交通部长共同签署"阿姆斯特丹宣言"，通过C-ITS的欧洲战略方案，此方案以ITS-G5（DSRC）标准为基础。2018年，欧盟委员会发布《通往自动化出行之路：欧盟未来出行战略》，明确到2022年，欧盟所有新车都具备通信功能。随着技术产业的不断发展，ERTRAC多次更新技术路线。2019年3月，ERTRAC发布最新版路线图，提出基于数字化基础设施支撑的网联式协同自动驾驶ISAD，进一步强化在网联化、车路协同方面的规划。

企业层面，大众汽车集团股份有限公司、雷诺公司、丰田自动车株式会社、恩智浦半导体股份有限公司等是DSRC方案的支持者。2020年3月，大众汽车发布基于DSRC技术的具备8项交通危险状况预警功能的Car2X。C-V2X技术的支持者有梅赛德斯-奔驰集团、宝马公司、罗伯特·博世有限公司、大陆集团、德国电信股份公司、高通股份有限公司（以下简称"高通"）等企业。总体而言，欧洲V2X产业进展缓慢。

3. 日本智能汽车网联化发展现状

日本通过ITS发展协同推动汽车产业进步，并将ITS、智能汽车纳入国家重点发展战略。2013年,日本内阁府正式公布新信息技术(IT)战略《世界领先IT国家创造宣言》,在此框架下,日本道路交通委员会、日本信息通信战略委员会共同提出智能汽车商用化时间表及《ITS 2014—2030技术发展路线图》,该路线图的发布标志着日本正式进入汽车智能化、网联化的发展阶段。2014年,为推进《世界领先IT国家创造宣言》中提出的"实现世界上最安全、最环保、最经济的道路交通社会"的目标,日本内阁府制定《创造战略性革新规划》。2016年,日本政府制定《官民ITS构想·路线图》,制定发展目标、自动驾驶系统场景以及商用化时间表,并于2017—2019年期间年度动态修订。2020年7月,日本发布《官民ITS构想及路线图2020》,将私家车、物流服务、出行服务作为主要研究推广的领域。

私家车方面,2021—2022年,完成驾驶辅助系统优化(L1、L2);2023—2025年,实现高速公路自动驾驶(L4);2026年之后,在该领域达到减少交通事故、缓解交通拥堵、增加产业竞争力的目标。

物流服务方面,2021—2025年,实现高速公路货车队列跟驶和部分地区无人自动驾驶送货服务;2023—2025年,实现高速公路货车自动驾驶(L4);2026年之后,在物流创新领域达到适应人口减少趋势的目的。

出行服务方面,2021—2022年,达到仅需要远程监管的无人自动驾驶出行服务;2023—2025年,实现无人自动驾驶出行服务(L4)特定区域的扩张和运行设计域(ODD)服务内容和范围的扩大;2026年以后,在该领域达到无障碍出行的目的。

2021年6月,《官民ITS构想及路线图2021》发布,在总结近年来发展进程的基础上,明确未来ITS构想,并具体从农村地区、私家车出行城市、公共交通出行、数字社会等角度进行阐述。

2016年以来,日本正逐步构建智能汽车相关法律法规环境,并修订《道路交通法》和《道路运输车辆法》。2016年5月,日本警察厅颁布了《自动驾驶汽车道路测试指南》,明确自动驾驶道路测试需遵循的法规。2018年3月,日本发布《自动驾驶相关制度整备大纲》,就L3级自动驾驶事故责任作出明文规定。2018年,日本国土交通省针对L3、L4级别自动驾驶系统的乘用车、货车及公共汽车发布《自动驾驶汽车安全技术指南》,该指南列出了十项智能汽车安全条件。此外,修订的《道路交通法》《道路运输车辆法》于2020年4月正式生效,极大地促进了自动驾驶产业化发展。同时,本田于2021年发布搭载L3级自动驾驶系统的量产车型Legend。

二、我国智能汽车网联化发展现状

1. 应用场景

基于 C-V2X 的应用场景可划分为安全、效率以及信息服务三大类。经过 C-V2X 工作组、C-SAE、C-ITS 等国内标准及行业组织,以及汽车、信息通信、交通、科研院所等行业单位共同研究,面向辅助驾驶阶段被定义了 17 个 C-V2X 基础业务场景(表9-1)。这些应用场景基于 C-V2X 信息交互,实现车辆、道路设施、行人等交通参与者之间的实时状态共享,辅助驾驶员进行决策。

C-V2X 基础业务场景　　　　　　　　　表9-1

序号	类别	通信方式	应用名称
1	安全	V2V	前向碰撞预警
2	安全	V2V/V2I	道路交叉口碰撞预警
3	安全	V2V/V2I	左转辅助
4	安全	V2V	盲区预警/变道辅助
5	安全	V2V	逆向超车预警
6	安全	V2V-Event	紧急制动预警
7	安全	V2V-Event	异常车辆提醒
8	安全	V2V-Event	车辆失控预警
9	安全	V2I	道路危险状况提示
10	安全	V2I	限速预警
11	安全	V2I	闯红灯预警
12	安全	V2P/V2I	弱势交通参与者碰撞预警
13	效率	V2I	绿波车速引导
14	效率	V2I	车内标牌
15	效率	V2I	前方拥堵提醒
16	效率	V2V	紧急车辆提醒
17	信息服务	V2I	汽车近场支付

随着基础业务场景的逐步推广和应用落地,产业界开始越来越多地关注车联网、智能汽车、智慧道路和交通管理等方面。一方面,C-V2X 与智能汽车相结合,能有效地提高交通系统效率,例如,道路、交通控制系统等的感知精度、信息实时双向交互的

能力可以使得数据更加全面、准确;另一方面,C-V2X 可以弥补智能汽车在感知范围上的不足,提升智能车辆本身的感知、协同控制能力。

C-V2X 的增强业务场景将会进一步提升出行安全与效率,一方面通过精细化的协作式交互,提升车辆通行安全,另一方面通过多类型数据处理与共享,提高行驶效率。此外,信息服务业务将逐步扩展到支付等场景,提供更加便捷的服务。当前产业界正逐步提出并对以下增强的业务场景进行定义、研究和应用探索,具体增强业务场景见表9-2。

C-V2X 增强业务场景　　　　　　　　表 9-2

序号	增强的业务场景	通信模式	场景分类
1	感知数据共享	V2V/V2I	安全
2	协作式变道	V2V/V2I	安全
3	协作式车辆汇入	V2I	安全/效率
4	协作式道路交叉口通行	V2I	安全/效率
5	差分数据服务	V2I	信息服务
6	动态车道管理	V2I	效率/交通管理
7	协作式优先车辆通行	V2I	效率
8	场站路径引导服务	V2I	信息服务
9	浮动车数据采集	V2I	交通管理
10	弱势交通参与者安全通行	P2X	安全
11	协作式车辆编队管理	V2V	高级智能驾驶
12	道路收费服务	V2I	效率/信息服务

2. 通信标准/频谱

C-V2X 标准主要分为消息层、网络层和接入层的协议规范、安全标准以及对应的技术要求规范。C-V2X 相关标准见表9-3。

3GPP(3rd Generation Partnership Project,第三代合作伙伴计划)于2015年初正式启动基于 C-V2X 技术的标准化研究工作,支持 LTE-V2X 的 3GPP R14 版本标准已于2017年正式发布,能够满足安全和效率提升等辅助驾驶应用以及低级别自动驾驶应用的需求;第二阶段支持 LTE-V2X 增强(LTE-eV2X)的 3GPP R15 版本标准于2018年6月正式完成,在 R14 版本标准基础上进一步提升了直通模式的可靠性、数据速率和时延性能,以满足车辆编队行驶等部分高级别车联网业务的需求;第三阶段支持5G-V2X 的 3GPP R16 版本标准于2018年6月启动研究,将与 LTE-V2X/LTE-eV2X 形成互补关系,面向人车路协同和高级别自动驾驶等更先进的高级别车联网业务,相关标准已进入征求意见阶段。

C-V2X 相关标准　　　　　　　　　　　　　　　　　表 9-3

标准分类	标准名称	标准等级	标准组织
接入层协议	基于 LTE 的车联网无线通信技术　总体技术要求	国家标准/行业标准	TC485/CCSA
	基于 LTE 的车联网无线通信技术　空中接口技术要求	国家标准/行业标准	TC485/CCSA
网络层协议	基于 LTE 的车联网无线通信技术　网络层技术要求	行业标准	CCSA
	基于 LTE 的车联网无线通信技术　网络层测试方法	行业标准	CCSA
消息层协议	合作式智能运输系统　车用通信系统应用层及应用数据交互标准	团体标准	C-SAE/C-ITS
	基于 LTE 的车联网无线通信技术　消息层技术要求	行业标准	CCSA
	合作式智能运输系统　车用通信系统应用层及应用数据交互标准　第一阶段	团体标准	CSAE/C-ITS
	合作式智能运输系统　车用通信系统应用层及应用数据交互标准　第二阶段	团体标准	CSAE/C-ITS
	基于车路协同的高等级自动驾驶数据交互内容	团体标准	CSAE/C-ITS
	基于 LTE 的车联网无线通信技术　消息层测试方法	行业标准	CCSA
安全标准	基于 LTE 的车联网通信安全技术要求	行业标准	CCSA
	基于 LTE 的车联网无线通信技术　安全认证技术要求	行业标准	CCSA
	基于 LTE 的车联网无线通信技术　安全认证测试方法	行业标准	CCSA
	基于 LTE 的车联网无线通信技术　安全证书管理系统技术要求	行业标准	CCSA
技术要求规范	基于 LTE 的车联网无线通信技术　支持直连通信的车载终端设备技术要求	行业标准	CCSA
	基于 LTE 的车联网无线通信技术　支持直连通信的车载终端设备测试方法	行业标准	CCSA
	基于 LTE 的车联网无线通信技术　支持直连通信的路侧设备技术要求	行业标准	CCSA
	基于 LTE 的车联网无线通信技术　支持直连通信的路侧设备测试方法	行业标准	CCSA

续上表

标准分类	标准名称	标准等级	标准组织
技术要求规范	基于LTE的车联网无线通信技术 基站设备技术要求	行业标准	CCSA
	基于LTE的车联网无线通信技术 基站设备测试方法	行业标准	CCSA
	基于LTE的车联网无线通信技术 核心网设备技术要求	行业标准	CCSA
	基于LTE的车联网无线通信技术 核心网设备测试方法	行业标准	CCSA
	基于LTE的车联网无线通信技术 直连通信系统路侧单元技术要求	团体标准	C-SAE/C-ITS
	基于LTE-V2X直连通信的车载信息交互系统技术要求及试验方法	国家标准	NTCAS
	基于ISO智能交通系统框架的LTE-V2X技术规范	国际标准/团体标准	ISO/C-ITS
	基于LTE的车联网无线通信技术 支持直连通信的路侧设备测试方法	行业标准	CCSA
	基于LTE的车联网无线通信技术 支持直连通信的车载终端设备测试方法	行业标准	CCSA
	增强的V2X业务应用层交互数据要求	行业标准	CCSA
	基于LTE的车联网无线通信技术 直接通信路侧系统技术要求	团体标准	CSAE/C-ITS
	基于LTE的车联网无线通信技术 应用标识分配及映射	行业标准	CCSA

我国通信、交通、汽车等领域的行业协会和标准化组织积极开展LTE-V2X标准协议栈各层面的技术标准制定,包括总体技术要求、空中接口技术要求、应用消息集、信息安全等。目前中国通信标准化协会(CCSA)和中国智能交通产业联盟(C-ITS)已经完成了基于3GPP R14版本的行业标准和团体标准制定工作,包括《基于LTE的车联网无线通信技术 总体技术要求》(YD/T 3400—2018)和《基于LTE的车联网无线通信技术 空中接口技术要求》(YD/T 3340—2018),标准给出了基于3GPP R14版本的LTE-V2X的总体业务和技术要求、系统架构、基本功能以及基本协议技术要求,包括物理层、媒体接入控制(MAC)层、无线链路层控制协议(RLC)层、分组数据汇聚

协议(PDCP)层、无线资源控制(RRC)层及相关过程要求。

网络层方面,《基于 LTE 的车联网无线通信技术　网络层技术要求》(YD/T 3707—2020)和与之配套的测试方法《基于 LTE 的车联网无线通信技术　网络层测试方法》(YD/T 3708—2020)也已正式发布,该标准规定了 C-V2X 网络层相关协议技术要求,包括短消息协议、应用注册、业务管理以及业务公告等。

2016 年,CAICV 和 C-ITS 制定完成了中国第一个应用层规范《合作式智能运输系统　车用通信系统应用层及应用数据交互标准》(T/CSAE 53—2017),该规范规定了 5 个车车、车路直接通信的消息类型和 ASN.1 编码文件,包括:BSM 消息(基本安全信息)、RSM 消息(路侧动态目标物数据信息)、RSI 消息(路侧即时交通信息)、SPAT 消息(红绿灯信息)和 MAP 消息(地图信息)。随后,CCSA 和 C-ITS 在 C-V2X 标准体系下,以上述标准为基础,制定了《基于 LTE 的车联网无线通信技术　消息层技术要求》(YD/T 3709—2020)以及《基于 LTE 的车联网无线通信技术　消息层测试方法》(YD/T 3710—2020)。随后持续更新迭代了《合作式智能运输系统　车用通信系统应用层及应用数据交互标准(第一阶段)》(T/CSAE 53—2020)与《合作式智能运输系统　车用通信系统应用层及应用数据交互标准(第二阶段)》(T/CSAE 157—2020),进一步对应用场景进行完善。

2018 年 10 月 25 日,工业和信息化部发布《车联网(智能网联汽车)直连通信使用 5905-5925MHz 频段管理规定(暂行)》(工信部无〔2018〕203 号),规划 5905-5925MHz 作为基于 LTE-V2X 技术的车联网(智能网联汽车)直连通信的工作频段,规定频率许可、无线电台执照、无线电发射设备型号核准、对现有合法业务保护准则、车联网(智能网联汽车)直连通信无线电设备技术要求[信道带宽(20MHz)、发射功率限值(EIRP)、载频容限、邻道抑制比、频谱发射模板等],标志着我国 LTE-V2X 正式进入产业化阶段,为我国 C-V2X 业务的发展奠定了基础。

与此同时,CCSA 和未来移动通信论坛(Future Forum)已经立项开展针对 5G-V2X 频谱的相关工作,并和包括全国汽车标准化技术委员会(NTCAS)、C-ITS、中国智能网联汽车产业创新联盟(CAICV)等国内各相关标准化组织和联盟共同开展工作,研究包括频谱需求、候选频段(5.9GHz 等)等问题,一方面配合我国在 2019 年世界无线电通信大会(WRC19)相关议题上的工作,另一方面也为我国 C-V2X 支持自动驾驶等先进业务铺平道路。

目前我国 C-V2X 标准已经覆盖了接入层、网络层、消息层和安全等核心技术,标准体系已初步形成,还需要将正在进行的相关标准工作尽快完成。下一步,还需要在 C-V2X 应用功能安全、C-V2X 与高效驾驶辅助系统(ADAS)融合相关标准方面开展研究工作。与此同时,积极开展下一阶段针对更高级别应用的相关技术研究,制定相关标准。

3. 车载终端

车载终端是指在车内提供无线通信能力的电子设备,是构成车联网的关键节点。目前车载终端(T-Box)主要通过 4G/5G 蜂窝通信网络与车联网云平台连接,提供车载信息和娱乐服务,满足人们在车内的信息娱乐需求。新一代 V2X 车载终端将集成 C-V2X 技术,可以实现车与车、车与路、车与人、车与云平台之间的全方位连接,提供交通安全、交通效率和信息服务三大类应用。

从产业架构的角度来看,车载终端主要包括通信芯片、通信模组、终端设备、V2X 协议栈及 V2X 应用软件。目前,国内外厂商发挥自己的优势,均在产业链中的各个环节推出了相应的产品,使得整个产业架构日趋完善,产业活力大大提高。车企可以根据自身的实际情况,从整个产业链中选择符合自身需要的合作伙伴以及产品服务。

整个车载终端的产业架构包括硬件和软件产业参与者,见表 9-4。

车载终端产业架构 表 9-4

产业参与者	提供服务
V2X 应用软件提供商	提供 V2X 应用软件开发和测试服务
V2X 协议栈软件提供商	提供实现终端设备之间互联互通的 V2X 协议软件
终端设备制造商	提供安装在车辆中,将通信模组以及其他电路集成的设备,又称 OBU
通信模组制造商	提供将通信芯片及外围器件集成的通信模组
安全芯片制造商	提供符合国密算法的安全芯片
通信芯片制造商	提供支持 C-V2X 的通信芯片

通信芯片方面,华为、大唐、高通等已发布单双模的通信芯片,并具备量产能力。模组方面,模组是将通信芯片和一系列的外围芯片,比如存储器、射频前端集成在一起,并提供标准接口的功能模块。终端制造商选用支持 LTE-V2X 或 5G-V2X 的通信模组,能够更容易实现终端的开发和生产,在成本和性能上达到比较好的效果。

华为推出了基于 Balong 765 芯片的 LTE-V2X 商用车规级通信模组 ME959,以及业界首款集成 5G + C-V2X 技术的模组,基于 Balong5000 芯片的 MH5000。大唐提供基于自研芯片的 PC5、Mode 4、LTE-V2X 车规级通信模组 DMD31,以及基于中国信息通信科技集团有限公司自研芯片封装 DMD3A 模组,支持 C-V2X PC5。辰芯科技有限公司 CX7100 模组封装 CX1860 芯片,支持 C-V2X PC5 直连。上海移远通信技术股份有限公司联合高通发布 LTE-V2X 通信模组 AG15。高新兴科技集团股份有限公司(以下简称"高新兴")推出了支持 LTE-V2X 的车规级通信模组 GM556A。V2X 通信模组的商用成熟加速了终端设备的开发进程。

车载终端也称作 On Board Unit(OBU),是实现 LTE-V2X 功能的重要部件,产业较为分散,竞争激烈。国内企业大唐、惠州市德赛西威汽车电子股份有限公司、华为、金溢科技、千方科技、北京万集科技股份有限公司(以下简称"万集科技")、星云互联、中兴通讯股份有限公司、高新兴等可提供支持 LTE-V2X 或 5G-V2X 的车载终端产品。国外传统一级供应商(Tier1),如阿尔派电子、现代摩比斯、Autotalks、Murata 等也参与到了 LTE-V2X 车载终端的竞争中。在终端应用方面,考虑到 5G 基建趋势及上游供应链的发展,多数车企均倾向于一步到位,直接搭载 5G + V2X 模组。广汽、北汽、上汽、比亚迪车型已搭载华为 MH5000 模组,一汽红旗、长安福特、吉利、长城、蔚来等车企也已推出搭载 C-V2X 技术的量产车型。

V2X 协议栈在整个终端产业链中属于比较特殊的角色,只是整个产品中共性的一部分软件,提供物理层以上的 V2X 通信协议解析和打包,也包含了安全和管理等功能。一套成熟、高效稳定的 V2X 协议栈软件是 V2X 通信一致性和稳定性的基础。通常车载终端制造商可以有自己的协议栈软件,也可以选择集成业界成熟的三方 V2X 协议栈软件。国内企业东软集团股份有限公司(以下简称"东软")、星云互联、香港应用科技研究院(ASTRI)及国外企业 Cohda Wireless、Savari 等为终端模块厂商以及 OEM 提供稳定可靠的协议栈软件以及开发支持服务,也使得不同厂商之间在通信上实现可靠的互联互通。

在终端协议完善的前提下,应用程序是 V2X 技术能够发挥作用的又一重要因素,中国 V2X 应用层标准《合作式智能运输系统车用通信系统应用层及应用数据交互标准(第一阶段)》(T/CSAE 53—2020)中描述了 17 个应用场景,涵盖了安全类、效率类和信息类,协议栈或者终端提供商都可以对这 17 个应用场景进行程序开发。

LTE-V2X 通信对安全要求较高,需要采用安全证书和加密机制保证 PC5 接口上的消息安全性,国内标准要求支持国密算法。使用硬件安全芯片可以满足 LTE-V2X 通信的国密算法要求,提供国密算法硬件加速提升运算性能。目前国内北京中电华大电子设计有限责任公司、郑州信大捷安信息技术股份有限公司、长春吉大正元信息技术股份有限公司、上海磐起信息技术有限公司、大唐等公司均可提供国密安全芯片。

从整个终端产业架构和产业链的角度来说，产业架构逐渐清晰，产业链的上下游参与者也十分丰富，产业充满活力。国内主流车企的车联网量产计划都在2020年下半年到2021年。整个终端产业链进入了高速发展通道。

4. 路侧设施

路侧设施指C-ITS系统的道路子系统中除电子交通设施之外的部分，路侧设施主要包括V2X系统所定义的路侧单元、感知单元和计算决策单元。路侧设施与V2X系统关系如图9-1所示。

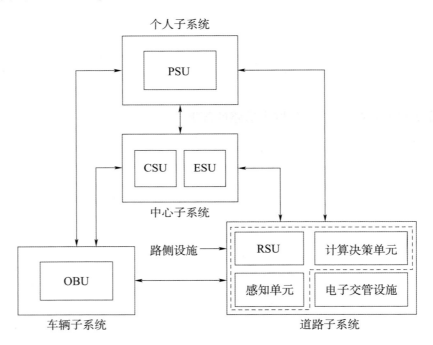

图9-1　路侧设施与V2X系统

路侧单元集成C-V2X技术，实现路与车、路与人、路与云平台之间的全方位连接，为车辆提供交通安全、交通效率和信息服务应用，同时也为交通协同管控、交通运营服务提供有效的手段。路侧感知单元可由一系列感知与处理设备构成，实现对本地交通环境和状态的实时感知，包括信号灯信息、交通参与者信息、交通事件信息、定位信息、环境信息等。路侧计算单元可以在设备端有多种实现方式，例如融合到RSU或者本地多接入边缘计算（MEC）等，负责对本地或区域的数据进行处理、存储，以及应用、服务的计算与发布。

路侧单元产业结构主要包括通信芯片、通信模组、单元设备、V2X 协议栈及路端 V2X 应用软件。国内外厂商发挥自己的优势,均在产业链中的各个环节推出了相应的产品,使得整个产业架构日趋完善,产业活力大大提高。

路侧单元是集成 C-V2X 功能的路侧网联设施。区别于车载终端,路侧单元与中国的交通系统和交通环境有密切的耦合性与相关性。目前的 RSU 供应商主要来自自主企业,包括大唐、华为、东软、星云互联、金溢科技、千方科技、万集科技等。

路侧 V2X 应用软件主要基于本地的信息感知、V2X 交互以及协同决策,通过实现一系列基础单元应用或者基础应用的整合,支撑网联车辆的行车安全、通行效率和信息服务,以及交通管理应用和交通运营服务。

目前阶段,RSU 基于本地的感知信息,通过 RSM/RSI/MAP/SPAT 等消息的广播,能够支撑所有 Day 1 车路应用场景,包括道路交叉口碰撞预警、左转辅助、道路危险状况提示、限速预警、闯红灯预警、弱势交通参与者碰撞预警、绿波车速引导、车内标牌、前方拥堵提醒等。

随着路侧单元在高速公路、城市道路的部署和实践,更多的面向交通管理和运营服务的集成应用开始落地,包括面向高速公路场景的"两客一危"网联方案、协同式应急响应、特殊区段安全保障、车流引导、不停车收费等,以及面向城市道路的智能公交、智能停车、渣土车管理、区域信号网联协同。此外,面向矿山、码头、景区等特定场景,也逐渐研发出不同程度的集成 V2X 应用方案。

路侧交管设施主要包含道路交通信号控制设施、道路交通视频监视设施、道路交通流信息采集设施等类别。

道路交通信号控制设施包括道路交通信号控制机、道路交通信号灯、倒计时显示器、配套交通流检测设备及可变车道指示标志等附属设备,其中道路交通信号控制机作为道路交通信号控制的核心设备负责道路交叉口、可变车道、匝道等通行信号的调度与控制。

道路交通视频监视设施包括安装于路口路段、可实时观察附近路况的摄像机及安装在高点、可观察区域与交通干道整体路况等大范围区域宏观全景的高点监控摄像机。

道路交通流信息采集设施主要包括环形线圈检测器、视频检测设备、微波/多目标雷达检测设备。环形线圈检测器通过电磁感应原理来采集检测断面的流量、占有率、车头时距等交通流信息,因其布设与维护难度较大,目前逐渐被新型检测器取代。

我国路侧交管设施的标准规范基于现有道路交通管理的业务与功能需求制定，包括交通信号控制机、违法行为取证、交通流信息采集及发布等设施都制定了包括功能技术要求、检测检验方法、相关通信协议等国家或行业标准，如《道路交通信号控制机》(GB 25280—2016)、《道路交通信号控制机与车辆检测器间的通信协议》(GA/T 920—2010)、《LED 道路交通诱导可变信息标志》(GA/T 484—2018)、《道路交通信号灯》(GB 14887—2011)、《道路交通信号倒计时显示器》(GA/T 508—2014)、《LED 道路交通诱导可变信息标志通信协议》(GA/T 1055—2013)、《道路车辆智能监测记录系统通用技术条件》(GA/T 497—2016)、《公安交通集成指挥平台通信协议 第 2 部分：交通信号控制系统》(GA/T 1049.2—2013)等。

但是相关标准并未考虑到车路协同的应用场景与应用需求。随着 V2X 技术的演进与发展，全新的应用场景对路侧交管设施提出新的应用需求，衍生出面向智能车辆的信息交互、服务等应用需求。后期规划通过修订现有设施标准、制定新的信息交互接口规范来指导现有路侧交管设施的升级改造，如《道路交通信号控制机信息发布接口规范》(GA/T 1743—2020) 规定了信号灯色、控制状态、可变车道功能、交通事件、车辆状态等信息的发布与接收。

交通运输部启动了新一代国家交通控制网和智慧公路试点工作，围绕基础设施智能化、路运一体化车路协同、"互联网＋"路网综合服务等六个方向，在北京、福建、广东、河北、河南、吉林、江苏、江西、浙江 9 个省(市)开展试点工作。

工业和信息化部、住建部联合组织开展智慧城市基础设施与智能汽车协同发展试点工作。2021 年 5 月，北京、上海、广州、武汉、长沙、无锡 6 个城市被确定为第一批"双智"试点城市。2021 年 12 月，重庆、深圳、厦门、南京、济南、成都、合肥、沧州、芜湖、淄博 10 个城市被确定为第二批"双智"试点城市。

同车载终端相似，路侧单元产业链的上下游参与者也十分丰富，目前支持 C-V2X 的路侧设施产品正在走向成熟。接下来关键是要加快 C-V2X 芯片和模组的量产，推动车企和相关道路基础设施 C-V2X 通信设备的应用。因此，在我国 C-V2X 产业布局加快的背景下，积极进行硬件设备、基础设施部署以及推动 V2X 装配车辆才能够保证 V2X 技术的产业化价值得到合理的体现。此外，还须制定车联网路侧设施统一数据接口规范，进一步规范交通检测设备数据接口和交通管控设备信息推送格式，突破路侧设施之间数据横向通信的壁垒，开放路侧交通管控信息服务，为 C-V2X 产业化部署提供有利条件。

5. 通信安全

C-V2X 通信安全包括通信安全、业务应用安全、设备安全、车内系统安全、智能道路系统安全和数据安全。其中通信安全包括蜂窝网通信场景安全和直连通信场景安全。业务应用安全包括基于云平台的业务应用以及基于 PC5 接口的直连通信业务应用安全。设备安全包括车载设备、路侧设备的固件、接口、软件等安全。车内系统安全包括车内网络、执行器等电子电器系统的接口、协议等安全。智能道路系统安全包括道路设施、信息采集/发布系统、交通监测与控制等安全。数据安全包括道路数据、车辆数据、用户数据的安全和隐私保护。除此之外,还可能存在触犯法律的利用 V2X 对智能汽车和智能道路的恶意攻击行为。

当前,欧美国家已研究并建立了基于公钥基础设施(PKI)技术的 V2X 安全标准体系,同时完成了用于技术验证的通信安全机制和认证管理平台的部署,开展了一定规模的试点认证,部分先发厂商已制定了完整的 V2X 商用路线。我国在 C-V2X 安全相关领域的研究工作尚处于起步阶段,仅立项制定了相关通信安全标准,各主要车厂虽然积极推进 V2X 技术的应用与开发,但是由于 V2X 安全需要在跨行业协同上首先取得明确共识,一定程度上延缓了 V2X 商用步伐。

V2X 安全通信标准方面,相关标准化组织已针对 V2X 安全制定相关标准,《基于 LTE 的车联网通信安全技术要求》(YD/T 3594—2019)与《基于 LTE 的车联网无线通信技术 安全证书管理系统技术要求》(YD/T 3957—2021)已发布。联盟成立信息安全工作组,致力于组织智能网联汽车信息安全标准体系框架研究,制定汽车信息安全相关车载终端技术要求与测试方法。

安全解决方案方面,联盟、IMT—2020(5G)推进组 C-V2X 工作组联合整车、通信设备、高校科研机构等多家企事业单位,建立完整的 V2X 通信安全技术解决方案,同时完善安全标准体系,构建一整套安全解决方案,并建设应用验证环境。

安全认证平台方面,目前大唐、国汽(北京)智能网联汽车研究院有限公司等已建成针对 V2X 通信的安全认证平台,可实现对 V2X 消息的签名认证,相关设备厂商已经开始研发与之匹配的 V2X 安全通信终端。2020 年 10 月,"新四跨"(跨模组、跨终端、跨车企、跨 CA 安全认证)活动实现跨厂商 CA 安全认证平台信任互通。

交通运输部于 2007 年依托"十一五"国家科技支撑计划课题建设"联网电子收费密钥管理与安全认证服务系统",首先应用在跨区域联网电子不停车收费系统(ETC)之中,实现了非现金安全支付和网络数据交换的互认互信功能。以此系统为基础,交通运输部又先后完成了道路运输电子证件密钥管理系统和城市交通集成电路卡（IC卡）密钥管理系统的建设和试点发行工作。2013年交通运输行业密钥管理与安全认证系统通过国家密码管理局的安全性审查，标志着交通运输行业信息安全保障有了"统一平台"，具备向全行业提供密钥管理和安全认证服务的条件。

2017年12月29日，由公安部牵头的机动车电子标识8项国家推荐性标准正式发布，分别于2018年7月1日和2020年1月1日起正式实施。8项国家标准分别针对机动车电子标识、电子标识读写设备和应用接口规范，从产品设计、生产、试验，到安装、使用的全流程，明确了详细技术要求、安全技术要求和使用规范。汽车电子标识基于无源超高频射频识别技术（RFID），使用大容量国产化芯片及国密算法，是车辆数字化身份可信信源。通过在深圳、天津、江苏等城市示范应用，已构建了基于国密算法的部、省、市三级汽车电子身份密钥管理系统，实现数字证书签发、密钥分发和更新以及安全认证机制。全面成熟的汽车电子标识解决方案有望将智慧交管提升到全新高度。

此外，公安部依托无锡车联网示范项目，验证了交通信号控制机的开放数据通信协议和安全认证机制、实时视频调用接口等技术规范和内容，为后续信号控制相关国家标准和车联网V2I安全交互技术标准奠定坚实基础。

2021年，工业和信息化部等部门先后发布《关于开展车联网身份认证和安全信任试点工作的通知》（工信厅网安函〔2021〕148号）、《工业和信息化部关于加强车联网卡实名登记管理的通知》（工信部网安函〔2021〕246号）、《工业和信息化部关于加强车联网网络安全和数据安全工作的通知》（工信部网安〔2021〕134号）等文件，不断加强车联网安全管理。

安全是C-V2X产业化的关键，应尽快推动车联网应用安全建设，从威胁分析、安全检测、安全建设、安全运营几个方面构建多维一体化安全服务体系，全面保障车联网应用安全。目前针对C-V2X的安全标准、技术尚处于初级发展阶段，须构建集安全防护标准、评估规范和测试评价于一体的车联网安全防护体系，大力支持车联网专用安全模块的研制，推动加密芯片对国密算法的支持，并研究基于国密算法的假名证书密钥管理机制。

6. 数据平台

随着车联网的快速发展，针对C-V2X的数据平台搭建不可或缺，以实现整体车联网的管控和各类通信方式数据的管理和应用。通过数据平台汇聚多源数据，对

V2I/V2V/V2P 等各类应用数据进行深入分析、挖掘,提取关键信息,作出决策,并将决策指令及时推送到车载单元和路侧单元,为 C-V2X 系统高效运行提供必要支撑。此外,通过 C-V2X 数据平台能够实现对接入网络的所有路侧设施、感知设备和智能汽车的监管,从全局角度掌握整体车、路运行态势,及时发现异常行为并提前预警。

车联网数据平台根据其应用行业,可以分为:交通行业数据平台、交管行业数据平台、通信行业数据平台、整车制造企业数据平台、设备制造行业数据平台、示范区数据平台、科技企业数据平台等。

目前,车联网数据平台在通信、交通、交管、整车制造、车载设备等行业均有应用,支持 C-V2X 的新兴车联网数据平台也快速发展,并在一些车联网示范区开始部署。车企、车载信息服务供应商(TSP)、通信企业以及高校和研究机构在产业研究、标准制定和学术交流等方面也正在开展相关研究工作。

7. 测试验证

随着中国 C-V2X 标准的日趋完善,加速标准落地显得尤为重要,因此亟须构建开放统一的测试平台,进行 V2X 相关产品的测试和验证,这是每项标准和技术普及推广的必经阶段。目前全国多地积极开展 C-V2X 实验室及外场测试验证工作,并逐步推广商用,测试覆盖园区、开放道路、高速公路等多种环境。

中国信息通信研究院(以下简称"中国信通院")、中国汽车技术研究中心有限公司、上海机动车检测中心等测试机构已建立实验室测试环境,对外提供 C-V2X 应用功能、通信性能、协议一致性等测试服务。各示范区、行业联盟纷纷组织外场测试,验证外场环境下 C-V2X 应用的功能。

1)实验室测试验证方面

中国信通院具备完备的 C-V2X 测试验证环境,具备开展 C-V2X 端到端通信功能、性能、互操作和协议一致性测试验证的能力。IMT—2020(5G)推进组 C-V2X 工作组在中国信通院实验室已组织华为、大唐、万集科技、金溢科技、星云互联、东软集团等 10 余家终端设备厂商,完成了网络层应用层互操作、协议一致性测试。

中国汽车工程研究院股份有限公司、上海淞泓智能汽车科技有限公司等可提供城市场景测试环境和开放道路场景测试环境设计、C-V2X 应用功能测试规范设计,后续还将推出 C-V2X 开放道路测试规范、C-V2X 平行仿真测试系统,并研究 C-V2X 大规模试验的技术方法和数据规范等。

中汽研汽车检验中心（天津）有限公司可提供研发验证及测试评价服务，并支持整车环境下车载终端在蜂窝移动通信频段、全球卫星导航频段和车间通信频段的测试检测。

公安部交通安全产品质量监督检验中心根据公安部、国家市场监督管理总局的授权认可，履行第三方产品质量监督检测职责，开展国家和行业产品质量监督抽查，开展强制性和自愿性产品认证检测，开展交通执法装备及配套软件、交通安全产品和法定牌证的质量监督检测及现场检查。

罗德与施瓦茨公司推出符合3GPP R14标准的LTE-V2X终端测试综测仪（R&S CMW 500），可提供全球导航卫星系统（GNSS）信号并进行LTE-V2X数据收发测试。与高通、华为、大唐等芯片模组厂商完成了底层测试验证。未来计划推出认证级的LTE-V2X终端协议一致性和射频一致性测试方案。

2）外场测试验证方面

联盟联合相关单位于2018年、2019年、2020年连续组织了C-V2X"三跨"和"四跨""新四跨暨大规模（跨通信模组、跨通信终端、跨整车、跨安全平台+地图定位）"应用示范活动，国内外100余家整车、通信模组、终端、信息安全、地图、定位企业参与示范活动，通过采用全新数字证书格式，增加云控平台、高精度动态地图基础平台等新元素，部署更贴近实际、更面向商业化应用的连续场景，在上海国际汽车城外围开放道路，开展C-V2X实车验证测试和面向公众的应用演示，活动进一步推动了C-V2X规模化商业步伐；大规模通信背景下通信性能与功能测试，助力优化企业产品性能，提升产品竞争力。

国内各示范区均加快部署C-V2X网络环境。北京、长沙、上海、无锡、重庆、广州等地建成了覆盖测试园区、开放道路、高速公路等多种测试环境，主要集中在地方政府划定供智能汽车道路测试用路段的测试区。

依托"两部一省"共建国家智能交通综合测试基地，公安部交通管理科学研究所升级覆盖了无锡市主城区170km^{2}的信号机、RSU、智能标牌等路侧智能化基础设施和通信设施，提供车联网商业化应用验证环境；建设了36.09km的封闭式、半开放测试道路，并开通了全长4.1km的我国首个专门用于自动驾驶测试的封闭高速公路，为车企提供全面的自动驾驶测试服务。

目前国内有很多厂商和机构致力于C-V2X技术的研究和推广工作，但C-V2X相关测试标准和规范仍在建立和完善中，跨行业的测试认证体系仍需要协同，各个厂商和机构的测试方式和标准不统一。C-V2X测试验证规范、测试认证体系的建立有待完善和统一。

8.应用示范

封闭及开放环境测试是车联网商用的必经之路，为满足智能汽车多场景多环境测试需求，工业和信息化部、交通运输部、公安部积极与地方政府合作，推进国内示范区建设。据不完全统计，目前全国已有多个测试示范区，其中包括上海、京冀、重庆、无锡、浙江、武汉、长春、广州、长沙、西安、成都、泰兴、襄阳等16个国家级示范区，涵盖自动驾驶和V2X测试场景建设、LTE-V2X/5G车联网应用、智能交通技术应用等功能，提供涉及交通安全、交通效率、信息服务、自动驾驶等的测试内容。

1）无锡车联网（LTE-V2X）城市级示范应用项目

2019年5月，工业和信息化部批复支持创建江苏（无锡）车联网先导区，无锡市成为全国首个获批国家级车联网先导区的城市，标志着无锡市在车联网规模化应用试点方面迈出重要的一步。2019年底，完成无锡市主城区5条高架路、1条省级公路、1条高速公路、400个道路交叉口的C-V2X网络覆盖；2020年，完成覆盖城市主要区域的车联网基础设施改扩建工作，完成路侧设备的升级，建成可视化运维系统，基本打造成基于"人-车-路-云"系统的城市智能交通体系，车联网用户达到10万。此外，还将全面开展车联网商用场景验证和推广，结合车联网城市级示范应用项目建设的平台，进一步完善身份认证、安全防护、路侧边缘计算设备等基础设施，支持公安、交通、环保等部门开展各种综合监管应用。

无锡车联网城市级示范应用项目建成后，将成为全球第一个城市级的车路协同平台，并将赢得多个全球第一：全球第一个开放道路的车路协同应用场景示范区，全球第一个规模化真实用户的V2X应用示范区，全球第一个快速优质的LTE-V2X网络覆盖的城市，全球第一个车联网应用商业示范城市。

2）湖南（长沙）车联网先导区建设项目

2020年10月，工业和信息化部复函湖南省人民政府，支持湖南（长沙）创建国家级车联网先导区。提出先导区的主要任务和目标是：在重点高速公路、城市道路规模部署蜂窝车联网C-V2X网络，结合5G和智慧城市建设，完成重点区域交通设施车联网功能改造和核心系统能力提升，带动全路网规模部署。构建丰富的场景创新环境，有效发展车载终端用户，推动公交、出租等公共服务车辆率先安装使用，促进创新技术和产品应用。深化政策和制度创新，探索新型业务运营模式，完善安全管理、认证鉴权体系,建设信息开放、互联互通的云端服务平台,构建开放融合、创新发展的产业生态,形成可复制、可推广的经验做法。

目前,先导区已大范围改造了177个路口的路侧管控及通信设施,覆盖主城区250km² 范围,完成了全市73条公交线路、2072辆公交车的智能化、网联化改造,正在优化渣土车智能化改造解决方案,建设全市统一的"车-路-云"一体化智能网联云控管理平台,与市交警、交通、城管等部门基本实现了数据互通。

3) 天津(西青)车联网先导区

自2019年12月天津(西青)国家级车联网先导区获得批复以来,车联网技术在天津(西青)先导区迅速展开探索,并逐步落地实施。在基础设施部署、车联网示范应用及行业标准推进等方面取得显著成果。

基础设施部署领域。在路侧智能化改造方面,天津(西青)车联网先导区首期在人口密集、车流量大的天津南站科技商务区67个全息感知路口进行车联网功能改造和核心系统能力提升,其中涵盖十字路口(X形路口)、丁字路口(Y形路口)、急转弯路口和汇入汇出等典型路口环境的高、中、低配改造方案,覆盖48km道路开放区域,同时正在部署1万余个车载终端。二期项目将继续扩大建设范围,覆盖西青区全区重点区域,规划408个开放路口,超100个应用场景,10万辆车服务规模。同时,针对开展车路协同互联互通验证探索,实现了华为、大唐、星云等6家企业的200余套智能车路终端信息的互联互通,在全国内首次实现了将C-V2X开放场地互联互通规模化部署。

示范应用效果领域。天津(西青)车联网先导区规划设计100种车路协同应用场景,其中针对危险场景和居民对于安全、高效的出行需求,实现禁止鸣笛提示、特殊车辆避让、路口行人预警、故障车辆提醒、道路施工预警、前方车辆制动预警等应用场景。针对产业应用,开展政务、公交、警用、医用等车联网信息服务,探索智能观光客车、智慧安防巡逻车、智能自主售卖车、智慧无人配送车等8类自动驾驶应用场景产品,推动车路协同应用场景的示范落地。

特色建设成果领域。天津(西青)车联网先导区充分发挥在标准制定、测试环境等方面的优势,推动车联网国际化战略布局,形成深入参与网联功能和应用、车联网信息安全、ADAS、自动驾驶、资源管理与信息服务领域等30余项车联网标准项目;参与10余项行业标准研究与制定;发布《天津国家级车联网先导区车路协同环境建设技术要求及测试规范1.0》。

4) 重庆(两江新区)车联网先导区

2021年1月8日,重庆(两江新区)获得工业和信息化部批准创建国家级车联网先导区,两江新区全力推动车联网规模应用,与长沙智能驾驶研究院有限公司(CIDI)新驱动重庆智能汽车有限公司合作完成了约4km示范线建设,建设了生态完善、功能适配"车-路-云"产品和技术互联互通需求的示范场景,打造了车路协同、智慧城市管家、城市巡逻安防、远程驾驶等6大场景,实现车路协同超视距感知、主动式公交优先、5G远程驾驶、自动驾驶等29大功能演示。

2021年5月,招商局检测车辆技术研究院有限公司在重庆高新区/西部(重庆)科学城承建了自动驾驶示范项目,工程总长为5.4km,共设置六个站点。项目以车路协同为核心理念,在路端和车端两个技术方向同步推进。在路端,建设了智慧公交站、智慧斑马线、智慧匝道、智慧十字路口等智能化设施设备;在车端,部署了两辆高等级自动驾驶车辆用于日常运营。通过C-V2X、5G、边缘计算等技术实现车路两端之间的融合感知和信息共享,实现了更安全、高效的交通模式。

项目建设的智慧斑马线系统主要由感知融合单元、边缘计算单元、发光二极管(LED)灯带组成,通过激光雷达、摄像头等设备感知行人,根据感知结果实时控制并点亮行人所在之处的LED灯带,以提醒过往机动车注意礼让。该系统将有效提升夜晚交通安全,是激光雷达等先进设备运用于交通领域的典型案例。

5) 国家智能网联汽车(武汉)测试示范区-双智试点

2019年国家智能网联汽车(武汉)测试示范区启动建设,经过两期建设,逐步建立了以车路协同、车城融合为特点的测试和示范应用体系。

示范区已建设基于车路协同的自动驾驶开放测试道路体系。武汉示范区分两批累计开放自动驾驶测试道路212km,全面覆盖5G信号、北斗高精度定位系统、路侧感知设备和车路协同系统,具备L4及以上等级自动驾驶测试运行条件。

示范区建立了覆盖示范区的5G独立网络。武汉示范区共建设5G宏站160个,全域实现了5G独立商用组网,实现了全空口5G信号覆盖。

建立了"四跨+四统一"的车联网系统。实现了芯片模组、设备、整车以及网络运营商的"四跨"。采用统一的CA认证平台、高精度地图、高精度定位以及V2X Server平台,在"四跨"的基础上实现了"四统一"。

实现了多通信模式的车联网通信方案。联合华为、移动、大唐、华砺智行等企业进行了探索论证,应用了光纤、C-V2X以及全5G空口通信等多种通信方案。

部署了统一的 CA 安全认证平台。安全系统支持 100 万台汽车的安全需求,满足为 V2X 场景下的 OBU、RSU 等设备提供身份认证、隐私保护、数据完整性及保密性校验的安全服务需求。

建立了统一高精度地图及定位网。对示范区道路进行统一的高精度地图采集及制作,所有应用车辆及平台统一基于同一张高精度地图。建设 10 个高精度定位基站,建成统一的覆盖全市的高精度定位网。

为推进示范区单车智能+网联赋能技术落地应用,示范区围绕公交出行需求和自动驾驶技术应用场景,对 236 辆公交车进行了智能化改造,实现了公交 V2X 信息辅助升级和辅助驾驶技术在公交场景的应用。同时,为提升民众对智能汽车应用的认可度,向市民发放 1 万个汽车智能后视镜,让车主在开放测试道路上体验到丰富的车路协同功能,在全市范围内,使用智能后视镜的车主也能接收到全市停车动态信息。

国家智能网联汽车(武汉)测试示范区自 2019 年揭牌以来,经过两期建设,逐步建成了三大体系:一是开放的车路协同体系,包括标准化的智能基础设施和统一的城市操作系统平台;二是基于联合创新实验室群的科研体系;三是支撑商业运营的应用体系,初步实现了车路协同和车城融合发展。三期计划将聚焦"车城融合应用的商业运营模式",探索武汉示范区三期建设中各类应用大规模商业化运营的可行性。

6)杭绍甬高速公路

杭绍甬高速公路全长约 161km,规划双向 6 车道,将是中国首条"超级高速公路",具备智能、快速、绿色、安全四大要素,2020 年 5 月,杭甬高速公路杭州—绍兴段获批,规划于 2022 年杭州亚运会之前通车。杭绍甬高速将构建人车路协同综合感知体系,构建路网综合运行监测与预警系统,通过智能系统、车辆管控,有效提升高速公路运行速度。近期主要支持货车编队行驶,在现有收费系统基础上兼顾自由流收费。远期基于高精度定位、车路协同、自动驾驶等,将实现构建车联网系统,全面支持自动驾驶。

在工业和信息化部、交通运输部、公安部、国家发改委等多部门积极推动下,目前已形成部省合作示范区建设模式。示范区功能逐步丰富,从最初以测试为主,逐步发展到多应用场景示范;从示范点、示范区建设向综合性、城市级车联网先导区建设转变。这些示范区能促进智能汽车产业更快发展,为未来车联网的全国普及奠定良好的基础。

第三节
3S 融合下智能汽车网联化发展瓶颈与难点分析

一、缺乏明确有效的统筹协调机制

车联网产业涉及工信、交通、公安等多个主管部门,但部门间的统筹协调机制尚未形成。虽然通过国家制造强国建设领导小组车联网专委会形成了多部委之间的沟通机制,汽车、交通、通信、公安等国标委在相关政府部门见证下签署《关于加强汽车、智能交通、通信及交通管理 C-V2X 标准合作的框架协议》,共同推动 C-V2X 等新一代信息通信技术及其在汽车和交通行业应用等相关标准研究、制定及实施工作。但是车联网专委会仍未形成统筹协调工作机制,各部委工作范畴存在一定重合,缺乏车联网产业牵头单位来统筹规划,不利于推动行业共识形成。

二、尚未形成极具吸引力的应用场景

C-V2X 应用场景单一及部分关键应用场景无法普及等,导致应用场景吸引力不强。现阶段,规模部署的示范区车联网场景以 V2V、V2P、V2I、V2N 等辅助驾驶提醒类业务为主,主要功能是对驾驶人进行安全、效率、信息服务类的提醒。但在实际应用中存在诸多问题:一是交通信息提醒等展现方式单一,缺乏与车辆本身的深度结合,导致用户体验较差;二是车联网终端渗透率不足,导致与驾驶安全相关 V2V 场景触发度不高,未达到用户预期效果;三是缺乏高黏性、高价值应用,导致用户对车联网场景依赖度较低,使用频率低。应用场景对用户吸引力不强,影响了 C-V2X 车载终端的进一步发展。

三、基础设施建设不完善

智能交通基础设施、路侧单元、5G 蜂窝通信基站等建设不完善,无法支撑车联

网全域商用。首先,现有城市内交通基础设施信息化水平不足,交通信号灯信号机需升级或替换后才可开放信息,交通标志牌等设施不支持联网功能,导致交通信息无法全面、实时地开放;其次,路侧单元仅在各地示范区实现了小规模部署,还没有形成全程全网连续覆盖,无法为车联网终端提供连续的信息服务;此外,车载终端部分应用依赖 5G 网络的低时延、大带宽与高可靠的实现,目前虽然各运营商正在积极进行 5G 网络部署,实现了重点城市的核心区域部署,但全域覆盖还有待进一步部署。车载终端渗透率的提升依赖于基础设施的建设,而基础设施建设又需要用户及政府的高投入,两者的相互影响导致目前车载终端与路侧设施部署发展缓慢。

四、车载终端渗透率较低

C-V2X 车载终端应用主要以测试为主,未形成规模效应且价格较高。一方面,根据调研,国内外主流车企车联网规划集中在 2020 年下半年或者 2021 年,部分外企已推出量产车型,但都未形成规模化效应;后装市场主要还在测试阶段,装配率较低,未开展大规模外场测试。另一方面,车载终端模组单价在数千元左右,而车载终端的平均价格在万元左右,据车企反馈,C-V2X 车载终端价格远超预期,导致后期规模化采购存在一定阻碍。总之,车载终端的规模化发展和价格相互影响,车载终端的规模化安装必将导致价格的大幅下降。

五、商业模式不健全,发展速度受限

C-V2X 产业链较长,高价值应用场景未形成广泛认可,商业模式不清晰。车联网商业模式环节多,涉及的多行业参与主体,在缺乏爆点应用的前提下,主导能力和盈利方式各不相同,车联网商用落地投入大、见效慢的问题严重影响了产业链各方的投入力度和积极性,尤其对于车企来说,在当前车载终端价格较高、未实现高价值应用的情况下,装载 C-V2X 终端带来的收益不明显,影响车企装载 C-V2X 终端的积极性。

第四节
突破发展瓶颈的预期收益

一、提升交通安全

提升行驶安全是 C-V2X 最重要的意义。通过 C-V2X 车载终端设备及智能路侧设备的多源感知融合,对道路环境实时状况进行感知、分析和决策,在可能发生危险或碰撞的情况下,提前进行告警,为车辆出行提供更可靠、安全、实时的环境信息,从而减少交通事故或降低交通事故致伤亡率,对于汽车行驶安全有十分重要的意义。典型的 C-V2X 交通安全类应用有道路交叉口来车提醒、前方事故预警、盲区监测、道路突发危险情况提醒等。

二、提高交通效率

提高交通效率是 C-V2X 的重要作用。通过 C-V2X 增强交通感知能力,实现交通系统网联化、智能化,构建智能交通体系,通过动态调配路网资源,实现拥堵提醒、优化路线诱导,为城市大运量公共运输工具及特殊车辆提供优先通行权限,提升城市交通运行效率,进一步提高交通管理效率,特别是区域化协同管控的能力。典型的 C-V2X 交通效率类应用包括前方拥堵提醒、红绿灯信号播报和车速诱导、特殊车辆路口优先通行等。

三、降低能源消耗

C-V2X 应用能够有效降低车辆燃油消耗。城市道路方面,通过 C-V2X 实现绿波通行,能够有效减少车辆起停次数与等待时间,减少车辆能源消耗;高速公路方面,通过 C-V2X 可以实现货车编队行驶,通过前车"破风"形成气流真空带,可有效减少后车空气阻力,有效减少车辆的碳排放。

四、增强信息服务

提供信息服务是 C-V2X 应用的重要组成部分,通过车辆与外部信息交互与服务,逐步使车辆从单纯的代步工具发展成为第三生活空间,是全面提升政府综合治理能力、企业运营服务效率、人民出行水平的重要手段。C-V2X 信息服务类典型应用包括突发恶劣天气预警、车内电子标牌等。

五、支持自动驾驶

智能汽车的商业化落地离不开网联化的发展,车路协同是支撑自动驾驶落地的重要手段,通过本地信息收集、分析和决策,为智能汽车提供碰撞预警、驾驶辅助、信息提醒等服务,为自动驾驶提供辅助决策能力,提升自动驾驶的安全性,并降低车辆适应各种特殊道路条件的成本,加速自动驾驶汽车产业落地。自动驾驶典型应用场景包括车辆编队行驶、远程遥控驾驶、自主停车等。

六、加强产业协同

智能汽车网联化发展涉及汽车、通信、交通、安全等行业,产业链涉及整车、模组、终端、道路基础设施、信息安全、地图定位等企业。网联化的快速发展将相关产业有机串联,相关标准制修订、产品研发、测试验证、示范应用等不再孤立,例如车联网先导区、国家级智能网联汽车测试示范区中的网联化发展将网联化产业链各个环节中的参与者有机结合,使产业发展高度协同。

第五节
突破发展瓶颈的关键行动与发展路径

为探索智能汽车发展路径,联盟通过联合行业力量,组织编写并正式发布《节能与新能源汽车技术路线图 2.0》,在智能网联汽车网联化等级方面形成 3 个等级的共识(表9-5)。

网联化等级 表9-5

网联化等级	等级名称	等级定义	典型信息	传输需求	典型场景	车辆控制主体
1	网联辅助信息交互	基于车-路、车-后台通信,实现导航等辅助信息的获取以及车辆行驶与驾驶人操作等数据的上传	地图、交通流量、交通标志、油耗、里程等信息	传输实时性、可靠性要求较低	交通信息提醒、车载信息服务、天气信息提醒、紧急呼叫服务等	人
2	网联协同感知	基于车-车、车-路、车-人、车-后台通信,实时获取车辆周边交通环境信息,与车载传感器的感知信息融合,作为自车决策与控制系统的输入	周边车辆/行人/非机动车位置、信号灯相位、道路预警等数字化信息	传输实时性、可靠性要求较高	道路湿滑预警、交通事故预警、紧急制动预警、特殊车辆避让等	人/系统
3	网联协同决策与控制	基于车-车、车-路、车-人、车-云平台通信,实时并可靠获取车辆周边交通环境信息及车辆决策信息,车-车、车-路等各交通参与者之间信息进行交互融合,达到智能协同,从而实现车-车、车-路等各交通参与者之间的协同决策与控制	车-车、车-路、车-云间的协同感知、决策与控制信息	传输实时性、可靠性要求最高	引导行驶速度、车辆间距、车道选择、协作式编队、道路交叉口通行、匝道汇入等	人/系统

一、专用通信与网络技术发展路径

1. 预期目标

专用通信与网络技术发展路线图见表9-6,当前至2025年,对基于5G的V2X(NR-V2X)技术进行研究及验证,为NR-V2X大规模部署进行准备。包括开展NR-V2X频谱、NR-V2X与LTE-V2X共用等技术研究,协同行业开展NR-V2X技术系列标准制定,并建立完善的相关测试评价体系。通过5G网络切片技术实现高可靠低延迟通信特性,结合路侧RSU及边缘计算设备,为智能汽车网联化协同部署提供路侧及网络支持。

专用通信与网络技术发展路线图　　　　　　　　表 9-6

2025 年	2030 年	2035 年
完成 NR-V2X 频谱研究、LTE-V2X 与 NR-V2X 设备共存技术研究、NR Uu 控制 LTE 直通链路技术研究，以及单播组播技术研究。开展 NR-V2X 相关的行业标准制定。建立完善的测评体系，形成自主研发的核心测评工具链。5G 网络切片实现超可靠低延迟通信（URLLC），针对车联网业务服务提供端到端的网络定制化能力；多边缘计算能力与 RSU 融合，形成泛云化的 RSU 部署，增强车路协同中路端的业务处理能力，实现对自动驾驶等低时延业务的增强处理		
	NR-V2X 6GHz 以上毫米波技术成熟。建立全球领先的测评体系，打造行业一流的测评工具，并成为全球 C-V2X 检测平台。实现针对局部典型业务的智能化切片处理，如切片自动化部署、故障定位；实现多边缘计算能力对智能网联汽车业务的全场景支持，多级分布的业务处理功能智能化编排，满足不同业务的网络和处理能力需求	
		V2X 技术支持 HA 级别以上自动驾驶的商用。C-V2X 标准测评体系、测评工具链服务于全球研发测试领域。针对智能网联汽车全场景切片按需部署，增强切片智能化能力，针对不同业务和场景实现切片自优、自愈、自主进化；具备广泛分布的边缘云能力，将智能网联终端（车辆、行人及非机动车等）的计算和决策能力上移至云端，释放终端计算压力，降低功耗

2025—2030 年，NR-V2X 技术更加成熟，低延时高可靠性能进一步凸显，并逐步开启大规模部署。NR-V2X 标准体系逐步完善，并建立起完善的产品测评体系及测评工具链，形成全球领先的产学研用流程体系。边缘计算能力多级分布的业务处理功能增强，逐步满足不同业务的网络和处理能力的需求，推动智能汽车网联化场景落地。

2030—2035 年，V2X 技术能够支持高级别自动驾驶出行服务，基本能覆盖汽车全场景，并实现智能化按需部署。边缘云能力广泛分布，交通参与者的计算和决策能力逐步上移至云端，实现智能化与网联化的深度融合。

2. 发展路径

（1）建立完善的 C-V2X 检测认证体系。编制完善的 C-V2X 标准体系，明确其在各场景下的功能要求及检测流程。确保 C-V2X 应用层互联互通、协议一致性、性能要求、信息安全等方面的检测认证工作。

（2）鼓励 C-V2X 设备的技术验证及测试部署，借助测试示范区及车联网先导区的建设，积极提高 C-V2X 设备覆盖率，并探索应用场景，在持续大规模测试中发现并解决相关问题。

（3）保障 C-V2X 通信安全，提高安全检测能力，构建 C-V2X 安全认证管理平台。逐步建立完善的 CA 管理系统，实现证书颁发、证书撤销、终端安全信息收集、数据管理、异常分析等安全相关功能，通过持续安全测试验证，切实保证各个平台与终端间的信任与互联互通。

（4）开展国密算法研究。保障 C-V2X 安全系统采用符合相关国密算法要求。鼓励车规级国密安全芯片、硬件安全模块（HSM）产品发展，保障 C-V2X 终端、系统的安全和自主可控。

（5）探索可持续的运行部署，明确运营主体。鼓励运营相关的业务及商业模式探索，研究可持续运营方案，逐步明确运营主体所需资质并制定相关政策。

二、大数据云控基础平台技术发展路径

1. 预期目标

大数据云控基础平台技术发展路线图见表 9-7，大数据云控基础平台是实现智能汽车网联化的关键支撑，通过连接车辆、道路、地图、交管、气象和定位等各个信息要素，为智能汽车及其用户、监管部门等提供车辆运行、道路基础设施、交通管理等实时动态数据，使各个车辆、道路与其他交通参与者的综合处理与实时计算成为可能。

当前至 2025 年，逐步形成标准化的通用数据集及共享模型并建立标准化平台效用评价指标体系，实现基础数据采集并满足政府监管需求。依托各地车联网示范区、先导区建设，设立区域级智能汽车大数据云控基础平台，探索示范运营方案，逐步提高区域内智能汽车接入率。逐步实现覆盖区域内的交通感知，提高数据种类，并探索数据应用。为智能汽车提供超视距感知服务，提高单车感知的冗余，满足 CA 级自动驾驶要求。

大数据云控基础平台技术发展路线图　　　　　表 9-7

2025 年	2030 年	2035 年
形成标准化的智能网联汽车通用数据集和数据共享模型，形成标准化的平台效用评价指标体系。 建成区域级智能网联汽车大数据云控基础平台，在多个城市测试路段和多个高速公路测试路段进行探索性运营示范。 区域级平台可实时采集不小于 50 万辆汽车的行驶数据和不小于 1000 套的路侧系统感知数据		
	形成平台数据标准化运营服务机制、数据质量控制管理机制、数据安全管理机制、形成与其他行业平台数据交换的标准化机制。 建成国家级智能网联汽车大数据云控基础平台，实现在多个城市全市区域和多条高速公路全路段进行服务于自动驾驶和交通管控的数据运营。 单个城市级平台实现实时采集不小于 500 万辆汽车的行驶与感知数据和不小于 10000 套路侧系统感知数据	
		形成较为完备的、标准化的全国车路云一体化自动驾驶与智能交通实时大数据共享与服务体系；形成全国一个平台、一个网络的标准化运营服务机制，具备较为成熟的跨省份、跨城市的自动驾驶与智能交通全过程服务能力。 实现全国一、二线主要城市全区域和主要高速公路全路段的智能网联汽车大数据云控基础平台覆盖

2025—2030 年，逐步形成包含运营服务、数据质量管控、数据安全保障的标准化云控基础平台运营流程。逐步支撑智能汽车的开发及运营，并进一步形成跨行业的数据流通交换机制。城市级平台逐步建立且跨城市的数据互通、高速公路的全路段交通管理成为可能。智能汽车接入率达到 50%，平台感知数据采集与下发、感知协同计算等功能时延进一步缩短，能够有效支撑 HA 级自动驾驶。

2030—2035 年，逐步形成国家级车路云一体化智能汽车与智能交通实时大数据服务体系，支撑实现跨省份、跨城市的全过程出行服务。平台网络覆盖全国主要一、二线城市及高速公路路段，满足大规模 HA 级自动驾驶车辆信息服务需求，在城市整体层面能够大幅提升城市交通整体运行效率，并在单车层面具备在特定应急条件下自动接管车辆的能力。

2. 发展路径

（1）制定包含数据采集标准、平台通信、相关接口的数据平台标准体系。保障行业内各类数据能够稳定快速接入平台，减少相应二次开发工作。推动数据分类及数据质量评级标准体系建设，在确保数据安全及隐私保护的前提下，保障原始数据质量的精度和可靠性，以确保平台输出数据精准可靠。

（2）构建大数据云控基础平台技术体系架构，逐步形成"中心-区域-边缘-终端"多级数据平台，实现"人-车-路-云"动态多源异构信息融合，提高数据平台的数据分析、决策能力，提供多元化信息服务。

（3）大力发展端云融合技术，促进大数据云控基础平台与其他行业大数据平台间的互联互通，推进综合共享数据体系建设，为3S融合提供综合、全面的服务支持。

三、车路协同技术发展路径

1. 预期目标

车路协同技术发展路线图见表9-8，当前至2025年，随着智能化路侧基础设施及车载通信设施覆盖率不断提升，路侧设施可以为智能汽车提供道路标志标线、信号灯相位、事故及拥堵等状态信息，实现基于车路协同的有条件自动驾驶应用。基于各地车联网示范区、先导区建设，车路协同技术在特定路口路段和封闭园区率先实现应用，通过摄像头、毫米波雷达、激光雷达等路侧感知设备，融合处理并下发得到的信息，弥补智能汽车对超视距目标的感知能力不足并补全感知盲区。

2025—2030年，基于车路云一体化的协同决策技术逐步成熟，在特定路口路段和封闭园区实现应用。路侧感知设备与边缘计算进一步深度融合，提供感知数据范围继续扩大，并能够进一步实时提供意图预测信息。智能汽车能够根据车端、路端感知数据综合处理决策，实现多元信息支撑下车路云协同决策。

2030—2035年，基于车路云一体化的协同控制逐步实现，路侧设施实现主要区域及场景全覆盖，云端高度智能化，通过对现实交通环境实时映射，实现对道路、车辆的微观行为的精准预判，根据车辆实时状态，为车辆提供全局最优的车道级行驶路径规划，汽车依据云端调度指令进行规划执行，实现交通整体效率最大化调度。

车路协同技术发展路线图　　　　　　　表 9-8

2025 年	2030 年	2035 年
基于车路数字化信息共享的有条件自动驾驶开始应用。基于道路基础设施的数字化、网联化建设和车载终端装配不断提升，路侧设施为智能网联汽车提供道路标志、标线、信号灯相位、危险路况、事故、气象、拥堵等状态信息。车路融合环境感知技术在重点路口、路段和封闭园区实现应用		
基于车路云协同决策的自动驾驶技术逐步成熟，在重点路口、路段和封闭园区实现应用。实现复杂环境下的多交通参与目标意图预测，实现感知和意图预测信息实时发送给自动驾驶车辆。自动驾驶车辆环境感知决策系统具备对路侧感知和意图判断信息的融合处理能力，路侧多元信息支撑复杂道路环境下的感知决策能力提升		
基于车路云一体化协同控制的自动驾驶技术应用。基于路侧感知的全局连续式布设，实现车辆和道路的全息协同感知和数据融合，实现对道路、车辆微观行为的精准预判，车路云一体化平台实现规模化联接，平台高度智能化。端、边、云高度协同，实现效率最大化的精准决策调度		

2. 发展路径

（1）车路云协同技术按照信息共享、融合感知、意图判断与协同决策、车路云一体化协同控制等阶段逐步发展，逐步增强自动驾驶车辆的综合感知决策控制能力，最终实现优化资源配置、缓解交通拥堵、减少交通事故的目标。

（2）建立完善的车路云协同架构。协同发展深度融合包括智能汽车、路侧基础设施、大数据云控基础平台、通信网络在内的各个系统，确保智能汽车在出行服务过程中获得实时、可靠、连续、时空同步的信息，具备高度安全可靠的协同决策架构，建立实时、安全、共享的车路云协同体系。

（3）推动车、路、云、网、图多产业融合发展，发挥产学研优势，加强跨行业协作，实现跨领域战略协同创新发展，搭建跨领域、跨行业的产业发展平台，从产业、功能、物理、通信、自动驾驶、协同控制等多维视角研究和车路协同相关的关键技术，完善相关法律法规、技术标准、测试验证、信息安全等体系，逐步推进车路云协同产业落地。

（4）依托各类车联网示范区、先导区，积极开展基于车路云协同技术的大规模测试示范，测试、验证车路协同系统和部件性能，提高 C-V2X 车载终端渗透率，并积极探索车路云协同可持续运营模式和系统的规模化部署应用。

（5）提高车载及路侧操作系统、通信终端、通信芯片、云控平台、地图定位等关键设备、系统的性能和竞争力，保证网络安全及信息安全，确保车辆的安全运行。

（6）参考现有 PKI 的监管机制，制定针对车联网的 PKI 管理办法，国家层面建立统一的车联网 PKI 监管机制，从源头上确保 PKI 安全性。

第六节 落地实施方案建议

一、加强顶层设计，形成跨部门间的联动机制

加强顶层设计，形成跨相关主管部门之间的统筹协同机制。依托国家制造强国建设领导小组车联网专委会工作机制，进一步明确汽车、通信、交通、公安等相关主管部门职责，明确分工、加强协同，建立高效顺畅的沟通交流机制；在此基础之上，多部门形成 C-V2X 产业共识，研究制定 C-V2X 跨产业、跨领域的技术发展路线，联合出台 C-V2X 产业发展行动规划，引领行业快速发展，构建全球领先的车联网产业生态。

二、修改相关法规，加强跨行业标准体系协同

围绕中国标准智能汽车发展方向，完善相关法规标准体系。建议加快推动智能汽车从测试、准入、使用到监管层面的法律法规完善，修订《中华人民共和国道路交通安全法》《中华人民共和国公路法》《中华人民共和国保险法》《中华人民共和国网络安全法》《中华人民共和国测绘法》《中华人民共和国标准化法》等一系列相关法律法规。完善智能汽车的中国标准体系，覆盖智能汽车产品认证、运行安全、自动驾驶能力测试标准等，完善仿真、封闭场地、半开放道路、开放道路测试、网联化测试方法及标准等，以及车路云一体化融合的车用无线通信技术标准和设备接口规范，为智能化、网联化融合发展提供产业基础。

三、加快关键技术研发，形成自主可控产业链体系

（1）借助 5G-V2X 通信技术特点，开展多元感知信息融合技术研究。将车端、路端的感知信息通过大数据、人工智能等技术进行融合处理，可以得出自动驾驶所需预测和决策的信息。建议设立专项研究课题，通过对路侧感知数据和车载感知数据特点开展深入研究，结合 5G 大带宽、低时延、高可靠的特点，形成具备知识产权的感知信息融合处理能力，助力中国标准智能汽车早日落地。

（2）开展多接入边缘计算 MEC 与 LTE/5G-V2X 融合发展技术研究。建议以 MEC 与 LTE/5G-V2X 融合的标准化工作作为切入点，联合产业各方共同开展相关研究工作，从时延、带宽、计算能力、存储资源、开放与协同能力等指标对 MEC 能力进行分级，从而加强应用场景需求与 MEC 网络或硬件能力的对应与匹配，推进 MEC 与 LTE/5G-V2X 融合场景分步应用与发展。

（3）基于我国在 C-V2X 产业的先发优势和技术积累，开发高可靠、低延迟、大带宽的 5G-V2X 芯片技术。建议在支持车联网产业基础应用的前提下，进一步满足 5G-V2X 对芯片功能、性能和可靠性的需求，同时为高级别自动驾驶车辆提供高速、可靠的通信链路，完成中国标准的网联式自动驾驶解决方案，为中国特色"车路云"一体化融合控制系统提供底层技术支撑，推动 5G-V2X 芯片的产业发展，加速 5G-V2X 产业化落地。

（4）基于我国自主可控密码技术，为产业快速发展提供信息安全保障体系。规划和落实适用于汽车网联化新应用新场景的信息安全措施，形成软硬件相结合的、满足网联汽车安全需求的层次化保障体系和测评体系，完善 C-V2X 安全认证体系，搭建功能完备的 V2X 可信管理平台，实现证书的签发撤销和车辆异常行为管理；研发适用于 C-V2X 终端的国密安全芯片和密码模块；建成验证 C-V2X 安全措施的仿真测试环境和工具，形成切实可行的测评方法。基于全方位的信息安全措施，实现对车辆网联通信的认证、业务授权和监测管理，保障车联网产业健康发展。

（5）加快大数据和云控平台建设。推动基于边缘云、区域云和中心云三级架构的云控基础平台体系结构研究，形成逻辑统一、物理分散的多级云控架构，实现协同应用的按需动态运行。挖掘云控基础平台的共性基础服务能力，制定关于标准互联与实时信息融合共享的相关技术规范。在先导区、测试区开展智能汽车云控基础平台

应用示范,提供基于云控系统的大数据服务,支撑交通管理服务和政府事务服务。

(6)加快 C-V2X 测试认证体系建立。加快推进 C-V2X 车端标准体系建设,加快建立车端车联网标准体系。大力推动 LTE-V2X/5G-V2X 车载信息交互系统技术要求、通信模组、通信天线、V2X 功能场景、功能安全和信息安全、LTE-V/5G 接口规范、汽车网联化等级划分、汽车网联化应用工况等标准体系建设,着实解决网联车辆互联互通及通信应用保障问题,规范车联网通信技术要求、功能应用要求及对应的测试评价方法。鼓励国家及第三方检测机构加快建设车联网测试服务平台。建立网联车辆和零部件的性能及功能测评试验室,覆盖全面的车联网试验室性能测试、功能场景仿真测试、功能场景道路测试、通信可靠性测试、信息安全测试等。挑选优秀的第三方检测机构建立公共测试服务平台,形成封闭试验场及开放道路示范应用,为车联网行业提供优质的检测服务。

四、路侧基础设施与车载终端协同并进,形成明确的发展路线

(1)鼓励营运车辆、新能源汽车等率先装配 C-V2X 车载终端,形成规模化效应。根据营运车辆、新能源汽车在监管方面的特点,结合《新能源汽车生产企业及产品准入管理规定》(工业和信息化部令 2020 年第 54 号)及新能源汽车补贴要求,选定数个城市,率先实现营运车辆、新能源汽车城市级全覆盖,加强政府监管,形成示范效应。

(2)鼓励整车企业在部分车型中安装 C-V2X 车载终端,并给予适当补贴。联合国家及地方相关部门,结合 C-V2X 车载终端对提升道路交通安全和效率的良好作用,出台鼓励整车企业前装 C-V2X 车载终端的激励性政策,逐步提升 C-V2X 车载终端的前装渗透率。

(3)鼓励存量车后装 C-V2X 车载终端,大幅提高渗透率。选定数个典型城市或区域,结合当地基础设施条件,分步骤实现存量车车载终端城市级覆盖,提高车载终端整体渗透率,验证 C-V2X 车载终端对提升交通安全、提高交通效率以及加强政府监管方面的作用,为全国范围推广提供借鉴。

(4)研究制定 C-V2X 车载终端装配的相关条例或指导意见,逐步实现 C-V2X 车载终端渗透率的不断提升。结合 C-V2X 测试示范起到提升行驶安全、提高交通效率、深化多元信息服务的作用。首先,针对新能源汽车、营运车辆需要接入监测平台的特点,出台前装和后装的指导意见或相关条例,提升 C-V2X 车载终端的整体安装

量;其次,研究出台面向汽车行业前装 C-V2X 车载终端的指导意见或相关条例,分年度逐步提升 C-V2X 车载终端的安装量,快速提升 C-V2X 车载终端的整体渗透率。

(5)在车联网发展初期,C-V2X 基础设施建设投资大,收益不明显,需要政府层面大力推动建设。一方面,建议鼓励利用 5G 新基建、智慧城市建设和改造的机会,从国家层面推动地方政府配合新型基础设施建设步伐,推动道路基础设施与信息通信基础设施的融合以及共享开放,加快 5G 基站、路侧单元等车联网基础设施部署,以及对传统交通基础设施的智能化改造,为车联网典型应用场景提供充足环境;另一方面,针对路侧基础设施部署企业进行资金补贴或政策支撑,加快车联网基础设施快速部署,通过基础设施的规模化部署,带动车联网用户应用体验提升,推动车联网车载终端的快速发展。

五、开展大规模测试示范活动,探索成熟的商业模式

(1)由行业组织联合 LTE/5G-V2X 产业相关单位,开展大规模测试示范活动。LTE/5G-V2X 需要经过大规模测试示范来验证相关标准的完善度,以及相关产品的通信功能、性能,建议由联盟等行业机构,组织汽车、通信、交通等多行业单位,梳理即将落地的 C-V2X 商用场景,持续开展大规模测试示范活动,解决产业面临的痛点难点,推动 C-V2X 产业快速落地。

(2)出台试点示范项目,探索成熟的商业模式。建议基于车联网先导区、测试示范区等具备良好通信基础设施条件的地区,通过政策补贴后装和预售车型前装的形式,实现 LTE/5G-V2X 车载终端规模化商用部署,提高本地 LTE/5G-V2X 车载终端搭载率,率先提升公交、校车、物流、环卫、渣土等车辆运行效率与运行安全,积极探索智慧城市、智能交通、智能汽车融为一体的解决方案,形成全国可推广、可复制的商业模式。

本章参考文献

[1] 欧阳明高. 中国新能源汽车的研发及展望[J]. 科技导报,2016,34(6):8.

［2］李瑞明.新能源汽车技术［M］.北京:电子工业出版社,2014.

［3］邹政耀,王若平.新能源汽车技术［M］.北京:国防工业出版社,2012.

［4］中国汽车技术研究中心.节能与新能源汽车年鉴［M］.北京:中国经济出版社,2010.

［5］中国汽车工程学会.节能与新能源汽车技术路线图2.0［M］.北京:机械工业出版社,2021.

［6］国家智能网联汽车创新中心.智能网联汽车创新应用路线图［M］.北京:机械工业出版社,2022.

［7］中国汽车工程学会,国汽(北京)智能网联汽车研究院有限公司.中国智能网联汽车产业发展报告(2020)［M］.北京:社会科学文献出版社,2020.

［8］中国汽车工程学会,国家智能网联汽车创新中心.中国智能网联汽车产业发展报告(2021)［M］.北京:社会科学文献出版社,2022.

［9］中国汽车工程研究院股份有限公司,车联网安全联合实验室.智能网联汽车信息安全发展报告(2021)［M］.北京:社会科学文献出版社,2021.

［10］刘世锦.新形势下我国汽车产业的发展模式［J］.经济管理文摘,2001(15):3.

［11］程文,张建华.中国汽车产业模块技术发展与产业升级［J］.中国软科学,2010(4):7.

［12］杨殿阁.智能汽车网联化——智能汽车需要突破的诸多方向［J］.中国工业和信息化,2018(2):9.

［13］丛广明.浅析新能源汽车智能网联化发展现状与前景［J］.汽车知识,2022,22(8):3.

［14］威尔森.乘用车网联化步伐加快,各大品牌战况如何?［J］.汽车与配件,2020(2):43-47.

［15］何芳.汽车的电动化,智能化,网联化［J］.电子产品世界,2020,27(12):2.

［16］岑少飞,张凤.5G技术对智能网联汽车的影响探究［J］.内燃机与配件,2021(11):2.

［17］张家同.智能网联汽车信息安全与发展建议分析［J］.中国信息化,2021(7):70-71.

［18］李端,孙倩文.智能网联汽车的安全新风险研究［J］.工业信息安全,2022(5):8.

[19] 王凤英.王凤英:建议推动智能网联汽车商用化落地[J].智能网联汽车,2021(2):2.

[20] 任广乐,李立安,赵帼娟.智能网联汽车联网全链路分析[J].汽车文摘,2021(9):8.

[21] 葛成.金双根:北斗+遥感+5G在智能网联汽车中的应用[J].智能网联汽车,2021(6):22-23.

第十章

支持3S融合的智能汽车云控技术发展路径分析

撰稿人：高博麟　清华大学

摘要

　　智能汽车是 3S 融合的核心要素，也是各工业强国高度重视的战略竞争技术领域。由于单车智能驾驶和传统车联网路线存在车载感知性能受限、控制器算力不足、跨域协同行驶能力欠缺等问题，难以适应复杂动态道路交通场景，大规模产业化应用受到严重制约。车路云一体化融合控制系统作为智能汽车创新发展的中国方案，将为国家大数据云控基础平台建设提供可行的技术路径，同时可为智能汽车技术迭代和商业模式探索构建基础设施解决方案和示范应用环境，进而推动产业相关方完成我国汽车强国的目标。

　　由于传统的车联网平台架构主要面向非实时类应用，未考虑车辆行驶所需的动态数据及计算资源，且平台各自独立，形成烟囱型信息孤岛，导致信息难以共享、功能难以扩展，这是面向道路交通应用的云控系统设计难点。为此，清华大学联合行业顶级专家提出了建立具有分层次、跨时空、多任务特点的智能汽车"三层四级"云控系统架构，以物理空间和信息空间两者融合的车路云系统为对象，研发网联重构建模及跨场景预测控制技术，解决现有车路网联系统信息分散难以利用、资源时空配置不合理、多交通场景行为冲突的难题，突破了传统云平台信息孤岛化、资源配置不均、任务目标冲突等瓶颈，并对智能汽车安全性能评价和安全风险全过程监管体系建设形成支撑。

　　云控系统的实现与应用涉及多行业与多领域的技术成果与落地实施，需要产业协同与政府支持。首先，应强化云控系统顶层设计，进行云控系统的基础设施建设规划和运营方案设计，形成国家智能汽车大数据云控基础平台建设方案；其次，研究智能汽车相关数据确权问题，清晰界定各类数据所有权范围，并推动智能汽车基础数据标准格式和相关国家标准制定；最后，鼓励产业进行跨行业、跨品牌及跨规格的基础设施相关产品中间件研发。

第一节
智能汽车云控系统关键技术基础现状

针对当前智能汽车云控系统关键技术,分别从环境感知系统技术、智能决策系统技术、智能计算平台技术、专用通信与网络技术、大数据云控基础平台技术、车路协同技术、人工智能技术等方面分析当前研究情况、国内外差距及瓶颈。

一、环境感知系统技术

(1)在传感器方面,国外在视觉传感器、毫米波雷达、激光雷达以及超声波雷达等领域均处于领先地位。

毫米波雷达方面,国外77GHz雷达应用在汽车上已有5~10年,而国内相关产品刚开始进入前装市场,量产经验不足。激光雷达方面,国内相关厂商正在积极加入整车厂供应目录,但是在激光收发芯片、传感控制芯片等基础元器件制造方面,新型光束转向技术、调频连续波技术、硅光技术等技术创新方面,以及规模化量产应用方面,与国外存在较大的差距。超声波雷达方面,国外在辅助驾驶系统上应用超声波雷达已有15~25年,而国内超声波雷达应用于辅助驾驶系统上的时间落后了5~10年。

(2)在处理器方面,国外厂商占据绝对领先地位,国内企业开始布局,但尚有较大差距。

车载视觉处理芯片方面,德州仪器(TI)、恩智浦半导体(NXP)、安霸等嵌入式半导体企业以及英伟达、英特尔等计算机处理器企业在车载芯片上的布局较早,Mobileye的机器视觉芯片已量产上市并大批量装车,而国内量产芯片种类少,装车量小。

车载图像感光芯片方面。目前,车载图像感光芯片主要采用互补金属氧化物半导体(CMOS)工艺。全球市场上大批量应用的芯片产品基本上被少数几家公司所垄断。而国内的车载CMOS芯片对使用环境温度、电磁兼容性(EMC)、功耗、复杂使用环境下的参数性能、高可靠性低成本的封装等要求,还没能突破大批量应用的门槛,差距明显。

雷达方面。由于国外雷达厂商不开放雷达信号处理等关键技术信息,国内雷达除军用研究之外缺乏车载硬件与系统核心软件研究基础,因此与国外相比,我国开发出的样机性能仍然存在较大差距。

(3)在车载多传感器信息融合算法方面,国外处于领先地位,已经出现较多相对成熟的解决方案,国内仅有部分产品达到类似技术水平,尚不能满足车辆高速行驶环境下实时性要求,对复杂环境的感知精度也有待提高。

目前国内外在融合感知技术方面进行了广泛的研究。我国研究聚焦于传感器融合算法、目标识别和跟踪、地图和定位、数据融合框架和系统等方面。研究者利用深度学习和机器学习等技术,开发高效、准确的算法,将多种传感器数据融合,提供全面的环境感知信息。同时,他们还致力于构建完善的数据融合系统,为车辆感知和决策提供支持。但是我国在硬件上仍受制于国外先进国家,例如,高分辨率激光雷达和先进的摄像头等硬件技术在国内相对较少,这限制了融合感知技术的精度和性能;此外,数据融合算法虽然有了一定的提升,但准确性和鲁棒性与国外相比还是存在一定的提升空间。

(4)在基于V2X的多源协同感知方面,该技术旨在通过车辆间和车辆与基础设施之间的通信协作,实现多个感知源的数据融合和协同,提高环境感知的准确性和可靠性。

目前国内研究机构和高校在基于V2X的多源协同感知领域取得了一定的成果。他们关注车辆间通信技术和数据融合算法的研究与优化,以提高环境感知的准确性和实时性。一些知名研究机构,如中国科学院自动化研究所、清华大学和北京交通大学等,积极探索信息共享与通信协议、网络拓扑优化等方面的研究。

国外研究方面,美国和德国等国家的研究机构在该领域处于领先地位。斯坦福大学、麻省理工学院等美国知名研究机构致力于设计高效的数据融合算法和信息共享机制,以提高环境感知的准确性和实时性。德国的慕尼黑工业大学、达姆斯塔特工业大学等机构则关注车辆间通信的安全性和网络拓扑的优化,推动基于V2X的多源协同感知研究的进展。

虽然目前国内基于V2X的多源协同感知技术取得了很大的进步,但国内数据融合的集成性和实时性较差,在端到端的融合上与国外还存在较大差距。

二、智能决策系统技术

(1)在测试与验证方面,我国缺少针对智能决策技术开发的模拟仿真软件和测试验证平台。目前国内企业尚无完善通用的软件仿真平台和实车测试验证平台,缺乏有效的手段进行大规模测试验证,阻碍了智能决策技术的研发进展。

国外针对智能决策技术开发的模拟仿真软件和测试验证平台发展领先国内。CarSim、TruckSim 是 Mechanical Simulation 公司开发的强大的动力学仿真软件,被世界各国的主机厂和供应商广泛使用。CarSim 自带标准的 Matlab/Simulink 接口,可以方便地与 Matlab/Simulink 进行联合仿真,用于控制算法的开发,同时在仿真时可以产生大量结果数据用于后续分析或可视化。

VTD(Virtual Test Drive)是德国 VIRES 公司开发的一套用于 ADAS 主动安全和自动驾驶的完整模块化仿真工具链。它的功能覆盖了道路环境建模、交通场景建模、天气和环境模拟、简单和物理真实的传感器仿真、场景仿真管理以及高精度的实时画面渲染等。可以支持从软件在环(SIL)到硬件在环(HIL)和车辆在环(VIL)的全周期开发流程,开放式的模块式框架可以方便地与第三方的工具和插件联合仿真,进行智能决策的测试与验证。

Carla 是由西班牙巴塞罗那自治大学计算机视觉中心指导开发的开源模拟器,用于自动驾驶系统的开发、训练和验证。Carla 依托虚幻引擎进行开发,使用服务器和多客户端的架构。

(2)在安全控制方面,国内行业在功能安全和预期功能安全方面缺乏相应的开发验证,尚不满足自动驾驶在多工况下的安全需求。自动驾驶车辆要适用于复杂环境的多工况条件,需要智能决策技术具备较高的安全性和较强的鲁棒性。

目前国外在功能安全与预期功能安全方面相应的开发验证相较于国内处于领先地位。联合国、欧盟等国际组织以及美国等国家相继制定法规,均把评价车辆特别是自动驾驶汽车安全性的依据指向了国际标准,即《道路车辆功能安全》(ISO 26262)和《道路车辆预期功能安全(SOTIF)》(ISO 21448)。由宝马公司、罗伯特·博世有限公司、梅赛德斯-奔驰集团等公司联合建立的汽车开放系统架构(Automotive Open System Architecture,AUTOSAR)已经运用到了绝大多数汽车 ECU 当中,AUTOSAR 的标准规范里同样有车辆功能安全相关的说明。AUTOSAR 本身并不提供完整的安全解决方案,项目本身仍需要遵从 ISO 26262 的规定来达到期望的安全等级设计,但 AUTOSAR 提供功能安全措施与机制,来支持实现系统所必要的功能安全。

三、智能计算平台技术

(1)在整体架构方面,国外先进体系结构积累丰富,高性能计算方面的体系结构及其在智能汽车计算平台上的应用发展较快,领先于国内。国际上以特斯拉为代表的计算平台已产业化并不断扩大领跑趋势,被众多国际厂商效仿。特斯拉以计算平台为核心,充分融合硅谷 IT 与整车技术,自研芯片硬件、操作系统平台软件等。其完全自动驾驶(FSD)计算平台硬件物理上集成智能座舱域和自动驾驶域;操作系统通过 OTA 软件升级,充分利用数据、云计算生态,开创汽车产品价值和服务的新模式。

国际上多家头部公司也从不同角度积极提供计算基础平台或类似产品。如英伟达以行业较领先的高性能安全芯片为核心,提供完整的硬件平台和基础软件平台,为主机厂打造端到端、开放、高效的研发生态,先后推出 DRIVE PX2、Drive PX Xavier、Drive PX Pegasus 等多个自动驾驶平台,持续在高阶自动驾驶领域领先。

目前国内在基础体系结构方面有大幅的提升,部分企业提出并实现了国内外先进的 AI 指令集,但总体来说还有差距。不过,随着智能化与网联化的融合,国内已形成计算基础平台参考架构行业共识,包含网联模块和云控模块等基础支撑模块,体现中国方案特色,在网联化自动驾驶系统整体架构方面领先国外。

(2)在硬件方面,传统车规级芯片及硬件主要由国外厂商垄断,如英飞凌、瑞萨等,计算平台芯片及硬件汇集了国外 ICT 芯片企业,如英伟达、高通、德州仪器、英特尔、赛灵思、ARM IP 等。EDA 工具在内的硬件设计产业链也掌握在 synopsis、cadence 等国际厂商。虽然国内 ICT 芯片及硬件企业也开始进入汽车行业,但在车规级芯片的安全等级和性价比等方面仍有差距。国内具备车规级自主研发能力芯片企业较少,目前没有量产产品。国外厂商如英飞凌、恩智浦等早已实现 ASIL-D 等级芯片大规模量产。在芯片算力方面,国内目前主要以深度学习加速芯片为发力点,目前单芯片算力在 5TOPS❶ 左右,国外如英伟达已经量产大算力系统级芯片(SOC),算力达 30TOPS 以上。总体上,当前国内在车规级芯片设计和产品化方面积累不足,与国外

---

❶ 全称为 Teva Opevations Per Second,是处理器运算能力单位。

存在较大差距。

(3)在系统软件方面,多内核设计和选择是系统软件设计的关键。计算平台的控制单元和计算平台的计算单元与AI单元分别需要部署Classic AUTOSAR及Adaptive AUTOSAR架构中间件,AI芯片采用相应功能安全等级的Linux内核,计算单元采用实时性、安全性较高的实时操作系统(RTOS),控制单元采用ASIL-D安全等级的实时内核等。目前成熟内核系统及中间件等基本掌握在欧美厂商中,国内存在较大差距。

(4)在功能软件方面,功能软件根据自动驾驶核心共性需求,为实现自动驾驶功能,主要包括自动驾驶通用框架模块、网联模块、云控模块、信息安全和功能安全模块等。功能软件是支撑高级别自动驾驶功能实现的重要软件系统,是计算平台产业链重要环节。国内已开始功能软件需求研究与部分模块预研,国外也有部分厂商开始布局功能软件,整体都处于起步阶段。

四、专用通信与网络技术

(1)在通信技术方面,国内C-V2X通信设备尚未经过大规模外场性能测试,真实场景下C-V2X通信性能尚未得到验证。同时,车规级C-V2X设备技术标准和测试规范尚未确定。针对支持高级别自动驾驶的C-V2X标准化工作尚未开展。

(2)在检测认证方面,C-V2X检测标准、规范尚不完善,实验室、小规模外场和大规模环境下的检测组件、检测系统、检测环境等仍须进一步完善。认证体系不明确,部分评估认证规范缺失。

(3)在安全体系方面,国内还没有形成完整的C-V2X安全标准体系,C-V2X证书管理、相关数据接口及流程等技术要求尚未明确,针对C-V2X通信证书格式、身份认证管理平台、隐私保护等方面的检测能力尚未完全建立,安全认证管理实体尚未明确,缺乏支持汽车应用的车规级国密C-V2X安全芯片和硬件安全模块(HSM)产品。

(4)在运营主体方面,C-V2X网络运营主体尚未确定,仅在部分示范区、先导区局部开展C-V2X网络部署工作,距离规模化部署与应用还有差距。

五、大数据云控基础平台技术

(1)现有数据标准难以满足平台采集和处理加工的需求。目前,车辆动态数据、车路协同数据、道路基础设施数据和交通管理数据有限，难以满足大数据云控基础平台对车辆自动驾驶功能的需求。

（2）现有的平台协同感知精度和时延难以满足车端驾驶的需求。由于平台将融合多源感知数据，引入时间同步误差和空间对齐误差，降低感知精度；由于尚无大量、高质量的车路数据接入，平台的协同决策算法还未经过实际场景的大规模验证。

（3）协同感知和协同决策数据缺少可用性评价标准。由于缺少对所采集的数据进行质量评估的标准法规，缺少可靠性测试的标准，缺乏与单车感知与决策进行比较的大规模验证，难以被车辆信任而发挥平台的作用。

六、车路协同技术

（1）缺乏较完善的顶层设计规划。车路协同的规模化落地涉及汽车、通信、交通等多个行业，技术复杂度高，目前，我国尚缺乏国家层面的跨行业车路协同融合发展的战略规划和统一的产业发展协同机制，相关的政策、法律法规、标准体系等不够完善，跨行业的协同推进机制难以保证，后续的大规模测试与示范应用无法保证。

（2）标准体系不够完善。我国车路协同相关标委会积极开展车路协同相关标准研究工作，相关标委会之间合作更加密切，但尚未形成完善的车路协同标准体系，缺乏结合中国实际道路交通状况的测试验证成果来推动产业落地。

（3）道路基础设施建设不足。我国智能交通发展仍处在初级阶段，交通安全基础设施（交通标志标线、信号、护栏、道路照明等）作为数字化的前提，标准化和规范化设施还有待全面完善；我国高速公路沿线除监控摄像外的信息系统完备度不高，缺乏针对关键路段和重点设施（桥梁、隧道等）的实时监测，沿线无线通信的覆盖能力不足，对交通运行的调控和应急反应能力不足；另外，交通基础设施与智能汽车的协同发展路径不明确。

（4）缺乏成熟的项目落地经验。美国、欧洲、日本在智能交通系统架构方面起步较早并持续演进，通过相关成熟的项目实施来开展系统架构研究，形成相对完善的系统参考架构。我国缺乏丰富的项目经验，尚未建成满足智能汽车要求的成熟信息物理架构。

七、人工智能技术

（1）人工智能技术研究方面，目前大量广泛应用的传感器感知算法（如 RCNN、PointNet 等）、深度学习理论、强化学习理论、情感识别技术、多语种人机交互技术等均由国外研究人员开发，国内相关研究起步较晚；在端到端自动驾驶、多执行机构底盘人工智能控制等方面的关键理论上与美国等先进国家存在较大差距，缺乏自主可控的原始创新，难以对产品研发提供有力支撑。国外在核心算法的理解与创新方面存在优势，国内主要侧重算法应用与集成，原创性较少。

（2）人工智能技术应用方面，国外企业在感知系统、决策系统等方面已研发多年，能与预警类和控制类产品深度融合，能符合汽车零部件性能和质量要求，在商业化应用方面具有极大优势。国内近些年才开始进行相关产品的研发，而且主要集中在基于环境感知的预警类产品，缺乏与控制类产品结合的经验。

第二节　智能汽车云控系统及关键技术发展目标

一、智能汽车云控系统整体发展目标

车路云一体化融合控制系统（System of Coordinated Control by Vehicle-Road-Cloud Integration，SCCVRCI）也称"智能网联汽车云控系统"（以下简称"云控系统"），是利用新一代移动互联技术，将人、车、路、云的物理层、信息层、应用层连为一体，进行车路融合感知、融合决策与控制，实现车辆行驶和交通运行安全与效率综合提升的一种信息物理系统。根据我国《智能汽车创新发展战略》以及产业需求，云控系统将实现以下目标：

致力于国家智能汽车"人-车-路-云"系统的建设。《国家智能汽车创新发展战略》提出"人-车-路-云"系统协同发展的概念，并将其作为"构建协同开放的智能汽车技术创新体系"的重要任务之一。"人-车-路-云"系统协同能力建设是未来智能汽车示范应用工作的重要目标,是完善智能汽车技术标准体系建设的重要参考。车路云一体化融合控制系统定位于"人-车-路-云"系统,通过系统架构设计和产业生态构建推动产业相关方完成我国智能汽车强国的目标。

将为国家智能汽车大数据云控基础平台提供一体化技术方案。车路云一体化融合控制系统旨在构建一个开放的、完整的技术体系与生态系统,不仅包括基于汽车大数据的云控基础平台,还包括云控应用平台、外部相关资源平台、网络通信部署等满足智能汽车大数据云控基础平台高效运营的其他产业生态构建方。该系统通过架构设计和应用示范等方式为国家大数据云控基础平台技术方案设计和完善奠定技术和产业基础,以期为国家提供一个完善的智能汽车大数据云控基础平台一体化技术方案。

弥补现有单车智能的技术瓶颈,助力车路协同。现有的单车智能技术路线存在的车载感知范围有限、可靠性不足、车间行为存在博弈与冲突、单车依靠局部信息进行的规划与控制难以实现全局优化等问题。传统车路协同主要强调车与路侧设备的协同,虽然可以解决部分单车智能的问题,但应用场景有限,其主要功能在于实现车车、车路以及车云等信息的传递以辅助单车决策,但难以实现面向路网大范围的网联应用与群体协同决策,不能满足智能网联汽车组成的交通系统在发展过程中对全局车辆与交通的交互、优化与管控,交通数据的广泛深度应用等方面服务需求带来的越来越高的技术要求。车路云一体化融合控制系统可以实现"人-车-路-云"系统协同的控制,不仅为单车决策提供有效信息,还可以在现有车路协同基础上通过全域控制实现对所有交通参与者的全路段、全天候、全场景的自主控制,可以在未来不同等级智能汽车混行的交通环境中,为交通管理与国家管控提供重要解决方案。

可为智能汽车技术迭代和商业模式探索构建基础设施解决方案和示范应用环境。智能汽车的技术迭代和商业化落地离不开道路、通信等基础设施的建设,然而目前基础设施建设存在因企业各自建设而造成的资源重复、标准不统一、难以互联互通、成本高等问题。车路云一体化融合控制系统将通过整体架构设计,以资源共享的方式将现有基础设施有机集成,通过示范应用完善架构设计并进行全国统一的智能网联汽车基础设施建设,分摊各单位的建设成本,提高资源有效利用率,形成产业统一的标准和规范,将通过开放式的生态建设加速智能汽车技术研发和迭代,为智能汽车商业模式探索提供标准统一的基础设施环境,推进智能汽车商业化落地进程,对于我国在智能汽车领域实现引领作用和高质量发展具有重要意义。

智能汽车云控系统技术发展目标见表10-1。

智能汽车云控系统技术发展目标　　　表10-1

2025 年	2030 年	2035 年
确立中国方案智能汽车发展战略,构建跨部门协同的管理机制,基本建成中国智能汽车的政策法规、技术标准、产品安全和运行监管体系框架,智能汽车协同创新体系、多产业融合体系和新型生态体系初步形成		
中国方案智能汽车成为国际汽车发展体系重要组成部分,全面建成中国智能汽车的政策法规、技术标准、产品安全和运行监管体系框架,技术创新能力显著增强,相关产业深度融合,新型产业生态基本建成		
中国方案智能汽车产业体系更加完善,实现与交通、信息、互联网等领域充分协调,与智能交通、智慧城市产业生态深度融合,打造共享和谐、绿色环保、互联高效、智能安全的智能社会,支撑我国实现汽车强国、步入汽车社会		

智能汽车云控技术发展目标的三个阶段具体如下。

1. 发展期(2020—2025 年)

1) 顶层设计方面

确立中国方案智能汽车发展战略,构建跨部门协同的管理机制,基本建成中国智能汽车的政策法规、技术标准、产品安全和运行监管体系框架,智能汽车协同创新体系、多产业融合体系和新型生态体系初步形成。

2) 技术和产品创新能力方面

建立较为完善的智能汽车自主研发体系、生产配套体系、创新产业链体系;掌握智能网联系统关键技术,产品质量与价格均具有较强国际竞争力;智能道路交通系统建设取得积极进展,建设基本覆盖大城市、高速公路的车用无线通信网络和智能化基础设施,北斗高精度时空服务实现全覆盖,"人-车-路-云"系统达到初步协同。

3) 市场应用方面

到 2025 年,DA、PA、CA 级智能汽车占当年汽车市场销量的 80%,其中 PA、CA 级占比 30%,HA 级智能汽车开始进入市场,C-V2X 终端新车装配率达 50%,网联协同感知在高速公路、城市道路节点(如道路交叉口、匝道口)和封闭园区实现成熟应用,具备网联协同决策功能的车辆进入市场。在高速公路、专用车道、停车场等限定场景及园区、港口、矿区等封闭区域实现 HA 级智能汽车的商业化应用。

2. 推广期(2026—2030 年)

1) 顶层设计方面

中国方案智能汽车成为国际汽车发展体系的重要组成部分,全面建成中国智能汽车的政策法规、技术标准、产品安全和运行监管体系框架,技术创新能力显著增强,相关产业深度融合,新型产业生态基本建成。

2）技术和产品创新能力方面

形成完善的智能汽车自主研发体系、生产配套体系、创新产业链体系；中国品牌智能汽车以及核心零部件企业具备较强的国际竞争力,实现产品大规模出口；建立完善的智能交通体系,形成覆盖城市主要道路的车用无线通信网络和智能化基础设施,"人-车-路-云"系统达到高度协同,智能汽车与智能交通形成高效的协作发展模式。

3）市场应用方面

到 2030 年,PA、CA、HA 级智能汽车在当年汽车市场销量占比接近 100%,其中 PA、CA 级占比 70%,HA 级占比超过 20%,C-V2X 终端新车装配基本普及,具备车路云一体化协同决策与控制功能的车辆进入市场。HA 级智能汽车在高速公路广泛应用,在部分城市道路规模化应用。

3. 成熟期（2031—2035 年）

1）顶层设计方面

中国方案智能汽车产业体系更加完善,实现与交通、信息、互联网等领域充分协调,与智能交通、智慧城市产业生态深度融合,打造共享和谐、绿色环保、互联高效、智能安全的智能社会,支撑我国实现汽车强国、步入汽车社会。

2）技术和产品创新能力方面

智能汽车重大关键核心技术取得突破,全面实现自主掌控,技术创新能力领跑全球,中国品牌智能汽车以及核心零部件企业保持强劲的国际竞争力,形成一批引领世界的智能汽车整车和零部件厂商,扩大产品出口规模。

3）市场应用方面

到 2035 年,高速快速公路、城市道路等基础设施智能化水平满足 HA 级智能汽车运行要求。HA、FA 级智能车辆具备与其他交通参与者间的网联协同决策与控制能力,各类高度自动驾驶车辆广泛运行于中国广大地区。

二、智能汽车云控系统关键技术发展目标

为实现智能汽车云控技术发展目标,分别考虑分阶段目标、关键零部件和关键共

性技术发展路径之间的逻辑关系,按照发展智能汽车云控系统所需要的关键零部件和关键共性技术对发展目标进行细分,具体如下。

1. 环境感知系统技术发展目标

2025年左右,满足CA、部分场景HA级自动驾驶系统需求。在视觉传感器、毫米波雷达、激光雷达、超声波雷达、车载多传感器信息融合及基于C-V2X的多源协同感知等领域实现一定突破,障碍物检测能力达到最远200m以上、最近0.1m以内;城区/城郊工况下感知系统计算时间小于100ms,高速工况下小于50ms;障碍物识别、车道线检测、车位线识别准确率大于90%。

2030年左右,全面满足HA级自动驾驶系统需求。在视觉传感器、毫米波雷达、激光雷达、超声波雷达、车载多传感器信息融合以及基于C-V2X的多源协同决策与控制等领域实现突破,障碍物检测能力达到最远500m以上、最近0.05m以内;城区/城郊工况下感知系统整体计算时间小于70ms,高速工况下小于30ms;障碍物识别、车道线检测、车位线识别准确率大于95%。

2035年左右,满足FA级自动驾驶系统需求。多源融合感知系统障碍物检测能力达到最远1000m以上、最近0.03m以内;城区/城郊工况下感知系统整体计算时间小于50ms,高速工况下小于20ms;障碍物识别、车道线检测、车位线识别准确率大于99%。

2. 智能决策系统技术发展目标

2025年左右,根据不同功能场景开发基于规则模型和AI算法的智能决策技术。提供覆盖全国80%道路(包括高速公路、快速路、封闭园区、停车场)的CA、HA级智能决策技术。其中,行为预测技术通过AI算法达到障碍物行为预测准确率大于90%;行为决策技术通过不同的模型(有限状态机、决策树模型、知识推理决策模型)进行开发设计,其中自主跟车、车道保持、自主换道、超车、掉头、转向、停车等关键行为正确率达到95%;轨迹规划技术通过AI算法确保轨迹计算更新周期小于100ms,轨迹规划能力达到人类驾驶人水平的90%。构建智能汽车多车协同通信拓扑结构和编队优化方法,实现网联辅助信息交互的多车协同控制方法,支持CA级别自动驾驶。当自动驾驶系统出现故障时,智能决策系统可以继续完成动态驾驶任务支援DDT,保证驾驶人有20s的时间接管。

2030年左右,针对自动驾驶环境的多样性,将决策、动力学、AI算法等深度结合,进一步开发端到端的 AI 智能决策技术,提供覆盖全国 90% 道路场景的 HA 智能决策技术。其中,行为预测技术通过 AI 算法达到障碍物预测准确率大于 95%;行为决策技术通过不同的模型以及 AI 技术进行深度开发,车辆关键行为正确率达到 98%;轨迹规划技术通过核心 AI 算法确保轨迹计算更新周期小于 80ms,轨迹规划能力达到人类驾驶人水平的 95%。构建智能汽车多车协同控制的测试评估优化方法,实现网联协同感知的多车协同控制方法,支持 HA 级别自动驾驶。当自动驾驶系统出现故障时,智能决策系统可以继续完成车辆的安全控制运行,不需要驾驶人接管。

2035 年左右,通过大量 AI 算法以及车路云端融合的智能化决策规划技术开发应用,最终建立适用于完全自动驾驶的智能决策技术。提供覆盖全国 100% 道路场景的 FA 级智能决策技术。其中,行为预测技术对障碍物预测准确率大于 99%;行为决策技术通过不同的模型以及 AI 技术进行深度开发,车辆的关键行为正确率达到 99%;轨迹规划技术通过车路云融合决策确保轨迹计算更新周期小于 50ms,轨迹规划能力超越人类驾驶人水平。智能汽车实现车-路-云端融合的多车协同的网联协同决策与控制,支持 FA 级别自动驾驶。当自动驾驶系统出现故障时智能决策系统继续安全工作。

3. 智能计算平台技术发展目标

2025 年左右,计算平台支持 CA 级自动驾驶和协同感知。算法上支持强化学习,功耗达到国家绿色认证的相关要求,功能安全、预期功能安全达到产品化要求,构建符合信息安全防护体系的计算平台信息安全功能。硬件平台实现 AI 单元、计算单元和控制单元等核心模块的集成,并提供标准化接口,在性能上支撑汽车实现 CA 级自动驾驶。系统软件实现全栈、完整化构建能力,包括编译工具链、操作系统、中间件、基础库,实现分布式通信、异构传感器融合、动态可重置的能力,功能支撑 CA 级自动驾驶。功能软件实现框架完整构建能力,以及部分重要模块的实现与应用,基于功能软件可开发 CA 级应用软件。自动驾驶操作系统实现自主知识产权的突破,初步建立自主开发生态。

2030 年左右,计算平台支持 HA 级自动驾驶和协同决策与控制。功能安全、预期功能安全达到产品化要求,加强符合信息安全防护体系的计算平台信息安全功能,构建数据安全体系建设。硬件平台实现计算平台核心模块高度集成,硬件支持升级扩展,在性能上支撑 HA 和 FA 级自动驾驶。系统软件主要部分实现自主研发,功能软件进一步增强,在部分重要模块与应用基础上实现自主可控,基于功能软件可开发 HA 和 FA 级应用软件,在自主可控能力之上建立功能软件级生态。

2035 年左右,计算平台具备和车路云全方位无缝协同的能力。架构方面实现车辆控制单元高度集成及异构融合方案,算法上支持强人工智能。硬件平台在芯片级集成基础上实现完全自主知识产权,在性能上支撑 FA 级自动驾驶。功能安全、预期功能安全达到产品化要求,信息安全防护级别与 ICT 信息安全防护级别相匹配。系统软件与功能软件实现全面自主化,引领全行业的标准,促进 FA 级自动驾驶应用软件开发。计算平台实现定制与行业领先,建立自主可控的开发与应用生态。

4. 专用通信与网络技术发展目标

2025 年前,完成 NR-V2X 频谱研究、LTE-V2X 与 NR-V2X 设备共存技术研究、NR Uu 控制 LTE 直通链路技术研究,以及单播组播技术研究。开展 NR-V2X 相关的行业标准制定。建立我国完善的专用通信与网络测评体系,形成自主研发的核心测评工具链。5G 网络切片实现超可靠低延迟通信(URLLC),针对车联网业务服务提供端到端的网络定制化能力;多边缘计算能力与 RSU 融合,形成泛云化的 RSU 部署,增强车路协同中路端的业务处理能力,实现对自动驾驶等低时延业务的增强处理。

2030 年左右,NR-V2X 6GHz 以上毫米波技术成熟。建立全球领先的测评体系,打造行业一流的测评工具,并成为全球 C-V2X 检测平台。实现针对局部典型业务的智能化切片处理,如切片自动化部署、故障定位;实现多边缘计算能力对智能汽车业务的全场景支持,多级分布的业务处理功能智能化编排,满足不同业务的网络和处理能力需求。

2035 年左右,V2X 技术支持 HA 级别以上自动驾驶的商用。C-V2X 标准测评体系、测评工具链服务于全球研发测试领域。针对智能汽车全场景切片按需部署,增强切片智能化能力,针对不同业务和场景实现切片自优、自愈、自主进化;具备广泛分布的边缘云能力,将智能网联终端(车辆、行人及非机动车等)的计算和决策能力上移至云端,释放终端计算压力,降低功耗。

5. 大数据云控基础平台技术发展目标

大数据云控基础平台是具有实时信息融合与共享、计算、应用编排、数据分析和信息安全等基础服务机制,为智能汽车及其用户、监管部门等提供车辆运行、道路基础设施、交通环境、交通管理等实时动态数据与大规模网联应用实时协同计算环境的智能驾驶基础设施。

2025年左右,形成标准化的智能汽车通用数据集和数据共享模型。形成标准化的平台效用评价指标体系,满足政府监管和基础数据采集的要求。建成区域级智能汽车大数据云控基础平台,在多个城市测试路段和多个高速公路测试路段进行探索性运营示范。区域级平台可实时采集不少于50万辆汽车的行驶数据和不少于1000套的路侧系统感知数据,区域内智能汽车接入率超过10%。平台通过多源数据融合实现覆盖范围内的全局交通感知,感知数据采集与下发时延各小于20ms,感知协同计算时延小于30ms,时延抖动小于10ms。平台协同感知的时延及精度可满足作为单车感知的冗余,同时还具备预见性感知和超视距感知,满足CA级自动驾驶要求。

2030年左右,形成平台数据标准化运营服务机制、数据质量控制机制、数据安全管理机制,打破壁垒,满足数据开发与流通,形成与其他行业平台数据交换的标准化机制。建成国家级智能汽车大数据云控基础平台,实现在多个城市全区域和多条高速公路全路段自动驾驶和交通管控的数据运营。单个城市级平台可实时采集不少于500万辆汽车的行驶与感知数据,可以实时采集不少于10000套路侧系统感知数据,单个城市智能汽车接入率超过50%。平台感知数据采集与下发时延各小于10ms,感知协同计算时延小于20ms,时延抖动小于5ms。平台的协同感知数据满足CA级与HA级自动驾驶要求,平台的协同决策有效支撑HA级自动驾驶。

2035年左右,形成较为完备的、标准化的全国车路云一体化自动驾驶与智能交通实时大数据共享与服务体系;形成全国一个平台、一个网络的标准化运营服务机制,具备较为成熟的跨省份、跨城市的自动驾驶与智能交通全过程服务能力。实现全国、二线主要城市全区域和高速公路全路段的智能汽车大数据云控基础平台覆盖。平台具备在特定条件下自动接管车辆的能力,按照相应的应急管理要求保证车辆对交通环境处于低危险度状态。平台能力满足大规模HA级自动驾驶车辆信息服务需求,通过对单车与多车驾驶过程的决策引导,大幅提升城市交通整体运行效率。

6. 车路协同技术发展目标

2025年左右,实现基于车路数字化信息共享的有条件自动驾驶应用。基于道路基础设施数字化、网联化建设和车载终端装配的不断提升,路侧设施为智能汽车提供道路标志、标线、信号灯相位、危险路况、事故、气象、拥堵等状态信息,车路融合环境感知技术在重点路口、路段和封闭园区实现应用。基于边缘计算技术的路侧设备可对摄像头、毫米波雷达、激光雷达等所感知到的信息进行融合处理,达到300m内车辆等动态目标的感知能力,路侧的融合感知能力弥补自动驾驶车辆对中远程、超视距目标感知能力不足的问题,同时补全智能汽车的感知盲区。车路融合的辅助定位技术成熟,实现卫星、路侧感知、车载感知等多源辅助定位的组合应用,对交通信息进行深度处理和分析,实现任何场景下的车路时空对齐,定位误差精度达到厘米级甚至更高。

2030年左右,基于车路云协同决策的自动驾驶技术逐步成熟,在重点路口、路段和封闭园区实现应用。视觉、毫米波雷达、激光雷达等路侧多感知设备和边缘计算单元实现深度融合,感知精度和范围以及计算能力进一步提升,实现复杂环境下的多交通参与目标意图预测,并将意图预测信息实时发送给自动驾驶车辆。自动驾驶车辆环境感知决策系统具备对路侧感知和意图判断信息的融合处理能力,路侧多元信息支撑复杂道路环境下的感知决策能力提升。

2035年左右,实现基于车路云一体化协同控制的自动驾驶技术应用。基于路侧感知的全局连续式布设,实现车辆和道路的全息协同感知和数据融合,实现对道路、车辆微观行为的精准预判,车路云一体化平台实现规模化联接,平台高度智能化,可根据车辆轨迹数据分析车辆运动模型和驾驶模型,为车辆提供全局最优的车道级行驶路径规划,车侧依据路侧调度指令进行动作规划与执行。端、边、云高度协同,实现效率最大化的精准决策调度。

7. 人工智能技术发展目标

2025年左右,人工智能技术在非结构化道路、隧道、矿区、停车场等复杂道路场景的应用取得重点突破,在图像数据处理、激光数据处理、高精度地图等算法方面取得自主性成果,使用多源异构信息融合的方式完善人工智能环境感知算法。在端到端自动驾驶等自主决策与控制方面取得突破性成果,部分产品实现产业化应用。基于规则的行为决策得到较为广泛的应用,基于深度学习、决策树等各类机器学习算法的行为决策实现一定程度的示范应用,部分成果实现产业化应用。在基于人工智能的语音合成、语音识别和语义理解等多语种关键核心技术方面取得突破,达到中文语音交互的水平。基于人工智能技术建设相关的测试基地,将人工智能算法集成并应用于驾驶辅助系统,使得其在车道偏离预警、前方碰撞预警、停车辅助等驾驶辅助系统中得到广泛应用。

2030年左右，人工智能技术在恶劣天气（暴雨、暴雪等）等场景下的应用实现重点突破，完善在恶劣天气下的专家数据库、道路场景数据库，实现对全国城市次干道及以上等级道路和特定区域的覆盖；突破复杂场景下的人工智能决策、多执行机构智能汽车端到端的智能控制等关键技术，非规则的智能决策技术水平得到大幅度提升，实现一定场景的典型应用。实现各类传感器的深度融合和大规模应用，推动专家数据库、道路场景数据库等数据采集，标准体系建立，数据加密等政策体系建设。采用规则算法与学习算法结合的方式，实现自动驾驶汽车的自主决策，顶层采用有限状态机根据场景进行层级遍历，底层采用机器学习算法基于具体场景进行分模块应用。在自然语言理解领域，通过深度学习、强化学习技术以及海量数据支撑等实现自然语言理解的突破性创新，达到人类正常的智力理解水平，实现人与汽车之间无障碍交流。

2035年左右，人工智能技术在全时段（白天、夜间）场景的应用实现重点突破，提供全工况条件下的专家数据库、道路场景数据库，实现对全国城市次干道以下、非结构化道路等全道路的覆盖；完全满足高级别自动驾驶的应用需求，产品实现大规模装配，自主产品在全球具有较强竞争力，端到端方法更多地作为决策子模块的解决方案。全面实现高级别自动驾驶汽车的人工智能控制，大幅提升高级别自动驾驶汽车在复杂场景下的综合性能，相关领域理论研究及产品水平达到国际领先地位。在多模态人机交互领域，通过机器视觉技术、情感化技术、语音交互技术、触觉技术、嗅觉技术等的发展，使汽车人机交互取得突破，可以辅助人进行智能决策、智能推理以及环境感知等。

第三节

智能汽车云控系统关键技术发展瓶颈与难点

一、基础理论技术瓶颈及难点分析

为实现云控系统实时云控应用高并发运行，需要研究突破边缘计算的新型架构设计，满足实时云控应用服务的自动驾驶所要求的毫秒级时延与高可靠性，突破计算卸载与应用资源调度技术。

感知融合技术，需要突破提升图像处理基础技术的研究、对光学领域的基础研究，研究雷达高速信号处理及复杂噪声背景下的目标检测技术，在激光雷达测距算法应用研究方面，突破厘米级实时测距关键算法，开发高精度的信息处理、高速实时激光雷达信息处理与通信技术。

通信与信息交互平台技术，需要突破 V2X 通信传输层技术，实现高速移动、动态拓扑组网、信息快速交互、节点密度变化自适应、多业务/多信道/多模式通信共存协调等技术，支撑 V2X 的低时延、高可靠层传输，逐步形成 V2X 底层传输技术解决方案；完善基于 V2X 的面向安全应用方向的通信可靠性、测试场环境下通信可靠性分析及验证、多种通信协议集成等技术，进行 V2X 技术对改善交通流动性及环境方面的研究；开展数据库框架结构和数据库数据体系研究，实现车联网大数据的高效存储和检索，研究数据挖掘、机器学习和高性能计算等现代信息处理技术，实现车联网大数据的关联分析和深度挖掘，探索开展面向车联网大数据及云平台应用需求的云操作系统研究。

车辆协同控制技术，针对云控智能汽车需求，研究开发满足实时性与稳定性要求的车辆线控化驱动、制动、转向机构；需要突破驾驶辅助系统的决策控制方法，在满足驾驶辅助系统的适用环境条件下，通过对驾驶人行为采集分析，构建基于驾驶人行为学习的轨迹动态决策方法；云控智能汽车控制技术，要求自动驾驶车辆在多工况条件下的行驶控制方法具有较好的鲁棒性，研究建立自动驾驶横纵向控制方法，基于模拟平台多环境工况的控制方法，建立自适应控制算法，形成以自学习决策和自适应控制为基础的自动驾驶车辆智能决策控制方法，支持自动驾驶车辆完成开放道路条件的全工况自动驾驶。

多车协同控制技术，针对智能汽车与非智能汽车组成的混行交通系统特性的群体动力学机理表征与协调控制架构问题，研究建立可适用于变网络拓扑结构和编队集合构型的群体动力学模型；基于多车编队指派方法的复杂度、领域信息下车辆行为决策的准确性等指标，研究分析各类决策与控制方法的效率和鲁棒性，建立智能汽车多车系统决策与控制架构；研究系统架构下的云控智能汽车多车协同决策与控制方法，实现周期触发型的智能汽车多车任务决策、行为决策和协同控制。

二、技术的产业化实现与应用瓶颈

美、日、欧在汽车智能化、网联化领域拥有数十年的积累,尤其在核心芯片、关键零部件、研发体系、标准体系等方面,相比我国具有较大的优势。

目前,美、日、欧等国家和地区一流的整车企业已经实现 DA 级自动驾驶产品的商业化,部分高端品牌已有 PA 级自动驾驶产品。

纵观美、日、欧智能网联汽车发展情况,各国在整个产业链上的合作日益加强,相互持股与并购的情况日益普遍,通信、信息、电子、整车等行业深度融合发展。美国在网联化技术、智能控制技术、芯片技术等方面处于优势地位,产业上、中、下游实力均衡。日本在智能安全技术应用上较为领先,到 2013 年已有多项智能安全技术全面推向了市场。欧洲拥有强大的整车与零部件企业。

国内,通过"863 计划"的实施和国家自然科学基金委员会项目的支持,清华大学、国防科技大学、北京理工大学、北方车辆研究所、一汽和中国长安汽车集团股份有限公司(以下简称"长安")等高校和科研院所、汽车企业在环境感知、人的行为认知及决策、基于车载和基于车路通信的驾驶辅助系统的研发方面取得了积极进展,并研制出自动驾驶演示样车。清华大学、吉林大学等高校联合企业开发了包括自适应巡航控制系统、车道偏离预警系统、防碰撞预警系统等先进驾驶辅助系统(ADAS),目前已经进入产业化推广阶段。

目前,一汽、上汽、长安、吉利、广汽等国内企业部分车型虽已开始装备 ADAS 产品,但核心技术主要来自国外的零部件供应商,如罗伯特·博世有限公司、德尔福、大陆等。近两年,我国许多互联网企业也纷纷进军汽车行业,但更多的是涉足智能汽车的服务领域,例如阿里巴巴与上汽在"互联网汽车"领域开展合作,共同打造面向未来的互联网汽车及生态圈。

总体而言,从世界范围看,美国目前在智能网联汽车产业上、中、下游实力均衡,日本依托几大整车厂占据一定优势,德国在上、中游有较强的竞争力。由于我国缺乏智能网联汽车与道路交通智能化发展的系统性、协同性,缺乏研发和产业化布局的导向型和足够的投入,中国智能网联汽车领域的技术基础、研发能力、相关产业链虽发展较快但差距仍然明显,产品和产业化发展相比发达国家总体上滞后 5~10 年。具体的不足如下:

（1）尚未形成国家层面的智能汽车发展战略，缺乏大型国家项目支撑。目前，汽车智能化、网联化已经成为美、日、欧等发达国家和地区的汽车发展战略，经过近十年的国家项目积累，以智能化、网联化汽车发展带动传统汽车产业、信息通信产业、电子产业的格局已初步形成。而目前我国还处于技术追赶阶段，同时由于缺乏强有力的大型国家项目支撑，智能汽车发展战略尚未在国家层面形成。

（2）我国智能汽车领域的技术基础还十分薄弱，部分核心技术仍落后于世界先进水平。在车载视觉、激光雷达、毫米波雷达等高性能传感器，汽车电子、电控系统、专用芯片等关键基础零部件领域，大部分核心技术与产品主要被国外企业把控，自身掌握的技术和积累远远不够。

（3）自主零部件企业相对弱小，行业缺乏有效协同研发机制。企业缺乏可持续的自主研发体系，行业协同无法形成合力，国家尚未形成有效的自上而下的智能汽车政产学研体系。

（4）信息产业与汽车融合层次较浅。中国虽有强大的互联网产业基础，但过分偏重销售和服务端，与汽车产业的结合尚停留在信息服务、后市场等领域，未能深入到汽车智能化和网联化的决策与控制层面。

（5）智能汽车标准、法规及测试能力建设相对滞后。美、日、欧等发达国家和地区已建立并形成了较完善的 ADAS、V2X 测试评价标准、法规及相应的测试评价能力和设施，并从国家层面提出了 ADAS 强制装配时间表。我国在智能汽车相关的测试标准、方法、设施设备方面尚存在不足，缺乏系统性和完整性。

（6）跨部门的多头管理难以高效和系统化推进。从《智能汽车创新发展战略》的联合发布单位就可以看出，智能汽车作为科技融合的新兴产物，与现有的国家部门管理设置不匹配，现行的管理机构对于这类新兴事物的管理存在重复、交叉和盲区。云控系统技术体系涉及行业众多，不仅涉及汽车、通信等行业，还涉及道路管理、地图测绘、大数据、云计算等更多行业，所涉及的行业管理部门和示范应用的批复问题更是烦冗复杂，严重影响产业化应用的推进，继而影响技术验证和产业环境建设，影响整个智能汽车技术迭代和产业化推进。

（7）数据权属不清晰，示范应用推进慢。车辆及其行驶环境相关的数据是云控系统核心价值所在。目前我国在各类数据的权属上尚未有明确的法规，各示范方案的推进者都难以获取自己产品以外的数据，这对示范应用的推进造成了极大的阻碍，使得示范应用方案难以落地推进，对于技术方案的完善、技术发展趋势判断和相关产业环境建设都形成了系列的桎梏。

（8）全新的基础设施部署成本高，对国家和社会资源造成浪费。按照云控系统进行通信、道路以及云平台和大数据基础设施的全面部署，将面临路侧基础设施布设成本高的难题。另外，国内各行业因其之前的信息化、智能化能力建设，都进行了大量的基础设施投入，甚至有些基础设施难以回收成本，全新的基础设施部署不仅存在重复建设的问题，更是国家和社会资源浪费的问题。

（9）现有基础设施部署方案和标准不统一，共享难度大。目前，各车企都在建设自己的车联网云平台或者大数据中心，基于企业不同研发、生产、销售以及售后应用及运营模式的考量，加之各自建设所依托的汽车数据标准和体系不同，使用的运营商的方案也不尽相同，这些现有或者在建的云平台和大数据中心的建设标准不同，难以实现相关基础设施的互联互通。同时，道路基础设施、通信基础设施等都存在类似的问题，各家因产品技术要求、建设和使用用途等方面的差异，使得现有基础设施存在部署方案和标准不统一的情况，成为制约基础设施共享的重要瓶颈。除此，跨行业基础设施的联通问题更是基础设施共享的重大难点问题，需要跨行业平台的力量共同参与才可以解决的问题。

（10）基础设施的共享商业模式尚不清晰，影响企业推进的积极性。目前，无论是通信基础设施、云平台/大数据中心，还是道路基础设施，都存在基础设施建设成本高、运维成本高、数据私有化等特点，各部分、单位都因其职责和"数据就是资源、金钱"的期望而投入建设，虽然国家战略呼吁现有基础设施应该实现资源共享，但如果基础设施共享的商业模式或各基础设施拥有单位的可期利益不能得到有效保证，基础设施共享同样难以推进。

第四节
智能汽车云控系统技术路线

一、智能汽车云控系统架构

基于信息物理系统理论的智能汽车云控系统如图 10-1 所示。

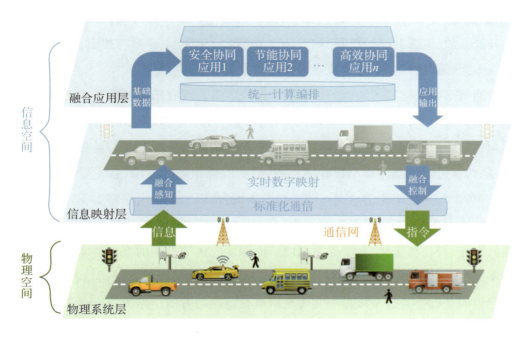

图 10-1　基于信息物理系统理论的智能汽车云控系统

面向未来城市载运工具和交通智能化,针对智能汽车车载感知性能受限、单车控制器算力不足、跨域协同行驶能力欠缺等问题,明晰云控智能汽车驾驶控制技术协同攻关策略,构建面向驾驶控制应用的云控技术创新体系。

车路云一体化融合控制系统,是利用新一代信息与通信技术,将人、车、路、云的物理层、信息层、应用层连为一体,进行融合感知、决策与控制,可实现车辆行驶和交通运行安全、效率等性能综合提升的一种信息物理系统,也可称为"智能汽车云控系统",或简称"云控系统"。

根据我国《智能汽车创新发展战略》以及产业需求,提出"人-车-路-云"系统协同发展的概念,并将其作为"构建协同开放的智能汽车技术创新体系"的重要任务之一。"人-车-路-云"系统协同能力建设是未来智能汽车示范应用工作的重要目标,是完善智能汽车技术标准体系建设的重要参考。云控系统定位于"人-车-路-云"系统,通过系统架构设计和产业生态升级,推动产业相关方完成我国智能汽车强国的目标。

我国《智能汽车创新发展战略》要求充分利用现有设施和数据资源,统筹建设智能汽车大数据云控基础平台;重点开发建设逻辑协同、物理分散的云计算中心,标准统一、开放共享的基础数据中心,风险可控、安全可靠的云控基础软件,逐步实现车辆、基础设施、交通环境等领域的基础数据融合应用。云控系统响应国家需求,旨在基于开源开放、资源共享的机制,构建一个完整的云控技术体系与生态系统,为国家智能汽车大数据云控基础平台建设提供技术方案和参考。

智能汽车网联化技术路线的综合技术解决方案。现有单车智能技术路线存在车载感知范围有限、可靠性不足、车间行为存在博弈与冲突、单车依靠局部信息进行的规划与控制难以实现全局优化等问题。传统车路协同主要强调车与路侧设备之间的协同,虽然可以解决部分单车智能面临的问题,但应用场景有限,且主要功能在于利用车与车、车与路之间的信息交互辅助单车决策;难以实现面向路网大范围网联应用中的群体协同决策,不能满足智能汽车组成的交通系统在发展过程中对全局车辆与交通的交互、管控与优化、对交通数据的广泛深度应用等方面的实际要求。云控系统可以实现"人-车-路-云"系统协同的控制,不仅为单车决策提供有效信息,还可以在现有车路协同基础上通过全域控制实现对所有交通参与者的全路段、全天候、全场景的自主控制,可以在未来不同等级智能汽车混行的交通环境中,为交通管理与国家管控提供重要解决方案。

智能汽车的技术迭代和商业化落地离不开道路、通信等基础设施的建设,然而目前基础设施建设存在因企业或不同部门各自仅根据自身需求建设而造成的资源重复、标准不统一、难以互联互通、成本高等问题。云控系统将通过整体架构设计,以资源共享的方式进行现有基础设施的有机集成;通过示范应用完善架构设计并进行全国统一的智能汽车基础设施建设,分摊各单位的建设成本,提高资源有效利用率,形成产业统一的标准和规范;通过开放式的生态建设加速智能汽车技术研发和迭代,为智能汽车商业模式探索提供标准统一的基础设施环境,推进智能汽车商业化落地进程,助力我国在智能汽车领域实现引领作用和高质量发展。

云控系统是个复杂的信息物理系统,该系统由网联式智能汽车与其他交通参与者、路侧基础设施、通信网、云控基础平台、云控应用平台以及保证系统发挥作用的相关平台六个部分组成,系统包括基础层、平台层与应用层三层服务架构,车载端、边缘云、区域云与中心云四级物理架构,其系统架构及组成如图10-2所示。

图10-2展示了云控系统六个组成部分之间的关系。车辆及其他交通参与者的信息既可以由路侧基础设施采集和处理后上传云控基础平台,也可以由无线通信网直接上传云控基础平台;云控基础平台结合地图、交管、气象和定位等平台的相关数据,对汇聚于云控基础平台的车辆和道路交通动态信息按需进行综合处理后,以标准

化分级共享的方式支撑不同时延要求下的云控应用需求,同时为车辆提供增强安全、提升能效等服务;企业、机构及政府相关部门已有交通/智能汽车服务平台,通过云控基础平台无须追加基础设施建设,即可便捷地获得更为全面的交通基础数据提升其服务。从上述组成及组成部分之间的关系容易看出,云控基础平台是云控系统的中枢与核心。

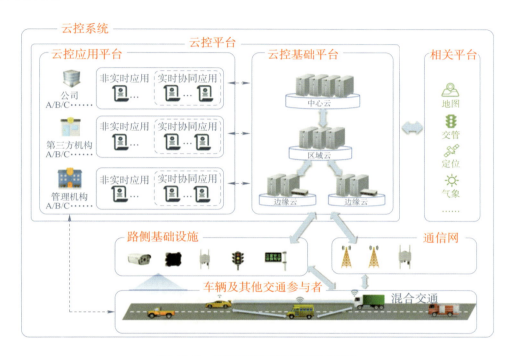

图 10-2 云控系统架构及组成示意图

1. 云控基础平台

云控基础平台由边缘云、区域云与中心云三级云组成,形成逻辑协同、物理分散的云计算中心。云控基础平台以车辆、道路、环境等实时动态数据为核心,结合支撑云控应用的已有交通相关系统与设施的数据,为智能汽车与产业相关部门和企业提供标准化共性基础服务。

其中,边缘云主要面向网联汽车提供行车增强安全与能效提升的实时性与弱实时性云控应用基础服务;区域云主要面向交通运输和交通管理部门,提供弱实时性或非实时性交通监管、执法等云控应用的基础服务;中心云主要面向交通决策部门、车辆设计与生产企业、交通相关企业及科研单位,提供宏观交通数据分析基础数据与数据增值服务。三者服务范围依次扩大,后级统筹前级,服务实时性要求逐渐降低,但服务范围逐步扩大。三级分层架构有利于满足网联应用对实时性与服务范围的各级要求。云控基础平台总体框架如图 10-3 所示。

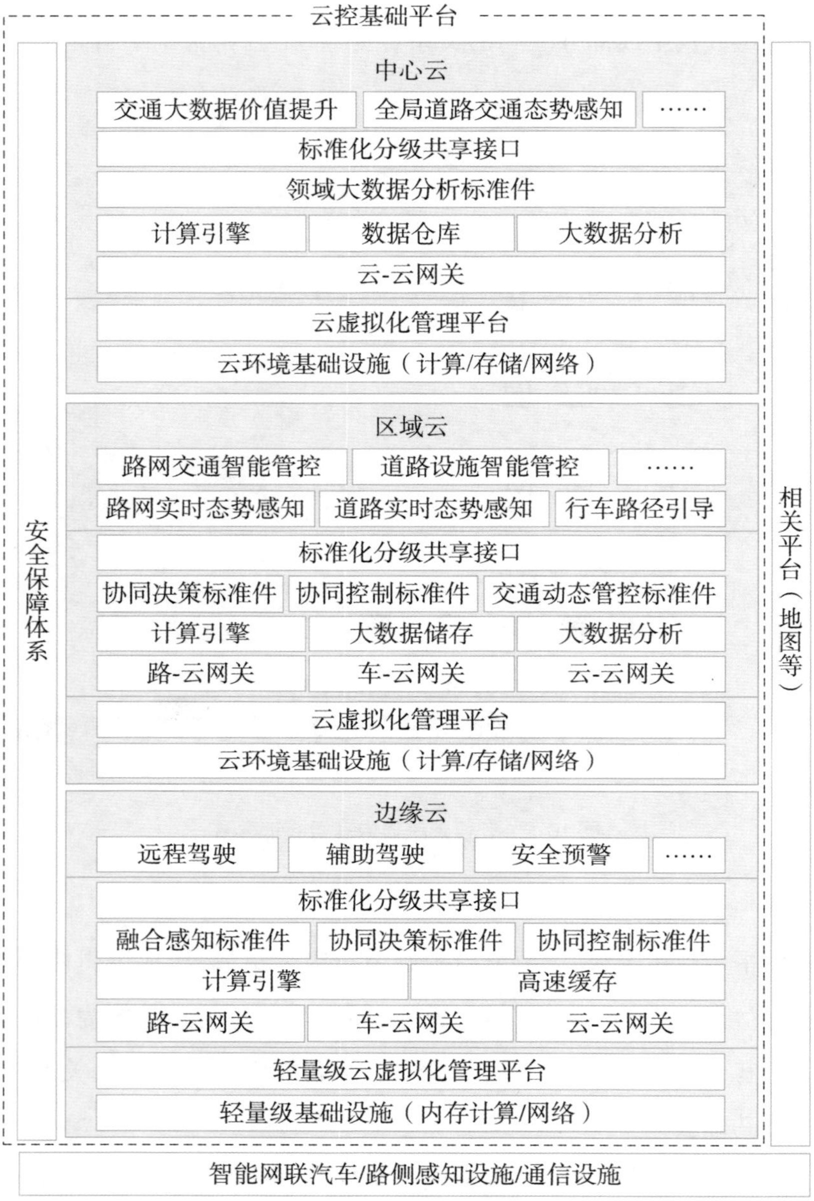

```
云控基础平台
┌─────────────────────────────────────────┐
│              中心云                      │
│  交通大数据价值提升  全局道路交通态势感知  ……  │
│         标准化分级共享接口                │
│         领域大数据分析标准件              │
│   计算引擎   数据仓库   大数据分析        │
│              云-云网关                   │
│           云虚拟化管理平台                │
│      云环境基础设施(计算/存储/网络)       │
├─────────────────────────────────────────┤
│              区域云                      │
│  路网交通智能管控   道路设施智能管控  …… │
│  路网实时态势感知  道路实时态势感知  行车路径引导 │
│         标准化分级共享接口                │
│  协同决策标准件  协同控制标准件  交通动态管控标准件 │
│   计算引擎   大数据储存   大数据分析      │
│   路-云网关   车-云网关   云-云网关       │
│           云虚拟化管理平台                │
│      云环境基础设施(计算/存储/网络)       │
├─────────────────────────────────────────┤
│              边缘云                      │
│   远程驾驶   辅助驾驶   安全预警   ……    │
│         标准化分级共享接口                │
│  融合感知标准件  协同决策标准件  协同控制标准件 │
│       计算引擎        高速缓存           │
│   路-云网关   车-云网关   云-云网关       │
│         轻量级云虚拟化管理平台            │
│      轻量级基础设施(内存计算/网络)        │
└─────────────────────────────────────────┘
     智能网联汽车/路侧感知设施/通信设施
```

(左侧:安全保障体系 右侧:相关平台(地图等))

图 10-3 云控基础平台总体框架图

1)边缘云组成及功能

边缘云是云控基础平台中最接近车辆及道路等端侧的运行环境。从组成结构上,主要包括轻量级基础设施和虚拟化管理平台、边缘云接入网关、计算引擎和高速缓存、边缘云领域特定标准件和标准化分级共享接口等组成部分。其总体框架如图 10-4 所示。

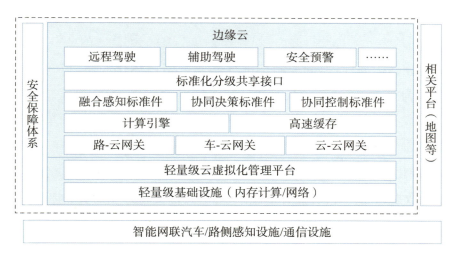

图 10-4　边缘云总体框架图

（1）轻量级基础设施和轻量级云虚拟化管理平台：底层为轻量级基础设施，如内存计算和网络接入资源；上层为轻量级云虚拟化管理平台，实现基础设施的虚拟化和有效管理。

（2）边缘云接入网关：包括路-云、车-云和云-云网关。其中路-云网关主要负责将路侧雷达和摄像头等路侧感知设备的初步感知数据接入边缘云；车-云网关主要负责将车端可上传总线数据和车端感知数据接入边缘云；云-云网关，负责从第三方平台接入融合感知所需的相关数据，如实时气象信息、高精度地图和交通信号信息等，并负责边缘云之间、边缘云与区域云之间的数据交互。

（3）高速缓存和计算引擎：高速缓存用以实现对获取的车路动态信息进行缓存，并由计算引擎进行预处理完成基础计算；两者可以为实时性和弱实时性的云控应用提供底层数据缓存与处理。

（4）边缘云领域特定标准件：边缘云主要功能体现为一组领域特定标准件，用于支撑道路交通预见性感知和决策建议等云控应用的建设，如提供盲区与超视距危险预警、协同换道规划等功能。

①融合感知标准件：融合感知标准件基于云网一体化底座，以同步采集的路侧多源异构传感器数据为输入，通过智能化数据融合，将道路交通环境感知结果以标准化 API 的形式对外提供道路交通预见性感知服务，增强行车安全。

549

②协同决策标准件:协同决策标准件基于云网一体化底座,以融合感知标准件的输出和车辆及道路实时路况数据为输入,通过云端集中决策将决策结果以标准化 API 的形式对外提供车速、变道等决策建议服务,增强每辆联网车辆的行车安全和能效提升。

③协同控制标准件:协同控制标准件基于云网一体化底座,以车辆及道路实时路况数据为输入,通过车辆状态估计和车辆专用控制,将协同控制指令以标准化 API 的形式为车端提供行车控制服务,增强每辆联网车辆的行车安全和能效提升。

(5) 标准化分级共享接口:包括标准化数据交互规范和分级共享接口,实现多级云架构下的数据标准化转换,提升信息共享能力,以支持远程驾驶、辅助驾驶和安全预警等增强安全与能效提升类云控应用的运行。

2) 区域云组成及功能

区域云面向区域级交通监管与交通执法以及域内车辆等提供基础服务,是多个边缘云的汇聚点。从组成结构上,主要包括基础设施和虚拟化管理平台、区域云接入网关、计算引擎和存储分析引擎、区域云领域特定标准件和标准化分级共享接口等组成部分。其总体框架如图 10-5 所示。

图 10-5　区域云总体框架图

(1) 云环境基础设施和云虚拟化管理平台:底层为云环境基础设施,如计算、存储和网络资源;上层为云虚拟化管理平台,实现基础设施的虚拟化和有效管理。

(2) 区域云接入网关:包括路-云、车-云和云-云网关。其中路-云网关和车-云网关的作用与边缘云相同;云-云网关,负责接入所需的第三方平台相关信息,如实时气象信息、交通管控信息等,并负责区域云之间以及区域云与边缘云、中心云之间的数据交互。

(3)大数据存储、分析和计算引擎:大数据存储用以实现对边缘云缓存数据和必要的路侧监控视频数据的存储,利用计算引擎进行支撑平台弱实时性和非实时性共性服务的分析与处理。

(4)区域云领域特定标准件:区域云主要功能体现为一组领域特定标准件,用于支撑协同决策与控制以及路网动态管控等云控应用的建设,如提供云端最佳路径规划和区域路网实时态势感知等功能。

①协同决策标准件:协同决策标准件基于云网一体化底座,以区域范围内的车辆及道路实时路况数据为输入,通过云端集中决策将决策结果以标准化 API 的形式面向外部应用平台和车辆提供决策建议服务,加强路网级交通管控、增强联网车辆的行车安全、提升联网车辆能效。

②协同控制标准件:协同控制标准件基于云网一体化底座,以区域范围内的车辆及道路实时路况数据为输入,通过云端能效分析将协同控制指令以标准化 API 的形式为外部交通应用平台及车辆提供协同控制服务,加强路网级交通管控、增强联网车辆的行车安全、提升联网车辆能效。

③交通动态管控标准件:交通动态管控标准件基于云网一体化底座,以区域范围内的车辆及道路实时路况数据为输入,通过数据分析与预测、能效计算和专用远程控制方法,实现精确路网级交通状态推送、突发事件与异常天气提醒等基础功能,将路网动态管控信息以标准化 API 的形式为智能交通运输和管理部门提供区域路网实时态势感知、路网交通智能管控、路侧智能设施管控等基础服务;利用车辆及道路实时路况历史数据实现交通事件回溯服务。

④标准化分级共享接口:与边缘云类似,包括标准化数据交互规范和分级共享接口,支持车辆编队行驶、道路监控预警、路径引导和路侧设施远程控制等广域范围增强安全与能效提升类云控应用的运行。

3)中心云组成及功能

中心云面向交通决策部门、车辆设计与生产企业、交通相关企业及科研单位,基于多个区域云数据的汇聚,为其提供多维度宏观交通数据分析的基础数据与数据增值服务。从组成结构上,主要包括基础设施和虚拟化管理平台,中心云接入网关,计算引擎、数据仓库与大数据分析引擎,中心云领域特定标准件和标准化分级共享接口等组成部分。其总体框架如图 10-6 所示。

图 10-6 中心云总体框架图

（1）云环境基础设施和云虚拟化管理平台，在逻辑结构上与区域云相同，但物理规模上根据区域范围有所不同。

（2）中心云接入网关：中心云的云-云网关，负责中心云之间和中心云与区域云之间的数据交互。

（3）数据仓库、计算引擎与大数据分析：数据仓库基于所连接区域云的交通历史数据，实现多维度基础数据汇总，并由计算引擎进行大数据分析与处理，实现面向领域的、全局的数据价值提升。

（4）中心云领域特定标准件：中心云主要功能体现为领域大数据分析，用于支撑智能汽车和智能交通领域大数据价值提升等云控应用的建设。领域大数据分析标准件基于云网一体化底座，以汇聚的多个区域云数据为输入，基于多个区域内车辆及其交通环境的多维度基础汇总数据，通过数据挖掘、大数据计算与多维交互式分析，将领域数据分析结果以标准化 API 的形式提供宏观交通数据分析的基础数据与数据增值服务。

（5）标准化分级共享接口：与边缘云和区域云类似，包括标准化数据交互规范和分级共享接口，支持全局道路交通态势感知、道路交通规划设计评估、驾驶行为与交通事故分析、车辆故障分析和车险动态定价分析等全局范围能效提升和信息服务类云控应用的运行。

2. 云控应用平台

云控应用主要包括提升行车安全和能效的智能驾驶应用、提升交通运行性能的智能交通应用,以及车辆与交通大数据相关应用。根据云控应用对传输时延要求的不同,可以分为实时协同应用和非实时协同应用。

云控应用是企业云控应用平台的核心功能。既有的企业云控应用平台多为各类企业或相关单位根据各自需求建设而成。而在云控基础平台之上建设的云控应用平台是面向智能汽车有效整合的人-车-路-云的信息,结合V2X和车辆远程控制技术,通过"端、边、云"协同,实现车辆行驶性能提升与运营全链路精细化管理的协同管控平台,可获取最全的、标准化的智能汽车相关动态基础数据,为企业提供基于产业各类需求的差异化、定制化服务,以支持网联式高级别自动驾驶、实时监控、远程控制、远程升级、网络安全监控等核心功能。

云控基础平台和各类企业或相关单位基于云控基础平台建设的云控应用平台合起来可称为云控平台。

3. 路侧基础设施

云控系统的路侧基础设施通常布置于路侧杆件上,主要包括路侧单元、路侧计算单元(RCU)和路侧感知设备(如摄像头、毫米波雷达、激光雷达)、交通信号设施(如信号灯等),以实现车路互联互通、环境感知、局部辅助定位、交通信号实时获取等功能。

4. 通信网

云控系统的通信网包括路侧基础设施网络、无线接入网、核心网、城域网、骨干网等。云控系统集成异构通信网络,使用标准化通信机制,实现智能汽车、路侧设备与三级云的广泛互联通信。无线接入网包括车路通信网络与车间直连通信网络(V2I与V2V),实现车辆互通与车辆接入边缘云;路侧设备与云控基础平台各级云由多级有线网络承载。云控系统利用5G、软件定义网络、时间敏感网络、高精度定位网络等先进通信技术手段实现互联的高可靠性、高性能与高灵活性。

5. 车辆及其他交通参与者

云控系统服务于车辆及其他交通参与者,主要优化车辆行车安全以及交通运行效率。不同等级的智能化和网联化车辆都可以成为云控系统的直接服务对象。智能汽车连接路侧基础设施,上传车端数据至云控基础平台,接收云控应用的输出数据,再由其车载计算平台作出响应。

6. 相关平台

相关平台是提供云控应用运行所需其他数据的专业平台,包括高精度动态地图、地基增强定位平台、气象预警平台和交通运行监测与管控平台等。其中,高精度动态地图是云控系统提供动态基础数据服务的主要载体,它由高精度动态地图平台提供地图引擎,基于动态基础数据可为云控基础平台提供实时更新的动态状态数据;地基增强定位平台是利用 GNSS 卫星高精度接收机,通过地面基准站网,利用卫星、移动通信、数字广播等播发手段,在服务区域内可为云控基础平台提供 1~2m、分米级和厘米级实时高精度导航定位服务;气象预警平台通过道路沿线布设的气象站,通过采集、识别能见度、雨量、风向、雷暴、大雾(团雾)等气象信息,可为云控基础平台提供实时天气状况;交通运行监测与管控平台可为云控基础平台提供路政、养护、服务区以及紧急事件等实时信息。

二、智能汽车云控系统关键技术

云控系统作为一类新型信息物理系统,融合了多种学科、不同领域的前沿技术,其建设和发展需要攻克架构、感知、控制和通信等方面众多关键技术,包括边缘云架构技术、动态资源调度技术、感知与时空定位技术、车辆与交通控制技术以及云网一体化技术等。

1. 边缘云架构技术

边缘云是实现云控系统高并发、按需运行实时类云控应用的新型技术手段。实时类云控应用如高级别自动驾驶对信息传输的毫秒级时延和超高可靠要求远远超越了传统云计算架构的技术能力,亟须通过边缘云的架构设计满足云控系统的实际需要。

边缘云架构的目的是将实时通信、实时数据交换与实时协同计算技术融为一体,实现系统响应的实时性、数据传输的低时延与接入请求的高并发,以保证车路云数据交换在应用层面满足自动驾驶控制对实时性与高并发下的可用性及信息安全的实际要求,并保证互操作性和易用性。相关技术工作包括,制定统一的数据交互标准,开发基础数据分级共享接口,优化数据存储模型,建立高性能消息系统,采用轻量级基础设施及虚拟化管理平台保障边缘云服务实时性,优化上报与下发通信链路性能等。

2. 动态资源调度技术

云控系统需要运行大量应用以服务于智能汽车的交通系统各种场景下的性能优化。为消解高并发下各应用在资源使用上的冲突和物理世界车辆行为的冲突，云控系统要根据云控应用对实时性、通信方式、资源使用与运行方式的要求，选择服务的运行地点及所分配的资源，保障服务按需、实时、可靠地运行，保障所服务车辆的行车安全。相关技术工作包括，以平台统一管理或自行管理的方式进行负载均衡、生命周期管理并按需调用云端车辆感知共享、增强安全预警、车辆在线诊断、高精度动态地图、辅助驾驶、车载信息增强以及全局协同调度等。

3. 感知与时空定位技术

智能汽车与路侧传感器的异构、多源与车辆分布不确定等特性，以及网联自动驾驶对信息精度、实时性与可靠性的高要求，带来车路感知系统配置、路侧感知部署、多源数据时间同步、多源异构数据关联等难题，对云控系统感知与时空定位技术提出了挑战。云控系统中车与路感知性能，需要具有强工况适应性、良好的鲁棒性能与确定的实时性，以产生实时、高精度、高可靠的动态基础数据，满足网联式自动驾驶的感知需求。云控系统中的交通参与者位置、路侧设施位置、交通事件位置等信息，需要有可靠的精度保障、较低的传输时延，以及复杂场景的可用性、安全冗余、鲁棒性等要求。高可靠、高精度的位置表达，需要结合高精度地图、高精度定位技术建立基于语义特征的传感器数据智能配准，从而保障云控系统各类应用服务中感知与时空定位的可靠性、准确性和可用性。

4. 车辆与交通控制技术

云控系统通过对车辆进行协同控制增强行车安全、提升行驶能效，通过对交通行为进行监测与调控保障交通运行效率。根据交通运行总体需求与交通参与者个体的需求，亟须通过云控基础平台提供各类云控应用所需的单车、多车、车与路及交通的协同决策与协同控制等共性基础服务，以确保驾驶行为的规范性和道路交通总体功能的协调性。

5. 云网一体化技术

智能汽车与智能交通业务对云控系统异构网络提出了较高的实时性、可用性与并发性能要求。为满足较高服务质量需求，需要对通信节点与链路的工况进行实时监测与预测,对高并发数据在网络中的路由与节点处理进行统一优化调度。为此,应充分利用 5G 网络和 MEC 边缘技术扩展 RSU 的计算和存储能力,通过在其上部署边缘云引入更多本地应用以支持更丰富的交通应用场景,实现边缘计算和各层云的整合。云网一体化技术包括边缘云下沉至离车辆最近的 5G 无线接入网侧,以支持完成现场控制级应用,如路口级实时控制;区域云通过实时区域云和非实时区域云两个部分,以实现实时性与弱实时性路网级的远程控制应用,如货车编队行驶属于区域云实时性要求较高的规划和控制应用;边缘云与实时区域云间的通信采用运营商提供的产业互联网专线;边缘云与非实时区域云间的通信采用城域光纤通信网络,提供面向普通公有云服务的通信保障;区域云与中心云间的通信通过光纤骨干网络实现,完成跨域的数据通信等,以确保不同级别时延要求下的通信质量。

智能汽车驾驶控制的云控技术创新体系,主要包括五大关键技术的研究。具体如下:

(1)车路云标准化通信技术研究。

研究以通信标准化机制构建的车、路、云广泛互联的云控系统。具体研究关键技术包括异构通信技术、标准通信协议与应用协议管理、高性能消息中间件、通信性能全局动态优化、信息安全动态保障技术。车路云标准化通信技术的研究架构如图 10-7 所示。

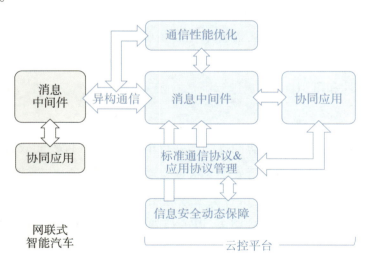

图 10-7 车路云标准化通信技术的研究架构

(2)车路云融合感知技术研究。

基于云控平台获取的车路云信息,结合边缘云、区域云和中心云三个维度开展交通级的感知融合,实现信息的同步与共享,提升响应可靠性。车路云融合感知技术的研究架构如图10-8所示。

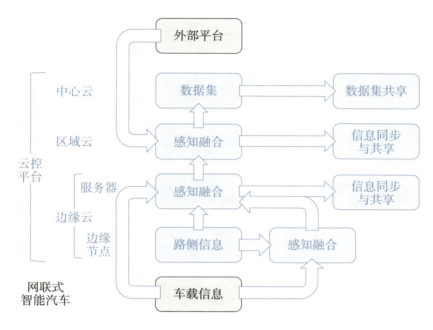

图 10-8　车路云融合感知技术的研究架构

(3)应用整体编排技术研究。

研究协同层应用在云控平台分级部署的方法,研究考虑交通整体性能和个体需求的区域云和边缘云动态调控方法,减少应用间行为冲突,最大化系统总体优化性能。应用整体编排技术的研究架构如图10-9所示。

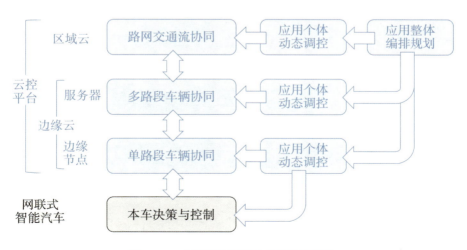

图 10-9　应用整体编排技术的研究架构

(4)统一计算编排技术研究。

统一计算编排技术根据协同应用的计算要求与应用整体编排的规划,由区域云进行集中式优化,确定协同应用的部署与运行方式及算力配置,以最大化系统当前状态下可靠运行的协同应用的总效用,由区域云与边缘云进行各应用的计算与运行调度。统一计算编排技术研究架构如图 10-10 所示。

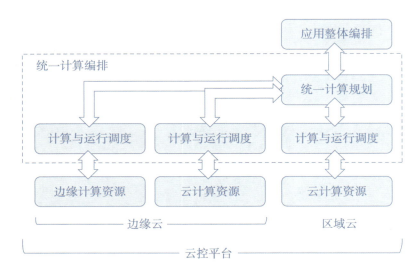

图 10-10　统一计算编排技术研究架构

(5)运行保证技术研究。

研究节点与链路的动态备份技术,提升云控平台的可靠性;研究车端自动驾驶与协同应用的协作方法,车端部署安全模式应用,以及在极端工况下安全地切换到单车自主控制。运行保证技术研究架构如图 10-11 所示。

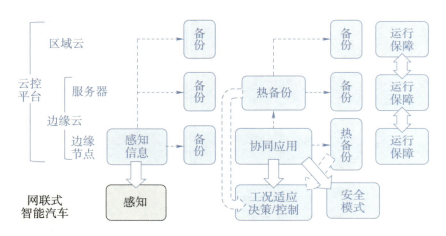

图 10-11　运行保证技术研究架构

第五节
智能汽车云控系统产业化路径发展建议

一、国家层面支持策略

云控系统的实现与应用涉及多行业与多领域的技术成果与落地实施,离不开产业协同与政府支持。以促进相关产业发展为基础,为促进云控系统的研发与实施,主要从政府与行业两方面提出以下建议。

1. 进行车路云一体化的基础设施建设规划和运营方案设计

未来车路云一体化需要路侧端智能化基础设施和通信基站建设的支持,需要国家指定单位进行基础设施建设方案的研究和推进,委托第三方进行基础设施及通信基站商业模式研究,制定相关政策,激发产业中相关单位进行基础设施建设的积极性,为车路云一体化融合控制系统和智能汽车产业发展提供基础设施支撑。基础设施建设因投入大、商业模式和业务边界尚未清晰,更涉及人身财产、社会秩序和国家层面的信息安全,因而,建议国家牵头或授权相关单位,联合交通运输部、公安部,以及通信运营商、大型互联网平台运营商、第三方行业机构等产业相关方,明确各方职责、权力和相关利益分配,进行国家级智能汽车大数据云控基础平台建设和云控系统协同平台运营,推动产业发展。

2. 强化云控系统顶层设计,形成国家智能汽车大数据云控基础平台建设方案

未来车路云一体化融合控制系统产业链将涵盖智能汽车、互联网、通信、交通以及新兴的智能、出行共享、人工智能等多个产业中的多层参与主体,对于人身安全、社会安全和国防安全都有重要影响。我国11部委已经联合出台发布了《智能汽车创新发展战略》,并在文中明确提出建设国家级智能汽车大数据云控基础平台的任务,任务的完成需要从国家层面形成统一的云控系统建设方案,协调多方资源进行充分论证,定义好国家和企业的业务边界,形成国家级智能汽车大数据云控基础平台建设方案。

3. 研究智能汽车相关数据权属问题,清晰界定各类数据所有权范围

数据将会是产业发展的重要驱动力量已经成为行业共识,各类企业都在积极进行数据产业布局,但是还需要探索数据如何对产业、对社会进行正向驱动。目前车辆数据、乘客数据、道路数据等各类数据的归属问题不明确,正在制约产业的发展。2020年4月《中共中央、国务院关于构建更加完善的要素市场化配置体制机制的意见》明确指出了土地、劳动力、资本、技术、数据五个要素领域改革的方向,明确了数据作为一种新型生产要素,接下来需要相关部门进行专项梳理,清晰界定各类智能汽车数据的所有权范围,产业参与者将会针对所有权范围内的数据进行业务模式设计和合作,联动支持车路云一体化融合控制系统及应用生态的发展。

4. 推动智能汽车基础数据标准格式和相关国家标准制定

面对未来多产业融合的车路云一体化融合控制系统生态,产业中不同厂家、不同型号、不同类别设备的互联互通是车路云一体化融合控制系统和产业发展的基本支撑,国家级车路云一体化融合控制系统平台的建设更加需要基础数据标准和通信协议的国家标准先行,因此,亟须国家相关行业机构或者联盟制定基础数据格式和通信协议的国家标准,并进行统筹规划和推动。

5. 鼓励产业进行跨行业、跨品牌及差异化规格基础设施相关产品中间件研发

政府及行业管理机构出台相关激励政策,鼓励产业生态中有能力的企业进行不同行业、不同品牌、不同规格基础设施相关产品基于统一的标准和数据格式,进行中间件研发和技术成果转化,为云控系统的基础设施真正实现互联互通提供有效的产品和解决方案,推动云控系统实现对国家现有基础设施的转化升级和有效利用。

6. 建议国家支持云控基础重大创新工程

为了实现智能汽车云控技术高效可持续发展,推动云控基础平台研究成果技术进步、产业化应用和推广落地,建议在"十四五"期间,科技部、工业和信息化部、国家发改委、住建部等部委加强对"云控基础平台关键技术和产业化应用"等相关领域的国家重大科技项目立项,实施国家重点研发计划、重大工程项目等国家重大战略任务,进一步加强对智能汽车云控平台、信息物理系统等重大基础前沿和战略必争领域的前瞻部署。从基础前沿、重大关键共性技术到应用示范进行全链条创新设计、一体化组织实施。加强国家科技重大专项和国家重大工程的衔接,健全技术创新引导专项(基金)运行机制,引导地方、企业和社会力量加大对云控基础研究的支持。

二、云控系统产业生态及发展路径

1. 主要产业生态参与者及作用

云控系统的产业生态构成十分丰富,从上游到下游包括政府及行业监管机构、供应商、网联车辆、出行业务服务商及特定业务提供商等。政府及行业监管机构是云控系统及各项基础设施规划、建设、管理、复用与共享的推动方,是整个云控体系的基础;供应商是云控系统各项基础设施与基础能力的提供方,网联车辆是云控系统的主要服务对象,业务提供商利用云控系统的能力开展面向出行和特定场景的服务。

2. 政府及行业监管机构

政府及行业监管机构推动云控系统及各项基础设施建设与运营,重点是在顶层设计、法律法规、技术标准、数据权属、设施共享等方面发挥领导与协调作用。同时,在云控系统的帮助下,政府及行业监管机构能够实现对道路交通的协同感知、协同决策和协同控制,从根本上改变汽车和交通系统的运行模式,打造全新的智能交通体系,并且缓解当前面临的治理难题。

3. 供应商、运营商

围绕云控核心能力建设,供应商为云控系统提供包括平台 IT 基础设施、路侧感知与计算能力、车端通信设备等端到端网络连接及高精度地图和定位等设备及服务。主要的供应商包括:芯片(模组)、设备(软件)、云服务、通信、高精度定位(地图)等。

1)芯片(模组)供应商

芯片(模组)是云控系统基础能力的载体和保障:AI 识别、并行计算芯片支持云控路侧基础设施的感知识别、多源融合、边缘计算等能力;服务器芯片支持云控基础平台的超高并发,实时、非实时计算等能力;4/5G、C-V2X 等通信芯片及模组支持云控系统车路云之间大带宽、低时延、高可靠的通信能力。

2)设备(软件)供应商

云控系统聚合了产业链相关硬件设备及软件服务,最大化各组成部分的效能。OBU/RSU 提供基于 C-V2X 的连接,使车端随时接入云控平台并确保业务无缝切换;高清摄像头提供视觉输入,毫米波雷达提供路面移动物体的动态参数,激光雷达提供 360°点云数据。边缘计算单元将各类感知信息融合解析,产生结构化数据。自动驾驶框架及软件开发工具包(SDK)、API放大云控基础平台的架构和数据优势,为网联车辆提供信息通信、路径规划、远程控车等服务。

3)云服务供应商

云服务是云控基础平台部署的前提条件,为云控基础平台的运行提供网络、存储、硬件、虚拟化、容器等基础资源,以便云控系统按需调用,满足各项应用逻辑的实现。同时,基础设施即服务(IaaS)云服务商提供弹性、可扩展、可迁移、支持灾备等特性的部署环境,确保云控基础平台的长期稳定可靠运行。

4)通信运营商

通信运营商为云控系统提供通信基础设施,助力一体化融合控制系统的实现。5G网络从非独立组网模式(NSA)向独立组网模式(SA)架构演进,支持NR-V2X、uRLLC、网络切片等重要功能,为公众车联网专网及增强型网联应用奠定基础。固网方面,骨干网、承载网、城域网形成覆盖全国的连接通道,可充分保障云控中心云、区域云、边缘云之间的互联互通。

5)高精度定位(地图)运营商

高精度定位(地图)为网联车辆提供准确全面的静态地理信息,同时,云控应用和服务也可依托高精度定位(地图)进行。云控系统可基于路侧感知生成动态地图信息,以中立角色分发至不同高精度定位(地图)运营商平台,推动面向智能汽车的高精度动态地图服务。

4. 网联车辆

网联车辆包含了乘用车、商用车等所有涉及网联功能的车辆,它既是云控系统的数据来源,也是云控系统的服务对象。网联车辆作为载体,承载出行业务服务商或特定业务服务商提供的服务。云控系统能够将车端数据和路侧数据充分融合,在云端形成实时、广域、全面、精准的数字映像,基于协作和调度作出面向群体最优化的决策,并通过低时延、高可靠、大带宽的移动网络与网联车辆协同执行,实现安全、高效、绿色、舒适的车辆运行与驾乘体验。同时,云控平台沉淀的海量数据和真实场景,有助于缩短网联车辆的研发、仿真、测试迭代周期,帮助车企降本增效。

5. 出行业务服务商

出行业务服务商是云控系统的用户,可利用云控系统优化升级已有的服务,也可开展新业务示范及运营,包括物流、公共交通、网约车等。

1）物流

云控系统一方面可向城市无人配送车开放路侧全域感知能力，并将车端计算负荷卸载到边缘云，实现降本增效；另一方面可为干线货运车队提供超视距感知及预见性决策，增强传感器共享与车辆编队能力，支持车辆监控与远程接管，保障运输安全高效，节约成本。

首个5G云控物流项目在位于广西柳州的上汽通用五菱的厂区内落地应用。这是全国首个结合5G+网联协同驾驶技术的5G云控物流项目，在5G技术的支持下，作业车可以做到自动制动、路口减速、精准到达作业区，并在完成卸货后，又自动进入下一个流程循环作业。5G云控物流车主要运用了5G、激光雷达、智慧底盘技术，能将数据快速安全地通过服务器传到车端，并且可以实现24h全无人的安全运行。云控物流车的单次运输物料承载量超过2t，填补园区人力缺口，提高物流效率，大幅度降低物流运力成本。

2）公共交通

公共交通系统利用云控系统的边缘感知与计算能力、多源数据融合分析能力及协同决策控制能力，将优先突破公交专用道的局限，与社会车辆动态协同共享所有可用车道，提升安全和运行效率，疏解拥堵，降低成本。

长沙推出的首批智慧定制公交在行业内引起广泛关注。长沙在城市道路智能化改造和基础设施建设、重点车辆终端智能化升级、智能网联云控平台和智慧公交都市平台等方面积极探索，构建了基于智能网联的"车-站-路-云"一体化协同智慧公交解决方案。

通过对传统公交的车载终端进行智能化升级，车辆可以和道路相互通信，不仅可以实现公交信号优先，还可让公交车辆实时显示信号灯信息。

同时，终端具备车路协同辅助驾驶功能，通过融合路侧交通流及交通要素感知信息，赋能实现主动式绿波车速引导、主动安全防护、超视距感知、360°环视、驾驶行为分析与检测、车道偏离预警等高级辅助驾驶功能，有效减轻公交驾驶员驾驶疲劳度，形成公交"主动安全+超视距信息预警"的驾驶保障。

3）网约车

网约车即将成为未来出行的一种主流方式，通过将车端高配置感知与计算能力上移至边缘云，结合云控基础平台大数据融合与分析，以共享的方式为自动驾驶网约车服务，有望大幅降低网约车公司的运营成本，提高效率。

6. 特定业务服务商

除了出行服务以外，云控系统的各项能力也可面向特定业务和场景开放，帮助其提高生产效率、控制综合成本、延伸服务范围等，应用场景包括环卫、矿区、港口等。

1) 环卫

环卫业务提供商可利用云控系统的超视距感知与消息分发能力，识别并标记环卫车位置，提示途经车辆避让；利用云控边缘云分担车端感知与计算负载，还可以显著降低单车造价和车辆运营成本。

广州南沙区的全自动驾驶环卫车队已开启大规模开放道路测试，全自动驾驶环卫车的专属云控平台，作为智慧环卫的指挥中枢和大脑，可实时查看作业路线、作业状态和自动驾驶状态，实现车辆智能排班、自动唤醒、远程调度、路线管理等功能，无须人为干预即可完成自动充电、加水、排污、起动、停车等日常维护工作。

2) 矿区

矿区属于低速封闭载物场景，环境受控，利于自动驾驶，路侧感知设备与云控基础平台相结合，可实现各类载具不间断作业、全局智能调度、精准协同停靠、远程应急接管等应用，安全和效率并举，解决人工贵、事故多等问题。

南露天矿成为全国首批、新疆首个通过智能化示范煤矿验收的露天煤矿，智能云控平台是矿山自动驾驶系统的大脑，依托云计算、大数据、5G 通信、边缘计算等技术，打通"车-路-云"的信息连接，使其成为有机整体，具备多编组统筹调度、车路云协同、集群服务、数据采集与处理等能力。该平台提供态势感知、统筹调度、三维可视化、远程遥控驾驶、车辆实时监控、故障诊断与救援、数据管理等功能，使得用户对矿山的生产活动了如指掌，确保各个生产要素安全、高效运转。智能云控平台具备标准化数据安全体系，包括符合国际标准的安全连接、安全协议、数据加密等环节。此外，智能云控平台还支持公有云、私有云、混合云多种部署方式，让数据始终在客户系统中流转，保障用户数据安全性。

3) 港口

港口运营商可利用云控系统迭代优化控车算法和调度策略，通过集中式决策与控制获得协同增益，最大化装卸及运输效率，降低 AGV 造价，还可集成桥吊和龙门吊控制，实现"装-运-卸"一体化联动作业。

天津港依据业务场景，利用 5G 网络超大带宽、超低延时、广覆盖、高可靠性的优势，并结合 AI、云计算、物联网等新 ICT 技术，创造性地推出了车路协同超 L4 级的无人自动驾驶和5G远程控制方案,助力码头自动化,提升港口运转效率的同时降低整体作业能耗,让港口运营更安全。该项目基于云端创新的区间路径+速度动态规划算法,实现多车动态路径规划和速度引导,保障多车协同作业时行车轨迹的确定性和安全性,有效解决港口驾驶员短缺、疲劳驾驶等问题,实现车辆智能调度,优化车辆运行效率,提升码头运转效率,降低安全风险。

7. 云控系统数据体系

云控数据体系包括交通中所有交通参与者(人、车、路、云)的数据收集、传输、加工、交换、存储及其衍生的行业应用数据。主要解决数据深度加工、计算策略、数据安全、数据标准以及数据交互等共性问题。以标准化的基础云控平台为行业提供低延时、高可靠、高保障的信息服务。

8. 数据种类及特点

智能汽车相关的数据种类众多,分类方法多种多样,国内外已经出现了面向智能汽车的相关数据分类标准;上述数据分类标准的推出为推动产业高速发展起到了积极的作用;但是各个相关机构发布的数据分类标准存在一定的差异,为了支撑产业的进步有序协同发展,建立统一的数据标准和云控基础平台架构势在必行。基于云控系统的相关数据包括三大类,如下:

1)交通参与者

包括行人、乘客和驾驶人等,在确保隐私的情况下,交互的数据见表10-2。

交通参与者交互数据 表10-2

运动	状态	属性	大数据
历史轨迹	身体状态	性别、年龄等	兴趣爱好
当前位置	附属物状态	教育背景、职业等	交际、消费
轨迹预测	驾驶、违规记录	家庭信息等	角色、行为

云控数据体系除了支持各交通参与者更优地到达目的地之外,还为其提供娱乐、咨询、通信、支付等便捷的数据支持。这类功能需要收集个人的消费习惯、驾驶习惯、生活习惯等数据,为个人做大数据的人物画像。

2)车辆

网联车辆数据从网络来源分,主要分为车内网和车际网。车内外网络数据共同为单车智能和群车调度提供服务和支撑,车辆与交通参与者的交互数据见表10-3。

车辆与交通参与者的交互数据　　　　表 10-3

网络	分类	数据项分类	数据项举例	备注	特点
车内网	CAN/LIN/ETH-NET/MOST 等车内总线组成的网络	车辆电子状态等	各传感器信息、故障码等	数据主要来自各电子系统的传感器、控制器和执行器，ABS、ESC、AEB、ADAS、ECU、VCU 等	内部网络，周期性、安全性、可靠性高
		环境信息等	温度、压力等		
		车辆运行状态等	位置、车速、挡位、加速度等		
		驾驶意图等	急加速、减速、超车等		
		信息服务等	电话、音视频、支付		
车外网	CV2X/LTE-V2X	J2735 标准信息	BSM、Spat、MAP、CSW 等	数据主要来自标准协议，从车内总线获取和路侧交互数据，还在不断地完善发展	速度快、延时低、可靠性高，外部网络容易受到攻击
		车辆提醒、告警信息等	碰撞警告、超车提醒		
		车辆诱导、控制信息等	速度诱导信息、道路交叉口通行信息		
		增强定位、安全信息等	差分增强信息（RTCM）		
	蜂窝网络	路径规划、诱导信息等	路径规划信息、超视距动态地图	数据主要来自边缘云/云平台，主要关注车辆的运动状态和宏观特征，优化出行服务	覆盖范围广、信息服务内容丰富
		电话、音视频、支付等	娱乐信息服务		
		车辆控制类等	规则驾驶、道路管控等		
		车辆提醒信息等	施工、天气等提醒类		

针对高级别自动驾驶的车辆监管，有更多的音视频数据、环境感知数据需要管理。这些数据要求本地处理、按需传输以实现车内和车际网络交互。

3) 道路

主要包括静态或动态地图数据、路侧计算单元感知数据、MEC 交互的数据，例如音视频及感知信息、气象环境信息、交通参与者动态信息、交通调度信息。其中主要通信节点交互的信息内容为：BSM、RSI、Spat、MAP、CSW、TMC、TSC 等内容。其特点为具有较高的置信度、可靠性、智能化、实时性，易受攻击。

9. 数据交互需求

数据交互的总体需求为：高效、安全、可靠。对承载网络的数据交互而言，交互的数据要求高安全、高可靠、高完整、可追溯。表 10-4 为数据交互需求和应用。

数据交互需求及应用　　　　　　　　表 10-4

需求	主动安全	通行效率	娱乐体验	绿色健康
通信类型	V2V/V2P/V2I	V2I/V2N	V2I/V2N/V2V	V2I/V2N/V2V
时延	短	中	长	依赖于前3项
数据包	小	小	大	小
覆盖范围	小	大	大	大
数据可靠性	高	高	一般	一般
典型应用	位置信息服务、防碰撞、事故警告规则、围栏	车速引导、导航信号灯、路口报告	公共信息服务娱乐信息、支付	节能驾驶、公交及运营车管理

10. 数据交互安全

当前智能汽车主要面临来自节点（T-BOX、IVI、终端升级、车载操作系统、车载诊断系统接口、车内无线传感器）、网络传输、云平台、外部互联生态安全 4 个层面的诸多安全威胁，大都是云控系统内生性的数据安全问题。从云控系统的数据交互应用场景来看，主要的安全问题分为：采集安全、传输安全、分发安全、云平台及存储安全等。

功能安全和信息安全作为智能汽车各类产品和应用需要普遍满足的基本条件，是智能汽车各类产品和应用实现安全、稳定、有序运行的可靠保障。引入符合密码规范标准的安全联网终端、密码基础设施、密码应用产品等，实现密码合规性与智能汽车适应性的统一，是应对数据安全的最重要手段之一。

未来，我国将从自主可控体系出发，加强数据交互安全保护，并将其纵向耦合、横向扩展，从"云-管-端"打通智能汽车安全防护的各环节，为实现安全、效率、节能场景中的应用提供安全可信的基础环境，为数据在网络和平台中的产生、分发、存储、销毁提供全流程安全保障。

11. 云控系统典型应用场景

1）智能驾驶应用与智能交通应用

智能驾驶应用与智能交通应用是在边缘云与区域云上运行的实时应用。应用的目标主要在于使系统更加安全、高效与节能等。应用服务的对象主要分为单辆车、多辆车、单个交通信号,多辆车和单个交通信号,多辆车和多个交通信号等。服务对象的选取方式可分为服务特定车辆或服务特定道路区域。云控系统在具体道路区域中能支持的智能驾驶应用与智能交通应用主要由区域内能获取的实时数字映射信息及车辆接受云控系统指令并进行响应的能力决定。

2)基于云控系统大数据的服务

基于云控基础平台汇聚的全局车辆与交通大数据及云控基础平台的能力,云控系统可以支撑车辆后服务、研发测试、交通管理与其他政府事业等领域的服务,使其提升服务能力或产生新的服务形态。例如预测性故障诊断与预防性维护、基于驾驶特性或使用特性的定制化保险,精细化交通工况分析与预测、交通管理建议等交通管理服务,交通规划、城市规划、应急预案规划等政府事业服务,见表10-5。

云控系统典型应用场景　　　　　　　表10-5

应用领域	服务内容	场景示例	场景特点	云控系统价值点
园区内部车辆运营	在特定功能的封闭区域内运营内部车辆运载服务	工业园区、科技园区、景区、机场、港口、住宅小区	园区运营的内部车辆是相对确定的,交通行为相对于开放场景更具确定性,且车辆有明确的可重复的运载任务;园区道路通常较狭窄、遮挡较多	提高复杂环境感知能力,增强行驶安全;从园区内运载任务整体需求出发,对各自动驾驶车辆行为进行全局优化调度,提高车辆运载效率
开放道路车辆运营	在城市与高速公路上运营车辆运载服务	公共交通、共享出行、物流等固定任务的载人或载物服务	开放的道路环境使得其他交通参与者及其行为、道路环境等方面具有不确定性;在公共道路环境进行路侧基础设施建设受到环境条件、城市规划与管理等更多条件制约	针对特定路线的道路与交通环境,提升专用车辆行驶安全性与性能;从业务运载任务整体需求出发,对各自动驾驶车辆行为进行全局优化调度,提高车辆运载效率
社会车辆网联驾驶辅助服务	面向个人出行与交通管理的对公共道路上社会车辆宏观与微观驾驶行为进行辅助的服务	城市主干道、高速环境	主要服务社会车辆,其智能网联等级不一,且行驶的区域不受限,这使得车辆与交通的可控性不确定,交通场景更加多样	考虑整体交通状态,面向个人提升行驶安全、效率与节能水平,面向交通管理提升交通管控能力、通行效率

续上表

应用领域	服务内容	场景示例	场景特点	云控系统价值点
社会公共服务执勤车辆优先	帮助执行医疗、路政、消防、公安等社会公共服务任务的车辆优先通行	城市主干道、高速环境	执勤车辆任务与路线的不确定性与随机性,及社会车辆可控性的不确定性,这类服务受工况影响较大,对智能汽车渗透率有一定要求	通过协调沿途社会车辆与交通信号的运行,为执勤车辆创造畅通的通行空间,提升执勤车辆行驶的安全与效率,提升社会公共服务质量
基于车辆的社会安全管理	基于车辆的社会安全管理指基于社会与国家安全考虑,对智能汽车进行强制管控	公安、应急	由于目标车辆路线的不确定性与随机性,及社会车辆可控性的不确定性,这类服务受工况影响较大	通过其他车的协同辅助控制目标车等。云控系统需要考虑现有车辆与交通信号的控制条件,在减小对其他交通影响的情况下对目标车实施管控

本章参考文献

[1] 李克强,李家文,常雪阳,等.智能网联汽车云控系统原理及其典型应用[J].汽车安全与节能学报,2020,11(3):15.

[2] 李克强,常雪阳,李家文,等.智能网联汽车云控系统及其实现[J].汽车工程,2020,42(12):11.

[3] 李家文,申存森.智能网联汽车云控基础平台分析与发展概述[J/OL].先晓书院,2019:65-82[2010年10月15日].http://xianxiao.ssap.com.cn/catalog/3841617.html.

[4] 林煜.基于云控平台雾计算架构的网联汽车路径控制[J].内燃机与配件,2022(2):215-217.

[5] 李克强.车,路,云融为一体云控基础平台支撑未来智能交通体系建设[J].中国战略新兴产业,2020(4):2.

[6] 许庆,潘济安,李克强,等.不可靠通信的云控场景下网联车辆控制器的设计[J].

汽车工程,2021,43(4):10.

[7] 杨维杰.限定场景下网联云控自动驾驶服务系统研究与实现[D].杭州:浙江大学,2018.

[8] 孔凡忠,徐小娟,褚景尧.智能汽车计算平台的关键技术与核心器件[J].中国工业和信息化,2018.

[9] 李克强,戴一凡,李家文.智能网联汽车发展动态及对策建议[J].智能网联汽车,2018,No.1(1):12-19.

[10] 陈安.网联车自动驾驶系统研究及停车场场景下的应用[D].杭州:浙江大学,2017.

[11] 赵鹏,胡梅娟.发展车路云融合的智能网联汽车[J].瞭望,2022(24):4.

[12] 沈峰.车路云一体智能网联公交系统研究[J].科学与信息化,2020(23):4.

[13] 朱磊."车路云一体化"方案或将系统性解决城市数字交通问题[J].科技中国,2022(1):57-60.

[14] 蒋艳冰,潘涛,陆宁徽,等.基于车路云协同自动驾驶技术的应用场景研究[J].信息与电脑,2021,33(19):3.

[15] 中国智能网联汽车产业创新联盟.车路云一体化融合控制系统白皮书[R].2020.

[16] 中国汽车工程学会.节能与新能源汽车技术路线图[M].北京:机械工业出版社,2016.

[17] 李克强,戴一凡,李升波,等.智能网联汽车(ICV)技术的发展现状及趋势[J].汽车安全与节能学报,2017,8(1):1-14.

[18] 常雪阳.智能网联汽车云控系统及其控制技术[D].北京:清华大学,2021.

[19] LI S E,ZHENG Y,LI K,et al. An overview of vehicular platoon control under the four-component framework[C]//Intelligent Vehicles Symposium. IEEE,2015.

[20] 中国汽车工程学会,国家智能网联汽车创新中心.智能网联汽车蓝皮书:中国智能网联汽车产业发展报告(2021)[R].北京:社会科学文献出版社,2022.

第十一章

支持3S融合的通信关键技术

撰稿人：孙国皓　四川大学

摘要

2020年2月,我国11部委联合发布的《智能汽车创新发展战略》中指出,要推进智能化道路基础设施信息互联互通,建设广泛覆盖的车用无线通信网络,建设覆盖全国的车用高精度时空基准服务能力,建设覆盖全国路网的道路交通地理信息系统。正如新发展战略及白皮书所述,步入新阶段,智慧城市除继续下沉外,其具体运营方式及在运营中如何自我革新将成为"重头戏"。智慧城市基础设施如物联网、环境传感器、全光网络、5G全覆盖、人脸识别与物体识别摄像头,以及智能交通、智能汽车等将是未来发展的重点方向。同时,面向3S的投资将会从物理延伸到数字世界,3S基础设施将不再只是道路、高架桥、水电等,而是承载了城市管理的信息基础设施,这些信息基础设施将与物理基础设施逐步实现联网融合。同时该发展战略也为"十四五"时期智慧城市的建设与发展指明了方向:未来,随着智慧城市的进一步发展,中国智慧城市将呈现出"城市数字化到数字化城市""建设智慧城市到运营智慧城市""人与人的连接到万物互联"的新趋势。

5G、6G、空天地一体化信息网等新一代信息技术的广泛应用,正引领相关综合解决方案朝着走深向实、协同布局、社会与生态共赢的方向发展,为智慧城市进一步建设带来新的机遇。

第一节
面向 3S 融合通信技术的发展目标与收益

3S 融合下的通信技术主要包含 5G 与 6G 通信技术、空天地一体化信息技术等方面。了解 3S 融合通信技术的发展目标与收益方向，以及技术发展瓶颈，可有效开展以该融合技术为指导的智能汽车系统、交通环境、城市规划的评价活动，明确 3S 的全面建设路径。

一、面向 3S 融合 5G 通信技术的发展目标与收益

"新基建"发展白皮书指出，以 5G 通信技术为主导的基础建设投资量将大大提升，技术升级、基站改造、平台部署等工作将稳步进行，围绕 5G 的工业互联网新型先进制造网络环境也是建设内容的重要组成部分。这就主要指向了围绕车联网的车、路、网协同的基础建设。事实上，自 2019 年 6 月提前发放 5G 牌照以来，我国的 5G 独立组网（SA）网络和用户规模迅速发展为全球第一。到 2021 年 11 月份，建成开通的 5G 基站超过 139.6 万个，覆盖超过 97% 的县区以及 50% 的乡镇镇区。5G 通信技术因其极大的灵活性和更高的效率最广泛地应用于车联网中，是实现车用无线通信的基础保障。V2X 通过对象间的实时感知协同，来实现智能化交通管理、智能动态信息服务和车辆智能化控制的一体化，从而向用户提供道路安全、交通效率提升和信息娱乐等各类服务，满足人们交通信息消费的需要。车联网的最终目标是为自动驾驶和智能交通赋能，V2X 将"人、车、路、云"等交通要素有机地连接起来，不仅支持车辆获得比单车感知更多的信息，促进自动驾驶技术的创新和应用，而且有利于构建智能交通体系，促进汽车和交通服务新模式和商业模式的发展。

5G 是新一代的蜂窝通信技术，它的引入可以为 3S 融合发展提供更高的数据速率体验，更好地保障交通的智能服务能力，提高驾驶安全和出行效率，促进城市新业态蓬勃发展。由此带来的收益涵盖了人、车、路及市场等多个方面，其中最主要的产业需求有以下几个方面：

(1) 赋能智能交通管理。5G 移动通信技术赋能"车、路、人"平台信息汇聚开放交互,通过促进公安交管、网联汽车、智慧出行等跨行业、跨领域协同发展,实现交通信息服务与管控融合。5G 通信赋能智能汽车信息共享,提供精细化、更及时的交通出行服务信息,为智能汽车路径规划、实时过车分析、道路通行引导等提供支撑,改善出行体验;5G 通信赋能道路与能源基础设施信息交互,设施内嵌 5G 通信模块,实现与智能汽车准实时信息交互、动态调整,实现面向人、车信息服务的推送与联动;5G 通信赋能道路人流量和车内辅助监控,与行驶范围内的行人交互,获得行人的行为动态;检测和推送驾驶人的异常驾驶行为,并发出警报,以减少发生交通事故的概率,提高驾驶安全。

(2) 赋能高级驾驶辅助系统(ADAS)。5G 移动通信技术赋能高级驾驶辅助系统,实现感知、决策、执行等方面的信息共享,使出行更加便捷、可靠、高效、环保。5G 赋能智能汽车防撞系统,实现车辆与路侧 ADAS 信息网联化,协助驾驶人避免主要的交通安全问题,如高速和低速追尾,以及高速行驶时无意识的车道偏移和与行人的碰撞等,实现主动防撞、智能巡航;5G 赋能停车辅助系统,向客户推送与共享停车位信息,与用户需求实现联动,达到实时停车取车的目的;打通用户界面与导航系统,实现智能远程停车。

(3) 赋能智慧公共交通。赋能公共交通信息服务系统,实时采集各类轨道交通运输工具的运行动态信息和客流情况,实现铁路和地面公交换乘信息的发布,改善公交公司的运营和调度系统,为城市基础设施建设提供强有力的数据支撑。此外还能获取出租汽车的出行数据信息,与用户端需求相结合,实现智能约车、接单、规划出行路径。

(4) 赋能交通应急管理。5G 移动通信技术使交通运营管理者能够监控各路线人流量及密度,获得温度和烟雾等关键信息,以监测和警告各种异常情况,如危险品、火灾和有毒气体等,并及时向指挥控制中心与应急车辆提供信息服务,便于救援力量及时调度,降低事故损失。

尽管 5G 技术赋能交通系统、城市管理体系时在定位、安全等方面仍然存在着一些问题,但该技术在车联网中的技术尝试,已经展现出行业协同创新、领域深度融合的新型产业生态与消费需求,使得该技术的高可靠性与低延迟特点更加突出,收益也将愈加明显。

二、面向 3S 融合 6G 通信技术的发展目标与收益

根据移动通信技术"十年一代"的历史发展规律,5G 商用起步之时也就是 6G 研究开始之日,尤其在当前科技竞赛、大国博弈的背景之下,全球对 6G 的研究都在进行,总体设想是在 5G 通信技术的基础上进一步拓展和升级。

针对 5G 空间范围和垂直行业应用的性能指标有限的问题,6G 将提供更广泛的联接,如更大的传输带宽,更低的端到端延迟,更高的可靠性和确定性,以及更智能的网络特性。通过将卫星通信整合到移动通信中,6G 将能弥补数字鸿沟,超越网络容量和传输速率的简单突破,实现万物智联。6G 时代将是一个地面无线与卫星通信集成的全联接世界,可实现全球无缝覆盖。

2021 年 6 月 6 日,我国 IMT—2030(6G)推进组发布《6G 总体愿景与潜在关键技术》白皮书,涵盖总体愿景、八大业务应用场景、十大潜在关键技术等,并阐述了对 6G 技术发展的思考。6G 八大业务应用包括沉浸式云 XR、全息通信、感官互联、智慧交互、通信感知、普惠智能、数字孪生、全域覆盖等,业务将呈现出沉浸化、智慧化、全域化等新发展趋势,带来更加丰富多彩的社会生活场景。根据当前全球 6G 技术的研究情况,该技术应用于车联网的主要特点为:

(1)超低的网络能耗。可将车联网联接扩展到偏远地区,并以更可持续、更节约资源的方式提供网络接入权限,实现信息的高效精准传输。

(2)全新的频谱资源。未来 6G 移动通信技术将以太赫兹通信技术为核心,未来的智能汽车、车联网、新型智慧城市等潜在应用场景可以通过太赫兹频段进行通信。

(3)超高速的传输速率。超高速的传输速率以及超低延迟将使智能汽车在通信、导航、行程智能规划、自动驾驶等方面变得更加流畅。

(4)万物智联。6G 时代拥有更大规模的设备联接能力,促进实现网络架构、星间链路选择、天基信息处理和卫星系统间的互联。同时,人工智能赋能智能汽车技术也将更加完善,为超大规模用户提供智能化的用户体验。

当前 6G 通信技术的标准、关键技术以及商用目的还并不十分明确,但在突破区域及行业壁垒方面,6G 技术有着突出优势。未来 6G 移动通信技术与车联网等潜在应用的结合将取得以下收益:

（1）6G 新型基站能缩减通信运营商、车辆制造商的建设维护成本，降低通信能耗。

（2）6G 移动通信技术赋能共享实时地图构建，实现车辆间实时地图路况信息共享。

（3）6G 将使虚拟成像技术应用于智能汽车当中，全息通信、通感互联网等场景的应用可以为用户带来身临其境的视觉体验。

（4）6G 赋能汽车故障诊断，汽车制造商依靠车联网实时监测车辆信息，远程故障诊断、自主召回故障车辆，实现服务全天候、全时段、全地域覆盖。

（5）6G 技术与人工智能融合，智能汽车将作为 AI 载体，为用户提供高安全性的自动驾驶、智能出行路线推荐以及智能交互式的网络信息查询，赋能无人共享汽车和自动驾驶。

尽管目前 6G 通信技术具体发展方向并不清晰，但其理想场景、基本指标、可能涉及的关键技术等研究不断出现新进展，6G 技术也将成为各国技术竞赛的重中之重。5G 在我国的快速、大规模商用，为 6G 技术的引进和稳步发展奠定了良好的基础。全面考虑 5G 技术发展面临的问题和需求，进一步提升 5G、6G 技术研究的可延展性和迭代性，将为实现 6G 的最佳效益打下良好基础。

三、面向 3S 融合空天地一体化信息的发展目标与收益

空天地一体化信息网络技术是一项使能技术，可以克服地面网络的限制，并提供地面、卫星、机载和海上通信网络的无缝覆盖，在面向智能汽车的全球全联接网络方面可提供强大支撑。未来的空天地一体化网络关注的是融合，即通过天基、空基与地动通信的相互融合、补充、增强、备份，为智能汽车全球化、无缝隙、定位与授时提供重要支撑，其发展目标与收益方向主要为：

1）赋能车联网在广域范围的覆盖接入

空天地一体化信息网在广域覆盖方面也呈现出低成本、高效率的特点，可以为偏远地区的用户提供车内互联网和位置导航服务，这将使未来车联网能够覆盖至原本地面设备难以覆盖的偏远、地形复杂区域。

2）赋能车联网的网络应急通信

未来空天地一体化车联网十分适合用于特殊时期应急保障通信网络中，特别是

在自然灾害导致地面网络阻断等极端情况下，智能汽车终端可率先开通通信链路，并为抢险救灾车辆搭建指挥控制和信息传输通道。

3）赋能车联网的智能专项网络业务

由于卫星的覆盖范围大，适用于长距离的实时通信、大规模的信息同步和数据分配。采用这种技术网络构建专网，有利于提供高可靠性网络保障，完成大时空尺度的信息同步。

4）赋能车联网的高精度准确定位与授时

2020年8月3日，在国务院新闻办公室新闻发布会上，中国卫星导航系统管理办公室主任、北斗卫星导航系统新闻发言人冉承其表示，北斗系统全球范围定位精度优于10m、测速精度优于0.2m/s、授时精度优于20ns、服务可用性优于99%，亚太地区性能更优。此外，地基增强和单点精确定位可以提供最高精确到厘米的定位服务。

空天地一体化技术为广域空间范围内的网络应用提供了全面、智能、协同、高效的信息传递保障，将成为6G网络不可或缺的组成部分。

四、面向3S融合信息安全的发展目标与收益

3S融合技术支撑下的智能网联汽车已演变成一台移动的联网终端，智慧城市与智能交通体系架构所能提供的应用数量日益增长，这使得来自外部的信息安全威胁和恶意攻击发生的频率大大增加。因此，深入开展汽车信息安全的威胁分析，加快技术更新，构建系统的防护体系便是智能网联体系下信息安全的主要发展目标。

智能汽车网络安全突破主要是从"云""管""端"三层架构入手。"云"指的是云平台，云端服务器提供服务的平台，其中包括车辆管理平台、呼叫中心应用和信息服务应用。云平台的建立可以有效实现虚拟化安全建设，抵御外来入侵，实现安全检测。"管"指的是该系统中实现通信和接入网络的能力，其涵盖了卫星通信、蓝牙、Wi-Fi等技术，利用这些技术可以快速实现身份认证、访问控制和流量监测，甚至加密通信都是能实现的。通过"管"，建立了监测与安全的双效平台。"端"指的是通信终端，具备车内通信、车车通信和车与路边单元通信能力的终端设备。操作系统、传感器、总线、多功能车钥匙等设备都囊括其中，通过这些设备与系统的共同协作，最终实

现移动智能终端服务。

智能网联汽车网络安全主要是防止由于智能汽车被恶意远程控制、威胁或攻击时引发的社会安全事件，以免损害公民人身及财产安全，防止对驾乘人员安全、道路交通安全造成致命威胁。

第二节
面向 3S 融合的移动通信跨领域合作技术

3S 融合的通信技术在信息采集、数据处理、场景模拟等方面有着突出优势，在多领域中的广泛应用将有助于推动技术更新、新业态诞生以及城市的综合建设及治理。

一、3S 融合助力移动通信行业发展

智能汽车行业的需求促进了移动通信技术的变革与 AI 应用，并将为汽车行业注入新的活力。在国家"网络强国""交通强国"等战略的指引下，智能汽车为国家和国际层面的技术创新和产业发展带来了新的战略机遇，也带来了许多新技术、产品和服务。对通信、汽车和运输行业提出了新的要求、带来了新发展机遇，需要三个行业深度融合。通信行业需要优化网络，使得网络能够支撑低时延的通信需求；交通行业需要加速交通基础设施的信息化，推进智能交通发展，提升整体交通服务水平。车联网是最受瞩目的通信与垂直行业融合和创新的领域，它将为运输系统管理和驾驶模式带来根本性变化，有助于创造人们期待的智能自动驾驶时代。

二、3S 融合与移动通信技术融合发展

立足于智慧城市、智能交通、智能汽车、智慧能源等基础设施建设与发展需求，融合信息通信技术将提供一种包含数字转型、智能升级、融合创新等服务的基础设施体系。一般认为，当前在智慧城市建设中，移动通信技术作为发展智能交通、构建智慧

城市的关键技术,主要有以下三方面需求。

(1)城市信息化建设:通信技术在智慧城市的信息化建设中得到了广泛应用。信息化建设主要包括网络建设与数据建设。其中,网络建设是指电视网络、光纤网络、无线网络的推广与普及;数据建设则是对城市内的数据资源管理平台和后台进行建设。

(2)社会管理与服务:使用通信技术可以很好地提高基础设施建设的质量、促进基础公共服务。智能交通就是通信技术在基础设施领域建设的一个典型例子。

(3)城市经济发展:持续、稳定增长的经济是一个城市乃至国家未来发展的基础与关键动力。通信技术的普及与广泛使用可以有效改善各地企业的运营和管理水平,促进相关产业和市场蓬勃发展,从而助力智慧城市的整体发展。

三、面向 3S 融合的移动通信技术与多学科交叉发展

移动通信技术应与大数据、人工智能、云技术、区块链等新型技术相互支撑与融合。中国移动通信集团公司在 2020 年发布的《中国移动网络技术白皮书(2020)》中就提到,5G 移动网络将与云计算和人工智能技术等紧密协同,实现"云网""云边""云数""云智"的深度融合,达到网络领域基础资源的重构和优化效果;基于数字化对于产业的新赋能,通过产业融合和丰富垂直行业的新需求,实现颠覆性资源优化,共同为智能交通系统及智能汽车行业作出贡献。白皮书提到的具体发展方向如下。

(1)云网融合。5G 和云计算的高速发展与产业格局的转变,使得云网融合的需求日益凸显。积极推进云网融合,将支持自身趋向数字化转型,并加速包括智能汽车行业在内的其他行业的转型。

(2)网智融合。在性能和灵活性大幅提升的同时,5G 网络运营与维护也面临巨大的挑战。积极推动 5G 移动通信技术与人工智能技术深度融合,通过灵活的算力的规划,实现 AI 模型在 5G 网络中训练、迭代和推理,从而逐步实现网络智能化。

以车联网为例,通信技术是连接车辆、路侧设施、行人以及云平台的重要桥梁,它与其他学科的融合经历了以下过程:在 4G 时代支撑了 C-V2X 车联网技术的初步应用;在 5G 时代稳步推进车联网的广泛应用;处在发展中的 6G 技术与人工智能、大数据、区块链等新兴技术进一步融合,形成全域覆盖下的多场景互联,进一步助力通信与城市、交通及汽车的智能化发展。

第三节
面向 3S 融合的移动通信技术分析

一、3S 融合与移动通信架构分析

1. 3S 融合与 5G 移动通信架构分析

服务化架构是 5G 核心网区别于传统核心网的显著差异，5G 核心网服务化架构四大特征如下：

（1）传统网元被逐渐拆分，实现了软硬件解耦，软件部分被称为网络功能。这些网络功能相互之间解耦，具备独立升级、独立弹性的能力，具备标准接口，可与其他网络功能服务互通，并且可通过编排工具根据不同的需求进行编排和实例化部署。

（2）网络功能服务管理自动化，网络功能被拆分成多个网络功能服务，5G 核心网的网络功能服务需要做到自动化管理。

（3）网络通信路径优化，传统核心网的网元之间有着固定的通信链路和通信路径，5G 核心网服务化架构下，各网络功能服务之间可以根据需求任意通信，极大地优化了通信路径。

（4）5G 核心网架构下的网络功能服务间通信机制进一步解耦为生产者和消费者模式，生产者发布相关能力，并不关注消费者是谁，在什么地方。5G 核心网架构是对传统网络架构的重大改革，具备开放、解耦、可编排等优势，将会是未来 3S 融合发展的重要技术支撑。

5G 不是一项孤立的技术，而是一个庞大的产业系统和产业生态。它是各行各业融合创新的催化剂，与工业、医疗、交通、农业等垂直产业广泛深度融合，新兴通信技术的发展，将促进产业结构优化、效率提升，赋能经济创新发展，带来传统产业的全面升级，催生更多创新应用及业态，为产业发展注入新动能，构建起数字经济新生态。面向 3S 的 5G 核心网网络架构如图 11-1 所示。

图 11-1　面向 3S 的 5G 核心网网络架构

以 5G 移动通信为代表的新型通信网络是国家战略性公共基础设施,是新型智慧城市建设的重要基石。5G 能够通过为汽车和道路基础设施提供超大宽带和低时延的网络,从而提供高阶道路感知和精确导航服务,智能车辆控制系统与云端系统之间频繁的信息交换,减少人为干预实现汽车自动驾驶。5G 移动通信技术是社会发展变革的关键技术,更是智慧城市、智能交通、智能汽车的立根之本。

2. 3S 融合与 6G 移动通信架构分析

6G 移动通信技术将会对智能网联汽车的发展起到巨大的促进作用。而制定其标准并完善其架构便是一项重要的工作。然而 6G 通信技术目前尚在理论研发阶段,很难描述它未来的发展形态。

6G 是通信技术、信息技术、大数据技术、AI 技术、控制技术深度融合的新一代移动通信系统,呈现出极强的跨学科、跨领域发展特征。数据技术、运营技术、信息技术、通信技术融合将是 6G 端到端信息处理和服务架构的发展趋势,而互联网协议新技术的出现,为 6G 网络技术发展提供了更多的能力参考。

基于现有的发展模式,发展面向 3S 用户的三体(网络本体、管理编排体、数字孪生体)、四层(资源与算力层、路由与连接层、服务化功能层、开放使能层)、五面(控制面、用户面、数据面、智能面、安全面)的 6G 总体架构。体是架构的空间视图,新定义了两个实体,拓展了全新空间。层是架构的逻辑视图,对功能进行了分层,强化了对算力和路由的管理,体现了跨域联通。面是架构的功能视图,在经典的控制面和用户面基础上,增加了三个面,强化了功能类别。6G 核心网网络架构如图 11-2 所示。

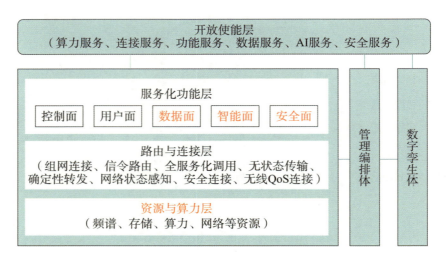

图 11-2　6G 核心网网络架构

二、3S 融合与移动通信方式瓶颈分析

1. 3S 融合与 5G 移动通信方式瓶颈分析

1）3S 融合与 5G 技术融合发展瓶颈

5G 通信技术是未来 3S 融合发展重要赋能技术之一。由于目前 5G 车联网应用多数处于探索发展阶段，因此距离成熟和商用还有一定距离，就目前的探索而言 5G 技术的发展主要存在以下挑战：

（1）商业模式不明确。

5G 时代的商业模式包括智能汽车的交通化和信息化服务。未来可能会出现三种不同的信息服务模式，为智能汽车提供基于连接的信息服务、基于网络切片的定制化信息服务、云计算、多接入边缘计算（MEC）、云边协同、云网络协作、信息服务。运营商面临"提速降费"和同质化竞争的巨大压力。无限套餐虽然可以帮助运营商抢用户，但也导致运营商收入降低，流量与收入的剪刀差加剧，三大运营商的用户每月平均收入集体下降。同时，低价无限套餐的推出，也让用户习惯了低资费，消费者不愿付费。这种趋势在 5G 时代会越来越明显。因此，运营商必须在商业模式上作出改变，从 3G、4G 时代基于流量的商业模式，到 5G 时代寻求新的商业模式。

（2）建设和运营投入巨大。

5G 建设极有可能采用先城区、后郊区的基站模式；先有热点，后有连片；先低频，后高频;先室外,后室内;首先是宏站,然后是小型和微型基站。但即便如此,5G 建设的投资额也是巨大的。5G 发展还涉及大量小微基站、光传输、多接入边缘计算等投资,同时,5G 运营的投入也将是巨大的,5G 基站功耗是 4G 基站的 2.5~4 倍(从中国铁塔资料来看,4G 基站典型功耗为 1300W,而华为 5G 基站典型功耗为 3500W,中兴通讯 3225W,大唐 4940W)。此外,5G 基站数量将增加,特别是小微基站数量将激增,站点成本将越来越高,光纤用量也将激增。当然,促进中国 5G 产业发展的政策支持也必不可少。比如减轻运营商压力,引导通信行业从"提速降费"向"提速提质"转变。同时出台政策鼓励运营商和铁塔企业共享共建。

(3)供应链全球化依赖。

5G 供应链全球化态势明确,主要涉及芯片供应链、智能手机供应链和基站供应链。芯片供应链主要涉及"设计-设备-材料-制造-封测"等环节。中国企业主要集中在设计和封测两个方面。我国一些专用芯片正在快速赶超,走向世界第一阵营,包括成本驱动的消费电子,如机顶盒芯片、显示器芯片等,以及通信设备芯片,如核心路由器独立芯片。例如,华为正在联动众多半导体芯片领域的企业,提供技术方面的支持,打造自主制造供应链,以期在国内实现稳定采购。自建半导体芯片供应链也是顺应科技发展的必然之选。但在汽车等嵌入式芯片市场,中国仍远远落后。尤其是高端通用芯片与国外先进水平差距巨大,包括处理器和存储器。在智能手机供应链中,芯片、内存、操作系统等行业的制高点,以及射频前端、滤波器等,依然无法摆脱对欧美日韩的依赖。终端芯片供应市场方面,手机芯片汇聚先进的制程工艺,包括 CPU、GPU、存储、基带、电源、Wi-Fi 等。其中,CPU 和高端射频芯片供应市场主要来自欧美市场,韩国是存储芯片的供应主体,基带芯片主要来自东亚和北美。当前,随着技术的成熟和产能的提升,全球范围内手机芯片的供应较为充足。基带芯片是手机最重要的部分,任何手机都无法缺失它。基带芯片也从最初只能传输信号进行通话,变为了如今的可以一边上网、一边通话,还可以进行信息输送。目前绝大部分核心芯片及软件系统还无法真正实现国产替代,部分领域和国外依然存在较大的差距。伴随着国内在半导体产业的投资力度的加大,美国贸易摩擦带来的国产替代需求的迫切,将刺激半导体行业新一轮的发展机会。基站供应链方面,涉及设备多,对进口设备依赖度高,很难找到更好的替代品。截至 2023 年 4 月末,我国 5G 基站总数达 273.3 万个,占移动基站总数的 24.5%,5G 网络建设稳步推进。同时,5G 用户数快速增长。三家基础电信企业的移动电话用户总数达 17.07 亿户,其中,5G 移动电话用户达

6.34 亿户,比上年末净增 7308 万户,占移动电话用户数的 37.1%,占比较上年末提高 3.8%。同时,在两种技术的融合进程中也浮现出一些技术瓶颈与难题。车联网不仅是跨行业的存在,更是跨领域的存在,其中涉及汽车、电子、信息通信、交通运输和交通管理等多种行业,是一个深度融合的新型产业生态,因此跨行业协同是其发展过程中所面临的一个重要难点,而 5G 技术的引入无疑提高了跨行业协同的难度。如何打破两种甚至多种技术间的壁垒,将 5G 技术更好地与智能汽车技术相融合,成为了 5G 汽车发展进程中亟待解决的一个问题,也是导致二者融合技术迟迟无法落地的一个原因。

只有搭建出一个跨行业协同的创新发展平台,给产业链各环节的厂商一个研讨交流的平台,组织互联互通等应用示范活动,才能够让大家更好地在一起合作,能够把产品研发做好,把标准制定完成,把整个产业生态体系建设起来。

2) 3S 融合与 5G 网络云化技术瓶颈

将车联网技术和云计算技术相结合,建设面向智能交通的车联网云计算系统,能够解决车联网海量数据信息的处理及存储的问题,确保车联网资源的高效安全管理,对智能交通的发展具有重要的意义。

当前 5G 核心网云化部署面临着标准滞后,技术储备薄弱等困难。现阶段有必要梳理关键需求,确定基础框架,开展关键技术攻关与试验验证,促进 5G 核心网技术的进步与发展。

(1) 服务化架构技术。

5G 服务化网络能够实现由业务需求到网络资源的灵活匹配,满足智能汽车通信行业特定的功能要求。同时,5G 服务化网络能给智能汽车通信网络运维,前、后向兼容性以及网络快速适配能力等方面带来非常显著的增益。

5G 核心网采用服务化架构(Service Based Architecture,SBA)进行设计,实现了网络功能的灵活组合、业务的敏捷提供。服务化架构的引入也带来了新的挑战,在面向智能汽车移动通信服务化架构的后续工作中,其难点主要是研究支持多接入融合的 5G 核心网组网方案,评估基于服务化架构和协议的 5G 核心网系统性能和效率,研究 5G 网络基础能力、网络编排能力、边缘计算能力等的体系架构。

(2) 网络切片技术。

5G 技术通过网络切片技术,实现车辆与远程平台实时且可靠的联接,使智能汽车这一垂直产业能够快捷地使用网络资源,并根据需要得到相应的业务保障,有效推进车辆智能化水平,加速自动驾驶的落地进程。

基于 5G SA 架构,采用虚拟化和软件定义网络技术,可以让运营商在一个物理网络上切分出多个虚拟的、专用的、隔离的、按需定制的端到端网络,每个网络切片从接入网、传输网到核心网,实现逻辑上的隔离,从而灵活适配各种类型的业务要求,实现一网多用,不需要为每一个服务重复建设一个专用网络,极大地降低成本。切片网络架构如图 11-3 所示。

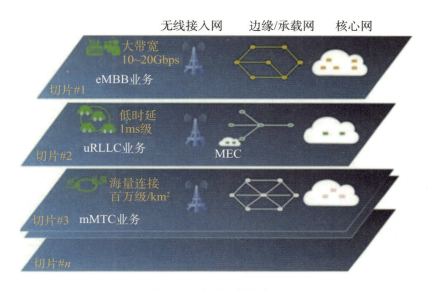

图 11-3　切片网络架构图

(3)边缘计算技术。

MEC 与 C-V2X 融合的理念是将 C-V2X 业务部署在 MEC 平台上,借助蜂窝通信接口或 PC5 接口支持实现"人-车-路-云"协同交互,可以降低端到端数据传输时延,缓解终端或路侧智能设施的计算与存储压力,减少海量数据回传造成的网络负荷,提供具备本地特色的高质量服务。

多接入边缘计算(MEC)作为 5G 赋能智能汽车的核心技术之一,可以在接近数据侧提供低时延的联接和海量的计算能力。MEC 通过将计算存储能力与业务服务能力向网络边缘迁移,使应用、服务和内容可以实现本地化、近距离、分布式部署,从而一定程度上解决了 5G 的增强型移动宽带、高可靠低时延联接以及海量物联等技术场景的业务需求。同时 MEC 通过充分挖掘网络数据和信息,实现网络上下文信息的感知和分析,并开放给第三方业务应用,有效提升了网络的智能化水平,促进网络和业务的深度融合。

考虑到未来 5G 时代将同时存在移动、固定等多种网络,为了缓解 5G 移动网络流量激增对回传网络的压力,提升并保证用户在多网络中的业务一致性体验,需要发挥已有固网资源优势,通过构建统一的 MEC,实现固定、移动网络的边缘融合。

2.3S 融合与 6G 移动通信方式瓶颈分析

在 6G 移动通信中,现有的通信频谱难以支撑庞大的带宽、传输速度等需求。因此,研究太赫兹通信技术是未来车联网 6G 移动通信频谱发展的一条道路。太赫兹通过不断满足智能网联汽车所需的 6G 极高数据传输速率频谱需求,利用太赫兹频段波长极短的特点,为有效的环境侦测和高精度定位带来便利,从而在车联网方面发挥重要作用。

太赫兹辐射源和探测器的不断发展,以及由此产生的太赫兹调制器和滤波器的面世,极大地促进了太赫兹在车联网通信领域的发展应用。可以预见,在不远的将来太赫兹波技术将给智能网联汽车以及车联网的发展带来巨大的帮助。

利用太赫兹电磁波进行无线电通信,可以极大地增宽无线电通信网络的频带,可以使无线移动高速信息网络成为现实。工作在太赫兹频段的自由空间光通信系统可以将无线电波和可见光的优点结合起来,使得智能网联汽车在浓雾天气中也可以通过车联网进行高速传输数据。

第四节
面向 3S 融合的空天地一体化信息网络技术

根据《"新基建"之中国卫星互联网产业发展研究白皮书》,传统地面通信骨干网在海洋、沙漠及山区等严峻环境下建设难度大且运营成本高,建设传统通信骨干网络在互联网渗透率低的区域进行延伸普及存在现实环境障碍。而在已经铺设传统地面网络的城市地区,又时时面临着自然灾害、停电故障等可能造成通信中断的威胁。

因此,建立面向 3S 融合的空天地一体化信息网络是对传统地面网络技术弱点的重要完善,能够有效提升网络信息连续覆盖率,真正确保未来智慧城市的信息协同、普惠共享。

未来的空天地一体化信息网络关注的是融合,典型的一体化网络由三部分组成:由各种轨道卫星构成的天基网络,由飞行器构成的空基网络,以及传统的地基网络,其中地基网络又包括蜂窝无线网络、卫星地面站和移动卫星终端以及地面的数据与处理中心等。空天地一体化信息网络组成如图 11-4 所示。

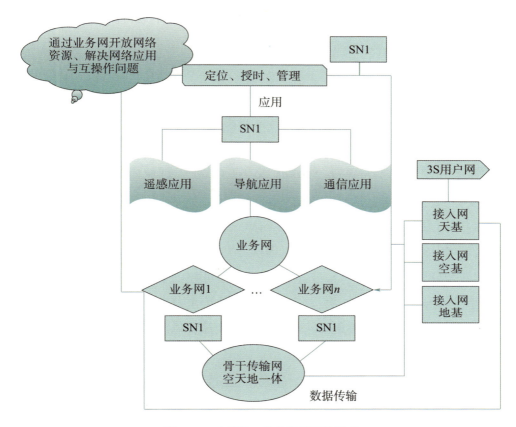

图 11-4　空天地一体化信息网络组成

一、国内外积极布局空天地一体化信息网络领域

美俄欧等相继出台政策抢占空间领域,商业航天多年积累产业体系完备,低轨卫星进入大规模发射部署阶段。美国、欧盟、日本等发达国家或地区均对卫星互联网系统建设给予高度重视并部署多年,其中美国太空探索技术公司(SpaceX)自 2002 年成立以来,致力于载人航天、星链系统研发及商用化推进,具有领先优势,同时持续创新业务发展模式,开辟"顺风车"服务等新航道,全面提升政府和商业部门业务拓展能力。欧洲议会议员投票通过了欧洲议会和理事会制定的关于安全连接计划(IRIS2)提案,旨在到 2027 年部署一个欧盟拥有的通信卫星群。"宽带互联网工程试验与验证卫星"(Wideband Internetworking Engineering Test and Demonstration Satellite,WINDS),也称"绊"(Kizuna)卫星,是日本发展的高速卫星宽带通信试验卫星,由日

本宇宙航空研究开发机构和国家信息与通信技术研究所共同研制,主要目标是建立宽带多媒体卫星通信系统,对高速卫星通信系统的相关技术进行演示验证,为灾后恢复、边远山区和岛屿的宽带通信提供便利。各国近年纷纷出台鼓励政策、进行卫星组网建设。

世界各国的卫星通信星座正在全面部署阶段,并将在未来几年完成大规模组网。2014年12月—2015年4月,全球相关单位向国际电信联盟递交的非地球同步轨道星座申报资料超过10份,涉及卫星数量达数万颗。众多商业公司纷纷提出低轨卫星互联网发展计划,其中OneWeb、Starlink及Telesat处于行业前列,目前已进入建设初期。

而国内在卫星互联网上的投入,总体情况如下:我国低轨卫星通信发展已迈出实质性步伐。2018年,鸿雁、虹云、行云工程纷纷亮相,标志着我国新型卫星互联网布局启动,构建全球覆盖、天地融合、安全可靠和自主可控的卫星互联网系统跃跃欲试。2018年我国全年卫星发射39次,首次超越美国成为全球单一年度发射次数最多的国家。2019年我国完成卫星发射34次,依旧占据全球首位。

二、面向3S融合的空天地一体化信息技术瓶颈

空天地一体化信息网络支持业务种类繁多,网络规模庞大,拓扑结构呈现立体多层次化,涉及互联网、移动通信网络和空间网络3张异构网络,各网络采用不同的体系结构和网络结构,对三网进行有效融合提出挑战。

3S融合发展应用对空天地一体化信息网络提出了更高的要求,在可预见的未来,通信设备将面临以下挑战:

(1)空天地一体化信息网络覆盖空、天、地、海,复杂的环境,要求通信设备具有广域覆盖能力;

(2)空天地一体化信息网络涵盖多种节点模型,需要通信设备具备多频多模通信的能力;

(3)受到卫星和HAPS/HIBS平台的载荷限制,需要对空天地一体化信息网络进行小型化、轻量化、高能效的设备研发,并设计便携、高能效、绿色集约的终端等。

为了应对以上挑战,空天地一体化通信网络需要共享关键技术及产业链,设计模块化、灵活可变的设备结构,以适应不同的应用环境和功能要求,并且需要研发高能

效和小型化的设备形态。真正实现系统融合的空天地一体化通信网络,需要采用统一的空口技术体制、资源共享。目前,面向智能网联汽车的空天地一体化信息网络管理与空口技术面临以下挑战:

(1)有限的无线电频率资源。未来一体化的通信网络空口链路更为复杂多样,每条链路上都有很大的数据速率需求,而无线电频率资源是有限的。因此需要考虑智能、高效的频率共享与干扰消除方法。

(2)卫星覆盖方式发生变化。将地面移动通信技术应用到非地面网络,需要适应高空、太空向地面的覆盖需求,因此非地面网络接入站点的天线波束赋形与射频技术都需要重新设计。

(3)单次业务内卫星切换频繁。与地面通信网络相比,卫星网络整体容量较小,单星容量有限,卫星通信系统需设计适宜的用户接入和切换策略。卫星系统切换可分为同一卫星内波束间的切换和不同卫星波束间的切换,以及跨地面站之间的切换。

(4)高时延、高多普勒频移的影响。空-地链路在几十至上千 km 量级,存在无法避免的高时延;接入节点的快速移动,导致多普勒频移会更加严重。因此需要攻克很多空口技术难题从而解决上述问题。

第五节
面向 3S 融合的信息安全技术

我国于 2015 年发布《关于加强智慧城市网络安全管理工作的若干意见》(中网办发〔2015〕9 号),足以证明信息网络安全建设工程对我国建设健康发展、长久稳定的智慧城市是至关重要的环节。

当前,智慧城市信息化系统快速发展,信息安全保障和网络防护能力面临挑战。智能汽车作为智慧城市建设中与交通密不可分的一环,其网络安全关乎城市的动脉健康。

从防护对象来看,要构建起完备的车联网安全网络,有以下几个防护要点:车内系统、智能终端、服务平台。其中,对用户数据和隐私的保护则应该贯穿车联网安全网络建设的始终。

一、智能网联汽车车内系统安全瓶颈分析

网络安全视角下的智能网联汽车车内系统主要包含以下几个部分：车内总线、各电子控制单元(Electronic Control Unit,ECU)、车载诊断(On-Board Diagnostic,OBD)接口、车载终端通(T-BOX)以及车载综合信息系统(In-Vehicle Infotainment,IVI)等。

目前智能网联汽车车内系统安全所面临的潜在威胁可分为 T-BOX 威胁、CAN 总线威胁、OBD 接口威胁、ECU 威胁、车载操作系统威胁、IVI 威胁、OTA 威胁、传感器威胁和多功能车钥匙威胁这九类。

二、面向 3S 融合的移动智能终端安全瓶颈分析

随着车联网行业的高速发展,越来越多不同类型的终端将会加入车联网络中,其中移动智能终端的加入是车联网发展的必然趋势。通过智能手机等移动智能终端,人们将可以远程控制智能汽车,极大地促进车联网行业的发展。即便如此,安全威胁依然存在,智能终端系统和应用程序中都有可能出现安全漏洞,因为在这些人性化功能的背后,都是一串串代码,而随着智能汽车软件代码量的增加,系统漏洞的数量也会随之增加,这就导致智能汽车的软件入侵难度大幅降低。除此之外,智能汽车对网络的强依赖性也是导致其存在安全隐患的重要原因之一。大部分智能网联汽车为了能够随时响应车主需求,都会默认全天候进行联网,对于黑客来说,具有海量软件代码,又能全天候联网的智能汽车可以说是完美的入侵目标,一旦智能汽车被黑客恶意入侵并控制,那么这辆汽车不论是对人民群众还是国家都有着极大的危害,这也是近年来智能汽车网络安全事件激增的原因。

三、面向 3S 融合的数据安全和隐私保护威胁分析

车联网中的数据信息往往与用户身份信息、地理方位、驾驶习惯、浏览内容等相关,具有极高的私人性、敏感性,这些信息存在易泄露的高风险。信息泄露途径除了用户自身使用不慎外,还有服务平台、第三方应用等多种。具体而言,数据信息风险有三种类型：传输、存储时的盗窃风险；过度、越界采集的隐私风险；跨境流动的威胁

国家安全风险。提升通信网络数据安全,保护用户隐私,将是面向 3S 融合发展中通信安全建设的重点。

第六节 发展路径及落地实施方案

3S 发展与移动通信、空天地一体化、信息安全等技术的融合发展是一个长期、持续的过程。当前,为助力 3S 融合通信技术,亟须解决制约发展的瓶颈问题,突破技术关键点。为了实现产业繁荣,以智能交通基础建设助力智慧城市建设,智能网联汽车产业既要抓住机遇、不断开拓应用关键技术,也要在解决关键瓶颈、摆脱发展制约方面下功夫。

一、面向 3S 融合的通信赋能技术的产业生态发展路径

1. 继续挖掘和深化信息服务类业务

一方面,5G 技术将极大地拓宽智能网联汽车的信息服务范畴,比如车载 VR 视频通话、车载 VR 游戏、车载 AR 实景导航、车载高精度地图实时下载等业务。其中,对车载信息娱乐系统进行 5G 车联网赋能,在功能上可以实现从视频、导航等单一用途向智能系统的演进,使其可以处理更加复杂的信息,满足多种需求。

另一方面,在 5G 支持下的车联网信息服务必然是多样化和丰富化的。例如为普通车主推送轻松休闲的泛娱乐信息,而向汽车企业提供用于产品优化、市场的行业资讯。以此类推,5G 技术将充分扩展车联网信息服务的种类,满足从个人用户到企业用户、从普通商用到专业资讯的客户需求。车联网服务范围和服务能力的全方位提升,也意味着销售渠道的扩充和用户忠诚度的提高,将有效增加产业收益,长效推动产业发展。简而言之,信息服务领域的拓宽将刺激良性消费。

2. 特定商用场景先行先试

要大力铺开 3S 建设、实现产业从实验到应用的顺利过渡,与其关系密切的自动驾驶的发展路径能够为整个车联网产业自动驾驶提供参考。从短期角度,商用自动

驾驶在当前已经能够部分实现。公交车、出租汽车、物流车等都是实现自动驾驶技术试验性运行的绝佳对象。因此,自动驾驶是首先投入特定商用场景的,再经历点、线、面的延伸,逐步推广。

3. 探索数据开放和运营

路侧设施和车载终端的建设将伴随车端和路侧数据需求的增加。正如已有的研究所言,应实现智能网联汽车和智慧道路一体化,为此应建立一个综合的开放数据公共服务平台,并适当利用伴生的大量数据,实现价值转化。

在实际操作上,一方面,可以建设交通信息共享服务平台,整合管控交通环境信息。确保道路信息、基础设施信息、车辆信息等关键信息入网联通,对海量数据的交换和统计进行标准化管理。另一方面,可以从车联网向金融业务拓展,即面向 B 端行业客户和 C 端车主开启支付服务,让金融机构参与其中。

二、面向 3S 融合的 5G/6G 技术的关键行动与发展路径

目前,5G 通信技术广泛地应用于车联网中,是实现车用无线通信的基础保障,但在信息交互方面存在空间范围受限和性能指标难以满足某些垂直行业应用的不足。因此,6G 技术的发展重点应当在于突破 5G 技术的限制,建立更广泛的联结和更大的带宽,实现更低的端到端时延、更高的可靠性和确定性以及更智能化的网络特性。

基于 5G 通信技术,发展车联网产业,发展 6G 移动通信技术,助力智慧城市交通建设,有以下几个关键方面:

1. 实现基于 5G 通信技术的车联网部署方案

方案大致分为以下四个步骤,依次进行:

(1) 在商用车型和部分乘用车型部署 C-V2X 车载终端,实现 V2V 业务场景。

(2) 在特定商用场景先行先试,如在特定出租汽车区域、特定封闭园区和社区、矿山等地部署 C-V2X 和 5G 网络,实现 V2I(车-基础设施)业务场景。

(3) 进一步在高速公路和城市道路交叉口等场景部署 C-V2X 和 5G 网络。

2. 加强面向车联网的 5G 核心网云化部署技术研究

考虑到开放、可靠和高效的 5G 网络功能要求,建议分步部署基于云的 5G 核心网络:部署初期重点考虑满足云平台开放性、稳定性和基本业务性能要求,确定组网

规划、NFV 平台选型、核心网建设等基础框架问题,促进 5G 核心网云化部署落地。待后续云平台运行稳定后,基于 NFV 灵活扩展和快速迭代的特征,可按照智能汽车业务场景的高阶功能要求,逐步进行有针对性的优化和完善。

3. 5G 技术瓶颈与 6G 技术展望

5G 通信的发展路径与技术瓶颈,可以启发并指导未来 6G 移动通信技术与车联网融合的方向。为打造智慧城市,6G 技术发展大体上有以下几个要点:

(1)5G 技术面向的是点对点的普通民用通信需求,并非实时在线,要保证实时和低延时非常困难。为了弥补这一技术短板,未来 6G 与智能汽车融合应用时,或许会对 6G 移动通信技术提出极高的移动性管理需求和实时性要求。

(2)要实现 5G 车联网的大范围使用,需要使用专用频率,以最大限度地避免与公众网上的时隙配置冲突。但高昂的成本也成为建设城市车联网 5G 专网的巨大挑战。因此,未来智慧城市在实现 6G 通信技术与智能汽车融合时,可能出现频谱资源紧缺的问题。

(3)6G 移动通信技术发展的关键行动在于制定统一的 6G 移动通信标准和通信协议,需要定义系统关键性能指标(KPI),针对 6G 应用场景定义一系列目标从而量化 KPI。在智慧城市车联网时代,不同标准和网络运营商之间的可互通性是一个重要而复杂的问题。实际上,6G 通信技术标准的最终统一,是需要各国各公司沟通互信、合作无间才能制定下来的重大事项,如有必要,应当召开各个行业内大公司参加的 6G 峰会。中国需要与欧洲、日本、德国等各个国家和地区展开双边和多边合作,积极参与到国际标准化制定工作中。

(4)5G 技术发展至今,5G 基础网络信号真正覆盖的区域仍然有限,日常生活中真正使用 5G 技术的场景也并不常见。由此可见,未来 6G 网络与智能汽车融合时也可能出现信号覆盖不全的问题,因此,6G 信号的全覆盖问题非常关键。要真正实现与智能汽车产业的融合,将智慧城市中的车联网信息服务愿景落到实处,6G 网络需要被建成一张从天空到地面、从地面到海洋的星球覆盖式立体通信网络。

(5)在移动技术领域,人工智能正在受到越来越广泛的关注,而 5G/6G 拥有超高速率、超低延迟的特征,将是新一代人工智能的坚实技术基础。近年来,"互联网+模式"的提倡已经变得耳熟能详,未来也会在各行各业的发展革新中变得愈发重要。在 5G/6G 技术支撑下,人工智能与物联网的高度融合发展将为建成真正的智慧城市提供巨大动力,智能汽车、车联网的发展也将在这一过程中受益。

三、面向 3S 融合的空天地一体化技术的关键行动与发展路径

1. 解决非地面网络的高时延、高容量成本问题

考虑到卫星网络的高时延、高容量成本问题,虽然非地面网络的引入能够扩大信号覆盖范围,缺点也很显著。为了平衡优势与缺陷,MEC(Multiple-access Edge Computing/Cloud)技术的功能性便极为突出了。应用 MEC 技术能够有效分流和处理地、空网络业务,从而解决非地面网络的高时延、高容量成本问题。

2. 提升定位范围与精准度

毫米波是 5G 移动通信技术的主要介质,其自身具有一定的方向性,能够实现一定精度的测量和定位。除此之外 5G 移动通信技术运用大规模天线,对于距离的测量以及角度的测量,都具有更高的准确性。在当前的技术基础上,卫星导航与卫星基站相结合,能够扩大定位的范围、增强经纬度的精准度。

3. 采用更加灵活、高效的星上数字化信道转发技术

星上数字化信道转发技术利用数字带通滤波器组对传输频段内信号进行滤波,提取单个或多个子带采样信号,然后通过采样数据在转发器之间的高速交换,实现任意带宽、载频子带信号的灵活透明转发。与传统的透明弯管转发相比,数字化信道转发器的信号交换在数字域中实现,交换带宽可利用软件在轨灵活调整,从而适应需求的变化。

四、面向 3S 融合的信息安全的关键行动与发展路径

新基建规划之下,信息网络的安全成了国家安全的重要一环。而作为信息网络全局中的一部分,车联网网络安全的核心则是智能网联汽车安全,这既是企业安全防护的重点,也是确保未来智慧城市和谐、稳定的基础。加强智能网联汽车安全防护的关键途径有:整车厂商采用私有防护、实施安全开发生命周期管理、采用硬件安全芯片、采用软件防护手段等。3S 通信服务平台目前的防护手段主要有:

(1)利用成熟云平台安全技术保障车联网服务平台安全。当前,相关技术和专业运营团队已相当成熟,能够覆盖系统、网络、应用等多个层面。

（2）强化云平台集中管控能力，强化智能网联汽车安全防护能力。车联网服务平台功能逐步强化，已成为集数据采集、功能管控于一体的核心平台，并部署多类安全云服务，强化面相3S融合的通信安全管理。

本章参考文献

[1] 新华社. 中共中央 国务院印发《交通强国建设纲要》[N/OL]. 中华人民共和国国务院公报.（2019-09-19）[2023-05-25]. http：//www.gov.cn/gongbao/content/2019/content_5437132.htm.

[2] 中华人民共和国国务院新闻办公室.《中国北斗卫星导航系统》白皮书[R/OL].（2016-06-16）[2023-05-25]. http：//www.scio.gov.cn/ztk/dtzt/34102/34674/34678/Document/1480451/1480451.htm.

[3] 中华人民共和国国家发展和改革委员会. 关于印发《智能汽车创新发展战略》的通知[EB/OL].（2020-02-24）[2023-05-25]. https：//www.ndrc.gov.cn/xxgk/zcfb/tz/202002/t20200224_1221077.html？code=&state=123.

[4] 中国信息通信研究院.《6G总体愿景与潜在关键技术》白皮书[R/OL].（2021-06）[2023-05-25]. http：//www.caict.ac.cn/kxyj/qwfb/ztbg/202106/t20210604_378499.htm.

[5] 中国电信. 中国电信5G技术白皮书[R/OL].（2018-06-26）[2023-05-25]. http：//www.chinatelecom.com.cn/2018/ct5g/201806/P020180626325489312555.pdf.

[6] 段晓东. 中国移动6G网络架构技术白皮书——"三体四层五面"总体架构[R/OL].（2022-06-22）[2023-05-25]. http：//221.179.172.81/images/20220622/36941655883996900.pdf.

[7] 中国信息通信研究院. 中国"5G+工业互联网"发展报告[R/OL].（2021-12）[2023-05-25]. http：//www.caict.ac.cn/kxyj/qwfb/bps/202112/P020211227607989259287.pdf.

[8] 中国联通. 中国联通空天地一体化通信网络白皮书[R/OL].（2020-06）[2023-05-25]. https：//www.docin.com/p-2472026005.html.

［9］ 中国信息通信研究院.IMT—2020（5G）推进组5G核心网云化部署需求与关键技术白皮书［R/OL］.（2018-06-22）［2023-05-25］.http：//www.caict.ac.cn/xwdt/hyxw/201806/t20180622_174601.htm.

［10］ 中国信息通信研究院.车联网网络安全白皮书［R/OL］.（2017-09-21）［2023-05-25］.http：//www.caict.ac.cn/kxyj/qwfb/bps/201804/P020170921430215345026.pdf.

［11］ 中国信息通信研究院.《MEC与C-V2X融合应用场景》白皮书［R/OL］.（2019-01-23）［2023-05-25］.http：//www.caict.ac.cn/kxyj/qwfb/bps/201901/t20190123_193640.htm.

［12］ 佚名.IMT—2030（6G）推进组正式发布《6G总体愿景与潜在关键技术》白皮书［J］.互联网天地，2021（6）：8-9.

［13］ 黄志坚.智能交通与无人驾驶［M］.北京：化学工业出版社，2018.

［14］ 高柯夫，孙宏彬，王楠，等."互联网+"智能交通发展战略研究［J］.中国工程科学，2020，22（4）：101-105.

［15］ 陈明迅.5G移动网络关键技术与应用浅析［J］.计算机产品与流通，2019（8）：28-29.

［16］ 付玉辉.我国5G产业发展特征及未来趋势［J］.中国传媒科技，2019（2）：25-29.

［17］ 裴郁杉，张忠皓，王婷婷.空天地一体化通信网络发展愿景与挑战［J］.邮电设计技术，2020（4）：15-20.

［18］ 裴郁杉，苗守野，张忠皓，等.空天地一体化通信网络中地面运营商的挑战与机遇［J］.移动通信，2020，44（9）：7-13.

［19］ 李香平，刘坤玲.中国电信如何在5G时代抢占先机［J］.通信世界，2019（7）：44-45.

［20］ 李进良.通信行业2021年回顾及2022年展望［J］.移动通信，2022，46（1）：78-83.

［21］ 马洪源，肖子玉，卜忠贵.面向5G的边缘计算探索［C］//5G网络创新研讨会（2018）论文集.5G网络创新研讨会（2018）论文集，2018：122-129.

［22］ 马越.卫星导航与5G移动通信融合架构与关键技术研究［J］.电脑知识与技术，2019，15（24）：38-39.

［23］ 若言.中国信息通信研究院技术与标准研究所葛雨明：5G新技术助力车联网融合创新发展［N］.人民邮电，2020（7267）.

[24] 彭健,孙美玉,滕学强.6G愿景及应用场景展望[J].中国工业和信息化,2020(9):18-25.

[25] 彭健,孙美玉.走向6G[J].信息化建设,2020(6):56-58.

[26] 覃庆玲,谢俐俙.车联网数据安全风险分析及相关建议[J].信息通信技术与政策,2020(8):37-40.

[27] 杨光.2022年将成为6G从学术研究走向产业愿景的关键之年[J].通信世界,2022(3):31-33.

[28] 杨珽.浅谈5G时代通信局(站)面临的挑战及应对措施[J].数码世界,2020(11):31-32.

[29] 王君,何新宇,蒲磊,等.浅析5G的现状发展和前景趋势[J].科学技术创新,2020(19):73-74.

[30] 王海宁.网络人工智能发展分析与建议[J].中兴通讯技术,2019,25(2):52-56.

[31] 汪春霆,翟立君,徐晓帆.天地一体化信息网络发展与展望[J].无线电通信技术,2020,46(5):493-504.

[32] 江涛.面向5G应用的认知数据中心互连网络架构设计与关键技术研究[D].武汉:华中科技大学,2019.

[33] 李术新.THz波段亚波长尺度零级深度金属光栅透射特性的研究[D].天津:天津大学,2005.

[34] 翟伟亭.卫星网络虚拟化资源管理技术研究[D].西安:西安电子科技大学,2019.

[35] 邵亚萌.车联网物理层认证方法及测试技术研究[D].长春:吉林大学,2020.

[36] 赵丽媛.网络切片资源映射与编排方法研究[D].北京:北京邮电大学,2020.

[37] 郑磊.移动卫星通信网络的信道预留与接入控制策略研究[D].北京:电子科技大学,2008.

[38] 江聃.万物智联 未来6G业务将形成八大业务应用[N/OL].证券时报,2021-06-07[2023-05-25].http://epaper.stcn.com/con/202106/07/content_684293.html.

[39] IMT—2030(6G)推进组发布6G白皮书和技术报告描绘6G未来[J].信息技术与标准化,2021(10):1.

[40] 王达斌,林茂伟.基于OpenStack的车联网云平台体系架构研究[J].电脑编程技巧与维护,2015(8):63-64.

［41］乔岩,杨士军,曹景镇.容器技术在5G核心网中的应用与方案探讨［J］.信息技术与信息化,2020(10):117-120.

［42］佚名.IMT—2020(5G)推进组支持创建首批MEC与C-V2X融合测试床［J］.电信工程技术与标准化,2019,32(9):82.

［43］王江汉,刘修军,鲁军.5G基站高能耗分析与应对策略［J］.无线互联科技,2021,18(6):1-2.

［44］吴冬升.5G车联网十大产业化趋势［J］.智能网联汽车,2019(4):40-45.

［45］董志国,吴冬升.智能网联汽车网络安全标准进展概述［J］.智能网联汽车,2021(4):52-56.

［46］中商情报网.中商产业研究院:《2019年中国车联网行业市场前景及投资研究报告》发布［EB/OL］.(2019-06-27)［2023-05-25］.https://www.askci.com/news/chanye/20190627/1753181148953.shtml.

［47］孙美玉,彭健,周钰哲.SpaceX发展路径及启示［J］.卫星应用,2022(8):41-43.

第十二章

支持3S融合的人工智能技术

撰稿人：马　楠　北京工业大学
　　　　梁　晔　北京联合大学
　　　　李一鹏　清华大学
　　　　徐　枫　清华大学
　　　　吴祉璇　北京联合大学

摘要

本章从智能汽车科技创新战略维度出发,论述适应 3S 发展趋势的人工智能技术创新体系,构建人工智能技术突破路径,推动以智能汽车和智能交通为抓手的智能产业生态升级。针对人工智能技术创新体系,以自动驾驶系统 AI 智能架构为突破点,设计实时可靠、任务自适应、自主可控的智能汽车核心技术创新体系;打造基于 5G 车路协同的网联汽车和智能路网体系;提出面向自动驾驶的智能安全管理联动机制和数据智能安全防护策略。针对人工智能技术突破路径,从环境感知、多传感器数据融合、路径规划、决策控制、导航和智能交互技术等方面探索自动驾驶关键核心技术;对智能驾驶框架、机器学习算法、模式识别等技术及应用进行深入调研,总结面向智能汽车和智能交通的机器学习关键技术。针对智能汽车和智能交通技术创新与跨界融合新型产业生态的建设思路,调研人工智能技术在自动驾驶发展中带来的产业增值领域,并对相关产业生态建设提出前瞻性的建设思想。最后,分析人工智能技术在自动驾驶领域应用的核心瓶颈,提出突破瓶颈的关键行动与发展路径,并分解为可落地的实施方案,预测可实现的战略价值。

第一节
人工智能技术的发展背景与目标

人工智能技术是第四次工业革命浪潮的核心技术,为众多产业助力赋能。智能汽车是新能源等技术与人工智能技术的综合载体,也将是本次工业革命成果的重要组成部分。人工智能经过60多年的发展,在算法、计算能力和数据方面均有重要突破,但仍面临诸多挑战。就人工智能技术将如何发展以及如何全面应用于智能汽车和交通治理智能化,众多科技工作者正在研究和应用实践。

一、从专用人工智能向通用人工智能发展

面向智能汽车和交通治理智能化的技术从专用人工智能向通用人工智能发展,既是新一代智能汽车发展的必然趋势,也是人工智能技术在智能汽车和交通治理智能化研究与应用领域的重大挑战。2020年2月,国家发改委等十一部门联合印发了《智能汽车创新发展战略》。美国、英国、法国、德国、日本等发达国家也出台了支持自动驾驶技术的战略性文件,推动自动驾驶路测及相关工作。我国从国家战略高度重视智能汽车和交通治理智能化及其相关产业发展,积极借鉴国际经验,努力实现智能汽车从专用人工智能到通用人工智能的发展,支持并推动技术创新、研发投入、数据开放、标准制定、人才培养和法律法规制定,改善产业发展环境,带动社会投资,更好激发个人和企业创新、创业、创造活力。

二、从人工智能向人机混合智能发展

人机混合将是未来人工智能发展的重要方向,借鉴脑科学和认知科学的研究成果,将人类的认知模型引入人工智能系统,通过人机协同高效解决复杂问题,拓展和延伸人类的智能。特别是在智能汽车研究领域,如何更好地实现人机共驾、双驾双控以及解决疲劳驾驶等问题,具有很强的现实意义。人机混合智能在我国新一代人工

智能规划和美国脑科学计划（BRAIN Initiative）中已成为重要的研发方向。

三、从"人工+智能"向自主智能系统发展

1950年，图灵在论文《计算机器与智能》中讲到："我建议大家考虑这个问题：机器能思考吗"。随着人工智能技术的飞速发展，机器能否像人类一样思考的讨论一直都存在。深度学习技术之所以能够在人工智能领域有如此优秀的表现，在于其可对大量的标注数据进行训练。然而，深度学习还不具备自主学习的能力，不具有通过较少数据进行推理的泛化能力。中国工程院院士、中国自动化学会理事长郑南宁这样解释自主智能："使机器具有常识推理和对象属性识别的能力，我们就能在某种程度上使机器'学会如何学习'"。阿尔法系统的后续版本阿尔法元具有通用棋类人工智能。谷歌于2017年提出自动化学习系统，用户只要提供数据，系统便可自动地决定最佳算法方案，具有很高的自主智能。如何提高机器智能对环境的自主学习能力、减少人工干预，是人工智能发展的重要方向。

四、人工智能将助力产业蓬勃发展

随着人工智能技术的进一步成熟以及政府和产业界投入的日益增长，全球人工智能产业规模进入了高速增长期。2016年9月，咨询公司埃森哲发布报告指出，人工智能技术的应用将为经济发展注入新动力，可在现有基础上将劳动生产率提高40%；到2035年，美国、日本、英国、德国、法国等12个发达国家的年均经济增长率可以翻一番。2018年，麦肯锡公司的研究报告预测，到2030年，约70%的公司将采用至少一种形式的人工智能，人工智能新增经济规模将达到13万亿美元。在自动驾驶产业领域，2017年9月，阿里巴巴宣布升级操作系统战略，并携手斑马网络和更多汽车全产业链的合作伙伴，共同推动汽车行业的智能化转型。目前，Waymo公司拥有超过800万英里的自动驾驶里程，其360度感知技术可检测280多m外的行人和其他障碍物。2020年，百度宣布完成其"阿波罗公园"自动驾驶测试设施建设，在北京、长沙等地启用100辆出租汽车，覆盖210km的城市道路，并称这是世界上最大的智能汽车基础设施合作系统（IVICS）。

五、人工智能将推动人类进入普惠型智能社会

随着技术和产业的发展,"人工智能+X"的创新模式将日趋成熟,进而对生产力和产业结构产生革命性影响,普惠型智能社会将是未来社会的发展形态。国际数据公司(IDC)在2017年发表的白皮书《信息流引领人工智能新时代》中指出,未来5年人工智能将提升各行业运转效率。特斯拉电动汽车公司与美国太空技术探索公司等产业巨头牵头成立OpenAI机构,旨在促进人工智能的友好发展,造福整个人类。人工智能技术促使社会各行各业融合提升,进而带动我国经济社会的升级转型。各种消费场景和行业应用对人工智能有重大需求。若干标志性应用场景需要人工智能技术不断打破感知、交互和决策方面的瓶颈,不断创新,降低应用场景成本,提高产业效益,扩大普惠型智能社会的范围。

第二节
人工智能技术对3S融合的关键支撑

汽车产业发达的欧美国家正在加速产业创新一体化发展,这加速了世界汽车产业格局的转变。智能汽车综合应用了信息与通信技术、现代传感技术、自动控制技术和人工智能技术等,可以有效减少交通事故、缓解交通拥堵、降低能耗和保护环境。世界各国都在积极制定自动驾驶技术路线图,推动自动驾驶汽车的发展。我国在2015年发布的《中国制造2025》及2017年发布的《汽车产业中长期发展规划》中明确提出了"智能+网联"的自动驾驶技术发展路线。《智能汽车创新发展战略》指出,中国标准智能汽车体系的全面建成,使得智能汽车+AI成为未来智能汽车的发展方向,安全、高效、绿色、文明的智能汽车强国愿景正在逐步实现。自动驾驶系统是汽车智能化发展的最高目标。自动驾驶技术已经成为众多企业的竞争热点,能够促进电子、通信、服务、汽车和社会管理等协同发展,对汽车产业转型升级具有重大战略意义。智能汽车和智能交通的发展需要人工智能技术的支撑。

一、适应智能汽车和智能交通发展趋势的人工智能技术创新体系

1. 自主可控的智能汽车核心技术创新体系

自动驾驶智能终端是一个集环境感知、规划决策、执行控制等多项功能于一体的信息物理融合系统。为适应不同场景下不同车型汽车自动驾驶的应用需求,需突破关键技术形成自主可控的创新体系,包括实时可靠的自动驾驶系统智能硬件架构、可靠自适应的自动驾驶系统智能操作系统、智能软件架构和技术集成应用等。自主可控的智能汽车核心技术创新体系如图 12-1 所示。

图 12-1 自主可控的智能汽车核心技术创新体系

1)自动驾驶系统智能硬件系统技术体系

典型的自动驾驶系统应用场景包括环境感知、规划决策、执行控制以及智能交互等业务模块。这些业务模块采用自动驾驶系统可靠性设计及模块化设计方法,并通过不同的工作模式及通信互联方式进行分工合作。自动驾驶系统智能硬件架构包括摄像机、激光雷达、超声波传感器、里程表、制动系统、线控底盘等,图形处理器和微控制单元的异构多核硬件系统架构及基于以太网的高速互联通信架构是重点研究对象。

2)自动驾驶系统智能操作系统技术体系

人工智能技术与智能汽车技术的深度融合,正在成为我国新产业革命的核心推动力。为满足产业发展与技术需求,将构建适应人机协同的智能操作系统架构。该架构采用可扩展的分布式体系结构,支持跨模态传感器和多源异构执行机构间的数据融合和一致性抽象管理。它能够满足自动驾驶汽车在感知、认知、决策方面的技术需求,同时促进人车间相互理解和相互操作;还支持可持续的自主学习,并推进算法、软件、应用的协同发展,形成一个开源开放的基础平台。

3)自动驾驶系统智能软件系统技术体系

自动驾驶系统集成了多个智能软件功能模块,大体分为感知模块、认知模块和行为模块。感知模块包括障碍物识别、交通标线识别、交通信号灯识别、位姿感知和车身信息感知等。认知模块包括驾驶环境建模、驾驶行为规划、驾驶路径规划、驾驶地图和人机交互等。行为模块包括横向控制、纵向控制和车身电子控制等。自动驾驶系统采用层次化软件系统架构和模块化设计方法,实现基于任务自适应的系统软件及其最优构架,合理调度图形处理器、中央处理器、内存、总线和通信接口等软硬件资源,使得模块间具备有效通信的能力和系统自我修复能力、模块资源隔离能力、内存资源分配能力等。

4)自动驾驶系统集成应用体系

自动驾驶系统必须通过人工智能方法实现数据信息和知识信息的综合集成,在智能硬件架构和智能软件架构的基础上进行物理信息融合,构建面向自动驾驶的人工智能操作系统,实时执行感知融合、决策控制等任务。典型的自动驾驶系统利用人工智能技术实现的集成应用包括网约车系统、自动停车、防撞系统、盲点检测和车道线偏离报警等。

2. 面向未来交通的智能网联技术创新体系

在2020世界人工智能大会云端峰会上，专家们提出，在"新基建"的背景下车路协同智能交通将成为AI、5G和工业互联网的重要应用。基于5G的车路协同具有众多优点：极大地提升行车安全、提高交通系统的运行效率、提高自动驾驶的车与环境交互水平、降低车载设备的成本，从而加速自动驾驶的落地。与美国的单车智能相比，中国选择了车路协同的智能交通之路。基于5G的车路协同有赖于路端基础设施的跟进完善。"人工智能""5G基站建设""工业互联网"作为"新基建"的重要领域，都将有利于完善路端基础设施，并加速中国的自动驾驶和车路协同智能交通发展。

3. 新一代智能交通全域安全防护创新科技体系

自动驾驶系统将大大提升道路交通的安全性。在自动驾驶时代，人类驾驶员不直接控制汽车，因此，驾驶员是否应该承担责任以及保险公司将如何评估驾驶员的风险和保险费，是值得讨论的问题，汽车保险业将对保险概念进行重大改革。人们无法估计自动驾驶控制系统的学习深度，且在突发故障下，自动驾驶汽车的操作系统可能会全面崩溃，给乘客和车辆带来巨大的风险。因此，要面向未来智能交通的全图景，构建智能安全防护管理联动机制，采用智能数据安全防护策略，满足全维、全域、全时的智能安全防护需求。

二、面向智能汽车和智能交通的人工智能关键技术

1. 从感知、认知到行为的自动驾驶关键核心技术

构建适用于各种智能汽车车型的感知、决策、控制和智能交互的完善体系，使自动驾驶车辆成为可交互的轮式机器人，可有效助力智能交通建设。自动驾驶关键技术图如图12-2所示。

1) 光场感知技术

环境感知负责自动驾驶车辆与外界环境信息的交互，模拟人类驾驶员的感知能力，从而理解车辆自身和周边的驾驶态势。相机、雷达、定位导航系统以图像和点云等形式为自动驾驶车辆呈现周边环境及自身状态数据。为了保证自动驾驶的安全性和实时性，环境感知需要模拟人类的视觉感知特性，遵循近目标优先、大尺度优先、动目标优先、差异性优先等原则，对环境信息进行选择性处理。

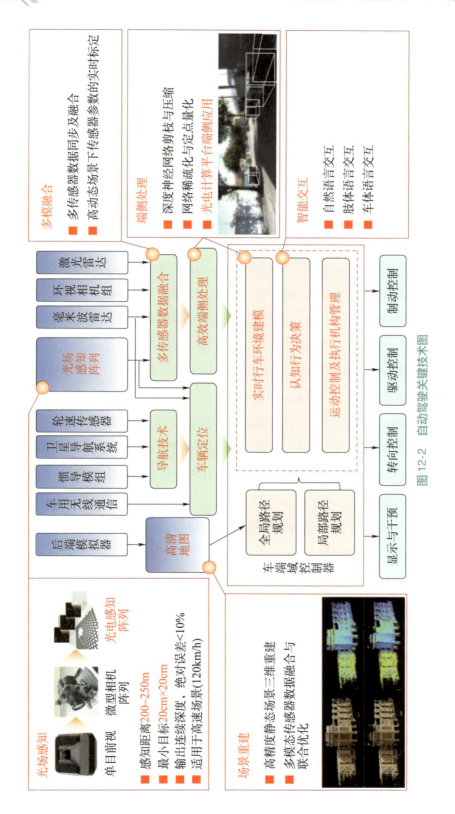

图 12-2 自动驾驶关键技术图

智能汽车中有很多环境感知的硬件设备,主要包括单目前视、微型相机阵列、光电感知阵列、环视相机组、激光雷达和毫米波雷达等。由于智能汽车本身处于运动状态,道路、天气等环境复杂多变,光照、视角、尺度、阴影、污损、背景干扰和目标遮挡等诸多不确定因素均会影响相机,所以目前智能汽车多采用多种型号或多种类型的设备进行感知和数据融合。

2)多模融合技术

多传感器数据融合是将来自多个不同传感器的处理结果进行组合,目标是对感兴趣的环境进行可靠完整地描述。多传感器数据融合可以综合利用不同传感器获得的信息,避免单个传感器的感知局限性和不确定性,从而形成对环境或目标更全面地感知和识别。多传感器数据融合包括多传感器在空间上的融合和时间上的同步。传感器均定义了自己的坐标系,而将不同的坐标系转换到统一的坐标系上,可获得对被测对象的一致性描述。点云数据和图像数据在空间融合时涉及的坐标系包括世界坐标系、激光雷达坐标系、图像坐标系和像素坐标系。此外,由于不同传感器的工作频率不同,采集到的数据并不同步,通常需要将各传感器数据统一到扫描周期较长的一个传感器数据上,进行融合处理。

自动驾驶感知模块为了获得精确位置和身份估计,其数据融合需要对从一个或多个信息源获取的数据进行关联,通过多个传感器共同协作来进行状态估计,并不断修正处理信息。从多个传感器中获取的关于对象和环境的信息能否互补和提高处理效果主要体现在融合算法上。因此,融合算法是多传感器系统的核心。多传感器的数据融合包括检测级融合、位置级融合和属性级融合。

3)场景重建与端侧处理

基于场景重建与端侧处理的路径规划技术是自动驾驶中的一项关键技术,其核心思想是在车辆周围环境进行实时场景重建,然后通过端侧的数据处理和分析,为车辆提供准确的路径规划。

自动驾驶汽车在行驶过程中需要确定行车路线、避障、转向等,而这些任务均需要使用路径规划技术来完成。路径规划作为自动驾驶汽车定位和导航技术的关键环节,是自动驾驶汽车自主驾驶的基础。路径规划的任务是在包含自由区域与障碍区域的环境地图中,按照一定的约束条件,搜索一条从起始点到目标点的无碰撞的可行驶路径,目标是为自动驾驶汽车提供最优的行车路径。全局路径规划和局部路径规划是两种常见的划分方法。全局路径规划是在已知的环境信息下搜索一条可行驶路径,依赖于全局的高精度地图。局部路径规划是建立在全局路径规划的基础上,根据实时的外界环境信息及车辆状态,对道路中出现的障碍物和特殊情况进行局部范围的重新规划,可提高车辆运行的安全性和路线的合理性。

路径规划主要包含两个方面:首先建立环境地图,其次在环境地图中进行路径搜索,建立实时的可行驶路径。环境地图的建模方法主要包括栅格法、可视图法、维诺图法和拓扑法等。路径搜索算法包括基于图的搜索算法、基于树的搜索算法、智能优化算法以及融合算法。W. E. Howden 于 1968 年提出的栅格法是目前最成熟的轨迹规划算法。此方法通过等尺寸单元对外界环境图像信息进行分割,每个矩形栅格通过二值信息进行表征以确定是否为可行驶区域。栅格尺寸越小,分辨率越高,计算代价也越高。可视图法是将环境中的障碍物转换为凸多边形,将障碍物顶点位置、本车位置、目标点位置用直线连接。若构成的线段不与障碍物相交,则称为可视线。Dijkstra 算法是典型的最短路径搜索算法,属于贪心算法。在图规模较大时,该算法计算速度慢,很难满足路径规划实时性的要求。A^* 算法是 Dijkstra 算法的改进算法,在搜索过程中增加了启发函数,提高了搜索效率。基于树的搜索算法包括 RRT 算法、quad-RRT 算法、RRT^* 算法、InformedRRT* 算法和 CL-RRT* 算法。智能优化算法包括蚁群算法、触须算法和智能水滴算法。目前,强化学习已应用到自动驾驶汽车的路径规划中,通过不断与环境交互来获取未知环境的知识。交通状况的复杂性和传感信息多源异构的特点,决定了多种规划算法的融合成为提高规划性能的有效途径。总的说来,路径规划算法正朝着更加快速和智能化方向发展。

4)决策控制技术

自动驾驶汽车由传感器、控制器、执行器组成,模拟人类驾驶方式,具有感知、决策、执行三大部分。自动驾驶汽车系统典型的功能模块划分如图 12-3 所示。其中,规划与控制模块包括路由寻径、行为决策、动作规划和反馈控制。该模块相当于自动驾驶汽车的大脑,决策和控制汽车的行为。决策控制技术直接决定了自动驾驶汽车是否具有自主决策能力,是自动驾驶汽车系统智能性的直接体现。

行为决策根据路由寻径、环境感知和地图等信息,在宏观上决定了自动驾驶汽车如何行驶,行驶方式包括跟车、等待避让、交互通过等。相对行为决策,动作规划模块更加具体,需要确定某个范围的时空路径,既包括行驶轨迹的位置信息,也包括每个时刻的车辆姿态。反馈控制模块接收动作规划模块的输出,结合车身属性和外界物理因素,对接自动驾驶汽车的底层控制接口,转换为加速、制动以及转向盘等控制信号,从而实现车辆的真实行为。决策控制技术包括深度学习、模糊推理、强化学习、迁移学习和贝叶斯网络等,是 AI 应用的主要场景之一。

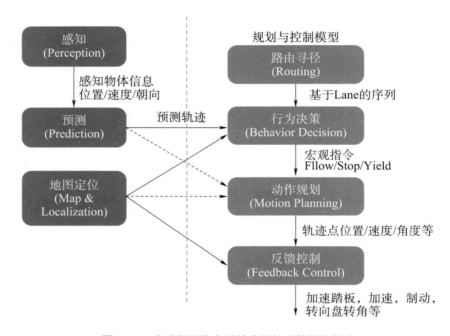

图 12-3 自动驾驶汽车系统典型的功能模块划分

5) 导航定位技术

自动驾驶汽车需要使用高精定位、高精度地图和联合感知等导航定位技术来确定周围的可行驶区域、道路边界、车道线、障碍物、交通规则等详细信息。导航定位技术在车辆定位、避障、车速控制和路径规划决策方面发挥着重要作用,是自动驾驶汽车安全行驶的核心技术之一。导航定位技术分为无线电导航、卫星导航、惯性导航、地形辅助导航等。目前四种主流的卫星导航系统包括美国的全球定位系统(GPS)、俄罗斯的格洛纳斯卫星导航系统(GLONASS)、欧盟的伽利略卫星导航系统(GALILEO)和中国的北斗卫星导航系统(BDS)。GPS 的动态性能和抗干扰能力较差,可以通过 GPS + RTK(Real-time Kinematic,实时动态)的方法来解决定位问题。RTK 载波相位差分技术是实时处理两个测量站载波相位观测量的差分方法,即将基准站采集的载波相位发给用户接收机,进行求差解算坐标。RTK能够将卫星导航的定位精度提高到厘米级。惯性导航系统是一种不依赖于外部信息,也不向外部辐射能量的自主式导航系统,其工作环境不仅包括空中、地面,还可以在水下。激光雷达(LiDAR)定位是利用卫星导航信号和IMU机载激光扫描周围环境,不断收集点云进行定位的。基于视觉的定位算法分为两大类:基于拓扑与地标的算法和基于几何的视觉里程计算法。由于单一的定位技术均存在一定程度上的弱点,因此组合导航技术成为当前研究的热点。

6)智能交互技术

智能交互技术通过跨媒体感知、机器学习和认知计算等技术,构建与实体世界统一的智能表达与学习方法,增强机器的智能化呈现,促进人机共融。《智能汽车创新发展战略》中提出,要开展复杂系统体系架构、复杂环境感知、智能决策控制、人机交互及人机共驾、车路交互、网络安全等基础前瞻技术研发。智能交互技术包括自然语言交互、肢体语言交互和车体语言交互等。

自动驾驶车辆面对复杂、不确定的周围环境,通过语音、语义等自然语言理解和认知,与不同类型人群进行交互,从而获得临场处置权,完成自动驾驶任务。语音交互本质是利用自然语言进行交互,达到辅助行车安全和提升乘车体验的目的。车载市场语音调查报告显示:40%的车企已在产品上搭载语音交互设备,50%的车企正在开发语音交互系统。语言交互贴近人的自然交互,逐渐成为联网汽车主流的人机交互方式,也将会成为自动驾驶领域排名第一的人机交互方式。

面对复杂的驾驶环境,自动驾驶车辆需要实时准确地识别行人姿态和交通警察手势等肢体语言信息,并进行理解和预测,提前对具体情况进行判断,作出停车、转向等决策,从而具备人的认知决策能力。车载传感器可获得多视角、高质量视觉互补数据,通过多阶段、多分支的卷积神经网络结构从图片中抽取数据特征,依据时序关系应用循环神经网络,对自动驾驶中动态手势进行识别,并结合选择性注意机制有效提升识别效率。

2. 支持未来智能汽车可持续自主学习的机器学习关键技术

人工智能和深度学习技术促进了相关技术领域的发展。就自动驾驶汽车设计制造面临的诸多挑战,各大公司广泛采用机器学习来寻找相应的解决方案。基于AI的智能驾驶框架、机器学习算法架构、基于深度神经网络场景建模与理解、算法训练数据库的建立等相关技术,及其在车辆检测与识别、行人检测与姿态估计以及决策控制、碰撞预警领域的应用,有效支撑了智能汽车和智能交通的发展。

1)模式识别算法

AdaBoost算法是一种经典的分类机器学习算法。AdaBoost算法的基本原理是通过一定的方法将大量的弱分类器,组合在一起形成一个强分类器。相比其他机器学习算法,它克服了过拟合、对异常值和噪声数据敏感等难题。为了创建一个强大的复合学习器,AdaBoost算法使用了多次迭代,学习过程如图12-4所示。Adaboost方法具有良好的分类能力与快速性,可用于智能车辆或自动驾驶车辆检测。首先,建立一个较浅层的卷积神经网络来提取车辆特征,利用弱分类器在卷积神经网络提取的特征空间中完成分类,然后将弱分类器组合为强分类器,最终完成车辆检测。

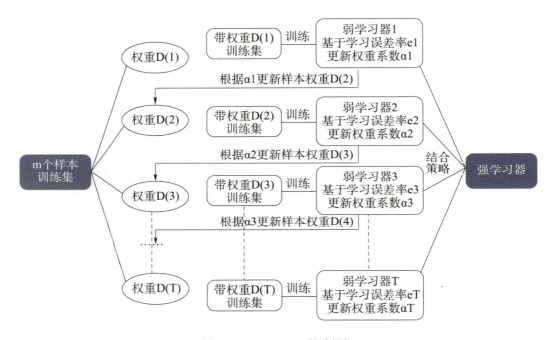

图12-4　AdaBoost算法框架

智能汽车利用视觉传感器获取多种环境数据,而高级辅助驾驶系统(ADAS)对采集的数据进行模式识别。主成分分析(PCA)、贝叶斯决策规则常在ADAS中用做识别算法。Hernandez-Gress采用PCA和神经网络的方法来判断道路环境中的驾驶情况是否正常。Poorna等人通过使用PCA分析大脑状态来预警驾驶员的嗜睡现象,可以在很大程度上减少道路交通事故的发生。

贝叶斯算法通过假设概率计算进行分类,在驾驶行为识别和预测中得到广泛应用,其框架图如图12-5所示。贝叶斯算法简单,需要的参数较少,对缺失的数据具有一定的鲁棒性。Angkititrakul 等采用贝叶斯算法来计算驾驶员在特定情况下的减速概率,并通过实际道路试验证明了算法的有效性。贝叶斯算法的缺点是合理的先验概率确定比较困难,在分类决策上存在一定错误。

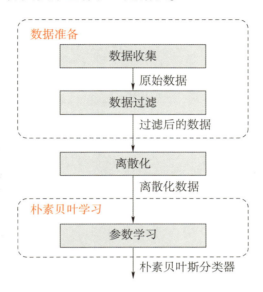

图 12-5　贝叶斯算法框架

2)深度学习算法

近年来,深度学习技术促进了人工智能在学术界和工业界的推广应用,在机器视觉和语音方面取得了显著效果。卷积神经网络(CNN)是一种典型的深度学习网络,包括输入层、卷积层、池化层、全连接层及输出层。深度学习网络模拟了人脑的层次结构,能够抽取处理对象的本质特征。网络越深,提取的特征层次越高。深度学习为大规模计算提供了有效途径。图像处理单元和并行计算技术、大数据技术为深度学习提供了算力支撑,保证了深度学习技术在自动驾驶系统中的应用。深度学习算法具备感知复杂环境的强大能力,已经在自动驾驶的感知、路径规划和决策等方面广泛应用。

自动驾驶车辆的摄像头、超声波雷达、GPS 等传感器,能够实时准确地对环境进行感知,然后进行路径规划和决策,保证自动驾驶车辆的安全性。车道线检测与保持能够保证车辆轨迹不偏移,是车辆感知的关键部分。基于深度学习的图像分割是车道线检测中的重要方法。Fully Convolutional Networks(FCN)是经典的图像分割网络,具体网络结构如图 12-6 所示。

此外,目标检测也是自动驾驶车辆进行环境感知的重要环节。目前,基于深度学习的目标检测框架可以分为两大类：二阶检测方法（Two-stage）和一阶检测方法（One-stage）。二阶检测方法包括 RCNN、Fast RCNN 和 Faster RCNN 等，先使用启发式方法产生候选框，然后对候选框做分类与回归。一阶检测方法包括 Yolo、SSD 等，直接预测不同目标的类别与位置。二阶检测方法准确度高一些，但速度慢，一阶检测方法速度快，但准确性低一些。Yolo 的网络结构如图 12-7 所示。

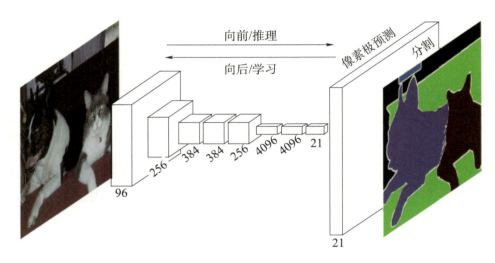

图 12-6　图像分割的深度学习网络结构

3）强化学习算法

机器学习算法可以分为三种：有监督学习、无监督学习和强化学习。不同于有监督学习和无监督学习，强化学习借鉴了行为主义理论，不断地利用环境给予的奖励和惩罚调节行为，以获得最大的预期。此方法已经广泛应用于博弈论、控制论、运筹学、信息论、模拟优化方法、多主体系统学习、群体智能、统计学以及遗传算法。强化学习求解方法包括：动态规划方法、蒙特卡洛方法和时间差分方法。代表性算法有 Q-learning、Sarsa、DQN、Policy Gradients 和 Actor-critic 等算法。在自动驾驶领域，强化学习多应用在决策控制模块。有文献基于深度确定性策略梯度（DDPG）算法学习转向、加速踏板控制等策略。有文献应用反向强化学习的 DQN 模型，让自动驾驶汽车掌握避障能力。有文献应用 DQN 和 DDAC 模型使车辆学会车道保持。有文献应用深度确定性策略梯度（DDPG）模型对驾驶行为进行决策。近些年来，强化学习借鉴了深度学习网络的特征提取能力，真正地让机器有了自我学习、自我思考的能力。未来智能汽车拥有学习和自学习能力，并将基于驾驶数据和驾驶经验不断进化，人类的出行方式将真正发生改变。

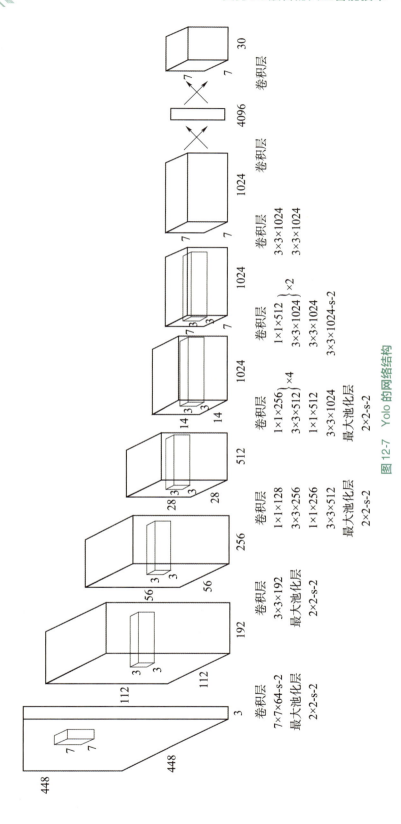

图 12-7 Yolo 的网络结构

3. 支撑"人-车-路-云"协同交互的智能网联关键技术

在智能交通的建设中，多车网联融合了现代通信和网络技术，可以实现复杂的环境感知、智能决策和控制，从而满足节能、环保和驾驶舒适等需求。多车网联智能汽车可以实现车内通信，以及通过汽车网络融合的特定设备与道路通信、通过汽车间网络实现汽车通信，实现内部和外部网络之间的信息交换，解决车辆与环境之间信息交换的问题。多车之间的群体智能旨在提升各业务系统间的联动处理能力，为交通运营管理者提供智能、高效、响应灵活及时的管理服务手段和创新应用模式，提升城市的综合管理水平。事实证明，交通治理智能化能够改善交通出行的安全性、舒适性和便利性。发展车用无线通信网络（LTE/5G-V2X）的"人-车-路-云"协同控制及智能化调控系统和车内网、车际网、车云网三网融合的解决方案，能够促进智能交通的发展。

三、推动以智能汽车和智能交通为抓手的智能产业生态升级

中国工程院院士李德毅指出，当前全球有70亿人口、20亿辆车，中国的汽车保有量大概是2.8亿辆，年产新车1亿辆，自动驾驶汽车一旦量产上路，且占比越来越大，并和人类友好交互，将使人类的出行方式真正发生改变，并带动智能产业生态升级。

1. 自动驾驶带动AI产业升级繁荣

前瞻产业研究院发布了《2023—2028中国自动驾驶汽车行业发展前景预测与投资战略规划分析报告》，其中相关数据显示，自动驾驶汽车至2025年将催生出一个2000亿至1.9万亿美元的巨大市场，至2035年全球自动驾驶汽车销量将达到1180万辆，2025—2035年年复合增长率为48.35%，届时中国将占据全球市场24%的份额。

智能、安全和人机共驾的新体验将重新激起人们换车的需求，自动驾驶将激活、重塑和创造多个万亿级市场。自动驾驶将解决人类进入汽车社会以来一直无法解决的多个社会问题，包括交通拥堵、怠速行驶带来的废气排放、事故频发、停车难等。自动驾驶汽车不疲劳、不路怒、不酒驾、不药驾、不随意加塞，也不用操心停车，将真正满足人民群众对美好生活的向往。

在自动驾驶分级标准中，L3级自动驾驶可释放驾驶员的注意力，称其为"Eyes off"，但在系统无法处理的驾驶场景下需要人类驾驶员响应系统请求；L4级自动驾驶指在常态环境下，由一个自动驾驶系统完成所有动态驾驶任务，人类驾驶员能正确响应系统偶尔发出的脱离请求并接管操控，可称为"Mind off"。据安信证券研究中心统计，自动驾驶程度的不同级别分阶段实现了场景化应用落地，如图12-8所示。

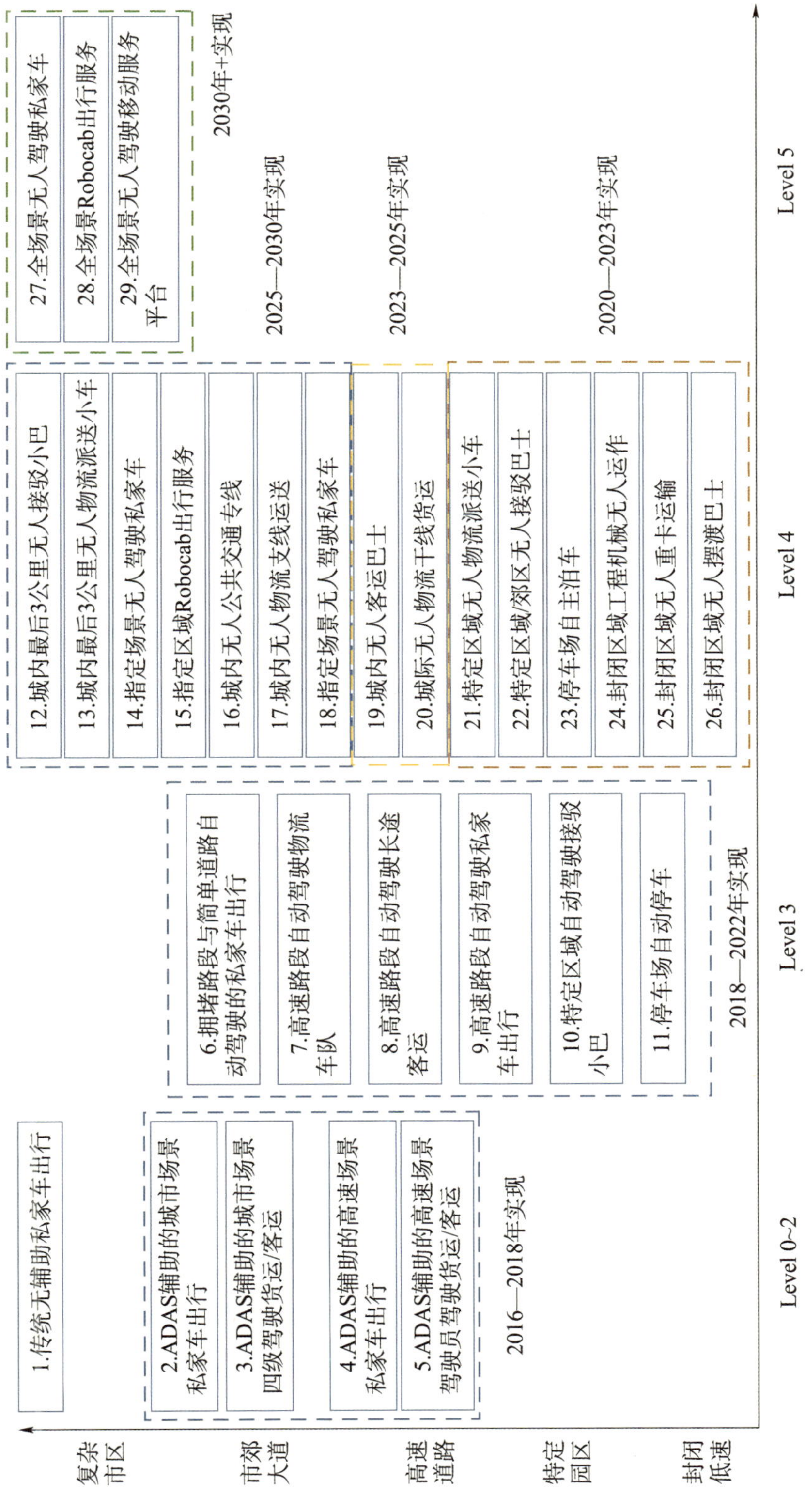

支持3S融合的人工智能技术 / 第十二章

Level 0~2（2016—2018年实现）
- 1. 传统无辅助私家车出行
- 2. ADAS辅助的城市场景私家车出行
- 3. ADAS辅助的城市场景四级驾驶货运/客运
- 4. ADAS辅助的高速场景私家车出行
- 5. ADAS辅助的高速场景驾驶员驾驶货运客运

Level 3（2018—2022年实现）
- 6. 拥堵路段与简单道路自动驾驶的私家车出行
- 7. 高速路段自动驾驶物流车队
- 8. 高速路段自动驾驶长途客运
- 9. 高速路段自动驾驶私家车出行
- 10. 特定区域自动驾驶接驳小巴
- 11. 停车场自动停车

Level 4
- 12. 城内最后3公里无人接驳小巴
- 13. 城内最后3公里无人物流派送小车
- 14. 指定场景无人驾驶私家车
- 15. 指定区域Robocab出行服务
- 16. 城内无人公共交通专线
- 17. 城内无人物流支线运送
- 18. 指定场景无人驾驶私家车
- 19. 城际无人客运巴士
- 20. 城际无人物流干线货运
- 21. 特定区域无人物流派送小车
- 22. 特定区域无人接驳小巴
- 23. 停车场自主泊车
- 24. 封闭区域工程机械无人运作
- 25. 封闭区域无人重卡运输
- 26. 封闭区域无人摆渡巴士

2025—2030年实现
2023—2025年实现
2020—2023年实现

Level 5（2030年+实现）
- 27. 全场景无人驾驶私家车
- 28. 全场景Robocab出行服务
- 29. 全场景无人驾驶移动服务平台

纵轴：复杂市区、市郊大道、高速道路、特定园区、封闭低速

图12-8 自动驾驶不同级别的应用场景

2. 自动驾驶技术促进产业生态发展

自动驾驶是人工智能、视觉计算、计算机科学、模式识别和智能控制技术高度发展的产物。中国工程院院士郑南宁教授表示，自动驾驶技术是汽车工业面临的一场革命，汽车工业又是经济发展的重要支柱。第四次工业革命有"大智物云"的支撑，自动驾驶在其中扮演了极其重要的角色。中国智能网联汽车产业创新联盟专家委员会主任李克强教授表示，车载计算基础平台、智能终端基础平台、云控基础平台、高精动态地图基础平台、信息安全基础平台的建设将是未来智能网联汽车产业中的高端核心组成部分，为不同企业产品研发提供跨领域的共性交叉基础模块、中间组件和通用平台，将形成产业发展的基础支撑，加速产业协同创新。这些关键节点的突破，将形成我国智能网联汽车产业战略安全的"护城河"，并通过辐射带动作用，推动智能网联汽车乃至智能产业的协同创新发展。

自动驾驶与人工智能全部产业增速保持一致，是我国智能产业发展的重要组成部分。自动驾驶技术突飞猛进，带动产业加速发展，尤其是人工智能技术产业。自动驾驶技术需要环境感知/理解、信息融合、高清地图、低成本多模态导航和自主决策等前沿技术，可以有力推动人工智能核心技术相关产业的发展，从而形成多技术交叉、跨产业融合，包括汽车、交通设施、信息通信基础设施等多个产业跨界融合。我们要整合产、学、研、用等领域的优势资源，建立由车企、互联网企业、初创企业、高校和科研院所组成的产业联合体和联盟，助力智能汽车与智能交通的发展。

目前，自动驾驶技术已应用于低速与限定场景。在物流领域，自动驾驶技术赋能装卸、运输、收货、仓储等物流阶段，无人化大大降低了物流领域的成本。在共享出行领域，自动驾驶技术实现了一键叫车和一键泊车。在公共交通领域，自动驾驶技术可实现目标检测、减速避让、自动避让和紧急停车等功能，并利用车载导航功能实现了自动出行。在环境卫生领域，自动驾驶清洁车通过路径自主规划和自动导航，实现了全工况作业，提高了清洁质量，降低了人工成本。在港口领域，自动驾驶技术有效解决了驾驶员疲劳驾驶等问题，提高了生产效率。在矿山领域，自动驾驶技术提高了矿区作业的安全性，加快了智慧矿区的建设。另外，快递、园区物流也是自动驾驶技术的重要应用场合。未来自动驾驶技术的落地不再局限于低速和封闭园区，将向高速公路和开放道路场景落地应用发展。

3. 智能交通成为新基建的主力军

智能交通集成了物联网、人工智能、车路协同、自动驾驶等一系列核心技术,其巨大的效能将有效改善交通出行水平,提升人民生活的获得感与幸福感。智能交通的升级转型离不开信息基础设施的数字化转型与智能化升级,以智慧公路、智慧物流、智能枢纽为载体的交通基础设施,以北斗导航、数据中心、网络安全、人工智能为代表的信息基础设施,以及服务重点科研的实验室、基础设施监测系统等行业创新基础设施,将共同助力智能交通的基础建设,成为新基建的主力军。

在信息基础设施方面,与传统交通相比,智能交通有着高精度、低延迟、高可靠、低功耗等更高的要求。在产业链方面,智能交通包括了人—车—路—云等各个环节的算法、算力、产品支撑需求。以新基建为契机,智能交通将有效促进城市的智能化升级,不仅可解决城市的交通出行难题,还将进一步拉动 GDP 的增长,促进产业的良性循环。

第三节
人工智能技术面临的关键挑战

AI 赋能人类,而不是成为人类,更不是取代人类。50 年前图灵曾说过:AI 是研究、开发用于模拟、延伸和扩展人类智慧能力的理论、方法、技术及应用系统,从而解决复杂问题的技术科学并服务于人类。因此,人工智能的发展目标一直是更好地服务于人类。目前,人工智能技术的发展大体面临三个方面的挑战:算力问题、算法问题和交互问题。

一、算力问题

人工智能技术在全球已经进入快速发展期,在医疗、机器人、交通、电子、汽车、金融等行业都发挥了巨大作用。但在人工智能技术的发展过程中,如何让算力变得体积更小、速度更快、更加智能仍是一个瓶颈问题。

汽车的智能化发展和智能交通架构的设计与构建,离不开计算能力的强力支撑。从人工智能出现至今,计算平台的算力一直在提升,算法与算力的发展相辅相成。在

1956年感知机出现时,算力就已经引起研究者们的关注;1965年,基于摩尔定律的硅基集成电路的发展,支撑了人工智能理论、方法与技术的发展;2012年,NVIDIA提出了用于加速并行计算的GPU硬件架构并发展迅速;2016年,围棋AI在170个图像处理器(GPU)上运行,战胜了顶尖的人类棋手。随着人工智能技术的发展,新型理论框架与技术在辅助驾驶、自动驾驶、网联汽车等领域得到了充分的运用。然而,在带来新型应用的同时,人工智能技术面临着现有硬件计算平台算力不足的瓶颈。

从近十年硬件计算平台发展的历程来看,传统的摩尔定律已经逐渐失效,意味着传统的硅基计算平台每18个月性能翻番的速度已经无法满足现有人工智能发展的需求,也正是这个矛盾限制了未来智能汽车智能化和交通智慧化的发展。因此,国际顶级科技企业、高校、研究机构等纷纷开展了相关工作。比如谷歌推出了张量处理器(TPU),自动驾驶企业北京地平线机器人技术研发有限公司、中科寒武纪科技股份有限公司等都开展了新型人工智能专用芯片的研制,与传统的CPU、GPU相比,架构和性能有了很大程度的提升;在学术界,出现了包括量子计算、类脑计算、存算一体、光电智能计算等计算架构,希望通过新型架构实现未来算力的重大突破。其中值得关注的是,普林斯顿大学教授提到了全光计算,其基本原理是通过三维受控光场中光的传播实现全并行光速计算,使得信息采集与计算无缝衔接,可以突破存算分离的速度瓶颈,将现有硅基计算芯片的算力提升三个数量级,而功耗下降六个数量级。在光电智能计算方面,国际上目前有三个代表性架构,一是麻省理工学院的干涉神经网络,二是明斯特大学与剑桥大学合作的相变脉冲神经网络,三是清华大学的光学衍射神经网络,都出现了很多颠覆性的研究成果。在未来智能汽车和智能交通的发展过程中,新型的计算架构及算力的指数级提升,将突破传统的性能与瓶颈架构,为其颠覆性发展提供强大的算力支撑。

二、算法问题

人工智能的发展经历了三个过程:符合主义、连接主义、行为主义。算法是人工智能发展的核心关键之一,很多技术环节和系统功能的实现都依赖于算法的精准度,且算法的优劣将直接影响人工智能的发展方向。三维图形、海量数据处理、机器学习、语音识别等都需要极大的计算量,在AI时代越来越多的问题需要依靠卓越的算法来解决。

随着深度学习的发展,人工智能模型和算法需要大量的训练数据,而训练数据的标注往往需要大量的人力物力,因此,人工智能算法有必要向无监督的方向发展,减少计算和标注的开销,适应数据量小的应用场景。深度学习很好地模拟了人脑的神经网络连接,但性能远不如人脑具有的物理学习和数据抽象能力。深度学习是不可解释的,致使基于深度学习的算法具有很大的局限性。模型和算法的可解释性变得越来越重要。人类具有自学习和自演化的能力,所以人工智能的算法也应逐渐具备这样的能力,甚至可以通过自编程达到模型的学习和演化。随着应用问题的复杂化,单一的算法难以应对,因此,人工智能需要整合多种算法,而应用多种技术对多种算法进行有机地整合,需要计算框架、存储结构和软件架构的同步提升、协同和交互,分布式、分散式的需求越来越突出。清华大学唐杰老师认为,从计算、感知、认知到意识,对算力的需求,从最初的计算存储、输入输出,到语音图像等识别,再到认知推理、自学习、顿悟等,反映出对计算需求的演进。因此,如何应对多种形式的不确定性是目前的一大难题,需要采用类脑、仿脑体系结构、模拟计算等进行深层次地推理。

三、交互问题

智能交互技术通过跨媒体感知、机器学习和认知计算等技术,构建与实体世界统一的智能表达与学习方法,增强机器的智能化呈现,促进人机共融。智能交互技术可包括自然语言交互、肢体语言交互、车体语言交互等。自动驾驶车辆面对的是复杂、不确定的环境,复杂的驾驶环境导致自动驾驶车辆难以及时准确地进行感知,从而无法作出实时的精准决策。自动驾驶车辆若要完全替代人为操控驾驶,需要像人一样,具备足够的车体语言交互能力。自动驾驶车辆必须学习人类在回路中的交互认知,学习人类的驾驶意图,才能应对驾驶活动的不确定性,实现安全行驶。

智能交互涉及计算机科学、心理学、社会学、人机工程学等多个研究和应用领域,智能交互发展的若干核心问题包括发展模式、心理学模型、用户界面和研究框架。人工智能为智能交互带来了突破,而语音识别、图像分析、手势识别、语义理解、大数据分析等人工智能技术驱动着智能交互的发展。人机交互研究内容从微观转向宏观、从交互转向实践、从虚拟转向现实、从心理学层面转向社会学层面。

未来智能交互技术中,人和交互设备融为一体,智能机器的交互行为变成感知行为,从而更好地为人类服务。未来智能交互需要更多相关学科的深度支持和交叉融合。因此,如何从融合性、普适计算、移动计算等领域提升智能交互的能力是关键问题。

第四节
人工智能在自动驾驶领域应用的核心瓶颈

一、环境感知技术方面

自动驾驶技术研发难题可分为三大类:感知不充分、规则不明确以及功能不安全。当这些难题映射到智慧城市建设、智能交通发展、车辆规范驾驶等基础领域,中国应加速建设智慧城市、智能交通、智能汽车融合一体化的中国标准。

1. 系统硬件面临的挑战

智能汽车是一个集环境感知、决策和控制于一体的综合系统,承载着摄像头、雷达等传感器。目前,车载摄像头主要分为单目摄像头和双目摄像头。单目摄像头基于机器学习原理,需利用大量相应数据训练来获取道路图像;双目摄像头则基于视差原理,可以在数据量不足的情况下测定车辆前方环境,获得准确的距离数据,进而通过算法获取周围环境数据。单目摄像头应用需要大量数据的支持,在恶劣光线下应用效果不如双目摄像头,但价格较为便宜,应用技术相对成熟,具有一定的应用场景。从应用方面看,雷达分为激光雷达、毫米波雷达和超声波雷达。雷达对光照、色彩等干扰因素具有很强的鲁棒性。但在智能汽车应用中,雷达传感不能彻底解决凹坑反射、烟尘干扰以及雨、雪、雾等恶劣天气条件下的探测难题,也难以实现全天候、全天时、全三维的应用。

2. 感知功能面临的挑战

人类在驾驶过程中所接收的交通标志、道路标志、交通信号等信息大多来自视觉。与其他传感器相比,视觉传感器安装使用简单、获取的图像信息量大、投入成本低、作用范围广。但是在复杂交通环境下,视觉感知技术依然存在目标检测困难、图像计算量大、算法难以实现等问题。

视觉感知技术主要包括三种:

(1)单目视觉技术,通过单个相机完成环境感知任务,结构简单、算法成熟且计算量较小,但是感知范围有限、无法获取场景目标的深度信息;

(2)立体视觉技术,采用两个或多个相机从不同视点观察同一目标,通过计算图像像素间位置偏差恢复三维场景,难点在于寻找多个相机图像中匹配的对应点;

(3)全景视觉技术,成像视野较宽,但图像畸变较大、分辨率较低。

智能汽车的感知技术除了视觉感知还有雷达感知。相比视觉感知,雷达感知受外界环境的影响较低,在智能汽车发展过程中发挥了较大作用。点云是雷达传感器获取的三维数据,图像则是视觉传感器获取的二维数据。点云和图像均是自动驾驶技术感知技术的重要信息来源。点云和图像的跨模态融合可以提高自动驾驶车辆的感知能力和决策能力,是感知技术的难点。首先,点云和图像的数据格式不同,需要进行数据转换,以便进行跨模态融合;其次,点云和图像的采集时间和位置不同,需要进行配准以确保点云和图像的对应关系正确;此外,点云和图像的特征表示不同,需要进行特征提取和匹配,以找到点云和图像之间的对应关系;最后,点云数据容易受到遮挡和噪声的影响,图像数据则容易受到光照和阴影的影响,因此,提高跨模态融合算法的准确性和鲁棒性至关重要。

视觉感知和雷达感知能够完成绝大多数交通环境感知任务,然而,目前大部分智能汽车忽略了听觉感知。交通环境中有许多声音,例如喇叭、警笛等,同样携带重要信息,可以帮助驾驶员作出改变车辆行驶速度和行驶方向等操作。因此,智能汽车同样需要对环境中的声音有所感知并作出反应。这些声音一般无法通过相机或雷达获取,因此听觉传感感知系统是目前研究的重点。

二、导航定位技术方面

车辆的自身定位非常重要。目前市面上用得最多的是 GPS。但是,GPS 定位精度低、更新周期长,远远不能满足自动驾驶的需求。需要通过 GPS + RTK 的方法来解决定位问题。在行驶过程中,车辆以 GPS 为基准,更新时利用 RTK 设备和信号塔设备通信修正 GPS 定位结果,完成车辆的精确定位。IMU 是惯性设备,可在利用 GPS 获取基本信息并更新时,通过速度输出、加速度输出,修正车辆的位置。对于隧道、山坡、边远地区,GPS + IMU 是车辆定位的好方法。

导航定位系统为智能汽车提供了高精度、高可靠的定位、导航和授时服务,但目前仍存在采样频率不够、地理环境过于复杂、初始化时间过长、卫星信号失效等缺陷。

三、路径规划技术方面

在路径规划的过程中,需要全局路径规划和局部路径规划相互补充。全局路径规划的缺点是对路径的方向、宽度、曲率、道路交叉以及路障等细节信息考虑不足,局部环境信息和自身状态信息需要局部路径规划的实时补偿。基于图的路径规划算法依赖于高精度地图和准确的感知信息,且在通过栅格方法建立环境地图过程中需要计算代价,栅格尺寸越小,计算量越大,很难满足路径规划实时性的要求。在基于采样的路径规划算法中,采样的随机性可能会导致前后规划的路径不一致、路径曲率连续性差的问题。路径规划的优化算法在建立代价函数,寻找最优的控制变量时,可能出现过早收敛或者收敛速度慢、陷入局部最优的问题。在路径规划中,自动驾驶汽车需要利用定位系统确定自身在周围环境中的位置。我国的北斗导航系统主要搭载在国内自产的无人车上,但在精确度和覆盖范围上有一定的局限性。因此,仅使用 GPS 或者北斗导航系统是不够的,在一些特殊的情况下,还需要使用其他惯性制导和导航技术增强自动驾驶车辆的可行性和安全性。未来的自动驾驶车辆路径规划技术不仅要满足车辆及道路约束条件,还要考虑实际交通环境下的法规要求以及驾驶者的意图,以保证路径规划更加合理。

四、决策控制技术方面

智能汽车的决策控制技术是实现自主驾驶的核心,其中行为预测和决策是两大关键组成部分。

行为预测是智能汽车根据周围环境和其他交通参与者的行为进行预测,为后续决策提供依据。智能汽车使用多种传感器来感知环境,包括摄像头和雷达等。提升行为预测精度和鲁棒性的关键是提高传感器数据的准确性和可靠性,以提高对复杂场景和恶劣天气的适应性。因此,多模态传感器融合技术和自洽传感器校准方法都是重点研究问题。智能汽车需要处理大量的感知数据,而优化数据处理和感知算法对于准确理解环境和提高行为预测的实时性至关重要。此外,行为建模是行为预测的核心。可以采用机器学习和深度学习技术,利用递归神经网络和生成对抗网络等进行时空建模,提高行为预测的能力。同时,针对行为的不确定性和多样性引入概率模型和融合方法,也是在复杂交通环境中进行行为预测的重要方向。

自动驾驶汽车决策控制算法主要包括:基于规则的算法、基于深度学习的算法以及基于因果推理的算法。在基于规则的算法中,人为定义的规则难以覆盖自动驾驶汽车可能遇到的所有场景;同时,规则太多则会造成规则组合的爆炸,很难完成完整测试。基于深度学习的算法具有深度学习固有的弱点,不具有很好的解释性,无法查找决策失败的原因。因果推理使用贝叶斯网络,具有很好的透明度和可解释性,是决策控制算法未来发展的趋势。自动驾驶汽车需要极高的安全性和可靠性,而现阶段决策系统面临的挑战包括:实际驾驶过程中,同一场景下可能有多个合理的驾驶行为选择,造成有限状态机决策模型的边界条件不明确;驾驶场景的增加导致有限状态机规模的增加,进而导致状态的遍历变得困难;开放动态环境下的自动驾驶环境需要决策模型具有更高的正确性和稳定性,因此,不同学习算法的融合机制也是当前的瓶颈问题。

五、智能网联技术面临的挑战

1. 高精动态地图基础平台

高精动态地图基础平台的主要任务是为自动驾驶动态基础图的生成和通用技术的研究与开发提供地图标准规范,推动自动驾驶地图动态基础数据量产,为智能网联汽车产业发展提供基础保障。其核心点主要包含以下几条:

(1)如何整合多源数据以确保地图数据的一致性。多源数据是指在不同时间、不同车辆、不同传感器获得的数据,而如何保证一个空间点环境信息的一致性是需要解决的关键问题。

（2）如何提取数据关键特征。数据采集后，除了数据融合操作外，还需自动提取数据中的关键特征。

（3）如何满足规模化制图。目前常见的做法是通过一个小规模的应用，生成某一局部的高精度地图，但是智能网联的需求往往不是获取局部高精度地图信息，而如何生成超大规模的高精度地图则具有较大难度。

2. 计算基础平台

计算基础平台需要建设基于"云-管-端"的中国标准智能网联汽车计算基础平台架构，研发异构基础硬件、基础软件和开发工具链，实现软硬件解耦及模块化设计，并保障软硬件选择的灵活性和产品开发的高效和高质量。当今的车载计算基础平台的开发主要集中在解决算力因素问题上，对于能效比、灵活性和安全可靠等多因素还是目前的主要难题。

3. 信息安全基础平台

信息安全基础平台任务在于从标准体系、安全架构、检测技术、监测技术、监控平台等方面，开展智能网联汽车端到端的安全防护及"云-管-端"三层纵深防御体系。信息安全风险难题可以从终端层和云平台两大方面进行讨论。终端层安全风险可能会导致车主个人隐私泄露、车载软件及数据被窃取或车辆控制系统遭受恶意攻击等安全问题。目前主要采用分布式技术存储车联网数据，但这可能会导致敏感数据的非法访问、数据被恶意窃取和篡改。

4. 车载终端基础平台

车载终端基础平台为智能汽车的车内外通信、人机交互提供统一接口，简化自动驾驶汽车各模块之间的复杂度，对多模通信、网关路由、多模定位、人机交互等模块进行功能整合，形成面向智能网联汽车的新一代智能车载终端平台化产品。安全问题仍是车载终端基础平台的主要问题。

（1）车载诊断系统接口的安全风险。车载诊断系统接口既能监听总线上的消息，还能伪造消息来欺骗电子控制单元（ECU），达到改变汽车行为状态的目的。

（2）车内无线传感器安全风险。通信信息存在被窃听、被中断、被注入等潜在威胁，会造成自动驾驶汽车偏行、紧急停车等危险动作。

（3）车内网络传输安全风险。汽车内部的网络环境，如胎压监测系统、Wi-Fi、蓝牙等短距离通信设备，存在被攻击的安全隐患。

(4)车载终端架构安全风险。智能网联汽车接收的数据可能包括通过网络连接端口植入的恶意软件。

(5)网络传输安全风险。车与人、车、路、互联网通过 Wi-Fi、移动通信网、DSRC 等无线通信手段进行连接,存在双向数据传输数据安全威胁。

5. 云控基础平台

中国城市交通路网规模日益扩大,交通控制主要依靠路侧信号机。路侧信号机的供应商繁多,且算力严重不足,因此,难以实时估计大范围的交通状态和车流状态,处理速度慢。云控基础平台的主要任务是融合道路、车辆、环境和相关行业的实时相关数据,并将标准化数据和计算服务提供给智能网联汽车相关产业部门和企业。云控基础平台是云控系统的核心。目前发展状况下的云控基础平台,难以满足智能网联汽车参与的交通系统发展过程中对全局车辆与交通的交互、管控与优化、交通数据广泛深度应用等方面的实际要求。

第五节
突破核心瓶颈的关键行动与发展路径

一、建立健全面向智能汽车和智能交通应用的人工智能技术创新体系

以问题为导向,主攻关键核心技术,加快建立面向智能汽车和智能交通应用的新一代人工智能关键共性技术体系,全面增强人工智能科技创新能力。同时,重视智能汽车标准的建设、产品性能与系统安全的测试。为满足智能汽车重点产品研发和行业应用需求,我们将提供多种类型的人工智能技术在智能汽车中应用的海量训练资源库、标准测试数据集和云服务平台。同时,我们将建设智能汽车产业标准规范体系,包括基础共性、互联互通、安全隐私和行业应用等技术标准。鼓励业界积极参与国际标准化工作,以建立并完善智能汽车标准和测试评估体系。此外,我们还将建设知识产权等服务平台,加快构建智能化基础设施体系,并建立智能汽车网络安全保障体系。建立健全面向智能汽车和智能交通应用的人工智能技术创新体系,主要分三步走,如图 12-9 所示。

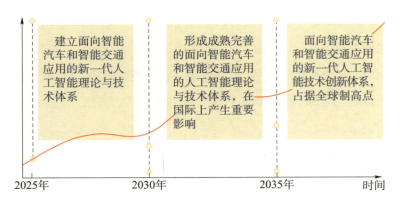

图 12-9　面向智能汽车和智能交通应用的人工智能技术创新体系三步走

二、驱动以智能汽车和智能交通为核心的人工智能技术发展

中国工程院院士李骏表示，自动驾驶必须要依靠 AI，自动驾驶汽车需要新的技术路线，智能网联汽车发展需要新技术突破，并提出了如下技术突破路线：①新型智能理念，寻找自动驾驶能力和车外赋能联合的边界；②车外赋能结合单车智能，使能、赋能融合一体化；③建立一套会学习的自动驾驶软件系统；④建设具有路侧设施的自动驾驶感知的云支撑；⑤增强线下安全、成长学习和线上安全；⑥制造 5G 自动驾驶，把汽车变成数字化汽车；⑦研发车内、外芯片；⑧进行成熟、安全的测试。

智能汽车和智能交通的发展依赖于人工智能核心技术，如语音识别、计算机视觉、自然语言处理、智能驾驶、机器学习、模式识别等。智能汽车为企业创造新的价值，需要人工智能技术的基础算法和算力的支撑。面向智能汽车和智能交通的人工智能技术具有综合多学科技术、高度复杂的特征。驱动人工智能技术发展必须加强研判，统筹谋划，协同创新，稳步推进，把增强原创能力作为重点，以关键核心技术为主攻方向，夯实新一代人工智能发展的基础。

驱动智能汽车和智能交通为核心的人工智能技术发展，主要分三步走，如图 12-10 所示。

三、构建智能汽车技术创新与跨界融合智能产业生态

随着信息化与汽车的深度融合，汽车正在从传统的交通运输工具转变为新型的智能出行载体，智能化和网联化已经成为必然。智能汽车创新技术涉及汽车、信息通

信、互联网、人工智能等多个领域,对复合型和高科技人才的要求也非常高。智能汽车是产业转型升级新引擎,而中国智能汽车产业在核心零部件与系统集成、信息交互、基础设施建设、高精度地图、测试区建设、人工智能技术方面均有一定突破,特别是在车路协同方面已经形成鲜明的中国特色。

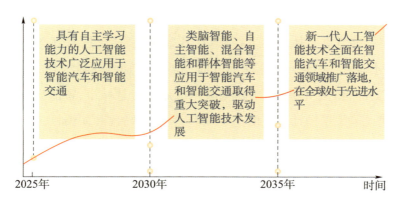

图 12-10　驱动智能汽车和智能交通为核心的人工智能技术发展三步走

构建智能汽车技术创新与跨界融合智能产业生态在于突破汽车产业的原有藩篱,向多元智能服务和创新商业模式的方向不断前进。在未来智能汽车产业中,车路协同将取代单车智能,智能服务与智能产品并重,出行服务与交通工具配套,汽车相关大数据远超汽车本身。正如《智能汽车创新发展战略》所述,必须创新产业发展形态,积极培育道路智能设施、高精度时空基准服务和智能汽车基础地图、车联网、网络安全、智能出行等新业态;加强智能汽车复杂应用场景的大数据应用,重点在数据增值、出行服务、金融保险等领域,培育新商业模式;优先在封闭区域探索开展智能汽车出行服务,从而全面支撑智能汽车产业生态的不断创新发展。

构建智能汽车技术创新与跨界融合智能产业生态,主要分三步走,如图 12-11 所示。

图 12-11　构建智能汽车技术创新与跨界融合智能产业生态三步走

第六节
落地实施方案建议

我国人工智能发展总体态势良好,但在基础理论研究、技术创新体系、技术应用生态、创新人才培养、法律法规伦理等方面还需不断加强建设。在未来的发展道路上,必须将人工智能的核心理论、方法与技术应用于智慧城市、智能汽车、智能交通以及智慧能源建设等关乎国计民生的重要领域,具有前瞻性和颠覆性,并支持原创技术应用落地,找到适合我国国情与社会经济发展的建设道路。

一、国家层面政策引领

党中央、国务院高度重视并大力支持发展智能汽车。2020年2月,国家发改委等十一部门联合印发的《智能汽车创新发展战略》中指出,到2025年,中国标准智能汽车的技术创新、产业生态、基础设施、法规标准、产品监管和网络安全体系基本形成,实现有条件自动驾驶的智能汽车规模化生产,实现高度自动驾驶的智能汽车在特定环境下市场化应用。智能交通系统和智慧城市相关设施建设取得积极进展,车用无线通信网络(LTE-V2X等)实现区域覆盖,新一代车用无线通信网络(5G-V2X)在部分城市、高速公路逐步展开应用,高精度时空基准服务网络实现全覆盖。2035—2050年,中国标准智能汽车体系全面建成。

国家颁布了一系列支持人工智能技术发展的政策文件,这也很好地支撑了智能汽车的产业发展。习近平总书记在党的十九大、2018年两院院士大会、全国网络安全和信息化工作会议、十九届中央政治局第九次集体学习等场合多次强调,要加快推进新一代人工智能的发展。2017年7月,国务院发布《新一代人工智能发展规划》,将新一代人工智能放在国家战略层面进行部署,描绘了面向2030年的我国人工智能发展路线图,旨在构筑人工智能先发优势,把握新一轮科技革命战略主动。针对自动驾驶汽车全球汽车工业前沿领域发展的现状,国家发改委、工业和信息化部、科技部、教育部等国家部委和北京、上海、广东、江苏、浙江等地方政府,相继推出了发展面向智能汽车的人工智能技术的鼓励政策。

政府同意小马智行的 PonyPilot 和百度 Apollo 开放 Robotaxi 乘客体验。2018 年底,小马智行的 PonyPilot Robotaxi 项目成为首个在中国市场提供 Robotaxi 服务的项目。2020 年 4 月,百度 Apollo 正式对外发布 ACE 交通引擎和《Apollo 智能交通白皮书》。2020 年 11 月,《中共中央关于制定国民经济和社会发展第十四个五年规划和二〇三五年远景目标的建议》要求,瞄准人工智能、量子信息、集成电路、生命健康、脑科学、生物育种、空天科技、深地深海等前沿领域,实施一批具有前瞻性、战略性的国家重大科技项目,加快壮大新一代信息技术、生物技术、新能源、新材料、高端装备、新能源汽车、绿色环保以及航空航天、海洋装备等产业,推动互联网、大数据、人工智能等同各产业深度融合,推动先进制造业集群发展,构建一批各具特色、优势互补、结构合理的战略性新兴产业增长引擎,培育新技术、新产品、新业态、新模式。

我国发展人工智能具有市场规模、应用场景、数据资源、人力资源、智能手机普及、资金投入、国家政策支持等多方面的综合优势,面向智能汽车和交通治理智能化的人工智能发展具有较好前景。咨询公司埃森哲发布的《人工智能:助力中国经济增长》报告显示,到 2035 年人工智能有望推动中国劳动生产率提高 27%。我国发布的《新一代人工智能发展规划》提出,到 2030 年人工智能核心产业规模超过 1 万亿元,带动相关产业规模超过 10 万亿元。在我国未来的发展征程中,智能红利将有望弥补人口红利的不足。

二、协同创新发展

当前是我国加强智能汽车、交通治理智能化、人工智能布局、引领智能时代的重大历史机遇期,人工智能技术如何应用于智能汽车和交通治理智能化,在蓬勃发展的浪潮中选择好中国路径、抢抓中国机遇、展现中国智慧等,需要深入思考。

研究人员指出,我们需要真正的突破,而且应该走出中国自己的智能网联汽车技术路线。自动驾驶深度融合了人工智能、5G、大数据等新基建中的多项核心技术,具备高度智能化、无人化、数字化的技术特点,需要多项技术支撑。国内各大主流车企,百度、滴滴等科技公司,AutoX、小马智行等初创公司,纷纷进入智能汽车赛道。有些企业和运营商建立了战略合作关系,吉利汽车目前与中国移动、中国电信、中国联通等多家运营商建立战略合作计划,合作方将基于当前和未来的 5G 网络,结合 MEC (边缘计算)、星基(低轨卫星)+地基高精度定位等技术展开全面战略合作,包括智能网联汽车、车路协同式自动驾驶、智能制造、云平台大数据、企业信息化建设等。阿里巴巴全球研究院宣布正式成立 XG 实验室,该实验室致力于推动下一代网络通信技术的研究,现阶段主要聚焦 5G 技术和应用协同研发。多个行业领域发布大规模应用场景,包括智能驾驶乘用车载人、5G 智能重卡载货、智能公交、城市接驳、商业功能旅游、特大地下停车场及车路协同示范应用等。新业态场景则包括具备 L4 级别的自动零售、智能驾驶清扫服务和无人安防。各大高校开设自动驾驶课程,为培养高素质人才提供一个了解和接触行业最前沿技术的契机,并加强校企合作,实现各行各业协同发展。

本章参考文献

[1] LI D, MA N, GAO Y. Future vehicles: learnable wheeled robots[J]. Science China Information Sciences, 2020, 63: 1-8.

[2] 谭铁牛. 人工智能的趋势与思考[J]. 中国报业, 2019(7): 52-53.

[3] 谭铁牛. AI 的前世今生[J]. 中国中小企业, 2019(9): 16-20.

[4] 中科院院士谭铁牛: AI 的过去、现在和未来[EB/OL]. https://www.sohu.com/a/298275703_120085362. 2019-02-28.

[5] 中国制造 2025[EB/OL]. http://www.gov.cn/zhengce/content/2015-05/19/content_9784.htm. 2015-05-19.

[6] 汽车产业中长期发展规划[EB/OL]. http://www.gov.cn/gongbao/content/2017/content_5230289.htm. 2017-04-06.

[7] 智能汽车创新发展战略[EB/OL]. http://www.gov.cn/zhengce/zhengceku/2020-02/24/content_5482655.htm. 2020-02-10.

[8] 厚势按. 人工智能在汽车无人驾驶系统中的应用分析[EB/OL]. https://www.sohu.com/a/227964409_465591. 2018-04-11.

[9] 2020 世界人工智能大会,中智行王劲:车路协同——未来交通的智能之路[EB/

OL]. http://www.sh.chinanews.com/kjjy/2020-07-13/78463.shtml. 2017-07-13.

[10] 中智行王劲:车路协同的关键在于"智能"[EB/OL]. https://baijiahao.baidu.com/s?id=1671835238662111450&wfr=spider&for=pc. 2020-07-10.

[11] 无人驾驶多传感器融合现状[EB/OL]. https://www.cnblogs.com/jelly-wangjie/p/12729434.html. 2020-04-19.

[12] 胡远志,刘俊生,何佳,等. 基于激光雷达点云与图像融合的车辆目标检测方法[J]. 汽车安全与节能学报,2019,10(4):451-458.

[13] SEET B C,LIU G,LEE B S,et al. A-STAR:A mobile ad hoc routing strategy for metropolis vehicular communications[C]//Networking2004:Networking Technologies,Services,and Protocols,2004:989-999.

[14] KUFFNER J J,LAVALLE S M. RRT-connect:An efficient approach to single-query path planning[C]//IEEE International Conference on Robotics and Automation,2000,2:995-1001.

[15] HIDALGO-PANIAGUA A,BANDERA J P,RUIZ-DE-QUINTANILLA M,et al. Quad-RRT:A real-time GPU-based global path planner in large-scale real environments[J]. Expert Systems with Applications,2018,99:141-154.

[16] ISLAM F,NASIR J,MALIK U,et al. Rrt*-smart:Rapid convergence implementation of rrt* towards optimal solution[C]//2012. IEEE international conference on mechatronics and automation,2012:1651-1656.

[17] GAMMELL J D,SRINIVASA S S,BARFOOT T D. Informed RRT:Optimal sampling-based path planning focused via direct sampling of an admissible ellipsoidal heuristic[C]//2014. IEEE/RSJ International Conference on Intelligent Robots and Systems,2014:2997-3004.

[18] EVESTEDT N,LJUNGQVIST O,AXEHILL D. Motion planning for a reversing general2-trailer configuration using Closed-Loop RRT[C]//2016 IEEE/RSJ International Conference on Intelligent Robots and Systems(IROS),2016:3690-3697.

[19] 深度剖析无人驾驶的决策控制技术[EB/OL]. https://www.sohu.com/a/144751349_468626. 2017-05-31.

[20] 董长青,丁田妹,黄晓延,等. 无人驾驶的人机交互方式研究综述[J]. 时代汽车,2017(7):11-12.

[21] HERBACH J. Methods and systems for vehicle occupancy confirmation: U. S. Patent 10,416,671[P]. 2019-9-17.

[22] 林立宏,吴楚. 盘点机器学习算法在无人驾驶的应用[EB/OL]. http://www.uml.org.cn/ai/2020060521.asp?artid=23356. 2020-06-05.

[23] MAAZ M, MOHAMMED S. Iot programming to develop self driving robotics car using opencv and other emerging technologies[J]. Authorea Preprints,2023.

[24] WU B, AI H, HUANG C, et al. Fast rotation invariant multi-view face detection based on real adaboost[C]// Sixth IEEE International Conference on Automatic Face and Gesture Recognition,2004:79-84.

[25] PARVIZ M, MOIN M S. Boosting Approach for Score Level Fusion in Multimodal Biometrics Based on AUC Maximization[J]. J. Inf. Hiding Multim. Signal Process., 2011,2(1):51-59.

[26] HERNANDEZ-GRESS N, ESTEVE D. Multisensory fusion and neural networks methodology: application to the active security in driving behavior[R]. 1995.

[27] POORNA S S, ARSHA V V, APARNA P T A, et al. Drowsiness detection for safe driving using PCA EEG signals[C]// Progress in Computing, Analytics and Networking: Proceedings of ICCAN2017,2018:419-428.

[28] FEKI-SAHNOUN W, NJAH H, HAMZA A, et al. Using a naive Bayes classifier to explore the factors driving the harmful dinoflagellate Karenia selliformis blooms in a southeastern Mediterranean lagoon[J]. Ocean Dynamics,2020,70:897-911.

[29] ANGKITITRAKUI P, MIYAJIMA C, TAKEDA K. Analysis and prediction of deceleration behavior during car following using stochastic driver-behavior model[C]// 2012. 15th International IEEE Conference on Intelligent Transportation Systems, 2012:1221-1226.

[30] LONG J, SHELHAMER E, DARRELL T. Fully convolutional networks for semantic segmentation[C]// Proceedings of the IEEE conference on computer vision and pattern recognition,2015:3431-3440.

[31] REDMON J, DIVVALA S, GIRSHICK R, et al. You only look once: Unified, real-time object detection[C]// Proceedings of the IEEE conference on computer vision and pattern recognition,2016:779-788.

[32] KENDALL A,HAWKE J,JANZ D,et al. Learning to drive in a day[C]//2019 International Conference on Robotics and Automation(ICRA),2019:8248-8254.

[33] SHARIFZADEH S,CHIOTELLIS I,TRIEBEL R,et al. Learning to drive using inverse reinforcement learning and deep q-networks[J]. arXiv preprint arXiv:1612.03653,2016.

[34] SALLAB A E,ABDOU M,PEROT E,et al. End-to-end deep reinforcement learning for lane keeping assist[J]. arXiv preprint arXiv:1612.04340,2016.

[35] HUANG Z,ZHANG J,TIAN R,et al. End-to-end autonomous driving decision based on deep reinforcement learning[C]//2019 5th International Conference on Control,Automation and Robotics(ICCAR),2019:658-662.

[36] 前瞻产业研究院.2019年中国无人驾驶行业市场现状及发展前景分析 推动汽车产业转型升级及技术变革_前瞻趋势[EB/OL]. https://bg.qianzhan.com/trends/detail/506/190529-ca429a5b.html.2019-5-29.

[37] 自动驾驶实现功能&时间表[EB/OL]. https://www.sohu.com/a/324371246_100007727.

[38] 全产业链协同发力 让无人车在赛场"更上道"[EB/OL]. http://gskjb.gsast.org.cn/portal/gskxkjb/modular/science/detail.acacti?typename=zhsh&id=2779.2019-11-28.

[39] 清华大学李克强:发展智能网联汽车,离不开这5大基础平台 CICV2018[EB/OL]. https://tech.ifeng.com/a/20180526/45004534_0.shtml.

[40] 马楠,高跃,李佳洪,等. 无人驾驶中的交互认知[J],中国科学:信息科学.2018,48(8):1083-1096.

[41] MA N,LI D,HE W,et al. Future vehicles:interactive wheeled robots[J]. Science China Information Sciences,2021,64:1-3.

[42] 无人驾驶关键技术分析[EB/OL]. http://www.elecfans.com/xinkeji/578273.html#http://bbs.elecfans.com.2017-11-12.

[43] 国内外无人驾驶车辆行为决策系统的研究现状[EB/OL]. http://www.elecfans.com/d/739451.html.2018-08-27.

[44] 中国工程院院士李骏:中国智能网联汽车发展需要创新突破[EB/OL]. http://news.xinhua08.com/a/20200914/1955120.shtml.2020-09-14.

［45］国务院. 新一代人工智能发展规划［EB/OL］. http：// www. gov. cn/xinwen/2017-07/20/content_5212064. htm.

［46］中共中央关于制定国民经济和社会发展第十四个五年规划和二〇三五年远景目标的建议［EB/OL］. https：// www. ndrc. gov. cn/fggz/fgdj/zydj/202011/t20201130_1251646. html？code=&state=123.

第十三章

面向未来智能汽车的智能制造技术

撰稿人： 赵亦希　上海交通大学
　　　　　刘　顺　上海交通大学

摘要

智能汽车作为人工智能的重点突破领域,其不断涌现的新技术、新模式、新业态将给汽车制造产业带来全新的挑战。当前,我国汽车制造业正处于产业升级的瓶颈期,面向未来智能汽车的智能制造技术发展的研究工作,将对推动我国汽车制造转型升级、扩大新能源汽车产业发展优势具有重要战略意义。

本章系统分析了国内外汽车智能制造技术发展现状及趋势,从数字化、工业互联、定制化、智能化四个维度分析我国汽车智能制造技术的发展前景,探究智能制造技术在汽车智能制造中的深化作用。针对未来智能汽车的智能制造过程特点,聚焦智能设计、智能加工、智能运维等核心环节,梳理未来智能汽车智能制造的瓶颈问题,提出突破瓶颈的主要对策和发展路径。围绕未来智能汽车智能制造技术发展的优先级和协同攻关需求,从建设标准、补齐短板、完善监管、培养人才等四个方面提出实施中国未来智能汽车智能制造战略支撑的主要对策。

第一节
制造业转型背景下的汽车智能制造

一、智能制造是实现制造业转型升级的主要路径

智能制造已成为当今全球制造业发展趋势,也是我国落实制造强国战略的重要举措。智能制造是基于新一代信息技术,贯穿设计、生产、管理、服务等制造活动各个环节,具有信息深度自感知、智慧优化自决策、精准控制自执行等功能的先进制造过程、系统与模式的总称。具有以智能工厂为载体,以关键制造环节智能化为核心,以端到端数据流为基础,以网络互联为支撑等特征,可有效缩短产品研制周期、降低运营成本、提高生产效率、提升产品质量、降低资源能源消耗。

汽车工业是一个庞大的社会经济系统工程,随着以新能源汽车和智能汽车为代表的产品技术颠覆兴起,以轻资产代工和大规模定制为代表的新兴产业组织模式以及以汽车共享、平台经济为代表的商业模式,正颠覆传统汽车制造产业组织形态。

当前,新一轮科技革命正在驱动全球制造业进入全面重构和快速发展期,传统制造业面临深刻变革:移动互联网、云计算技术使生产设备从孤立走向互联;虚拟现实(VR)和增强现实(AR)技术使设计、装配过程进入虚实融合状态;数据的提取和应用使生产实现全程透明管理,基于数据的资源优化调度方法为提升设备和人员效率提供了强大工具,大数据挖掘更为生产潜力释放和市场机遇拓展提供了全新可能;此外,3D打印技术为小批量、个性化定制提供了更高的灵活性。而这一系列新技术的应用最终将集成于智能制造体系,面向智能制造的转型升级将成为未来各国制造业较量的关键。

汽车智能制造技术包括了数字化、工业互联、定制化、智能化的重要特征与支撑技术(图13-1)。数字化包括生产系统仿真、工艺仿真和柔性生产线;工业互联指人—信息—物理系统融合以及产品生命周期信息集成;定制化则包含客户需求感知和物

联信息感知;智能化是指运用大数据分析,作出智能决策。

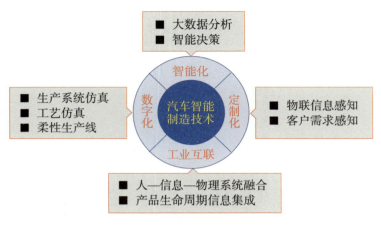

图 13-1　汽车智能制造技术

二、制造业转型背景下的汽车产业不断实现突破

汽车产业是国民经济的支柱产业,具有产业规模大、价值链条长、关联领域多、拉动效应强、影响范围广的特点,是制造业转型升级的载体、龙头和抓手。目前,国外汽车智能制造的发展较为成熟。一些知名汽车制造商如奥迪公司、宝马公司、福特汽车公司、梅赛德斯—奔驰集团等,都已经建立智能工厂,实现生产线的自动化、机器人协作、物联网等技术的应用。相比而言,国内汽车智能制造的发展较为缓慢,但近年来也在逐步发展。部分汽车制造商和零部件供应商开始尝试将人工智能、机器视觉、自动化控制等技术应用到生产线上,提高生产效率和产品质量。例如,上汽集团在其智能工厂中引入机器人自动化、智能物流等技术,实现了生产线自动化,大幅提高了生产效率。

制造业转型背景下,既有国家大力支持,也有行业联盟全力推进以及汽车企业自身努力谋发展,我国汽车智能制造的发展已取得一定成就。

1. 国家政策支持

为了加快建设工业强国,以汽车制造业产能升级作为突破口,国家大力支持汽车智能制造发展。自 2015 年工业和信息化部启动实施智能制造试点示范专项行动以来,汽车智能制造试点项目的示范带动和集成应用辐射放大作用显著。2020 年 11 月 2 日,国务院办公厅印发《新能源汽车产业发展规划(2021—2035

年）》的五项战略任务中重点指出，要提升汽车智能制造水平、强化质量安全保障。各地政府也出台相关措施，牵头建设智能制造领头工程和示范试点项目。广州市重点推进汽车虚拟制造、可视化设计、数字化制造，实现大批量定制化生产；上海市加快推进智能制造"十百千"工程，推进汽车行业智能制造深度应用；天津市给予车联网产业支撑平台建设项目总投资20%的支持，以进一步发展智能制造。

2. 行业联盟推进

汽车制造商之间的横向合作以及跨行业跨领域构筑的联盟有利于提高资源利用率，推进汽车产业健康发展，构建以智能制造为核心的汽车生产新模式。在工业和信息化部的支持下，新成立的中国汽车智能制造联盟着力于资源配置优化、产学研结合，推进汽车产业升级。全国汽车行业定期举办研讨会，交流柔性化车间生产线、数字化设计与制造体系、大数据智能检测预测平台等智能制造技术。拥有多项核心技术的博世中国与阿里巴巴达成全方位战略合作关系，借助阿里数字化管理平台，实现基于数据分析的零部件产品研发与制造，提升生产效益。上汽集团不仅与浦东新区政府达成合作协议，也与英飞凌科技公司、宁德时代新能源科技公司、华为技术有限公司等形成跨行业合作，共创智能制造发展与突破。

3. 汽车企业发展

企查查数据显示，截至2022年底，我国现存新能源汽车相关企业60.58万家。2022年新增23.94万家，同比增长40.34%。2023年，国家智能网联汽车创新中心发布《车路云一体化智能网联汽车发展白皮书》，研究结果预测智能网联汽车产业到2025年新增产值会达到1.06万亿元，到2030年新增产值会达到2.8万亿元。

随着物联网、大数据、云平台等技术的发展，车企为挤占更多未来智能汽车市场份额，不断进行着自我产业升级。汽车行业发动机、变速器等关键零部件以及整车制造加工过程中的自动化、数字化、智能化制造水平不断提高。一汽研制机器人智能高速柔性自动化焊装线，实现白车身多车型柔性主拼焊装及智能车型切换、在线检测与智能诊断以及基于工业总线技术的智能生产控制。东风汽车有限公司突破模具铝板成型、焊装虚拟调试、白车身激光焊接及模具蓝光扫描等核心技术。上汽集团自主研发基于物联网技术的质量控制系统（PQI）。上汽通用汽车有限公司利用数字化虚拟仿真技术进行工艺设计优化，缩短项目研发周期；通过搭建全局数字化系统平台，智能调度、优化工厂物料运输和人力分配。浙江吉利控股集团运用上海七牛信息技术有限公司的机器数据分析平台 Pandora 实现全生命周期智能管理。上汽通用五菱汽车股份有限公司智能工厂搭建以 MES 系统为核心的精益化生产管理平台。在汽车智能网联方面,蔚来汽车旗下的 ES8、ES6 等车型都拥有自动驾驶、智能语音、OTA 升级等智能网联功能。比亚迪旗下的秦 Pro、唐等车型拥有自动停车、自动驾驶、人脸识别等智能网联功能。此外,吉利汽车、长城汽车等汽车企业也在智能网联领域广泛布局。

第二节
智能制造助力汽车制造业应对新挑战

一、未来智能汽车制造产业面临新的挑战

发展智能制造是汽车企业提高竞争力、实现可持续发展的重要手段。通过智能制造技术的开发应用,汽车企业可以实现生产自动化、智能化、数字化和网络化,从而提高生产效率和产品质量,减少生产成本和能源消耗。智能制造还能够帮助企业实现生产流程优化、制造过程监控、设备维护预测等功能,提高企业灵活性和响应速度。

汽车智能制造在整合机器人、数控机床、自动化装备、自动物流等现有制造产业基础上,融合人工智能、大数据、云计算、物联网、5G 通信等多个高新技术产业,具备产业链长、波及面广、带动效应强的特点,是各种新技术大规模应用的重要载体。主要体现在:以智能工厂和智能生产为载体,支持以用户为中心的个性化汽车产品生产模式的出现,将突破企业内部制造与信息系统之间的纵向集成、汽车产品全生命周期中制造与信息系统端到端集成(图 13-2)、以价值链为导向的企业发展战略层面的横向集成;以提升汽车生产过程和工艺环节的自动化和智能化水平为导向的新技术应用,将促进智能生产线、工业物联网、工业机器人、工业云计算、3D 打印、大数据、人工智能等智能制造支撑技术与大规模汽车制造模式的融合,推动相关产业链协同发展。

我国汽车产业高速发展,汽车工业规模已经多年跃居世界第一位,但和传统汽车强国比,质量效益方面竞争力还不够强。消费者需求和社会需求的变化,要求我国汽车制造业需要应对供给侧结构性改革的新要求,提高高端供给质量和数量、增强供给结构对需求变化的适应性和灵活性。汽车产品制造过程产业面广、工艺流程长,我国汽车零部件企业与整车企业发展不均衡,以冲焊涂总工艺为代表的各车间技术体系差异大,难以实现全流程的互联互通。因此,必须建立符合中国汽车制造行业特色的智能制造技术体系,以发展车间级协同制造为导向,依托新一代信息技术推进生产线智能升级,大力开展关键装备的智能化改造,适应节能汽车与新能源汽车多品种车型规模化定制的发展趋势,推动汽车制造产业提质增效。

图 13-2 智能汽车制造端到端模式

未来智能汽车是在传统汽车上增加各种智能感知、执行、决策的智能系统,将影响制造供应链、市场需求和模式等。基于新一代信息通信技术与先进制造技术深度融合,贯穿于设计、生产、管理、服务等制造活动的各个环节的智能制造生产方式,为突破我国汽车制造业增长瓶颈,实现产业升级提供了重要途径。我国未来智能汽车智能制造急需在四个方面实现智能,即产品智能、设计智能、制造智能、运维智能(图 13-3)。在深耕智能汽车产品智能的基础上,要发展与智能汽车产品多样化相适应的智能设计,打造满足未来智能汽车个性化定制需求的智能制造模式,培育面向智能汽车端到端产业模式的智能运维新业态。

二、智能制造赋能智能汽车发展

智能制造是个性化、定制化的制造体系,是由数据驱动的互联、互动、全面智能化的生产制造体系。智能制造体系不仅包括智能工厂,也包括智能设计、智能生产、智能物流和智能服务等。这里所说的智能工厂和传统车间意义上的工厂截然不同,它是未来企业的数据中心、交互中心、判断中心、决策中心和控制中心,是面向整个产业生态的总体概念和实施平台。同时,智能工厂还必须与智能生产、智能物流等相互匹配和有效集成,从而把需求、设计、生产、物流和服务等各个环节彻底打通,充分实现互联、互动和智能,由此才能真正实现大规模定制化生产。面向未来智能汽车的智能制造不仅需要满足现有智能制造工厂所需的汽车产品制造过程,即智能加工过程,还需要针对未来智能汽车的系统多样性、个性化的特点,发展满足个性化汽车生产的快速数字化智能设计,以及汽车产品生产加工后的智能检测技术。

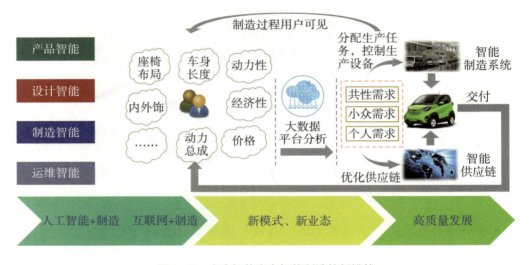

图 13-3 未来智能汽车智能制造的新挑战

在智能汽车的基础上,智能网联汽车融合大量车辆自动控制、网络通信等新技术,实现车车、车路、人车等 V2X 信息交互,汽车的产品属性从单一的机械产品属性向电子产品属性转变,成为移动的智能互联终端。基于车联网和海量服务数据,探究 5G 通信、大数据中心、人工智能、工业互联网等新一代信息技术在汽车制造业中的融合,改变传统汽车制造模式,从而实现集设计、加工、运维于一体的服务型制造新模式。

图 13-4 为汽车制造从数字工厂、智能工厂到智慧工厂的发展趋势图,从 20 世纪 90 年代的设计—制造一体化集成、21 世纪初的信息与装备融合到近年的全产业链集成,汽车制造在实现智能化程度升级的同时,也实现了从内部业务的信息纵向集成到

全产业链的横向集成。面向新能源与节能汽车、智能汽车、智能网联汽车等新型汽车的制造产业升级,需要从数字化、工业互联、定制化、智能化四个维度研究支撑智能制造的发展架构与支撑技术,实现智能制造技术的突破。

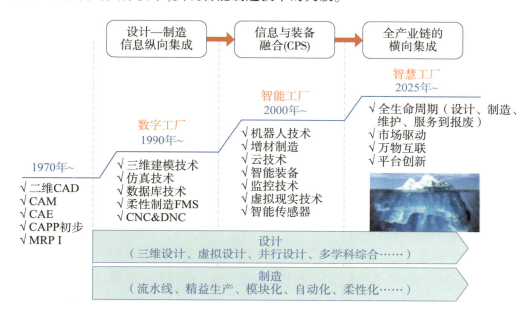

图 13-4　汽车制造数字化与智能化

未来智能汽车的智能制造将围绕个性化的定制需求,重点实现设计智能、加工智能以及运维智能(图 13-5);通过研究未来智能汽车智能制造的生产模式,构建产业链融合的标准化平台,适应更新换代频率高、消费需求多样化、大批量定制化的未来智能汽车制造需求;利用服务数据完善生产制造,形成设计、加工、运维一体化的新的智能汽车制造体系,突破面向服务的先进制造。

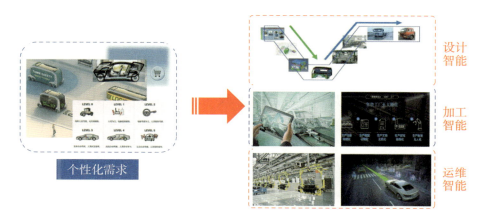

图 13-5　未来智能汽车智能制造发展重点方向

第三节
智能设计技术

一、未来智能汽车智能设计的发展趋势

智能汽车的发展规划体现在汽车自动化程度的逐渐增强,驾驶舒适度的逐渐提高,以及对驾驶安全性提供更高保障。进入 21 世纪以来,科技的快速发展促进各国汽车设计行业逐渐向更专业化、多学科交叉的层面发展,各学科相关知识被快速应用到汽车设计领域,现代汽车设计在向清洁、节能、安全和智能方向发展过程中,呈现出了新的趋势和特点。

个性化定制的需求推动着智能设计技术的变革。通过客户画像以及情景设计分析,能够准确捕获市场需求,从而实现智能汽车的快速化、分散化、智能化设计。此外,汽车智能设计面临多学科和多领域的交叉融合,整车性能的系统分析变得格外重要,亟须构建零件与零件、零件与总成、总成与总成之间的准确关联关系,从全局出发寻求整车设计的最优解。

汽车的设计模式随着智能制造的发展而逐渐改变。在新车型的设计过程中,通过信息集成,采用数字化技术进行设计方案优化、性能仿真分析和验证评价,可减少实物样车制作和实验验证次数,节约成本。2019 年,重庆长城汽车智能化工厂通过智能制造的实施减少员工 120 名,生产效率提升 5%,单车能耗降低 3%,整车质量也有较大提升。图 13-6 所示为智能制造实现汽车设计的信息集成,在汽车设计过程中通过 CAD 相关软件进行结构造型辅助设计;通过 CAE 相关软件进行整车刚度和模态分析、装配过程仿真和安全碰撞模拟等;将整车尺寸、CAE 分析等相关信息集成,从而服务于整车设计阶段。

二、未来智能汽车智能设计的核心瓶颈

目前智能设计的核心瓶颈体现在以下三个方面。

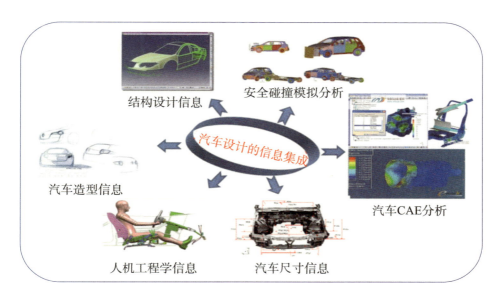

图 13-6　智能制造实现汽车设计的信息集成

1. 面向汽车设计的自主工业软件

新型工业软件在汽车智能设计过程中承担着数据处理、分析和应用的重要功能,是在汽车智能制造中负责优化、仿真、呈现、决策等关键职能的主要组成部分。然而,当前国产软件企业与国外领先软件企业仍有较大差距,主要体现在三个方面:第一,国产工业软件尚未掌握关键技术领域部分的核心算法,如 CAD 的几何内核算法和 CAE 的有限元算法仍然受制于国外领先软件企业,需通过授权经营或整体购买的方式进行使用。第二,国产工业软件存在着专业化程度较低、集成能力不足、服务模式相对传统落后等问题,目前阶段多为标准化通用型产品,对产品定制和二次开发的相关经验积累不足,与汽车设计需求结合欠缺。第三,国内企业受限于多方面考虑,发展方式尚不明确,未进行新兴产业环节的有效布局,如汽车工业整体数字解决方案、数据分析应用系统、大数据平台等。近年来,我国工业软件在全球市场的比例已逐渐增大(图 13-7),从 2012 年占比仅 25.6% 到 2020 年占比达 45.3%,但要实现汽车的自主化智能设计仍需进一步研究。

2. 基于用户需求的个性化设计

在大数据时代,数据已经成为智能产品的基础设施,且采用大范围、低成本的方式获取相关数据成为可能。根据用户特征、业务场景和用户行为等信息,可构建一个标签化的用户模型,从而寻找目标客户,优化汽车产品设计。同时,借助大数据分析对产品存在的问题进行解读和研究,并根据分析结果构建产品应用情境,发现产品与构建情境交互的不足,提升产品功能以及用户体验。然而,当前在实现客户画像分析时,难以从大量用户数据中构建有效的用户模型、实现从不同结构和模态的多源异构数据中构建用户画像;同时,在汽车设计平台交流共享下难以保障用户隐私。将情境设计分析应用到汽车智能化设计时,存在着汽车应用场景复杂多变、使用情景及细节难以完全构建、用户难以参与设计等问题,导致情境预测需要耗费大量时间。

图 13-7　2012—2020 年工业软件市场规模

3. 跨部门多源数据融合

伴随智能汽车、智能制造等概念的不断深化,工业数据采集范围不断扩大,数据类型和规模出现了爆炸式增长。随着工业场景层次化和交叉程度的加深,产品更新速度加快,制造部门之间需要更为频繁地资源协同和生产并行;同时,不同部门的数据与知识体都存在着专业壁垒,要求汽车制造企业在设计、生产和管理系统等方面能够支持与其他企业的业务交互。然而,当前多方数据仍呈孤立状态,数据融合度不高成为制约汽车快速化制造的重要因素之一。不同特性的数据进行融合处理时,需要克服数据间的不确定、不准确、不完善、模糊、多义、冲突等难点。亟须对这些海量的信息建立一套工程化的方法和规范,同时对不同的汽车生产厂家建立一套相同的分类标准,统一描述零部件名称,建立标准目录,包括一级分类、二级分类,从而实现跨部门的多源数据融合。

三、未来智能汽车智能设计的关键技术分析

工业软件的核心目标在于提高设计效率、降低设计成本和缩短产品上市时间。3D建模技术是工业设计软件的基础技术,可以帮助设计师将设计思想变成具体的三维模型,主要包括自由曲面建模、实体建模、参数化建模等。渲染技术可以通过光线追踪、阴影计算等方式对设计模型进行逼真渲染,让设计师可以更真实地看到设计效果。碰撞检测技术可以检测设计模型中不同部分之间的碰撞和冲突,以避免设计缺陷和生产问题。智能优化技术可以通过模拟和分析,自动进行设计参数的优化与调整,从而得到更优的设计方案。云计算技术可以将工业设计软件部署在云端,使得设计师可以随时随地使用软件,实现协同设计与数据共享。数据可视化技术可以对设计过程中产生的大量数据进行可视化处理,让设计师和管理人员更好地理解和分析设计情况。开发工业软件需要长期投入研发并积累智能汽车设计相关的CAD、CAE、优化设计、动态设计、智能化设计等技术和方法。提高工业软件专业化程度,可将软件设计与汽车设计需求进一步紧密结合。面对未来新兴产业的蓬勃发展,需完善工业软件产业价值链,有效布局工业整体数字解决方案和工业数字分析应用系统。

未来智能汽车的智能设计需要以用户需求为指导,实现个性化设计,通过互联网大数据快速捕捉客户反馈,缩短开发周期,有效解决客户需求问题。通过市场调研深入了解用户需求和行为习惯,依托大数据平台,从大量用户数据中构建强表征用户模型,从不同结构和模态数据中构建用户画像,并以此作为产品设计的基础。利用自然语言处理和机器学习等人工智能技术实现智能问答、智能推荐等功能,让产品更加智能化、个性化。不断地进行用户测试和反馈,优化产品设计,提高用户满意度,从而实现产品的持续发展,提高用户的忠诚度。在各汽车设计平台共享下还需保护用户隐私,尽量构建产品使用情景及细节。

在智能汽车设计过程中,提高各系统实现多源数据融合度可以实现汽车快速化设计,解除设计过程中多源异构数据的孤岛效应,消除数据规模与数据存储价值的矛盾性,关联结构化数据、半结构化数据和非结构化数据,确保设计时产生的新功能、新实体的数据的一致性。多源数据融合的方法和技术包括传统的统计分析、模型建立和优化,以及人工智能领域的深度学习、神经网络、知识图谱等。多源数据融合在智

能设计中的应用非常广泛。在产品设计中,可以将来自用户需求、市场调研、技术研究等多个方面的数据进行融合,以优化产品设计方案。在制造过程中,可以将来自工艺、设备、物料等多个方面的数据进行融合,以优化制造过程和提高生产效率。在质量管理中,可以将不同环节的检测数据进行融合,以提高产品质量和降低生产成本。

第四节
智能加工技术

一、未来智能汽车智能加工的发展趋势

智能制造是贯彻落实《中国制造 2025》的战略部署,是工业化和信息化深度融合的主攻方向,是增强我国制造业发展、加速推动汽车产业由规模速度型向质量效益型转变的重要途径。根据《节能与新能源汽车制造技术路线图 1.0》的描述:2000—2015 年,中国汽车制造经历了信息化阶段,通过采用 MES、EPR 以及 PLM 系统和工业机器人,实现精益生产;2015—2030 年,中国汽车制造通过数字化、大数据以及智能工厂来实现大批量定制;2030 年以后,中国汽车制造则转向个性化定制,通过自由重构、人工智能和生态制造来实现。这是汽车制造技术发展的大趋势。

近年来,随着我国汽车行业大量智能制造试点示范项目的实施,项目示范带动和集成应用辐射放大作用突出,汽车行业发动机、变速器、底盘系统等关键零部件以及整车的智能制造水平得到显著提升;同时,我国智能制造核心装备的自主供给能力、基础工业软件的支撑能力也有所提高。汽车智能加工开始逐渐进入整体工厂阶段,逐步实现网络化、分布式的生产设施,控制生产过程中不断出现的复杂性。综合兼顾物料供应协同、工序协同、生产节拍协同、产品智能输送等诸多环节的一体化整厂设计是实现个性化产品、批量化生产的必然选择,也是实现智能加工的重要基础和保障。同时,为满足智能加工的高精度和高效率需求,大量的智能制造装备与各类高精密传感器的交互广泛应用在加工制造的各个环节,如高端数控机床、工业机器人结合视觉、力、位移传感器和 3D 打印技术等,可显著提高零部件生产加工的精密度,降低失误率及风险。除此之外,以实时监控、自行诊断、自动调整控制为核心的系统控制和信息数据技术,在智能加工中也得到了快速的发展。

二、未来智能汽车智能加工的核心瓶颈

比照现有汽车制造的发展现状与发展大趋势,我国智能汽车的智能加工技术还存在以下核心瓶颈。

1. 汽车智能生产线核心装备自主化

我国汽车智能生产线核心装备自主化的难点主要体现在以下方面。首先,我国数控机床供需不平衡,高端数控机床国产化率低。其主要体现在低端数控机床的产能过剩和高端数控机床的供应不足,导致供给侧结构性失衡。当前我国高端数控机床国产化率不足10%(图13-8)。中国机床工具工业协会数据显示,2013年以来,高端数控产品进口单价上升了20%左右。2019年1~10月数据显示,金属加工机床出口均价在484美元/台,进口均价在13.3万美元/台,这意味着每进口一台高端数控机床,需要出口270台国产机床才能大致避免贸易逆差。而2020年瑞士向中国出口的高端数控机床均价已超过51万美元/台,折合人民币330万元/台。

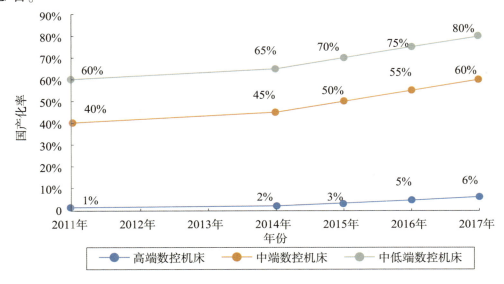

图 13-8　我国不同数控机床产品的国产化率

其次，我国机器人自给率不足。外贸品牌如瑞士的 ABB、德国的库卡、日本的发那科和安川电机四大家族，占据着中国汽车行业工业机器人市场 70% 以上的份额，几乎垄断了机器人制造、焊接等高端领域；机器人核心零部件如控制器、伺服电机、减速器等严重依赖进口，导致我国智能化进程受制于人。2021 年我国工业机器人市场竞争力与技术研发实力如图 13-9 所示。我国工业机器人市场目前仍以外资品牌为主。随着我国在机器人领域的快速发展，自主品牌机器人市场份额也在逐步提升，与外资品牌机器人的差距在逐步缩小。2021 年我国工业机器人市场份额超过 32%。

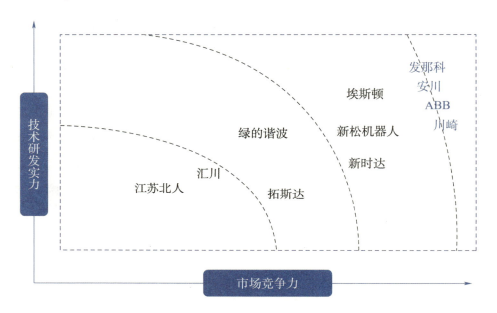

图 13-9　2021 年我国工业机器人市场竞争力与技术研发实力分析

此外，在汽车智能生产线方面，我国的汽车智能自动化生产线系统工程设计、总承包能力相对不足，汽车智能自动化生产线系统研发设计能力不强。汽车制造的四大工艺流程如图 13-10 所示。我国的汽车制造企业目前更加注重降低成本和提高效率，而不是单纯追求自动化水平。此外，自动化生产线的实时监控、故障响应、质量控制等关键核心技术尚不成熟。因此，相比发达国家，我国汽车制造业的自动化水平仍然存在差距。

另外，智能制造装备行业在我国起步较晚，国内企业的自主创新和技术研发能力与国外先进企业相比仍有差距；在大型、超大型系统及高端应用领域，国外先进企业基本处于主导地位。

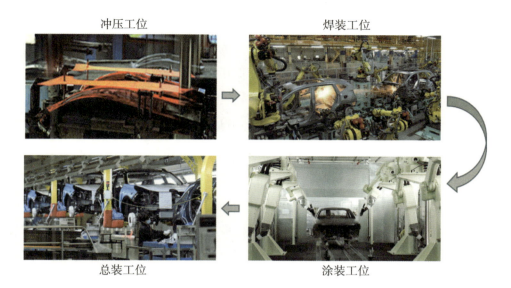

图 13-10　汽车制造的四大工艺流程

2. 智能加工核心零部件自主能力

在核心零部件技术方面,我国汽车自主创新热点多集中在整车开发和传统零部件生产,在核心和关键技术领域投入不足,绝大多数国产轿车缺乏核心零部件的自主知识产权。我国工业软件产品与美国、德国等国际先进水平产品相比,存在较大差距,软件技术支撑能力不足。近年来,我国嵌入式软件发展较快,但是生产控制类软件如 MES、信息管理类软件如 ERP 等开发能力不足,市场份额多为跨国公司占有,重点体现在以下方面:一是仿真软件自主研发能力不足。汽车行业主流的仿真包括机器人运行轨迹仿真、人机工程仿真、物流仿真、工厂布局仿真、工艺特性仿真、虚拟调试。目前,我国在生产运行轨迹仿真、三维工艺仿真、三维可视化工艺现场等复杂仿真软件方面,自主研发能力和部分数据库不足,难以实现全局模拟仿真,无法打造完整虚拟数字工厂。二是系统集成存在大量信息化孤岛。目前,生产管理各系统各装备之间不兼容,数据逻辑不统一,尚未打通整个信息链,形成一个个信息孤岛。三是数据采集技术目前仍面临着数据采集器功能单一、数目较少、采集参数少的问题。另外,受限于现有数据分析技术,对采集的数据缺乏充分挖掘和利用,难以为生产决策提供支撑。尚未真正实现智能工厂的自我感知、自我分析、自我决策功能。

3. 供应链与质量管控

我国汽车产业现阶段面临大而不强、汽车企业研发投入低、核心技术装备缺乏,以致我国汽车供应链面临韧性不足的问题，无法满足产品快速转型和个性化生产，致使我国汽车产业的国内市场占比不足，且大多为中低端产品。而外资品牌具备不同车型和新产品研发的快速转型能力，长期占据供应链体系顶端，聚焦前装高端、高附加值市场，利润大量外流。

由于我国汽车供应链韧性不足和相关环节质量管控不足，汽车智能制造水平和自动化程度不高，导致产品质量可靠性、一致性不佳，甚至发生车辆召回事故，给汽车企业带来巨大经济损失、质量损失和较高的生产成本。

当前，我国缺少世界一流的自主汽车品牌，国际影响力仍然有限。近年来，随着电动汽车的高速发展，国内的电动汽车产业逐步占据主动地位，相较于传统的燃油汽车，虽然在供应链与质量管控方面有了新的提高，但是仍存在碰撞、低续航等问题。因此，目前企业智能制造转型升级以局部优化改造为主，在进行整体智能制造转型升级中还存在着诸多顾虑。提升供应链与质量管控效能，是实现新能源汽车以及未来智能汽车行业健康发展的关键。

三、未来智能汽车智能加工的关键技术分析

核心装备方面，我们需要缩小核心装备产品性能的差距，提高我国中高端数控机床和工业机器人的自给能力；提高我国汽车智能生产线系统工程的研发设计能力，降低对外高端装备的依存度，提升产业自主创新能力，实现智能加工的转型升级。

核心技术方面，要避免核心数据库和自主基础软件系统的缺失，提升我国自己的数据分析和决策的算法开发能力。通过提升复杂工艺仿真软件自主研发能力、补足核心数据库，打造孪生数字工厂，支撑工艺智能优化。通过兼容各生产管理系统，统一数据逻辑，实现全过程端对端互联的智能决策。通过优化分析检测技术，提升检测效率，降低智能检测成本，从而实现低价高质的产品质量快速检测功能。

供应链与质量管控方面，需要加强我国汽车供应链的研发投入和产品质量管控力度，进一步增强我国汽车供应链的韧性和相关环节质量管控，满足市场日益增长的产品快速转型和个性化生产需求，提高我国汽车智能制造和自动化水平，进一步提升产品质量的可靠性和一致性。同时，电动汽车的飞速发展和国内政策的大力扶持使

得我国在该领域占有巨大优势,预计2040年我国电动汽车保有量占比达到50%。在过去几年中,全球电动汽车的销量有了较大的增长,预计2040年全球电动汽车保有量占比为33%。未来在大里程续航技术、超级快充技术、人机交互技术、自动驾驶技术等领域的研发应用可与传统燃油汽车进行交互,进一步提升我国的汽车智能加工技术的应用。

第五节
智能运维及服务技术

一、未来智能汽车智能运维的发展趋势

汽车行业"新四化"的迅猛发展助推运维服务的快速转型,产业与信息技术的融合不断加深。汽车的智能化、网联化重塑了运维模式,通过车载传感器采集驾驶行为、行车轨迹、驾驶通信等实时数据,开展远程诊断、预测性维护、预防性维护等服务。在国外,宝马汽车通过引入人工智能技术,建立智能客服系统和智能驾驶系统。智能客服系统可以为用户提供更加个性化的服务,而智能驾驶系统可以实现车辆自动驾驶和远程监控。特斯拉汽车通过自主研发的自动驾驶技术,可以自主识别和避让障碍物,实现高度自动化的驾驶体验。沃尔沃汽车通过建立车联网平台和智能驾驶系统,实现对车辆的远程监控和故障诊断。在国内,一汽集团通过建立车联网平台,实现对车辆的远程监控、故障诊断、维修预警,并通过大数据分析,为用户提供个性化的服务和推荐。

汽车的运维研究主要包括检测感知技术和诊断维护技术。在检测感知技术方面,非接触式光学测量设备能够在线采集制造过程中产品的高维点云,为生产线上尺寸变异和工艺超差等问题的快速识别提供依据,同时也可以用于保证产品的完整性和可追溯性。此外,机器视觉技术已经运用于胶粘、焊接等汽车制造工艺的检测。未来视觉检测技术将分布于整条汽车制造流水线,并向汽车产业链的各个环节迅速拓展。与此同时,随着增强现实、虚拟现实、云服务等技术的发展与成熟,信息将与人工实现多方面、多维度的互动,检测将以多种形式与用户实现交互。在诊断维护技术方面,有基于机理模型、数学模型和人工智能的方法。基于机理和数学模型的方法已经在工业界发展多年,有着丰富的理论和数据积累。基于人工智能的方法是近些年研究的热点,包括基于贝叶斯网络建模、基于深度学习建模和基于信息集成技术建模等方法。除了故障诊断方法自身的迭代更新以外,融合多种诊断方法的诊断系统也是未来发展的趋势之一。

工业机器人助力检测感知的自动化、智能化。全自动化的生产线能够提高制造效率,同时提升产品的一致性和可靠性,实现降本增效。以工业机器人为载体的检测感知能够在高效节拍和复杂环境下准确采集各类信息,为产品的状态监控、故障诊断及决策控制提供数据支撑。

工业物联网助力汽车全生命周期管理。通过万物互联,基于采集的驾驶行为、行车轨迹、驾驶通信等运行数据,能够开展远程诊断、预测性维护、预防性维护等服务。在维护阶段,通过各检测站信息的互联互通,能够实现故障车辆的就近快速维修。

工业数据链助力智能网联汽车的运维模式改革。结合汽车智能化及云服务技术,完成汽车售后质量监控服务,可以实时监控汽车状态,提高乘客安全性;利用实时云端数据,预测汽车维修需求;通过实时数据更新,确保汽车自动驾驶算法环境稳定性。

二、未来智能汽车智能运维的核心瓶颈

随着汽车保有量的不断增加和造车新势力的快速崛起,未来智能汽车智能运维服务主要存在以下三个核心瓶颈。

1. 高端检测技术

光学检测设备和机器视觉技术在整车制造企业的普及率不足,限制了整车质量的提升。高端检测设备是工业产品的反馈感知端,是智能运维的前提。智能汽车相较于传统汽车,增加了电子电控元件、智能算法等相关功能元器件,而这些元器件的质量检测在现有的工业流程中尚未完善,需要新的技术手段和配套的实施方案。目前,预测性维护中的机器学习算法,如多层卷积神经网络、特征提取等,存在计算时间长、泛化能力差等问题,尚未实现大规模工业应用,亟须进一步发展完善。同时,检测

先进仪器设备对外依存度高,柔性传感器、触觉传感器、微小电学机械系统等高端传感技术需要突破。

2. 智能运维基础设施

工业和信息化部印发的《发展服务型制造专项行动指南》中,对智能运维提出了"全生命周期管理"的要求,而实现这一要求需要完善状态预警、故障诊断、维护检修、回收利用等全链条服务。其中,产品质量管控、设备运作状态维护等都需要大量的数据积累以提高全生命周期管理决策精度,而目前的数据积累过程尚处在初级阶段。用于品控和分配运输物料管理等的信息处理技术需要进一步提升。智能汽车发生交通事故时没有判例可循,"数据法""质量溯源法"等新法规需要完善。新能源汽车的电池行业标准、快速充电技术、充电桩的优化布局等问题,目前仍然是行业的痛点。

3. 智能运维场景和业务体系

智能运维服务是在传统维护基础上的一种质变,需要大量技术和资金的投入。未来智能汽车检测技术及传感技术的大量应用,使得获取汽车在使用过程中的整车状态数据以及使用者的驾驶习惯等数据成为可能。通过采集使用端的大量数据,提升产品运行维护质量、客户定制化服务水平等将成为可能。实现从现有提供产品的制造模式到以提升客户体验的服务模式的转变,智能运维并非服务的终点;将运维信息反馈至汽车的设计与制造阶段,可以进一步促进整车质量的提升,打造服务型制造的业务体系。

三、未来智能汽车智能运维的关键技术分析

检测感知技术上,基于线激光、结构光、机器视觉等原理的测量设备能够采集高密度产品质量信息;基于力学、声学、热学等技术的高端传感器能够采集多源异构信息;基于信号滤波、统计推理、神经网络等算法的数据融合方法能够为决策提供依据。通过理论技术与硬件产品的结合,优化现有检测感知体系,制定统一评价标准,可为汽车智能运维企业提升检测感知水平提供着力点。

诊断维护策略上,新的检测感知技术在为诊断维护带来更多可能性的同时,对技

术方法提出了新的挑战。如云端数据库、知识图谱、深度学习等先进技术将在运维领域逐步实现落地应用。由车内传感器实时采集的内部物理状态数据和道路检测设备获得的车辆热传感图像、噪声分析、路径规划响应信息等外部检测数据共同作为状态数据,以供智能决策。通过比对状态数据和故障数据,预测使用寿命和故障类型,并以此开展智能汽车的预测性维护,减少等待维修的时间。其中,故障数据是对车辆既往检修记录以及各零部件失效状态的总结归类。智能汽车能够基于车辆实时数据预测未来运行状态,并提供维护策略,有助于降低维护成本、增加安全性。

此外,通过数字孪生技术构建"智能运维工厂",能够实时查看和掌握汽车的生产制造、行车状态、部件性能及维修情况等。综合计算、网络和物理环境,可实现汽车全生命周期运维的实时感知、动态控制和信息服务,促使智慧运维工厂更加可靠、高效、实时协同。另外,数字化虚拟工厂还可以进行仿真与分析,通过智能算法优化整个工厂生产线的布局,缩短汽车设计研发和生产制造的周期,减少前期试错的时间与经济成本,为汽车企业抢占新兴市场夺得先机。

第六节
突破瓶颈的关键行动与发展路径

一、发展瓶颈和难点分析

表 13-1 从智能设计、智能加工、智能运维三个角度回顾了面向未来智能汽车的智能制造发展瓶颈。

综上所述,在技术层面,存在智能制造水平和自动化程度低、核心技术装配缺乏、质量可靠性和一致性不佳等发展瓶颈。在社会层面,存在国产汽车品牌形象不佳、环境负荷较大、运维数据积累少、基础设施更新慢、法律法规不够完善等问题。

面向未来智能汽车的智能制造发展瓶颈　　　　　　表 13-1

技术类别	层面	瓶颈及难点
智能设计	技术层	设计过程中多部门产生的多源异构数据形成了数据孤岛，大数据时代下的数据规模与数据存储价值的矛盾性，跨媒体、跨结构的不同源数据难以关联，新功能、新实体的出现导致设计内容关联关系动态演化。工业软件的核心算法尚未掌握、专业化程度较低、产业价值链不完善
	社会层	难以统筹各汽车企业共同建立真实开放的数据库平台，实现对各智能设计相关数据的管理、监控与保护。对未来智能汽车智能化设计相关技术标准难以衡定，结构设计、功能设计、制造工艺设计等需建立相关标准以保证高质量的设计方案
智能加工	技术层	智能加工核心装备产品性能存在差距，部分高端装备对外依存度高和产业自主创新能力弱等瓶颈，难以有效支撑智能加工转型升级。高端数控机床国产化率不足 10%；国外品牌几乎垄断了机器人制造、焊接等高端领域，我国机器人自给率不足；汽车智能自动化生产线系统研发设计能力不强；复杂工艺仿真软件自主研发能力和核心数据库缺失；生产管理各系统之间不兼容，数据逻辑不统一；现有智能检测成本高昂，分析检测技术落后，效率低下，难以对产品质量进行快速检测
	社会层	我国汽车品牌形象不佳，缺少世界一流的自主汽车品牌，国际影响力仍然有限；汽车制造过程材料和能源消耗大，传统制造方式能源利用率低，环境负荷较大
智能运维	技术层	柔性传感器、触觉传感器、微小的电学机械系统等高端传感技术需要突破；车辆数据、用户数据、地图数据、路况数据、第三方验证数据等多源数据采集技术需要发展
	社会层	运维数据积累过程尚在起步阶段；智能运维所需的实时道路检测反馈基础设施，需要时间建设；智能汽车驾驶发生事故时没有判例可循，"数据法""质量溯源法"等新法规需要完善

二、突破瓶颈的对策

针对以上瓶颈，提出以下主要对策。

1. 突破智能设计瓶颈的主要对策

1) 大数据下基于客户需求的产品设计

随着互联网、云平台、物联网等相关技术的发展和成熟，人们对产品特性和功能提出更高需求。基于互联网的智能化服务、车辆外形的个性化、车辆功能的定制化以及自动驾驶带来的便利性和高效率,将是未来消费者和汽车制造厂商关注的重点。依托互联网、云平台以及物联网技术,充分考虑用户对智能汽车的多样化、个性化、功能化和智能化的需求,实现基于客户需求的产品设计(图 13-11)。通过对用户访问轨迹、消费偏好、消费区间等行为的数据分析,结合环境感知、信息处理、规划设计等情景,针对目标客户进行画像分析,可为客户区分化、需求定制化、产品个性化提供支持。

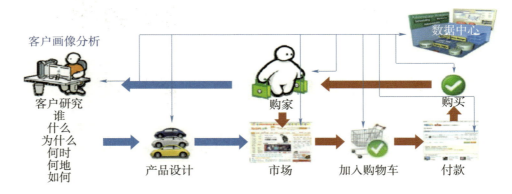

图 13-11　基于客户需求的产品设计

2) 构建人机智能化创新设计系统

快速实现汽车智能化设计,需要在传统汽车设计理念上不断加入新元素和新思想,对其通用性、适应性、可靠性、经济性进行综合分析,综合应用各种最新科学技术,相互协调、相互补充,充分体现汽车智能化的优越性。具体而言,通过集成用户需求数据、制造工艺数据、零部件数据,结合 CAD、CAE、工业虚拟现实技术、人工智能等方法,搭建智能汽车设计数据知识库,为实现未来智能汽车高度个性化的柔性设计提供支持,形成面向未来智能汽车智能制造的用户多元化需求设计、智能汽车创新功能设计、绿色设计以及低成本设计。

3) 建立客户协同的智能汽车设计平台

客户与设计的剥离使得产品更新变得缓慢,因而通过搭建智能化自主设计平台来帮助客户参与到设计当中成为当务之急。如图 13-12 所示,统筹工业软件、专家系统、虚拟现实技术可实现智能化自主设计平台的构建,进而实现智能汽车外形个性化设计、设计模块快速智能配置、智能设计虚拟模型展示、产品加工及运行可行性仿真。通过建成智能化设计体系,搭建智能设计数据库平台,以实现国家对智能汽车的快速化设计需求。

4) 建立并行化协同化设计模式

以集团为主体,整合汽车行业各科研院所、技术协会、零部件企业、设备制造企业等机构建立并行化协同设计平台,如图 13-13 所示。集团之间可以在设计平台实现信息共享与交流,同时邀请各机构联合开发,实现数字化设计、数字化商务和数字化制造的有机集成,消除智能设计过程中的信息孤岛问题。

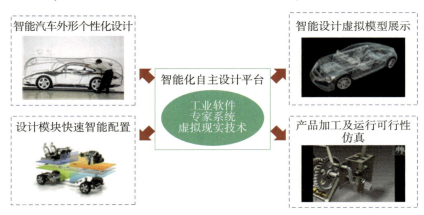

图 13-12　客户协同的智能汽车设计平台

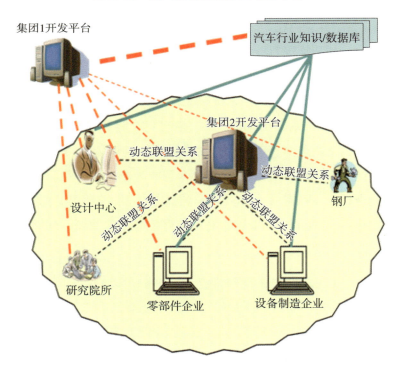

图 13-13　并行化协同化设计模式

2. 突破智能加工瓶颈的主要对策

针对智能加工方面存在的发展瓶颈和难点,提出实现智能加工装备自主化和培育发展智能制造自主技术体系两大主要对策。

1) 智能加工装备自主化

针对智能加工核心装备性能存在差距，部分高端装备对外依存度高和产业自主创新能力弱等，难以有效支撑智能加工转型升级的瓶颈问题，重点研究制造工艺与装备智能复合技术，掌握新材料、新结构的先进制造工艺，突破多物理量感知的工艺/装备智能复合制造技术；突破先进制造模式下数据和工程知识融合关键技术，建立先进制造模式下的质量一致性方法和工具，开发生产过程动态数据的采集、分析与反馈技术手段，开发高频、多维、海量的质量数据分析工具，实现设计与工艺的协同、工艺与制造的协同、制造与性能的协同；研究产品质量一致性工程关键技术，包括突破极大/极小尺度的高精度测量技术，为产品质量诊断提供重要依据。同时，关注关键功能部件的精度保持性技术，建立基于互联网环境数据驱动的质量一致性工具方法。此外，还要探索制造精度与产品性能系统优化技术，以及多源异构数据和工程融合、迁移和互补技术，形成制造系统的设计—制造—性能一体化体系。

2) 培育发展智能制造自主技术体系

紧扣数字化转型升级内在需求，找准行业应用难点痛点，攻克关键技术装备，充分结合企业生产特点，加速推进智能制造标准体系建设。重点解决单机单元智能制造技术问题、单元产线智能制造技术问题、车间工厂智能制造技术问题；支持装备制造企业以装备智能化升级为突破口，加速向系统解决方案供应商转变，推动传统车企和互联网公司等多行业多企业跨领域合作、联合攻关，搭建智能制造数字化平台；支持系统解决方案，供应商联合装备制造商、软件开发商，推进智能制造装备、核心软件、工业互联网的集成应用；加速完善标准体系，大力支持汽车智能制造标准研究工作组开展标准制定工作，研究和调查行业实际需求，加速推进标准体系建设，推动相关标准落地实施，发挥标准在推进汽车行业智能制造产业健康有序发展中的指导、规范、引领和保障作用。

3. 突破智能运维瓶颈的主要对策

针对智能运维存在的发展瓶颈和难点，提出构建多维度车辆信息智能感知系统和突破全生命周期汽车产品智能决策技术两大主要对策。未来智能汽车的智能运维将是融合数据云平台、修理厂、顾客、供应商和车辆的新模式。如图13-14所示，各主体通过数据云平台实现信息的交互，数据云平台收集维修数据、需求信息、质量信息和使用与感应数据，同时输出诊断信息、维修提醒、市场信息和实时报警与交通信息，进而构建面向未来智能汽车的智能运维新模式。

1) 构建多维度车辆信息智能感知系统

汽车质量缺陷的精确识别涉及多个维度，通过新增电子元器件和智能算法，可在传统检测工艺智能化的基础上实现快速响应。如图 13-15 所示，电子元器件能够保证封装质量、传感精度、线路安全、电容电压稳定，智能算法能够提升响应速度、减小内存占用、保证信息安全、实现精准决策。面向智能汽车质量多维度感知需求，针对各维度使用的车辆信息感知工具，构建相应的质量检测流程，最终整合形成多维度、全自动化的车辆信息智能感知系统。

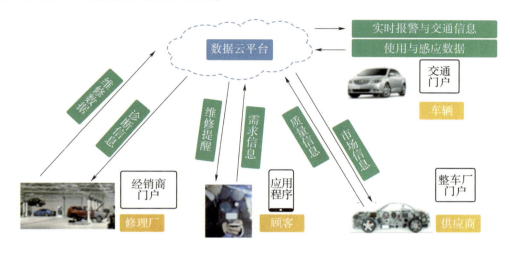

图 13-14　面向未来智能汽车的智能运维新模式

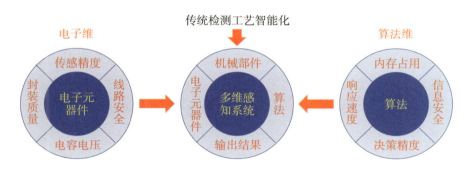

图 13-15　多维度智能感知系统

2）突破全生命周期汽车产品智能决策技术

通过建立全生命周期质量信息流监控系统，可对信息进行合理地提取、分析、监控；通过搭建个性化质量自动评估平台，可保障生产流程的不断迭代优化，记录车辆行驶状态和使用寿命，及时反馈维修更换意见。对加工设备进行状态监控，可在实际加工过程中保持正确的加工条件，有效调整和检测各项数据，保证机械加工能够达到最佳状态。汽车智能算法可靠性检测，可对智能汽车的主要算法，包括车道线检测算法、局部路径规划算法、行人检测算法、障碍物检测算法进行算法逻辑识别，确保智能汽车内置算法无误。

4. 突破数据与工程知识融合的瓶颈

此外,除了智能设计—加工—运维三个方面,数据与工程知识的融合也是亟须突破的瓶颈问题,主要有以下两点。

1) 多源数据融合度不高

伴随智能汽车、智能制造等概念的深化,工业数据采集范围扩大,数据类型和规模出现爆炸式增长。与此同时,随着工业场景层次化和交叉程度的加深,产品更新速度加快,制造部门之间需要更加频繁地资源协同和生产并行。不同部门的数据要在汽车制造的设计、生产和管理系统等方面融合运用,更好地支持与其他企业的业务交互。图 13-16 为数据和工程知识融合的信息挖掘与建模分析,通过汲取 Hadoop、RDBMS 等平台的优势,实现数据的预处理,基于统计、信息论、推理等方法实现多数据的融合建模,最终为示范车间的分析、诊断和决策提供指导性意见。

2) 海量复杂数据治理缺乏手段

数据的完整性、规范性、一致性、准确性和唯一性是数据分析与工程集成的前提条件。然而,汽车行业中设计、制造、运维数据具有的大规模、异质性、高噪声等特点,给数据清洗、数据质量评估等工作带来极大挑战。在数据测量系统分析、数据清理校验、数据质量监控、数据质量分析处理、数据质量评估等管理策略、管理标准与管理工具上还有待突破。

针对数据与工程知识融合的瓶颈,主要对策是提升汽车制造数据和工程知识融合的关键技术。建立先进制造模式下的质量一致性方法和工具,开发生产过程动态数据的采集、分析与反馈技术手段,开发高频、多维、海量的质量数据分析工具,实现设计与工艺、工艺与制造、制造与性能的协同。研究产品质量一致性工程关键技术,突破高节奏批量产环境下复杂型面、异质材料连接件以及多腔体结构的多维高精度测量技术,为产品质量诊断提供重要依据。发展制造精度与产品性能系统优化技术,多源异构数据和工程融合、迁移和互补技术,充分利用服务数据完善生产制造,形成制造系统的设计—加工—运维一体化的新的智能汽车制造体系,实现面向服务的先进制造。

三、突破瓶颈的发展路径

从时间跨度上,在设计、加工、运维三个方面都需要进行长远规划,图 13-17 所示为未来智能汽车智能制造突破瓶颈的发展路径。

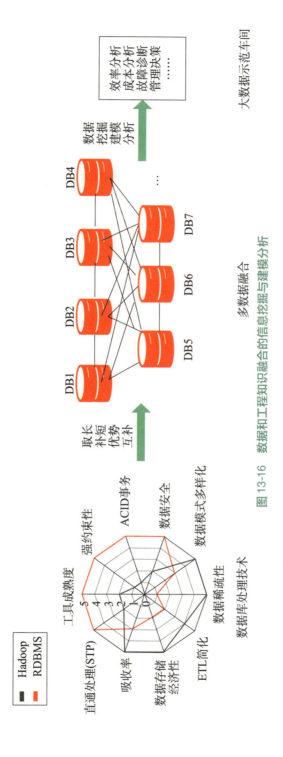

图13-16 数据和工程知识融合的信息挖掘与建模分析

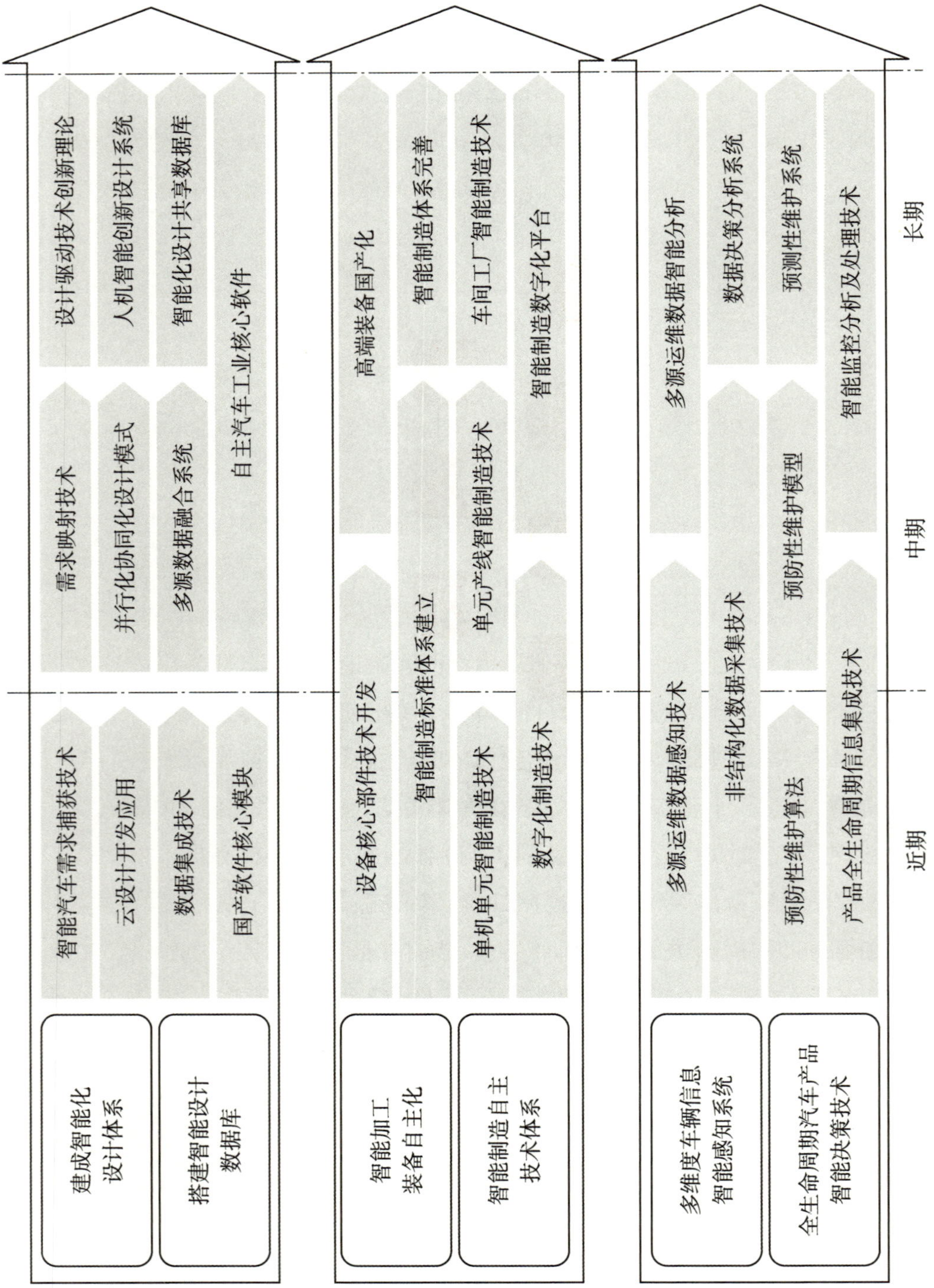

图13-17 未来智能汽车智能制造突破瓶颈的发展路径

建成智能化设计体系 / 搭建智能设计数据库
- 近期：智能汽车需求获取技术；云设计开发应用；数据集成技术；国产软件核心模块
- 中期：需求映射技术；并行化协同化设计模式；多源数据融合系统；自主汽车工业核心软件
- 长期：设计驱动技术创新理论；人机智能创新设计系统；智能化设计共享数据库；自主汽车工业核心软件

智能加工装备自主化 / 智能制造自主技术体系
- 近期：设备核心部件技术开发；智能制造体系标准化；单机单元智能制造技术；数字化制造技术
- 中期：高端装备国产化；智能制造体系建立；单元产线智能制造技术
- 长期：高端装备国产化；智能制造体系完善；车间工厂智能制造技术；智能制造数字化平台

多维度车辆信息智能感知系统 / 全生命周期汽车产品智能决策技术
- 近期：多源运维数据感知技术；非结构化数据采集技术；预防性维护算法；产品全生命周期信息集成技术
- 中期：多源运维数据采集技术；预防性维护模型
- 长期：多源运维数据智能分析；数据决策分析系统；预测性维护系统；智能监控分析及处理技术

建成智能化设计体系,捕获设计需求,进行需求映射,驱动技术创新理论的进一步发展。结合云设计开发模式,实现并行化、协同化、人机智能化设计。充分运用数据信息,实现数据集成、数据融合与数据共享,致力于汽车设计中使用的国产软件的核心模块以及工业软件的核心技术的自主化、现代化。汽车智能加工在硬件上的发展路径是实现加工装备的自主化。开发设备核心零部件技术,减少高端装备的对外依赖性。汽车智能加工在软件上的发展路径是尽快推动我国业内智能制造标准体系的建立及完善,包括单机单元的智能制造技术、单元产线的智能制造技术以及车间工厂的智能制造技术,建成智能化的、数字化的制造体系。在汽车的智能化运维与服务上,加快建设多维度车辆信息智能感知系统,加快发展全生命周期汽车产品智能决策技术。感知并分析多源运维数据,采集非结构化数据,构建数据决策分析系统。由预防性维护算法的开发,建立并完善预防性智能运维模型,最终实现预防性维护系统的搭建。攻克软件核心难点,攻破产品全生命周期信息集成技术,攻占汽车运维智能监控、分析及处理一体化技术堡垒。

第七节
落地实施方案建议

一、推进面向未来智能汽车智能制造的技术与标准体系建设

面向未来智能汽车智能制造过程,从顶层规划角度出发,突破全生命周期风险识别、表征、度量、控制等技术难题,完善数据收集与治理体系,建立智能汽车设计制造技术体系。用足用好"新基建"机遇,强化关键环节、关键产品的技术攻关和标准研制应用,构筑涵盖设计、制造、监测、大数据分析、运维等方法体系,形成先进有效的汽车智能制造标准体系,加速科技成果向现实生产力转化,强化智能汽车产业领先优势。

充分利用我国新能源汽车产业在技术、产品、应用上的领先优势,对标国际先进标准,构建包括国家标准、团体标准和企业标准在内的完整未来智能汽车智能制造技术标准体系。充分发挥标准在推进智能制造发展中的基础性和引导性作用,建立政府主导与市场自主制定的标准协同发展、协调配套的新型标准体系,开展智能制造基础共性标准、关键共性标准和行业应用标准研究,搭建一批标准试验验证平台,开展全过程试验验证。聚焦未来智能汽车智能制造全生命周期的互联互通,打通智能设计、智能加工、智能运维等关键领域的技术标准,建立集 CAD 设计、CAE 仿真、制造工艺设计、检测工艺设计于一体的快速化智能设计架构,建立多源异构数据融合的数据系统标准,建立智能装备集成、大数据传输、工业物联网搭建等关键环节的关键技术标准,建立整车质量监控与汽车智能系统单元算法的可靠性检测标准。

二、系统解决未来智能汽车智能制造产业与装备短板

鼓励整车企业和零部件企业结合智能制造、互联网等新技术革命进行原始创新、集成创新,优化智能制造产业链布局。突破一批汽车智能制造核心技术,支持工业软件国产化快速发展,创建核心产品自主品牌,形成产品创新研发和质量保障能力,实现指标和性能的突破,推动高端装备设计—制造一体化高质量发展。

根据目前我国汽车智能制造行业的技术、资源优势,进行产业布局优化,加强宏观引导,发展以区域为中心、多生产中心的产业布局新模式。针对汽车智能制造定制化和本土化的发展需求,引导企业设立全球研发和生产中心,充分利用本土化的研发、设计、销售和服务资源,开发适应本区域消费者特性的技术和产品,保持市场竞争地位。围绕智能制造自动化、信息化、互联化、智能化的演进过程,对于优势产业集群给予持续政策扶持,支持产业技术迭代升级,形成汽车智能制造产业技术优势。

发挥行业群体优势,进行统一规划与部署,对制约汽车智能制造的各项关键核心技术进行集群攻关,突破一批核心技术,打通整个产业链,提升产品的性能。重点围绕工业互联网协同制造、规模化定制协同制造、智能制造等阶段的制造支撑技术在汽车智能制造中的深化作用,特别是在智能设计、智能加工、智能运维中的作用,筛选创新发展需求,实施前沿引领技术、应用技术、产业化技术、共性技术平台等专项,重点突破自主工业设计软件、共享数据平台、智能加工关键技术装备、汽车智能制造标准体系、智能化质量预评估平台、汽车智能算法可靠性检测技术。

三、加快完善面向未来智能汽车智能制造的法规及监管政策

加强智能设计制造技术支撑能力建设,提出材料、设计、制造、检验检测等设计制造和使用维护阶段的风险控制参量及指标要求,推动国家产品安全实验室建设,适时

推动机动车安全立法工作,进一步明确企业的安全主体责任,健全安全监管机制,完善监管流程,提高监管效能。

车辆智能化、网联化趋势已经不可逆转。汽车信息安全不仅涉及个人信息泄露、财产(账户)安全,智能网联汽车还有可能遭到网络攻击,如通过远程控制,造成汽车系统失灵故障引发交通事故。亟须出台面向未来智能汽车智能运维的用户数据安全和个人隐私保护的法律体系,促进数据资源的有序流动和规范利用,助力未来智能汽车相关制造产业的持续创新和规范发展。

四、构建研究和技术人员培养体系与梯队建设机制

建立工匠制度—工匠习惯—工匠精神的保障机制,将工匠精神融入设计、生产、经营的每一个环节,实现产品从"重量"到"重质"的提升,优化人才培养与成长氛围。深入融合高等教育与汽车智能制造产业发展,创新人才培养模式与机制,提升我国高层次创新人才的储备、高质量专业化人才的供给、高水平应用技术研发队伍的培育和高素质技能型人才的输送。

构建多层次人才队伍,加强智能制造人才培训,培养一批能够带动行业、企业智能转型的高层次领军人才,一批能够突破智能制造关键技术及进行技术开发、技术改进、业务指导的创新型技术人才,一批既擅长制造企业管理又熟悉信息技术的复合型人才,一批门类齐全、技艺精湛、爱岗敬业的高技能人才。健全人才培养机制,支持高校开展智能制造学科体系和人才培养体系建设,培养能够胜任智能制造需要的实用人才。鼓励有条件的高校、院所和企业建设智能制造实训基地,培养满足智能制造发展需求的高素质技术技能人才。鼓励企业和各级院校联合打造"中高职+高校+企业"技术技能人才培养的体系。建立智能制造人才需求预测和信息服务平台,建立工程技术人员和教职人员职称互认与兼职机制,贯通企业和高校之间人员与知识的双向流动渠道,充分发挥高校学术资源与企业工程技术资源融合优势。

本章参考文献

[1] 赵福全,苏瑞琦,刘宗巍.洞见汽车强国梦[M].北京:机械工业出版社,2016.

[2] 彭飞."融合"的力量工业互联网智能化升级进行中[J].法人,2020(1):19-20.

[3] 广州市人民政府办公厅.广州市人民政府办公厅关于促进汽车产业加快发展的意见[Z].2020-09-15.

[4] 上海市经济和信息化委员会.上海市智能制造行动计划(2019—2021年)[Z].2020-07-16.

[5] 天津市工业和信息化局.市工业和信息化局落实天津市关于进一步支持发展智能制造的政策措施实施细则[Z].2020-09-16.

[6] 上汽集团.上汽集团、浦东新区和阿里巴巴集团三方联合打造"智己汽车"[J].上海节能,2020(11):1283.

[7] 擎楚.2020智能工厂排行TOP200[J].互联网周刊,2020(17):54-59.

[8] 禾实,元发,秦牧.2021智能工厂自动化集成商100强[J].互联网周刊,2021(17):34-36.

[9] 崔玉朋,余宁,王晓阳.长城汽车智能制造研究与实践[J].汽车文摘,2020(6):25-29.

[10] 蒋昕昊,张冠男.我国工业软件产业现状、发展趋势与基础分析[J].世界电信,2016(2):13-18.

[11] 门峰,包伟伟,董方岐.汽车行业工业软件市场分析及发展研究[J].汽车工业研究,2020(4):8-13.

[12] 蒙肇阳.用户行为与情境导向下的智能产品设计方法研究与应用[D].西安:陕西科技大学,2019.

[13] 陈科文,张祖平,龙军.多源信息融合关键问题、研究进展与新动向[J].计算机科学,2013,40(8):6-13.

[14] 张国方,寇姣姣,陈令华.网络评论文本驱动的汽车设计规划方法[J].机械设计,2021,38(2):139-144.

[15] 尚文利,佟国毓,尹隆,等.数控系统信息安全现状与技术发展趋势[J].自动化博览,2019(6):50-53.

[16] 曹颖.中国工业4.0时代,一触即发[J].汽车与配件,2016(47):40-42.

[17] 行琛.全球电动车销量或将大幅度增涨[J].电动自行车,2017(9):11-14.

[18] 尹仕斌,任永杰,刘涛,等.机器视觉技术在现代汽车制造中的应用综述[J].光学学报,2018,38(8):11-22.

[19] 王泉.从车联网到自动驾驶[M].北京:人民邮电出版社,2018.

[20] 段续庭,周宇康,田大新,等.深度学习在自动驾驶领域应用综述[J].无人系统技术,2021,4(6):1-27.

[21] 任柯燕,谷美颖,袁正谦,等.自动驾驶3D目标检测研究综述[J].控制与决策,2023,38(4):865-889.

[22] 朱向雷,王海弛,尤翰墨,等.自动驾驶智能系统测试研究综述[J].软件学报,2021,32(7):2056-2077.

[23] 吕品,许嘉,李陶深,等.面向自动驾驶的边缘计算技术研究综述[J].通信学报,2021,42(3):190-208.

[24] 张燕咏,张莎,张昱,等.基于多模态融合的自动驾驶感知及计算[J].计算机研究与发展,2020,57(9):1781-1799.

[25] 潘峰,鲍泓.强化学习的自动驾驶控制技术研究进展[J].中国图象图形学报,2021,26(1):28-35.

[26] 王乐兵.自动驾驶汽车的缺陷及其产品责任[J].清华法学,2020,14(2):93-112.

[27] 柴安颖.面向智能生产线的工业物联网通信服务质量关键技术研究[D].沈阳:中国科学院大学(中国科学院沈阳计算技术研究所),2022.

[28] 杨毅宇,周威,赵尚儒,等.物联网安全研究综述:威胁、检测与防御[J].通信学报,2021,42(8):188-205.

[29] 吴冬升.5G由浅入深赋能工业互联[J].通信世界,2019(25):20-23.

[30] 张耿.基于工业物联网的智能制造服务主动感知与分布式协同优化配置方法研究[D].西安:西北工业大学,2018.

[31] 左敦稳.视觉技术在智能机械加工中的应用研究[J].机械制造与自动化,2018,47(6):1-6.

[32] 朱云,凌志刚,张雨强.机器视觉技术研究进展及展望[J].图学学报,2020,41(6):871-890.

[33] 刘翠翠,杨涛.机器视觉在智能制造中的应用与产业发展[J].机床与液压,2021,49(11):172-178.

[34] 赛迪顾问股份有限公司.中国工业机器视觉产业发展白皮书[J].机器人产业,2020(6):76-95.

[35] 向朝参,李耀宇,冯亮,等.基于深度强化学习的智联网汽车感知任务分配[J].计算机学报,2022,45(5):918-934.

[36] 李升波,关阳,侯廉,等.深度神经网络的关键技术及其在自动驾驶领域的应用[J].汽车安全与节能学报,2019,10(2):119-145.

[37] 许小龙,方子介,齐连永,等.车联网边缘计算环境下基于深度强化学习的分布式服务卸载方法[J].计算机学报,2021,44(12):2382-2405.

[38] 程翔,张浩天,杨宗辉,等.车联网通信感知一体化研究:现状与发展趋势[J].通信学报,2022,43(8):188-202.

[39] 张海霞,李腆腆,李东阳,等.基于车辆行为分析的智能车联网关键技术研究[J].电子与信息学报,2020,42(1):36-49.

[40] 臧冀原,刘宇飞,王柏村,等.面向2035的智能制造技术预见和路线图研究[J].机械工程学报,2022,58(4):285-308.

[41] 单忠德,汪俊,张倩.批量定制柔性生产的数字化、智能化、网络化制造发展[J].物联网学报,2021,5(3):1-9.

[42] 丁凯,陈东桑,王岩,等.基于云—边协同的智能工厂工业物联网架构与自治生产管控技术[J].计算机集成制造系统,2019,25(12):3127-3138.

[43] 唐堂,滕琳,吴杰,等.全面实现数字化是通向智能制造的必由之路——解读《智能制造之路:数字化工厂》[J].中国机械工程,2018,29(3):366-377.

[44] 焦洪硕,鲁建厦.智能工厂及其关键技术研究现状综述[J].机电工程,2018,35(12):1249-1258.

[45] 林忠钦,来新民,金隼,等.复杂产品制造精度控制的数字化方法及其发展趋势[J].机械工程学报,2013,49(6):103-113.

第十四章

智能交通融合升级关键问题研究

撰稿人：陆文杰　公安部交通管理科学研究所
　　　　代磊磊　公安部交通管理科学研究所

摘要

　　智能交通与智能汽车成为全球新一轮产业竞争制高点。面向智能交通与智能汽车融合升级过程中的运行安全及管控问题,通过在汽车上路行驶安全、混合通行、车联网运行安全管控模式等重点方面开展研究,构建面向智慧城市的新一代智能交通管理体系框架以解决运行安全及管控问题。围绕"点——智能汽车与传统汽车""线——智能交通""面——车联网""核——数据大脑"开展研究,以智能汽车安全性定义、"驾驶证"登记管理为"点"上的突破,形成智能交通系统中的关键数据支撑;以混合交通下的智能交通系统为"线"上的突破,形成交通管控新模式和服务体系;以车联网安全运营与服务为"面"上的突破,实现智能汽车与智能交通的安全互联;以城市交通"数据大脑"为"核"上的突破,构建新一代智能交通管理框架;提出中国智能汽车与智能交通融合发展研究总体路线及优先行动项。

第一节 背景概述

一、国内外发展现状

智能交通与智能汽车成为全球新一轮产业竞争制高点。在智能交通、智能汽车等新技术引领下,全球交通、汽车产业正开始新一轮转型升级。美国、欧洲、日本等发达国家和地区普遍重视智能交通、智能汽车的发展,将其视为战略性新兴产业,在产业规划、法律法规、标准研制等多个层面展开布局。美国基于强大的信息技术优势,在汽车智能化领域保持领先;欧洲基于先进的整车研发制造和汽车零部件优势,重点推进自动驾驶和网联化设施部署,构建协作式智能交通系统(C-ITS);日本和韩国基于完善的道路基础设施,通过发展智能交通系统(ITS),推进车联网技术的商业化进程。全球主要发达国家先后出台L1、L2级别智能驾驶相关标准,加速市场发展和产品落地。欧盟新车安全评鉴协会(E-NCAP)在2017年,将速度辅助系统(SAS)、自动紧急制动(AEB)、车道偏离预警/车道偏离辅助(LDW/LKD)纳入新车安全加分项;美国国家公路交通安全管理局(NHTSA)和高速公路安全保险协会(IIHS)要求,到2022年将AEB等高级驾驶辅助系统(ADAS)功能纳入新车技术标准。通过大力推进智能驾驶系统大规模前装,催化智能汽车技术发展和市场化推广应用。

我国将智能汽车列为重要的战略性新兴产业,提出"单车智能,网联赋能"并行发展方向,深入推动汽车智能化、网络化转型。工业和信息化部于2018年发布《车联网(智能网联汽车)产业发展行动计划》,并会同多个部委在国家制造强国建设领导小组指导下成立车联网专项发展委员会,形成跨部门协同机制,并在全国布局了多个车联网应用示范试点,与发达国家竞争本轮产业发展高地。随着信息通信、汽车、交通领域交叉融合的不断深入,我国智能汽车产业链布局基本形成,新技术、新产品、新应用、新模式、新业态不断涌现,产业进入快速发展期,已形成以北京、上海、江苏、广东为代表的重点产业集聚区,涌现出一批龙头企业。2022年中国智能汽车产业规模达到3500亿元,市场化进程不断加快,高等级智能汽车在特定场景和限定场景率先应用,开展了规模化载人载物的测试示范。

在 3S 融合趋势下,智能汽车和智能交通作为智慧城市的重要组成单元和发展重点,其融合发展对于推动智能汽车产业体系构建、深化智能交通系统的建设应用以及培育车联网技术和产业生态有重要作用。但从当前的发展来看,车和车、车和路、路侧和平台之间并未实现实时高可信的信息交互和深度应用,智能汽车与智能交通仅处在"握手"状态,还没有达到两者深度融合、相互协同和安全应用的阶段。本节基于 3S 融合理念,从国家战略层面开展中国新一代智能汽车与智能交通融合发展研究,重点突破智能汽车上路测试、车联网安全运行、混合通行模式管控等重点问题,研究制定以大数据为核心、面向智慧城市的新一代智能交通管理体系框架。

二、关键问题

尽管智能交通与智能汽车行业各自发展蓬勃,但是仍然存在一些潜在问题,比如智能汽车的安全行驶测试、车联网的安全运行与服务、智能汽车与传统汽车混合通行下的管控模式和通行规则,以及以大数据为核心的城市交通大脑。

1. 亟须规范智能汽车上路测试和示范运行准入门槛

截至 2022 年底,国内已有超过 30 个省市及地区出台智能汽车上路测试细则,开放公共测试道路超 1.3 万公里。但在实际的准入过程中却存在诸多问题,有的仅测试部分规定项目,有的检验标准不严格,有的甚至没有经过测试就直接上路。因此,亟须研究形成智能汽车运行安全管理体系框架,指导开展准入监管工作。

2. 亟须界定智能汽车与传统汽车混合行驶条件下的通行规则

智能汽车在发展过程中面对的一大问题是智能汽车和传统汽车会在很长时间内混合行驶,共享公共的道路交通资源。现行的交通管控模式和通行规则主要是针对人类驾驶员的驾驶行为和特征来制定的。为满足智能汽车上路需求,亟须根据智能汽车的表现和特性,制定混合通行条件下交通管控模式和通行规则。

3. 亟须明确面向 STSV 融合的车联网安全运行服务要求

面向 STSV 融合一体化的车联网技术路线,应能确保智能交通、智能汽车以及相关社会体系的安全运行。一方面,需要保证车路智能网联设备安全认证、信息交互安全;另一方面,要在安全的基础上实现高效、精准服务,并明确 STSV 融合下的车联网安全运营技术要求。

4. 亟须构建以大数据为核心的智能交通管理体系框架

当前,互联网、大数据新技术对智能交通管理产生重大影响,随着公众对交通出行质量、出行服务要求的逐渐提高,如何适应新技术的快速发展,构建新一代智能交通管理系统框架,探索面向 STSV 融合的大数据平台应用,是交通管理迫切需要深入探索和解决的问题。

三、框架结构

整个研究围绕"点——智能汽车与传统汽车""线——智能交通""面——车联网""核——数据大脑"展开。以智能汽车安全性定义、"驾驶证"登记管理为"点"上的突破,形成智能交通系统中的关键数据支撑;以混合交通下的智能交通系统为"线"上的突破,形成交通管控新模式和服务体系;以车联网安全运营与服务为"面"上的突破,实现智能汽车与智能交通的安全互联;以城市交通"数据大脑"为"核"上的突破,构建新一代智能交通管理框架如图 14-1 所示。

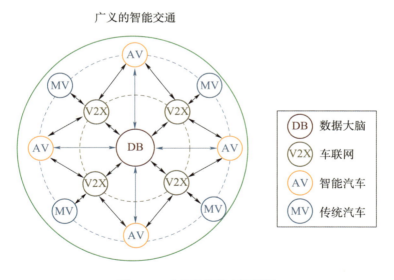

图 14-1 未来的智能交通框架

四、问题概述

智能交通与智能汽车融合过程中的运行安全及管控问题,主要体现在汽车上路行驶安全、车联网运行安全、混合通行管控模式等方面,其递进关系如图 14-2 所示。因此在这方面开展研究,构建面向智慧城市的新一代智能交通管理体系框架。

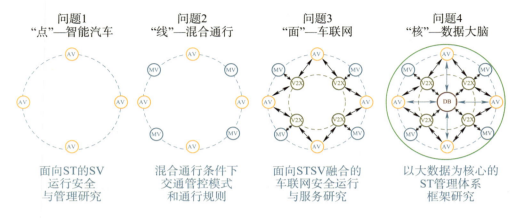

图 14-2 关键问题递进关系图

1. 面向智能交通的智能汽车运行安全与管理研究

结合国家智能汽车发展的相关政策和战略部署,研究智能交通体系下智能汽车道路通行安全的标准规范、检验技术和检验方法,开展不同通行条件、不同通行规则下智能汽车运行安全管理研究,制定面向智能交通的智能汽车测试评价框架内容。

2. 混合通行条件下交通管控模式和通行规则研究

基于智能汽车和传统汽车混合行驶的交通环境,研究混合通行条件下智能交通管控模式,探索混合条件下智能汽车和传统汽车的通行规则,制定针对混合通行条件下的交通法规与标准相关建议。

3. 面向 STSV 融合的车联网安全运行与服务研究

以智能交通与智能汽车融合应用为切入点,制定车路协同路侧设备身份安全认证机制,研究车联网环境下信息交互应用服务体系及安全等级,研究制定 STSV 融合下的车联网安全运营技术要求。

4. 以大数据为核心的智能交通管理体系框架研究

以智能交通系统和网联汽车的多源大数据为支撑,面向智慧城市、智能交通建设,构建新一代智能交通管理系统的体系框架、标准体系,探索面向 STSV 融合的城市交通大数据平台应用。

第二节

面向智能交通的智能汽车运行安全与管理研究

本节面向未来的智能交通系统,以智能汽车为突破口,立足智能汽车运行安全与管理开展研究,重点回答在智能交通体系框架下智能汽车上路过程中的三个问题:①智能汽车分级——智能汽车种类繁多,缺少在安全方面的分级分类;②"上路前"安全把关——智能汽车能力各异,缺少上公共道路的安全把关;③"上路后"交通管理——车辆混行长期存在,缺少对智能汽车的上路管理。

一、智能汽车运行安全与管理领域的技术体系

伴随着交通的智能化不断提升,智能汽车运行安全与管理领域的技术将引发一系列变革,如图 14-3 所示。

图 14-3　智能汽车运行安全与管理领域的技术体系

1. 智能汽车测试方法和技术

(1)自动驾驶技术现状。现阶段,自动驾驶技术主要分为两大类:单车智能路线以及车路云一体化路线。两者的出发点各有不同:前者主要由传统的 ADAS 逐步升

级演化而来，采用的硬件设施有摄像头、毫米波雷达、超声波传感器等车载传感单位感知环境，通过人工智能技术，利用高分辨率的地图数据构建模型，帮助系统作出决策。后者主要利用车辆和路侧设备融合感知道路环境，通过边缘计算单元处理数据，并由云端统一调度。无论实现方式如何，利用多场景的测试与深度学习积累来确保所设计系统的安全性都必不可少。

（2）低级别自动驾驶系统测试。在实现高级别自动驾驶汽车的过程中，ADAS作为自动驾驶的近阶段目标，主要是指拥有L1与L2级别的智能车辆。对该类车辆ADAS产品的检测主要参照现行的标准进行。例如，在对车道偏离预警系统进行测试时，利用差分卫星定位设备对车辆的基本运动轨迹进行监控，利用运动分析装置对车辆的行驶速度进行校验，并利用电子地图记录车辆的行驶过程，对比标准要求确定评判结果。

（3）高级别自动驾驶汽车测试。高级别的自动驾驶技术的运行安全性测试，主要考察智能汽车在复杂交通环境下，自主认知能力和多系统协同工作的安全性和稳定性。首先，在测试之前应确保智能汽车的基本性能可满足传统汽车的运行安全性。其次，由于真实交通环境的多样性和复杂性，自动驾驶研发企业应该分析城市道路、高速公路、快速路和乡村公路等场景中其他交通参与者的运行特点，提出相对应的自动驾驶运行方案，保证智能汽车能够很好地与真实环境融合。在对智能汽车的测试过程中，应考虑道路行人、环境车辆、道路基础设施及交通信号灯等基本的交通因素。特别是在开放的公共道路测试过程中，混合传统汽车及其他道路交通参与者，会大大提高智能汽车道路通行过程中的复杂程度，导致智能汽车在测试道路上安全行驶的不确定因素增多，增加产生道路交通事故的风险。

（4）虚拟测试技术。研究表明，为了验证智能汽车比人类驾驶员拥有更好的性能表现，智能汽车所需测试里程需达到数十亿英里。而传统的测试方法不仅试验周期长，而且测试成本大，无法完全满足实际需求。随着虚拟现实技术的发展，运用计算机三维建模的方式可构建出虚拟的城市道路、乡村公路、高速公路等场景作为测试环境，并在虚拟环境中加入所需的测试用例。虚拟测试方法可大大缩减自动驾驶技术的研发周期。测试场景用例主要来源于传统汽车的交通事故和自然驾驶数据，以及以往测试中人类驾驶员接管案例和对特殊场景进行模拟的试验数据，以验证智能汽车的运行安全性。目前虚拟的自动驾驶测试技术仅用于相关企业的开发测试层面。同时，作为测试需求，还需解决车辆CAN总线协议兼容性、数据采集方式等问题。

2. 智能汽车安全性测试场景

随着测试技术的不断发展，智能汽车测试场景也逐渐受到重视，场景库积累和场景重现可以大幅缩短实际道路测试的时间，提高测试效率，一些企业和研究机构甚至专门对场景开展了研究。谷歌旗下 Waymo 自动驾驶汽车团队在加州一个废弃空军基地建设了一个"虚拟城市"，可以快速配置不同的测试场景，包括居民区街道、高速公路式街道、停车场等，其中很多场景在实际道路上都是"可遇而不可求"的。Waymo 团队建设这个"虚拟城市"的初衷是让车辆"摆脱现实生活的限制"，并创造出数千种更加复杂的场景，从而提高测试效率。

2016 年 1 月，德国经济与能源部启动名为"飞马（PEGASUS）"的研究项目，旨在建立智能汽车的标准检测步骤。参与单位包括多家汽车及零部件企业、科研机构和技术检验机构。其中，构建国家级的自动驾驶测试场景库是重要的组成部分。

国内也有不少高校和企业开展了自动驾驶场景的专项研究。北京航天航空大学邓伟文教授团队致力于面向智能驾驶场景的研究，研发的新一代汽车智能驾驶模拟仿真平台 PanoSim，可以对整车系统和各个子系统的功能、质量和可靠性等进行虚拟测试和验证。中国工程院院士、清华大学李骏教授团队对自动驾驶及其测试场景有深入钻研，将开发"中国场景标准"作为中国标准 ICV 的重要组成部分，并创造性地提出"智能汽车预期功能安全"，即在系统部件无故障情况下，关注由于感知及执行不符合预期而产生的危害。

3. 智能汽车上路许可和认证

全球多个国家为推动自动驾驶技术发展、促进汽车行业技术变革，允许智能汽车上公共道路或特定路段进行测试。绝大部分国家均要求，智能汽车在公共道路测试之前需进行充分的封闭场地测试，有效管控公共道路测试的安全风险。以下分别对各个国家智能汽车上路许可和认证的法规政策政策及应用情况等进行阐述。

1）美国

针对自动驾驶汽车的管理，美国采取"联邦—州政府"两级模式。联邦政府与各州政府划分职责、分工配合，共同推动自动驾驶汽车的有序发展。联邦政府方面，主要通过制修订政策指南来支持引导自动驾驶汽车上路测试和产业发展，提出安全原则性要求，重点关注产业安全发展和消除现有制度对创新的障碍。各州政府方面，主要通过立法等手段管理本地区内自动驾驶汽车上路测试，提出具体要求和实施细则，审核申请材料,定期评估测试车辆的上路资格。

政策方面,美国运输部(DOT)及其下属国家公路交通安全管理局(NHTSA)颁布了多项用于指导自动驾驶汽车发展的政策。2016年《联邦自动驾驶汽车政策指南:加速道路安全的下一次革命》(AV1.0)颁布,对自动驾驶汽车提出了15项安全评估要求。2017年《自动驾驶系统2.0:安全愿景》(ADS2.0)颁布,将AV1.0中的15项安全评估要求简化为12项;2018年《自动驾驶汽车3.0:准备迎接未来交通》(AV3.0)颁布,明确提出将对自动驾驶汽车的发展给予国家层面的大力支持;2020年《自动驾驶汽车4.0:确保美国在自动驾驶技术的领先地位》(AV4.0)颁布,强调了政府支持自动驾驶汽车及相关技术开放创新的态度,同时着力提升民众对自动驾驶汽车的认同感。各州政府通过立法等手段管理本地区内自动驾驶汽车上路测试,提出具体要求和实施细则,审核申请材料,定期评估测试车辆的上路资格。目前,美国有超过20个州颁布了自动驾驶相关法规,超过10个州颁布了州长行政命令,20多个州的立法涉及到商业化应用。

法规方面,尽管美国现在没有正式通过联邦层面的自动驾驶汽车上路管理法规,但包括《美国通过革命性技术提高安全运输的愿景法案》(S.1885-AV START Act)等法案已经形成草案,目前在推动发布过程中。该草案中定义了两种形式的自动驾驶汽车,一种是面向传统驾驶位有人类驾驶员的自动驾驶汽车,另一种是面向通过远程遥控操作的自动驾驶汽车。草案中明确提出人类驾驶员的存在并非必须,且不得以身体残疾为由剥夺残疾人使用和操作自动驾驶汽车的权利。从草案制订的方向来看,未来将有可能允许改变汽车的设计方式,出现如没有转向盘、无制动踏板以及没有驾驶位的自动驾驶汽车。

2)欧洲

欧洲自动驾驶汽车测试开始时间早、发展迅速,但欧洲各国之间测试水平不一,差距较大。为保障欧洲各国在统一的框架内获得宽松自由的发展环境,欧洲采用"欧盟层面—国家层面"的两层管理模式管理自动驾驶。

欧盟层面。欧盟主要对自动驾驶汽车管理提出顶层设计。2019年,欧盟委员会成立自动驾驶汽车协调小组。作为牵头部门,该协调小组负责研究宏观发展路线,制定产业发展目标。欧盟委员会内,市场与中小企业司负责车辆立法与知识产权管理,通信司负责协调电信部门,出行与运输司负责交通管理与道路安全,研究与创新司负责研究自动驾驶及其资金支持,气候行动司负责促进相关行业的可持续发展。五大部门各司其职,确保自动驾驶相关产业实现规范有序发展。从顶层设计角度出发,欧盟层面出台了多项宏观指南性文件。2018年发布《通往自动化出行之路:欧盟未来出行战略》,明确提出到2020年在高速公路上实现自动驾驶,2030年进入完全自动驾驶社会的要求;2019年发布《欧盟自动驾驶车辆许可豁免流程指南》和《整车形式认证框架法规》(Regulation(EU)2019/2144),对其成员国的自动驾驶汽车产业发展、车型互认和技术标准提出要求。

国家层面,欧洲各国对于自动驾驶汽车的管理各有侧重,落脚点不尽相同。英国重视自动驾驶技术与产业的协同发展,英国交通部作为自动驾驶汽车的主要管理部门,联合多个部门共同引导自动驾驶产业发展。2015年7月,英国发布了《自动驾驶汽车发展道路:道路测试指南》,从智能汽车测试的驾驶员、操作员、助手、车辆等方面进行了规定。针对智能汽车,要求其必须能够以符合英国现行道路交通法的方式使用;必须能够对所有道路使用者(包括更易受伤害的道路使用者,例如残疾人、有视力或听力障碍的人、行人、骑自行车的人、骑摩托车的人、儿童和骑马者)作出合适反应;必须配备数据记录装置,以至少10Hz的频率记录车辆传感器和控制系统的相关数据(包括当前自动驾驶模式、车速、转向、制动、车灯和指示器、声音报警、周边环境传感器、远程命令等),以备管理部门调查等。为了确保智能汽车公共道路测试不会给其他道路使用者带来额外的风险,测试机构必须确保其车辆已在封闭道路或测试场地上成功完成内部测试,并保存相关证据供管理部门审计跟踪。2015年,英国发布《通往自动驾驶之路:自动驾驶汽车测试实践准则》,推动自动驾驶技术上路测试应用的同时也规范了相关测试要求。2018年,英国通过《自动与电动汽车法案》,明确了自动驾驶汽车保险和责任规则。英国计划在2025年前建立完整的法律监管框架,支持大规模部署自动驾驶汽车技术。

德国注重自动驾驶领域伦理道德规范建设,现有的机动车管理模式是严格管理的强制认证制度,智能汽车管理沿用了现有的管理模式。智能汽车在进行公共道路测试前,必须在制造商自主测试的基础上,进一步由第三方技术机构对自动驾驶功能进行检验认证。车辆管理部门按照高速公路和城市道路测试分别进行审查,核发测试许可后,测试车辆方可在指定的高速公路或城市道路上测试。而对公共道路测试前的检验认证,制造商应在封闭场地自主测试,由第三方在现场演示自动驾驶功能。联邦政府作为牵头单位,组建自动驾驶汽车道德委员会,同时协调德国联邦经济和能源部、联邦交通和数字基础设施部在各自职责范围内开展工作。得益于先进的道路基础设施、广泛扎实的研究基础以及完善的法律体系,德国走在欧洲自动驾驶测试的前列。2015年,德国出台针对自动驾驶技术发展的专项政策,对企业和研究机构提供资助,投入数十亿欧元改造网络基础设施,同时支持在柏林、汉堡等地建立自动驾驶测试场所,实现跨城多路段、多场景的自动驾驶测试。2017年,德国颁布《道路交通法修正案》,将自动驾驶相关概念及规定正式引入上位法。2018年,德国发布《自动驾驶技术伦理道德标准》,明确自动驾驶汽车针对事故场景决策的优先级,并要求将这些规则开发到自动驾驶系统中。德国联邦议院和参议院于2021年5月通过的《自动驾驶法》,自2022年开始,允许自动驾驶汽车在无须驾驶员的情况下,在全国范围内的公共道路交通的特定区域运行;这成为国家层面促进和规范自动驾驶应用的核心法律文件。

荷兰对于自动驾驶汽车的管理分为国家与地方两个层面,国家层面由国家车辆管理局负责统筹协调,制定自动驾驶相关标准;地方层面由市政管理部门、封闭测试管理部门、地方道路管理局、地方警察局等多个部门配合,协同管理自动驾驶汽车。2013年,荷兰自动驾驶汽车研究机构开发的自动驾驶汽车首次进行上路测试,积极推动智能汽车产业发展。

2017年5月1日,瑞典政府生效了一项关于智能汽车测试的规范《自动驾驶公共道路测试规范》。该规范规定,进行智能汽车测试必须有许可证。瑞典运输机构将审查与许可证有关的事项,并有条件地授予许可证。智能汽车测试主体应说明,在进行测试时如何确保道路安全,在模拟器或封闭测试场地上进行测试的报告和结果,以及对其他道路使用者的安全保障等。另外,规范要求智能汽车在车辆外部安装摄像机和麦克风,并且对测试数据进行永久保存。

欧洲自动驾驶汽车相关法规政策汇总见表14-1。

欧洲自动驾驶汽车相关法规政策汇总表　　　　表14-1

序号	国家/地区	法规政策名称	发布时间
1	欧盟	通往自动化出行之路:欧盟未来出行战略	2018年3月
2		一般数据保护条例	2018年5月
3		欧盟人工智能道德准则	2018年12月
4		欧盟自动驾驶车辆许可豁免流程指南	2019年4月
5		整车形式认证框架法规(Regulation(EU)2019/2144)	2019年12月
6	英国	通往自动驾驶之路:自动驾驶汽车测试实践准则	2015年7月
7		联网和自动驾驶汽车网络安全关键原则	2017年8月
8		自动与电动汽车法案	2018年7月

续上表

序号	国家/地区	法规政策名称	发布时间
9	德国	道路交通法修正案	2017年6月
10		自动驾驶技术伦理道德标准	2018年5月
11		自动驾驶法	2021年5月
12	荷兰	例外运输豁免法令	2015年6月
13		自动驾驶汽车实验法	2019年7月
14	瑞典	自动驾驶公共道路测试规范	2017年5月

3）日本

为抢占未来智能汽车产业发展的战略制高点，增强汽车产业竞争力、降低交通事故、缓解交通拥堵、应对老龄化交通出行等问题，日本政府积极布局自动驾驶产业，将其纳入国家发展顶层规划，出台了一系列法规政策文件，推动自动驾驶产业发展应用。日本自动驾驶汽车管理主要涉及内阁官房、经济产业省、国土交通省、警察厅、总务省、内阁府等6个政府部门。内阁官房作为牵头单位，负责各部门间的统筹和协调工作，其他政府部门在各自职责范围内推进自动驾驶汽车健康发展。其中，警察厅主要负责法律制修订、道路测试管理规范等制定工作。

目前，日本已出台自动驾驶汽车相关的法律修正案、上路测试规范、指南文件等共7项。法律修正案包括《道路交通法》和《道路运输车辆法》两项，主要修改内容为引入自动驾驶系统的定义，并且对自动驾驶系统的使用、测试、维修等内容提出相应的配套规定。上路测试规范包含《关于自动驾驶系统的公共道路测试指南》《远程自动驾驶系统道路测试许可处理基准》《自动驾驶的公共道路测试使用许可标准》等三项，前两项分别规范了自动驾驶系统控制车辆和远程遥控控制车辆的上路测试，第三项是在前两项的基础上合并修订发布。指南性文件包括《自动驾驶汽车安全技术指南》和《自动驾驶相关制度整备大纲》两项，主要阐述自动驾驶汽车的安全技术规范和政府后续立法和监管的方向。其中，日本警察厅于2016年5月制定的《关于自动驾驶系统的公共道路测试指南》，从智能汽车公共道路测试安全保障措施、测试流程、自动驾驶系统、测试数据记录、交通事故等方面提出要求。该指南要求智能汽车在公共道路测试前，需根据公共道路的测试内容，考虑各种各样的行驶条件和情况，并在封闭测试设施内进行充分测试。封闭测试场地可以是自有的，也可以使用第三方设施（包括汽车安全研究中心中央研修所、汽车技术综合机构交通安全环境研究所、产业技术综合研究所、日本汽车研究所、指定的汽车驾校、赛车场等）。在公共道路测试前应对测试的公共道路设施进行确认（包括安全性、环境变化等），防止意外情况发生；测试使用的公共道路应尽量选择行人、自行车较少的道路或者行人、自行车不允许通行的高速公路；公共道路测试应分阶段地实施。2019年日本政府通过的《道路运输车辆法》修订案和《道路交通法》修订案，要求自2020年开始，在一定条件下实现在高速公路上的L3级（在紧急情况下由人类驾驶员接管）自动驾驶，在人口稀少地区等限定地区实现L4级自动驾驶的实用化。日本自动驾驶汽车相关法规政策汇总见表14-2。

日本自动驾驶汽车相关法规政策汇总表　　表14-2

序号	法规政策名称	发布时间
1	关于自动驾驶系统的公共道路测试指南	2016年5月
2	远程自动驾驶系统道路测试许可处理基准	2017年6月
3	自动驾驶相关制度整备大纲	2018年3月
4	自动驾驶汽车安全技术指南	2018年9月
5	道路交通法修正案	2019年3月
6	道路运输车辆法修正案	2019年5月
7	自动驾驶的公共道路测试使用许可标准（《关于自动驾驶系统的公共道路测试指南》的修订版本）	2019年9月

4) 中国

我国的智能汽车产业发展迅速，目前已经进展到测试和示范应用阶段。2018年4月，工业和信息化部、公安部、交通运输部联合发布《智能网联汽车道路测试管理规范（试行）》，为促进智能汽车发展发挥了积极的引导作用。2021年7月，三部委再次联合修订并发布《智能网联汽车道路测试与示范应用管理规范（试行）》，进一步推动了我国汽车智能化、网联化技术应用和产业发展。2020年2月，国家发改委等十一部委联合发布《智能汽车创新发展战略》，构建协同开放的智能汽车技术创新体系。据统计，目前我国已设立国家级智能网联汽车测试示范区17个（表14-3）、国家级车联网先导区7个、智慧城市基础设施与智能网联汽车协同发展试点（双智城市）16个。

国家级智能网联汽车测试示范区一览表　　　　　表14-3

序号	地点	名称	支持单位
1	吉林长春	国家智能网联汽车应用(北方)示范区	工业和信息化部
2	北京、河北	国家智能汽车与智慧交通(京冀)示范区	工业和信息化部、交通运输部
3	江苏无锡	国家智能交通综合测试基地(无锡)	工业和信息化部、公安部
4	上海	国家智能网联汽车(上海)试点示范区	工业和信息化部
5	浙江	浙江5G车联网应用示范区	工业和信息化部
6	湖北武汉	国家智能网联汽车(武汉)测试示范区	工业和信息化部
7	湖南长沙	国家智能网联汽车(长沙)测试区	工业和信息化部
8	广东广州	广州市智能网联汽车与智慧交通应用示范区	工业和信息化部
9	重庆	国家智能汽车与智慧交通应用示范公共服务平台	工业和信息化部
10	四川成都	中德合作智能网联汽车车联网四川试验基地	工业和信息化部
11	上海	智能网联汽车自动驾驶封闭场地测试基地(上海)	工业和信息化部、交通运输部
12	江苏泰兴	智能网联汽车自动驾驶封闭场地测试基地(泰兴)	工业和信息化部、交通运输部
13	湖北襄阳	智能网联汽车自动驾驶封闭场地测试基地(襄阳)	工业和信息化部、交通运输部
14	北京	自动驾驶封闭场地测试基地(北京)	交通运输部
15	陕西西安	自动驾驶封闭场地测试基地(西安)	交通运输部
16	重庆	自动驾驶封闭场地测试基地(重庆)	交通运输部
17	海南	国家智能网联汽车封闭测试基地(海南)	工业和信息化部

各省市积极响应国家推进智能汽车发展的战略部署,陆续出台了道路测试和示范应用相关政策文件。截至2022年底,已有30多个省市及地区根据《智能网联汽车道路测试与示范应用管理规范(试行)》要求,结合本地实际情况,出台当地的管理细则。各地积极推进地方立法工作。2022年6月和11月,深圳、上海浦东新区先后发布《深圳经济特区智能网联汽车管理条例》《上海市浦东新区促进无驾驶人智能网联汽车创新应用规定》;2023年1月,《无锡市车联网发展促进条例》正式发布。

总结国家和各地关于智能汽车道路测试和示范应用的管理规范,主要特点如下:

(1)管理体制。北京、上海、广州、深圳等地均规定,由工信部门、公安部门、交通运输部门联合设立的自动驾驶测试和示范应用管理联席工作组作为决策机构,由联席工作组指定的专业机构作为技术核准机构。

(2)测试和示范应用许可。不同地区对测试和示范应用许可的管理重点不同,如北京、上海等地重点对测试和示范应用主体、驾驶员及车辆应满足相应要求进行规定,重庆要求对测试和示范应用方案进行审批,苏州、长沙支持对异地测试牌照的互认。

（3）测试和示范应用要求。《智能网联汽车道路测试与示范应用管理规范（试行）》要求,测试和示范应用应当在相应道路区间,许可时间不超过18个月,安全员应当在紧急情况下接管车辆;北京要求测试和示范应用主体应在指定区域、指定时段内开展测试和示范应用,车辆应接受第三方管理机构监管;广州、重庆规定测试和示范应用驾驶员连续工作时间不超过2h,每天工作时间不超过6~8h等条件。

（4）测试记录与报告制度。北京、上海、无锡等地均要求,测试和示范应用企业应定期向管理部门提交测试和示范报告;重庆、长沙、合肥均规定,测试和示范应用企业应定期向第三方管理机构提交自动驾驶道路测试脱离报告。

（5）开放道路范围。北京规定测试和示范应用主体应在指定区域、指定时段内测试,并提出了对测试道路的分级要求;重庆明确按照不同的测试项目和测试难度,提出开放测试道路分区测试和示范应用方案,报批后向社会发布;上海强调道路测试和示范应用道路环境分级逐步开放。

（6）交通事故责任。现阶段主要参照《中华人民共和国道路交通安全法》的规定进行追责。多数城市对自动驾驶交通事故责任主体进行明确,如北京明确自动驾驶车辆发生交通事故或违法行为,认定测试和示范应用驾驶员为责任主体;深圳规定在有驾驶员情况下责任主体是驾驶员,在无驾驶员情况下由车辆所有人、管理人承担违法和赔偿责任。

（7）保险规定。各地管理细则明确要求,测试和示范应用车辆应购买不低于500万元的交通事故责任保险,或提供不少于500万元的事故赔偿保函。

二、领域间的联系

1. 智能汽车与车联网技术对现有交通产生新影响（车与网）

1）出行时间成本降低,但经济成本可能提高

一方面,随着智能汽车的普及,人们不再需要亲自驾驶,这意味着原本用于驾驶的时间被节省下来,人们可以选择在车里聊天、睡觉、工作、学习、游戏甚至盥洗和用餐。同时,由于无人驾驶体系变得更为精确,道路上的车流效率可能会提高,从而进一步降低出行的时间成本。研究表明,自动驾驶提高了车辆的行驶速度,削减了寻找

车位的时间,从而大幅降低了出行的每公里时耗。根据模型估算,到2050年人们出行的每公里时耗将下降5%~50%不等。

另一方面,新技术应用的初期总会带来更高的经济成本。在实现规模经济之前,智能汽车的售价会高于传统汽车,而道路基础设施更新改造同样会给政府带来巨大的财政压力。有报告指出,因为人们可能在智能汽车里休息和工作,车辆本身可能越变越大,设备可能越来越多(如床、书桌、电脑),所以,不仅智能汽车总价会更高,每公里出行的经济成本可能也会更高。

2)出行总里程增加,可能加剧交通拥堵

由于出行时间成本的降低,人们的出行更加灵活自由,这将使得出行的总里程数增加。同时,智能汽车的普及将扩大出行的群体范围,包括残疾人、老年人和未达到法定驾驶年龄的年轻人等。这部分群体的出行需求增加,出行的总里程数也将增加。除出行需求增加,公交客源转移以及空驶也可能导致出行总里程增加。如果没有其他交通政策干预,智能汽车的普及可能不会缓解拥堵,反而加剧拥堵。

3)减少交通事故,提升城市公共安全

理想情况下,智能汽车可以大幅减少交通事故。根据美国国家公路交通管理局的统计,超过40%的致命交通事故都是由酒后驾驶、吸毒者驾驶、驾驶员注意力分散等原因造成的。如果加上超速驾驶、攻击性驾驶、驾驶员缺乏经验或反应迟钝等原因,人为因素导致的交通事故占到全部交通事故的90%。因此,可以预见智能汽车能够有效避免这类人为交通事故的发生,减少事故带来的公众生命财产损失,提升城市公共安全。当然,重要前提是确保自动驾驶系统的可靠性、交通管理数据中心的安全性以及计算机网络的稳定性。

2. 智能汽车与智能化设施对交通管理带来新挑战(车与路)

1)交通基础设施需要更新换代,可能导致不均衡发展

智能汽车的大规模使用离不开交通基础设施的升级改造甚至是重建。V2V与V2I的物联网以及IT技术发展,使得交通信息可以通过无线网络实时传输到智能汽车,并指导车辆通过道路交叉口。这些网络链接的车辆不再需要绝大多数的交通信号标志,从而大大减少交通信号灯和信息标志的数量。当然,在智能汽车主导的交通系统中,行人和自行车等交通参与者仍然需要传统交通信号来保护和辅助。以交通信号系统为代表的基础设施更新换代,需要政府的大量投入,在实施过程中难免会有区域和城乡建设进度差异,导致不均衡发展。

2) 道路车容量增加,需要创新规划与设计

基于技术优势,智能汽车行驶的精确性会提高,道路车辆渗透率理论上可达 100%,意味着现有道路可以容纳更多的车辆。佛罗里达州交通局的研究报告中,预测智能汽车车道宽度较传统车道将降低 20%;在原有道路总宽度不变的情况下,智能汽车的普及可使得原本四车道的道路扩展为五到六车道,大大增加道路的车容量。传统道路设计中关于交叉路口冲突点、转弯半径、安全视距等的参数标准都需要重新测算与校验。

三、问题和短板

面向智能交通的智能汽车运行安全与管理中存在的问题与短板可以总结如图 14-4 所示。

图 14-4　问题和短板

1. 智能汽车种类繁多,缺少在安全方面的分级分类

SAE J3016 标准是目前最普及的智能汽车分级标准,被广泛应用于厂商对智能汽车的定义与宣传之中。很多人认为,SAE J3016 标准中的自动驾驶等级越高,车辆的智能化水平就越高。但是,该标准仅仅是对车辆自动化水平进行了定性定义,无法反映车辆的整体技术水平。例如,一辆可在城市道路中自动驾驶、但遇到极端情况需要驾驶员接管的车辆只能被定义为 L3 级别,而一辆仅能够在特定封闭小区域内自动驾驶、但无须驾驶员接管的车辆却可被定义为 L4 级别。显然,前者的智能化水

平、自动驾驶能力更优于后者,但是级别却不如后者高。这种分级方法存在一定的局限性,仅考虑"自动化水平"一个方面,并不能作为智能汽车上路运行安全的唯一指标性要求。

2. 智能汽车能力各异,缺少上公共道路的安全把关

以美国为例,智能汽车参与的交通事故率居高不下,原因之一是车企以"自我认证"的方式证明测试车辆符合各项法规和安全标准,缺少类似日本、德国在上路前对测试车辆的实车审查检验机制。因此,智能汽车的发展需要把好"上路前安全"的测试关,推进封闭场地、半开放区域、公共道路等各种测试环境建设,建立完善跨区域融合的测试验证环境,完善整车实车级、半实物模拟仿真、整车/车载信息安全、高级安全辅助驾驶、智能系统级综合验证等测试系统;加强智能汽车上路行驶运行安全测试评价能力建设,构建完善测试环境、测试场景、测试方法、测试工具、测评指标的完整技术体系;制定测试技术条件、项目方法和规程规范,开展车辆运行安全测试评价,进一步提升我国智能汽车安全行驶能力综合测试水平。

3. 车辆混行长期存在,缺少对智能汽车的上路管理

根据国外智能汽车上路测试的实际情况,车辆在获得上路测试许可后,仅需要定期提交测试报告,无法及时获取测试车辆的实时状态信息,缺少有效的监管措施,存在安全隐患。因此,智能汽车测试需要紧抓"上路后安全"的关键环节,研究智能汽车上路监管防控保障技术,完善智能汽车运行安全测试道路环境技术要求;深入开展智能汽车通行规则、监管防控、事故认定等保障技术的研究,推动构建智能汽车运行安全保障体系;研发智能汽车车辆电子标识、车载视频事件预警装置、车辆事故数据记录仪等上路行驶监管防控专用装备;针对智能汽车因采用新技术、新装置、新结构导致不符合《机动车运行安全技术条件》(GB 7258)部分项目的问题,梳理《机动车登记管理规定》(公安部令第164号)等规范文件,探索研究智能汽车的豁免范围和豁免内容,推进试验运行监管平台建设,保障智能汽车上路行驶安全。

四、解决办法与发展路线图

面向智能交通的智能汽车运行安全与管理中存在的问题与短板的解决路径与发展路线图分别如图14-5与图14-6所示。

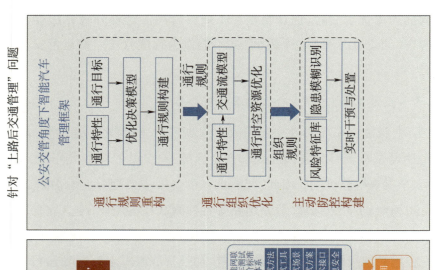
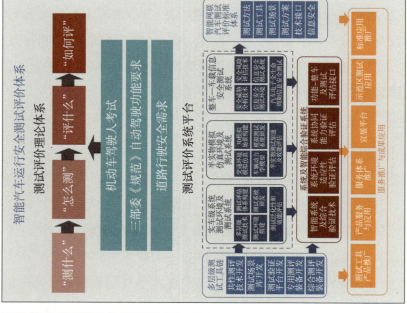
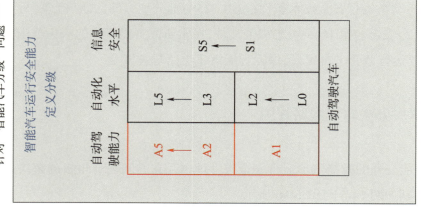

图14-5 解决路径

图 14-6　发展路线图

1. 智能汽车运行安全能力定义分级

国际上公认的智能汽车分级标准是美国汽车工程学会制定的 SAE J3016 标准。该标准将智能汽车分为 L0~L5 级,级别越高,自动化等级越高。此外,美国国家公路交通安全管理局(NHTSA)也提出过 L0~L4 级的分级。这两种分级方法都是按照车辆的自动化水平来划分的,即在驾驶过程中,"车辆自动驾驶"所占的比例越高,等级越高。

但是,这种分级方法存在一定的局限性,因为仅考虑"自动化水平"一个方面,并不能作为智能汽车的上路运行安全要求。因此,作者拟从面向智能交通的智能汽车运行安全角度出发,提出智能汽车"多维一体"的分级方法。

(1) 自动化分级。参考 SAE J3016 标准的分级方法,将智能汽车的自动化水平分为 L1~L5 级。

(2) 信息安全分级。参考公安部《网络安全等级保护条例(征求意见稿)》,根据智能汽车 V2X 通信过程中的信息安全保护能力,将智能汽车的信息安全水平分为 S1~S5 级。

(3) 网联通信分级。参考欧洲道路交通研究顾问委员会(ERTRAC)提出的"自动驾驶路侧支持"(Infrastructure Support levels for Automated Driving,ISAD),将智能汽车的 V2X 网联通信能力水平分为 V1~V5 级。

(4) 驾驶能力分级。参考"机动车驾驶人考试"的成熟经验,结合智能汽车道路行驶安全需求以及三部委规范自动驾驶功能要求,从自动驾驶基本能力、交通规则遵守能力、特殊情况处理能力等三个方面考察车辆的驾驶水平,将智能汽车的驾驶能力分为 A1~A5 级。

(5)安全可靠性分级。根据测试过程的数据,按照万公里发生的人工接管/交通违法/交通事故数量来分级,如每1万公里发生1次人工接管为R1,每10万公里发生1次人工接管为R2,以此类推,等级越高,可靠性越好。

对智能汽车从自动化、信息安全、网联通信、驾驶能力、安全可靠性等五个方面"多维一体"分级评价,可保证车辆评价的全面性和完整性,为智能交通体系框架中智能汽车精准管理提供依据和保障。

2. 智能汽车运行安全测试评价体系

以"虚拟仿真测试与实车实路测试相结合"的模式开展智能汽车运行安全测试评价。一方面,虚拟仿真测试可以通过模拟环境简化测试流程,丰富测试场景,强调效率;另一方面,实车实路测试可以考察智能汽车在实际道路交通环境中的表现,强调实战。虚拟仿真测试与实车实路测试内容见表14-4。

虚拟仿真测试与实车实路测试内容 表14-4

类型	虚拟仿真测试	实车实路测试
内容	软件在环测试	封闭场地测试
	硬件在环测试	车辆在环测试(场地)
	车辆在环测试(台架仿真)	全开放道路测试

1)软件在环(SIL)仿真测试

软件在环是指在系统代码级别进行功能测试,通过输入大量测试场景,可快速、高效地验证自动驾驶系统环境感知算法、决策控制算法等。SIL仿真测试最重要的目的是通过PC验证代码是否实现功能需求。

SIL仿真测试可通过特定的控制软件,设置车辆电子控制单元(ECU)的相关信号代替硬件在环仿真测试中的硬件,并将待测ECU代码信息集成配置为虚拟ECU,通过运行虚拟控制器中的I/O模型和系统环境中的车辆模型,来模拟控制器所需的各种传感器信号,并接收虚拟ECU发出的控制信号及台架传感器的信号,从而与被测ECU的代码信息和系统环境模型连接,最终实现闭环仿真,完成对控制系统的测试验证。

SIL仿真平台应用范围广泛,除仿真测试外还可实现代码调试、标定测量、代码覆盖率分析等工作,测试人员可根据不同的功能需求进行手工测试和自动化测试。

在V形开发模式下,通过SIL仿真平台,一方面可使测试工作更早介入开发过程,确保在前期开发过程中及时发现问题,以提高整改效率;另一方面,由于 SIL 仿真测试采用纯软件仿真的手段,无须真实车辆及硬件在环仿真台架测试,可在开发和测试过程中灵活使用,因而 SIL 仿真测试系统正在成为一种理想的功能测试工具。

2)硬件在环(HIL)仿真测试

当测试进行到硬件在环仿真这一阶段时,就需要有控制器系统的实物,它包括硬件、底层代码和应用层代码,必要时还需要由被控对象的部分实物来组成一个闭环系统。

HIL 仿真测试系统是以实时处理器运行仿真模型来模拟受控对象的运行状态,主要由三部分组成:硬件平台、实验管理软件和实时软件模型。通过 I/O 接口与被测的 ECU 连接,对被测 ECU 进行全方面地、系统地测试。从安全性、可行性和合理的成本上考虑,HIL 仿真测试已经成为 ECU 开发流程中非常重要的一环,减少了实车路测的次数,在缩短开发时间和降低成本的同时提高 ECU 的软件质量,降低风险。

HIL 仿真测试中,自动驾驶系统的部分部件或系统是真实的,而环境是虚拟的。智能汽车的环境感知系统、决策规划系统和控制执行系统均可实现硬件在环测试。

与 SIL 不同的是,HIL 是真实的 ECU 与虚拟控制对象的仿真测试;在快速控制原型(Rapid Control Prototype,RCP)中,开发工具作为控制器与实验对象相连,而在 HIL 中开发平台作为控制对象,模拟控制对象产生信号,用来检验开发的控制算法的正确性和可靠性。

3)车辆在环(VeHIL)测试

车辆在环测试,即整车作为实物硬件被连接到虚拟的测试环境中进行测试,比硬件在环测试更加复杂。

VeHIL 仿真测试将 ADAS 系统集成到真实车辆中,并通过实时仿真机及仿真软件模拟道路、交通场景以及传感器信号,从而构成完整测试环境的方法,可实现 ADAS 功能验证、各场景仿真测试、与整车相关电控系统的匹配及集成测试等。车辆在环测试目前有两种方案:封闭场地车辆在环测试和转鼓平台车辆在环测试。这两种方案的特点和测试需求各不相同。

封闭场地车辆在环测试指车辆在封闭的空旷场地上进行测试,场景仿真系统生成虚拟场景,由传感器模型和传感器信号模拟软件生成基于虚拟场景的传感器信号,并发送给 ECU;ECU 根据环境感知数据进行决策规划和任务执行,同时场景模拟软件读取车辆导航及航向信息用于更新参数,并根据新的位置信息给出传感器模拟信号,如此循环进行。

总的来说,VeHIL 是介于虚拟测试与实车道路测试之间的一种测试方法,是智能汽车完整测试工具链不可或缺的一环。它弥补了实车测试与传统 HIL 测试之间的鸿沟,有如下优势:①实现快速的场景及驾驶测试,高效地验证各控制器的功能;②可以测试 ADAS 系统与执行系统(动力系统、制动系统、转向系统)间的交互功能;③降低实车测试的难度和风险,减少交通事故和风险;④减少对场地、真实交通和试验车辆的需求,可复用 SIL 和 HIL 测试的测试场景。

4)封闭场地测试

现有的智能汽车测试以虚拟测试为主、真实道路测试为辅,但其虚拟环境以及测试结果的有效性仍有待论证。因此,在当前技术条件下,实际道路环境下的技术试验对自动驾驶技术测试有着不可替代的地位。

目前,国内一些封闭场地的测试项目,更多的是借鉴机动车驾驶员考试的设置项目,如起步、停车、跟车等,侧重于对智能汽车基本驾驶技能考核,缺乏对"决策能力""安全意识"等方面的评估。为降低智能汽车在复杂交通环境中运行的风险,通过封闭场地测试对智能汽车开展"能力"评价仍需进一步研究完善。

开展智能汽车封闭场地测试应包含以下几个方面:一是封闭场地测试作为开展公共道路测试的"门槛",其测试项目应能全面覆盖典型交通环境下的感知、决策、控制和网联功能;二是注重智能汽车"安全驾驶意识"测试,发展智能汽车的目的之一,就是减少道路交通事故、提升道路交通安全水平,因此,封闭场地测试必须将"安全驾驶意识"纳入考核范围;三是封闭场地测试应覆盖城市、郊区、乡村和高速公路等我国典型道路环境;四是为满足智能汽车测试的多变需求,封闭场地测试应涵盖安全、舒适等性能的常规测试,以及对突发场景应变能力的智能测试,通过场景的优化布局及组合,最终实现封闭环境中的道路条件多样性测试和复杂场景的柔性测试。

从国内主要示范区开展智能汽车封闭测试的情况来看,上海智能网联示范区是国内首个国家级智能网联汽车示范区,自 2016 年 6 月开园以来,已建成 200 个智能驾驶测试场景以及 50 余种 V2X 测试场景,累计为 70 多家国内外企业提供 1100 余天次的测试服务;国家智能汽车与智慧交通(北京)示范区海淀基地于 2018 年 2 月正式对外开放,按照车辆自动驾驶能力分成 T1~T5 等级并对智能汽车进行评估测试,是北京首个 T5 级别自动驾驶封闭测试场,全面支持北京市 12m 以下智能汽车全等级全场景测试;国家智能交通综合测试基地建成国内首个专门用于自动驾驶测试的封闭高速公路环境,并正式开展测试工作。

5) 全开放道路测试

智能汽车研制投产的最终目的是让汽车在实际场景中自动运行,这就需要在开放道路中进行大量的试验。一方面,全面验证自动驾驶功能,实现与道路、设施及其他交通参与者的协调,是智能汽车技术研发和应用过程中必不可少的步骤。另一方面,在仿真测试和封闭道路测试中,由于测试场景难以穷尽,而实际的开放道路测试有太多的特殊场景出现,因此通过大量的实际道路测试,对验证整个自动驾驶系统具有不可替代的作用。

智能汽车开展开放道路测试主要面临两个挑战:一是复杂道路环境带来的挑战。我国道路环境和交通构成相对复杂、机动车驾驶员驾驶行为多样化,智能汽车如何正确识别并作出准确响应是面临的挑战之一。二是智能汽车和人工驾驶汽车混行带来的挑战。智能汽车如何正确感知其他车辆,正确识别外界声光信号,及时向外界发出声光信号,实现与人工驾驶汽车的有效协同并行,也是面临的挑战之一。

3. 公安交管角度下智能汽车管理框架

通过借鉴现有的车辆和驾驶员管理体系,结合智能汽车特点,以标准为切入点,初步形成智能汽车管理流程框架(表 14-5)。

传统汽车与智能汽车在查验与驾考方面主要标准对应表　　表 14-5

传统汽车与驾驶员管理主要标准	对应智能汽车运行安全管理标准 [国家车联网产业标准体系建设指南(车辆智能管理)]
车辆查验部分	
机动车运行安全技术条件(GB 7258)	智能汽车道路运行安全技术条件(拟发布)
机动车查验工作规程(GA 801)	智能汽车查验工作规程(拟发布)
机动车安全技术检验项目和方法(GB 21861)	智能汽车安全技术检验要求(拟发布)
驾驶员考试部分	
机动车驾驶人考试内容和方法(GA 1026)	智能汽车自动驾驶能力测评项目和方法(拟发布)
机动车驾驶人考试系统通用技术条件(GA/T 1028)	智能汽车自动驾驶能力测试管理平台技术条件(拟发布) 智能汽车自动驾驶能力测试车载终端技术条件(拟发布)
机动车驾驶人考试场地及其设施设置规范(GA 1029)	智能汽车自动驾驶能力测试场地及其设施设置规范(拟发布) 智能汽车自动驾驶能力半开放道路测试场景要素及设置要求(拟发布)

1）车辆查验部分

目前,车辆查验的主要标准包括《机动车运行安全技术条件》(GB 7258)、《机动车查验工作规程》(GA 801)和《机动车安全技术检验项目和方法》(GB 21861)。对应地,在《国家车联网产业标准体系建设指南(车辆智能管理)》中,拟编制《智能汽车道路运行安全技术条件》《智能汽车查验工作规程》和《智能汽车安全技术检验要求》等针对智能汽车查验的相关标准。

2）驾驶员考试部分

目前驾驶员考试的主要标准包括《机动车驾驶人考试内容和方法》(GA 1026)、《机动车驾驶人考试系统通用技术条件》(GA/T 1028)和《机动车驾驶人考试场地及其设施设置规范》(GA 1029)。对应地,在《国家车联网产业标准体系建设指南(车辆智能管理)》中,拟编制《智能汽车自动驾驶能力测评项目和方法》《智能汽车自动驾驶能力测试管理平台技术条件》《智能汽车自动驾驶能力测试车载终端技术条件》《智能汽车自动驾驶能力测试场地及其设施设置规范》和《智能汽车自动驾驶能力半开放道路测试场景要素及设置要求》等智能汽车驾驶能力考试相关标准。

4. 面向智能交通的智能汽车运行安全与管理路线图

面向智能交通的智能汽车运行安全与管理研究技术路线图如图14-7所示。

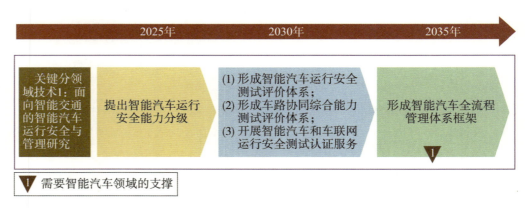

图 14-7　面向智能交通的智能汽车运行安全与管理研究技术路线图

2025年前(短期):运行安全能力分级,拟从面向智能交通的智能汽车运行安全角度出发,提出智能汽车"多维一体"的分级方法。

2030年前(中期):智能汽车运行安全测试评价。一方面,实车实路测试可以考察智能汽车在实际道路交通环境中的表现,强调实战;另一方面,虚拟仿真测试可以通过模拟环境简化测试流程,丰富测试场景,强调效率。同期开展智能汽车和车联网运行安全测试认证服务。

2035年前(长期):智能汽车通行规则。通过借鉴现有的车辆和驾驶员管理体系,结合智能汽车特点,以标准为切入点,初步形成智能汽车管理流程框架。

第三节
混合通行条件下交通管控模式和通行规则研究

传统汽车和智能汽车将在很长一段时间内共存。在这种复杂通行环境下,交通管控模式和通行规则制定尤为关键,其将为避免交通事故的发生提供保障。而将其提炼上升为相应交通法规与标准建议,可为未来交通管理提供支撑。

一、交通管控技术体系发展

国内外交通管控技术发展演进历程如图14-8所示。发达国家自20世纪50年代,随着机动车数量的快速增长,交通拥堵日趋凸显,交通管控技术受到了广泛重视,早期更关注路口冲突安全;70年代以后,开始强调交通信号控制和通行效率;90年代开始,信息采集、区域控制、出行诱导等技术快速发展;2010年以来,物联网、互联网、大数据等新技术,为交通管控技术创新发展带来新的机遇与挑战。当前,交通管控技术发展已形成智能网联、数据驱动的新环境,智能汽车逐渐发展,智能汽车和传统汽车混合行驶的交通管控技术亟待突破。

1. 交通工程技术精细应用

传统的交通工程技术源于20世纪60年代国外道路基础设施大规模建设和信号灯的普及应用;我国从20世纪80年代开始,吸收引进国外先进的交通工程理念技术,开创了交通工程学科;伴随2000年以来全国城市畅通工程的创建,在道路基础设施、安全与管理设施的基本配置和改善方面,成效显著,尤其是道路网通行能力的提升;随着城市交通拥堵不断加剧,通行效率提升、行为引导规范等精细化设置应用,成为近年来的重点;当前,随着物联网、移动互联、车联网新技术环境的发展,城市交通综合治理的技术应用创新成为重点。

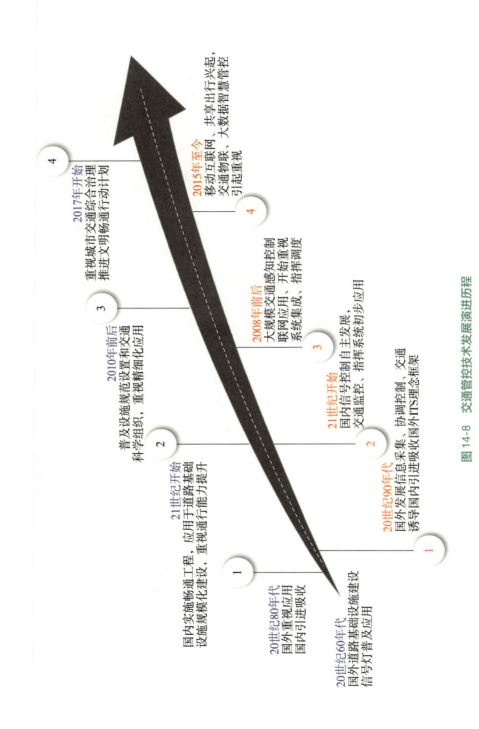

图 14-8 交通管控技术发展演进历程

2. 交通信号控制智能化发展

早期的交通控制技术侧重于改善单个交叉路口的通行效率和安全水平,研究单个交叉路口交通渠化和信号控制技术;从 20 世纪 70 年代开始,干线交叉路口的协调、网络交通流的动态优化控制取得长足发展,英国、澳大利亚、美国等发达国家研究应用了 SCOOT、SCATS、RHODES、ITACA 等交通信号控制系统,其他国家也推出了自主的交通信号控制系统;20 世纪 90 年代左右,随着信息采集技术、通信技术、计算机技术等不断进步,各国从大范围路网层面开始研究交通流均衡分配方法和实现技术,并且相继制定了交通信号控制机及其接口标准化通信协议,如美国的美国电气制造商协会(NEMA)标准、国家智慧型运输系统标准通讯协定(NTCIP)、德国的道路交通控制系统开放式通信接口协议(OCIT)等。

3. 数据驱动交通管控技术发展

当前,我们正处在物联、互联、车联的大网联环境下,以大数据、云计算、人工智能为主的新一代信息化技术快速发展,交通管理智能化和信息化深度融合,公安交管系统和互联网平台数据融合趋势越来越明显。国外项目如 incenTrip 一站式出行平台,通过手机 App 在华盛顿都市圈落地,谷歌地图基于位置提供信号灯信息服务;国内方面,近年来,以阿里巴巴和滴滴为代表的互联网企业中,阿里巴巴于 2016 年提出"世界上最遥远的距离是红绿灯跟摄像头的距离",互联网企业开始广泛与传统智能交通企业、交通信号厂商、公安交通管理用户部门深入交流,互联网 + 交通信号逐渐落地,数据驱动交通管控技术取得一些方向性进展。

二、交通管控与车联网及智能汽车的联系

现有的智能交通系统和交通管控平台发挥了很好的作用,但是仍存在不足,主要是人-车-路-信息协同不够、无法提前预知交通违法行为。车联网、自动驾驶、5G 和人工智能等技术发展为解决上述问题提供了有益的解决思路。

交通管控与车联网及智能汽车的关系如图 14-9 所示,车联网和自动驾驶的更高程度融合发展,推进了我国智能交通建设,使智能交通从原来侧重于管理转向以服务为核心。随着车联网和智能交通系统发展,汽车将不再是简单的出行工具,而是像手机一样成为电子钱包,成为工作、生活、娱乐、购物的主要手段和载体。

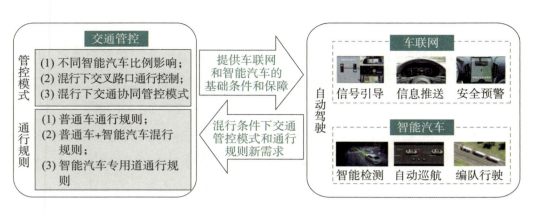

图 14-9　交通管控与车联网及智能汽车的关系

混合通行条件下的交通管控模式+通行规则,是车联网及智能汽车发展的基础条件和通行保障;而车联网及智能汽车的发展,对交通管控模式和通行规则制定提出新需求,推动交通管控的不断发展。

1. 交通管控与车联网联系

车联网和智能汽车共同构成了自动驾驶环境,而传统汽车和智能汽车在未来会长期并存,在这种情况下,一方面,需要交通管控赋能车联网,为配备智能车载终端的网联车辆提供行驶所需的信号灯态、路况信息、道路管制、公交优先等管控信息,丰富出行服务应用场景,提升传统汽车和智能汽车混合行驶的安全性;另一方面,车联网反哺交通管控,通过更为精准地交通状态信息采集实现信号优化控制,通过对车辆动态信息的实时获取实现高效执法和精准出行诱导。

2. 交通管控与智能汽车联系

新技术环境下特别是自动驾驶技术的出现,智能汽车如何上路行驶对交通管控提出新需求,混合通行条件下交通协同管控模式和通行规则及法律法规的制定,是智能汽车上路行驶的基础条件和通行保障。一方面,交通管控要向更深层次技术应用发展,融合大数据、人工智能等新技术,为智能汽车提供良好的通行保障,特别是作为交通智能管控的核心,要更为重视交通信号控制所发挥作用;另一方面,智能汽车涉及自动驾驶领域,对驾驶主体的法律认定和通行规则制定也非常关键。

(1) 规划智能汽车专用车道。智能汽车的发展不会一蹴而就。在发展过程中,将会出现智能汽车和传统汽车在交通出行中并存的状态。由于双方对道路的需求不同,为减少智能汽车和传统汽车在道路行驶中的相互影响和可能引发的交通事故责任纠纷,可以考虑在智能汽车完全取代传统汽车前规划智能汽车专用车道,整合各种交通方式。

（2）研究改进道路设计。智能汽车提高了驾驶精准度，同样的道路上可以容纳更多车辆，因此，在进行道路设计和规划时，可减小车道间距，将每条车道的宽度从 4m 下降到 3m。曾经四车道的高速公路可以变为五车道，道路中间用于分隔相向车流的护栏也可以拆除，节省的空间可以用作人行道、自行车道或绿道。同时，由于车道转弯半径的减小，可以适当减少天桥、地下通道等通行设施，增加斑马线，为行人和骑行者提供便利。

（3）规划智能汽车上下客区域。由于智能汽车可以在指定地点接送乘客，因而需要在各建筑周边增加专门的上下客区域，并对该区域的数量、面积、分布进行统一规划。在不影响其他道路使用者（行人和骑行者）利益的前提下，可充分利用临街空间，优化智能汽车上下客货的效率。

（4）优化信号灯等交通标志设施。自动驾驶时代的交通信号灯和信息标志灯将大幅减少，因此，需要重新规划交通信号标志的布局，加强智能交通信号标识设施建设。例如，通过交通管理系统发出指令，可以改变车道的车速限定甚至行驶方向。与此同时，一定要注意新的人行道和自行车道标志与已有智能汽车道路之间的关系。

三、当前发展瓶颈与难点

1. 混合通行条件下智能交通管控模式

基于智能汽车和传统汽车混合行驶的交通环境，交通系统属性发生变化。目前，交叉路口的通行主要是基于信号配时控制。"红灯停—绿灯行"的基本规则，既可以保证人工驾驶的传统汽车在交叉路口有序安全出行，又可在一定程度上提高通行效率。但在混行条件下，信号配时通行控制不能完全满足混行条件下通行效率最大化的需求。智能汽车和传统汽车辆的行驶特性存在明显的区别，一是智能汽车没有人工驾驶的主观性，既能有较短的反应时间，又可以完全按照既定的规则通行；二是智能汽车可以通过信息采集和通信技术获取交叉路口环境信息并进行决策，更有效地组织通行次序。

面向混行状态下车路协同通行控制如图 14-10 所示，在保障安全的情况下，可提高通行效率。人工驾驶的传统汽车在交叉路口区域仍旧按照传统信号控制通行，而智能汽车则不受信号控制影响，可以通过基于位置预定的自组织通行来规避冲突。

为了保障通行效率,可在道路最里侧设置智能汽车专用车道。对于左转和直行的智能汽车,在专用车道上行驶,而右转的智能汽车与传统汽车同样不受信号控制影响,其余传统汽车则要按照信号控制规则通行。混行状态下车路协同是一种不完整车路协同,通过引导智能汽车影响传统汽车,并且保证在绿灯期间到达信号交叉路口的所有车辆都可以安全高效通过,从而实现混行状态下智能汽车与传统汽车的干线协控。

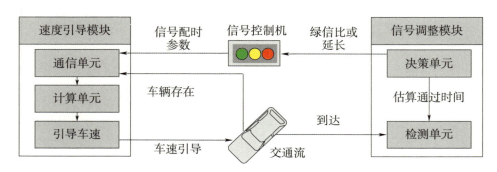

图 14-10　混行状态下车路协同通行控制

2. 混合通行条件下通行规则研究

混合通行条件下的车辆行驶,光靠技术是远远不够的,人的交通意识、责任意识亟须一场规则启蒙。就道路安全隐患,人的安全性占很大的比例;就道路交通事故起因,人的原因占据绝对的比例。在混合通行条件下所有道路使用者更要严格按照交通规则行车。研究混合通行条件下的通行规则时,拟遵循传统汽车与智能汽车的更新迭代规律,从"传统汽车通行规则""传统汽车+智能汽车混行规则"和"智能汽车专用通行规则"等三个方面逐次递进开展研究。

(1)传统汽车通行规则。从现有成熟的道路交通法规、交通管控模式、车辆通行规则等方面分析传统汽车通行规则的特征、模式、规律,考虑智能汽车加入后可能产生的影响。

(2)传统汽车+智能汽车混行规则。考虑到目前传统汽车的使用寿命和智能汽车的研发量产进度,道路交通在很长一段时间内将是传统汽车与智能汽车混行、智能汽车比例逐步上升的情况。在此阶段内,交通通行情况和通行规律将会发生改变,并且随着智能汽车数量的增加和道路智能化程度的提升动态变化。

(3)智能汽车专用通行规则。目前,智能汽车相对成熟的落地场景均设在封闭可控环境中,如停车场自动停车、公园景区接驳等。因此,开展智能汽车在封闭道路或专用车道中单车驾驶、列队驾驶等情况下的通行规则研究,需求非常强烈。

3. 混合通行条件下交通法规与标准制定

结合《智能网联汽车道路测试与示范应用管理规范(试行)》,混合通行条件下交通法规与标准可以包含以下几个方面:一是路侧基础设施数字化标准,可以依据《道路交通标志和标线》(GB 5768)、《道路交通信号灯》(GB 14887)、《道路交通信号灯设置与安装规范》(GB 14886)等标准要求,制定路侧交通设施数字化内容;二是借鉴我国机动车驾驶员考试制度与方法、道路交通通行原则与法律法规在实施过程中的成功经验,从安全驾驶技能、安全驾驶意识等角度构建基于混行情况下驾驶员考试的测试场景规范;三是基于我国典型道路环境、道路类型、典型交通流、典型天气及光照等条件,通过道路设计、交通流仿真分析、实际道路交通场景采集分析等方法,构建基于道路交通情景的测试场景;四是综合能力测试方法,综合考察智能汽车对交通语言认知能力、安全文明驾驶能力、复杂环境通行能力、多参与对象协同行驶能力、网联通信能力等内容。

四、实现路径与发展路线图

1. 突破瓶颈的主要方法及实现路径

在当前未充分验证自动驾驶系统安全性的情况下,智能汽车依然会发生交通事故,尤其是在智能汽车持续与人类驾驶员共享道路的环境中。而持续出现的涉及智能汽车的交通事故在不断打击人们对自动驾驶的信任和接受度。特别是在智能汽车和车联网出现之后的混合交通,欲从管控模式和通行规则上,突破当前发展瓶颈和难点,需要技术、法律、社会和人为因素等各层次的协同作用,实现路径及发展路线如图 14-11 所示。

图 14-11　混合通行条件下交通管控模式和通行规则研究技术路线图

2025年前(短期):基础技术研究。通过提升基于5G的数据通信、路侧基础设施数字化、混合通行驾驶机理特性研究,提升现有混合通行基础设施条件,为传统汽车和智能汽车高效通行提供基础支撑。

2035年前(中期):关键技术突破。研究传统汽车与智能汽车协同驾驶技术,提升现有传统汽车辅助驾驶能力和智能汽车安全驾驶水平;通过试验场和测试基地建设,规范开展驾驶员考试测试,研究符合伦理的智能汽车事故避险处理技术研究。

2050年前(长期):法律法规完善。制定并完善相关交通法规标准,考虑修订《中华人民共和国道路交通安全法》及相关条例,制定路侧基础设施数字化标准、驾驶员考试规定、试验测试等相关规定。

2. 混合通行条件下交通法规与标准建议

《智能网联汽车道路测试与示范应用管理规范(试行)》已成为规范智能汽车道路测试的全国性规范。同时需要对一些既有的政策法规及时作出调整,同步探索建立适合我国混合通行现状的道路通行规则等法律制度和标准体系。

(1)法律制度完善。考虑修订《中华人民共和国道路交通安全法》及相关条例,将允许有资格的驾驶员驾驶机动车上路规定中驾驶员的概念扩大到智能汽车驾驶,以承认其合法地位。在条件成熟时考虑修订《中华人民共和国公路法》和《中华人民共和国道路交通安全法实施条例》,禁止在公路尤其是高速公路上进行机动车性能测试或者试车的规定,为智能汽车从道路测试走向商业化应用奠定政策基础。

(2)标准规范修订。制定路侧基础设施数字化标准,推动完善《国家车联网产业标准体系建设指南(车辆智能管理)》,制修订智能汽车登记管理、身份认证与安全等领域重点标准,制修订道路交通运行管理、车路协同管控与服务等业务领域重点标准,推进路面信号灯、标志标线等配套设施标准化、规范化、数字化建设。

(3)配套政策完善。加强对机动车驾驶员考试制度与方法政策的完善,从安全驾驶技能、安全驾驶意识等角度构建基于混行情况下驾驶员考试的测试场景规范,针对可能发生的违法与事故做好事先处置研判,加强车辆管理、通行测试和上路管理政策的储备与应用。

(4)通行安全保障。考虑完善高精度地图测绘和使用的规定,构建符合实际交通情景的测试应用场景。强化传统汽车与智能汽车混合通行下的通行安全保障,加强无线通信的身份认证、数据加密、网络安全技术、隐私保护技术研究,为道路通行信息安全提供可靠保障。

第四节
面向 STSV 融合的车联网安全运行与服务研究

车联网的安全运行主要体现在路侧设备安全和服务系统运行安全两个方面,路侧设备安全需要建立车路协同路侧设备身份安全认证机制,服务系统运行安全体现在信息交互应用安全等级构建,在此基础上,还需要进一步研究相关运营技术及测试要求。

一、车联网领域技术体系

我国车联网无线通信技术发展基于 C-V2X 的 Uu 模式(基站通信模式)和 PC5 模式(直连通信模式)。我国 C-V2X 产业在标准制定、产品研发、应用示范、测试验证等方面都取得了积极进展,并具备大力发展的基础条件。

目前,城市道路交通主要由公安交通管理部门负责规划、设计、建设、运维、管理,城市道路交通中的各类要素信息也由交管部门掌握,包括驾驶员、机动车、道路交通事故、违法、交通通行条件、交通管控措施等。构建车联网信息交互网络架构,设计涵盖公安交管中心系统平台、路侧基础设施环境在内的一体化架构,建设全息感知的智慧路口,打通公安交管信息开放通道,提升路侧设施边缘侧物联和系统平台中心层互联的能力,构筑"人-车-路-云"全域数据感知的车路协同体系,是车联网技术落地实施的关键。

基于上述需求,整合公安交管内部中心系统各类信息资源,统一通过"V2X 服务平台"面向车联网应用与服务平台、智能汽车提供广域、间接服务。设计标准化路侧设备信息交互接口,通过"路侧车联网通信设备"(RSU)面向智能汽车提供近域、低时延直接服务,构建面向车联网不同应用层级、应用场景、网络环境、服务对象的中心系统/平台互联及路侧设施设备物联的技术体系架构,如图 14-12 所示。

1. 路侧交管设施开放互联

路侧交管设备信息交互接口主要由各类路侧设备/设施实体实现,通过该接口统一与设备周边区域内智能汽车进行数据交互,提供设备周边小范围的区域信息服务。

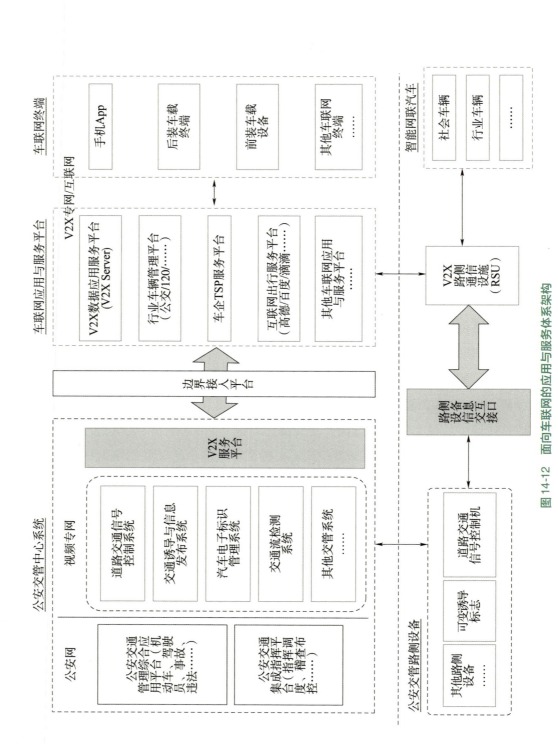

图 14-12 面向车联网的应用与服务体系架构

路侧交管设施主要包含道路交通信号控制、道路交通视频监视、道路交通流信息采集、道路交通违法监测记录、道路交通信息发布等设施类别。道路交通信号控制设施包括道路交通信号控制机、道路交通信号灯、倒计时显示器、配套交通流检测设备及可变车道指示标志等附属设备,其中道路交通信号控制机作为道路交通信号控制的核心设备,负责道路交叉路口、可变车道、匝道等通行信号的调度与控制。道路交通视频监视设施包括安装于路口路段、可观察附近路况实时视频的摄像机及安装在高点、可观察区域、交通干道整体路况等大范围区域宏观全景的高点监控摄像机。路侧道路交通流信息采集设施主要包括环形线圈检测器、视频检测设备、微波/多目标雷达检测设备。

我国路侧交管设施的标准是基于现有道路交通管理业务与功能需求制定的,如信号控制机、违法行为取证、交通流信息采集及发布等设施都制定有包括功能技术要求、检测检验方法、相关通信协议等国家或行业标准。标准未考虑到车路协同的应用场景与应用需求。随着车联网技术的演进与发展,全新的应用场景对路侧交管设施提出新的应用需求,衍生出面向智能汽车的信息交互、服务等应用需求。

推进路侧交管设施开放互联需制定车联网路侧设施统一数据接口规范,进一步规范交通检测设备数据接口和交通管控设备信息推送格式,突破路侧设施之间数据横向通信的壁垒,开放路侧交通管控信息服务,为C-V2X产业化部署提供有利条件。后期规划通过修订现有设施标准、制定新的信息交互接口规范来指导现有路侧交管设施的升级改造,如公共安全行业标准《道路交通信号控制机信息发布接口规范》(GA/T 1743)规定了信号灯色、控制状态、可变车道功能、交通事件、车辆状态等信息的发布与接收。

2. V2X平台体系

车联网数据平台根据其应用行业,可以分为:交通行业数据平台、交管行业数据平台、通信行业数据平台、整车制造企业数据平台、设备制造行业、示范区数据平台、科技企业数据平台等。目前,不同行业的数据平台主要根据行业管理需求而建设,各数据平台建设时间不同,采用的体系架构不同、通信协议不同、数据接口不同,导致各数据平台功能简单、能力分散。各行业数据平台间采用的数据采集、存储格式不同,通信协议不统一,数据交互接口标准不同,给行业数据平台之间互联互通、信息共享带来困难。而且,有的行业数据平台具有封闭性和行业局限性,缺少数据共享接口,难以与其他行业数据平台共享数据,不具有良好的服务输出能力。

车联网数据平台的搭建依托于智能交通及智能网联测试示范区、行业部门、企业建设,为包括 C-V2X 基础设施、通信网络设备、智能汽车等在内的车路协同系统提供服务,实现设施设备的全局管控和运行态势监测,从而实现车路协同体系有序和高效的运作。对于智能汽车数据平台的整个技术研究和产业化的发展来说,车联网平台立足公众出行精准服务、重点行业应用、辅助安全驾驶等功能,以应用场景为切入点,从路侧设施、系统平台层面,重点打造 V2X 数据应用服务平台、公安交管信息开放平台(交管行业数据平台)、路况诊断与信息发布平台,推动行业管理(120/119/公交……)平台、互联网出行服务平台升级,形成跨行业、跨平台、跨网络信息交互及应用的技术解决方案。平台之间信息交互方案如图 14-13 所示。

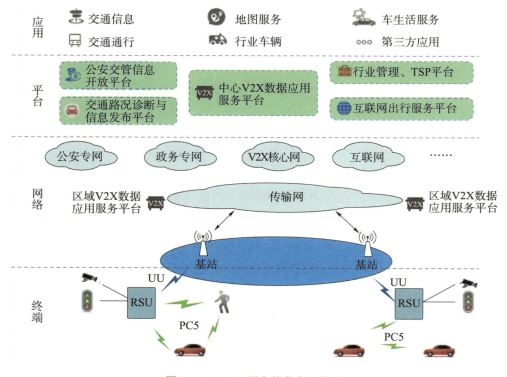

图 14-13 V2X 平台信息交互体系

目前,智能汽车数据平台与公安、交通、应急、气象等管理部门的信息数据平台尚未完全实现互联互通,仍处于研究与示范验证阶段。为促进智能汽车数据平台的建设,发挥其在智能汽车系统中的重要作用,相关企业和机构还需进一步加强协同,聚集行业优势资源,促进不同行业关键信息共享,构建智能汽车产业生态伙伴,实现加速推动我国未来智能汽车产业化的最终目标。

通过制定数据平台相关接口标准、通信标准,构建 C-V2X 数据平台体系架构,逐步建成"中心—区域—边缘—终端"多级数据平台,从而实现"人-车-路-云"动态多源异构信息融合,以提高数据平台的数据分析、决策能力,提供多元化信息服务。同时,促进 C-V2X 数据平台与其他行业、部门数据平台间的互联互通,推进综合共享数据平台的建设,为 C-V2X 应用提供综合、全面的服务支持。

3. 应用场景测试验证

车联网的产业化应用是系统工程,涉及汽车、通信、交通等各行业部门的协同,应用场景成为实现行业协同的关键节点。只有根据汽车、交通、交管等行业需求,确定各行业都认可的场景,且车辆企业和交通管理部门分别依据场景进行车辆和基础设施的部署,使安装了车联网设备的车辆与安装了路侧基础设施的道路实现有效协同,从车辆和道路两端都能切实从车联网受益,车企和用户的买单才能"物有所值",交通部门的基础设施投资才能"物尽其用"。通过实际应用,车联网对交通安全和效率的提升效应逐渐显现,社会对车联网的接受度不断提升,从而促进基础设施建设的进一步加快,同时提高车辆搭载率,最终使车联网产业的发展实现良性循环。

随着以 C-V2X 为主体的车联网通信技术的发展,近年来在智能交通领域,为了提高驾驶安全性、交通效率以及提升用户体验,汽车与汽车、汽车与行人、汽车与交通设施均被互相连接,形成车、行人以及基础设施互联的应用场景。以汽车行驶安全、效率提升和信息服务为主要应用场景的智能汽车以及智能车路协同系统成为这种趋势的焦点。基于 C-V2X 的应用场景可划分为三大类:安全类(Safety)、效率类(Efficiency)以及信息服务类(Infotainment/Telematics)。

中国智能网联汽车产业创新联盟于 2017 年 9 月发布了《合作式智能交通系统 车用通信系统应用层及应用数据交互标准》(T/CSAE 53)。该标准属于中国汽车工程学会的团体标准,是国内第一个针对 V2X 应用层的团体标准,为国内各车企及后装 V2X 产品提供了一个独立于底层通信技术、面向 V2X 应用的数据交换标准及接口,以便在统一的规范下进行 V2X 应用的开发、测试,对 V2X 大规模路试和产业化具有良好的推动效应。

根据该标准,车用通信系统通常可以分为系统应用、应用层、传输层、网络层、数据链路层和物理层。T/CSAE 53 标准主要关注应用层及其与上下相邻两层的数据交互接口。该标准从应用定义、主要场景、系统基本原理、通信方式、基本性能要求和数据交互需求六个方面定义了合作式智能交通系统车用通信系统基础应用及基本要求。

该标准工作组初期在内部进行了 V2X 应用征集,共统计出 40 个典型的 V2X 应用,见表 14-6。

40 个典型的 V2X 应用　　　　　　　　　　　　表 14-6

序号	类别	应用名称	票数
1	安全	交叉路口碰撞预警	20
2		左转辅助	3
3		紧急制动预警	19
4		逆向超车碰撞预警	11
5		逆向行驶告警	8
6		盲区预警/变道辅助	17
7		前方静止/慢速车辆告警	13
8		异常车辆预警	12
9		弱势交通参与者预警	10
10		车辆失控预警	10
11		摩托车预警	5
12		道路危险状况提示	19
13		限速预警	9
14		闯红灯预警	12
15		路口设施辅助紧急车辆预警	2
16		基于环境物体感知的安全驾驶辅助提示	5
17		前向碰撞预警	5
18		侧向碰撞预警	5
19		后方碰撞预警	5
20	效率	基于信号灯的车速引导	16
21		交通灯控制动态规划	6
22		紧急车辆信号优先权	12
23		高优先级车辆让行	9
24		协作式车队	0
25		协作式自动巡航控制	5
26		车内标牌	9
27		前方拥堵提醒	9
28		增强的路线指引和导航	7
29		专用道路管理	1
30		限行管理	4
31		动态潮汐车道行驶	3
32	信息服务	服务信息公告	3
33		车辆诊断	2
34		商用及货用车在一定范围内的传输信息	0
35		V2V 数据传输	4

续上表

序号	类别	应用名称	票数
36	信息服务	调查数据收集	2
37		本地电子支付	2
38		智能汽车近场支付	4
39		智能汽车远程支付	1
40		智能汽车手机互联支付	1

二、车联网与 STSV 的联系

1. 车联网与智能交通联系

车联网与智能交通之间是相辅相成、相互促进的关系，如图 14-14 所示。交通管理的目标是利用新技术，让道路交通系统更加安全、畅通，使车、路、环境资源的效能得到充分发挥。车联网技术的演进与发展持续推动和促进智能交通的发展，对于智能交通最为关心的提升交通安全、提高交通效率、提供高效便捷出行信息服务等方面具有重要的意义。

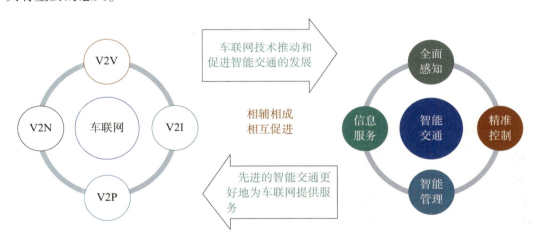

图 14-14 车联网与智能交通的联系

在交通安全方面，通过车联网车载终端设备及智能路侧设备的多源感知融合，对道路环境实时状况进行感知、分析和决策，在可能发生危险或碰撞的情况下，智能汽车进行提前告警，为车辆出行提供更可靠、安全、实时的环境信息获取，从而减少交通事故或降低交通致伤亡率，对于汽车行驶安全有十分重要的意义。典型的车联网交通安全类应用有道路交叉口来车提醒、前方事故预警、盲区监测、道路突发危险情况提醒等。

在交通效率方面,通过车联网增强交通感知能力,实现交通系统网联化、智能化,构建智能交通体系;通过动态调配路网资源,实现拥堵提醒、优化路线诱导,为城市大运量公共运输工具及特殊车辆提供优先通行权限,提升城市交通运行效率的同时,进一步提高交通管理效率,特别是区域化协同管控的能力。典型的车联网交通效率类应用包括前方拥堵提醒、红绿灯信号播报和车速诱导、特殊车辆路口优先通行等。

提供出行服务是车联网应用的重要组成部分,是全面提升政府监管、企业运营、人们出行水平的手段。车联网信息服务类典型应用包括突发恶劣天气预警、车内电子标牌等。

先进的智能交通技术,包括更加可靠、精准的路侧感知技术及终端,更加实时、高性能的多源数据融合处理边缘计算技术及设备,具备海量数据处理能力、更加智慧和高效的交通管控平台等,构建了从外场到中心、从局部路口到整体路网的交通感知、控制、调度、管理体系,为车联网的各类应用场景的实现提供了信息、计算、服务等全方位能力支撑。

2. 车联网与智能汽车联系

车联网与智能汽车共同构成自动驾驶,基于车联网的车路协同是支撑自动驾驶落地的重要手段;通过本地信息收集、分析和决策,为智能汽车提供碰撞预警、驾驶辅助、信息提醒等服务,为自动驾驶提供辅助决策能力,提升自动驾驶的安全性如图14-15所示。车联网的发展有助于降低智能汽车的车载传感、计算需求,降低单车成本,拓展智能汽车感知精准度,加速智能汽车落地。

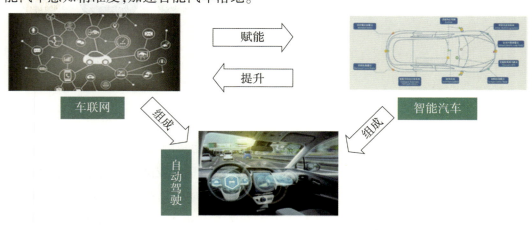

图14-15 车联网与智能汽车的联系

按照车联网为车辆提供交互信息、参与协同控制的程度,参照车辆智能化分级,可将车辆网联化划分为网联辅助信息交互、网联协同感知、网联协同决策与控制三个等级,见表 9-5。

目前,汽车搭载的 T-Box 主要用于车载影音娱乐、车辆信息监控与显示、定位服务、运营管理等方面,属于车辆网联化分级里的第 1 等级。新一代车联网车载终端可以实现车车、车路、车人、车云之间全方位连接,提供行驶安全,交通效率和信息服务三大类应用,属于车辆网联化分级里的第 2 等级。未来随着车联网技术的演进、应用场景的丰富、部署的完善,车联网在智能汽车和自动驾驶中将发挥更多的协同作用,逐步实现网联协同决策与控制,即第 3 等级。

三、当前核心问题与难点

1. 车路协同路侧设备身份安全认证机制

基于国内外关于车路智能网联身份安全认证技术应用现状及存在的问题,围绕车路协同数据接入安全及身份认证应用需求,研究基于国密算法的 PKI 与 IBC 混合身份认证技术,实现车路单元身份认证;研究基于内嵌安全芯片的信号机及路侧单元,通过安全芯片对信息数字签名和验签,实现发布和采集信息真实性和完整性保护;研究基于汽车电子标识(RFID)车辆可信数字身份的车载单元身份真实性确认机制,通过比对汽车电子标识识读时间地点与车载单元发布信息的时间地点的一致性,确保车载单元身份真实性。在车路智能网联设备中,使用国产密码算法和国产密码芯片,保证身份认证过程完全自主可控。车路协同设备安全认证机制如图 14-16 所示。

2. 信息交互应用服务体系及安全等级研究

车联网信息交互重点打造覆盖交通出行全链条的应用服务体系,开放交通管理数据,打造涵盖交通出行全过程的车联网应用场景。基于车路协同技术与外部其他系统进行信息交互的总体架构如图 14-17 所示。

中心系统通过统一的车路协同中心级信息服务交互接口面向车联网服务平台、行业车辆管理平台等提供信息服务,主要包括精准出行服务和辅助自动驾驶两方面。

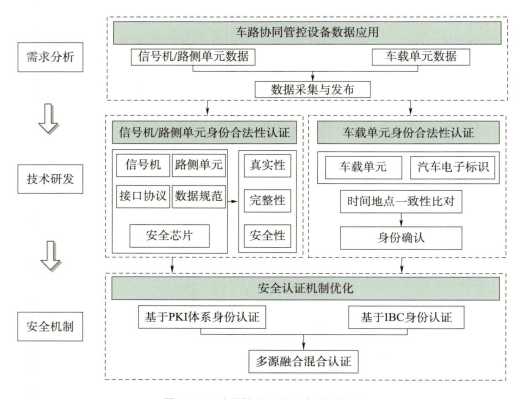

图 14-16 车路协同设备安全认证机制

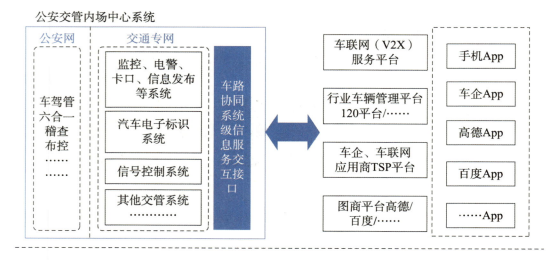

图 14-17 信息交互服务应用服务体系

一方面,实现点对点、实时精准的出行信息服务如图 14-18 所示,通过车路协同为驾驶者提供更加精准、实时、主动的路况信息。让驾驶车辆先知先觉,动态实时获取前方路况、道路施工情况,在出行之前或者过程中可以第一时间获取可变车道、潮汐车道、可变限速等动态信息。服务公交车、120救护车等行业车辆,实现公交车优先,120救护车一路绿灯,同时也把优先信息推送给周边车辆,打通生命绿色通道。

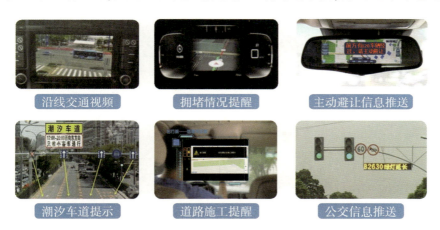

图 14-18　出行服务应用场景

另一方面,作用体现在助力自动驾驶方面如图 14-19 所示,包括通过推送红绿灯信息起到车速引导作用,作为自动驾驶的一种辅助性支撑信息;路侧斑马线上的摄像头检测到有行人,即时推送信息至车辆,提前进行避让决策;提前获取交通事故等事件信息,选择最佳通行路线;路口盲区会车/变道时,发送预警信息,为车辆自动驾驶提供支撑。

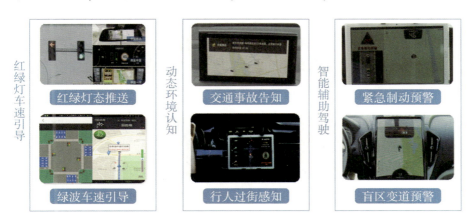

图 14-19　辅助驾驶应用场景

车联网中的数据传输和消息交换还未有特定的标准,因此缺乏统一的安全保护体系。车联网中节点数量庞大,且以集群方式存在,会导致在数据传播和信息交互时,如果遭到外界攻击,很容易造成车辆行驶危险、道路管控设施破坏等。因此,车联网中的信息安全是至关重要的,构建以信号机和信号控制系统为核心的信息交互应用服务体系,对车联网的未来发展和实施力度有重要支撑作用。信息交互安全认证如图 14-20 所示。

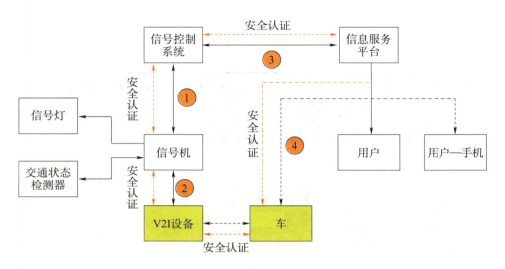

图 14-20　信息交互安全认证

3. STSV 融合下的车联网安全运营技术要求

依托工业和信息化部、公安部和江苏省共建的"国家智能交通综合测试基地",开展车联网应用场景(如编队行驶、避撞预警等)的测试评估,提出面向 STSV 融合的车联网安全运营技术要求。

对车联网的路侧单元、V2X 基础能力平台以及调试用车载终端(OBU)开展 LTE-V2X 的协议一致性、互操作性测试。测试组件管理执行系统通过数据转发层与接口层,向被测试设备发送初始化命令,然后控制其发送测试用例中规定的数据消息集。V2X 测试模式设备接收被测试设备的数据消息集,并将数据消息集转发给测试组件管理执行系统,由测试组件管理执行系统依照测试用例的规定,判断发送行为是否通过测试。通过此测试评估可以确保全局系统的协议标准化与一致性,车联网测试环境构建如图 14-21 所示。同时,验证车辆编队行驶、避撞预警等场景下,路侧设施与智能汽车的信息交互实时性和准确性。

四、实现路径与发展路线图

1. 突破瓶颈的主要方法及实现路径

分阶段、分区域推进 C-V2X 道路基础设施建设、部署工作,促进交通基础设施(信号灯、标志、标线等)的数字化升级,制定与 C-V2X 设备之间互联的设备和系统的接口规范。统一通信接口和协议,实现道路设施与智能汽车、运营服务提供商、交通、交管系统等信息互联,提供多元化的应用场景,确定可行的商业运营模式。

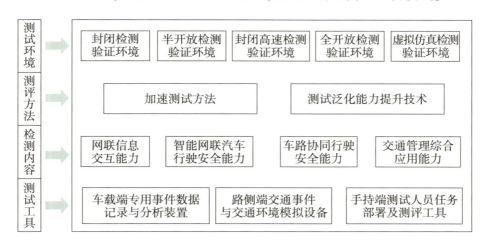

图 14-21 车联网测试环境构建

建立完善的车联网安全认证鉴权体系,推动量产具备安全功能的车联网设备,支持中国车企量产车联网车型。建立完善的车联网安全检测认证机制及平台,促进研发、生产适用于车联网的、符合我国国家密码管理局发布的密码算法标准的安全芯片,提高安全防护技术水平,保障车联网产业健康发展。

(1)加快智能路侧设备研发与测试。加大路侧感知、边缘计算、信息交互等设备和系统的研发力度,规范功能和性能要求。研究面向智能路侧设备的测试评估方法,推进测试体系建设,开展规模化测试,验证智能路侧设备的适应性和可靠性。

(2)推进智能化道路基础设施建设。坚持基础设施和车辆协同发展,研究道路智能化分级方法,加大智能基础设施投资力度,分阶段、分区域推进道路基础设施的数字化、智能化建设,逐步形成泛在感知、精准管控的服务能力,实现重要交通基础设施的数字化管理和全路网运行的智能化服务,与智能交通、交通管理信息化协同推进。

(3)制定标准体系。结合我国现阶段城市交通与城市本身、城市交通管理体制的特点,开展车路协同技术以及城市交通管控技术标准体系建设。充分考虑通信、汽车、交通管控设施等标准的兼容性,制定交通设施与 V2X 设备的接口规范、数据共享相关标准。

(4)选取有条件城市、道路开展试点工作。充分利用车联网先导区、智慧城市建设、道路基础设施改造新建和升级改造的机会,加快车联网基础设施的部署和应用。选取基础条件较好的城市和道路试点,优先开展行业之间的示范应用。

(5)探索车联网运营模式,推动车联网生态发展。探索车联网管理机制和运营模式。以市场需求为导向,进一步加强市场培育,规范市场秩序,完善产业发展环境,形成包括供应商、运营商、政府和消费者间的完善的产业生态体系。

2. 车联网与 STSV 融合发展路线图

车联网的技术发展及产业化部署是一个大的系统工程,需要汽车、通信、交通跨部门的发展规划,对基础设施建设、车载终端搭载率以及标准、测试验证等关键问题作出协同发展的路线图、详细任务目标和计划。在车联网与 STSV 融合发展过程中,应以行业需求为导向,面向出行、交通和交管等多个行业需求,结合智能驾驶与车路协同技术的发展趋势,分析具体应用场景的不同阶段发展路径,结合车联网技术的发展成熟度,分析应用场景的经济性、不可替代性,合理制定应用场景的部署计划。实现路径及发展路线如图 14-22 所示。

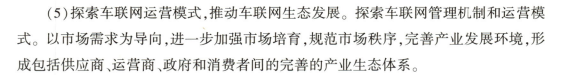

图 14-22　面向 STSV 融合的车联网安全运行与服务研究技术路线图

2025 年前(短期):基础设施完备。完善道路交通安全法规、事故处理条例等,开展车联网标准体系建设,开展规模示范应用,对通信设施、路侧设施和云平台等进行升级改造。

2030 年前(中期):技术法规完善。完善车联网相关法律法规,建立车联网安全认证及信息服务标准,开展测试认证,探索相关机制及标准体系完善。

2035 年前(长期):商业模式成熟。培育一批车联网商业化运营企业,不断完善运营流程,建立成熟运行模式,开展规模验证及商业化运营,建立车联网服务体系。

第五节

以大数据为核心的智能交通管理体系框架研究

面向智慧城市建设,以大数据为核心的智能交通管理体系框架,即公安交管"数据大脑"的构建尤为关键,是支撑未来智能交通的核心大脑,并对未来交通大数据平台建设提供指导。

一、智能交通管理体系框架

1. 传统智能交通管理体系框架

由于我国特殊的交通管理体制,决定了智能交通管理系统是公安交管部门用于开展道路交通科学管控的关键技术手段,传统智能交通管理体系框架如图14-23所示。经过三十多年的研究开发和探索实践,实现大范围应用的智能交通管理系统已经基本形成并初具规模,并且智能交通管理系统也已成为我国智能交通系统的重要组成部分和主要应用领域,新一代智能交通管理体系框架如图14-24所示。

根据总结、梳理这些年来智能交通管理系统建设与发展的情况,早期智能交通管理系统发展历程,大致可以划分为以下三个阶段:

第一阶段,称为原始期。整个系统很简单,原始的通信手段加上手动控制的信号灯。也就是由当时配备给交通民警的无线对讲机和路口安装的手动控制的交通信号灯构成了最初的智能交通管理系统。这个阶段主要还在于原始应用。

第二阶段,属于探索期。是部分城市的交管部门开始自发地引进使用交通信号控制系统,并逐步发展开始建设闯红灯自动记录系统等其他单体子系统。这一时期主要是1997年以前的时间段。那时对于智能交通管理系统到底要建哪些还没有一个较清晰的认识,各地还是处于自发建设,还在摸索和尝试。

第三阶段,是规范期。这时相对来说已产生了较为丰富的各类单体系统,并且也已积累一定的建设与应用经验,然后促使交通管理部门产生把系统关联和集成的想法,促使系统增效联动。同时,公安部在20世纪90年代末下发了指导全国公安交通指挥系统规范建设的文件,2003年制订发布了公安交通指挥系统建设技术规范。这个时期的特征是智能交通管理系统开始规范化、标准化。

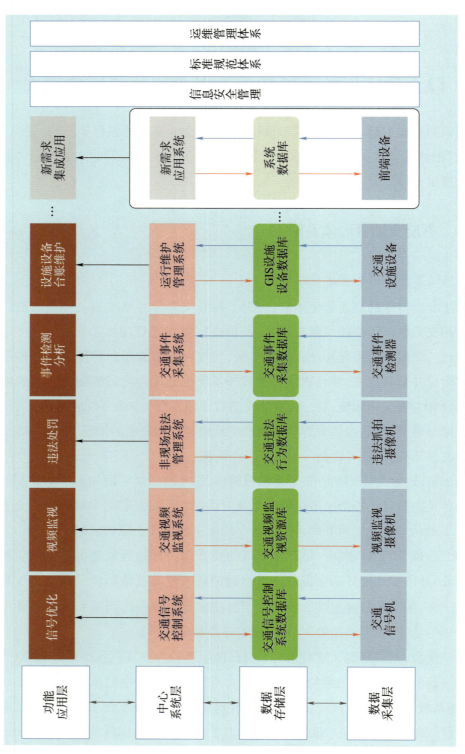

图14-23 传统智能交通管理体系框架

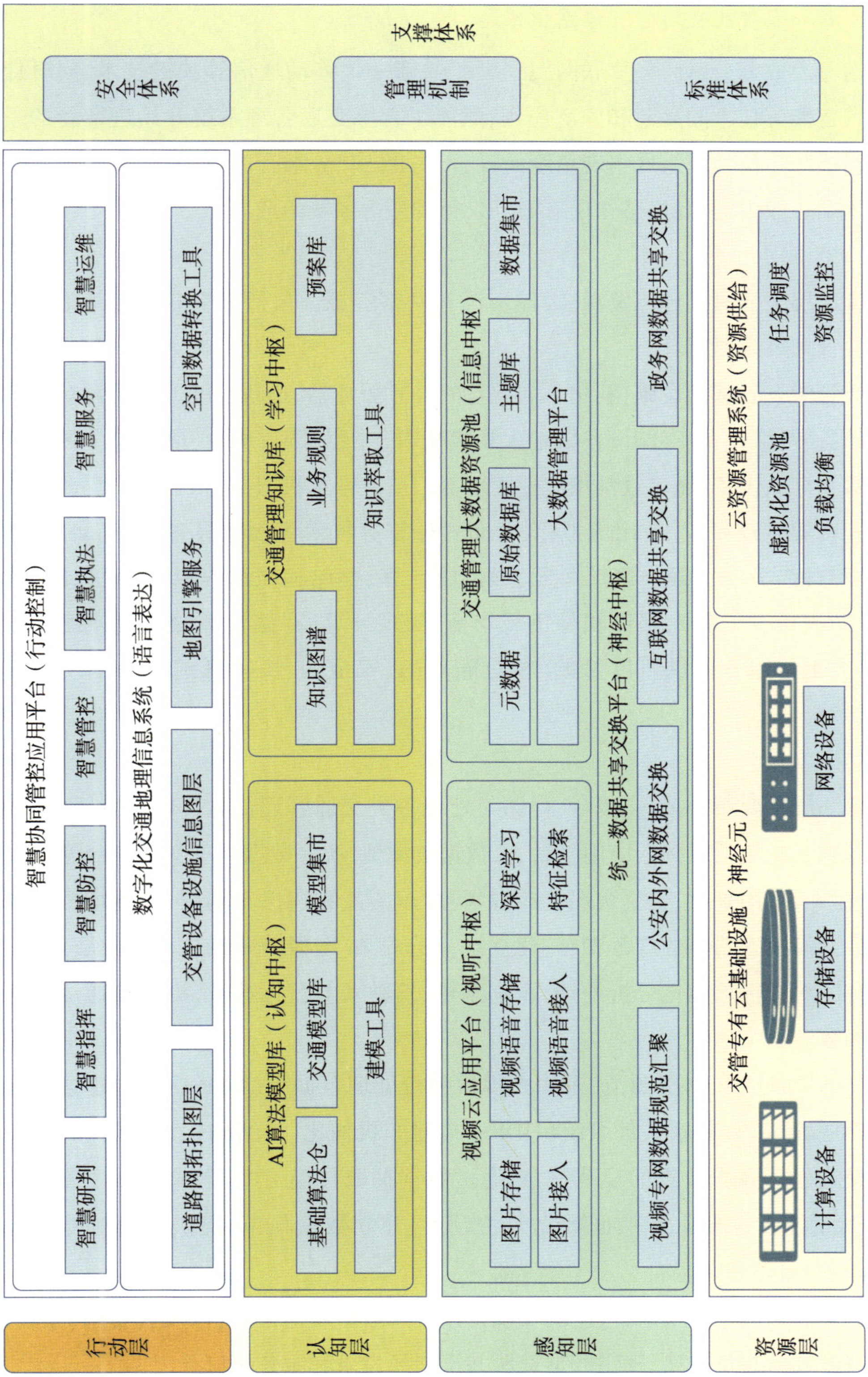

智能交通融合升级关键问题研究 / 第十四章

支撑体系：安全体系、管理机制、标准体系

行动层
- 智慧协同管控应用平台（行动控制）：智慧研判、智慧指挥、智慧防控、智慧管控、智慧执法、智慧服务、智慧运维
- 数字化交通地理信息系统（语言表达）：道路网拓扑图层、交管设备设施图层、地图引擎服务、空间数据转换工具

认知层
- AI算法模型库（认知中枢）：基础算法、交通模型库、模型集市、建模工具
- 交通管理知识库（学习中枢）：知识图谱、业务规则、预案库、知识萃取工具

感知层
- 视频云应用平台（视听中枢）：图片存储、图片接入、视频语音存储、视频语音接入、深度学习、特征检索
- 交通管理大数据资源池（信息中枢）：元数据、原始数据库、主题库、数据集市、大数据管理平台
- 统一数据共享交换平台（神经中枢）：视频专网数据规范汇聚、公安内外网数据交换、互联网数据共享交换、政务网数据共享交换

资源层
- 交管专有云基础设施（神经元）
- 云资源管理系统（资源供给）：虚拟化资源池、负载均衡、任务调度、资源监控
- 计算设备、存储设备、网络设备

图 14-24 新一代智能交通管理体系框架

723

2. 新一代智能交通管理体系框架

随着大数据、云计算、物联网、互联网＋、新一代移动通信等关键技术，同时伴随着人工智能等技术的兴起和广泛应用，赋能了智能交通管理系统开始进行新的一个质变和提升。从物理组成实现角度设计，不考虑 STSV 融合的影响，新一代智能交通管理体系一般由资源层、感知层、认知层、行动层等系统组成。

1）资源层

资源层主要提供计算资源、存储资源和网络资源。包括交管专有云基础设施和云资源管理系统两部分。

交管专有云基础设施，利用不同配置的计算服务器、通用 GPU 服务器、专用 GPU 分析设备、网络设备、存储设备搭建大规模集群，兼容星环、华为、浪潮等多种品牌的服务器和存储设备，能有效利用交通管理部门已有计算机服务器。

云资源管理系统，使用虚拟化、分布式计算等技术将物理服务器、存储、网络设备资源打散、分割成最小逻辑单元，虚拟成计算、存储和网络资源池（虚拟网卡、交换机、防火墙等资源），提供软件负载均衡，实现计算、存储资源的动态伸缩和分配管理，为上层服务提供可度量的、相对隔离的、安全的、快速可扩展的持续资源池供给。

2）感知层

感知层主要用于接入、整合、存储与处理各类交通管理信息资源，为外部提供数据资源服务。包括视频云应用平台、大数据资源池、统一数据共享交换平台等。

视频云应用平台，主要实现监控视频、过车图片和违法车辆图片、现场执法视频等各类监控视频图像的规范整合，建立统一的视频、图像等非结构化数据资源库；对视频和图片进行结构化分析处理，识别车辆、驾驶人等目标特征，提取交通运行状态特征参数。

交通管理大数据资源池，采用大规模并行处理数据库（MPP DB）构建结构化大数据资源池、以分布式文件系统（HDFS）构建非机构化、半结构化数据资源池，实现公安交通管理各类数据的规范整合，通过数据抽取转换 ETL，形成交通管理基础信息、原始信息、主题信息、空间数据等主题库，建立数据集市，提供数据对外开放共享服务。

统一数据共享交换平台，主要实现视频专网数据规范汇聚，以及公安网、互联网、政务网等数据共享交换，提供数据资源共享交换目录和服务接口。

3）认知层

认知层主要基于汇聚的数据资源，进行数据建模和知识学习，形成交通管理专用算法模型库和知识库，为业务应用提供支撑。包括 AI 算法模型库和交通管理知识库。

AI 算法模型库，综合运用智能算法和建模工具，对汇聚的各类交通数据，按不同业务需求和时间跨度需求进行分析建模，形成的交通数据模型及算法。提供基础通用算法，针对关系型数据，提供基础的算法，包括分组、连接、过滤、排除、列选择、剔重、合并、列转行、查找、路由、排序、替换、离散、二值、派生、转换等算法。针对大数据挖掘场景，提供挖掘算法，包括回归算法、分类算法、聚类算法、推荐算法、降维算法。算法模型库包括安全风险积分模型库、车辆行为分类模型库、交通态势研判模型库、隐患排查分析模型库等算法模型库，支撑各种业务应用场景需要。同时提供建模工具，集成各种数据处理工具集，实现自定制化自主数据分析、智能化分析研判、灵活性的技战法、可视化展示和自定义报表打印等功能，满足交管部门实战的需要。

交通管理知识库，主要结合交通管理专家知识经验和人工智能，建立预案库，存储交通信号控制、事件处置、大型活动组织、交通组织优化等预案。结合交通管理专家知识经验和人工智能，构建预案库，存储交通信号控制、事件处置、大型活动组织、交通组织优化等预案，建立基于规则推理的知识库，形成场景、规则、方案三者关联的知识图谱，为决策支持提供素材和知识资料。

4）行动层

行动层主要为各类用户提供应用功能和服务，包括数字化交通地理信息系统和智慧协同管控应用平台。

数字化交通地理信息系统，提供全市范围内电子地图、路网图、设施图、科技设备图等各级图层信息服务；提供地图引擎服务，具备点、线等基本图形绘制、渲染功能，实现地图元素添加、编辑、删除等地图管理，为其他系统和平台提供地图展示调用接口；提供空间数据转换工具，实现不同坐标系之间的空间数据转换，具备地图匹配和纠错功能。

智慧协同管控应用平台，综合应用各类数据资源和系统接口，实现对路面交通的监测、分析、研判、决策、指挥、管控，为安全防控、组织管控、执法处置、警务指挥、勤务监督、业务管理、宣传服务等业务提供应用服务，构建"情指勤督"一体化的公安交通智慧协同管控应用，实现警务智慧化、协同化管理。

二、当前发展瓶颈与难点

1. 车联网及智能汽车对智能交通管理体系框架的影响

融入车联网、智能汽车等新技术环境下,智能交通管理(ITMS)框架体系发生变化,车联网及智能汽车与 ITMS 的关联如图 14-25 所示,以大数据为核心的 ITMS 不是代替已有系统平台工作,也不是推翻现有系统重来,只是在现有系统平台基础上,实现数据统一汇聚整合、全局优化、协同管控。与现有系统平台的不同在于,其实现了多源大数据融合处理、多目标综合协同管控等已有系统所无法完成的工作。通过业务应用层、应用支撑层、数据共享层、中间平台层和基础设施层,将应用模块化、云化、服务化,从而实现服务的最大化。

图 14-25　车联网及智能汽车与 ITMS 的关联

2. "数据大脑"应用标准体系框架制定

公安交管"数据大脑"是智能交通管理系统的顶层智慧设施,通过汇聚、治理、应用全量交通数据,精准认知交通运行态势及规律,综合专家知识及经验的学习运用,决策生成优化管理策略及方案,科学调度管理资源及系统执行,改善路面交通秩序,提高交通运行效率,缓解交通拥堵问题,提升居民出行品质。标准体系表和标准明细表都有一个不断完善的过程,智能交通管理系统相关系列标准为交管"数据大脑"建设提供了很多依据,但要规范化建设交管"数据大脑",推进信息资源开放共享,从功能、数据、接口、应用、评价等方面研究制定标准体系框架,指导相关领域标准研制。交管"数据大脑"应用标准体系框架如图 14-26 所示。

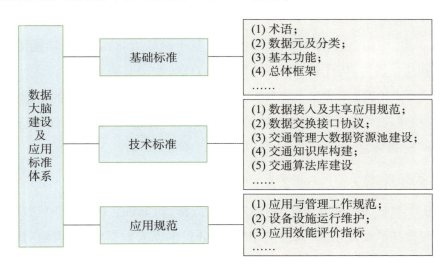

图 14-26 "数据大脑"应用标准体系框架

三、实现路径与发展路线图

1. 突破瓶颈的主要方法及实现路径

在当前技术发展背景下,交管应用需求扩展逐渐深化,功能业务流程的调整也很快捷,交通管理数据种类越来越丰富,数量庞大。功能拓展逐步深化,用户体验要求提高,新技术催生传统架构需要随着智能交通管理的优化升级进行改变。以大数据为核心的智能交通管理体系框架研究技术路线图如图 14-27 所示。

图 14-27 以大数据为核心的智能交通管理体系框架研究技术路线图

2025 年前(短期):ITMS 逻辑框架构建。面向应用场景和目标,基于多模式交通系统和网联汽车多源大数据,融合先进技术,构建场景目标导向的 ITMS 逻辑框架。

2030 年前(中期):ITMS 物理框架构建。基于网联大数据,结合功能需求,融合物理实体和技术架构,构建基于网联大数据的 ITMS 物理框架。

2035 年前(长期):"数据大脑"建设及标准体系框架。按照目前的交管数据资源分布情况,构建跨网络跨平台跨系统的"数据大脑"应用架构,整合现有标准,形成"数据大脑"标准体系。

2. 面向 STSV 融合的大数据平台应用探索

以"场景导向"和"数据支撑"两条主线为支撑,研究确定面向 STSV 融合的大数据平台逻辑框架和物理框架,聚焦应用场景,分析多源大数据特征,规划功能和数据域,划分物理实体和架构。

1) 逻辑框架结构

逻辑框架结构如图 14-28 所示。

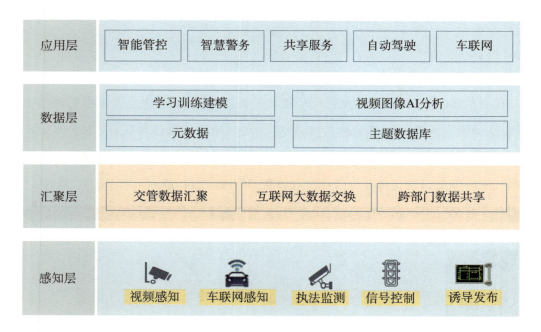

图 14-28　逻辑框架结构

(1) 应用场景:智能管控、智慧警务、共享服务、自动驾驶、车联网。

(2) 数据分析:分析智能交通系统、网联大数据等可用数据源及数据指标。

(3) 框架制定:从感知、汇聚、数据、应用等层面规划功能和数据域。

2) 物理框架结构

物理框架结构如图 14-29 所示。

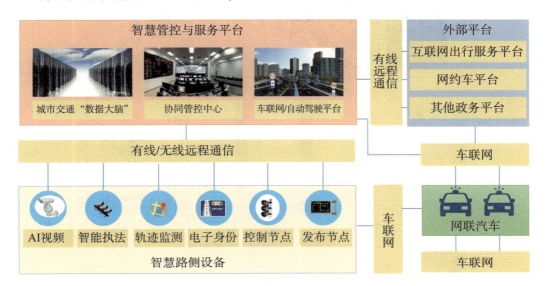

图 14-29　物理框架结构

(1) 融合先进技术:云计算、大数据、车联网架构体系。

(2) 划分物理实体:物理组成、数据交互、网络通信、技术实现。

(3) 物理框架制定:设计系统的物理实现及业务流向。

3) 平台架构

规范整合已有交通动静态数据基础上,面向 STSV 深度融合,应用大数据、云计算、人工智能等技术,实现对交通运行规律与特征的全面认知、交通运行问题的诊断预警、交通警情的主动研判处置,支撑交通管理决策与勤务指挥,优化交通资源配置与系统运行,提升城市交通综合治理能力,提高交通系统效率和出行服务水平。融合下的 ITMS 框架结构如图 14-30 所示。

3. 新一代智能交通管理标准体系

通过分析梳理现有标准使用情况,结合交通大数据系统的建设及应用要求,从基础标准、技术规范和管理规范等方面,提出新一代智能交通管理大数据应用标准体系框架,如图 14-31 所示。

(1) 基础标准。基础类标准为其他各部分标准的制修订提供支撑,主要包括术语和定义、分类和编码。

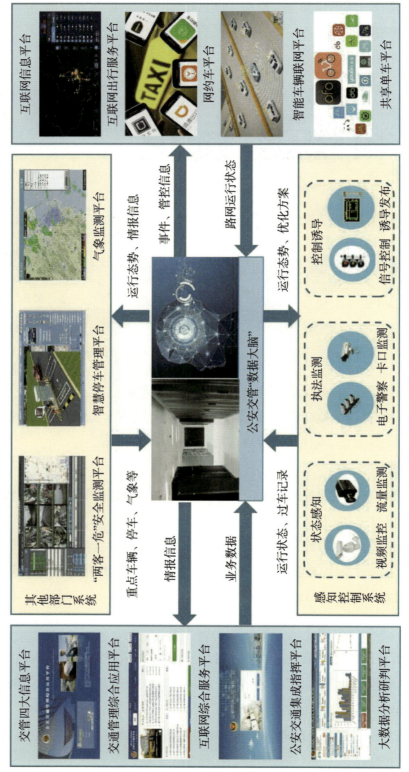

图 14-30 STSV 融合下的 ITMS 框架结构

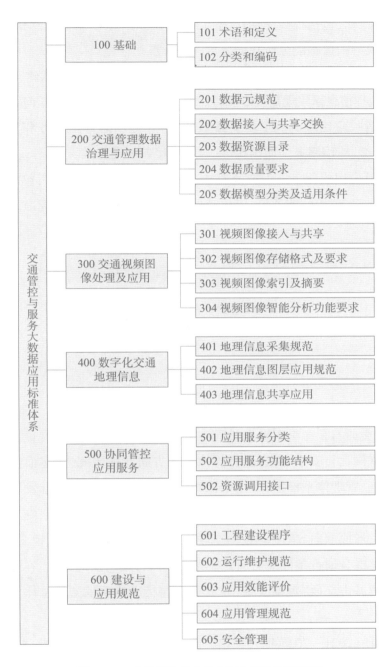

图 14-31　大数据为核心的 ITMS 标准体系架构

（2）交通管理数据治理与应用。支撑交通管理大数据汇聚接入、数据融合、共享交换、数据建模应用等工作，包括数据元规范、数据接入与共享交换、数据资源目录、数据质量要求、数据模型分类及适用条件 5 类标准。

（3）交通视频图像处理与应用。支撑交通管理视频图像整合治理、共享交换、智能分析应用等工作,包括视频图像接入与共享、视频图像存储格式及要求、视频图像索引及摘要、视频图像智能分析功能要求 4 类标准。

(4)数字化交通地理信息。支撑交通管理地理信息采集、图层构建、地图应用服务等工作,包括地理信息采集规范、地理信息图层应用规范、地理信息共享应用 3 类标准。

(5)协同管控应用服务。主要支撑 ITMS 对外提供的应用服务和资源。主要包括应用服务分类、应用服务功能结构、资源调用接口 3 类标准。

(6)建设及应用规范。用于规范 ITMS 的建设及应用管理工作,包括工程建设程序、运行维护规范、应用效能评价、应用管理规范、安全管理等 5 类标准。

第六节
总体技术路线图

一、技术路线图

面向智能交通与智能汽车融合过程中的运行安全及管控问题,重点在汽车上路行驶安全、车联网运行安全、混合通行管控模式方面开展研究,构建面向智慧城市的新一代智能交通管理体系框架,提出中国智能汽车与智能交通融合发展研究总体路线。在智能汽车运行安全方面,形成智能汽车全流程管理体系框架;在车联网安全运行与服务方面,形成面向 STSV 融合的车联网安全运行与服务商业模式;在混行交通管控方面,完善混合通行条件下交通管控模式和通行规则法规标准;在智能交通管理体系方面,形成城市交通"数据大脑"建设及应用标准体系框架。总体发展路线图如图 14-32 所示。

在短期阶段(2021—2025 年),提出智能汽车运行安全能力分级,构建面向 STSV 融合的运行安全与服务标准体系,研究混合通行条件下交通管控模式和通行规则基础技术,形成场景目标导向的智能交通管理系统逻辑框架。

在中期阶段(2026—2030 年),构建智能汽车和车联网运行安全测试评价体系,开展面向 STSV 融合的车联网测试道路智能化改造,突破混合通行条件下交通管控模式和通行规则关键技术,形成基于网联大数据的智能交通管理系统物理框架。

智能交通融合升级关键问题研究 / 第十四章

	2025年	2030年	2035年
总体目标	(1) 提出智能汽车运行安全能力分级； (2) 构建面向STSV融合的运行安全与服务标准体系； (3) 研究混合通行条件下交通管控模式和通行规则基础技术； (4) 形成场景目标导向的智能交通管理系统逻辑框架	(1) 构建智能汽车和车联网运行安全测试评价体系； (2) 开展面向STSV融合的车联网测试道路智能化改造； (3) 突破混合通行条件下交通管控模式和通行规则关键技术； (4) 形成基于网联大数据的智能交通管理系统物理框架	(1) 形成智能汽车全流程管理体系框架； (2) 形成面向STSV融合的车联网安全运行与服务商业模式； (3) 完善混合通行条件下交通管控模式和通行规则法规标准； (4) 形成城市交通"数据大脑"建设及应用标准体系框架
关键分领域技术1：面向智能交通的智能汽车运行安全与管理研究	提出智能汽车运行安全能力分级	(1) 形成智能汽车运行安全测试评价体系； (2) 形成车路协同综合能力测试评价体系； (3) 开展智能汽车和车联网运行安全测试认证服务	形成智能汽车全流程管理体系框架
关键分领域技术2：面向STSV融合的车联网安全运行与服务研究	(1) 构建面向STSV融合的运行安全与服务标准体系； (2) 研究跨行业沟通协调机制； (3) 探索车联网规模示范应用、探索机制与模式	(1) 开展面向STSV融合的车联网测试道路智能化改造； (2) 培育一批车联网单位商业化试运营	(1) 开展面向STSV融合的车联网安全运行与服务商业模式； (2) 不断完善面向STSV融合的运行安全与服务相关标准
关键分领域技术3：混合通行条件下交通管控模式和通行规则	(1) 探索基于5G的数据通信技术应用； (2) 研究路侧基础设施数字化技术； (3) 研究混合通行驾驶机理特性	(1) 探索混合通行条件下交通管控模式； (2) 突破混合通行条件下通行规则数字化技术； (3) 研究符合伦理的智能汽车事故避险处理	(1) 基于混合通行条件下通行规则推动交通安全法规修订； (2) 完善混合通行条件下交通管控模式
关键分领域技术4：以大数据为核心的智能交通管理体系框架研究	提出场景目标导向的智能交通管理系统逻辑框架	提出基于网联大数据的智能交通管理系统物理框架	形成城市交通"数据大脑"建设及应用标准体系框架

▲ 向上的三角形表示对"X"领域形成支撑　　1.智能汽车
▼ 向下的三角形表示需要"X"领域的支撑　　2.智慧城市
　　　　　　　　　　　　　　　　　　　　3.法规建设

图 14-32　总体发展路线图

733

从远期来看（2031—2035 年），形成智能汽车全流程管理体系框架，形成面向 STSV 融合的车联网安全运行与服务商业模式，完善混合通行条件下交通管控模式和通行规则法规标准，形成城市交通"数据大脑"建设及应用标准体系框架。

二、优先行动项

智能车技术被视为解决当前交通问题的革命性技术，近年来受到了世界范围内的极大关注，成为全世界的研究热点，也受到了各国政府的高度重视。2019 年 9 月，中共中央、国务院印发的《交通强国建设纲要》中提出我国要"加强智能网联汽车（智能汽车、自动驾驶、车路协同）研发，形成自主可控完整的产业链"，实现"到 2035 年，基本建成交通强国"的目标。然而，在未来，随着道路上高等级智能汽车的逐渐增加，很长时间内，车辆将面临一个更为复杂的交通环境——混合驾驶环境，也就是人工驾驶车辆和智能车混行的交通环境。

然而，目前的城市交通管控系统还没有做好迎接智能车混合驾驶环境的到来，作为城市智能交通的基本组成部分，现有的交通设施（包括交通信号灯、交通标志标牌、道路施工围挡等），绝大部分仍然是非数字化的，远未实现智能化（包括数字化、网联化、协同化），导致现有交通设施不能对交通状态变化作出实时响应，而且信息传递能力弱，在光线较差或者距离较远时，这些交通设施传递的信息可能被完全忽略。此外，传统的交通控制与诱导系统数据源单一且滞后，不能充分利用城市全域路网的信息，而且使用的是基于非智能交通设施的信息发布方式，导致控制与诱导算法的结果不够精准和实时，不能实现在合适的时间、合适的地点，发布给合适的出行者。在自动驾驶法规标准及规则制定方面亟须有所突破，另外，大数据驱动下的新一代智能交通管理体系框架构建，以及"交管大脑"实施路径亟须明确。

1. 制定适应我国自动驾驶发展的技术路径及标准法规

一是针对不同等级智能汽车实行分级管理，完善相关标准、法规体系。完善智能汽车分级测试评价体系，根据标准体系逐步丰富智能汽车管理标准，修订道路交通安全法及实施条例。二是推动智能汽车上路行驶规则数字化，实现"规则意识"具象化。研究混合通行条件下车辆通行规则，构建通用的智能汽车数字化通行规则，具象化"机器驾驶人"的"规则意识"。

2. 构建以管控为核心的车路协同及智能交通管理体系

一是以管控为核心的车路协同技术架构及产业模式推广。设计完善交通管控开放互联、赋能车联网的应用服务架构体系,制定公安交管路侧设备、网联车辆的数字身份及信息交互安全规定,探索车联网规模化建设、应用、管理主体及全链条协同运营模式。二是大数据驱动下的新一代智能交通管理体系框架构建。明确公安交管"数据大脑"定位及功能界面,制定 STSV 大数据深度融合的新一代 ITMS 框架结构,设计新一代智能交通管理大数据应用标准体系。

本章参考文献

[1] 国务院安委会. "十四五"全国道路交通安全规划[Z]. 2022.

[2] 中国国家发展和改革委员会等. 智能汽车创新发展战略[Z]. 2020.

[3] 中国工业和信息化部等. 智能网联汽车道路测试管理规范(试行)[Z]. 2018.

[4] 中国工业和信息化部等. 智能网联汽车道路测试与示范应用管理规范(试行)[Z]. 2021.

[5] 中国工业和信息化部. 车联网(智能网联汽车)产业发展行动计划[Z]. 2018.

[6] 上海市人民政府. 上海市智能网联汽车测试与应用管理办法[Z]. 2021.

[7] 广州市交通运输局等. 广州市智能网联汽车开放测试道路路段管理办法(试行)[Z]. 2019.

[8] 北京市交通委员会等. 北京市自动驾驶车辆道路测试管理实施细则(试行)[Z]. 2020.

[9] 海南省工业和信息化厅. 海南省智能汽车道路测试和示范应用管理办法(试行)[Z]. 2020.

[10] 无锡市工业和信息化局. 无锡市智能网联汽车道路测试与示范应用管理实施细则[Z]. 2020.

[11] 美国运输部. 联邦自动驾驶汽车政策指南:加速道路安全的下一次革命[Z]. 2016.

[12] 美国运输部. 自动驾驶系统 2.0:安全愿景[Z]. 2017.

[13] 美国运输部. 自动驾驶汽车 3.0：准备迎接未来交通[Z]. 2018.

[14] 美国运输部. 自动驾驶汽车 4.0：确保美国在自动驾驶技术的领先地位[Z]. 2020.

[15] 日本警察厅. 自动驾驶的公共道路测试使用许可标准[Z]. 2019.

[16] 英国交通部. 自动驾驶汽车发展道路：道路测试指南[Z]. 2015.

[17] 欧盟委员会. 通往自动化出行之路：欧盟未来出行战略[Z]. 2018.

[18] 李克强,戴一凡,李升波,等. 智能网联汽车(ICV)技术的发展现状及趋势[J]. 汽车安全与节能学报,2017,8(1):14.

[19] 王敏. 自动驾驶汽车技术路线简介[J]. 道路交通科学技术,2019,1(1):3-5.

[20] 王敏. 自动驾驶汽车测试方法综述[J]. 道路交通科学技术,2019,5(1):3-7.

[21] 袁建华. 自动驾驶安全第一[J]. 道路交通科学技术,2020,2(1):3-5.

[22] 陆文杰. 日本自动驾驶汽车相关法规政策综述及启示[J]. 道路交通科学技术,2020,3(1):3-5.

[23] 吴云强. 美国自动驾驶汽车相关法规政策综述及启示[J]. 道路交通科学技术,2020,4(1):3-6.

[24] 许浩新. 欧洲自动驾驶汽车相关法规政策综述及启示[J]. 道路交通科学技术,2020,5(1):3-4.

第十五章

智慧城市的智能共享移动装备

撰稿人:孙　宁　中国汽车工程学会
　　　　史天泽　中国汽车工程学会

摘要

本章重点聚焦智能车辆、智能交通与智慧城市融合主线,以城市效能、产业结构为基本坐标,以基础设施、运载工具、交通大数据为基本框架,探索构建共享服务为基本内容的未来城市出行系统。

首先立足城市移动出行场景中居民出行需求与交通供给要素的未来发展趋势与创新变革分析,预测未来城市出行需求场景,提出智能共享移动装备工程技术路线,进而构建支撑中国智慧城市、智能交通、智能汽车(SCSTSV)融合一体化智能网联汽车的宏观(智慧城市层面)、中观(智能交通层面)、微观(车辆平台层面)三个层面的发展布局。

同时以智能车辆在智慧城市的应用核心,提出工程化开发的功能要素定义与关键技术。其中功能要素定义包括系统工程总体功能要素及定义、SVST 融合功能要素及定义、SVSC 融合功能要素及定义、SVST 交互功能要素及定义;关键技术包括 SV 与 ST、SC 融合技术两个层面,车辆产品设计关键技术、车辆控制架构设计关键技术、车辆赋能关键技术三个方向。

最后从未来城市战略制定、政策及法规标准建设、监管体系建立、城市基础设施建设、区域协同示范推动等维度提出支撑智能共享汽车系统工程的保障措施。

第一节
智能共享移动装备驱动要素分析

当前城市化发展趋势将使得交通出行需求持续快速增加,从而引发了停车空间、道路资源等城市有限空间资源与持续增长的交通需求的矛盾,带来了城市交通常态化拥堵、出行效率低下等问题,同时,从产业发展看,智能汽车单车智能技术正面临发展瓶颈和产业化前景不清晰等挑战。

一、智能共享移动装备发展需求分析

1. 城市规划与发展的客观需要

目前,全世界城市人口已占据世界总人口一半以上,预计到2030年,全世界将有三分之二的人口将生活在城市中。具体到中国,2017年总人口已达13.8亿人,其中城市人口占57.9%,在国家城镇化战略的影响下,我国城市人口还将以每年2%左右的增速持续增长。城市化的快速发展将带来汽车保有量、交通出行量快速增长,而目前道路、停车位等城市基础设施已经或即将达到其物理空间极限。根据住房和城乡建设部发布的《城市综合交通体系规划标准》(GB/T 51328—2018),城市道路与交通设施用地面积应占城市规划建设用地面积的15%~25%,人均道路与交通设施面积不应小于$12.0m^2$,城市停车场规划用地总规模人均为$0.5~1.0m^2$,但许多大城市中心区域内能用于道路、停车场等建设的土地资源几乎枯竭,目前北京六城区内人均道路使用面积约为$5.8m^2$,人均用地均存在严重不足。

综上所述,由于道路、停车位等城市空间基础设施资源有限,需要立足智能汽车与共享出行应用,以城市数字基础设施为内核,统筹考虑城市空间基础设施资源的合理规划、设计和高效利用,以满足有限城市空间资源融合匹配持续增长的交通需求问题。

2. 智能交通体系布局的内在需要

当前我国城市交通运行效率正面临非常严峻的挑战,交通拥堵常态化已成为众

多城市发展中遇到的共同难题,尤其是早晚高峰上下班出行需求集中时段。根据高德发布的相关数据,2018年全国361座城市中有74%的城市在早晚高峰期间处于拥堵或者缓行状态。以北京为例,2018年北京市居民高峰期间平均每小时拥堵30分钟,平峰期间每小时拥堵22分钟,交通拥堵直接导致了城市居民交通出行效率低下。

同时,在智能交通服务体系下,现有城市公共交通出行服务面临的痛点是交通供给与出行需求匹配性不高,直接导致高峰期间公交车过度拥挤、出租汽车打车困难,而平峰期间现有公交车平均客流量低、出租汽车空驶率高等现实问题,造成城市居民出行难、社会资源过度浪费等问题。

综上所述,在城市交通出行效率低下、交通供给与出行需求匹配失衡等情况下,应立足智能汽车与共享出行应用,以道路交通数字基础设施为内核,统筹考虑出行时间/空间需求、交通管控、出行服务等多重维度,实现出行需求与出行服务供给的精准匹配,完成交通需求供给的削峰填谷,构建智能出行即服务(A-Maas),有效提高城市交通通行效率和交通运输服务能力。

3. 智能汽车产业发展的现实需要

基于汽车产业发展视角,当前智能汽车的发展正面临基于单车高等级智能技术发展瓶颈和产业化前景不清晰等挑战。从国际发展趋势看,2019年以来欧盟和美国等国家纷纷提出利用数字化道路交通设施支撑的车路协同式自动驾驶发展路线,协同式自动驾驶技术路线已被看作是高等级智能汽车突破技术瓶颈与实现产业化的关键,在顶层战略和技术路线的指引下,具备协同特征的自动驾驶乘用车、自动驾驶商用车、自动驾驶城市共享汽车正在成为全球相关研发企业的重要聚焦点。

综上所述,在出行需求场景牵引下,研发具备车辆自动化、道路智能化和网络互联化深度融合发展技术特征的新型城市智能共享汽车系统,将为智能汽车突破单车高等级智能技术瓶颈、实现产业化落地提供可行的发展路径。因此,智能共享出行是智能汽车产业技术发展的现实需要。

二、智能共享移动装备重大意义

1. 智能共享移动装备是提高城市效能的重要途经

新型智慧城市以城市居民美好生活为愿景,构建安全、高效、绿色的城市交通发展目标,其中高效具体指城市效能提升,主要表现在城市空间释放、城市交通畅通、居民出行效率提升三个方面。城市空间释放是指城市道路、停车空间等资源的释放,城市交通畅通与居民出行效率主要指城市交通通行效率的提高和交通运输服务能力的提升。

从智能车辆技术影响看,根据罗兰贝格的相关数据,如果自动驾驶出租汽车密度能超过 2 辆/平方公里,其有效载客时间将高于传统出租汽车 80%,可节约超过 40% 的城市停车空间,并减少 30% 的交通拥堵时间。

从出行服务技术影响看,麻省理工学院的相关研究表明,基于合乘调度模式的共享出行服务对解决交通出行问题具有巨大的潜力,如果每个人都愿意使用 Uber 和 Lyft 等公司的拼车服务,仅仅需要 3000 辆合乘车就可以替代 13000 辆出租汽车。

从智能交通技术影响看,目前高德城市智能交通实践表明,通过 AI 和大数据技术,从空间、时间、强度三个维度对城市交通出行和城市路网、路段、路口等的交通状况进行实时监测,实现对城市交通的动态交通诱导,可有效提高城市交通通行效率。2019 年春节期间,全国 40 多家交通管理部门与高德地图联动,在整体流量平稳的前提下,拥堵路段车流量下降 23%,通行速度提升 31%,通行时间缩短 56.9%。

综上所述,仅仅通过智能车辆技术、出行服务技术或基于 AI 和大数据的智能交通技术等在城市交通的应用实践可显著提升城市效能,实现以高效率车辆解决城市人口集聚下的出行难题。在智慧城市出行需求可计算的前提下,智能车辆、智能交通与智慧城市深度融合将为提升城市效能问题提供有效的解决方案。

2. 智能共享移动装备是改变汽车产品市场需求结构的重要抓手

以共享出行为例,随着智能车辆、出行服务等技术进步与应用,共享出行市场将具有良好的发展前景,根据普华永道相关预测,到 2030 年,美国、欧洲、中国的共享出行里程在社会道路出行总里程中占比分别可达 25%、28% 和 37%,中国汽车工程学会相关数据显示,在 2025 年、2030 年、2035 年三个时间节点,包含共享出行在内的共享出行里程在社会道路出行总里程中占比分别可达 18% ~ 25%、28% ~ 38%、40% ~ 64%。

在市场化前景面前,汽车制造企业将更多从战略层面思考未来智慧城市体系下具备自动驾驶技术、共享元素的车辆产品研发和设计,进而可有效引导现有汽车产品市场需求结构的改变,因此,智能共享移动装备是改变未来智能汽车产品市场需求结构的重要抓手。

3. 智能共享移动装备是实现汽车技术创新重要的孵化器

受益于智能车辆、出行服务等技术进步与应用、技术驱动智慧城市建设,城市移动出行场景将得到丰富,从而使汽车动力系统、车辆底盘、驾驶座舱等相关汽车本身技术得到进一步创新发展。

从汽车动力系统发展看,普遍共识认为,新能源汽车是城市共享出行的最佳车辆载体,未来电动汽车与能源技术相融合,将推动电动汽车的分布式储能技术的创新与发展;从车辆底盘技术发展看,车辆自动驾驶技术将促进基于驱动、制动、转向、悬架的底盘一体化控制技术发展,并进一步促使移动式车厢与底盘共享技术的创新与发展;从驾驶座舱技术发展趋势看,未来驾驶座舱各组成部分将呈现由分布到集中、由独立到融合的趋势,在芯片和操作系统的融合下,未来智能座舱内的仪表盘、中控屏等人机交互界面将趋于集成趋势,同时在5G通信和车联网高度普及的前提下,座舱将摆脱"驾驶"单一场景,逐渐进化成集"家居、娱乐、工作、社交"于一体的"智能移动空间"。

第二节
移动出行场景研究

智能共享移动装备驱动要素分析表明,目前智能车辆技术、出行服务技术、智能交通技术等可部分提升城市效能,但面对未来城市大规模人口集聚下的空间资源、出行难题、出行效率低等城市效能问题,还需要更多的技术集成创新解决方案。为了进一步实现技术的集成创新,需要深入分析出行需求侧与供给侧发展趋势,勾勒未来移动出行场景,在场景基础上提出有效技术解决方案与整体布局。

一、移动出行场景的内涵

移动出行场景是指构成特定时空范围内城市居民出行需求与交通供给相互匹配

的多种移动出行服务的集合。

如图 15-1 所示,从需求侧看,一定时间和空间范围内城市居民出行需求主要受出行目的、消费水平、行为习惯三个方面因素影响。

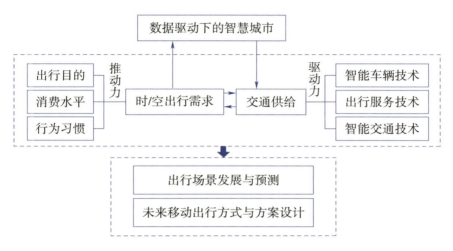

图 15-1　移动出行场景内涵

如图 15-2 所示,城市居民的出行目的多种多样,包括工作、商务活动、休闲娱乐等,图中列举了部分出行目的;消费水平主要指由居民消费水平所决定的出行需求,行为习惯主要指受思维、情感等内因而决定的因素。

图 15-2　城市居民出行目的

从供给侧看,交通供给的形态将受到智能车辆技术、出行服务技术、智能交通技术的影响。城市居民的时空出行需求与交通供给的匹配始终处于动态的、发展的过程,一方面,受到出行目的、消费水平、行为习惯等出行需求因素的推动,另一方面,又受到智能车辆技术、出行服务技术以及智能交通技术进步的驱动。

二、移动出行场景需求侧发展分析

根据移动出行场景的内涵,出行目的、消费水平、行为习惯三方面影响因素将持续地推动移动出行场景的发展演进。

1. 城市居民行为习惯与移动出行

根据中国银联与京东金融于2018年联合发布的《2017消费升级大数据报告》,中国70后群体对社会总消费的贡献度已开始呈现下降趋势,而80、90后群体对社会总消费的贡献度则呈现持续上升趋势,这意味着中国未来20年,80、90后群体乃至00后群体将成为社会消费的主力军。

从消费特征看,80、90后群体乃至00后群体成长于市场经济蓬勃发展、网络与数字技术广泛应用的时代,他们的消费理念与70后群体相比产生较大改变,根据《2017消费升级大数据报告》的相关结论,这样的群体在衣、食、行、住、娱等领域日常消费中呈现出品质生活、互动体验、个性定制、绿色健康等多维度消费特点。因此,受社会群体消费特征升级影响,从消费行为习惯方面看,未来相关消费群体对个性化、舒适化以及轻拥有、重体验等多元化出行需求将持续加强。

2. 城市居民消费水平、出行目的与移动出行

根据中国汽车工程学会联合滴滴发展研究院发布的相关研究成果,城市居民的消费水平将影响出行服务选择,高收入人群和低收入人群对出行服务的价格敏感度较低,中等收入群体对出行服务的价格敏感性较高。高收入人群将对出行服务质量、个性化等服务因素要求更高,低收入人群将以经济性要求为首要考量,中等收入人群将综合考虑经济性、服务质量、个性化等服务因素。目前收入阶层划分如下,低收入区间是指个人月收入5000元以下;中等收入区间是指个人月收入5000元到2万元;高收入区间是指个人月收入高于2万元。

从消费水平影响看,未来城市居民时/空基本出行需求可分解为经济性基本出行需求和个性化基本出行需求两类,并且两类基本出行需求将并存。同时,基于不同出行目的,在时/空基本出行需求基础上,可具备向其他服务体验延伸的潜力,诸如在出行过程中关注的视频、游戏、社交、办公、购物等互联网服务。

因此,从消费水平、出行目的相互叠加看,城市居民时空出行需求可分解为基本

出行需求和基本出行需求的外延,其中基本出行需求主要包括经济性基本出行需求、个性化基本出行需求,基本出行需求的外延指在满足基本出行需求的同时注重互联服务体验的衍生服务,即智能生活的"第三空间"。

三、移动出行场景供给侧发展分析

根据移动出行场景的内涵,智能车辆技术、出行服务技术、智能交通技术三个方面技术因素进步将驱动移动出行场景的发展演进,其中智能车辆技术主要包括自动驾驶、汽车多功能、模块化技术;出行服务技术主要基于出行平台的调度与需求匹配技术;智能交通技术主要涉及交通管控技术和交通运输协同组织与运行优化技术。

1. 智能车辆技术

从自动驾驶技术发展看,如图 15-3 所示,根据斯坦福大学的相关预测,预计 2035 年之前城市道路上自动驾驶将得以实现。

图 15-3　斯坦福自动驾驶技术发展预测

同时,随着自动驾驶技术的发展,在面向自动驾驶汽车设计层面,将促使车辆功能多元化、模块化设计成为重要的技术发展方向。

一方面,由于自动驾驶技术带来的出行成本下降、出行效率提高以及便捷性提升,将促使城市基本出行需求得到有效满足,包括个性化出行需求和经济性出行需求,从而引起目前以公共交通出行为主的出行方式变革,创新出行服务形态,并从客观上节约城市空间,诸如停车空间。

另一方面,自动驾驶技术将从根本上改变人和车的关系,人们将更加关注车内体验,可进一步推动汽车基本出行需求外延的发展,即基于车内体验设计理念将促使自动驾驶车辆功能的多元化、模块化设计,进一步挖掘和创造第三空间的商业价值。

2. 出行服务技术

目前出行服务技术已经发展到基于平台的调度与服务技术,即基于大规模网联出行平台的出行调度与需求匹配技术,出行服务技术具备"共享"特征,具体可包括基于出行平台的出行需求拟合技术、交通供给调度与匹配技术等。

目前滴滴、Uber等移动出行软件的核心本质是"激活闲置资源、中心调度与高效匹配"。出行软件系统收集城市不断动态变化的所有交通出行相关数据,然后运用云计算、大数据及人工智能的方法做出最优的决策。经过多年的实践,其在提高城市交通的承载力和运行效率,缩短居民出行等待时间,并在降低出行成本等方面已经发挥巨大作用。

随着智慧城市建设进程的加速,在智慧城市出行需求可计算前提下,基于数据驱动的交通出行服务顶层设计将不断完善,同时基于云计算、大数据及人工智能相关的调度与匹配算法将实现更好的创新。在此基础上,城市出行整体的便捷性、舒适性、经济性将得到进一步提升,同时,个性化基本出行需求将会得到更好的满足,个性化出行与经济性出行兼顾的出行方式将得到发展,诸如促进3~6人合乘出行方式的发展。

3. 智能交通技术

目前在智能交通技术领域,无线通信(C-V2X)、新一代互联网、车路协同等技术正全面融入,传统智能交通正向协同式智能交通变革演进。在协同式智能交通框架体系下,智能交通将实现综合交通大数据多源感知与实时协同处理、移动互联环境下的综合交通信息服务等大数据服务功能;实现车车协同与安全控制、车辆群体协同决策与优化、无人智能交通系统等协同管控功能;并从顶层设施层面实现综合交通运输协同组织与运行优化、客货多式联运框架体系保障,从而为出行构建出安全、高效的道路交通系统保障环境。同时,协同式智能交通技术将引发智能汽车产品设计方面的变革,诸如协同式自动驾驶汽车的原理性问题、控制的手段问题、系统的结构问题。

随着协同式智能交通技术的发展与应用,从中观层面看,智能交通系统可以通过诸如交通交叉口优先通行、公共交通专有路权优先、交通系统决策与调度等管控措施,整体提升城市出行效率与服务水平,并大幅提升经济性出行需求,同时兼顾个性化出行需求。

四、移动出行场景发展与预测

基于上述对移动出行场景需求侧发展的分析和移动出行场景供给侧发展的分析,从出行需求侧看,城市居民行为习惯的持续影响将驱动消费群体对个性化、舒适化以及轻拥有、重体验等多元化出行需求的持续加强;出行成本的降低可促使经济性基本出行需求向个性化基本出行需求转化;从交通供给侧看,交通供给侧智能车辆技术、出行服务技术及智能交通技术三者的进步与发展将从整体上驱动城市出行效能、出行经济性、便捷性的大幅提升;智能汽车技术可实现诸如主干路自动化列队出行服务、最后一公里自动驾驶服务等创新性出行服务,使基本出行更便捷;在智能车辆技术驱动下,人车关系由"人驾车"的驾乘关系转化为"车载人"的变化过程中,基本出行需求将向驾驶以外延伸,逐渐演变成城市居民的智能出行生活,同时,基于车内体验设计理念将促进自动驾驶车辆功能的多元化、模块化设计,进一步挖掘和创造第三空间的商业价值;出行服务技术可实现更丰富的出行服务方式,诸如3~6人合乘出行方式,将驱动个性化基本出行需求同时兼顾经济性的服务得到更好的满足;智能交通技术将基于无线通信(C-V2X)、新一代互联网、车路协同等技术,通过交叉口优先通行、公共交通专有路权优先、交通系统决策与调度等管控措施,大幅提升公共交通的出行效率,驱动经济型基本出行需求进一步发展和创新,同时兼顾个性化出行需求的满足。移动出行场景发展如图 15-4 所示。

在交通供给侧与出行需求侧的技术叠加作用下,未来的移动出行场景将具备创新性,以智能共享出行的出行方式为主,同时还将带来载运工具的节约化和高效使用。从车辆载具看,其将具备自动驾驶能力、"共享特征"的出行空间、智能生活的"第三空间"和多功能底盘;从服务模式看,其将具备非私人性质、出行需求快速响应服务能力、合乘精准匹配服务能力、无人化运输服务能力、多用途出行衍生服务等服务能力,二者共同提升载具的运行效率与经济性,同时支撑城市出行效能、出行经济性、便捷性等的提升。

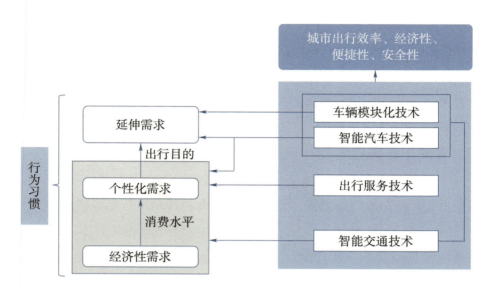

图 15-4　移动出行场景发展分析

五、未来移动出行方式与方案设计

目前,城市移动出行方式主要包括以下三类:第一类是私家车;第二类是公共交通,包括公交车、轨道交通、出租汽车;第三类是其他方式,主要包括汽车租赁、网约车等。这三类移动出行方式可满足城市时/空基本出行需求,其中公交车和轨道交通主要满足经济性基本出行需求,私家车、出租汽车、汽车租赁、网约车主要满足个性化基本出行需求。从共享角度看,除了私家车的基本属性是私人拥有,其他移动出行方式均属于共享出行范畴。基本出行需求交通供给服务方式如图15-5所示。

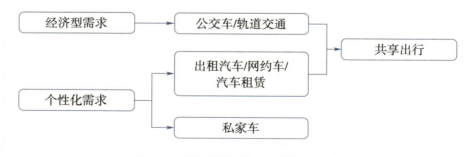

图 15-5　基本出行需求交通供给服务方式

如图 15-6 所示,从出行链看,目前城市汽车出行存在点对点出行与换乘出行两种出行选择方案。换乘出行方案主要考虑城市经济性基本出行需求,服务于交通主/次干路网间的出行需求,其主要出行方式包括公交车、轨道交通,其主要的弊端是无法解决最后一公里出行问题;点对点出行方案则充分考虑出行者需求,可满足城市个性化基本出行需求,其主要出行方式包括出租汽车、汽车租赁、网约车、私家车出行等。

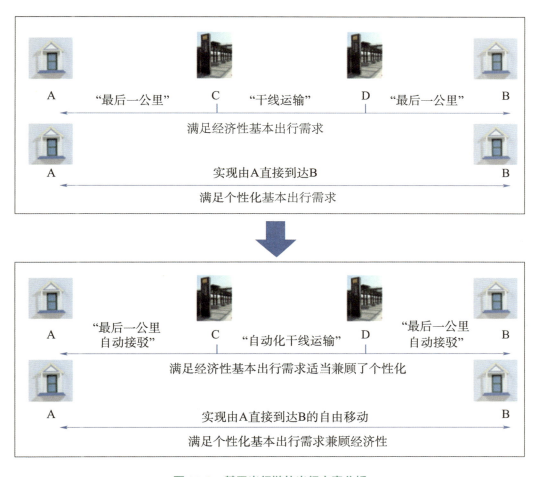

图 15-6　基于出行链的出行方案分析

未来在智能汽车技术、出行服务技术、智能交通技术的共同影响下,移动出行方式与方案的发展设计如下:城市居民移动出行可实现基于点对点为主的出行方案设计,并设计"智能共享型"运载工具和相应的出行服务模式,实现个性化基本出行需求和经济性出行需求的平衡,同时还可引导需求进一步向出行服务第三空间延伸。除了"行"之外,不断挖掘"衣食住娱"消费体验,增加出行服务附加值。进一步基于城市大数据驱动,可实现与城市物流运输的有机结合,满足城市物流运输需求。

第三节

智能共享移动装备功能要素与关键技术

一、智能共享移动装备技术路线

总体上看,未来移动出行将以智能共享型汽车为载体,车辆具备自动驾驶能力、"共享特征"的出行空间、智能生活的"第三空间"和多功能底盘等特征,基于"共享特征"实现个性化基本出行需求和经济性出行需求的平衡,同时"共享特征"将从系统层面整体提升城市出行效能、出行经济性、出行便捷性作为目标。

为满足上述移动出行场景服务,以智能车辆为核心,提出智慧城市、智能交通、智能汽车(SCSTSV)融合一体化的智能共享移动装备技术路线,其中SC为智能共享汽车支撑自动驾驶能力的实时动态交通数据与城市出行需求大数据;ST通过借助于ITS设施、TMC等的有机结合,实现对出行场景的数字化管控;SV借助于C-V2X通信平台,实现车端与车外云端的信息物理融合,弥补单车智能缺陷。SCSTSV融合一体化技术路线为中国智能汽车未来发展提出新的路线选择。

二、智能共享移动装备总体布局

1. 智能共享移动装备宏观布局

宏观布局层面,即智慧城市层面的布局。智慧城市为智能共享汽车提供支撑其自动驾驶能力的实时动态交通数据以及城市出行需求大数据,主要包括动态交通模型、动态出行模型、城市道路地标与导航地图、基于天气环境驾驶数据等城市基础设施,以及一体化的城市机动出行协同服务与城市交通信息管控中心。

为支撑跨时全域的动态交通模型、动态出行模型等建模以及城市道路地标与导航地图、天气环境影响分析计算,宏观布局总体如下:

(1)建立云际开发的流式数据汇集与共享机制;

(2)开展数据驱动下系统要素特征辨识、融合计算和演化趋势、知识聚合等技术

的研究;

（3）开展车与城市计算的标准化交互，开展车辆（端）与中心云一体化融合计算、车辆（端）与边缘云高可靠融合计算、边缘云与中心云高性能融合计算，以及端边、端云、边云融合下的集群管理、负载均衡及虚拟化技术的研究;

（4）研发基于软件定义的端边云架构的开放互联体系与技术;

（5）构建自定义数据服务编排与任务优化模型，提供统一的高实时云计算环境、大数据分析基础环境。

为支撑一体化的城市机动出行协同服务与城市交通信息管控中心构建，宏观布局总体如下：

（1）在充分汇聚城市交通大数据的基础上，建设城市机动出行协同服务一体化平台。系统通过出行需求辨识、出行时空匹配、共享需求撮合、过程化服务、资源优化调度、多模式出行衔接等支撑实现基于智能共享车辆服务城市出行能力。

（2）充分利用和扩展城市既有的资源（如，城市道路地标、地图等），建设系统化的智能共享出行系统，逐步融合城市多模式出行体系，支撑连续、快速、全时段的出行服务新形态的形成，逐步实现由"人适应系统"向"系统适应人"过渡。

（3）为支撑基于场景的高级智能网联汽车运行仿真分析，研究面向交通主题与场景的"车、路、环境、服务"实体与动态数字化仿真映射技术，超拟实场景的快速建模与自动化生成技术，研发支撑动态规划、群体智能调度、出行需求匹配、天气环境影响等车辆运行模型库，研究面向场景的智能共享出行车辆运行仿真评估技术。

智能共享移动装备宏观布局的分阶段布局路径如下：

（1）到2025年，搭建动态交通模型与动态出行模型，充分发挥动态交通模型的功能和优势，实现智慧出行的数字孪生模拟。

（2）到2030年，建立基于大数据的城市道路地标与导航地图识别系统以及基于天气环境影响下的智慧城市服务系统，实现智慧城市精确的网络级覆盖。

（3）到2035年，建立涵盖智慧出行、精准地理信息等在内的一体化城市交通出行协同服务与管控中心，实现智慧城市便捷、舒适的用户端出行体验。

2. 智能共享移动装备中观布局

中观布局层面，即智能交通层面的布局。智能交通为网联自动驾驶汽车提供SCSTSV交通框架、基于5G-V2X通信和一体化动态感知定位、路径规划的车外支撑平台。

为支撑 SCSTSV 交通框架与车外支撑平台的构建,中观布局总体如下:

(1)开展车与路的智能融合感知、定位与认知技术研究。具体指在复杂交通环境场景下,为支撑车辆安全、高效运行的多尺度决策,研究路与车多传感器的目标空间匹配与时序校准方法;考虑车辆的个体属性,研究基于情景感知的特征化数据的定制式推送技术,以辅助车辆进行超视距认知;建立车辆运行状态的高维时空认知表达模型;研究交通状态的多模态数字化表征方法与一体化可视化技术。

(2)开展端—边—云架构的协同计算技术研究。具体指建立多接入边缘计算/移动边缘计算(MEC)与 C-V2X 融合场景,包括"单车与 MEC 交互""单车与 MEC 及路侧智能设施交互""多车与 MEC 协同交互""多车与 MEC 及路侧智能设施协同交互"四类交互及融合应用业务逻辑;复杂交通环境下感知、定位等与时、空、频通信资源匹配的动态资源分配机制的研究,实现按需资源分配策略;感知、交互、计算等智能路侧设施与车载多模态交互一体化终端的研发,针对车路运行的多业务高效接入、网络资源高效调度以及全域信息高效投送与敏捷协同计算。

(3)开展车路智能融合控制技术研究。针对车辆运行交通安全、高效管控,建立通行、避让、冲突消解、优先等运行规则库;研究基于合流、会车、通行、交叉口等场景下不同等级智能车辆交通组织技术;研究路口、路段以及路网多层级下的路与车智能融合控制,减少智能汽车未知不安全场景事故,实现智能网联环境下的安全与高效运行。

智能共享移动装备中观布局分阶段布局路径如下:

(1)到 2025 年,完成面向网联自动驾驶车辆运行的通行规则与交通组织方法,完成基于 C-V2X 的路与车智能融合感知、定位等关键技术研究,形成新型的感传一体化感知设备,突破群体车辆运行安全状态辨识与认知关键技术(安全/效率决策),研发路与车智能融合控制方案与区域交通控制关键技术,在限定区域开展集成示范应用。

2025 年,智能汽车与智能交通协同管控功能实现。区域内(交叉口/路段)车与交通融合控制。

(2)到 2030 年,完成交叉口群路与车融合控制与控制节点协同关键技术研发,完成端边融合一体化的高集成度智能路侧设施研发,并开展基于 SCSTSV 框架和 C-V2X 系统融合智能共享出行规模化的集成示范应用。

2030 年,交通管控能力提升。

（3）到 2035 年，在典型城市实施基于 SCSTSV 框架和 C-V2X 系统的网联自动驾驶汽车融合一体化的功能完备的车外支撑平台的常态化集成应用。

2035 年，大规模推广应用。

3. 智能共享移动装备微观布局

构建 SCSTSV 框架下网联自动驾驶汽车科技创新平台。具体包括车辆技术层面、系统与服务层面、社会生态层面，其中车辆技术层面包括智能使能、网联赋能、安全功能、车辆平台四个使能技术领域；系统与服务层面包括支撑设施、网联-ITS、出行服务、示范运行四个赋能技术领域；社会生态层面包括测试认证、政策法规、社会道德、社会经济与可持续发展四个技术领域。

智能共享移动装备微观分阶段布局路径如下：

（1）到 2025 年，车辆技术层面突破网联自动驾驶系统与路的融合感知和决策技术、功能安全和网络安全技术、全新整车架构和线控底盘技术；系统与服务技术层面突破满足网联自动驾驶汽车安全行驶的智能路侧设施技术、基于网联化 ITS 的交通调度管理核心技术、基于数字城市智能出行服务的车辆互操作性框架（API）等核心技术；社会生态层面突破网联自动驾驶汽车的安全性认证流程和方法，提出网联自动驾驶汽车认证所需工具链需求、推动完成政策法规的初步修订和完善、完成用于城市智能共享出行的网联自动驾驶车辆研发，并在局部区域开展示范运行。

（2）到 2030 年，建设智慧城市出行云服务系统，集成多式联运和交通管理系统连接交通管理网络，SCSTSV 框架下网联自动驾驶汽车技术基本成熟，并开始服务于城市智慧出行。

（3）到 2035 年，网联自动驾驶车辆及其出行服务成为部分城市智慧出行的重要组成，载具的运行效率与经济性得到有效提升，并支撑城市出行效率、出行经济性、便捷性及安全性的大幅提升。

三、智能共享汽车要素功能定义

1. 总体功能要素及定义

从出行链角度看，为了支撑基于"智能共享型"出行方式以点对点为主的出行方案设计,智能共享出行汽车要素功能包括出行服务功能和第三空间服务功能两部分。

出行服务功能包括"人叫车""车找人""人驾车""车找位"。

(1)人叫车。用户可通过手机、电脑等系统,向出行服务平台请求用车,出行服务平台会自动指派适合的车辆并通知用户。

(2)车找人。被指派的车辆自动驾驶行驶至用户指定地点,通知并引导乘客找到预定车辆。

(3)人驾车。用户上车后自己驾车或自动驾驶至目的地,自动驾驶系统实时监控车辆安全状态并在紧急情况采取措施保证行车安全。

(4)车找位。用户到达目的地后下车,车辆在自动驾驶模式下自动寻找停车位、回场充电或继续接送下一位用户。

"第三空间"服务功能指具有集成式的服务性体验式消费场景,车辆出行服务于电商、餐饮等大移动范畴下的产业链合作。

2. SVST融合功能要素及定义

车与交通融合的功能要素主要涉及"感""传""知""用""安"五个维度。从"感"的角度来说,智能共享移动装备中车辆不但要有"眼观六路"的能力,也要具备"耳听八方"的能力;从"传"的角度来说,系统需要基于高可靠低延迟通信网络构建;从"知"的角度来说,知是认知、表达和决策的生成,智能共享出行系统以大数据为核心的驱动方式,通过寻找数据关联关系建立数据模型,完成未来的协同控制需求;从"用"的角度来说,通过本地加云端的协同管控,形成泛在化交通出行信息服务能力;从"安"的角度来说,需要构建端-边-云架构下的三个层级的信息安全保障体系。具体说明如下:

(1)融合感知。系统获取车辆和道路运行状态参数方式,从传统的断面传感逐步向跨域全时的多维、多基自动采集转变,数据颗粒度也从断面、局部数据变为精准的全时空数据,逐步实现系统要素的可测性问题。

(2)可靠交互。建立基于场景车路要素多模式信息交互机制,实现对通信按需选择。在形成泛在互联的车路要素信息交互通信网络的基础上,构建满足道路交通系统各种场景下车车、车人、车路以及基础设施设备之间所需的多模式交通专用通信系统。

(3)智能决策。支持系统大规模交通要素高并发多数据流汇聚分析,建立软件定义的可重构端、边、云协同计算技术,实现端边、边云、端云一体化融合数据驱动下的敏捷决策。

（4）协同控制与服务。优化布设面向典型场景的智能路侧装备，开展数字化道路环境的施划技术，建立多等级智能车辆群体交通控制规则，建立基于合流、会车、通行、交叉口等场景下不同等级智能车辆交通组织，开展面向大规模智能共享车辆的自动化、定制化的信息精准实时投放，调配并优化系统资源，推送智能共享车辆运行的过程化服务。

（5）信息安全。面向智能共享移动装备需要构建能够保障智能汽车、通信网络、云端平台和基础设施一体化信息安全的保障体系，形成基于云的安全认证、基于网的异常检测、基于端的主动防御技术体系，制定信息安全标准体系，推进信息安全测试评估。

3. SVSC 融合功能要素及定义

车与环境融合的功能要素包括：遵从规则、遵从伦理道德、具备良好习惯、具备多种行车模式、保障预期功能安全。具体如下：

（1）遵从规则。城市智能共享车能够遵从交通法规、识别和接收交通指示、理解并配合交通指挥人员的现场调度。

（2）遵从伦理道德。包括行人让行、急救或消防车辆让行、礼貌迎客和送客等。

（3）具备良好习惯。在照明灯光使用、信号灯使用、超车并线、汇入汇出车流、车距保持、喇叭使用等方面具备良好习惯。

（4）具备多种行车模式。如观光模式、舒适模式、紧急模式、常规模式等，适应不同乘客的出行需求。

（5）保障预期功能安全。能够合理处置道路异常、交通异常、天气异常、光照变化等多种不确定性、难以预测的工况，保障顺利完成出行任务。

4. SVST 交互功能要素及定义

汽车在自动驾驶状态下，需要和其他动态交通参与物（尤其是行人）进行模糊交流，以便保证行车安全并提高行车效率。

车与行人的交互功能主要集中在两个方面，一是表明发现，通过外部显示装置动态指示人与车相对位置的变化等方式，让行人知道车辆是否已经发现了行人；二是表明意图，通过显示车外屏幕符号、文字指示或投射与地面指示符号或 V2P 信息交互等方式，让行人知道自动驾驶系统的行车意图（如是否让行）。以此避免行人误判并采取危险举动,增加行人对智能汽车的信任,促进城市智能共享汽车尽快融入社会并提供服务。

四、智能共享汽车关键技术

1. 车辆产品设计关键技术

车辆产品设计的关键技术主要包括整车架构技术、基于高性能计算机的电子电气架构及软件功能架构技术、线控底盘技术、免维护关键总成系统技术、智能座舱技术。

(1)整车架构技术。具体指在保障平台化、体现个性化并充分考虑汽车共享出行/商业服务等特殊需求约束下的整车架构设计技术,包括承载式底盘、具备标准接口的模块化智能座舱等技术。利用智能车在主动安全方面的技术优势,研究短前悬、短后悬整车设计方法;在较小的整车尺寸下,设计出大空间、大车门开度乘员舱的整车布置理念和方法以及基于共享化使用需求的整车、底盘、座舱设计方法等。

(2)基于高性能计算机的电子电气架构及软件功能架构技术。新的出行概念、自动驾驶化、数字化和电动化对汽车电子电气架构和软件功能架构将产生深刻影响进而催生新技术,智能汽车将变成物联网的节点设备,而城市智能共享汽车将是新技术的探索者和先行者。整车企业进行电子电气架构设计时,强调自身的控制能力,将控制功能逐渐集中于中央计算平台;在进行软件功能架构设计时逐渐转向面向服务的系统架构设计,与车外服务软件衔接形成端到端(End to End)的软件平台,并在高性能计算机的支撑下实现新功能的"即插即用"。以上趋势将最终导致智能汽车采用基于高性能计算机的中央计算平台化的架构。这种架构变化,将重塑整车企业的研发能力和供应商的产品形态。基于高性能计算机的电子电气架构及软件功能架构技术是面向2035智慧城市智能共享汽车的创新技术。

(3)线控底盘技术。具体指支撑车辆自动驾驶功能要求的高功能安全线控底盘,其中线控转向系统、线控制动系统、底盘域控制器等总成设计和验证技术需保障总成达到ASIL-D级功能安全标准。

(4)免维护关键总成系统技术。与传统汽车相比,智能共享汽车在维护方面的重要差别体现在乘员对车况的关注度极低。将传统汽车总成技术用于自动驾驶汽车需增加大量传感器监测总成系统健康状况,增加成本和重量。因此,免维护成为智能共享汽车车辆产品设计关键技术的一项重要技术要求,免维护具体体现在各总成除了能源接入(如高压线)接口、通信接口外不需要其他接入,例如在整车生命周期内不需要换水、换油等维护,其中自冷却的轮毂电机总成、自冷却电池包、自冷却的机舱模块(包括电机控制器、DC/DC、车载充电机等)是需要重点研发的技术。

(5)智能座舱技术。智能座舱包括座舱技术和智能化人机交互系统两方面。座舱技术主要包括人机工程设计、新型座舱结构、新材料和新工艺、座舱与底盘的快换接口等;智能化人机交互系统包括车内人机交互系统和车外人机交互系统。车内人机交互系统的功能需求体现在三个方面:第一,建立车内乘员所需的与车外环境的信息交互并清晰显示;第二,能够保证车内成员在车辆启停、座舱内舒适度调节等方面指令的准确接收、准确执行并清晰反馈;第三,在特殊的、需要乘员协同进行决策和行车控制的情况下,车内人机交互系统能够准确表达协同决策或控制的请求,并完成乘员决策意图的输入和反馈。车外人机交互系统须能够保证车辆与行人之间的模糊交流顺利实现,一方面表明本车意图,另一方面理解对方意图。

2. 车辆控制架构设计关键技术

车辆控制架构设计关键技术包括车内控制架构设计技术、中央控制器设计技术、底盘控制器设计技术、座舱控制设计技术、一体化计算平台技术。

(1)车内控制架构设计技术。具体指考虑整车物理架构、人机交互系统、信息传输的方式、能力和信息延迟要求、功能安全和网络安全要求等约束条件的、基于服务的车内控制架构设计技术。鉴于智能共享汽车采用底盘和车身分体式的总体物理架构,车内控制系统需设计成底盘为主的、底盘集成自动驾驶系统的、能够与座舱控制系统对接或拆分的中央控制式控制系统。中央控制器为位于底盘的高性能车载计算机,支持座舱的即插即用。

(2)中央控制器设计技术。具体指全面掌控整车信息并进行整车行车控制的控制器设计技术。中央控制器须接收本车自动驾驶系统、底盘、车身、V2X四方面的信息和请求,具备做出认知判断、进行自动驾驶行车决策、发布行车指令、处置故障并实施预案、与车内乘员协同处置紧急、特殊状况等功能。中央控制器是智能共享汽车端到端服务软件平台中车载软件的载体。

(3)底盘控制器设计技术。具体指监控底盘系统功能状态和道路状态、按中央控制器指令协调底盘各总成系统,完成车速控制、车辆位置和航向控制、封闭/处置底盘系统故障、采集行车状态并反馈至中央控制器的控制器设计技术。

(4)座舱控制设计技术。具体功能要求包括接收、确认乘员指令,将乘员行车指令传递给中央控制器,按乘员指令实施座舱控制,反馈行车状态信息给乘员,为乘员通过车载设备连接外部网络,通过车载显示设备显示 V2X 连接信息,与其他动态交通参与物进行模糊交流,将本车与其他动态交通参与物的交流结果传递给中央控制器,在特殊、紧急状况下实施车身装备应急控制,控制对外显示警示信息,事故取证等。座舱内外的人机交互界中,除应急按键外,均采用语音、触屏或手势等方式作为输入,以声音、屏幕显示等方式进行反馈。

(5)一体化计算平台技术。一体化计算平台是智能共享汽车端到端服务软件平台中服务于自动驾驶控制的软件平台。该平台由多输入感知数据处理模块、拟人决策模块组成。感知数据处理模块获取人类驾驶员能够感知到的绝大部分信息,通过 V2X 交互可获取比人类驾驶员更丰富的交通信息,信息经过处理后传递给决策模块;决策模块的功能要求包括战略层、战术层和应变层三个层面。战略层面,基于 SC、ST 和本车位置信息对行车路线和行车速度进行全局任务规划;战术层面,基于本车感知信息和 V2X 信息进行局部行为规划;应变层面,基于感知数据处理模块的信息输入,动态规划运行轨迹。决策目标包括出行效率、出行安全、出行能耗三个方面。决策系统的拟人化决策体现在智商(环境感知能力与任务规划能力)、情商(协调沟通能力与行为控制能力)、逆境商(健康管理能力、安全防范能力与容错纠错能力)三个方面。决策模块的输出包括车辆的运动控制指令、车外人机交互内容、V2X 交互信息等。

3. 车辆赋能技术

车辆赋能关键技术包括智能共享汽车支撑设施技术、网联-ITS 技术、智能共享汽车出行服务技术和面向 SCSTSV 精细化与超拟实动态仿真建模技术。

(1)智能共享汽车支撑设施技术。主要是指智能共享汽车运行所需物理及数字化路侧设施、布设的智能路侧单元及其数据算法、V2I 通信等技术。包括中国支持自动驾驶的道路设施(ISAD)标准、C-ISAD 设施技术、基于区块链的路侧计算单元(RSU)和 5G-V2X 的自动驾驶汽车赋能技术、道路交通设施动静态数字化信息交互技术、基于交通规则数字化设施优化布设与动态重构技术等。

(2)网联-ITS 技术。主要是指智能共享汽车运行所需交通管理系统、云智能平台、车路协同控制系统等。包括面向下一代汽车运行的交通组织技术、基于车路协同的超视距泛在感知技术、基于北斗和移动互联的组合定位技术、基于群智计算的群体车辆运行态势演化与事件辨识、基于数据驱动的边云融合敏捷决策技术、基于端-边-云架构的交通系统路车智能融合控制技术和网联-ITS 系统信息交互与安全保障技术等。面向未来交通系统进行中心云、边缘云（路侧）、车端网联分层任务处理与系统研发，搭建车端-边缘云架构下的智能融合控制系统，实现统一目标下云端辅助的车车、车路的协同控制。

（3）智能共享汽车出行服务技术。主要是智能共享汽车运行所需出行服务平台、远程出行需求调控及调度系统、事故处理及救援系统等。包括面向出行服务的大规模车辆流式数据并发处理技术、出行需求智能辨识与调控方法、个体动态出行生成与自主匹配技术、出行事故处置与应急服务技术等，研发适合中国超大城市的移动出行服务系统的 MaaS 平台，构建 MaaS 服务中心及应用系统软件支撑智能共享出行有序、高效运行。

（4）面向 SCSTSV 精细化与超拟实动态仿真建模技术。为支撑基于场景的智能共享汽车运行多尺度仿真分析，研究数据驱动下的系统要素运行特征融合计算和演化趋势知识聚合技术，研究面向交通主题与场景的"车、路、环境、服务"实体与动态数字化仿真映射技术，超拟实场景的快速建模与自动化生成技术，研发支撑动态规划、路车融合控制、群体智能调度等车辆运行模型库，研究面向场景的智能网联车辆运行仿真评估技术。

五、智慧城市与智能共享汽车协同的关键点

未来智慧城市建设必须能支持智能共享汽车发展，需要涵盖以下关键内容：

1. 依托空间规划，预留智能共享汽车运行的空间条件

在新型智慧城市的空间规划中，预先考虑支撑智能共享汽车运行场景所对应的空间条件，对需要在城市空间中予以明确的设施提前落位，提出建设要求。具体设施空间分为"点、线、网"三个层面。

点：与社区中心锚固的共享交通中心。将智能共享车辆锚固于社区中心，与常规公交、轨道、非机动车等共同构建共享交通中心，打造新型公共交通出行方式，改变以往各种交通设施相对分散、换乘不便的局面，在社区内交通需求最为集中的地方提供集中的共享交通服务，居民可通过共享交通中心实现智能网联车辆的"零距离"方便快捷换乘；同时，在共享交通中心可完成智能网联车辆的日常停车、修理、维护、充电等工作。

线：灵活设计街道界面。将智能共享汽车接入地块，通过路侧临时上下客泊位、

口袋公园及街角花园等,有组织地提供"门到门"的共享交通服务,有条件时辅以智能共享汽车快速补能设备;街道界面的变化应响应并体现智能网联技术和交通出行需求的演变规律,如随着未来智能网联车辆技术的成熟,可将原有部分机动车道改为慢行空间和景观绿化等。

网:全域覆盖的5G通信网。利用新区成为全国首批第五代移动通信网络(5G)商用城市的契机,全面部署集约式感知、通信载体及终端。以城市道路的路侧带为主要载体,部署一体化的智能信息杆柱,为5G支撑车路协同、智能驾驶提供设施准备。

2. 城市实体空间和数据系统的不断迭代支持汽车智能化

中国城市智能化发展有自身的制度优势,5G的大规模部署,统一的数据信息平台的建立已经逐步开展。因此智能共享车的发展必须与智慧城市发展的背景紧密关联,才能充分发挥优势,适应需求,走自己的路线。

在数据方面,形成以城市运行大数据为核心的智能交通体系框架,突破以集成子系统(交管、公交、货运、收费、救援等)为思路的传统智能交通系统构建方法,通过Bim-Cim技术,实现城市实体空间和虚拟空间的实时对应;在车辆控制方面,坚持走车路协同的路线,发挥基础设施建设与统筹管理的优势,降低车辆成本;在运营服务方面,尽快脱离单纯驾驶与控制技术方面的测试,以真实需求、商业运行为目标,先网联再智能,以实践促发展。

3. 建设新型城市间智能驾驶车道,支持城际智能共享出行服务

在不同智慧城市市区之间开通智能城际道路,应用小型智能共享车辆、智能公交车辆,由乘客提前预约城际智能共享出行服务,通过对乘客出发时间与地点、目的地等需求信息的智能撮合与分析,智能调度车辆,灵活生成城际智能共享出行在各城区的发车时间与集中上车地点。在城际智能共享出行行驶途中,依托智慧高速公路提供的智能驾驶车道,探索极端天气开放通行,实时获取路况信息,高峰期可通过编队行驶提高通行效率。城际共享车辆进入各智慧城市城区起步区段行驶时,可直接利用共享车辆专用道路系统,沿智能生成线路依次将乘客送达目的地,沿途可顺路接上预约服务的返程乘客。智能城际智能共享出行改变传统城际交通"枢纽到枢纽"的服务模式,减少乘客换乘、限定载客人数,提高出行效率,提供城际交通高品质的"门到门"服务。

4. 基础设施支持需求响应型社区智能共享出行服务

在新型智慧城市建设中,必须重视智能基础设施与车路协同技术,提供需求响应型

社区智能共享出行服务,作为交通骨干系统的重要补充。乘客出门前提前预约社区出行服务,城市交通云平台依据乘客的出发地与目的地匹配需求,智能调度车辆、智能生成线路,提前告知乘客智能车辆到达时间,减少乘客的等候时间。车辆行驶途中,依托共享车辆专用系统,通过车路实时协同、交叉口信号智能控制,共享车辆在路段提前加减速,实现不停车通过道路交叉口,有效提高智能共享汽车运行效率。社区出行网络可延伸至主要地块,沿生成线路依次将乘客送达目的地,实现社区内的"门到门"服务。

5. 多模式联运与枢纽智能接驳出行服务

未来多种交通模式联运是智能出行的趋势,也是智慧城市与智能共享出行协同的一大特征。基于既有高铁站接驳痛点,在未来智慧城市城际站点,应基于智慧化需求响应公交、智能共享车辆,打造安全、绿色、高效、精准的接驳交通服务,支持多模式联运。

建设数据驱动的一体化出行即服务系统。依托智慧城市的智能交通与共享出行服务平台,基于对城际站接驳旅客出行需求的感知、汇聚,根据交通承载力、个体信用分数、碳排放足迹与支付能力,实现车辆的智能服务。对于前往城际站换乘高铁的旅客(出发),可以选择输入乘坐车次信息和携带行李信息,根据出行时间敏感程度和高精度实时路况信息,计算生成出行路线,灵活选取落客点,多点集散避免拥堵,确保出行总时耗可控。

提倡共享合乘、绿色优先的价值导向。对于乘坐高铁抵达智慧城市城区的旅客,可以提前预约接驳车辆,由系统自动匹配调度车辆,灵活生成上客等待区域。提供多样化、个性化移动出行选择。通过价格杠杆、接驳距离、路线选择,在实现"门到门"服务的前提下,动态调控需求,引导乘客选择共享出行。通过需求撮合,智能生成线路,依次将出行者送达目的地,在绕行系数可控的前提下,提高车辆运行效率,实现节能减排目标。

第四节
智能共享移动装备发展路线图

围绕智能共享出行的发展目标,包括智慧城市与智能交通、智能共享移动装备的发展目标,研究提出智慧城市、智能交通与智能汽车(SCSTSV)深度融合的技术体系架构,设计具有 SCSTSV 一体化协同融合的智能共享移动装备发展路线图,如图 15-7 所示。

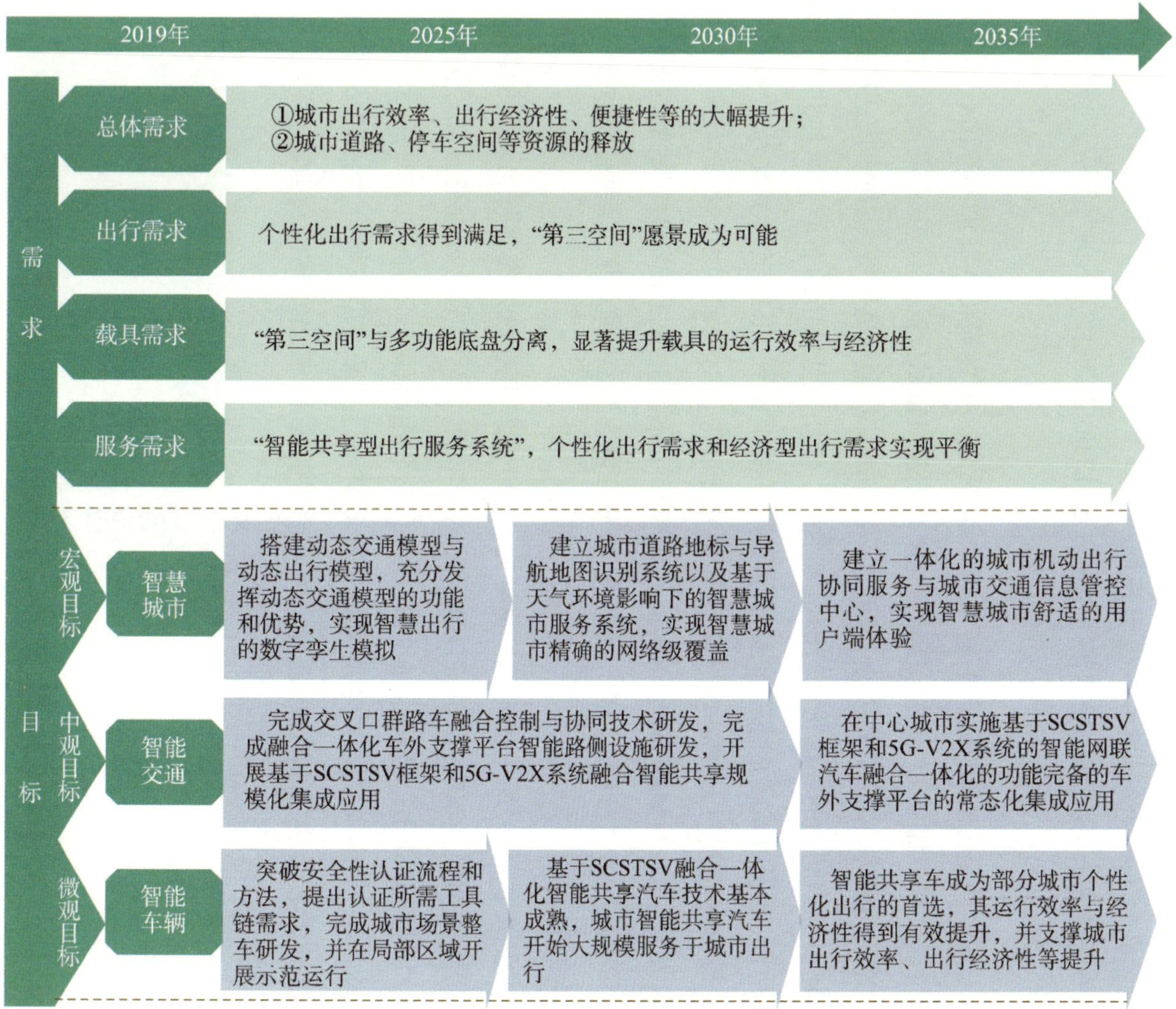

2019年
2025年
2030年
2035年
需求
总体需求
①城市出行效率、出行经济性、便捷性等的大幅提升；
②城市道路、停车空间等资源的释放
出行需求
个性化出行需求得到满足，“第三空间”愿景成为可能
载具需求
“第三空间”与多功能底盘分离，显著提升载具的运行效率与经济性
服务需求
“智能共享型出行服务系统”，个性化出行需求和经济型出行需求实现平衡
目标
宏观目标
智慧城市
搭建动态交通模型与动态出行模型，充分发挥动态交通模型的功能和优势，实现智慧出行的数字孪生模拟
建立城市道路地标与导航地图识别系统以及基于天气环境影响下的智慧城市服务系统，实现智慧城市精确的网络级覆盖
建立一体化的城市机动出行协同服务与城市交通信息管控中心，实现智慧城市舒适的用户端体验
中观目标
智能交通
完成交叉口群路车融合控制与协同技术研发，完成融合一体化车外支撑平台智能路侧设施研发，开展基于SCSTSV框架和5G-V2X系统融合智能共享规模化集成应用
在中心城市实施基于SCSTSV框架和5G-V2X系统的智能网联汽车融合一体化的功能完备的车外支撑平台的常态化集成应用
微观目标
智能车辆
突破安全性认证流程和方法，提出认证所需工具链需求，完成城市场景整车研发，并在局部区域开展示范运行
基于SCSTSV融合一体化智能共享汽车技术基本成熟，城市智能共享汽车开始大规模服务于城市出行
智能共享车成为部分城市个性化出行的首选，其运行效率与经济性得到有效提升，并支撑城市出行效率、出行经济性等提升

图 15-7

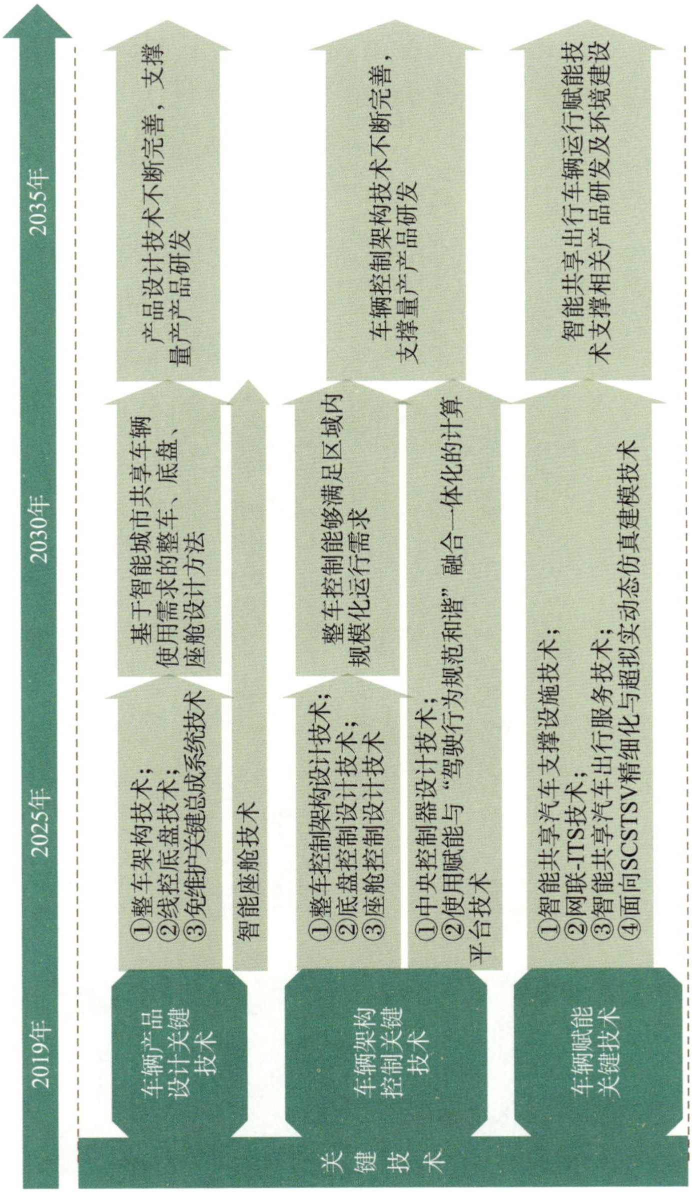

智慧城市的智能共享移动装备 / 第十五章

关键技术路线图（2019年—2035年）

车辆产品设计关键技术
- ①整车架构技术；
- ②线控底盘技术；
- ③免维护关键总成系统技术
- 智能座舱技术

→ 基于智能城市共享车辆使用需求的整车、底盘、座舱设计方法

→ 产品设计技术不断完善，支撑量产产品研发

车辆架构控制关键技术
- ①整车控制架构设计技术；
- ②底盘控制设计技术；
- ③座舱控制设计技术
- ①中央控制器设计技术；
- ②使用赋能与"驾驶行为规范和谐"融合一体化的计算平台技术

→ 整车控制能够满足区域内规模化运行需求

→ 车辆控制能架构技术不断完善，支撑量产产品研发

车辆赋能关键技术
- ①智能共享汽车支撑设施技术；
- ②网联-ITS技术；
- ③智能共享汽车出行服务技术；
- ④面向SCSTSV精细化与超拟实动态仿真建模技术

→ 智能共享出行车辆运行赋能技术支撑相关产品研发及环境建设

图 15-7

763

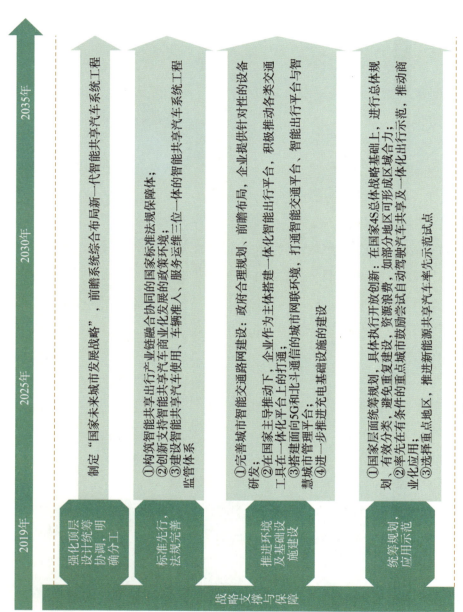

图 15-7 智能共享移动装备发展路线图

第五节 战略支撑与保障

一、制定"国家未来城市发展战略"——前瞻系统综合布局新一代智能共享移动装备

立足智能时代下未来人类城市和社会生活全面重构的战略视角进行前瞻思考和综合研究。未来智慧城市、智能交通成为一种生态,智能共享汽车成为一种服务时,从国家层面统筹推动交通出行宏观和中观的布局与管理,将智能共享移动装备的发展确立为国家战略。确定智慧城市、智能交通、智能汽车管理平台及法规标准体系等协调一致的发展规划与战略目标,成立由相关政府部门组成的智能共享汽车工程联合工作组(考虑智能共享移动装备牵涉面较广,可由发改委牵头,与交通运输部、工业和信息化部、住建部等相关部门协同推动),加强各部门之间协同,部省联动,做好统筹分工,形成发展合力,明确相关的发展路线,制定行动计划,有序推进工程落地。

二、制定国家标准与法规——为研发新一代城市自动驾驶智能共享汽车创造条件

制定国家标准与法规主要包括标准法规保障体系、商业化政策环境以及监管体系。标准与法规体系建设原则上应由对应国家对应单位及负责部门牵头组织,但本领域发展迅速、国标建设可能会失效,故应适当鼓励团体标准的发展,考虑吸收部分团体标准作为国家标准。具体如下:

(1)构筑智能共享出行产业链融合协同的国家标准法规保障体系。在车辆层面,加快在法律层面解决自动驾驶汽车的上路行驶合法性、法律事故责任界定、机器人驾驶伦理等问题。统一适用于共享出行的智能汽车标准、评价体系,为智能共享汽车加快走向商业化提供标准法规支撑;在交通层面,建立并完善智能交通云平台标准、智能交通基础设施标准以及智能交通协同管控标准,为智能共享出行的区域应用示范

和运营提供标准法规支撑；在智慧城市基础设施层面，建立并完善面向智慧城市的智能交通评价指标体系、城市出行数字化标准等；在共性关键技术层面，完善相关关键技术的标准法规体系，主要包括信息安全、专用通信网、高精度地图及定位、数据标准、人工智能及其算法评价等。打造智慧城市、智能交通、智能汽车基础设施相协同的智能共享出行产业链融合协同的政策保障体系。

（2）创新支持智能共享汽车商业化发展的政策环境。国家在政策制定过程中，应确保政策法规体系的战略性、全面性和系统性。强化政策组合，形成政策协同性，充分发挥组合效应，最终形成目标一致、相互支撑、凝聚合力的政策法规组合和运行体系。在市场准入层面，研究出台相关政策，鼓励企业合理化定制、开放式设计、前瞻研发先进智能共享车型，并以安全、高效、绿色等指标进行有效引导。在商业运营层面，建立运营企业的准入机制与考核指标体系，总体确保智能共享车辆投放总量的供需平衡，对符合标准的车型或企业提供路权优惠、交通资源倾斜等实质性支持。例如鼓励地方政府为智能共享汽车提供临时停靠场地、充电设施等便利及优惠措施；鼓励地方政府在财税政策、运营政策等方面支持相关企业、机构等开展多式联运广泛合作与部署。在使用便利性、降低成本层面，进一步鼓励用户选择共享汽车的出行方式，提高单车利用率，推动智能共享汽车商业模式进入良性循环。例如可采用基于大数据的 UBI 保险，对智能共享汽车的违章、事故处理、车辆监管等形成简化流程和规范。

（3）建立智能共享汽车协同监管体系——建设智能共享汽车使用、车辆准入、服务运维三位一体的智能共享移动装备监管体系。首先，将智能共享汽车的使用及管理与国家用户信用体系建设相关联，规范智能共享汽车的文明使用；其次，建立智能共享汽车产品研发、测试、准入监管体系，做到开发测试有标准、政府监管有依据、数据信息可溯源；再次，建立智能共享汽车运行监管平台，打通用户、车辆、交通、城市数据，对智能共享出行运营企业及运营车辆有效监管，确保运营安全，严防市场风险。

三、建设城市智能共享出行"设施链"——为智慧城市与智能汽车融合提供基础支持

建设城市智能共享出行"设施链"主要包括基础设施建设，原则上应由当地政府牵头推动，相关部委的支持也是必要且有效的。由于智慧城市基础设施建设多涉及道路、城市用地等方面，建议住建部、交通运输部等部门额外重视此项建设。具体如下：

协同推进智能共享移动装备所需的基础设施建设。基于政府合理规划、前瞻布局,行业企业多方参与的原则,协同推进支撑智能共享汽车运营的道路交通、信息通信、智慧能源基础设施建设。统筹推进城市智慧道路和智慧路网建设,搭建5G车载专用通信网络、城市高精度地图与高精度定位服务系统,建设国家级智能汽车与智能交通协同云平台,搭建以企业为主体的一体化智能出行平台,并积极推动各类交通工具在一体化平台上的互联互通,同时进一步推进新能源充电基础设施、能源互联网、智能停车场的建设,为智能共享汽车运行提供智慧、互联的基础设施及环境。

四、支撑新一代汽车应用示范——先导进行城市智能共享汽车应用与模式探索

新一代面向智慧城市的智能共享汽车示范建设,应在完善的顶层设计指导下,由当地政府具体落实实施,过程中相关部门应考虑给予必要的政策支持、产业支持和财政支持。

统筹规划,积极推进智能共享出行应用示范。以国家层面统筹规划,具体执行开放创新为原则,在国家智慧城市、智能交通、智能汽车、智慧能源协同战略的基础上,总体规划智能共享出行示范区建设,有效分类,避免因重复建设造成资源浪费。如部分地区可形成区域合力,构建京津冀、长三角、珠三角等一体化智能共享出行应用示范区。率先在有条件的重点城市鼓励开展智能共享出行与城市一体化交通出行相结合的应用示范项目,推动商业化应用。选择重点地区,推进智能共享汽车率先示范试点。逐步扩展应用示范的场景和规模,积累数据和经验,提升企业运营能力。推动智能共享出行在未来样板城市的创新实践,形成技术驱动下跨越式智能共享出行落地模式。

本章参考文献

[1] 辜胜阻,杨建武,刘江日.当前我国智慧城市建设中的问题与对策[J].中国软科学,2013(1):6-12.

[2] 李德仁,邵振峰,杨小敏.从数字城市到智慧城市的理论与实践[J].地理空间信息,2011(6):5.

[3] 王静远,李超,熊璋,等.以数据为中心的智慧城市研究综述[J].计算机研究与发展,2014.

[4] 李德仁,姚远,邵振峰.智慧城市中的大数据[J].武汉大学学报(信息科学版),2014,39(6):631-640.

[5] 宋刚,邬伦.创新2.0视野下的智慧城市[J].北京邮电大学学报(社会科学版),2012(4):53-60.

[6] 张绍文.基于分布共享存储的移动设备数据共享技术研究[D].南京:南京大学,2015.

[7] 吴翠娟,李冬.一种共享移动设备的充电控制系统:中国,210554240U[P].2020-05-19.

[8] 黄超,李云鹏."十二五"期间"智慧城市"背景下的"智慧旅游"体系研究[C]//2011旅游学刊中国旅游研究年会会议论文集.2011.

[9] 赵大鹏.中国智慧城市建设问题研究[D].长春:吉林大学,2013.

[10] 李林.智慧城市建设思路与规划[M].南京:东南大学出版社,2012.

[11] 吴余龙,艾浩军.智慧城市:物联网背景下的现代城市建设之道[M].北京:电子工业出版社,2011.

[12] 李纲,李阳.智慧城市应急决策情报体系构建研究[J].中国图书馆学报,2016,42(3):16.

[13] 吴建中.开放存取环境下的信息共享空间[J].国家图书馆学刊,2005(3):4.

[14] 黄鼎成.科学数据共享管理研究[M].北京:中国科学技术出版社,2002.

[15] 郭骅,屈芳,战培志.智慧城市信息共享服务模式及其应用研究[J].情报杂志,2017,36(4):118-124.